主编：郑长铃 王 珊

2016 | "一带一路"文化遗产国际学术研讨会论文集

文化艺术出版社
Culture and Art Publishing House

图书在版编目（CIP）数据

2016"一带一路"文化遗产国际学术研讨会论文集/郑长铃,王珊主编.——北京：文化艺术出版社,2017.9
ISBN 978-7-5039-6382-7

Ⅰ.①2016… Ⅱ.①郑…②王… Ⅲ.①"一带一路"—非物质文化遗产—世界—国际学术会议—文集 Ⅳ.①G112-53

中国版本图书馆CIP数据核字(2017)第227310号

2016"一带一路"文化遗产国际学术研讨会论文集

主　　编	郑长铃　王　珊
责任编辑	左灿丽
装帧设计	李　鹏
出版发行	文化藝術出版社
地　　址	北京市东城区东四八条52号　（100700）
网　　址	www.caaph.com
电子邮箱	s@caaph.com
电　　话	（010）84057666（总编室）　　84057667（办公室） 　　　　　84057691—84057699（发行部）
传　　真	（010）84057660（总编室）　　84057670（办公室） 　　　　　84057690（发行部）
经　　销	新华书店
印　　刷	北京圣彩虹制版印刷技术有限公司
版　　次	2017年12月第1版
印　　次	2017年12月第1次印刷
开　　本	787毫米×1092毫米　1/16
印　　张	35
字　　数	530千字
书　　号	ISBN 978-7-5039-6382-7
定　　价	98.00 元

编委会

主 任：

连 辑

副主任：

牛根富 刘宏昌 李树峰

委 员：

连 辑 牛根富 刘宏昌 李树峰
王 珊 程永生 郑长铃 苏天恩
王巨川 张敬华

主 编：

郑长铃 王 珊

副主编：

程永生 张敬华

目录

1 | 呼应国家发展战略　建设文化交流平台
——在"一带一路"文化遗产国际学术研讨会上的发言
连辑 / 中国艺术研究院院长、中国非物质文化遗产保护中心主任

5 | "一带一路"的文化责任
祝东力 / 中国艺术研究院

8 | 利用东南亚侨务资源，推动"海丝"文化建设
廖大珂 / 厦门大学

16 | "一带一路"起源地文化电商的商业模式
——以湖南铜官窑为例
宋湘绮 / 中南大学

18 | 泰国南部地区海上丝绸之路的文化意义及城市发展
他拉翁·斯里苏查特 / 泰国

19 | 中西文化交流视野下的敦煌学
王晶波 / 兰州大学

26 | 海上丝绸之路与城市文化发展理念
洪世键 / 泉州市木偶剧团

27 | 敦煌：丝绸之路文化融合的圣地
张炳玉 / 甘肃省文化促进会

38 | "慈悲"：中国佛教文化助力"一带一路"倡议的支点
喻静 / 中国艺术研究院

| 43 | 当代泉州海事文化初探
耿喜波 / 泉州师范学院

| 49 | 泉州艺术创意产业十年回望与反思
黄文中 / 泉州师范学院

| 53 | 基于福建省区域发展视角的城市文化软实力提升研究
黄志锋 / 泉州师范学院

| 64 | 希腊"女人国"传说在欧亚大陆的流传
张绪山 / 清华大学

| 79 | "黄色"与"蓝色"的中国选择
——来自"海上丝绸之路"的启示
方李莉 / 中国艺术研究院

| 84 | 海上丝绸之路中国史迹研究
沈阳 / 国家文物局文化遗产研究院

| 87 | 古代"东方海上丝绸之路"的形成
傅砚农 / 鲁东大学

| 94 | "以海为生"与"吾乡海国"
——明清浙江海洋社会形成史论
王万盈　李央琳 / 泉州师范学院

| 114 | 泉州圭峰史迹与海洋文明探析
刘文波 / 泉州师范学院

| 120 | 唐代海外贸易政策和规模及其对东南地区社会经济的影响
孙彩红 / 泉州师范学院

128 | 历史的回归
——"丝绸之路"与"一带一路"
刘迎胜 / 南京大学

143 | 从丝绸之路到嬉皮之路
——泰国文物保护及文化研究领域的国际合作及其启示
朱晓艺 / 西南林业大学

155 | "丝绸之路"不可忽视的经济功能
——以中国瓷为例
侯样祥 / 中国艺术研究院

156 | 明清两淮盐商文化对于当代文化中国建设之启示
谢建平 / 江苏省文化艺术研究院

165 | "非遗"产品文化认同的内涵、维度及影响因素
——基于 NVIVO 的质性分析
黄益军　吕庆华 / 泉州师范学院

180 | 泉州与沿线国家体育用品贸易概况及关系研究
李元 / 泉州师范学院

190 | 番薯传入泉州及对当地社会发展的影响
陈桂炳 / 泉州师范学院

192 | "一带一路"倡议与闽系体育品牌的国际化
易剑东 / 北京大学国家发展研究院　任慧涛 / 泉州师范学院

196 | "一带一路"背景下科举文化遗产的研究与保护
李润强 / 甘肃省委党校

205 | 全球风险社会与文化遗产保护
郭惠民 / 国际关系学院　文艺轩 / 国际关系学院

210 | "一带一路"视野下泰国文化遗产现状及未来展望
阿玛拉·斯里苏查特 / 泰国文化部文物局

211 | 文化遗产的保护与政府扶持
柳在沂 / 韩中未来研究院

213 | "海丝之路"背景下闽南传统民间艺术的当代存续与传播省思
袁勇麟　涂怡弘 / 福建师范大学

225 | 斯里兰卡水下文化遗产及"丝路"
PALITHA WEERASINGHA

230 | 关于文化遗产的保护和表演艺术价值分享的建议
舒俊林

....

232 | "一带一路"下的非物质文化遗产保护构想
马知遥 / 天津大学

239 | 以丝绸之路非物质文化遗产的共享性促进共同发展
胡惠林　王媛 / 上海交通大学

243 | 地方高校传承本土非物质文化遗产的路径研究
龚春英 / 泉州师范学院

252 | "海丝"文化生态圈中的"非遗"保护与传承发展
——以"陈三五娘"故事的文献整理与研究开发为例
王伟 / 泉州师范学院

| 281 | 泉州五大演艺剧团发展异同探讨
陈怡 / 华侨大学

| 296 | 落实"非遗"项目保护传承和交流传播,为"一带一路"倡议的实施提供文化支撑
王景贤 / 泉州市木偶剧团

| 305 | 闽南民间戏曲文化的域外传播
黄科安 / 泉州师范学院

| 307 | 保存传统音乐的意义及方法
——以南管 / 南音为例
吕锤宽 / 台湾师范大学

| 308 | 高校对于丝绸之路传统音乐复兴的时代担当
——以泉州南音高校传承发展研究为例
王珊 / 泉州师范学院

| 319 | 从南音骨谱中的偏音看外来文化的影响
陈燕婷 / 中国艺术研究院

| 335 | 文化传统与创新
——从台湾南管发展现况与跨界的演出看新旧音乐文化的涵融与衍异
林珀姬 / 台北艺术大学

| 348 | 异国南音的存活与发展态势
丁宏海 / 新加坡湘灵音乐社

351 南音新品历史一作
——评南音新作《凤求凰》
陈孝余 / 泉州师范学院

358 闽台南音"郎君祭"仪式结构与其音声探究
王丹丹 / 泉州师范学院

369 絃管"名指"《金井梧桐》记谱衍进史探
陈恩慧 / 泉州师范学院　陈瑜 / 中国艺术研究院

385 泉州南音记录工程现状分析
白志艺 / 泉州师范学院

395 泉州南音的非物质文化遗产价值探析
——兼议海峡两岸对南音的传承保护策略
王青 / 泉州师范学院

404 泉腔南音道教、佛教套曲源流考论
马晓霓 / 泉州师范学院

418 一带一路：台湾"竹马阵"南管音乐之创造性转化
施德玉 / 台湾成功大学艺术研究所

454 "一带一路"视野下中华文化海外传承传播研究
——以南音在马来西亚的传承传播为例
郑长铃 / 中国艺术研究院　黄欣 / 宁德师范学院

474 永远的丝路　难产的经典
——透视新时期以来的"丝路"主题舞剧
欧建平 / 中国艺术研究院

483 | 进入中土太常礼制仪式为用的西域乐舞
项阳／中国艺术研究院

495 | 从隋唐大运河视角俯瞰
——古代政治文化中心东移与乐舞形态格局嬗变
王宁宁／中国艺术研究院

505 | 浅谈非物质文化遗产的传承与发展
——以舞剧《丝路花雨》为例
费维耀　黄惠民／上海音乐出版社

507 | 论闽南红砖建筑装饰艺术的社会文化
谢必震／福建师范大学

512 | 人类非物质文化遗产代表作
——中国书法之篆书的意义摭谈
张晓东／中国书法家协会

519 | 伴随"海丝"陶瓷贸易而来的妈祖信仰移植
王永健／中国艺术研究院

531 | 泉州渔村传统服饰与海上丝路文化的关系
鲁闽／清华大学

536 | 论福建沿海渔民的海神信仰
刘新慧／泉州师范学院

呼应国家发展战略　建设文化交流平台
——在"一带一路"文化遗产国际学术研讨会上的发言

连辑／中国艺术研究院院长、中国非物质文化遗产保护中心主任

"一带一路"文化遗产国际学术研讨会举办得很成功,我对来自世界各地的学者贡献智慧表示衷心的感谢!对由中国艺术研究院牵头主办、由文化发展战略研究中心承办的会议表示肯定!

这次研讨会,我认为具备以下六个特点:

第一,形成了一种机制性的合作,形成了大家共同认可的主题,并且也形成了相对稳定的专家队伍,为我们从学术上呼应国家"一带一路"倡议,搭建了重要的平台。

第二,议题紧扣国家"一带一路"倡议,内涵非常丰富,涉及门类很广,是一场多学科融会贯通的学术研讨。有一批来自陆上丝绸之路方向的学者来到泉州,跟大家讨论"一带一路"文化遗产,突破了在泉州只谈海上丝绸之路的局限,形成了海上丝绸之路和陆上丝绸之路在学术上的贯通。

第三,初具国际属性,参加这次论坛的有来自美国、韩国、东南亚相关国家的学者,也有来自我国台湾的学者,和我们站在一个学术立场上探讨丝绸之路相关的话题。

第四,突出泉州的地域特征,泉州被确定为中国海上丝绸之路的起始地,泉州在"一带一路"倡议中的地位非常突出。这次的不少议题和泉州相关,如南音等,实现了主题在地化,突出了地域特点。

第五,突出了一些重点,例如和泉州"海丝"相关的丝绸、瓷器、茶叶、音乐、舞蹈、建筑、服饰等相对具体的文化载体或"非遗"载体,这些议题让研究视野由大主题有了具体深入的切入口。

第六,突出研究的学术性和专业性,注重用历史唯物主义的观点看问题,重考据、重田野调查;用辩证唯物主义方法研究,把过去和当下传承的关系进行分析对比,研究手段和方法多样,视野开阔。

下面我谈一谈个人对于当前文化领域的一些观点。

第一，从文代会的主题说起，在中国第十届文代会和第九届作代会上，习近平总书记做了非常精彩的讲话，对过去五年全国文联和作协所做的工作给了高度肯定，并向大家提出了四点希望：一是希望广大文艺工作者坚持文化自信，二是希望坚持以人民为中心的文艺思想和创作导向，三是希望勇于创新创造，将坚守传统和表达时代相结合，四是希望坚守艺术理想。这四点要求共同强调的是，在这个时代做一名什么样的文艺工作者。

第二，习总书记这次讲话和2014年10月15日在文艺工作座谈会上的讲话，是中央在毛主席延安文艺座谈会讲话七十年之后对国家文艺工作做的又一次顶层设计，是对我国文艺工作、文化工作的全面部署；后来，习总书记在哲学社会科学工作座谈会的讲话中，就社科工作也做了类似的顶层设计和全面布局。这两者结合起来为我们学者如何做好科学研究、如何做好文化艺术工作提供了纲领依据。

第三，怎么看我们的文化自信。总书记在四点希望里说的第一点就是坚持文化自信，这个命题具有很强烈的时代性、针对性、紧迫感，中国目前已成长为世界第二大经济体，但这并不说明中国就是世界强国，因为一个国家的综合实力不只是国土面积、GDP、人口、财富的积累，更具本质属性的是这个国家以文化为核心的软实力、科技软实力、民族素质。若拿这些指标来衡量，我们和一些西方成熟经济体相比还有很大差距。所以，这个时候提文化自信是有针对性和紧迫感的，把文化建好、建大、建强是守住40年改革开放物质成果的前提、措施和手段，否则，已有的财富可能会丢掉，这就是为什么要抓文化，为什么要解决文化自信问题的缘由所在。

第四，从文化自信转向非物质文化遗产，非物质文化遗产是人类文化的一个重要组成部分。党的十七届六中全会第一次把文化分为文化事业、文化产业两大部分，文化事业包括优秀传统文化的传承，而优秀传统文化包含着非物质文化遗产和物质文化遗产，在过去很长一段时间里，我们把这一块和其他民间、民族、民俗的文化等同来看。自从2004年我国加入《保护非物质文化遗产公约》成为缔约国以后，我们也开始明确地把这些类型纳入非物质文化遗产的范畴；2011年2月，《中华人民共和国非物质文化遗产法》（简称《非遗法》）正式颁布。中国艺术研究院参与起草了《非遗法》，我想强调的一个问题是，我们多年来对自古就有的多民族、民俗、历史文化遗产不够自信，总以为这些东西很土、难登大雅之堂，现在抓非物质文化遗产就是要站在文化自信的角度，堂堂正正地谈中国非物质文化遗产的民族精神、中国元素、历史价值以及科学性。

非物质文化遗产研究正好是坚守文化自信一个非常重要的方面和切入口，习总书记讲我们的文化自信来源于三方面：中国优秀传统文化、革命战争时期形成的革命文化、改革开放以来的创新性文化。其中，最基础的是中国优秀传统文化，由两大方面组成，一是借助正史的官方文化体系，二是民族民间民俗文化。民族民间民俗文化是官方文化更宽泛的社会基础和群众基础，如果离开这个基础，官方文化也是无源之水，所以研究官方文化追根溯源一定要回到民族民间民俗文化。从这个意义上来说，抓"非遗"的研究就是抓住了优秀传统文化传承的根本；反过来说，继承优秀传统文化，"非遗"是前置性条件。

第五，在"一带一路"大背景下看"非遗"应该有更开阔的视野。敦煌这样一个戈壁沙漠小城镇有一千一百多年没有中断的文化历史，是世界四大古代文明的汇聚地，是陆上丝绸之路七千多公里最耀眼的明珠。但随着时代的发展，丝路的功能逐渐式微，到明代以后逐渐废弃不用，这时候海上丝绸之路作为一种代偿性的功能迅速繁盛起来，泉州在这个过程中的地位日益突出。不同的出发点，到了共同的目的地，这是海上、陆上丝绸之路国际贸易交往的实际情况，不管怎么绕，最后都到达了共同的目的地——欧洲。我们谈"一带一路"不能只谈陆上或只谈海上，而应该像今天这样"海丝""陆丝"一起谈，成体系地谈，这才是研究"一带一路"应有的学术态度。

在"一带一路"的发展中，学者要给国家战略决策提供专业学术支撑，我们的研究视野既要注意微观，更要注重宏观，我认为"一带一路"的研究学者里应有一批宏观战略研究的人。任何一种文化、一种经济现象，都和宏大的历史背景相关，都和人类科技发展相关，都和政治因素相关，所以，研究"一带一路"倡议、研究丝绸之路、研究非物质文化遗产，都需要具备更宏观的大视野。

第六，目前"非遗"领域面临一些矛盾、存在一些问题，需要引起学者的高度关注。一是保护与发展的矛盾，"非遗"是历史的存在，处在不断消亡中，有许多"非遗"项目集中在经济不发达地区，保护可能是学者的看法，而发展是政府的需求，怎么处理好保护和发展的关系，需要在认识、方法上找到双方都能够接受的途径，把矛盾处理好。二是传统与现代的矛盾，"非遗"都是传统的，怎么找到坚守传统和现代表达之间的契合度。三是精神和物质的矛盾，对非物质文化遗产传承有没有好的政策或商业模式设计，如何解决文化传承和经济回报的关系。四是多样性和统一性的矛盾，"非遗"表现形式是多样性的，但在工业化、城镇化的进程中，往往由于机器化生产导致统一风格，失去了原生态特点，怎么处理好多样性和统一性的问题也需要深入研究。五是东方和西方的关系，文化交流需要平等对话，不能以大欺小、以强欺弱。

最后，我提一些建议：

一是"一带一路"文化遗产这个主题可以长期做下去，但要紧扣"民心相通"的核心展开讨论，将来除了学术成果，可能还会形成一批智库成果，给当地、给行业、给国家出主意想办法。

二是坚持"海丝""陆丝"一体化、整体性的研究，不同的出发点承载着同样的贸易，走到了共同的目的地，这就是两者的一致性。今后搞研究南北要合作起来，形成一个机制和制度，比如这个"会"可以轮流在"海丝""陆丝"的重要地理节点召开。

三是形成一个成果使用的机制或平台。有两个方向，其一，通过研究逐渐使门类学科化，使"非遗"规范化、专业化，中国艺术研究院同时是中国非物质文化遗产保护中心，有责任牵头做这件事，希望各路学者踊跃参加；其二，以论坛平台定期出高质量学术成果，既为学科做积淀，也为国家大战略提供智力支撑，成果不能只停留在学界，还要影响地方决策、行业决策。

四是要把《中华人民共和国非物质文化遗产法》《保护非物质文化遗产公约》相关的内容都纳进来，比如中医中药、传统体育、杂技等，都要有专家学者去研究，不能仅局限在艺术学或艺术相关的领域。

五是不要只研究中国，也要研究沿线国家，这样才是提高论坛国际化的途径。对"一带一路"沿线的60多个国家起码可以做一些区域性的研究，比如东南亚、南亚、大陆腹地、西亚、中亚、东非、北非、欧洲，这是对别人的尊重，也能让他们从学术角度呼应我们的倡议。

"一带一路"的文化责任

祝东力／中国艺术研究院

"一带一路"是一个多层次的概念，有着多重内涵。首先，它的基础是古代的两条陆路和海路交通线，用来沟通亚欧非几大文明。当然，今天的"一带一路"，按发改委等三部委联合发布的文件说法，"基于但不限于古代丝绸之路的范围"；它借用古代"丝绸之路"的历史符号，代指同古代"丝绸之路"大体相应的方向和地域。

"一带一路"的第二层内涵，是指当今中国与陆海沿线国家的双边和多边经贸关系，是以合作方式对沿线国家、地区、城市的经济开发。

第三，"一带一路"还包含中国与沿线国家的双边和多边的政治交往关系，乃至文化交流关系。

此外，"一带一路"还可以引申出更深层、更广泛的内涵，我们姑且称之为"一带一路"的文明内涵。

"一带一路"的最终目标，是全面贯通亚欧大陆两端，也就是东亚与西欧，即中国政府文件中所说的"活跃的东亚经济圈"和"发达的欧洲经济圈"。两端之间，广大腹地盘根错节着亚欧非的多元复杂的文化、宗教、种族及其地缘关系。这是"一带一路"的潜力所在，也是它需要面对和处理的难题。要实现亚欧大陆东方与西方在交通、经贸、政治和文化上的全面贯通，将意味着主要由中国推动实现亚欧非的区域化，而这个区域，正是一百年前英国著名地理学家和地缘政治学家哈尔福德·麦金德（Halford Mackinder）所谓的"世界岛"。麦金德的世界岛理论指出，由欧、亚、非洲组成的世界岛，是世界上最大、人口最多、最富饶的陆地组合。在它的边缘，有一系列相对孤立的大陆或岛屿，如美洲、澳洲、日本和不列颠群岛。麦金德有一整套控制欧亚大陆腹地，进而控制世界岛，最终控制世界的霸权递进理论。今天，我们当然要肃清麦金德理论中的霸权主义糟粕，但是，去伪存真，批判地继承，他关于地缘政治和地缘战略的洞见，对于我们今天还是颇有启发性的。实际上，几百年来，世界岛之外的国家，例如英国和美国，先是对欧洲大陆国家的联盟，而后是对亚欧大陆国家的协同发展，对亚欧大陆一定意义上的联合或整合，一直怀有警惕戒备之心。就最近的历史来说，冷战结束后，东西方阵营壁垒解除，美国作为唯一的全球霸权国家，先后在伊拉克、阿富汗发动战争，并在近年策动中东地区的变乱。这些举措，布局谋篇、颇具匠心，在东亚与西欧这两个最重要的互补性极强的经济圈之间打下了若干条战略隔断。美国的战略家应当非常清楚，按照麦金德的地缘战略理论，"一带一路"的全面贯通，将意味着东亚与西欧密切的协同发展，意味着亚欧非三大洲经济整体性的快速增长，其庞大的经济总量将碾压美国。由此，美国将被亚欧非这个世界岛边缘化，这意味着自地理大发现以来逐渐形成的海权时代将彻底结束。当然，这无疑将是一个曲折漫长的过程。

从文化角度看，"一带一路"沿线国家多属于古老文明区域，几大世界性宗教，佛教、基督教、伊斯兰教，以及世俗性的古希腊人文主义和中国儒家学说，均产生于此。亚欧大陆作为古代文明的母体，有着悠久而多样的文化传承。与此相对比，地理大发现以来形成的海外殖民者国家，例如美国，则缺少深厚的文化传统。19世纪的法国思想家托克维尔曾指出，美国堪称"民主革命"最彻底的国家，换句话说，是资产阶级革命最彻底，也可以说，是最像资本主义的资本主义国家。像美国这样的国家，一方面，它在旧的欧洲体制——包括旧欧洲的等级制度和宗教禁锢之外，在一个新的广袤大陆上，个人凭借自己的勤奋、才能和机遇就能够获取财富和成功。这就是美国梦。与旧欧洲的旧体制相比，美国梦当然包含积极的进步的内容。但另一方面，作为移民社会，特别是在早期阶段，由于缺少历史传统、民俗伦理和社群共同体等因素的牵制，其成员往往更多采取短期行为模式，更易于形成赤裸功利的价值观，更能够适应货币化的人际关系，从而成为近代资本主义野蛮成长的温床。总之，对于美国和美国梦，应当采取这样综合的、辩证的观点来看待。

目前，由跨国资本主导的全球化已经引起普遍的反弹，甚至英美等老一代资本帝国都已开启了去全球化的程序。但是，由于交通、通讯等现代技术的迅猛发展，空间正在迅速缩小，长远看，全球化也好，区域化也好，都是不能阻挡的历史趋势。因此，我们可以期待，"一带一路"将规划和实践一种不同于跨国资本主导的新型的区域化乃至新型的全球化进程。从文化的立场看，"一带一路"沿线国家的交流、合作与创新，将可能激活与再造亚欧非文明中的古老遗产，特别是它们对待经济生活中最活跃的资本和市场因素的态度和措施，例如在古代中国，所谓"抑商"，就是在政府体制、民俗伦理和社群共同体的互动关系中，既利用又约束市场和资本的力量。今天，由于片面强调市场和资本的积极作用，很大程度上已经导致全球性的贫富分化和区域性的生态危机。这是"一带一路"的规划和实践应当特别引以为戒的教训。总之，"一带一路"国家有这样的文化责任，传承古老文化遗产，创造出一种适应新型区域化、全球化的新的文化伦理，最终克服为利润而生产、为消费而生活的发展模式，推动一种新的文明模式。

利用东南亚侨务资源，推动"海丝"文化建设

廖大珂 / 厦门大学

2013年10月，习近平总书记访问印尼时，提出同东盟国家共建21世纪海上丝绸之路的构想。在党的十八届三中全会和2013年12月中央经济工作会议上，中央都把建设21世纪海上丝绸之路作为重大战略提出来。建设21世纪海上丝绸之路，从构想和布局来看，关键是发展与东盟国家更紧密的经贸关系，携手打造中国—东盟命运共同体。

然而，由于地缘政治权力格局的变迁，东南亚国家一些人士对中国倡导的海上丝绸之路抱持疑虑，[1]"中国威胁论"等杂音，严重影响了东南亚社会对中国的认知，在很大程度上导致东南亚国家与社会对中国缺乏信任，不利于中国国家形象在东南亚的塑造。如果不化解这些疑虑，加强双方之间的战略互信，将不利于21世纪海上丝绸之路的建设。显然，化解这些疑虑，运用"硬实力"难以完全奏效，必须运用中国软实力，重塑中国形象。文化影响力是软实力的重要组成部分，充分利用东南亚丰沛的侨务资源，推动"海丝"文化建设，是中国提升软实力的有效途径，这是海上丝绸之路建设中一个值得思考与研究的战略性课题。

一、东南亚华侨华人在"海丝"文化建设中的重要作用

海上丝绸之路已有两千多年的历史，它的形成和发展都离不开中国人的航海贸易活动。"从有对外贸易开始，就有因贸易活动而'住蕃'的华侨"，海上丝绸之路的历史实际上也是中华民族从陆地走向海洋、从内陆走向东南亚，进而走向世界的历史进程，华侨华人是海上丝绸之路的开拓者和建设者，对历史上海上丝绸之路的形成和发展都做

---

[1] 2014年10月31日至11月2日，21世纪海上丝绸之路国际博览会在东莞举行，在2500名参展商中，没有一人来自越南、菲律宾。

出了杰出的贡献。

目前，全球华侨华人总人数约为5000万，其中70%以上分布在东南亚，在东南亚有着广泛而深远的社会、经济与文化影响。英国学者阿兰·亨特（Alan Hunter）把中国的海外华人同中国在东南亚和非洲的政治存在、中国的大学、中国的语言文学、中国对亚太地区媒体的影响、中国的旅游和体育、中国的宗教和传统文化一起归结为中国软实力的存在。[1]

东南亚华侨华人是中国与东南亚各国友好关系发展、文化交流、经贸合作的重要桥梁，在中国国际形象提升、中国东南亚软实力增强方面扮演着重要角色，[2] 对促进今天的海上丝绸之路文化建设也发挥着独特的作用。[3] 海外华侨华人的作用主要表现为：

1. 华侨华人是中华文化在东南亚影响力的积极传播弘扬者和促成双方文明交流沟通的重要桥梁。中国软实力的核心是中华文明得到世界各地的最大限度的认可和接受，与世界文明价值体系的接轨和对话。长期以来，东南亚华侨华人虽然身处异国他乡，却没有忘却自己的祖籍文化渊源，由此成为中华传统文化的自觉传承者和传播者，发挥了宣传和推介中华文化的重要功能，使东南亚各国在文化思想、语言文字、风俗习惯乃至政治制度等方面受中国的影响很深，深深地打上了中国文化的烙印。"只有当一种文化广泛传播时，软权力才会产生越来越大的力量。"[4] 在海上丝绸之路建设中，华侨华人仍将发挥传播中华文化不可或缺的作用，只有中华文化得到广泛认同，才能增强中国在东南亚的亲和力、感召力和影响力，提升中国的软实力，从而营造共建海上丝绸之路合作互惠和谐的软环境。

2. 东南亚华侨华人是中国形象的重要表达者与传播塑造者。塑造良好的国家形象，需要积极地开展公共外交，在外国公众中改善中国的国家形象。任何一个国家的公共外交的主要目标，都"着眼于努力创造一个关于国家政策、行动和政治经济体系的良好形象"[5]。海外华人大多受过长

---

[1] Alan Hunter, "China: Soft Power and Culture Influence（2008）", Available at. http://www.Coventry.ac.uk/peacestud
[2] 陈奕平主编：《和谐与共赢：海外侨胞与中国软实力》，暨南大学出版社2012年版，第218页。
[3] 陈正良、薛秀霞、何先光：《析海外华侨华人在推动中国软实力形成和发展过程中的作用》，《浙江学刊》2009年第6期。
[4] 王沪宁：《作为国家实力的文化：软权力》，《复旦学报》1993年第3期，第96页。
[5] Eytan Gilboa, "Mass Communication and Diplomacy: A Theoretical Framework", Communication Theory, Vol.10, No.3, 2000, p.291.

期华文教育,都有不同程度的"中华文化情结",关心中国发展。他们是当地社会的组成部分,更熟悉所在国的具体国情,与所在国的社会公众尤其是主流社会的联系与交往更自然、更密切、更容易,这决定了他们在传递、诠释中国形象过程中具有得天独厚的优势。因此是我国开展公共外交极其重要的生力军。开展侨务公共外交的基本任务,就是通过华侨华人促进外国公众对中国历史、文化、政治、经济、社会、价值体系和内外政策等各方面的了解,以利于构建良好的中国国家形象。自改革开放以来,海外华侨华人通过华文媒体、华人社团等渠道都从不同侧面,以不同方式介绍中国的发展现状和发展模式,尤其是海外华文媒体近年来普遍增加了对中国新闻的报道,不断扩大版面、加大报道强度,介绍中国的政治进步、经济发展、文化繁荣、社会稳定。有些国家的华文传媒还设有介绍中国的本土语版和节目。不少华人还成立各种协会,开展各种文化活动、设立华校,投入公益事业,有相当的舆论引导力。他们是所在国人民了解中国、中国人的主要窗口,很大程度上起了中国形象代表的作用,对于塑造和维护良好的中国国际形象,校正东南亚部分国家的"中国观",纾解噪音四起的"中国威胁论"具有重要意义。

3. 华侨华人还是向东南亚国家解释和宣传中国,发展双方民间友好事业、促进理解的最好的"民间大使"。东南亚华侨华人不仅拥有雄厚的经济实力,而且形成了庞大的社会网络,对所在国政治、社会和文化具有强大的影响力。通过华人网络与当地社会交流,有助于消弭缓解我国在与当地政府和社会交往中所遭遇的文化障碍、信息不对称、人脉匮乏等复杂问题。尤其是东南亚华商作为一个重要的利益集团,对各国政府有一定的影响力。他们中的许多人本身就是政府的成员,有些则是政府的决策顾问,有些则是政府领导人的私人朋友,有些则是国会议员或地方议会议员,在当地政界、商界以及普通大众中具有广泛影响力和号召力。[1] 通过他们的游说解释及其他文化交流活动,为所在国政府发展对华关系建言献策,促进政府和民间更加全面客观地了解中国,增进了中国与所在国之间的政治互信,进而影响所在国政府的政策,以消弭对海上丝绸之路建设的疑虑。

4. 最重要的是,东南亚华侨华人是中国连接世界的桥梁之

---

[1] 庄国土、刘文正:《东亚华人社会的形成和发展:华商网络、移民与一体化趋势》,厦门大学出版社2009年版,第472页。

一。在全球化时代，海外华人形成了一个以东南亚华侨华人为主体的巨大的商业网络和文化网络，网络内部的经济合作和文化交流已机制化和常态化，其影响力也从地区性扩展到世界性。通过东南亚华侨华人传递信息，影响世界华侨华人，有助于向全世界说明：海上丝绸之路不仅仅是中国和东南亚的，更是世界的；海上丝绸之路的历史也向世界表明中国走向海洋、走向世界的历程是开放之路、和平之路、合作之路、共赢之路，通过海上丝绸之路所产生的各类交往曾经极大地丰富了世界各国人们的物质生活，加强了彼此间的沟通和了解，促进了人类文明的进步，"中华民族的血液中没有侵略他人、称霸世界的基因"[1]。今天中国的和平崛起，构建新海上丝绸之路，有利于世界，中国始终高举和平、发展、合作的旗帜，奉行独立自主的和平外交政策，坚定不移地走和平发展道路，既通过维护世界和平发展了自己，又通过自身的发展促进了世界和平。中国作为负责任的大国，始终是维护世界和平和稳定的坚定力量。

二、关于利用侨务资源，推动"海丝"文化建设的建议

早在 1995 年，习近平同志就提出："在新时期，侨务工作要有新的观念、新的思路"，"确立'大侨务'观念，是新形势发展的迫切需要"。[2] 所谓"大侨务"，就是要站在民族和国家利益的高度，超越部门和地域的狭隘眼光，整合调动各方面资源和力量，广泛开展各领域交流活动，共同做好华侨华人工作。[3] "大侨务"观是在我国侨务工作实践中逐步形成并不断发展的，它是侨务工作解放思想、转变观念、与时俱进的必然，反映了新时期对侨务工作的新要求，对于我们扩大视野、开拓思路、整合资源，做好侨务工作具有重要意义。

当前，我国提出建设丝绸之路经济带和海上丝绸之路构想，重新激活一条沿陆、一条向海的古老贸易通道，以推进中国新一轮对外开放和区域合作。其中东南亚是海上丝绸之路建设的首站，也是能否成功建设21世纪海上丝绸之路的关键地区。东南亚聚居着三四千万华侨华人，在推动国家软实力形成和发展中发挥独特

---

[1] 习近平：《在中国国际友好大会暨中国人民对外友好协会成立60周年纪念活动上的讲话》，2014年5月15日，中国新闻网（http://www.chinanews.com/gn/2014/05—15/6176265.shtml）。
[2] 习近平：《"大侨务"观念的确立》，《战略与管理》1995年第2期，第111页。
[3] 《推动"大侨务"布置"大格局"》，http://paper.people.com.cn/rmrbhwb/html/2014—04/11/content_1413915.htm。

作用，是中国软实力海外扩展的主要动力。[1]我国有关部门应当充分认识东南亚丰沛的侨务资源和侨务优势，以"大侨务"的视野，大力开展侨务公共外交，促进中外文化交流，塑造中国良好的海外国家形象，推动海上丝绸之路建设。笔者认为当前应当抓好以下几个方面的工作：

首先，有关部门应构建海上丝绸之路的宣传平台，积极在东南亚华侨华人中介绍海上丝绸之路发展的历史，大力宣传建设新海上丝绸之路的伟大意义，使广大华侨华人把传承和弘扬"海丝"精神变成他们的自觉行动，激发他们参加共建海上丝绸之路的热情。历史上华侨华人就是海上丝绸之路的开拓者和建设者，东南亚华侨华人的祖先正是在"海丝"精神的激励下，沿着海上丝绸之路，走向海洋，走向东南亚，成为最早走向世界的华人移民，对海上丝绸之路的形成和发展都做出了杰出的贡献。宣传海上丝绸之路的历史，有利于激励华侨华人的民族自豪感和自信心，凝聚广大华侨华人对祖（籍）国的向心力。同时，也使他们认识到，今天中国的和平崛起，构建新海上丝绸之路是历史发展的必然选择，对实现中华民族的伟大复兴有着现实的意义，也有利于东南亚，有利于海外华侨华人的生存发展，华侨华人仍然是海上丝绸之路的重要的建设者。只有广大华侨华人充分认识到建设新海上丝绸之路的意义，他们才能自觉继续传承和弘扬"海丝"精神，发扬爱国主义，发挥"牵线搭桥"的作用，大力促进中外友好关系和国际合作，携手打造中国—东盟命运共同体，从而成为"海丝"建设中的一支生力军。

其次，鼓励和支持建设海外华人具有国际化水准的多语种传媒平台。大众传播媒介在国内外信息传播，弘扬中华文化过程中发挥着关键作用，东南亚地区作为世界华文媒体的重镇，有众多的华文报刊和传媒平台，在向海外华侨华人及所在国社会公众传播有关中国的正面信息、推广中华文化、构建良好的中国国家形象等方面已经发挥并将继续发挥重要作用。但是我们也要看到，在当今的国际话语体系中，英文媒体占据绝对优势，相对的全球华文媒体都处于弱势的地位，[2]而很多第二代、第三代华人的母语已经流失，显然这不利于向华侨华人全面、客观、真实地宣传中国的和平发展和海上丝绸之路倡议。因此，中国应有创新意识，鼓励华侨华人

---

[1]《海外华人华侨是中华民族复兴的主动力之一》，http://www.soa.gov.cn/soa/news/specialtopic/dlsjhyr/dlzchd/webinfo/2011/06/1307405332020596.htm。
[2] 包雪琳、刘昶：《试论公共外交的针对性和人文指向——以美、英、法驻华使馆的"微博外交"为例》，《现代传播》2012年第6期。

创办英文传媒和当地语言传媒，开展与东盟公众的交流和互动，把"海丝"精神传统的单向宣传变为多向沟通交流，内容上应要做到"入乡随俗"，使之易于被东盟民众接受，这有助于化解东南亚社会的疑虑。同时，应充分利用新型媒体开展公共外交，探索新型媒体外交路径，可以尝试"微博外交""微信外交"等新方式。依托微博、微信平台，一方面向世界发出声音，向东盟发出声音，传递中国想传递的信息，掌握外交的主动权；另一方面通过这个平台，华侨华人与东盟各国公众直接互动，可以更直观地了解东盟各国公众对中国的看法，可以提醒我们先前缺乏关注的方面。通过这种方式，还可以监测舆情、引导舆论。此外，"微博外交""微信外交"等新方式可以展示中国政府在外交领域的适应和创新能力，树立良好的国家形象。

第三，依托文化产业发展，实施"海丝"文化"走出去"。实施"海丝"文化"走出去"，是促进"海丝"文化在广大海外侨胞中间的传承，增强中华民族凝聚力量，进而提高中华文化"软实力"的重要途径。一方面，国内应该定期组织一些"海丝"文化交流活动，尤其是要组织有规模、有影响，能够代表国家水平的文化艺术团体前往东南亚举办大型文化活动，并逐步形成常规化。另一方面，要发展当地"海丝"文化产业。发展"海丝"文化产业，必须拥有一大批高端的创意人才。东南亚华侨华人群体文化创意人才济济，他们多处在全球化最前端，对东南亚需要什么样的"海丝"文化产品有着很好的把握，因此国家应该出台相应的政策，开放领域，与华侨华人文化创意人才合作，创作"海丝"品牌的文化产品，如反映海上丝绸之路历史的电影、戏剧、音乐和动漫，出土"海丝"文物和东南亚历史遗迹的光碟和视频，举办"海丝"文化艺术活动等。通过与本土化有效结合，以侨社和当地社会需要为导向，使更多的中华文化和"海丝"文化元素潜移默化地进入当地主流社会。

第四，充分发挥华侨华人社团在东南亚传承和发展"海丝"文化的作用。具体来说，支持和协助华人社团在当地社会举办有关海上丝绸之路的论坛、学术会议，进行不同文明之间的对话，以展现"海丝"文化的特殊魅力。同时，通过华人社团组织网络及华商经营模式，与华侨华人社团共同举办中华民族传统节庆，如春节、元宵、端午、中秋，以及舞狮、舞龙、赛龙舟、杂技、武术表演等民俗节庆娱乐活动，融入"海丝"文化的内容，以拓展"海丝"文化的影响，加深新生代华人和其他族裔对海上丝绸之路建设的了解和认同。在此基础上，形成一种有利于中国国家形象的公共舆论，借以间接影响到居住国政府的政策决策，终而改善对华政策与形象认知。

另外，国家应当重视东南亚海外华侨华人（或华裔）博物馆、海上丝绸之路博物馆，以及侨乡文化博物馆，如妈祖信仰、客家土楼、侨乡饮食文化、侨乡书画博物馆的建设。通过与东南亚华侨华人社团合作，在各国创办各种类型博物馆，收集当地的族谱、侨批、信件以及与"海丝"、侨乡文化相关文物，来展现海上丝绸之路的历史和海外华人的移民历史、创业经历、生产生计、宗教活动、文化传承以及与侨乡的关系，宣传展示华侨华人发展历史和精神文化；并将文化事业与文化产业相结合，为华侨华人提供丰富的文化产品和文化服务。借力博物馆的平台，与华侨华人展开互动，激发华侨华人的民族自豪感和自信心，凝聚广大华侨华人对祖（籍）国的向心力，继续弘扬中华文化，在当地社会宣传"海丝"的历史和文化，更好地发挥"牵线搭桥"的作用，为海上丝绸之路建设服务。

第五，加强对华侨华人下一代的教育，传承"海丝"精神，强化华侨子女的认同感。国内从中央到地方，可以采取民间对口支援的形式，为相应的华文学校提供教育下一代的必要手段，如提供教材、现代化的教育手段等，使他们在学习之中强化对祖（籍）国、祖籍地文化的认识，了解他们的祖先在海上丝绸之路历史发展中的贡献，提升他们作为华人的荣誉感和使命感。在这个方面，应当借鉴日本的经验，大力开办海外华侨华人的远程教育。除了通过华文学校教育，还可以通过组织形式多样的文化活动来让华人子女体验中华文化的独特魅力，认知"海丝"精神，如开展中华文化寻根游、追寻郑和下西洋游、举办东南亚中青年中华文化研讨班、青少年海上丝绸之路夏（冬）令营等。通过这些活动，培育华人学生对中国的亲近感情，自觉成为传承弘扬中华文化和"海丝"文化的使者。

最后，海外华商也是中华文化的重要传播者，应进一步提升东南亚华侨华人的硬实力。软实力要有经济实力作为基础和支撑，增强东南亚华侨华人的经济实力也意味着他们软实力的增强。无疑，新海上丝绸之路建设使东南亚华侨华人经济获得了新的发展机遇，华侨华人经济在东南亚占有优势地位，打造中国—东盟命运共同体应优先考虑打造中国—华侨华人经济共同体，使他们分享"海丝"建设的红利。一方面，国内应当为华侨华人提供更多的商业合作机会,促进海外华人企业的发展,以此引导国际社会对华商的重新认识,提升中华民族的国际形象。另一方面,鼓励有实力的国内企业,实施"走出去",通过投资海外华人企业,加速有发展前景的华人企业快速成长。同时,海外华人企业的发展,也意味着他们有更雄厚的财力和资源投入文化产业,把中国文化介绍到海外,宣传中国的软实力,带动"海丝"文化建设。

结语

东南亚国家是建设21世纪海上丝绸之路的关键,中国除了运用"硬实力",发展与东盟国家更紧密的经贸关系之外,还必须运用"软实力",提升中国在东南亚的形象,增强双方的战略互信,以化解某些人士的疑虑。而中国拥有在东南亚丰沛的侨务资源,借力东南亚华侨华人,提升中国软实力,是推动"海丝"文化传播的有效途径。因此,如何更好地利用东南亚华侨华人社会经济文化资源,充分发挥华侨华人在海上丝绸之路建设中的独特作用,以多种形式拓展公共外交,展开"迷人攻势"(charm offensive),传播中华文化和"海丝"精神,"构建善意的国家形象"[1],营造对华友好的公众舆论,以影响所在国政府政策,推动海上丝绸之路文化建设,应当成为我国政府和民间共同关注的课题和战略。

---

[1] Joshua Kurlantzick,*Charm Offensive: How China's Soft Power Is Transforming the World*,Yale University Press,2007。

"一带一路"起源地文化电商的商业模式
——以湖南铜官窑为例

宋湘绮／中南大学

一、任何文化都会有它自己的起源，湖南铜官窑（中国唐朝彩瓷的发源地）故事资源创造成起源地文化IP有巨大品牌价值。

二、"君生我未生，我生君已老，君恨我生迟，我恨君生早。"这首诗出自铜官窑的一件青瓷执壶。以反映人性的爱情故事创造湖南铜官窑的起源地文化IP，创作20集《君生我未生》系列微电影，打造铜官窑品牌。

三、电商目前遭遇两大困境：一是假货；二是降价竞争。解决之道：以"起源地文化电商"取代电商。以铜官窑系列微电影，打造湖湘特产自有品牌——铜官窑，包括中国红瓷器、湘绣和菊花石雕，以及湘菜美食。

四、电商和文化电商：比如一件衣服，直接在网上卖的是电商，但如果把衣服先做爆款IP《君生我未生》里主人公穿的衣服再来卖，那就是文化电商。

五、《君生我未生》系列微电影。创新商业模式：（1）每8—10集可改编成大电影。每集有一个戏剧冲突，既可独立观赏，又有连续性。培育自有IP，可院线播放，可卖给电视台，亦可网络播放点击分成，全面发掘其商业价值。（2）可实现线上线下波动式产品植入，其一，首先设计一款互联网上销售的铜官窑"湘君"瓷器，落地一个互联网电商通道。然后艺术性创造《君生我未生》微电影，在互联网上促成迪士尼式的无边界传播，植入线上衍生产品可实现传播销售。其二，微电影主角提前签约做产品的代言人，销售与明星分成。其三，微电影植入铜官窑文化体验中心场景，线上也同时卖衍生产品。线上线下互相促销。

六、起源地文化电商的六种收入：一是植入铜官窑自有品牌实现销售。二是培育自有IP，将微电影系列化，改编《君生我未生》电影也可盈利。三是可以植入其他起源地3—4种品牌，共享，还可植入本地背景。四是明星经纪收入。五是改编大电影。六是主题公园、文化地产收入。投入200万—300万元，采取投资接力的方式融资。

七、以湖南铜官窑 IP 微电影商业模式运作为试点，"一带一路"全线各地可分别打造各自起源地文化 IP 和衍生品，通过深度体验和轮转消费，开辟数字时代丝绸之路创造性转换和发展的线上、线下双轨发展路径。

泰国南部地区海上丝绸之路的文化意义及城市发展

他拉翁·斯里苏查特／泰国

本论文将全面回顾泰国南部地区过去到现在的文化及社会发展过程。由于海上丝绸之路的贸易和文化联系，泰国南部地区实行对外开放，由之产生的发展方式的巨大变化给民众带来了一定挑战。当地人学会了如何汲取外来文化和技术，并将其加以调整，便于社区或社会的发展。从地理位置上看，泰国南部主要包括一个大半岛，西邻安达曼海，东临泰国湾和中国南海。贸易方面，位于西面的印度、中东和欧洲及位于东面的中国和日本对泰国南部地区古迹考古和历史遗迹的影响颇深。该地区出土的源自中国的青铜材料，证明了一个理论，该理论认为，泰国与远东（中国）联系的建立时间，对外来传统的吸收时间，都要早于西方国家。不过，该地区与印度—罗马贸易网络的联系，甚至对现在的宗教信仰、书写方式和形成各州和王国的早期部落的政治文化产生了影响。14世纪以来，泰国各州与中国而非西方国家建立了强大的贸易—外交关系，中国移民数量大幅增加。泰国南部地区是海上丝绸之路上第一个中国移民定居地，中国移民带来的传统与当地传统相融合，在城市发展的不同时期发挥着作用。17世纪以来，伊斯兰和欧洲艺术与科技传入泰国。不同的传统相互融合，并在城市化建设中有所体现，其中的一些建筑被视为国家文化的象征，需要在目前正在进行的城市快速发展中加以保护。

中西文化交流视野下的敦煌学

王晶波／兰州大学

本文试图从文化心态与文化交流的角度，重释百年以来敦煌文化学术的发展历史。因中外往来而产生而繁荣的敦煌，也曾因往来中断而衰落沉寂，最终在新的世界文化交往中，成为丝绸之路上沟通中西、连接古今的重要文化坐标。百余年来敦煌文化学术的发展，也和两千年的敦煌历史一样，深深受到中外文化沟通交流的制约影响。归纳起来看，作为中国现代文化学术重要组成部分的敦煌学，其百余年来的发展历史，可划分为文化失守、文化保护（保守）、主动出击三个阶段，这三个阶段同时又分别对应着自卑退让、保守自立、自强自信三种不同的文化心态。敦煌学百余年来的兴衰历程，从一个侧面证明了"一带一路"国家倡议的提出，是中国国力强盛与文化自信的必然产物。作为改革开放以来率先走向国际的学科，敦煌学也必将在"一带一路"倡议的实施中发挥重大作用。

一、文化失守与敦煌学初兴

敦煌是丝绸之路上的一个重要节点，它与丝路相伴而生，兴衰与共。从西汉至宋元的一千多年中，敦煌在沟通中西的道路上发挥着重要作用，成为华戎交会的一个重镇，它的兴衰命运也与这条通道紧密相关——当丝路畅通，国家强大，它就繁荣发展；当丝路中断，动荡纷乱，它就衰败落寞。汉唐之间是敦煌发展的辉煌时期，元明之后，随着陆上丝路的中断，它也被世界遗忘，湮灭于历史的尘沙之中。敦煌再一次被世界瞩目，也同样是因为这条古老丝路的再次连通，焦点则是莫高窟藏经洞文献的发现与流散。

中西陆上交通在中断数百年之后，在一些西方学者及探险家的关注下，得到了"丝绸之路"这样的命名，重新引起关注，不过，这时丝路的"重新发现"却是由西方国家所主导,西方列强沿着丝路由西而东,挟强大的经济、军事、科学优势,对衰落的东方古国进行文化侵略与劫夺,使中华文化一再退让与失守。

20世纪初的敦煌文物文献流散的惨痛现实,激起国人长达一个世纪的强烈文化反应,也从另一面为中国文化学术重新走入世界开启了路径。敦煌学产生与发展的过程,也正是中国现代文化学术形成乃至确立的过程。敦煌文献的发现及敦煌学的建立,为中国传统学术向现代学术转变,提供了一个重要的契机。但这个契机的出现,却伴随着太多的遗憾与伤痛。

从敦煌学的角度来讲,这一阶段的文化失守,首先表现在敦煌这个汉唐时期的丝路交通重镇、文化重镇,长期沦落为文化荒漠与游牧之地,直至清初才重新设县管理,但人口稀少,民生凋敝;其次,与敦煌密切相关的新疆地区的文物文献被俄德英法等国探险家大量劫夺,而藏经洞文献由王圆箓发现并保管数年,看守文化高地的角色,落到一个没有文化的道士身上,也同样是文化失守的表现。

19世纪末20世纪初,正是中国传统社会风雨飘摇之际,封闭许久的国门,在西方列强坚船利炮的打击下已然洞开,清王朝的专制统治也行将崩溃。虽然一些有识之士已经看到世界发展的大趋势,并努力呼吁,但整个社会及学术文化界,仍处在与世界隔绝的状态中,在巨大惯性的主宰下,麻木昏聩,苟且偷安。国力衰弱、文化落后,导致整个民族产生一种强烈的挫败感与文化自卑心理,文化失守在所难免。

所以,当王道士打开密藏千年的藏经洞,并把这一消息报告官府之后,并没有引起社会的关注与重视,无论是当时的安肃道道台廷栋、敦煌县长汪宗翰,还是甘肃学政叶昌炽等,他们都先后得知了这个消息,并看到了藏经洞所出写经及佛画,虽然也赞叹其珍贵精美,但囿于观念的陈旧及学识眼力,均未能认识到这一发现的伟大意义,甚至连被称为"近代图书馆鼻祖"的缪荃孙在亲耳听到伯希和所说藏经洞消息后,也只是把它当作一件"奇闻"来看待。这些堪称社会知识精英的学者、官员都未能认识到藏经洞文献的意义,也未有一人对实际情况进行认真的调查了解,说明当时的中国文化学术界,确实已处在一种极度僵化守旧的境地,不仅远远落后于世界与时代,不了解时代学术潮流与学术的内容,也失去了鉴别其价值的能力,甚至失去了进一步了解的兴趣和行动的意愿，自然也就不会去保护这些珍稀的文物文献。

故而，当西方考古家、探险家在新疆大肆挖掘古墓，盗割精美壁画时，人们毫不在意，甚或提供便利；当斯坦因、伯希和将敦煌藏经洞的宝物捆载而去时，学界浑然不觉；当西洋及东洋学者在书肆旧家广泛搜购古本时刊之际，人们仍视而不见；更有甚者，当1910年清政府将劫余的敦煌文献调运回北京，沿途屡经大小官吏豪绅的窃取，到京后又遭李盛铎、刘廷琛等官员的公然盗窃。凡此种种，其实都在说明一个事实，在政治、军事、文化屡遭挫败的背景下，整个社会没有文化自信，没有文化保护，有的只是一再的退缩与失守。

可以说，敦煌文献文物被斯坦因、伯希和、鄂登堡、吉川小一郎、华尔纳们劫掠而流散国外，这个历史罪责，更多应由那个时代、政府，以及知识文化界，甚至全社会来承担。王圆箓只不过是那个具体经手的人而已。历史选中他作为那个文化失守时代的象征，也算是他的不幸吧。

中国学术界对敦煌文献的正式认识，有赖于东西方学人的一次交流。这就是1909年秋天法国探险家伯希和与中国学者在北京的著名会面。这次文化交流的实质成果有三：（1）中国学界正式认识了敦煌文献，并立即开始相关研究；（2）了解到藏经洞的情况，清廷学部将劫余写卷提调至京加以保护研究；（3）开始了法国汉学界与中国学界的资料交流与研究合作。以这三项成果为基础，中国的敦煌学研究从此起步。

这次文化交流在中国文化学术史上实在应该大书特书，它的重要性仅次于王圆箓开启藏经洞，正是有了这次交流，敦煌文献才正式为中国学界所知，也才有了后来的敦煌学。因而可以说，敦煌学研究从一开始，就和国际文化学术交流密不可分。

若说敦煌文献被劫夺有什么正面意义的话，那就是让国人真切认识到敦煌文献的重要，刺激起国人的爱国热情，奋起保护文化遗产，并尽力对之进行研究。

二、文化保守与敦煌学的发展

在敦煌学初兴后的数十年中，在文化危机和失守的背景下，国人从文化、学术、对外交往等不同方面，被迫融入世界、学习西方的同时，也对石窟壁画、文献文物进行积极的保护与研究。

如果说敦煌学初兴阶段的研究，还只是一些学者个人的自觉行动的话，民国建立后，越来越多的组织单位或派人去巴黎、伦敦转录拍摄敦煌文献，或对国内所藏劫余文献进行编目整理辑存，或由政府组织对莫高窟的调查编号，都表明敦煌学研究逐步进入了一个有系统有组织的阶段。1944年国立敦煌艺术研究所的成立，标志着以敦煌为首的文化遗产的保护与研究正式纳入国家文化教育事业的范畴。1949年以后，同样坚持国家对文化遗产保护研究的统一领导，为敦煌学研究创造了良好的客观条件，尤其在敦煌莫高窟保护方面取得了前所未有的成效。

这个阶段的敦煌学研究，虽然经历了中国社会发展与政权交替的历史过程，但就其实质而言，可以概括为文化坚持与文化保守。

敦煌学发展中一个不可忽略的动力，就是爱国主义与民族主义精神。早期的罗振玉、王国维、王仁俊、董康等人的研究及推动有此因素，后一阶段的学人也同样怀着爱国的情怀。无论是刘复、王重民、陈寅恪、陈坦、向达、姜亮夫的历史、文学、文献研究，还是黄文弼、向达、阎文儒、夏鼐等人的西北考察考古活动，或是贺昌群、何正璜、卫聚贤、谢稚柳等人的艺术研究，以及王子云、吴作人、关山月、张大千等人的壁画临摹与艺术考察，其根底里，都有世危时艰的情况下抢救保护祖国文化遗产的初衷，这个动力支撑着几代学人或远涉重洋，去欧洲抄录文献拍摄照片，或在国内整理劫余文献，或冲沙冒雪，去敦煌临摹壁画，在艰难条件下不断取得成就。民国的短短几十年中，敦煌学与中国现代学术能够全面进步，从学术体系的创立、研究领域的拓展，到研究资料的取得与运用、研究方法的创新，等等，除了时代潮流、国际交往、学术自身因素等方面的影响之外，爱国情怀与民族主义精神同样是不可忽视的因素。而爱国主义、民族主义最主要的核心，就是对本民族文化传统的继承与保守。

这其中一个突出的代表人物，就是常书鸿。他在巴黎了解到敦煌莫高窟及其艺术，受其吸引而回到战乱中的祖国，在极为困难的条件下受命组建敦煌艺术研究所，从此便守护在敦煌莫高窟，从事敦煌艺术的研究与保护，无论家庭变故还是世事变迁政治动荡，都未能动摇他的决心。他后来被誉为"敦煌的守护神"，"守护"二字，正贴切地反映出那一时代敦煌学以及中国文化学术研究的实质使命。

1949年至"文革"前的一段时期，在激进的建设社会主义新文化的目标下，敦煌学与中国现代学术的发展，实际上也同样表现出文化保守的特点。首先，伴随着对帝国主义文化侵略掠夺的批判，敦煌劫经史成为重要的爱国主义教材，包括斯坦因、伯希和、鄂登堡、华尔纳在内的外国探险家的文化劫夺行为一再受到揭露与批判。其次，敦煌学研究的中外合作交流也大多中断，中国学者在一个逐渐封闭的条件下进行独立研究。再次，研究领域较前有所收窄，一些领域如宗教信仰等方面的研究成为禁区，诸多成名学者的研究未能在以往基础上继续拓展，而是集中在对早期已有成果的结集出版与修订上。有关文物保护、考古、史地、语言、经济、社会和科技史料等方面的研究取得了进步，尤其是敦煌莫高窟得到全面的加固维修，一改以往任其颓圮的局面，是当时最重大的保护历史文化遗产的举措之一。

比较极端的"文革"时期，中国的学术研究，包括敦煌学在内，几乎全都趋于停顿。因此也就谈不上什么特点。

可以说，在敦煌学从起步初兴后的五十多年发展中，无论是民国时期还是新中国改革开放之前的时间里，无论在前期国际交流合作条件下敦煌学的全面展开推进，还是在后来隔绝封闭下的局部深入，构成其总体基调与特点的，就是对民族文化的坚持与保守。这比起前一阶段的不自信与失守，无疑是一个进步。

三、文化自信与敦煌学走向世界

1976年之后，伴随着中国社会整体的改革开放，国人认识到与世界的差距，中国的文化学术从不同的方面奋起直追。在这个过程中，作为人文学术领域中最先具有国际学术视野与国际交往的学科，敦煌学也就率先成为中国文化走出去的代表与先锋。

敦煌学重建时期，正是中国改革开放之初，敦煌学重建也与中华民族的复兴紧密联系在一起。如果说前一时期敦煌学研究的重要动力是对"伤心史"的回应，这一时期的动力则是对所谓"敦煌在中国，敦煌学在国外"说法的回应。这种回应，表面看来虽然仍是爱国主义的表现，但实质上已经超越了普通意义上的爱国主义，随着改革进程和国家的强大进步，这一时期不再将敦煌看作一个孤立的文化遗存，而有了更加广阔的胸怀与视野，将其看作整个丝绸之路上中西交通的一个节点，是中华汉唐文化强盛、繁荣、包容、开放、进取的象征。三十年来，敦煌在中国文化与中国人的心中享有如此高的地位，也和中华民族渴望复兴的愿望和对它所象征的这些精神的向往有关，也就是在这种背景下，人们再回头看百年前的劫夺史时，心态不知不觉中已变得平和了许多，不再只从一国一族出发，而是从人类的角度全面看待敦煌文化，这是中国恢复其大国文化自信，走向民族复兴的精神自信的表现。

出于这种回应，中国的敦煌学从国家到学者个人都显示出极大的热情与自觉，很快完成了敦煌学研究从恢复到重建的进程，并逐渐步入全面繁荣的新时期，在历史、文学、文献、语言、艺术、考古各个领域都有可喜的进步，走到了世界领先的位置。

以敦煌与敦煌学为核心，国际的交流合作分别在不同层面不同领域广泛展开。作为中西交流的文化标志，有关敦煌历史、文化、艺术、文献等各方面的成果，在世界范围内受到欢迎与喜爱，如大型舞剧《丝路花雨》率先走出国门，从文化艺术的角度带动了世界对敦煌及敦煌艺术的关注与热爱，成为展示敦煌文化艺术的使者，为中外文化交流打开了道路；敦煌文物壁画在国内国际的巡回展览，已经成为中国文化艺术的代表，走入欧美的大型美术馆，令世人更真切地感受敦煌的魅力。

学术研究的交流，也自20世纪80年代起就广泛开展于中外学者与团体之间，各种敦煌吐鲁番国际学术研讨会成功举办，参加者十分广泛，不仅是早期就有敦煌研究传统的国家地区学者，如英法日俄德韩及中国学者的参加，近年随着"一带一路"倡议的提出，广大丝路沿线的中亚、西亚及东南亚国家学者也积极参与，使得这一学术影响迅速扩大加深；各国敦煌文献文物收藏单位通力合作，在中国国内出版了绝大部分的敦煌吐鲁番及黑水城文献图册，特别是近年通过国际协作，建立了"国际敦煌项目：丝绸之路在线"的国际网站（IDP），"目标是使敦煌及丝绸之路东段其他考古遗址出土的写本、绘画、纺织品以及艺术品的信息与图像能在互联网上自由地获取，并通过教育与研究项目鼓励用户利用这些资源"。这是老一辈敦煌学研究者所不能想象的一个巨大进步,当人们在互联网上自由获得这些收藏于不同国家地区的材料并进行研究时,谁还能说敦煌学仅仅属于一个国家、一种文化,而不属于全世界?这正说明,最好的遗产保护,就是使其重获世界影响,成为世界人民的共同财富。

学术研究组织机构的完善与提升,人才培养系统化。1983年敦煌吐鲁番学会的成立,敦煌研究院、一些大学及科研单位专门研究机构的建立,使敦煌学的研究走上了专业化、系统化的道路,培养了大批后备力量。

在各方面都取得了一些堪称集大成的学术成果。资料方面,如大型敦煌石窟与壁画图录的编纂,以及英藏、法藏、俄藏、日藏文献和国内重要收藏单位藏品的影印出版之外,分类文献的整理释录也取得众多成果,国外学者的研究成果也都比较及时地得到译介;研究方面,在新老学者的共同努力下,敦煌研究的领域得到充分拓展,在历史、文学、文献、语言、艺术、考古、宗教等各个方面取得新的进展与成果,彻底改变了"敦煌在中国,敦煌学在外国"的局面,做到了"敦煌在中国,敦煌学在世界"。

这时的敦煌学研究,将反思传统与回应西方结合起来,将证明过去与阐释当下结合起来,在改革开放意识形态下,着重强调敦煌文化所体现的强盛、开放、丰富,强调民族的融合与中外文化的交流。敦煌及敦煌研究不仅成为中外文化交流的一个途径,也成为海峡两岸文化合作的一个平台,对增强中华文化凝聚力与民族发展融合具有特殊的意义。

改革开放的30多年,经过几代学人的努力,中国最终走出文化自卑与文化保守的阶段,勇于走出去与国际学术文化接轨,敦煌学不仅成为中外文化交流融合的象征,敦煌也成为世界文化遗产的瑰宝。

在这个过程中,"中华文化的伟大复兴"目标为敦煌学发展提供了新的动力。从文化失守、文化保守到文化复兴,这是个很大的转变,其中隐含着社会文化心理由不自信到保守再到自信的重大变化。

而在国力增强、经济文化建设取得重大飞跃、中华文化重新获得生命力的今天,"一带一路"倡议的提出,可看作三十余年改革开放的必然结果与趋势,是摆脱一百多年来落后失败的阴影,重振中华文化自信的体现。在"一带一路"倡议中,作为中国现代文化学术重要组成部分的敦煌学,也必将在其中扮演一个更重要的角色,发挥更大作用。

海上丝绸之路与城市文化发展理念

洪世键／泉州市木偶剧团

泉州是"海上丝绸之路"的起点，泉州"海丝"文化充满了民族传统特色和浓郁闽南本土气息。历史文化、民间艺术、地方戏曲、民俗风情和各国宗教文化在泉州并生共存以及中外风格各异的建筑造型艺术糅合交融、多姿多彩、交相辉映。

一座城市从文化景观到历史古街，从地方民居到文物古迹，从传统技艺到社会习俗，众多的物质和非物质文化遗产都是形成一座城市记忆的有力物证，也是一座城市文化价值的重要体现。

历史的积淀和文化的凝结，是城市外在形象与精神内质的有机统一。一个城市的文化发育越成熟，历史积淀越深厚，城市的个性就越强，品位就越高，特色就越鲜明。城市文化不断积淀与发展形成了城市的文脉，城市的文化资源、文化氛围和文化发展水平在一定程度上体现出城市的竞争力。

目前，泉州市委、市政府重视西街片区的开发建设，通政巷的泉州木偶剧团老团址和苏廷玉故居相继对公众开放，开展公益性活动。为中外步行旅游者及市民提供了文化展示和文化服务，使游客感受泉州古城传统文化的精彩，将成为古城文化复兴的有力推动。几年前，晋江五店市传统街区的整体保护，彰显了城市的文化魅力，促进了旅游业的发展，提升了城市在国内外的影响力。

因此，以文化优势打造管理特色，以文化品位塑造城市形象，是增强城市个性魅力与竞争力的必然选择。在城市中注入人文内涵，注重文化创新理念，必将引领城市未来发展方向。

敦煌：丝绸之路文化融合的圣地

张炳玉／甘肃省文化促进会

毋庸讳言，中国人取名的智商，确有鬼使神差的超常。人名地名，山名水名，甚至一条街名，一道茶名，简直就像一首诗，一幅画，一曲情韵柔绵的抒情乐章，既富义广远，又令人神往。就连孤居戈壁的西部边塞小城敦煌，也被一个极富煽情意味的好名字，喊得不禁让人频发奇想："敦者，大也；煌者，盛也。"《汉书·地理志》便是这样阐释其义的。

敦煌，名副其实。敦煌壁画、雕塑、经卷、古谱等等，遍布在从前秦建窟之后历经十六国至元十多个朝代惨淡经营的莫高窟大大小小一千多个洞窟之中。它既是"西天"佛教在中国生根的实证，又是佛教艺术东方民族化的文明象征。其中每一笔线描、每一方色块，甚至每一尊雕塑，都反映着我国古代西部各民族人民的共同心血的凝聚和天才的艺术创造，由此又为我们树建起一门深沉、博大的无止境的学问——"敦煌学"。

的确，敦煌佛教艺术，无论壁画、雕塑，还是经文古卷，无不散溢出东方式的美与和谐。这是因为，敦煌艺术毕竟有它自身地域的人文环境作为生存空间，这种生存空间，在其壁画与雕塑的创作绘制过程中，必然成为激发艺术灵性和悟禅观照的现实契机，即便它最初带着某种外来文化印记的成分，经过一千多年的历史摩挲，中华民族精神的不断渗透，以及印度文化、西域文化、凉州文化、中原文化、魏晋文化、隋唐文化与敦煌地域文化长期碰撞、融合所形成的"合力"，最终才熔铸成今天如此伟大的东方佛教艺术精品。

一、印度文化的印记

印度文化怎么传入中国？在西汉时，汉武帝派遣张骞出使西域，张骞对西域的"凿空"为中国乃至世界开辟了一条沟通东西方经济和文化的通道——丝绸之路。印度的佛教文化，正是通过这条以山道、沙漠铺陈的文化流播线传入，而这个传入首先要在敦煌入关集结。敦煌自然成为接受印度佛教艺术的"近水楼台"。

印度艺术是印度文化的重要组成部分，尤其美术，已有五千多年的历史。其中佛教美术，经过孔雀王朝、巽伽王朝、安达罗王朝、笈多王朝、贵霜王朝及莫卧儿王朝和南部印度诸王朝的各自发展，形成不同的流派，并在寺庙建筑、石窟建筑、宗教雕刻及工艺美术等方面各树一帜。其中，对敦煌艺术产生过直接影响的则是古印度犍陀罗雕塑艺术。犍陀罗雕塑由于受到希腊雕塑艺术的影响，着重表现以菩萨为代表的女性人体美的三屈式范式，以及超然于世外的自信表情，使菩萨、低级神灵和世俗人物的塑像更接近于现实。总的造型特点是体态丰盈，一臂裸露，在强烈的衣纹质感中透出细嫩刚健的肌肤，笑容含蓄而极有克制，鼻高眼细，头发呈波纹状，眉毛弯曲并与鼻相连，故有人称为"希腊式佛教艺术"，也有人称为"印度感情和希腊美的协谐结合"。比如莫高窟275窟中十六国晚期所塑3.4米高的一尊交脚弥勒彩塑像。头上三珠宝冠巍峨，发绺长垂，面相丰圆，眉目疏朗，鼻隆唇薄，神情祥和而温静，胸前饰璎珞，上身半裸，腰束羊肠裙，裙上贴敷泥条和阴刻线，用以表现薄纱透体的丝绸质感，交脚坐于双狮座上，深厚的造型和双狮座形式，使犍陀罗佛教雕塑风格表现得十分明显。但此类作品，大都出现在北凉、北魏、西魏和北周早期莫高窟初创阶段，到了北魏，有些次要作品还有用拓模影塑的。其手法简率概括，色彩明快，比例虽欠匀称，却不失古朴风貌，但主要塑像如弥勒佛、释迦说法、禅定、降魔、释迦多宝佛和释迦装的弥勒佛、菩萨像、飞天等，却明显体现出古印度犍陀罗雕塑艺术风格的印记。

二、西域文化的印记

西域，汉时指现在玉门关以西的新疆和中亚细亚等地区。敦煌莫高窟凿建初始，西域禅僧纷纷前来朝拜，如西域禅师昙摩密多（Dharmamitra，355—422），在南朝宋时便经龟兹而至敦煌，居莫高窟修禅并教授禅法，带出了一批颇有造诣的敦煌禅师；十六国北凉时期，中天竺僧人昙无谶（385—433）经龟兹也到敦煌，从事译经。另外有龟兹高僧佛图澄，也于十六国后赵时期到了敦煌，弘传佛教；月氏高僧竺法护，也在莫高窟居寺修行，后来又往来于敦煌、长安、洛阳之间，从学僧俗多达千余人。

此外，在敦煌从事商贸的西域诸国商贾，也多为佛教弟子，他们常带西域雕塑和绘画艺人，经常为莫高窟捐募修缮绘画，塑造金像，以表其佛心的忠诚。这些西域禅僧、商客和绘画艺人们，都将西域的文化印记，带入敦煌壁画和雕塑之中，从而在敦煌壁画和塑像的早期作品中，明显体现出西域风格的影响。这在北朝初期所绘制的作品中尤为突出。

西域绘画、雕刻总的风格是：人物比例短粗，面相丰满，并以土红色为基本色调，体现出粗犷厚重的特点。莫高窟254窟北壁中层西端北魏所绘《尸毗王本生图》，是以《六度集经》和《贤愚经》为依据，画释迦牟尼成佛之前曾为尸毗王时，为救一只鸽子而将自己的肉割给老鹰啄食的故事。画面上割肉的场面居中，上部画老鹰追鸽，右面画惊惧哀恸的眷属，左面画众臣民敬仰赞叹，左下一人持秤、一人持刀正从尸毗王腿上割肉，空中飞天飞翔。壁画采用了独幅画的构图，将复杂的内容高度浓缩，主题突出，情绪悲壮，结构严密，造型生动，具有强烈的艺术感染力，其人物造型和绘画作风明显具有西域风格的特点。

莫高窟257窟西壁中层的《鹿王本生图》，也系北魏早期作品。根据《佛说九色鹿经》描绘了这样一个故事：九色鹿从恒河中救起一个溺水之人，而溺水人却贪图富贵，背约告密，并带领国王前来捕鹿，鹿见王后慷慨陈词，诉说溺人忘恩负义，国王深受感动，斥责溺人，并下令保护九色鹿。

画面以横卷式结构，从两端向中间铺陈。南端为开始，以鹿王救溺水者，溺人发誓拜谢为引子，然后又由北向南，依次画皇后说梦、溺人告密、溺人向导、国王出猎、鹿王陈词等情节。构图完整而富于变化，造型优美生动。敷色以土红为主，兼施石青、石绿等色，色彩深沉厚重，人物粗短丰腴，颇具西域绘画艺术风格的典型性。这组壁画，也是敦煌早期故事画中的杰出代表作品之一。

此外，莫高窟257窟南壁后部中层《沙弥因缘图》、428窟东壁北侧北周所绘《须达拿太子本生图》、275窟北壁中层北凉所绘《月光王本生图》等，都比较突出地体现着西域绘画造型和着色的风格。

西域绘画艺术，以北齐时西域画家曹仲达为代表，曹仲达系曹国人（今乌兹别克斯坦撒马尔罕东北），时任朝散大夫，工画人物，尤以"梵像"著称，其画熔古印度笈多式佛教造像手法与南朝袁倩、袁昂的艺术风格于一炉，衣服紧密，线条平整匀齐，既给人以平静肃穆的感觉，又带有浓郁的异国情调，被誉为"曹家样"和"曹衣出水"式。曹仲达这种西域与中原合璧的绘画风格，对北朝乃至隋唐时期的佛教造型艺术影响极大，尤其在当时"以禅绘画"学风日盛的情况下，对于敦煌壁画和彩塑的创作，自也难脱其窠臼。

三、凉州文化的印记

凉州，即今甘肃武威，西汉时又称姑臧。元鼎六年（公元前111年），汉武帝开辟河西，凉州为河西四郡之一。

据传东晋僧人释慧达，于北魏太武帝太延元年（435年）西行路过凉州，行至凉州番禾郡（今永昌）东北望御谷，遥作礼佛之状，预言当有瑞像出现，此事颇为著名，北周姚道安《制像碑》和1979年武威出土的《凉州御山石佛瑞像因缘记》都有详细记述，敦煌莫高窟就有以此编绘的壁画，故周保定元年（561年）特建瑞像寺。东晋孝武帝太元八年（383年），前秦将领吕光破龟兹，得龟兹译经大师鸠摩罗什（Kumarajiva，344—413），偕同东归，在武威译经讲法十六年之久。其弟子道融、僧肇以及智严、道泰、沮渠京声等及昙摩密多（Dharmamitra，355—422）诸多西域禅师，都是凉州东晋至北魏的早期佛学禅师，他们在弘扬凉州禅法方面，起了极其重要的作用。

凉州又是多次建国立君的古都之一。东晋及十六国时，张寔建立的前凉、吕光建立的后凉、鲜卑族首领秃发乌孤建立的南凉、匈奴族卢水胡人沮渠蒙逊建立的北凉，皆定都于凉州。加上公元400年汉族李暠在敦煌建立的西凉政权，这就是史称的"五凉"。

"五凉"政权十分重视文化建设，它们从中原引进了大批知识分子，甚至像曾任晋冯翊太守的陈留、济阳人江琼等，也纷纷弃官而投凉州，世居当地，著书立说。北凉政权任"博通经传"、时人谓之"宿读"的敦煌人阚骃任秘书考课郎中时组织三十多人，对凉州曲籍进行了大规模的整理，"典校经籍，勘定诸子三千余卷"。"五凉"时期的儒学作品和佛教翻译最具特点，这就是在我国文学艺术史上占有一定地位的"五凉文化"。

"五凉文化"的最高成就便是"西凉乐"，西凉乐舞在西北各民族音乐文化长期积淀、融合的大背景下，也很自然成为敦煌艺术宝库的重要组成部分。"五凉文化"中的许多著述和佛经译本，在敦煌莫高窟中得到较完整的保存，从目前所发现的敦煌遗书中，就有与西凉乐有关的古谱和自汉至宋之间的各种文卷多达6000余卷。在构建敦煌艺术的历史过程中，雕塑、壁画、经译、建筑等各个领域，无不打上凉州文化的深深印记。这一点，我们可以从莫高窟148窟北端《东方药师变》、南壁《观无量寿经变》以及156窟南壁东起第三幅《思益梵天请经变》等壁画所绘大型乐队编制、排位上，十分清楚地看到它直接以"五凉文化"之一的"西凉乐"演出情景为其生活依据的写实迹象。

四、中原文化的印记

狭义地讲，中原系指我国黄河中下游地区，包括河南大部、山东西部和河北、山西南部等北方诸地。

中原文化是中华文化的主体，这不只因为黄河流域是我们中华民族和中华文化的发祥地，更在于自周秦以降三千年，中国历代各朝的权力中心总在北方移动，尤其自秦至唐的一千多年，长安一直作为历朝国都，充当激活与调控全国政治、经济、文化脉络的心脏。各地的丝绸、瓷器等，首先在这里集结，然后经丝绸之路运往世界各地，各地的文化及其艺术也首先在长安得到繁荣发展再辐辏丝路沿线。而南方虽也曾有过一些朝代建都，却都因时间较短，因而没有形成经济、文化中心的地位。尽管唐宋以后，随着东南海运的开通，中国经济重心开始由北向南转移，特大都市在南方逐渐形成，崛起并形成以商业为中心的经贸交易网络，但从总体上看，以黄河流域为主干的中原文化，依然是中华文化的主体。

从广义上讲，中原文化又是中华文化的代称，因为，以河域为界的南北方之分，不过是同一民族、同一国度在生态环境上的区分而已，就南、北方传统文化本质而言，依然属于中华文化基础上的同质文化。正因为如此，当时的外国使节、域外商贾以及传教僧侣们，都以中原泛称中华。自然，中原文化与中华文化也就成为同一个概念了。

东汉以来，我国长安、洛阳、建康（南京）业已成为全国三大佛教胜地，并形成规模。它们各自拥有全国最权威的讲经僧和译经僧。比如东晋高僧法显，于义熙六年（410年）自天竺学法归来，便在建康瓦棺寺专门从事译经工作；东汉明帝永平十年（67年）中天竺僧人迦叶摩腾和竺法兰，以白马驮经和佛像来到中国，明帝于洛阳建造白马寺供二僧译经；十六国时，又有天竺高僧鸠摩罗什由姑臧（今武威）迎至长安，住进逍遥园西明阁主持译经，各地义学僧俗慕名汇集长安者达三千余人，形成庞大的译场，无形中推动着佛教在中国的地位和发展壮大。

佛教和道教曾以自己的教义吸引着广大信徒，也在人的灵魂深处产生过强大的震动和威慑力，但真正主宰中国文化两千年之久的仍是儒学。历代中原儒者都好为人师，深信通过"礼"与"乐"的统一，就可以和谐地处理人的性、情、欲，可以把自然的人（动物的人）提高升华到社会的人。正因为如此，历代敦煌佛教艺术的创造者们，甚至包括那些曾为敦煌创造洞窟、塑像、壁画做过贡献的王孙贵族、大小官吏、将军骑士、胡汉商贾、寺院僧侣等，都以塑、画供养人像为时尚，以使他们对佛祖积德行善的功业能够得到流芳百世的宣扬。另外还有没资格留名的历代塑匠和画师等，都接受过中原文化中的儒家礼乐观念，把人情与名教统一起来。从而自魏至元，朝朝代代都有沿袭凿岩镌洞塑像、绘画的"高台教化"传统。正因为这样，魏晋时期，中国的禅画艺术不只在实践上得到空前发展，在画论上也逐渐走向系统成型。仅东晋至南朝三百年间，南北方便相继出现了曹不兴、卫协、戴逵、顾恺之、宗炳、陆探微、张僧繇等一大批专以禅画为长的画家。这些画家无一不是当时领导佛画潮流的开山祖师，并直接影响着中国禅画的绘画艺术风格及其发展，北魏后期敦煌莫高窟的佛画及佛像，之所以能够从粗壮肥短的西域造型风格中摆脱出来，显然是南派画家陆探微"秀骨清像"画风直接影响所致。

敦煌莫高窟的雕塑与壁画创作，其人物的造型、神态、表情、服饰、冠式、发式以及楼台水榭、尾合虹桥、乐伎弹奏、飞天舞姿等，无不渗透着中原文化的影响。莫高窟220窟《维摩诘经变》系初唐作品，它以《维摩诘说经·问疾品》为主，杂以方便品、不思议品、观众生品、香积佛品等，描绘了文殊师利受佛之托，率众前去探视维摩诘病情，二人就佛教理论的有关问题展开辩论的场面。南侧画维摩诘手持羽扇，抚膝坐于帐内，身体前倾，虽带病容，但目光炯炯，情绪激昂，仍在提问。帐前听法的王子，服饰各异，实为丝绸路上各族商旅和外国使节的真实写照，也是顾恺之禅画理论"迁想妙得"以形写神之必然。323窟北壁上部左下侧所绘《张骞出使西域图》，汉武帝立马于华盖之下，群臣拥随，对面张骞持笏板拜别，无疑是大汉中原宫廷出行生活的真实描述，人物造型、服饰冠带，散溢出极浓的中原文化气味。100窟五代绘《曹议金夫妇出行图》，曹议金头戴展角幞头，身着红袍，侍卫和随从的装束打扮及歌舞场面，俱都出自中原。尤其歌舞场面，完全是中原民间歌舞的翻版。这为研究当时中原的音乐舞蹈、服装和民族关系，提供了可靠的佐证资料。

五、魏晋文化的印记

魏晋时期，正是中国绘画理论体制处于发展的一个高潮阶段，却受到来自佛禅思想文化的影响。当时，以道教老庄思想糅合儒家经义而形成的玄学风气，同样也由原来单纯的玄学含义融入了佛学精神，作为传统理想人格标志的"神"，已不再是单纯意义上的伦理道德观念，而是浸透着般若禅观追求人生解脱的意味。这种以玄学和佛学结合的内容，不仅体现着魏晋时期特有的文化风尚，同时也从当时佛教绘画的理论与实践中充分地展示出来，并为后来的"以禅论画"奠定了学术基础。

敦煌莫高窟正是在这样一个文化大背景下步入了它的初创阶段，洞窟建筑、佛像塑造、壁画绘制、经译誊抄等诸多艺术环节，开始全面启动，全面铺开。当时那些投身于敦煌佛教艺术的创造者们，差不多都是佛教的信仰者，他们不仅能够敏捷地感悟时代，捕捉时代思想的脉搏，而且绘画创作思想的要求又与其禅宗思想中的许多内容能够一拍即合，这就决定了敦煌佛教艺术的创作，不只是对某种偶像的崇拜与宣传，主要还在于乃是创作者们的为人准则、生活愿望和人文进步发展要求的一种反映。那些无名的艺术家们，都抱着"不是我为佛经转，而要佛经为我转"的禅宗主张以及"我之为我，自有我在"的创作思想，把"性善"与"本心清净"融为一体，投身于敦煌佛教艺术的创作之中。这一点，也许正是敦煌崇佛盛况可以衰亡，而敦煌艺术将与日月共存的原因所在。

就在敦煌莫高窟进入方兴未艾的初创时期，我国的绘画艺术不只在画科上已有了人物、山水、佛界画、花卉、禽鸟、走兽、虫鱼等细分，技法上也有了工笔、白描、双钩、设色、水墨等细别，尤其人物画，早在战国春秋就已达到相当纯熟的水平。到了禅宗与绘画相通的魏晋时代，传统的人物画、山水画等，皆倾向于禅宗佛像画，像顾恺之、宗炳、陆探微、张僧繇以及雕塑家戴逵等，都是绘、塑佛像方面声望极高的一代艺术大师。此外，绘画理论也正在初步完善的过程中。南朝齐代（479—502）肖像画家谢赫所著《古画品录》业已问世，他在"序论"中首先提出，绘画应该具有"明劝戒，著升沉，千载寂寥，披图可鉴"的社会功能，开宗明义地提出无论禅画还是佛像，其主要目的就是服务于宣教。与此同时，谢赫还总结出绘画"六法",即气韵生动、骨法用笔、应物象形、随类赋彩、经营位置、传移模写等,并以此作为人物画创作和品评的艺术标准,也为后世人物画创作奠定了理论基础。

敦煌壁画同样是在谢赫"六法"理论指导下的实践成果,莫高窟所有壁画都是为了宣教这一目的,全以人物肖像也即佛、菩萨、弟子以及供养人像为主体,即使辅以山水、花卉、禽鸟以及重楼、塔亭、虹桥、水榭等天然景观,也是为了渲染"西方极乐世界"一派歌舞升平的种种豪华与欢乐,同时,更加突出鲜明地衬托出佛与菩萨在画面中的主体地位,所以同样也是为了服务于宣教。绘画技法上,只注意用线条安安静静地描绘人物的主观意志和传神效果,却不大注重客观物象的准确模仿与科学把握,画面中的所有人物、山水乃至走兽,全都以轮廓勾勒,却不去细节刻画,屋舍楼台、殿堂水榭等,都采用界笔直尺划线的技法,然后在工笔白描的轮廓基础上敷以重彩。158窟《涅槃变》壁画中所绘众弟子的号啕痛哭,众王子的割肉、挖心,众菩萨超然出世的平静自然和无悲无怨的神态等,真可谓百人百相,心绪千变,然而同样只是以线条白描而成,甚至还有夸张变形之处,但是却把每个人物不同的主观意态表现得淋漓尽致。172窟《观无量寿经变》中的大殿、重楼、塔亭、虹桥等建筑群体,很显然是按着木尺以直笔画线勾绘而成,却又不讲焦点透视只讲散点透视。莫高窟早期壁画的这种构图方式与绘制技法,不正充分寓含着魏晋南北朝特有的强烈时代文化印记吗?

绘画如此,塑像同样如此,无论任何一个洞窟,佛与菩萨的塑像都占据着非常突出的主体地位,它们在佛龛的莲台宝座上居高临下,让所有走近它们的人们都得仰视,这种"经营位置"之法,同样是"迁想妙得"和"以形媚道"的张扬宣示,无不显现出一种高居兜率天宫之感。这一时期的塑像,多为单身佛或一佛二菩萨的组合格局,到了西魏、北周,佛像两侧除二菩萨外,增有二天王侍立,组成成铺造像,其中有坐像也有立像,除交脚弥勒像座为双狮座外,其余多置于汉式阙形龛内。造型上显受印度艺术影响,面形略方而饱满,眼鼓眉细、鼻梁高隆,发髻为波浪形,神情于端庄中微露笑意,温静和悦而又超然出尘,手法简洁质朴,体形粗壮而比例略欠匀称,却有浓厚的古朴风貌。到了西魏、北周,逐渐向面相清秀、眉目疏朗转化,体形也衍为平扁而修长,衣着也由斜披、上身半裸、腰束羊肠裙的印度文化造型渐渐改为内穿交领襦、胸前束带作小结、外套红色对襟大衣、足着高头履的中原服饰特色。莫高窟285窟的佛像塑像，便是由印度文化向中原内地南朝文化过渡移植的典型。这种塑像造型，显然受了当时士大夫阶层清峻、通脱、雅素审美观念的影响所致。

六、隋唐文化的印记

隋唐两代在国力上的强大和经济上的繁荣，不仅在中国封建社会堪称空前，在世界上也处于领先地位。尤其文化方面，在继承魏晋文化基础上，也有了很大发展，使中国出现封建文化的高峰，同时也是世界文化的高峰。隋唐经济与文化所产生的影响，使当时许多国家向往中国的物质文明和精神文明，形成了以长安为代表的文化交流中心和以隋唐特有的时代文化风尚。这种文化风尚，比之于魏晋，将具有更为深厚和广泛的内涵。正如日本学者所言："唐朝的文化，并不单是汉人的文化，而且夹杂着来自四面八方的外国文化，尤其夹杂着印度系统和伊朗系统的文化，这是很显著的事实。因此，留唐的日本学生和学问僧当然直接间接地受到这些影响，特别是奈良时代，印度、波斯、西域等地方人之经过唐朝前来日本直接传播文化，这是其他时代少有的例子。"日本学者的这一看法，说明隋唐文化不仅给日本文化打上了深深的印记，同时也对中国的佛禅艺术带来极其深重的影响。

禅宗经过汉魏六朝对儒道乃至诸子百家思想的大规模融入和吸纳，到隋唐时期已经摆脱般若性空理论的束缚，形成最具中国特色的简易直观的思维方式，成为具有中国哲学内容和艺术精神的中国佛教，尤其从人生解脱的角度融摄了玄学有关对无情与有情、形与神、名教与自然的争论，又以般若性空理论从哲学层面上完善了玄学宇宙本体的逻辑结构，从而直接导致禅宗与画论之间的双向影响的存在。

"以禅论画"作为绘画思想的阐发，一方面是作者通过对绘画艺术的思考，进而关心宇宙人生；另一方面是通过对宇宙人生的思考，进而反观绘画。从而使隋唐时代的佛禅壁画、塑像，十分清晰地显示出时代的文化和思想脉络。那就是，从佛禅宣教的角度讲，无论佛像还是壁画，都起着"文以载道"的工具作用，但从以艺术为中心的角度看，其塑像、壁画又不仅仅是"文以载道"的工具，还掺杂隐含着对大唐盛世的褒扬和歌颂。

莫高窟220窟南壁《西方净土变》壁画，系初唐所绘的一幅独幅画，虽然根据《佛说阿弥陀佛经》所画的净土变相，却含有故事情节，画面着重渲染"极乐世界"的种种豪华与欢乐。画中碧波荡漾，莲花盛开，阿弥陀佛结跏趺坐于莲台之上，双手作"转法轮印"，观世音、大势至二菩萨分列两旁，四周圣众围绕。七宝池四面平台曲栏，重楼高阁，琉璃铺地，纯金界道。中央平台上一对舞伎挥舞长袖，翩翩起舞。七宝池中一切自然生化，很多童子自莲花中出，或端坐，或倒立，或水中嬉戏。上部碧空，天乐飘荡，"自发妙音"，飞天起舞，遍撒香花，一派歌舞升平的景象，整个画面结构宏畅严谨，色彩绚丽，观之，让人不禁联想到唐都长安的太平盛世和临潼的华清池景观。这幅大型经变画，显然不仅仅是"文以载道"的禅理宣教，其中多少总包含着"文以载世"的功利成分。

莫高窟壁画中的这类经变画风，到了盛唐时期，显得更加辉煌。172窟南壁中部所绘《观无量寿经变》，则又取中堂对联式的布局，中间为"西方极乐世界"图景：五色莲花宝池中重楼高阁，大殿、配楼、角楼、塔亭、虹桥映带相连。殿前以无量寿佛为中心，观世音和大势至对坐两旁，庄严伟岸。四周是诸菩萨与天人，千姿百态；佛前平台上有18人组成的乐舞表演；天空飞天散花，天乐齐鸣。整个画面构图宏伟，层次分明，以绿、褐色为基调，色彩柔和，人物造型准确，线描纯熟精细。壁面两侧则为立轴式连环画，西面画"未生怨"，东面画"十六观"，形式与西侧相同，分别以简练的手法描绘了频婆裟王求子、生子、被子囚禁和王后作"日观想""水观想"等场面。这幅壁画尽管贯穿着一定的情节，但其祥和、豪华、壮美、辉煌的气势，无不深深地烙上盛唐时代特有的文化印记。

造型上，这一时期的佛画已经完全脱离了魏晋时期面相丰圆、比例粗短的西域文化样式，改之以中原、江南"秀骨清像"的佛画风韵，同时，也调节了人物的比例尺度，使佛像头部与身部一般以1∶4或1∶7的比例绘制，比较接近生活人物的形体；赋彩也由前朝以土红为基本色，改为以绿、赭、蓝为基本色，使整体画面显得色彩十分艳丽而明快。画面对众多人物的位置经营，更加主次分明，动静对比更加强烈，动作、表情及其性格的刻画更加细腻生动，线描勾勒的技巧更加流畅娴熟。至此，我们可以这样说，唐代的敦煌禅宗壁画，不仅走向历史发展的最高峰，而且已经完成了异域文化和地域文化的碰撞、交融，业已成为独具中华民族风格特色的敦煌艺术了。

莫高窟的佛像彩塑，也与魏晋截然有别。在量的组合上，由魏晋一佛或一佛二菩萨的单一格局，发展为以佛为中心的群像格局。隋代彩塑中，就有一佛、二弟子、二菩萨、二天王、二金刚力士的一佛九身群像，个别洞窟还有十大弟子群像，甚至还出现三世佛（过去、现在和未来），三身佛（法身、应身、报身），接引佛，弥勒佛等群像，有主有从、有坐有立、有文有武，甚至还出现一铺多达十四身者。有些佛像高四五米，显示出神的庄严和崇高，也透露出世俗社会对当时佛教艺术的影响，人物造型一般都比较写实，上身长而腿略短，形体健壮，显得僵直、呆板。但从某些彩塑上可以看到开始以现实生活中的人物为参照，刻画不同年龄和精神面貌的人物趋向。如419窟西壁斜顶圆券龛内，所塑一佛二弟子二菩萨像，一组五身，迦叶额面就布满皱纹，面部肌肉松弛，双眼深陷却有光彩，牙齿残缺，喉头突出，一手持钵，一手放在瘦骨嶙峋的胸前，完全是当时生活中一个饱经风霜的苦行僧的真实写照。而所塑阿难，却面庞丰圆，眉修目亮，鼻直唇薄，一手持莲花，一手轻抚着莲瓣，内穿僧衣于胸前打结，外披红色袈裟，足登布履，让人一看便知是个聪明可爱的虔诚青年形象。当时的雕塑家们运用写实与夸张相结合的手法，成功地刻画了两个截然不同的人物性格，在对比中收到相得益彰的艺术效果。

而唐代的雕塑，首先，其塑工之精美，制作之精细，当属历代之冠。最突出的特点是造像已脱开墙壁，成为独立完整的圆雕。其次，虽以真人等高群像居多，却不乏巨身泥雕塑像，如96窟的北大像，竟高达33米，130窟南大像则高26米，还有148窟主尊涅槃像，长约15米，大像后站列72身弟子像，各呈悲容，神态殊异，这也是莫高窟规模最大的一组彩塑群像。第三，唐代所塑菩萨，头作高髻或戴花菱宝冠，神态妩媚，有如贵妇人，庄重典雅，也有如妙龄少女者，亭亭玉立。上身穿织锦天衣，下着锦裙，造型丰腴，比例匀称。既体现了当时世俗的审美观念，也突出了盛唐时代的文化特征。

隋唐是敦煌艺术发展的高峰时期，无论壁画、雕塑等，都达到了相当纯熟的水平，我们从不同的艺术作品中，不仅能够看到不同时代所赋予它的不同文化印记，还可以看到各个时期的塑匠、画师、经卷抄手们对禅宗、对艺术所持的虔诚心灵，他们把人生的理想和对艺术的理想结合在一起，并从心理深层抱着对佛的虔诚而投入敦煌艺术的博大建设之中，正因为如此，我们就不应当把他们对敦煌佛教艺术的创作，仅仅看作对某种偶像的崇拜和教义的宣传，更主要的是历代艺术家们的为人准则、生活愿望和人性进步发展的要求的反映。或许宗教可以衰亡，但艺术中所表现的人的真善美则永远不会消亡，在此基础上，让全世界的人们都来接受敦煌禅宗艺术文化，无论对于中外画家、学者、考古家等，或迟或早，都是水到渠成，必然将会发生的事。

"慈悲"：中国佛教文化助力"一带一路"倡议的支点

喻静／中国艺术研究院

古代丝绸之路有陆上和海上两条。陆上丝绸之路，从古长安出发，经河西走廊，在敦煌分南、北两道穿越塔里木盆地至中亚，而后通往安息、大秦。海上丝绸之路，从中国东南沿海出发，沿马六甲海峡，过印度洋，直抵大西洋岸边。

丝绸之路是古代中外贸易的线路，也是一条佛教、基督教、伊斯兰教、犹太教等宗教文化传播交流的道路，更是大乘佛教进入中国的道路。所谓"中国佛教"，就是沿着陆上、海上两条丝绸之路迤逦东来的印度佛教，在信仰、制度、文化这三个方面逐步完成"中国化"，成为以大乘佛教为主体的、拥有"中国表达"的佛教。

大乘佛教的根本精神是"慈悲"和"智慧"。"慈悲"一词并非"土生土长""中土制造"，恰恰来自佛经东传所必经的丝绸之路。佛经自东汉传入，主要由梵文迻译。"慈悲"作为双音词源于汉译佛经，此前中国本土文化典籍中仅有单音词"慈"或"悲"，各有独立的用法和清晰的意义。汉译佛经里的"慈""悲"和"慈悲"都属于"意译词"，语源是外来的，词义是引进的。"慈"或"悲"所对应的梵文词亦是两个独立的词汇。

最早的佛经是由东汉时期来洛阳的"胡僧"安世高和支娄迦谶译出的。安世高是西域安息人，相传是安息国王子，支娄迦谶是西域月氏人。安息和月氏都是丝绸之路上的国家。安世高所译经中，仅有几处涉及"慈""悲"，都和小乘止观法门中的"慈悲观"有关。支谶译经几乎全是大乘经，且是最早进入中土的大乘经，尤其译成于东汉灵帝光和二年（179年）的《般若道行经》，是最先在中国弘通的大乘般若类经典，"摩诃衍"（大乘）一词最早就出现在支谶译《般若道行经》中。《般若道行经》中有"慈""慈心""慈哀""大慈"的用法，皆指菩萨对众生的愍念，属于以般若空观为旨归的大乘菩萨道修持纲要，是菩萨通过修行六度所获得的神通和"善巧方便"。《般若道行经》尚未出现"慈悲",只有"慈哀"勉强可算从单音词"慈"到双音词"慈悲"的过渡。支谶译的另一部经《般舟三昧经》中出现了"大慈大悲",很可能是"慈悲"作为汉语新词在汉译佛经中首度登场。

支谶之后的重要译经家支曜、支谦、竺法护、支法度和支施仑等人皆来自大月氏,所译经典以大乘经为主,尤其大乘方等部、华严部和般若部占多数,"慈悲"一词的使用逐渐普遍。从《弘明集》所收录的文章看,当时中土儒道两家的知识分子经常以"仁"释"慈悲"。"慈悲"如何不依附于中土已有文化传统而获得专属大乘佛教的表达,"慈悲"如何传达大乘佛教的精神、理念,并和儒道两家在相异中达成会通、在融合中体现差异,这个工作有赖于伟大的译经家、大乘义学大家、大乘中观学派最早的弘传者鸠摩罗什。

狭义的"西域"指东起玉门关、阳关,西到葱岭的区域。印度中部和北部地区的佛教发展在整个印度佛教史上有着十分重要的地位,同时又是佛教向西域和中国传播的最为重要的地区之一。而当时统治印度北部和中部的就是大月氏建立的贵霜王国。贵霜王国盛行的大乘佛教,先传到莎车(今新疆喀什),然后再到于阗(今和田)和龟兹(今库车)。这些都是当时丝绸之路上的重要国家。鸠摩罗什出生在龟兹,曾游于罽宾、疏勒,又回龟兹。他最早就学于小乘师,后转依大乘,从二十岁到四十岁,在西域弘法二十年。前秦国主苻坚派吕光出兵龟兹,吕光俘获鸠摩罗什后东行,在凉州建立后凉政权,鸠摩罗什被羁十七年。后秦第二任国主姚兴讨伐凉州,鸠摩罗什被迎请到国都长安。在长安,鸠摩罗什翻译了大量大乘初期的佛教经典并主要弘传了龙树的大乘中观学。

鸠摩罗什于后秦弘始七年(405年)译出《大智度论》。这是印度中观学派创始人龙树专为《大品般若经》所作之注解,是大乘佛教的奠基之作,也是中土翻译出的第一部大型大乘佛教论典。从佛典翻译的历史看,《大智度论》是汉译佛典中对"慈悲"进行系统分疏和定义的最早的文献。从《大智度论》开始,"慈悲"进入以汉语为主要载体的中国本土观念系统。

《大智度论》首先区别了"慈"和"悲":"慈名爱念众生,常求安稳乐事以饶益之;悲名愍念众生,受五道中种种身苦心苦。"又分"慈悲"为"小慈小悲"和"大慈大悲":"大慈与一切众生乐,大悲拔一切众生苦。大慈以喜乐因缘与众生,大悲以离苦因缘与众生。"《智论》

把声闻缘觉亦即小乘行人的"慈悲"当作"小慈小悲";而以大乘菩萨自利利他的慈悲为"大慈大悲"。然而菩萨之"大"只是相对于小乘而言,相对于佛的慈悲,则为"小"。

根据禅定时修习慈悲观想的对境,《智论》分慈悲心为三种:"慈悲心有三种:众生缘、法缘、无缘。凡夫人众生缘;声闻、辟支佛及菩萨,初众生缘,后法缘;诸佛善修行毕竟空,故名为无缘,是故慈悲亦名佛眼。"《智论》明确慈悲为佛教(大乘佛教)的最高价值:"慈悲是佛道之根本。"

从来自月氏的支谶,到其后竺法护等大月氏译僧群体,再到鸠摩罗什,从印度贵霜王国到罽宾、莎车、于阗,从龟兹到凉州最后到长安,两百年间,"慈悲"在以汉语言为主的中土文化环境中逐渐生根,又摆脱了格义困境,逐渐清晰,有了根植于大乘佛教土壤的、不与儒道两家与共的中国化表达。从这个意义上,我们今天耳熟能详的"慈悲"一词以及寄寓其中的大乘佛教精神,正是通过这条陆上丝绸之路传入的。

大小乘经典虽然借由安译和支译同时进入中国文化语境,但在鸠摩罗什译经之前,汉地佛教学者对大小乘没有孰高孰下的分别心,甚至对两者间的分野亦没有特别明确的概念。鸠摩罗什通过译经与弘传,企图正本清源、扬大抑小,延续了印度本土的大小乘之争。尤其通过对《大智度论》的翻译和对"慈悲"一词的楷定,鸠摩罗什系统呈现了以菩萨为核心的大乘菩萨道修持实践体系。大小乘的区别在于小乘自利,而大乘自利利他、自行化他,从罗什的译文看,龙树定义的慈悲心,就是自利利他的心。所以慈悲心是大小乘的分野。从凡夫到菩萨到佛的进阶过程,就是慈悲心从无到有、从小到大的过程。鸠摩罗什同时也是佛教义学大家和高僧,他的翻译工作基于对大乘信仰的体认,翻译过程辅以对佛教义学的讲解。大乘佛教慈悲思想的完整呈现,当肇始于鸠摩罗什对《大智度论》的传译、楷定和义解。鸠摩罗什是推动大乘佛教扎根中土的标志性人物。

鸠摩罗什以后,经齐梁时代竟陵王萧子良、梁武帝萧衍之推崇,大乘思潮在教内教外渐成主流。继龙树中观思想以后,又经过几代学者的努力,无著世亲的大乘瑜伽行派思想也获得传译,大乘意识渐入人心,中国佛教才真正以大乘佛教为根本。

通过对佛教译经传统、对佛教在中国发展的内部史实的梳理,考察大乘慈悲精神的生长轨迹,仅是问题之一端。从中国本土文化的角度,大乘落土中国也是被选择的结果,两者之间激荡交融的关系至为复杂。

仅就以菩萨为中心的大乘菩萨道修学总纲——菩提心、大悲行、空性见而言，大乘佛教"上求菩提、下化众生"的菩萨事业和以儒家为主的中国传统文化精神在"上"和"下"两个方向上都有契合处：大乘菩萨道之成佛理想和中国本土儒家之希圣理想相契合，是"向上一路"；大乘菩萨的天职就是要行大慈大悲，救度无量无边众生，和儒家圣贤以行"仁"为天职而博施于民、救世济众相契合，是"向下一路"。在利他的过程中完成自利，在博施的过程中完成自强，这种希圣希贤的道德期许为大乘和儒家共享，大乘最终被选择自是应有之义。

佛教挟裹着异域信仰、思想和文化传统传入中土，而中土恰是人文璀璨之土，非蛮荒榛莽之地，冲突在所难免。经过五百年的剧荡，大乘佛教最终融入中土，成为中土信仰、思想和文化传统的一分子，继而又成为中国文化传统的创造者，这有赖于佛教是个开放的宗教，具有"不执成见、兼容并包、广纳一切"的胸怀——此即佛教的根本见地"空性见"，也是大乘佛教根本精神的另一端"智慧"。智慧和慈悲不一不二，如硬币的一体两面。利他的行持，如果没有空性智慧，便不成其为"慈悲"；自利的修持，如果没有利他的心愿，便不成其为"智慧"。其实大乘佛教的最高价值是"平等"和"中道"，慈悲即"空"，"空"即平等，悲智不二，即成中道。平等中道流行于日常世间，遂有不执一端的、无冲突的、自利利他互不偏废的价值追求。从这个角度也可以说，从"慈悲"作为新词进入汉语文化到大乘佛教慈悲精神被发覆、被选择，这个过程就是佛教进入中国的过程。正是在这个意义上，可以说"慈悲"厥功甚伟，充当了两种文明对话和融通的使者。

中国佛教对中国文化传统的最大贡献，莫过于中国人对大乘佛教精神传统的恪守。"慈悲"在中国文化长河中有着恒久而超拔的生命力。纵观中国历史，治国者以"慈悲"为价值，助建伦常；百姓以"慈悲"为美德，日用不知；出家人以"慈悲"为舟楫，广度众生。"慈悲"把佛教带入中国人日常生活。慈悲精神既在中国文化传统和中国价值体系中从未缺席，于新时代亦须臾不曾隐没。大乘佛教"自利利他、自行化他"的慈悲精神，"建设人间净土"的平等理想，正是"中国梦"的另一种表达。

"一带一路"倡议中的"一带"覆盖的中亚各国，在地理上是欧亚交通的十字路口，是中、印、欧、阿拉伯等文化板块的接合部，自古便是多元宗教文化交汇并存的区域。大乘佛教的慈悲本来就是从印度开始，沿丝绸之路迤逦传入,"慈悲"所蕴含的"爱""理性""平等""互助""和谐"等价值追求,落实到道德层面,其实和"一带一路"沿线其他宗教是共通的。"从长远看,人类能否长久地和谐相处、共同繁荣,在很大程度上取决于彼此之间是否有着深刻的认同感,而这种认同感的基础通常潜藏于体现人类精神生活的文化传统中。""慈悲"在古代既已充当了佛教信仰和中土原有文化信仰之间的使者,促成大乘佛教成为中国传统文化的有机组成部分,在今天也会有助于"一带一路"沿线不同信仰、不同文明之间的彼此认同、和谐共处。整理和彰显中国佛教文化中的慈悲精神,将推动和促进大乘佛教和中国文化的复兴,"慈悲"亦可堪作中国佛教文化助力"一带一路"倡议的"支点"。

当代泉州海事文化初探

耿喜波／泉州师范学院

泉州作为海上丝绸之路的起点之一，具有丰富的海洋文化，同时外来文化也涌入泉州，多种文化也在此交融。这多种文化离不开泉州的海事活动。泉州海事的活动自古以来就多种多样，今天在海上进行管理的泉州海事局对于泉州海洋文化的形成和闽南文化的传播起着重要作用。

"海事文化是海事领域内产生的一种特殊的文化倾向，是海事单位长期发展过程汇总，把广大干部职工结合起来的行为方式、价值观念和道德规范的综合。它不仅反映海事单位组织特色和行政管理的特色等，更反映出海事单位行政管理的战略目标、群体意识、价值观念和行为规范。它既是了解社会文明程度的一个窗口，又是当代社会文化的一个生长点。从狭义上讲，海事文化体现为人本管理理论的最高层次，海事文化重视人的因素，强调精神文化的力量，希望用一种无形的文化力量形成一种行为准则价值观念和道德规范，凝聚海事员工的归属感、积极性和创造性，引导海事员工为海事事业的社会发展而努力，并通过各种渠道对社会文化的大环境产生作用。"海事文化是文化的一个子系统，是一种亚文化，是一种行业文化，也必然体现所在地区的文化特质。

泉州自古以来就是一个港口，自从设立管理部门以来逐渐形成了海事文化，海事文化是一种行业文化，也是管理文化。而其作为闽南的一个港口，毫无疑问体现了闽南的本土文化，同时对闽南文化的传承有一定的作用。泉州的海事文化主要体现在泉州海事局的各项活动当中。泉州海事局于 2000 年 10 月 17 日成立，其主要工作职责是保障辖区海上交通安全、防止海上船舶污染、协调救助人命等。在沿海的县（区、市）设立五个海事处。泉州海事局辖区海岸线北起莆田市界的枫亭溪，南至厦门市界的莲河，长达 427 公里，共有四湾十四港区，现已建成投产的码头 25 座 38 个泊位，其中一类口岸 3 个、二类口岸 7 个。辖区内现有船公司 58 家，船员 1.6 万多名，运输船舶 550 艘、登记吨位 26.4 万总吨，总运力近50万吨。1999年泉州港进出港船舶22952艘次，货物吞吐量1521万吨、集装箱8.1万标箱[1]。

一、海事文化承载着闽南文化

文化孕育在长期的生活中，同时也体现在闽南人当下的生活中。海事文化体现在海事局的管理活动中。

首先，日常的海事管理体现了浓厚的闽南文化。

泉州海事局管理湄洲湾、泉州湾、深沪湾、围头湾等各湾内的泉州市行政管辖水域。设立泉港、晋江、丰泽、石狮、南安海事处。管辖海域涉及泉州沿海的各个港口村庄，海事局的人员常年与泉州的渔民打交道，对渔船、造船技术、航海技术都十分熟悉，对渔民的生活方式也十分了解。有的工作人员就是来自沿海的村庄。海事管理中必然带有浓厚的闽南文化的气息：讲闽南的方言，使用便于在闽南水域航行的船只，按照闽南人的处事方式处理事情等。

其次，海事局的海上搜救工作体现了闽南人的人道主义精神。

海事局管理和监督所辖水域的船只，并对这些船只实行海上救助，体现了泉州文化中的人道主义精神。泉州海事局成立了海事搜救中心，有24小时的救助电话，有海上搜救指挥大屏幕显示系统、码头远程网络图像监控系统（CCTV）、巡逻艇移动视频系统、船舶自动识别系统（AIS）、小型船舶监控系统、全球定位系统等。这对海上的搜救工作十分重要。2000年至2011年，共组织实施搜救行动121次，成功救助遇险船舶109艘、遇险人员1197人，人命救助成功率达到95.84%。2010年，巴拿马籍外轮船员在甲板检查设备时，因风大浪急跌落甲板造成右小腿闭合性骨折。泉州、厦门海事救助部门联手，展开海空救援，经4小时的救援，重伤船员被救助直升机成功救出并送往厦门医治。2011年"闽漳货0638"轮在采砂过程中发电机突然起火，机舱进水，船体左倾30度，随时有倾覆的危险，船上6名船员情况危急，请求救助。泉州海事局接警后，立即启动泉州市海上搜救应急预案，调派石狮海事处现场应急人员乘"海巡1332"艇赶往现场救助。这样的救助事件已经是海事局的常规性任务，他们对海上的危难及时伸出援手，使得在

[1] 本文关于海事活动的统计资料均来自泉州海事局。

危险中的人员得到了帮助,这体现了闽南人的人道主义精神,也体现了闽南人高度的责任感。茫茫大海,危险重重,海事局为海上人员增添了不少的平安保障。

再次,在航海技术和管理上的研究体现了闽南文化中的爱拼敢赢的精神。

泉州海事局在海事管理和技术上不断创新,勇于面对困难,拼搏进取,不断延续着闽南文化中的爱拼敢赢的精神。"海巡133"艇船体为钢质,总吨位362,净吨位109,总长47.4米,型宽8米,型深4.7米,装备两台进口高速柴油机,双舵、双桨推进,设计航速18节,续航力达1300海里,自持力为7昼夜,配备了我国自主知识产权的尾滑道高速救助、快速反应小艇和光电跟踪、监视和取证系统,拥有先进的通信导航设备,能够实现海上巡航及搜救的船岸即时传输。这艘舰艇是由广西西江船厂制造、泉州海事局监造完成的。在"海巡133"艇建造的过程中,泉州海事局在技术上提出了许多建议,监造小组共处理了5000余个问题,保证了船舶制造的高质量。2007年底,福建海事系统首次引进了非线性编辑机和系统,以帮助海事局制作视频材料,保存工作片段,反映工作成效。但这套系统的专业性很强,对使用人员的文字水平、计算机操作能力还有画面和镜头感都要求很高,经过海事人员的不懈努力,泉州海事局成了福建海事系统中首个独立操作非线性编辑系统,完成采编"一条龙"的单位,也成了首个以工作纪录片的方式创新汇报模式的单位。

二、泉州的海事活动将海峡两岸连接起来,促进了闽南文化的发展

首先,泉州海事局护卫泉金航线,保障了海峡两岸的文化交流,促进了闽南地域文化的发展。

随着两岸关系的改善和经济文化往来的增多,泉州与台湾开通了直航。2002年,南安轮船公司的"成功17号"货轮首次直航金门,正式开通了南安至金门货运的新航线。金门与福建沿海地区的直接往来也由此再往前迈进一步。2006年6月8日,泉州港石井港区对台客运码头(直航金门)首航仪式在南安石井港区举行。2006年10月13日,泉州市委市政府在石井港客运码头举行"泉州(澎湖)文化周直航启动仪式",

"满天星1号"轮在海事局"海巡1332"艇的护航下，载着132名文化界人士起航离开码头驶往澎湖。虽然海事局没有直接参与文化周的活动，但是却有力地保障了文化周的顺利进行。2008年12月17日，泉州港"成功71"轮在泉州南安海事处的护卫下，经过22小时的海上航行，克服风大浪高的影响，安全驶抵台湾台北港外锚地，受到台北港热烈欢迎。2011年7月29日上午，泉州石井港区举行金马澎个人游正式开通启动仪式，"新金龙"轮载运168名首批个人游旅客经泉金航线往金门自由行。为了配合福建居民首日赴金马澎个人游活动，泉金航线增加了石井至金门的航班和金门至石井的航班，并临时调动"新金龙"轮投入运营，泉州海事局高度重视，南安海事处提前部署，采取五项措施保障泉金航线安全运营，确保金马澎个人游旅客和两岸同胞往来安全。每年清明节，两岸同胞返乡祭祖增多，泉金客运航线都将迎来新一轮的客流高峰，为了让两岸同胞的往来更便捷、更安全，泉州海事局加强泉金航线巡航执法力度。

自2008年赴台旅游开放以来，通过泉金航线赴台的大陆旅客人数不断增长。泉金航线已成为海峡两岸人员往来的"黄金水道"。据统计，2008年度泉金客运航线共计安全运营1430航次，运送两岸旅客达64074人次。南安海事处为泉金直航客轮提供专项护航1430航次，组织泉金航线水上联合执法行动55航次，巡航检查里程827海里，参加联合执法人员457人次，有效保障了泉金航线客轮的航行安全。2012年运送台胞突破2万人次，共安全运营584航次，运送两岸旅客26484人次，其中台胞20748人次，大陆旅客5736人次。在多次的安全护航中，在精心的管理中泉州海事局为两岸经济文化交流提供了保障。海峡两岸在不断的交往中，文化纽带的连接越来越紧密，海事局在保障两岸文化交流的顺利进行有着重要作用。海事人员成为两岸的航行安全纽带。

其次，为两岸的海事教育牵线搭桥，促进了闽南文化在海事领域的发展。

海事活动要提高质量需要提高海事人员的教育水平，泉州海事局推动了泉州的学校与企业的合作，并且推动了泉州学校与台湾学校的合作。海事局促成了泉州师范学院和中泉国际经济技术合作公司的合作，在此基础上促成与台北海洋技术学院合作办学。学生前三年在泉州师范学院学习，第四年到台北海洋技术学院学习。这次合作是由中泉公司提供费用，泉州师范学院设立航海技术和轮机工程两个专业,台北海洋技术学院将派老师给予指导。这样的合作提高了泉州海事人员的教育水平,同时也推动了两岸的合作办学,使两岸在文化领域内的交流和合作更深入。

三、海事活动使闽南文化传播到海外世界

首先,对外籍船只的监督和管理,使得闽南文化展现在外籍船员面前。

泉州港自 1983 年恢复对外开放以来,吞吐量快速增长,港口的地位和作用不断提高,发展为总吞吐量规模位列全国沿海港口第 17 位、集装箱吞吐规模位列全国沿海港口第 12 位、内贸集装箱吞吐量居全省港口首位,石化码头进入全国石油、天然气接卸储运系统布局的福建省沿海地区性重要港口。1999 年泉州港进出港船舶 22952 艘次,其中外国籍船舶 592 艘次。从 2002 年起,泉州海事局开始对到港的外国籍船舶实施港口国监督检查。港口国监督(PSC)是国际海事组织及相关公约赋予缔约国政府的一种权利,是指港口国当局对抵港的外国籍船舶依法检查船舶技术状况、操作性要求、船舶配员、船员的生活和工作条件,以确保船舶和船员生命财产安全,防止海洋污染,维护国家利益。2007 年在石狮海事处的配合下,海事局 PSC 检查官对抵港的巴拿马籍"GAIA TRIUMPH"轮实施港口国监督检查。在检查过程中,PSC 检查官严格遵守港口国监督程序和执行有关公约的各项要求,在缺陷处理时,严格按照缺陷处理原则进行;在船方纠正缺陷方面,耐心细致地为船方提供合理性建议,船方诚恳地采纳了建议。检查官在工作中表现出的严谨细致的工作作风深得外籍船长的赞扬。到港的外籍船只不仅通过 PSC 检查接触到海事人员,看到泉州的不同的文化,也会通过日常的活动接触到更多的闽南文化。海事局和海事人员成为外籍人员了解闽南文化的重要的渠道。

其次,通过对外籍船只和船员的救助体现了闽南人的人道主义精神。

泉州港自 1983 年恢复对外开放以来,特别是近几年,随着泉州外向型经济的发展,到港的外国籍船舶快速增长。2001 年进出泉州口岸的外国籍船舶达 644 艘次。2011 年 9 月 4 日,泉州湄洲湾水域发生一起船舶偏离航道导致轮船搁浅事故。从印尼载运 5 万多吨煤进靠肖厝沙格码头的散货船巴拿马籍"拓富 3"轮偏离航道。泉州海事局启动应急预案,要求船舶做好船舶搁浅的船体检查工作及采取其他自救措施,播发港内

VHF航行警告，提醒过往船舶注意，确保港内航行安全，并指派"海巡133""海巡1335"迅速赶赴现场指挥救援。在2艘大马力拖轮的协助下，"拓富3"轮成功脱浅，救助工作取得圆满成功。

　　泉州的海事文化体现在海事活动中。在日常对船只的管理、监督和救助的过程中闽南文化就呈现出来：闽南当地制造的船只、操着乡音参与海事管理的人员、在船只遇到危难时体现出来的乡情。由于泉州位于海峡的西岸，面对台湾，和金门相邻，使得泉州有了开通和金门直航的机会。两岸的直航意味着两岸文化联系的加强，泉州的文化对台湾的影响不断地加强，台湾同胞多次来泉州寻亲祭祖，敬拜神明，他们看到、感受到了泉州的文化。在两岸的文化交流中，台湾同胞与海事人员的接触，使他们更多地了解泉州人，更多地了解泉州文化。同时，海事局多次派船只护航两岸通航的船只，保障了两岸航行的安全。泉州同时也是一个停泊国外船只的港口，海外人员也通过泉州海事人员了解到了泉州的文化。毫无疑问海事活动是一个使世界了解中国的窗口。

　　闽南文化不是静态的，而是动态的，是不断更新的。而这不断更新的文化不仅体现在音乐戏剧、绘画、建筑领域，也体现在各行各业的发展中。我们看到的一个地区的生活百态就是这个地区的文化了。航海业、渔业是泉州的传统行业，对海上活动进行管理的行业就是海事管理行业，而这是由海事局承担的，海事局在管理的过程中形成了海事文化。海事文化是闽南文化系统中的一部分。它不仅具有闽南文化的特质，也把闽南文化传播到海峡对岸，传播到世界各地。加强行业文化的建设对推动闽南文化的发展和传承是必要的。如何加强行业文化的建设是一个值得思考的问题。

泉州艺术创意产业十年回望与反思

黄文中 / 泉州师范学院

历史上的泉州，曾被誉为"东方第一大港"，当下的泉州，作为中国沿海区域经济发展的典型代表、国家"一带一路"倡议中"21世纪海上丝绸之路"先行区及"中国制造2025"制造强国战略首个地方试点，担当着我国改革发展先行先试的重担。当创意产业上升到国家战略与未来发展方向时，泉州也在积极探索创意产业发展道路，并提出打造融合制造业、融合闽南文化、活跃发展的全国特色艺术创意产业基地的目标。客观地说，泉州发展艺术创意产业具有许多天然的优势，如发达的实体经济、丰厚的历史文化资源、一流的工艺美术大师等，但现状显然不尽如人意。因此，在对我国十年艺术创意产业进行反思时，选择泉州为切入点，研究艺术创意产业取得的成就与存在的问题，具有一定的启示与借鉴意义。

一、泉州艺术创意产业十年回望

（一）出台相关扶持政策

在2005年时，泉州的城市定位还只是停留在"工贸港口城市"，忽视了其另一重要身份"历史文化名城"。但随着文化创意产业概念的兴起，在2008年时，泉州便确立了"全力打造泉州特色文化创意服务中心"，提出了优先发展文化创意产业的构想，2010年正式通过了《关于加快文化产业发展的意见》。

在此大背景下，泉州市高度重视艺术创意产业的发展，围绕着工业设计、动漫、工艺美术、广告等与艺术创意相关产业出台了一系列的政策及措施，如《关于进一步推动泉州市文化产业发展的若干措施》《关于进一步推动泉州市工业设计产业发展的若干意见》《关于推动泉州市动漫产业发展的试行意见》等。这些政策，既有对艺术创意产业的宏观支持举措，又有对其中某一产业的具体扶持措施。

（二）搭建艺术创意平台

2010年，泉州创意产业协会成立并创办刊物《创意之城》；2012年，泉州工业设计协会成立；2015年，泉州动漫产业协会成立。这些协会的成立，为艺术创意产业构建了资源共享的平台和展示自我的空间。除专门的协会外，近年来泉州凭借自己的历史文化优势，申办东亚文化之都、世界闽南文化节、海上丝绸之路国际艺术节、亚洲艺术节等许多大型国际文化交流活动，为艺术创意产业搭建了诸多平台。

（三）举办相关活动

依托行业协会或产业协会开展了一系列的活动，极大地推动了艺术创意产业的发展。以工业设计为例，泉州工业设计协会在短短的四年间先后举办了"工业设计名师讲堂""海峡两岸工业设计沙龙""'海峡杯'福建（晋江）工业设计大赛""海峡两岸大学生设计工作坊"等一系列论坛、沙龙、大赛、工作坊活动，在营造工业设计氛围的同时，提升设计与创意能力，有效推动企业创新发展。

（四）规划艺术创意产业园

围绕艺术创意产业，泉州市政府联手中侨集团、二轻公司等单位，采取租赁引进、引导集聚和民资回归等办法，先后规划建设了183创意空间、源和1916创意产业园、领SHOW天地创意产业园等多处艺术创意产业园。除政府主导外，一些民间机构及个人也着手创办产业园，如锦绣庄民间艺术园、德化月记窑陶瓷创意中心等。这些园区为艺术创意产业提供了一个群聚、互利共生的场所。

尽管起步比较晚，但通过短短几年时间，泉州艺术创意产业取得了长足的进展。目前，泉州构建全球首个动漫产业运营平台"动漫网"，拥有国家级工业设计中心8家，国家级创意产业园1家，省级创意产业园16家。

二、泉州艺术创意产业十年反思

（一）对实体经济转型提升作用的有限性

泉州民营经济品牌化特征明显，拥有中国驰名商标数量仅次于北京、上海，排名全国城市第三，这在客观上为艺术创意产业与实体经济的对接提供了得天独厚的条件。但是，艺术创意产业概念的提出与新兴并没有阻止实体经济的下滑与衰退的命运。首先，艺术创意能为实体经济提供服务更多的是外观设计及概念设计，很难通过创意提升、设计改造，加入高科技的内涵，真正实现实体经济的产业升级和产品更新；其次，出于核心信息与技术保密原则，实体经济也很难把产品设计与研发完全外包给相关艺术创意企业，进而达到与艺术创意企业的深度合作。就在笔者草拟此文的同时，泉州又一知名品牌、曾经做到国内牛仔类服装前两名的"旗牌王"宣告破产了。

（二）政府出台的相关政策及经费扶持的适用性

应该说，近年来政府为促进艺术创意产业的发展，从财政、税收、工商、土地、投融资、人才、奖励等多方面出台了一系列的优惠政策，甚至对部分企业项目进行直接补贴。但政府的补贴更多着眼于完成上一级政府的行政指标，着眼于政绩工程，很少从市场的角度加以考核。带来的结果就是，专心做市场的企业得不到政府的资金补助，而迎合政府需求的企业却得到了政府的资金补助。

除了执行过程中存在的问题外，这些优惠政策也很难让小微企业受益。如《促进全市工业设计产业发展的九条措施》，虽然每一条款都有明确的目标、任务及对应的经费奖励或补助，但其所设置的条件与门槛使中小企业望而却步。

（三）艺术文化氛围薄弱

相较而言，求利务实、商业气息浓厚的泉州在艺术氛围营造方面还远远不够。尽管这些年泉州举办了许多重大的文艺活动，但随着活动的落幕，文化氛围也迅速消退，一些项目随之搁浅。如2013年"东亚文化之都"，世界著名建筑大师弗兰克·盖里与世界知名泉州籍艺术家蔡国强联合打造的"泉州当代艺术馆"方案随着活动的结束而不了了之。至今，泉州还没有作为市民公共文化服务体系的美术馆。

由于对本土艺术创意氛围缺乏信心，泉州本土的艺术人才严重外流，如，厦门大拇哥动漫股份有限公司、美图公司等厦门的许多知名艺术创意企业都是泉州人创办的。这成为泉州艺术创意产业发展的最大瓶颈。

（四）传统文化资源转化乏力

作为闽南文化的核心区，泉州人一方面自豪于传统文化，另一方面却对传统文化的当代转换深感茫然。以木偶为例，泉州唯一尚存的一家提线木偶剧团依靠国家扶持才得以生存，木偶雕刻艺术则后继乏人。与之相对的是源自闽南的台湾木偶，在历经金光布袋戏、霹雳布袋戏、影视布袋戏各个时期的发展，形成了一股风潮，不仅影响了闽南语系，甚至影响了中国大陆的年轻一代，由此衍生出玩具、文具、食品、服饰、电器、游戏、动漫，及至更广泛的领域，如主题餐饮、主题公园、漫画咖啡馆等旅游产业及服务行业。布袋戏文化带给台湾的，不仅是一门传统艺术，更重要的是一份沉甸甸的艺术创意产业。

（五）产业集聚效应不强

虽然，泉州近年来涌现了一大批的艺术创意产业园区，但由于缺乏长远规划，各园区间的定位并不清晰，特色与优势并不明显，同质化现象严重。园区管理者大多只满足于把空间及店面卖出去或租出去，随意引入几家创意类企业，其余的企业与艺术创意无关，有些甚至变相为房地产开发项目，或者沦为"美食园"，严重偏离创业园的原有定位。这也导致了同一园区内各企业缺少关联度，无法形成合力开发与产业资源共享，产业集聚效应不明显。如，领 SHOW 天地创意产业园——围绕广告产业链建构的园区，为目前泉州地面上唯一一家国家级创意产业园，但该园区目前所有的入驻企业中，属于广告行业的企业数量比例并不高，其中又以媒体服务业、户外广告业为主，智力服务型广告公司比例极低，尚未形成较为合理的产业链。

作为 21 世纪的朝阳产业，艺术创意产业的发展规模和水平已成为一个国家或区域综合竞争能力的重要标志。尽管处于艺术创意产业发展初期与摸索阶段，但对于有着悠久的历史与深厚的文化底蕴，有着"海纳百川"胸襟与"爱拼敢赢"气度的泉州人，注定站在新的历史起点，融入时代发展的滚滚洪流。

基于福建省区域发展视角的城市文化软实力提升研究

黄志锋 / 泉州师范学院

一、文化软实力概述

软实力理论最早是由美国学者约瑟夫·奈在1990年提出。他指出,国家的竞争力由硬实力和软实力组成。国家软实力主要来自三种资源:文化、政治价值观和外交政策。[1]文化软实力作为软实力最主要的构成要素,对内发挥的凝聚力、动员力、精神动力,对外产生的渗透力、吸引力和说服力,是一国发展和施加对外影响的重要力量,也是综合国力的重要内容和发挥作用的重要动力,并形成国家的整体形象。

我国自2007年党的十七大提出文化软实力概念以来,指出"激发全民族文化创造活力,提高国家文化软实力"。[2]文化软实力的问题引起了理论界和政界人士的高度关注。在借鉴西方软实力理论和中国文化理论的过程中,我国学者对文化软实力也积极开展了相关的研究。目前有关文化软实力的研究大体从几个视角开展:第一,从软实力与国际政治、国际关系的角度进行研究。如软实力与国家的强大(贾付强、王凤祥,2015[3]),论国际政治中的中国软实力的要素(张战、李海君,2003[4];陈剑峰,2008[5]),论软实力与中国外交(陈琴啸,2005[6]),文化全球化背景下中国文化软实力的困境及对策(徐

---

[1] [美]约瑟夫·奈:《软力量:世界政坛成功之道》,吴晓晖、钱程译,东方出版社2005年版。
[2] 胡锦涛:《高举中国特色社会主义伟大旗帜,为夺取全面建设小康社会新胜利而奋斗——在中国共产党第十七次代表大会上的报告》,《人民日报》2007年10月25日第1版。
[3] 贾付强、王凤祥:《意识形态安全视阈下的国家软实力建设》,《求索》2015年第3期,第14—18页。
[4] 张战、李海君:《国际政治中的中国软实力三要素》,《河北省社会主义学院学报》2003年第4期,第45—49页。
[5] 陈剑峰:《中国软实力建设的"和中"要素》,《毛泽东邓小平理论研究》2008年第12期,第55—60页。
[6] 陈琴啸:《论软实力与中国外交》,《江南社会学院学报》2005第7卷第2期,第30—33页。

稳，2013[1]）等。第二，从文化软实力的构成要素方面进行研究。如"软实力"的含义及对我国的启示（李琳，2014[2]），从传统文化角度探究文化软实力问题（刘晓丽、孙爱芹，2012[3]）等。第三，对中国文化软实力的现状进行研究。如中国文化软实力现状分析（邱金英，2010[4]），中国软实力资源及其局限（贝茨·吉尔著，陈正良、罗维译，2007[5]）等。第四，对提升中国文化软实力的路径进行研究。如尊重文化多元、坚持文化自觉，加强共同理想，发展文化生产力，弘扬中华文化、提高国家软实力，建设社会主义核心价值体系，提升中国软实力的路径等方面（熊正德、郭荣凤，2011[6]）。第五，从中外文化软实力建设对比（胡键，2012[7]）、文化软实力建设与意识形态安全（王瑾，2009[8]）、文化软实力与文化产业（刘轶，2009[9]）等角度进行研究。

应该说，当前学者的研究取得了重要成果，其中不乏理论创新。在研究西方文化软实力理论的探讨和研究中，我国学界结合中国的社会背景对中国话语背景下的文化软实力问题做出了理论探讨，但就文化软实力的概念和内涵来说，目前却还没有形成定论，这一方面的研究有待于进一步拓展。在此，笔者认为，文化软实力中的文化并非是仅指人们精神需求的文化产品和文化活动，还包括对反映社会整体实践活动的社会意识的概括。文化在实践中整合制度、规范、行为等，并实现自身目的的能力就是文化软实力。文化软实力建设是一个系统工程，文化软实力对内体现为内聚力，对外直接表现为文化的感召力、发展模式的吸引力、参与制定国际制度的影响力，同时还体现为强大的文化生产力，文化产品与服务已作为独立产业，成为综合国力竞争的重要方面。当前福建省实施"十三五"规划时，要转变思维模式，以文化软实力指导硬实力，为硬实力的增强提供精神动力和智力

---

[1] 徐稳：《全球化背景下当代中国文化传播的困境与出路》，《山东大学学报（哲学社会科学版）》2013年第4期，第96—103页。
[2] 李琳：《约瑟夫·奈："软实力"理论及其对中国的启示》，博士学位论文，大连理工大学，2014年。
[3] 刘晓丽、孙爱芹：《从中国传统文化的弘扬看中国文化软实力的提升》，《当代世界与社会主义》2012年第3期，第27—30页。
[4] 邱金英：《中国文化软实力现状分析》，《文化学刊》2010年第6期，第18—25页。
[5] 贝茨·吉尔：《中国软实力资源及其局限》，陈正良、罗维译，《国外理论动态》2007年第11期，第56—62页。
[6] 熊正德、郭荣凤：《国家文化软实力评价及提升路径研究》，《中国工业经济》2011年第9期，第16—26页。
[7] 胡键：《中国文化软实力建设：必要性、瓶颈和路径》，《社会科学》2012年第2期，第4—15页。
[8] 王瑾：《文化软实力建设与意识形态安全》，《当代世界与社会主义》2009年第6期，第9—14页。
[9] 刘轶：《文化产业与文化软实力的发展机遇》，《毛泽东邓小平理论研究》2009年第7期，第76—77页。

支持，硬实力的增强也会为文化软实力的进一步发展提供基础和后盾。从巩固社会主义核心价值体系、文化体制改革、文化创意产业繁荣发展、文化品牌的打造等方面，全面提升福建省文化软实力，在与硬实力的良性发展互动中，促进福建和谐社会的建设和经济发展的结构转型。

二、文化软实力提升对福建省区域经济发展的意义

（一）和谐社会建设需要文化软实力提供价值观上的支撑

党的十八届五中全会通过的《中共中央关于制定国民经济和社会发展第十三个五年规划的建议》明确提出，"坚定文化自信，增强文化自觉，加快文化改革发展"的战略任务，顺应时代发展潮流，增强改革创新意识，全面加强文化建设，激发全民族文化创造活力，为协调推进"四个全面"战略布局和实现中华民族伟大复兴的中国梦提供强大文化力量。在实现这一宏伟目标的过程中，应坚持以社会主义核心价值观为引领。核心价值观是决定文化性质和方向的最深层要素，也是优秀精神文化产品的灵魂所在，是建设和谐文化的根本。文化软实力提升和建构"和谐社会"理念之间的理论性与实践性的统一、现实性和前瞻性的统一。

（二）经济增长模式的改变需要文化要素的参与

第一，文化与经济的结合，将为经济增长与发展提供精神动力、价值导向和现代人力资源。在政治、经济、文化三大系统中，文化起着基础的导向作用，社会经济的发展必须有文化的精神支撑和价值导航。[1] 经济发展的基础是具有相当文化知识的人力资源，经济增长和发展对高水平的人力资源的倚重尤为突出。在我国各地，特别是传统文化资源丰富的地区往往也是区域生产力水平较高或区域经济发展较快的地区。文化对经济发展具有深远的意义，未来世界的竞争不仅是经济上的竞争，更多的是文化优势上的竞争。

第二，文化与科技结合，提升经济发展的技术手段和能力。当今高新技术的高速发展、文化与科学的创新融合，进一步推进了作为上层建筑的文化事业与作为经济基础的生产体系实现融合交汇。加快文化与科技的融合，可以掌握文化发展和文化传播的主动权，极大地提

---

[1] 李建平等：《提升文化软实力 促进广西经济社会发展对策研究》，《沿海企业与科技》2011年第11期，第53—64页。

升文化和文化产业的创新力、影响力、表现力、传播力和吸引力，丰富文化工作的新形态。同时文化科技的新载体和新业态的快速发展演变，要求我们"运用高新技术创新文化生产方式，培育新的文化业态"。加快文化与科技的融合，就是为了提升文化和文化产业的竞争力，开发和引进高新技术，努力培育和获得具有自主知识产权的核心技术，在以高新技术的优势改造传统文化产业的同时，加快发展新兴文化业态。

第三，文化创意产业的发展，改变经济发展的结构模式。在当今我国倡导的产业结构转型发展过程中，文化创意产业将发生革命性的作用。它是以人类的智力资源作为产业发展的资源，用"无形"的人文创意来实现"有形"的价值。当前，积极发展文化创意产业，是转变我国发展模式的客观需要。改革开放以来，虽然我国经济取得了巨大成就，但也应充分认识到我们在很大程度上是一种粗放型的增长模式。发展文化创意产业将改变传统产业对资源的高度依赖、工业发展对生态环境的破坏，改变资源高消耗、环境高污染、经济低效益的传统经济增长模式，真正实现集约化的经济增长，掌握文化发展的自主权，变"中国制造"为"中国创造"和"中国智造"，推进形成文化创意产业的核心竞争力意义重大。

（三）福建"推进文化强省，提升文化软实力"目标需要文化力的推动和文化产业快速发展

经国大业，首重文化；八闽繁荣，文化助力。为尽快实现福建省"十三五"文化发展目标，首先，福建必须着力解决思想认识问题，增强文化自觉，着力解决统筹谋划问题。福建历史底蕴悠久深厚，文化资源丰富多彩，地域特色独树一帜，为文化发展提供了肥沃土壤，提供了广阔的发展空间。近年来，福建省扎实推进文化改革发展，取得了突出的成绩，并对经济社会发展发挥了重要作用。但我们也要清醒地认识到，与国内一线发达城市相比，福建文化发展相对滞后，文化改革仍然面临不少困难和问题。为实现福建省"十三五"文化发展目标，我们比以往任何时候都更需要依靠文化凝聚人心，增强民众对文化核心价值的认同感、归属感和自豪感，树立自信心，形成强大的精神力量，促进和谐社会建设和发展。

其次，必须加快发展文化产业。文化产业不仅是文化力的重要组成部分，而且能直接提高 GDP 的增长数量，文化产业在发达国家已经成为经济领域里的重要产业。近年福建省文化产业快速发展也已取得一定成

就,但与北上广深等一二线城市相比,文化产值在 GDP 中比重仍有巨大的增值发展空间和潜力。福建文化产业的发展不仅可以直接拉动区域经济发展,还可以直接扩大福建文化的对外影响,借助福建独特的地缘优势,加强与台湾和"一带一路"沿线的国家和地区的合作发展。

第三,努力打造福建的文化品牌,实施福建文化品牌"走出去"战略。一个地方没有自己的文化品牌就没有文化品位。《印象·刘三姐》不仅增强了桂林的经济实力,也迅速提升了广西对外知名度,扩大了广西在世界的文化影响。[1] 因此,我们要推出一批文化品牌、优秀文化产品,形成有福建气派的文化产业基地、产业园区、文化产业项目集群,使福建成为在全国有较大影响力的区域文化中心,对台文化交流的枢纽,在国家"一带一路"倡议框架下发挥更大的作用,进一步提升福建文化软实力,扩大福建省在中国和国际上的文化影响力。

第四,文化软实力的提升在福建区域经济发展中不可或缺。城市文化核心价值体系是区域经济发展的动力引擎,而文化核心价值是文化软实力的内核。文化软实力是城市文化核心价值的吸引力,它能够凝聚人心,不断增强民众对文化核心价值的认同感、归属感和自豪感,树立自信心,形成强大的精神力量,促进和谐社会建设和发展。同时,还体现在改革大潮中的文化管理机制和理念对区域经济社会发展所起到的规范性作用。按照新的文化发展理念深化文化体制改革,促进文化事业全面繁荣和文化产业的快速发展,最终影响整个福建的综合实力水平的提升。

(四)福建省文化大发展大繁荣需要文化软实力的提升

当前福建在推进建设"文化强省",推动文化大发展大繁荣,就是要大幅提高和充分展示福建省的文化软实力,在国内可以促进国民素质提高和国民经济可持续发展;在国际上,在人类价值观和国际经济新秩序的构建中发挥应有的作用,为克服金融危机的消极影响,实现人类社会的可持续发展做出更大的贡献。文化发展将引导并促进当代社会的繁荣发展。同样,随着文化的繁荣发展也就强化和提升文化的"软实力"。两者是互为因果的文化现象。加快文化事业和文化产业发展,需要文化软实力做支撑。当前福建的文化软实力却相对较弱,文化产品的数量和质量都还不能完全满足人民群众需求,有影响力的精品力作还很不够。因此,必须深化文化体制改革,推进文化

---

[1] 李建平:《文化软实力与经济社会发展——基于广西壮族自治区发展视角的文化研究》,江苏大学出版社 2013 年版,第 83—84 页。

生产经营体制机制创新，深化国有文化单位改革，推动文化、广电、报业新闻出版机构管理运营机制改革，创新文化演艺单位经营管理机制，增强文化发展动力和活力，促进福建省文化软实力的切实提升。

三、当前福建省文化软实力的现状及存在问题

经过"十二五"期间的大力推进，从公共文化服务体系到文化产业布局、聚集发展来看，福建省文化软实力基础工程的主体框架基本形成。这是基于福建省的经济硬实力、深厚的传统文化基础及原有的城市文化软实力基础，也基于福建省委市府"十二五"期间的科学发展姿态与有效工作。"十三五"期间，在福建省经济社会转型发展的关键阶段，如何立足城市文化软实力建设，顺势而上，攻坚克难，使福建省成为21世纪海上丝绸之路真正的人文之地，全面提高城市综合竞争力，是福建省委市政府的重大使命。目前，福建省在城市文化软实力建设上仍然存在四大问题，需要在"十三五"期间逐一解决。

（一）对建设城市文化软实力的重大意义、系统性布局的认识需要继续强化

城市文化软实力，主要应该体现为以城市精神为核心的文化凝聚力，以文化产业为核心的文化创造力，以文化输出为核心的文化辐射力，以城市形象、城市品牌和历史文化风貌为核心的文化识别力。从现代城市的发展路径来看，以创意为要素、以文化产业为核心的文化创造力培养是其关键。

尽管福建省在"十二五"期间的工作成效，实际上已经有力地支持了文化软实力四个方面的建设，但是，党政相关部门的工作职能设计，决定了其宣传文化建设工作、文化产业服务工作，与文化软实力建设框架难以完全匹配。以经济建设为中心及GDP导向，也导致了对文化软实力的重大意义认识不足。

因此，必须清晰认识到福建省城市的发展，需要从依赖于劳动力资源构成的产业结构向以创意为城市发展动力和核心要素的现代城市转型，必须把城市文化软实力的建设，作为与经济硬实力同等重要的城市综合实力关键一翼来看待，从而把原有的一般意义上的城市文化建设与发展的观念，转向城市文化软实力建设与发展。"十三五"期间，在城市文

化软实力这四个方面，福建省必须在党政工作职责设计上、在工作机制设计上，形成齐头并进、全面着力的崭新格局。

（二）公共文化载体、内容供给与工作机制亟须根本改善

一是公共文化载体依然存在明显薄弱环节。基层文化设施体系还没有建立完成，其文化消费、文化凝聚、文化熏陶的功能，还没有得到充分发挥。城市建设中对于文化消费需求融入性设计不足。市级公共文化服务设施对全市的覆盖力与服务力不足。

二是优质文化内容资源供给不足。文化活动内容与方式的丰富性与居民多层次文化需求仍有差距，"文化福建"等效应发挥不明显。特别是适合外来人口消费的文化产品与文化服务明显不足，如何满足转型发展的福建省经济所需的主力人群的文化消费，是一大课题。

三是工作机制缺乏足够的支撑作用。部分公益性文化事业单位仍然存在发展活力和动力不足，购置、管理、维护等经费不足的问题。基础文化活动因管理部门不同、上级相关硬件设施配套经费渠道不同，很难将各种资源整合，发挥更大作用。

四是用人机制不活，激励机制不健全。行政管理人员编制数量、专业技术人员职称职数比例不适应发展需要，文化项目没有统一设立政府奖，对文化事业和产业的奖励都分散在各个部门，缺乏权威性、影响力。人力、财力的配置不尽合理，如福建省市共有各级文保单位上千处，日常管理主要依靠兼职文物管理员，每年每人工作补贴仅几百元。因此，兼职文物管理员工作积极性不高，日常管理很难落实。

（三）支持文化产业发展的资源要素不足

福建省文化产业的"产业规模化和集约化程度不高，产业布局不均衡，科技含量低，大规模、高水平、产业链完整的龙头企业较少"，"同质化竞争日益明显，竞争力强的文化产品和项目较少，传统文化优势没有转化为产业优势"。这些问题，实际上是福建省文化产业发展的资源要素不足造成的。

1.城市环境劣势——城市品牌与人文环境仍不适应文化产业发展。福建省沿海地区以制造业著称，但其城市品牌无法为文化企业背书，也无法吸引文创人才。作为具有浓厚传统文化氛围的县级市与全国百强县，人文环境的开放性和包容性明显不足，这是文化产业发展的严重障碍。

2.支持平台问题——政策扶持力度与公共服务平台需要改善。与国内先进县区地相比，福建省的文化产业政策资金扶持（包括返税政策）、宣传推介力度均不足，部门合力尚未有效形成，行业协会作用没有真正发挥。福建省文化产业以园区化驱动产业发展，但是园区仅仅停留于物业招商，难以起到产业服务平台的作用。整个福建省文化产业缺乏必要的、开放性的产业资源整合服务平台，仅仅依靠政府或者个别企业单方面的组织、推动，难以实现产业优质资源的导入与有效配置。

3.人才资源短板——人才是福建省文化产业发展的第一瓶颈。在笔者进行的相关企业调研中，关于企业发展所受制约因素的选项中，"人力资源短缺"是比例最高的。

调查发现，文化产业的"管理人才、经纪人才、科技人才等专业性人才队伍薄弱，尤其是文化产业领军人物、复合型人才"十分匮乏。在关于文化企业人才现状的选项中，关键岗位的人才存在缺失占据了高达一半的比例。

在对10家重点文化企业的调研中，反映存在人才问题的占据7家。多数企业必须通过在厦门、福州甚至是上海这样的一二线城市注册公司，便于人才引进。这样可能最终导致发展潜力较好的优质文化企业外迁。

（四）城市精神与城市品牌、文化品牌仍待建设与传播

1.城市精神的提炼与城市品牌的建设长期处于停滞不前的状态。"十二五"期间，福建省部分城市委托清华大学城市品牌研究所执行的城市品牌规划，一直未能得到最终完成与实施。从城市精神提炼，到整个城市文化体系、城市公共艺术的创建，城市品牌的创建与传播，依然未能得到切实有效的规划、推进与落实，导致城市的知名度、美誉度与先进县级市比，仍有比较大的差距。而这是城市文化软实力的基础部分。

2.城市文化品牌、旅游品牌远未形成，城市文化辐射力不足。福建省拥有丰富的历史文化资源，福建省的品牌民营企业是其独特的城市文化资源。"十二五"期间，传统文化资源与工业文化资源的整合与开发成绩不小，但是依然不够。工业旅游需要进一步规划与建设。传统文化资源的巨大经济价值与社会价值尚未充分挖掘，资源整合利用还不到位。只有极少的地方风景点与文物古迹，造成形式单一、自身无造血功能、基本处于政府喂养的状态。传统文化艺术、新兴的文化企业，均还未能打造成为全国性的文化品牌。

四、提升福建文化软实力的对策和实施路径

（一）夯实基础：摆正文化软实力重大战略地位，深化文化体制改革与健全公共文化体系

1.把城市文化软实力的建设与发展、全面提高城市综合竞争力，列为"十三五"期间福建省各地市委市政府的工作重点。

打造城市综合竞争力，福建省必须两条腿走路，实现城市硬实力与软实力双轮驱动。《福建省国民经济和社会发展第十三个五年规划纲要》中，提出的"提升城市文化软实力"，而"十三五"规划中，着重发展硬实力的"推进产业转型升级""深入实施创新驱动发展战略"，同样需要文化软实力的支持（人才、科技、教育、创新能力、城市品牌、产业集群品牌等）。福建省城市文化软实力的提升，是未来五年福建省城市经济结构转型升级、城市转型发展、构建城市综合竞争力的关键。因此，"十三五"期间，应该把一般意义上的宣传文化工作、文化产业发展工作提高到建设城市文化软实力的高度上来，成为与发展经济硬实力同等重要的工作来抓。

2.深化体制改革，切实完善公共文化服务体系。

一是要切实改进用人机制，解决文化管理部门长期存在的人手不足、经费投入不足、专业技术人才匮乏的问题，提高文化管理与服务部门的人力资源质量。

二是加快完善、建设公共文化服务体系，对基层文体设施建设给予经费倾斜，并建立将文化工作纳入目标管理，建立健全评价机制、奖惩机制，保障公共文化服务体系的健全、有效，充满活力。

三是建立公共文化服务政府采购制度，鼓励社会力量、社会资本参与公共文化服务体系建设，培育文化非营利组织。通过政府购买服务，适度引入市场机制、竞争机制，鼓励社会力量以市场方式提供公共文化服务，进一步提高公共文化服务的效率和效益。以公共财政直接投资、产业政策扶持、政府采购、特许经营、委托生产、公共文化项目外包等多种途径，打造链条完整、渠道多样、功能卓越的公共文化服务投入体系。

四是继续加快培育文化消费市场，通过政府购买服务、消费补贴等途径，引导和支持部分优秀文化企业优化文化产品供给结构，大力发展适应转型发展中福建省的文化消费者消费需求和购买能力的文化产品和

服务，营造文化产业发展的基本条件。

（二）保障文化产业发展的资源要素供给，推动产业集群化发展，增强文化创造力

1. 建设包容、开放的城市人文环境与适宜文创人才聚集、消费、活动的公共空间。一是结合城市文化体系规划、建设，建构、推行开放、包容的现代城市文化系统，包括公共场合的普通话使用，加大引入多元文化艺术的力度，加大对于现代文明与城市文化形式多样的社会教育与观念疏导；二是结合城市建设规划，布局、建设若干具有文化、艺术、创新气息的生活街区，文化创意活动、文化消费活动的综合配套消费体系。

2. 显著提高文化产业政策扶持力度，建设文化产业科学、高效服务平台。一是在现有资源条件下，学习、借鉴先进城市，显著提高福建省的文化产业政策资金扶持（包括返税政策、退税政策、贴息贷款政策等）；二是通过项目化运作，确立项目负责制管理，建立真正有效的部门合力机制；三是制定相关政策，鼓励、支持、引导行业协会、龙头企业、高校、研究机构、国内先进服务机构，协同建立产业资源整合促进服务平台，支持文化产业的会展服务、经纪服务、版权服务、技术研发服务、项目研究服务、人才培养服务、信息咨询服务、投融资服务、创业孵化服务、文化贸易服务等产业支撑平台，对创造文化品牌、做出重大贡献的文化产业单位或个人给予更高的奖励和扶持。建立多元化的文化产业投融资机制等，变政府一肩挑为整合社会资源，借力市场的资源配置强大功能，发挥平台整合、吸纳产业优质资源、推动福建省文化产业科学、高效的跨越发展。

3. 实施文化创意产业人才战略。一是制定《福建省文化产业人才规划》，定期发布《福建省文化产业人才需求目录》，建立文化产业人才专门数据库和领军人才、拔尖人才跟踪机制，为文化产业的发展提供人才服务。制定《福建省文化名家、文化创意产业人才引进与培养办法》，从政策、平台、人才合作机制、资本、生活保障等各方面进行资源配置，有效支持文化创意产业的人才引进。二是构建多层次的文化产业人才培养体系，大力支持院校、企业、培训机构的文化创意产业人才培养，加强对高校和社会办学机构的引导、支持和扶持，建立与产业发展战略目标相适应、远中近期培养相协调、各层次人才培训相结合的培养机制。创新两岸人才交流合作机制，研究出台相应的政策，吸引和聚集台湾文化产业人才，鼓励、支持台湾优秀人才到福建省文化企业创业、就业，对引进的台湾高层次文化产业人才实行特聘专家制度。完善人才柔性引进措施和人才工作机制。针对产业领军人才等高层次人才较缺的现状，可以实施灵活多样的人才柔性流动政策，通过聘请专家顾问或客座教授、短期聘用、咨询、讲学、项目合作等"柔性"引进方式，吸引和聚集省内外的人才和智力，为福建省文化产业发展提供智力支持，切实解决优秀文创人才不足、引不进和留不住的问题。

（三）全面启动城市品牌工程，实施城市营销，形成文化影响力、辐射力

1. 全面规划、落实城市品牌建设与传播工程。

设立专门的负责机构，多部门协作，把城市整体作为一个品牌主体加以建设与营销，深度挖掘最能体现福建省地方特色的文化精髓。从 VI 视觉识别系统、MI 理念识别系统、BI 行为识别系统、HI 人文识别系统，全面规划、设计、落实、推行。

2. 立足优势资源，凝练品牌个性，讲好福建故事。

城市品牌工程的建设，务必因势利导，准确把握福建省城市的文化资源优势，立足福建省已经形成的城市品牌基础，凝练、突出福建品牌文化、"海丝"商业文化。

3. 融合城市品牌设计元素，融合福建省各地文化品牌建设，推出全国性、国际性的福建省文化品牌。

利用优势资源突出城市个性，将原有的中国国际鞋业博览会、福建省（国际）自行车公开赛、"地方戏曲演唱节""戏剧展演节""文化产业展览会"等重大会展、文化活动，运用品牌化运作思路与方式，重点打造几个具有行业、产业、文化领域影响力的全国性、国际性文化品牌。集中优势力量，推出若干以福建省历史文化资源为题材、具有福建省特色的全国性艺术精品和文化品牌，在全国形成"福建制作"的概念和印象，做大福建文化品牌。重点扶持对文化大发展大繁荣具有推动与引导示范作用的奖项和工程，深入开发福建籍或与福建有深厚渊源的文化名人的品牌价值，通过设立以文化名人冠名的对福建省文化建设有重要影响和突出贡献的文化奖项等，唱响福建省的精品文化品牌。

希腊"女人国"传说在欧亚大陆的流传

张绪山 / 清华大学

一、希腊传统的"女人国"传说

"女儿国"传说起源甚早,原在希腊古风时代就已经形成。"女儿国"传说得到充分演绎,是在古希腊神话中。在古希腊神话中,这个传说以亚马逊人(Amazons)的名称为人所知。根据希腊神话,亚马逊女人崇尚武艺,骁勇异常。为繁衍后代,她们与邻近的部落男子婚配,生育男婴则交还其父,或将其杀掉,生下女婴便留下由母亲抚养,训练其狩猎和战争本领,培养成勇猛的女将。亚马逊妇女自认为是战神阿瑞斯的后裔,热衷于战争,经常对他族发动战争;使用的武器有双面斧、弓、矛和半月形盾牌等;她们烧掉女孩右侧的乳房,以便其长大后使用弓箭。一些古希腊作家由此造出 a(no)+ mazos(breast)= Amazons 一词,用以称呼这些女战士,其意为"无乳者"。[1]但在古希腊罗马的艺术作品中,亚马逊人的形象是肌肉发达的妇女,体态并无残缺。

有学者认为,亚马逊女人族的故乡在黑海东部至里海的高加索山两侧,南俄草原与黑海之北的斯基泰地区。[2]但就记载论,事情却并非如此。一些较早的文献将亚马逊人与小亚细亚的东北部、黑海南岸的特尔莫冬河沿岸(今属土耳其)相联系,稍后的文献才将其置于高加索地区与顿河地区。[3]在希腊传说中,亚马逊人在爱琴海东岸的伊奥尼亚(Ionia)地区的许多地方建立过聚居地,尤其以以弗所(Ephesus)为最著名。她们崇拜阿尔忒弥斯,在以弗所建立了一座宏伟的阿尔忒弥斯神庙,被称作古代世界的七大奇迹之一。以弗所位于爱琴海的东岸,属于希腊文明圈的东部

---

[1] The Oxford Classical Dictionary, edited by M. Cary etc., The Clarendon Press, 1950, p.41。
[2] B. B. Powell, Classical Myth, Prentice-Hall, 2001, p. 403; M.H. 鲍特文尼克等:《神话辞典》,商务印书馆 1985 年版,第 25 页。
[3] Oskar Seyffert, A Dictionary of Classical Antiquities, The Meridian Library, 1958, p. 25。

边缘。[1]因此，我们认为，亚马逊的背景舞台是由近及远，先是被认定在爱琴海东岸的小亚地区，随着希腊人在黑海沿岸地区殖民活动的增多及地理知识的增多，逐渐被推及小亚黑海南岸、高加索山两侧、亚速海及更远的南俄草原地区。

早期女人国传说有三个主要元素：一是亚马逊妇女尚武与好战；二是亚马逊妇女以繁衍后代与邻近群体的男子婚配；三是所生后代只留养女婴而不留男婴。在后世流传过程中，各地对这三个元素的取舍各有不同：在希腊罗马世界，以突出第一个元素为主，而在其他地区则以后两个元素为核心元素。

与早期亚马逊传说相关的神话人物之一是赫拉克利斯。在大力神赫拉克利斯建立的十二功勋中，其中之一是他从亚马逊女王手里取得金腰带。在赫拉克利斯神话中，亚马逊位于黑海南岸本都地区的特尔莫冬河两岸，国王拥有战神阿瑞斯赠送的金腰带。赫拉克利斯到达亚马逊后，女王对大力神很有好感，打算献出金腰带，不料天后赫拉从中挑起事端，致使赫拉克利斯与尚武好战的亚马逊战士发生战争。赫拉克利斯打败亚马逊的军队，女王被迫交出金腰带。[2]很多希腊绘画和雕塑都以此为题材描绘这次辉煌的胜利。

特洛伊故事讲述希腊人与特洛伊人之间的战争。在这个故事中有阿喀琉斯与亚马逊女王彭忒西勒亚之间的战斗。特洛伊英雄赫克托耳战死后，亚马逊女王彭忒西勒亚率领12位女战士赶赴特洛伊城，帮助特洛伊人对抗希腊人，连斩多位希腊英雄，希腊军队大败。危急之时，希腊军队中最勇猛的武士阿喀琉斯赶来加入战斗，在激烈厮杀中将彭忒西勒亚刺于马下。阿喀琉斯摘下后者的头盔，看到她沾满血迹与尘土但依旧妩媚动人的容颜，后悔不已，生出悲伤之情。希腊人将她的尸体交还特洛伊人，特洛伊人将女王尸体与战死的其他12名亚马逊女战士一同火化、埋葬。[3]

公元前6世纪后期流传的提修斯传说中也有与亚马逊女人交锋的情节。随着雅典地位的提高，传说中的雅典国王提修斯

---

[1] 如 Amastris、Sinope、Cyme、Pitana、Priene、Mytilene（Lesbos）、Ephesus、Smyrna、Myrina。见 S. Hornblower and A. Spawforth ed., The Oxford Companion to Classical Civilization, Oxford University Press, 2004, p. 31; The Oxford Classical Dictionary, p. 41。

[2] B. B. Powell, Classical Myth, p. 363;［德］古斯塔夫·施瓦布：《希腊古典神话》，曹乃云译，译林出版社1995年版，第197—198页。

[3]［德］古斯塔夫·施瓦布：《希腊古典神话》，第462—467页；B. B. Powell, Classical Myth, pp. 545—546。

的声望也逐渐隆盛起来。据说，他早年曾参与阿耳戈斯英雄们的冒险，前往黑海沿岸获取金羊皮。在此征程中，他曾经到达亚马逊，受到亚马逊女人的热情招待，但提修斯骗走了亚马逊女王希波吕忒并与之成亲。亚马逊女人对他的行为感到愤怒，一直伺机报复，最终将船队开到了雅典，攻占雅典并在卫城西北部的山扎营——此后这座山被称作战神山（Areopagus，hill of Ares）。雅典人同亚马逊妇女长久对峙，互有胜负，与丈夫并肩作战的王后希波吕忒在战斗中身亡。双方缔结和约，亚马逊妇女离开雅典。雅典人为了纪念这位亚马逊人出身的王后，为她树立了一根高大的纪念柱。[1] 据公元2世纪的希腊旅行家包萨尼阿斯（Pausanias）记载，在雅典的市政广场（Agora）上有一座建于公元前460年左右的柱廊式公共建筑，在这座建筑的墙面的绘画中间，有一幅出自色雷斯画家波吕诺托斯（Polygnotos）之手的名作，描绘的是提修斯和雅典人击败亚马逊女人的战争、希腊人占领特洛伊，以及马拉松之战中雅典人痛击波斯军队的情景。雅典卫城之上的巴特侬神庙是希腊人的标志性建筑，希波战争中被波斯人烧毁，于公元前447年开始重建，其北面雕带上的浮雕描绘特洛伊战争的情景，西面和南面则分别描绘希腊人和亚马逊女人的战争、希腊人和半人半马族的战争等神话主题，内侧的浮雕着重表现的主题之一是抗击波斯入侵的马拉松之战。[2] 可见女人国传说已经是希腊人共同的民族记忆。

赫拉克利斯、阿喀琉斯与提修斯等均为希腊神话中的英雄人物，以勇武著称，这些神话英雄的传说所突出的是亚马逊妇女的强悍和尚武，其他两个元素并未受到特别强调。

进入古典时代以后，"女人国"主题开始由神话转入历史著作。希罗多德（公元前484—公元前425）在其著作《历史》（IV，110—117）中记载，亚马逊女人曾在黑海南岸的特尔莫冬河（Thermodon）与黑海沿岸与希腊人作战，希腊人打败了她们，准备把大量俘虏运走，船在海上航行时，亚马逊女战士杀死了押运她们的希腊人。但这些妇女不会操纵船只，任由船只漂流到黑海东北部的麦奥提斯湖（亚速海）岸边，与该地的斯基泰人发生战争。斯基泰人从战死的亚马逊战士尸体上发现她们是妇女，决

---

[1] B. B. Powell，Classical Myth，pp. 402—403；古斯塔夫·施瓦布：《希腊古典神话》，第248—249页。

[2] B. B. Powell，Classical Myth，p. 404；黄洋：《古代希腊罗马文明的"东方"想像》，《历史研究》2006年第1期。

定不再以战争手段对付她们。他们派出大约数量相等的年轻男子,在她们的驻地附近安营扎寨,并模仿亚马逊战士的一切动作。如果女战士们前来交战,斯基泰男子并不迎战,而是逃跑;待女战士停止追击,则仍回到女战士驻地附近安营。当女战士看到斯基泰男子并无伤害她们的意图时,就不再主动发起攻击,双方的营地也逐渐接近起来。起初,单个的斯基泰男子与单个的亚马逊女战士交往,随后各自带来身边的伙伴彼此交往,最后双方的营帐合并在一起,每个斯基泰男子娶最初交往的女战士为妻,彼此结合在一起。新形成的群体并没有回到斯基泰人原来的群体,也没有定居于女战士占领的土地,而是迁移到一个新的地区开始生活,这个地区位于塔奈斯河(顿河)以东三日路程,从麦奥提斯湖向北三日路程。[1]

在希罗多德的记载中,亚马逊妇女与邻近的斯基泰男子匹配,但不是每年都派遣,而是由派遣的男子与女战士结合成一个新团体;希罗多德也没有提到"产男不举"的风俗。但亚马逊尚武好战这一典型特征仍很突出,即使在形成新团体之后,亚马逊妇女仍然保留着从前的风俗习惯,即射箭、投枪、骑马、打猎。1976年苏联考古学家于伏尔加河中游古巴尔加斯附近发现一座2000年前的女人墓,墓中有一把剑、几个箭头,说明南俄草原西端以至高加索地区确实存在着尚武好战的女人群体。希罗多德的记载包含亚马逊妇女尚武和他族派遣男人婚配这两个元素,体现出历史著作的特点:神话传说母题在与历史事实结合时,保留与历史实际相符合的细节,而改变或略去一些具体细节,一些人们熟悉的细节。

希罗多德之后,真实的女人国再未见诸历史记载,但女人国传说被保留下来。随着罗马人的扩张与对地中海东部的征服,罗马帝国继承了包括女人国传说在内的希腊文化遗产。斯特拉波(公元前64—公元23)提到:"据说亚马逊人与加尔加里亚人(Gargarians)为邻,这个地区在高加索山脉被称为塞劳尼亚山脉的北麓。"他沿袭了先前亚马逊人生性好战的说法,同时也提到了种族延续的习惯:"他们每年春天有两个特别的月份,要登上附近把他们与加尔加里亚人分开的山脉。按照某种古老的风俗习惯,加尔加里亚人也要登上这座山脉,为的是和妇女们一起完成献祭仪式,并且和她们一起性交以求子嗣;他们干这种事

---

[1] [古希腊]希罗多德:《历史》,王嘉隽译,商务印书馆1962年版,第473—476页;希罗多德:《历史》,徐松岩译注本,上海三联书店2008年版,第232—234页。

情是秘密的，而且是在晚上，任何加尔加里亚人都可以随意和任何亚马逊人发生关系；在使她们怀孕之后，他们会把她们送走，新出生的女孩由亚马逊人自己抚养，而男孩送给加尔加里亚人抚养；每个加尔加里亚人对送给他的男孩，都要当成自己的孩子一样，把他当成自己无法确认身份的孩子。"不过，斯特拉波有些怀疑所谓亚马逊人好战尚武、像男人一样充当战士的习俗，认为这是"怪异"的故事。

但他还是指出一个事实："即使在今天，有关亚马逊人的奇特故事仍然在流传着"，"许多城市的建立和命名也被归功于亚马逊人，例如以弗所、士麦拿、基梅和米里内；还有很多的陵墓和纪念物；所有作家都提到的特米斯齐拉、特尔莫冬周边的平原和位于它之后的群山，都被归之于亚马逊人；他们认为亚马逊人从上述地区被赶走了"。[1] 斯特拉波提到的亚马逊人建立的这些城市（以弗所、士麦拿、基梅和米里内）多在小亚细亚的爱奥尼亚地区，是希腊人活动范围的东部边缘；亚马逊女人好战的特征在逐渐弱化，对其尚武性格的描述越来越少，而作为女人的活动却越来越多。

这一特点在普鲁塔克（约46—120）的作品中有所体现。普鲁塔克说罗马名将庞贝征讨黑海岸边的本都国王米特拉达悌时，后者的军队中就有亚马逊人的援军，"她们顺着特尔莫冬河从山区赶下来"，"她们在高加索山脉定居的部分向下朝着海卡尼亚海（里海）延伸，位于盖赖（Galae）和莱吉斯（Leges）之间"。他同样提到了亚马逊人与周边族人匹配的习惯："亚马逊人与特尔莫冬河周遭的部族，每年当中有两个月的时间混杂在一起，然后退回自己的居住区过着母系社会的生活。"[2]

阿里安（约96—180）在《亚历山大远征记》中记载，亚历山大东征率军到达波斯的奈萨平原时，美地亚督办阿特罗帕提斯献给亚历山大一百名妇女，说她们是亚马逊人。她们的装备如骑兵，但手里拿的不是长矛，而是斧；不是盾牌而是小靶子。有人说，她们的右乳房较小，打仗时露在外边。阿里安认为，这些并非真正的亚马逊人，只是外表打扮得像传说中的亚马逊人那样罢了。不过，阿里安的态度似乎有些矛盾，他一方面否认亚历山大时代存在所谓的亚马逊女人国，其根据是，色诺芬曾带领希

---

[1]［古希腊］斯特拉博：《地理学》（下），李铁匠译，上海三联书店2014年版，第751—752页。
[2]［古希腊］普鲁塔克：《希腊罗马名人传》（第2册），席代岳译，吉林出版集团有限责任公司2009年版，第1144—1145页。

腊人路过特拉比宗，记载了那里的一些部族，但没提到遇到过亚马逊人；而另一方面，他又承认历史上存在过真实的女人国，其根据是许多很好的历史权威都曾提到过这个女人国。"因为赫拉克利斯曾被派到她们那里去，而且还把她们的女王希波吕忒的腰带带回希腊。这事早已家喻户晓。还有人说，当这批女人侵犯欧洲时，还是提修斯带着雅典人首先把她们打败的呢。画家西蒙也曾把雅典人跟亚马逊人打仗的情景画成画，和他画的希腊人和波斯人打仗的画一样。而且希罗多德也经常提到这些女人，雅典所有为阵亡将士们念颂词的人都还特别提到雅典人跟亚马逊人打仗的事。"[1] 可见，在古代世界，公元前后的历史家虽然怀疑自己的时代还有真实的"亚马逊女人国"存在，但对于它在历史上的存在是肯定的，换言之，女人国已经是作为传说而存在。

《亚历山大传奇》是一本以亚历山大为主角的流行故事集，于公元3—4世纪出现于埃及的亚历山大里亚。在《亚历山大传奇》中，亚马逊女人国传说更得到充分演绎。据说，从印度返回时，亚历山大与其军队途经亚马逊女人国，写信给后者要求会见。亚马逊族人回信，告知亚马逊其国其人之详情："吾人乃勇敢与高尚之族，居于一岛，亚马逊河之此岸。周绕此岛须费时一年，有一河环吾族，此河不知始端，但有一进口。此处有武士二十万，皆不识男人之处女战士，无男性居于其间。男人居于河之彼岸。吾国土宜居，生活幸福。吾人每年举行集体仪式凡三十日，以马献祭阿拉马兹达（Aramazd）、波塞冬、赫淮斯梯昂。然后跨河去彼岸男人处，与之婚配三十天。吾人有不胜其欲者，跨河居于男人中；如生育女孩，至七岁交给我们。如遇敌军犯吾国土，吾人以十二万骑兵迎击之，其余人等卫岛护家。吾人前进至国境，则男人在吾人身后严阵以待。如有人受伤，她将受阿拉马兹达圣坛供养，每人为其效力二日，其家族享有纪念性王冠。如有人为国捐躯，其近亲家属所获赔偿金不菲。如有敌人穿越此岛，击败敌人者将获得奖励，包括大宗金银及终生用餐之金。故吾人均愿为国牺牲。如吾人战胜敌人或敌人逃走，敌人将永远蒙受耻辱；如敌人战胜我们，他们将享有所有亚马逊女人。所以，亚历山大大王，你要小心，以免蒙辱。我们将悉听命令，逐年酬劳于你。好好考虑一下并回答我们，你将在边界上见到我们的队伍。"亚历山大与亚马逊女人达成协议，亚马逊人表示臣服，并送亚

---

[1]［古希腊］阿里安：《亚历山大远征记》，商务印书馆1979年版，第239—240页。

历山大礼物及一百位骑兵。[1]

二、"女人国"传说在欧亚大陆的流传

《法苑珠林》由道世法师于唐高宗总章元年(668年)据各种经典编成。《贡职图》亦作《职贡图》，乃南梁元帝萧绎（508—554，552—554在位）所作。其中卷三九云："案《梁贡职图》云，（拂懔）去波斯北一万里，西南海岛有西女国，非印度摄，拂懔年别送男夫配焉。"《大唐西域记》卷一一曰："波剌斯国西北接拂懔国……拂懔国西南海岛，有西女国，皆是女人，略无男子。多诸珍货，附拂懔国，故拂懔王岁遣丈夫配焉。其俗产男，皆不举也。"[2] 二者所述女人国之情形基本一致，显为同一传说，但以《西域记》为详。

"拂懔"一名在隋唐时代多作"拂菻"，指罗马帝国之东部领土，又称拜占庭帝国。梁朝位处南方，《贡职图》所记"西女国"传说显系由海路传至中国。玄奘于627—645年间巡礼印度求法，途中历经中亚，将拂懔国与女人国附于"波剌斯国"条下，且明言"非印度之国，路次附见"，说明乃其于中亚或印度西北部所获闻。

《梁贡职图》与《大唐西域记》所记是否为希腊亚马逊女人国传说？有学者认为源出于印度，最初在印度西海洋，后来广泛流传，向西移到更远的东罗马的西南海岛上。[3] 著名汉学家夏德（F.Hirth）认为可能"出于佛教翻译家所译出的印度材料"，同时也注意到玄奘记载多与斯特拉波著作的记载相合；不过他对二者是否存在渊源关系，似乎有些犹豫不定，原因是两种记载中女国位置的不同："斯特拉波笔下的女人国据说位于麦奥提斯湖（Lake Maeotis，即亚速海）岸边，而不是在拂菻西南，他们也不是生活在岛上，派遣男子与她们相配的邻人不是叙利亚人，而是居于高加索山下的加尔加里亚人（Gargarians）。"[4] 夏德联想到玄奘所记故事与希腊世界的"女

---

[1] The Romance of Alexander the Great by Pseudo-Callisthens, Translated from the Armenian Version with an Introduction by Albert Mugrdich Wolohojian, Columbia University Press, 1969, pp. 141—142。

[2] 玄奘：《大唐西域记校注》，季羡林等校注，第943页。慧立、彦悰：《大慈恩寺三藏法师传》卷四："（波斯）国东境有鹤秣城，西北接拂懔国，西南海岛有西女国，皆是女人，无男子，多珍宝，附属拂懔，拂懔王岁遣丈夫配焉，其俗产男例皆不举。"《新唐书》卷二二一："拂菻西，有西女国，种皆女子，附拂菻。拂菻君长岁遣男子配焉，俗差男不举。"二者所记"女人国"事，均取材于玄奘《西游记》，故所记与《西域记》几乎完全一致。

[3] 见玄奘《大唐西域记校注》下，季羡林等校注，第943页。

[4] Hirth，China and the Roman Orient，pp. 200—202。

人国"传说之间的关系,确实显示了他思维的敏锐,其不足之处在于:首先,他对希腊世界有关"女人国"传说的考察仅上溯至斯特拉波,未能从根源上看到它的原型;希腊渊源的"女人国"传说远比斯特拉波更为古老。其次,如果一个地区的族群社会具备原始传说中几个元素中一个较典型的元素,那么就足以使人们将它与传说联系起来。传说之所以流动不居,被结合于不同地区的族群,原因在此。夏德不太了解民俗传说在不同地区传播的规则,所以要指出两种记载显示的地点差异。"拂菻"国即东罗马帝国本身就是希腊帝国,且"女人国"本身起源于希腊世界,将女人国与"拂菻"联系起来,是很自然的。

阿拉伯伊斯兰教势力兴起以前,波斯乃欧亚大陆的陆地与海上交通的重要媒介之一,东西方交流的信息多经波斯人之中介。在经波斯东传的亚马逊"女人国传说"版本中,女人尚武好战之特点未得到突出。

阿拉伯伊斯兰教势力兴起之后,欧亚大陆之东西交流之中介主要为阿拉伯人。阿拉伯故事集《天方夜谭》中,女人国位于第聂伯河中的若干岛屿上:"有一岛,仅有女子住在其中,自成一国,不许男子羼入。女子多不婚,惟在年中某季许男子来会,聚数日,携其无须乳哺之男孩归,女孩则留母所。"[1] 阿拉伯典籍记载与中国文献记载颇为一致。

这一特点也见于《马可·波罗行纪》。1292年初,马可·波罗等人从福建泉州启航,扬帆西行,护送蒙古公主阔阔真,下嫁宠妃病故的伊儿汗阿鲁浑;经苏门答腊、斯里兰卡、马拉巴海岸,到达波斯湾的霍尔木兹,登陆至波斯。在马可·波罗笔下,女人国是印度辖下的一个岛屿,与男人岛相对,位于克思马克兰南海行500哩,"两岛相距约30哩。居民皆是曾经受洗之基督教徒,然不保存旧约书之风习;妻受孕时,其夫不与接触;若妻生女,产后40日亦不与接触。名为男岛之岛,一切男子居处其中。每年第三月,诸男子尽赴女岛,居三月,是为每年之三、四、五月;在此三个月中与女子欢处。逾三月,

---

[1] 亚马逊女人国传说的另一个背景舞台是非洲(利比亚)。见 S. Hornblower and A. Spawforth ed., *The Oxford Companion to Classical Civilization*, p. 32. 阿拉伯作家卡兹维尼(Kazwini,1203—1283)提到的女人国故事发生在马格里布海面一个岛屿中的大城。"图尔图希(Turtušī)认为,其岛民为清一色的女性,任何男子都无法驾驭她们。她们骑马习武和独立作战,而且骁勇剽悍,锐不可当。这些巾帼们占有一些男性奴隶,每个男子轮流与她们的情妇过夜,在整个夜间都要留在她身边寻欢作乐,天傍拂晓,不等曦光东升就溜之大吉了,避免被别人觉察。当她们之中有人生育了一个男孩,就会立刻将之溺死;如果是一个姑娘,就让她活下来。图尔图希还补充说,女儿城肯定是一个存在着的现实,在这一点上不容有任何置疑。"这个传说显然是亚马逊女人国传说之衍化,传说中的女人好战尚武、生男不举等特点,使人无法怀疑其统一性,但其中的一个情节,即女人国妇女"占有一些男性奴隶,每个男子轮流与她们的情妇过夜,男子在拂晓前离开",则显示了它的阿拉伯特点。

诸男重回本岛，其余九个月中，则为种植工作贸易等事。……彼等与诸妇所产之子女，女则属母，男则由母抚养至十四岁，然后遣归父所。此二岛之风习如此。诸妇除抚养子女，摘取本岛果实外，不做他事；必需之物则由男子供给之"[1]。同中国文献记载一样，女人国妇女好战尚武的元素已经隐而不见。

有学者认为，马可·波罗所记除了希腊渊源的女人国传说外，还包含了印度元素，"此故事应为最流行的女人国（Amazons）故事之一枝说。帕拉迪乌斯（Palladius）引婆罗门说，男女分居恒河两岸，女子在六、七、八月间接待男子四十日，是为太阳偏北天时最寒之日。女生子，其夫则不复至"[2]。马可·波罗笔下男女两岛分立之说，与僧伽罗传说契合，亦不能排除所受后者之影响。由于《马可·波罗行纪》将印度视为女人国的背景舞台，所以这个传说被视为印度事物的一部分。熟读《马可·波罗行纪》的意大利探险家克里斯托弗·哥伦布（1451—1506）至死都认为自己到达了印度，且相信马可·波罗所谓印度洋中有男人岛与女人岛存在。他在1493年1月16日第一次探险从加勒比诸岛返回西班牙途中，听说有女人岛存在，便打算先去女人岛"带五六个"妇女回去，以证明自己确实到达了印度。[3]

在欧洲，即使在相对晚近的记载中，亚马逊女人国传说诸元素保留相对完整。13世纪末十字军东征结束以后，西亚地区（尤其是基督教圣地）一直是欧洲人瞩目的中心。14世纪英国约翰·曼德维尔所作《曼德维尔游记》，将女人国置于西亚，与迦勒底毗邻。他指出，女人国并不像人们所言，男子无法存活于其间，而是因为女子不容任何男人主宰她们。从前这里也有国王，所有男人也像别国一样婚配。不幸国王与斯基泰人诸君王发生战争，国王被杀，国中所有高贵血统之男性悉数战死沙场。王后与贵妇们眼见自身皆成寡妇，国中高贵血脉已丧失殆尽，就各自披挂起来，悲狂地杀尽其余一切男人，让所有女人与她们一样都成为寡妇。自那以后，她们再未曾容许一个男子呆在其中超过七天七夜，任何一个男孩在抚养期之后必须送走，交还其父亲。每当需要男女生活时，她们会将男人引到接壤之地，与他们同居八九天，然后离开。如她们生下男孩，则

---

[1]《马可·波罗行纪》，冯承钧译，党宝海新注，河北人民出版社1999年版，第667—668页。
[2]《马可·波罗行纪》，冯承钧译，第669页。
[3] [美] 塞·埃·莫里森：《哥伦布传》上卷，陈太先、陈礼仁译，商务印书馆2014年版，第404—405页。

在孩子能独立吃饭和行走之后送与父亲,或将其处死;如生下女儿,则自行抚养。出身高贵的女子将左乳烙烫,以便持盾带甲;普通女子则烙烫右乳,以便射箭。她们全是出色的弓箭手。其疆域内有女王一统天下,人人俯首听命于她。推举女王时,众人会推举武艺超群者;她们足智多谋,骁勇善战,忠勇无畏,有口皆碑。别国君王发生战争时,她们常去助阵,和其他雇佣兵一样,以此换取金银财宝。亚马逊之地实为一海岛,周围皆海,有两处为进出口。隔水相望处住着她们相爱的男人,想念时就会去那里寻求慰藉。"[1] 这部作品并非作者亲身游历的记录,而是对他人作品的"汇集"[2],其中对于女人国环境的描述明显雷同于亚历山大传说中的描述,但有关女人国的来由,是一新说法,女人国妇女与外部男子婚配,生男不举以及尚武好战诸元素迄无变化。

13 世纪初蒙古崛起以后,尤其是 13 世纪上半叶的三次西征之后,中亚成为欧亚大陆的政治中心。罗伊·冈萨雷兹·克拉维约(Ruy Gonzalez de Clavijo,?—1412)是西班牙外交家,他于 15 世纪初叶(1403—1406)出使帖木儿汗廷的西班牙使节,其他游记记载出使过程中的见闻,其中提及女人国,宣称:"由撒马尔罕向契丹行 15 日里程,有女人国(Amazons),迄今仍保持不与男人相处之俗,只是一年一度与男人交往。她们从首领们那里获得准许,携女儿前往最近的地区与男人交会,每人得一悦己之男人,与之同居住、共饮食,随后返归本土。生女后则留下抚养,生男则送其生父养育。女人国现属帖木儿统治,但曾经归辖于契丹皇帝。信仰基督教,属希腊教会。她们是守防特洛耶城的女战士的后裔,希腊人攻取特洛耶城后,乃移居于此地。"[3] 很显然,克拉维约已经把传说的舞台搬到了中亚以东地区,并且与帖木儿帝国联系起来,但亚马逊传说的老套路一仍其旧:女人国自成一体,无男子羼入;女人国妇女每年一度与男子交会,产男不举;所谓女人国妇女乃"守防特洛耶城的女战士的后裔"的说法,暗示其好战尚武的特征,但已经很不突出。对克拉维约而言,中亚以东地区是他有所了解但又不甚了解的模糊不清的地区。

对欧洲人而言,好战尚武习俗是亚马逊传说中最熟悉的特征。有一例可以说明之。1541 年 6 月西班

---

[1] John Mandeville, *The Travels of Sir John Mandeville*, London: Macmillan and Co. Limited; New York: The Macmillan Company, 1900, pp. 103—104;[英]约翰·曼德维尔:《曼德维尔游记》,郭泽民、葛桂录译,上海书店出版社 2010 年版,第 44—45 页;周宁编著:《契丹传奇》,学苑出版社 2004 年版,第 392—393 页。

[2] H. Yule, Cathay and the Way Thither, Vol. II, London 1913, pp. 33—34,尤其是注 1。

[3] H. Yule, Cathay and the Way Thither, Vol. I, London 1915, p. 265;[西]罗伊·冈萨雷兹·克拉维约:《克拉维约东使记》,杨兆钧译,商务印书馆 1997 年版,第 160 页。

牙探险家弗朗西斯科·奥雷连纳率探险队到达亚马逊河下游时，发现一些村庄仅住有"一些浅肤色的女人，她们与男人毫无交往"，这些女人留着长辫子，身体强壮而有力，使用弓箭为武器。初见之下，他们首先想到的便是古希腊神话传说里的女人国。奥雷连纳遂名此河流为亚马逊河。[1]

欧洲人所到之处，便将这个传说引到那里。西班牙人门多萨（Juan Gonzalez de Mendoza，1545—1618）生活的时代已是新航路开辟以后。此时西班牙与葡萄牙人到东方殖民的活动已经开始。门多萨根据相关人员的东方消息于1585年出版《中华大帝国史》的"谈日本岛及该国的其他事物"一章中，将"女人国"置于东亚海中，并与日本联系起来："距离日本不远，近顷发现有女人岛，岛中仅有女人，持弓矢，善射，为习射致烧其右乳房。每年一定月份，有若干日本船舶，载货至其岛交易。船至岛后，令二人登岸，以船中人数通知女王。女王指定舟人登岸之日，至日，舟人未登岸前，岛中女子至港，女数如舟中男数，女各携绳鞋一双，鞋上皆有暗记，乱置沙上而退。舟中男子然后登岸，各着绳鞋往就诸女，诸女各认鞋而延之归。其着女王之鞋者，虽丑陋而亦不拒。迨至限期已满，各人以其住址告女而与之别。告以住址者，如次年生子，男儿应送交其父也。"[2]这位西班牙人对"女人国"的记载可谓与时俱进，而传说所固有的核心元素——弓矢、善射、烧乳房；定期婚配；产男不养——则一仍俱全，甚至连称呼都沿用传统的"亚马逊人"。所不同的是，希腊传统的女人国传说中杀死男婴的说法消失了，显然是人道化处理的结果。[3]

地理大发现以后，西欧各国虽然对东亚各国的了解有所增多，但在整体上仍是雾里看花，懵懵懂懂。对东亚风土地理的幽晦不明，极容易使西欧人士将自己熟悉的传说曲加附会，与云雾缥缈的远东结合起来。此一时期与日本相联系的"女人国"，实际上是欧西人将传统亚马逊"女人国"传说移植到了东方背景舞台中。传说的外貌细节似有变化，而其核心元素却是西方传统的。这位西班牙人强调说，"此事乃诸教士闻诸两年前曾至此岛某人者"，同时又不乏天真地说："日本之耶稣会士，对于此事毫无记录，余尚疑而未信云"[4]，这说明他不明白一个道理：像女人国这样的传说一向是被结合

---

[1] [苏联]约·彼·马吉多维奇：《世界探险史》，海南出版社、三环出版社2006年版，第245—246页。

[2] 《马可·波罗行纪》，第669—670页；[西]门多萨：《大中华帝国史》，何高济译，中华书局1998年版，第381—382页。

[3] 王孝廉：《女儿国的传说》，见《中国的神话与传说》，台北联经出版事业公司1977年版，第232页。

[4] 《马可·波罗行纪》，第669—670页。

于人们不甚了解的边缘区域的,生活在日本的耶稣会士怎会将一个虚无缥缈的传说加诸自己熟悉的地区?

西欧自文艺复兴时代以后,希腊罗马文化遗产受到空前重视,希腊传统之亚马逊女人国传说再现于当时知识中。明末来华意大利传教士艾儒略(1582—1649)《职方外纪》称:"中国之北,迤西一带,直抵欧罗巴东界,俱名鞑而靼……迤西旧有女国,曰亚玛作搦,最骁勇善战。尝破一名都曰厄弗俗。即其地建一神祠,宏丽奇巧,殆非思议所及。西国称天下有七奇,此居其一。国俗惟春月容男子一至其地,生子,男辄杀之。今亦为他国所并,存其名耳。"[1] 鞑而靼即鞑靼,指居于西伯利亚至里海伏尔加河流域一带的蒙古人与操突厥语的东方民族。艾儒略所记应注意者,一是保留了女人国原称,"亚玛作搦"实乃Amazon之意大利文读音(Amazono)转写。二是将女人国置于小亚细亚,则是希腊传统说法。与女国相关的厄弗俗即Ephesus,现多称以弗所,是靠近爱琴海东部的小亚细亚的名城,《职方外纪》所附"亚细亚图"又作"厄弗琐"。将女人国传说与以弗所城的建立联系起来,显然是保留了女人国传说早期的说法。三是明确指出传说中的女人国居地(欧罗巴东界、鞑而靼以西地区)已"为他国所并",但现在仅存其传说而已。四是悉数保留亚马逊女人传说之核心元素,即女人"骁勇善战";年中某时允许男子来会婚配;生男不举。自古希腊以降,此三个核心元素构成的女人国传说并无根本改变,尽管强调的重点有时有所不同。[2]

三、"女人国"传说之起源

从根本上讲,"女人国"传说的出现,乃是各文明圈内族众与边缘区部族社会交流互动的产物。它所反映的是文明中心区族众对边缘区部族社会的认识,或者说,是周边部族社会的信息通过某种渠道,袅袅地传播到文明中心区后,在文明中心区族众心中形成的带有想象性的"知识图景"(或曰心理认知痕迹)。这种"知识图景"逐渐演化为一种标识性的族群符号,为文明圈内的族众所接受并

---

[1] [意]艾儒略著,谢方校释:《职方外纪校释》,中华书局1996年版,第35页。
[2] 在东方环境中,女人国传说核心元素的选择呈现多样性。波迪埃引《传教信札》载1697年法国某传教士在马尼拉(Manille)所写书信:"此种外人[假拟在马里亚纳(Mariannes)群岛南方某岛中之外人],谓彼等岛中有一岛,仅有女子住在其中,自成一国,不许男子羼入。女子多不婚,惟在年中某季许男子来会,聚数日,携其无需乳哺之男孩而归,女孩则留母所。"《马可·波罗行纪》,第669—670页。其核心是与外部男子婚配、生男不举的内容。

用来标识新的边缘部族,自身边缘的"他者"。随着文明区人们活动重心的变化,其所关注的域外族群也发生变化,"女人国传说"的背景舞台也随之发生相应的转移,与此相关的"知识图景"也随之发生转移。

作为较早发达文明的民族,希腊历史上的"女人国传说",所代表的是他们对边缘区部族"他者"的异己性的认知,对边缘区部族的身份"认定"。这种认知和"认定"乃基于强烈的自我意识,服从于自我认同的要求;对它的接受与传播在客观上巩固与强化了族群的自我认知与认同。

古希腊人很早就非常强调希腊人自身与他族的区别。古希腊人的"内外之别"观念,早在公元前12世纪的特洛伊战争时期就已发源,经公元前6世纪上半叶的希波战争而得以强化。公元前5世纪希罗多德的《历史》的叙述经常偏离主题,去描写异族的文化、风俗与传说,浓墨重彩地描写吕底亚人、波斯人、吕西亚人、卡里亚人、巴比伦人、埃及人、印度人、斯基泰人、利比亚人、埃塞俄比亚人,以及其他更多的民族,尤其是传说中的亚马逊女人族。希波战争以后,希腊艺术作品中特别盛行的主题之一便是雅典人与亚马逊女人族的战争,将亚马逊女战士描绘成波斯人的装束。[1] 菲狄亚斯创作的著名的雅典娜雕像所持的盾牌上,以及雅典广场不远处的赫淮斯托斯庙的柱廊上,都有关于希腊人和亚马逊女人族战争的描述;[2] 尤其是在雅典的巴特侬神庙浮雕上,希腊人和亚马逊女人族战争、希腊人—半人半马族战争等神话,以及马拉松之战三个原本互不关联的主题联系在一起。这样做的目的,自然有希腊人的"世界观念"存乎其间,但同样体现了希腊人看待世界的特定价值标准。在希罗多德看来,这整个的已知世界是分成两个截然对立的部分的,即希腊人和蛮族人,亚马逊女人国属于蛮族人的世界。在希腊文学艺术作品中,亚马逊女人族总是生活在希腊人所知世界的边缘,作为低文明的局外族类存在,与希腊人形成对照,成为希腊文明的威胁。[3] 对希腊人而言,有关亚马逊女人族的传说凸现了蛮族和希腊的对立,蛮族人与希腊人在思维方式或风俗习惯方面的"倒错"(inversion)。对照如此构建出来的一种"他者"形象,古希腊人的族群同一性自然凸显出来,族群认同感在客观上也随之得到强化。[4]

亚马逊"女人国"传说的最初的相关信

---

[1] H. I. Woods, Amazons of the Ancient World: Women in Greek and Roman Societies as Seen in the Amazon Myth, A thesis presented to the faculty of the Department of History East Tennessee State University, May 2010, p. 79。

[2] B. B. Powell, Classical Myth, p. 404。

[3] H. I. Woods, Amazons of the Ancient World: Women in Greek and Roman Societies as Seen in the Amazon Myth, pp. 40—41。

[4] 黄洋:《古代希腊罗马文明的"东方"想像》,《历史研究》2006年第1期。

息,无疑来自文明边缘区的部族社会;构成"女人国"传说核心元素的信息,很多都是由那些处于较低进化阶段的边缘部族本身所创造。"女人国"传说最大、最显著的共同特点,是"女人世界"的独立存在。这种独立性最终表现为,虽然其最初的背景舞台并非总是在海岛之上,但在历经长期流传之后,最终归于封闭的"女人岛"。

作为"女人国"传说中最核心的元素,封闭的"女人世界"在本质上意味着单性别群体的出现。这种单性别群体的存在与原始群体中存在的"禁忌"有关。人类群体不同于动物群体的最大特点是它的社会性,人类社会体形成过程中必然伴有限制动物本能(即生物学需求)的规范,这种规范就是原始人类的"禁忌"。在这些"禁忌"中,关乎原始群体生存的最重要的禁忌之一是进行生产时的"性禁忌",而狩猎活动过程中的"性禁忌"则尤为重要。[1] 在原始群体中,最初的狩猎具有自发性质,但后来有组织的狩猎成为决定群体生存的重要活动;能否使狩猎活动有效,狩猎群体的组织和准备至关重要;需要完全戒除和禁止一切成员之间的摩擦、冲突,而冲突的主要根源往往是非规范的性关系。实践活动使原始群体逐渐产生这样一种观念:在狩猎准备以及狩猎期间发生性关系会给集体带来危险。为了避免冲突的发生,当时唯一可采取的办法,就是节制性关系,即狩猎以及准备期间严格禁止性关系。于是产生了最初的狩猎活动中的性禁忌规范。遵守性禁忌规范的原始群行动协调一致,会获得更多食物,群体获得发展;不遵守者则往往被淘汰。在性禁忌规范要求下,由全体成年男子组成的狩猎队在远征前离群索居,并且时间越来越长。在狩猎准备的全部活动中,禁止发生两性关系和男女间的其他某些交往,违者被处死。在许多民族那里,不仅性关系被禁止,而且还在各种不同程度上限制男女之间的联系。如不许男人碰女人,不许看女人,不许同女人谈话,不许吃女人制作的食品,不许同女人待在一起,等等。这一过程使原始群体逐渐呈现出两个独立存在的性别团体:一是包括全体成年男子,一是包括女人与孩子;男子外出从事狩猎,妇女从事其他生产活动。[2] 一些原始族群的捕鱼活动也有同样的风俗存在。无论是捕鱼还是狩猎,一般都有很长的季节。这种风俗习惯本来出于生产活动的实用目的,但在长期发展中逐渐演变成为宗教性

---

[1] [苏联]谢苗诺夫:《婚姻和家庭的起源》,蔡俊生译,沈真校,中国社会科学出版社1983年版,第78—84页。
[2] 同上,第136—139页。

禁忌，从而获得顽强生命力。[1]

另外，当氏族内婚姻被禁止而进入两合氏族婚姻后，不仅不同氏族的男人与女人分开居住，而且同氏族的男人与女人也分开居住。于是原始群内形成彼此隔离的男人团体与女人团体。一方面，一个氏族内的男、女团体与另一个氏族的异性团体形成经常的、巩固的婚姻关系；而在另一方面，本氏族成员之间却完全隔断了性与婚姻关系。这两种情况都促进与强化了两个团体生活上进一步的隔离，并发展为居住地上的分离状态。进化缓慢的世界各地还存在的"姑娘住宅"与"单身汉住宅"，实际上是这种社会状况的证据。[2]

亚马逊"女人国"传说最典型的特征是女人与族群外婚配繁衍，这一特征所反映的是对偶婚阶段的风俗，至于其马上作战习俗，可能取决于小亚细亚黑海沿岸的游牧部落习惯。鉴于卡里亚（Caria）、吕西亚（Lycia）和吕底亚（Lydia）等地的母系遗传传统，它很可能反映了爱琴海东部希腊以前文明的遗风。而在另一方面，女人团体对外来男性的榨取与虐杀一样，反映的是性禁忌状态下女性对不受习俗规则限制的群体外男性的性攻击。这种习俗通常存在于原始群时代的末期，且遗留于一些只有妇女参加的典例和节庆中。古希腊的酒神节上，妇女们狂怒地扑向被视为男性之物的常春藤，将它撕得粉碎。这种庆典直到19世纪仍见于摩尔多瓦妇女中间，节日进行时任何男子不幸碰上妇女们唱着色情歌曲沿村游行，都难免成为被侮辱戏弄的对象。俄罗斯的一些地方，这种习俗甚至在苏维埃政权建立后的一些年中仍可见到。妇女们深夜背着男子神秘地围着村子犁地。所有参加犁地的妇女都披头散发，只穿一条衬裤，有时则全部脱光。然后整个行列都喊叫着绕村子飞奔。任何一个男人如被看见，则难免遭受这些狂暴妇女的痛打。[3] 这些与亚马逊"女人国"传说所表达的女性好战因素都是相通且一致的。

---

[1] 渔猎活动开始前限定的时间内，不仅要禁绝与妇女发生性关系，而且要彻底同异性隔绝。这在未开化民族中是常见现象，被称为"猎人和渔夫的禁忌"。见詹·乔·弗雷泽《金枝》，安徽人民出版社2012年版，第275—278页。
[2] 谢苗诺夫：《婚姻和家庭的起源》，第204—221页。
[3] 谢苗诺夫：《婚姻和家庭的起源》，第153—158页。

"黄色"与"蓝色"的中国选择
——来自"海上丝绸之路"的启示

方李莉／中国艺术研究院

"一带一路"倡议让在遥远过去由于贸易在海上和陆地上产生的丝绸之路开始受到关注。实际上在这条路上被贩运和销售的不仅有丝绸，还有茶叶、瓷器、漆器等许多中国制造的产品，当时的中国制品具有世界公认的优越地位。美国学者罗伯特·芬雷曾在他的书中写道："人类物质文化首度步向全球化，是在中国的主导下展开的。在绝大部分的人类历史时光之中，中国的经济都为全世界最先进最发达。"但今天的我们，似乎忘记了我们这段历史的荣光，还忘记了在历史上，中国不仅是一个"黄色"的农业文明的国家，也是一个"蓝色"的海洋贸易非常发达的国家。为此，本文选择"海上丝绸之路"，也可以称之为"海上陶瓷之路"作为主题，由于篇幅有限，仅选择唐宋中国陶瓷的海上贸易为对象，讨论中国曾经有过的海洋贸易的辉煌。

一、漕运开通后的中国水运

中国不仅是世界上最早发明瓷器的国家，同时也是最早利用水运将货物运向整个世界的国家。中国漕运的发达，始于隋朝，完善于唐朝。隋炀帝大业元年开凿通济渠，从西苑引谷水、洛水入黄河，又引黄河通淮水，通过漕运将江淮粮秣物资运到京师。到唐肃宗时，又使长江—邗沟（邗沟是联系长江和淮河的古运河）、汴河（古运河的一段）—黄河及黄河—渭水三个交汇处转运仓的建设有所加强，并形成"舟车既通，商贾往来，百货杂集，航海梯山，圣神辉光，渐近贞观、永徽之盛"的场面。

唐代的水上运输发达，促成了造船工业的发展，尤其是长江流域的江南地区造船业之盛，为全国之最。唐代造船材料，多用坚硬耐用的楠木；

其次则用樟树、杉树或柯树等。所造船大致可分内河船及海洋船两类。海洋船方面，唐代远航外洋的船甚多。唐太宗时，阎立德在江西南昌造浮海大船500艘，自东海、黄海直上高丽，另一方面亦有远至红海的商船。

这样的海运能力促使当时的中国各瓷区的瓷器得以运销到世界许多国家，如唐代出口白瓷、三彩制品和青花瓷的重要窑口巩县窑，其位置正处于洛水与黄河交汇的洛汭地带，这里曾是沟通北方大半个中国的漕运枢纽。这里溯洛水向西可达东都洛阳和京师长安；顺黄河东去，可抵郑州、开封，转入大运河向北直通华北大平原，由天津到朝鲜、日本；向南直达当时重要港埠、国内国际商贸城市扬州；再顺长江东去，可直航海外达东亚、南亚与中东地区。陆上，从巩县窑址向西南，经轩辕关即达唐代大都会东都洛阳，洛阳当时是丝绸之路的东端，成为巩县窑产品陆上输往西域和欧洲的重要通道。还有当时的长沙窑生产的釉下彩瓷器远销亚非不同的国家，其地理位置处于湘江附近，其产品从湘江到洞庭湖，然后达长江进入海外。当时著名的瓷器产地越窑，更是属于明州地区，明州是当时的重要港口，可以直通海外。正是这种便利的水运交通，让中国的瓷器通过国内的人工及河流运输到达沿海港口，到达内海然后穿过马六甲进入印度洋走向欧亚非大陆。

二、繁荣的中国港口与对外贸易

中国自古对外交通要道主要有二：一为西北陆路，二为东南海路。自汉代以来，武帝通西域，西北陆路对外交通日见发达。东汉时班超出使西域，到了地中海，接触罗马等国。中国的丝就由此时传入罗马。至于东南海路，经交州（即越南，当时属于中国）、广州等地，进入海洋。

到唐代时，海运路线得到了扩张。以从明州港出发的航线为例：从明州港出发南下，穿过台湾海峡，向东南到达菲律宾群岛。沿吕宋岛、民都洛岛、宿务岛、棉兰老岛、苏禄群岛西海岸南下，经加里曼丹岛西北海岸至爪哇、苏门答腊岛。越马六甲海峡，进入印度洋，再穿过尼科巴与安达曼两群岛，横渡孟加拉湾至印度东海岸，再从东海岸南下，经斯里兰卡后，又沿印度西海岸北上，循着大陆海岸线，一路直达波斯湾，或由席拉夫登岸，由此深入伊朗内地；或至波斯湾尽头，溯底格里斯河而上至忒息丰、阿比尔塔和萨马腊等地。一路则继续沿阿拉伯半岛南岸经阿曼至亚丁湾，或入红海北上抵达阿伊扎布或库赛尔港，在此卸货后，再向西横穿沙漠到达尼罗河，然后顺尼罗河而下最终抵达福斯塔特；或沿非洲东海岸南下，经曼达岛、吉迪，最后抵达基尔瓦岛。唐代，除明州港外，还有广州、泉州、扬州三个重要港口。

唐初商业运输及海外贸易大增，广州和泉州首度成为重要港埠。当时有人造访广州，看见"来自印度、波斯和南海等各地的船舶无法计数，满载熏香、药材和珍品，堆积如山"。9世纪以后，中国式大帆船开始主宰对印度洋的贸易，取代了印度洋开来的较小船舶，制瓷业尤其因此获利丰厚。

7世纪时，阿拉伯人征服接管波斯，此时伊斯兰势力在阿拉伯世界建立根基。接下来阿拉伯穆斯林征服了伊拉克、地中海东岸、美索不达米亚、埃及以及波斯，造成西南亚贸易区全面重整，统一在伊斯兰旗下。这样的统一体使这个地区变得日益强大，并以此为力量渗透到周边国家。8世纪起，西南亚船舶开始来到广州，大批阿拉伯人和波斯人在此定居。有各种外国货轮，名叫"南海舶"者，每年均驶来广州与中国进行贸易。其中以狮子国（即今斯里兰卡）的货轮为最大。船高数丈，置梯以便上落，堆积宝货如山。每有蕃舶到港时，郡邑为之喧阗。可见当时的贸易，一方面是中国的商人走出去，另一方面是西南亚等地的商人走进来，形成一种循环的流动。

三、义无反顾地面向海洋贸易

如果说，在唐朝时，中国的对外贸易尚有陆上丝绸之路和海上丝绸之路同时并进，但到宋代由于西北地区战乱不断，陆运困难。朝廷比唐代更重视海外贸易。北宋初年朝廷就在杭州设立两浙路市舶司，以辖管杭州、明州的市舶事务。此时的国际海路，有许多中国商人参与，他们和阿拉伯人一起，成为中国与印度洋两地贸易的主导者。此刻来自各地多元族裔的穆斯林商人：埃及、阿拉伯、波斯、东非、印度、东南亚，与中国商人并非两个完全独立不同的类别，因为在这些中国商人中也有人信奉伊斯兰教，而穆斯林商人也有家庭世居中国。两者都对海上运输贸易采取积极主动的态度。考古学家在波斯湾多处港口发现的中国铜币，便多由抵达此间的中国商船载运而来，船主则是居于中国沿海城市的穆斯林商人。此时穆斯林商人的陶瓷贸易规模得到了进一步发展，商人们将中国商品带到瑟罗夫与邻近港口，货物由这里转为陆运，通过扎格罗斯山脉，抵达波斯法尔斯与克尔曼两省的城镇。船只向北再行三百五十公里，到达更远的巴斯拉，此城位于底格里斯河和幼发拉底河的三角洲，之后，再通往哈里发王国的其他大城。

到南宋女真建立的金国征服北中国，结束了宋王朝的第一阶段。接下来金国又击败契丹辽国，几乎切断了宋帝国与中亚的所有接触，从1126年至1279年蒙古灭宋为止，中国君主只能从长江之南、位于浙江杭州的临时国都，治理他们残存的帝国疆域，统治面积仅余原有中土的三分之二。北方强权横亘阻绝，陆上丝路不再可及，南宋毅然转身，迎向海洋。

近年来，在沿海一带，发现了许多的宋元时期的沉船的遗址，从这些水下考古发掘的瓷器我们可以看到，宋代中国的外销瓷生产主要是集中在江西、浙江、福建、广东。福建和广东就在沿海，而江西和浙江都可以通过福建入海口。如福建东北部与浙江、江西接壤，龙泉窑主要产区的大窑窑区，经过很短的陆路，即可进入闽江水系的上游，景德镇属信江水系，与闽江水系的上游邻近，可经过一段较短的陆路转入闽江，顺江而下出闽江口入海。这样的交通，导致处于福建省的泉州港迅速崛起，成为一座国际性的重贸易港口。

四、"黄色"与"蓝色"的中国选择

不少学者认为，欧洲是蓝色文化的代表，中国是黄色文化的代表。但如果我们翻开中国的历史，包括我们阅读了中国瓷器贸易的历史，我们就可以看到，在历史上，中国并非只有黄色文化，曾几何时我们的蓝色文化也很发达。但有一点可以肯定，长期以来中国都处于某种可称为"黄中国"对"蓝中国"的紧张关系之中。简单地说，前者代表黄河、长城、农业优先、大陆至上、命令式经济体制、儒家文官制度、漠视海洋世界；后者则意谓长江下游、市场经济、自给自足、文化互动、长距离贸易、迎向海洋。这两种文化的博弈，最终以黄色文化取胜。但笔者认为，这种胜利主要是表现在中期以后，在唐、宋、元，包括明中期以前，中国都是一个极其开放的国家，是"黄色"文明和"蓝色"文明共存的国家。中国人常说自己是黄河的儿女，其实在历史上也是长江的儿女，长江是一条通往大海的重要通道。从唐代一直到郑和下西洋为止，中国人都是通过长江到达海洋，从而成为海洋上的强者。只是明中期以后的精英阶级才单一地坚持大陆观点，对他们来说，"海洋是商人的场域，是逐利而非逐位者或追求原则者的天下。海洋代表着无法治理的陌生异域，他们往往心怀忧虑而视之，且务必尽可能地避而远之"。

从15世纪末开始，当中国人从海洋退缩时，欧洲的地理大发现却开始了。于是，一场东西方的相逢导致了世界格局的巨大改变，前者是大陆导向思维，尊奉以陆地为根基的权力中心；后者则属海洋导向，以军事武力为后盾开创海上商贸事业，最后以后者胜利而终结。这一后果到今天都是中国人的心结，这一心结让我们认定，中国只有黄色文明的历史，而没有蓝色文明的历史。

但当我们今天重新面对"一带一路"的区域，我们看到的是，在历史上蓝色的中国和黄色的中国一样强大。我们的祖先曾用他们的驼队、船队走出了一片天地，开辟了举世闻名的陆上丝绸之路和海上丝绸之路，后来，在这海陆的两道上，不仅有了我们祖先的足迹，还有了许多外来者的足迹，再后来，我们不敢再往前走，于是，我们关门了。最后，外来者竟然用炮火打开了我们的大门，走进了我们的家里，让中国曾一度被沦为一个半殖民地的国家。今天，中国的经济发展了，我们不仅要打开大门，我们还要再次出发，但如何出发，是否需要回头看看我们的历史，那是我们曾经向今天走来的路。笔者认为历史是不会死的，它是在不断地游动，只是有时我们会疏忽它的存在，看不到它所蕴含的内在生命力，所以，我们需要了解历史和唤醒历史，并以此来寻找通往未来的路。

海上丝绸之路中国史迹研究

沈阳／国家文物局文化遗产研究院

一、海上丝绸之路体系与中国角色

1. "海丝"主要板块

根据海上丝绸之路的演进历程及沿线主要区域自然人文地理特质，与"海丝"密切相关的有六大主要板块。

板块航线：东亚板块内部以中国沿海及其与朝鲜半岛、日本列岛、琉球群岛之间的航线为主，跨板块航线则以中国南海向南至东南亚板块的航线为主。

中国角色：中国处于海上丝绸之路海路网络东部，是古代东亚板块的中心。

2. 围绕节点

海上丝绸之路作为古代跨越文明板块的交流通道，其贯通一方面依靠航行技术的进步，另一方面也要依靠各板块内的一些重要港口，为跨板块的航行提供自然、物资、技术、人口、购买力等方面的保障。正是这些支撑跨板块航行的港口及其周边区域，作为海路网络最重要的节点，凸显着"海丝"的整体性。

而在跨板块节点的基础上，各板块又包括众多的沟通板块内部海上交通的港口，它们作为各板块的内部节点，将海上丝绸之路拓展到板块内部更为广阔的地方。

节点是由各种遗产类型构成的组合和片区，而不是单纯的城市或港口。中国拥有跨板块和板块内部的重要节点。

二、中国相关遗产点——基于类型

1. 申报要素

重要的节点位置：时间轴、地理位置。

突出的文化标志：建筑、石刻、文化现象。

典型的关联物证：航标性建筑、瓷器。

珍贵的古迹遗迹：窑址、仓库、聚居地。

2. 时间构架

"海丝"中国史迹重要节点：

持续繁荣的跨板块节点：以广州为例。

海上交流最盛时的跨板块节点：以泉州为例。

东亚板块内部联系的重要节点：以宁波为例（中国—日本、朝鲜，以及中国河海转运的重要节点）。

官方贸易极盛时的中心节点：以南京为例。

3. 丰富类型

类型构架：航海设施相关遗存：码头、航标、船厂、沉船、仓库、桥梁、祭祀遗存。

生产和贸易场所遗存：生产场所、贸易场所。

聚居地：与交流相关的遗存：宗教遗存、墓葬、其他。

三、真实性和完整性问题

各遗产点基本保持或显示相应时代的原有格局、形态。

原有功能延续是文化发展的真实记录：妈祖。

完整性符合《实施世界遗产公约操作指南》关于完整性的要求，也符合系列选择手段的合理性要求。

类型基本完备，各类型都有代表性节点，能够支撑主要历史阶段的格局和特点，符合整体性、无缺憾性标准。

各组成部分有实质性的（功能上）的联系，对中国"海丝"遗产整体的突出普遍价值有实质性、科学的、可清晰界定和辨识的贡献。

四、中国"海丝"遗产的价值特征

1. 交流：海上丝绸之路·中国史迹，见证了风帆航行时期，伊斯兰教、佛教和妈祖信仰等，及以瓷器为代表的生产工艺沿海路传播与交流的历史，是古代人类价值跨海交流的典范。

2. 见证：海上丝绸之路·中国史迹以丰富的遗存类型，见证了人类沿海上丝绸之路历史悠久的风帆航行与贸易，以及相关的祭祀与信仰传统。

3. 联系：海上丝绸之路·中国史迹与郑和下西洋、"伊斯兰先贤来华"等古代海洋交流史上的重大事件有直接联系，一些重大的祭祀和节庆传统流传至今，并对当今世界各国的和平交往做出了积极贡献。

4. 现实意义：为构建"一带一路"提供文化支持。

古代"东方海上丝绸之路"的形成

傅砚农 / 鲁东大学

"丝绸之路"的称谓是一个舶来品,几经演变成为概括中外政治、经济、文化交流中互动与互补,包罗万象的名称。由此又分化出陆海"丝绸之路"。

相对而言,在重视程度上,对"东方海上丝绸之路"的研究,稍逊于江、浙、闽、粤一带起航的"南方海上丝绸之路"。实际上,中国古代从山东半岛连接朝鲜半岛,日本列岛的"东方海上丝绸之路"的发端,可追溯到史前时期,其形成一条成熟、稳定、便捷的东方海上通道,有政府出面,有大宗物产输出,有深度高层文化交流,则是在战国末到秦汉时期。正是由于这条海上通道的价值,近些年来,有很多学者已经重视了对"东方海上丝绸之路"的研究,如刘凤鸣先生所著《山东半岛与海上丝绸之路》,系统地论述了中、韩、日2000多年交往的历史,就是"东方海上丝绸之路"研究中所取得的很有学术价值的新成果。

从古代至近现代,中、韩尤其中、日曾有过交恶的历史,乃至当今,日、韩频频制造事端,与中国的纷争不断。但是,友好交往,经济、文化的互补互动毕竟是人类社会发展的方向,对历史上数千年前中韩、中日交往的回顾和研究,具有深远的历史意义和学术价值。鉴于此,本文试图对"东方海上丝绸之路"从开辟到最终形成作一个简略的考述。

一、史前时期中国对朝鲜、日本列岛输出性为主的文化交流

大量的考古发现,证实了"山东半岛与朝鲜半岛、日本列岛的文化交流早在史前时期就开始了"。从朝鲜半岛、日本列岛发掘出来的文物,说明了在这一历史时段中国对朝鲜半岛、日本列岛是处于输出性的文化交流状况。

（一）史前文化交流的地域条件

山东半岛处于中国的东边，北隔渤海与辽东半岛相望，东面则是隔着黄海的朝鲜半岛。山东半岛的胶东地区（现烟台、威海市）与辽东半岛的大连地区虽然相隔80海里，但渤海海峡中的庙岛群岛则如同连接两地的岛链。使当时生产力低下，航海技术和能力非常有限的两地居民在史前很早就有了交流。庙岛群岛南端距胶东蓬莱仅3.5海里，北端距大连22.8海里，两个半岛间南北排列了20余个岛屿，距离都在人的视线以内。考古发现了长岛（渤海海峡中列岛）大浩的龙山文化时代的船尾、残船桨，证实了当时已有渡过海峡至辽东半岛的木船，具备了渡海航行的能力和技术。

朝鲜半岛与日本的九州岛之间的朝鲜海峡中有巨济岛、对马岛、壹岐岛等岛屿，海峡两岸距这些岛屿以及这些岛屿之间的距离不超过50公里，这就是史前文化时期，从山东半岛至辽东半岛，然后沿朝鲜半岛西海岸至南端，渡过朝鲜海峡到达日本列岛的交往成为可能。

（二）史前山东半岛与朝鲜半岛、日本列岛的文化交流

能证实在史前文化时期山东半岛与朝鲜半岛、日本列岛有文化交流的证据，就是大量的考古发现。

首先是由于山东半岛史前文化的先进性，输出性地通过渤海的庙岛群岛进入了辽东半岛，在龙山文化时期，覆盖了辽东半岛的土著文化。从辽东半岛大量的考古出土的器物分别证实，"旅大地区的原始文化受到山东大汶口文化和龙山文化的一定影响"，"是5000多年前胶东半岛原始文化向辽东半岛传播的物证"。有专家认为，胶东半岛和辽东半岛早在距今六七千年前就开始了文化交流，而且最先是从生产工具开始，然后扩大到生活用具，并变为移民的迁居。

考古发现还证实，在史前文化时期，胶东地区经辽东半岛与朝鲜半岛有了文化关系，进而与日本也有了一定的文化关系。这种文化关系的存在被中外历史学家、考古界专家所认可。烟台白石村遗址出土的器物和动物骨骸，证明了当时的人们已经有了航海工具，还具有进行远海航行和深水捕捞的技术。在朝鲜出土的陶器，胎土成分和制作与胶东半岛一致，在日本出土的石斧与胶东半岛也很接近，在胶东半岛出土了大量多种类的陶支座，在日本也普遍使用。山东东夷古国史专家逄振镐先生得出的结论是，由东夷人长期海上航行实践的积累和探索，从山东大汶口——龙山文化时期起，在胶东半岛地区与辽东半岛、朝鲜半岛、日本

列岛之间,开辟了"循海岸水行"的海路,"沟通了山东半岛即东夷与朝鲜、日本之间人类的来往和文化交流"。

磨光黑陶是山东龙山文化的主要特征,在日本九州绳纹文化晚期也发现有磨光的黑陶,时间比龙山文化晚了1000多年,也很可能是受了山东半岛文化的影响,这种影响在当时,间接地通过辽东半岛而朝鲜,再到日本的可能性较大。

考古资料还证明,龙山时代黄淮平原地区稻作农业越过黄河一线向北方地区扩展,经山东半岛传播到朝鲜半岛和日本列岛。

史前时期山东半岛与朝鲜半岛、日本列岛的文化交流,尤其是海上航路的不断探索开辟,为后来航海路的开通打下了基础。

二、春秋战国时期"东方海上丝绸之路"的开通

夏、商、西周时期,生产力的提高,造船技术的发展,使人类征服远海的欲望增强,航海技术和能力也大大提高。《竹书纪年》中有夏代帝芒"东狩于海,获大鱼"的记载,可推测当时主要活动于中原一带的夏朝应该是到山东半岛向东延伸的海域,至远海捕获大鱼。《诗经·商颂》记载:"相土烈烈,海外有截。"说明活动在山东一带的商部落能从山东半岛远航,与海外已经有了较多的联系,其航海能力比夏代更强。

由于航海能力的提高,社会生产力的发展,物质财富增多,交换的需求更强。在史前文化时期连接朝鲜、日本的航海往来的船只增不减。至春秋战国时期,"东方海上丝绸之路"的开通,则是不争的事实了。

(一)山东半岛与朝鲜半岛的贸易往来

周武王灭商后,"封尚父于营丘,曰齐"。当时齐国的版图很小,但"太公至国,修政,因其俗,简其礼,通商工之业,便渔盐之利,而人民多归齐,齐为大国"。齐国的势力不断强大,到春秋时,齐国成为各诸侯国和周边地区的贸易中心。到了齐桓公时,在相国管仲的倡导和推动下,尤其重视发展商贸。当时齐国与东部的莱国时有战争,但并未影响商业活动,"通齐国之鱼盐于东莱,使关市讥而不征,而不税,以为诸侯之利,诸侯称宽焉"。同时,还"为诸侯之商贾立客舍,一乘者有食,三乘者有刍菽,五乘者有伍养,天下商贾归齐若流水"。

山东半岛植柞养蚕历史悠久,早在齐立国之前,莱夷就能养蚕制丝

了，莱国人还擅长染色工艺。齐国除了商贸外，还"极女工之巧，发展手工纺织业，使山东半岛的齐国成为先秦时全国纺织业生产地和对外销售中心。史载，齐带山海，膏壤千里，宜桑麻，人民多文彩布帛鱼盐"。齐国的纺织业向有"齐冠带衣覆天下"之称，数量多，品质精美。

春秋时，齐国主动开展与朝鲜半岛的贸易活动。《管子·揆度》记载，齐桓公问管仲，海内可用作钱币的珍贵物品有哪"七筴"。管仲在列举中有"朝鲜之文皮"，即有花纹的兽皮，多指虎、豹皮。说明当时朝鲜的"文皮"是输入齐国的重要商品。顾颉刚先生认为"这是古籍中记及古朝鲜的最早一条"。管仲还建议以通商为武器，使邻国臣服。用齐国的货物和吴国、越国交换"珠象"，和发、朝鲜交换"文皮"，"然后八千里之发、朝鲜可得而朝也"。通过海上交往，使很遥远的发、朝鲜因商贸而臣服于齐。这是中国与朝鲜半岛商业往来的最早的可信依据。

根据史籍记载，在春秋时期，山东半岛东端，现荣成石岛港附近的斥山港和朝鲜半岛的海上交通线已经开通了，朝鲜的文皮就是从斥山港输入齐地。由胶东荣成赤山港连接朝鲜半岛的这条海上航路，随着贸易的发展，海上交通越来越便捷，这又越加促进贸易繁荣。随着贸易区域的扩张和延伸，开通了从山东半岛至朝鲜、日本的贸易、文化交流的"东方海上的丝绸之路"。

当时，燕、赵、齐三国与朝鲜半岛的交往有不同的路线。燕、赵两国走陆路从北部进入朝鲜半岛。齐国走的是海路，从朝鲜半岛西部海岸进入今韩国境内。这条海路是从山东半岛沿海港口出发，经庙岛群岛进入朝鲜半岛南部。这是一条相当安全、便捷的航路。在韩国曾经出土了很多中国战国时期齐国的文物，证明了山东半岛与朝鲜半岛的商贸活动和文化交往，至战国时已达到了相当的规模。

齐国与朝鲜半岛商贸交往的发展除了政府推动外，还有一个重要因素，就是山东半岛人口迁移带动了商贸和文化的交往交融。我们可以相信，早在春秋战国之前，就有人迁移至异国他乡谋生落户。到了春秋战国时期，因战争规模不断扩大，加之天灾连年，迫使东部沿海居民离乡背井逃亡海外谋生。在这一时期，山东半岛一带不断有人逃亡到朝鲜半岛，有的直接或间接地流入日本列岛。齐国灭莱国，秦始皇灭齐国时，都会使大量的贵族、难民从海上避难于朝鲜、日本，从《三国志》中关于秦末"陈胜等起，天下叛秦，燕、齐、赵民避地朝鲜数万口"的记载，可以推断出春秋战国时状况。

（二）山东半岛与日本列岛的贸易和人员往来

春秋战国时期，中国的齐燕文化经朝鲜半岛传入日本列岛，对日本由刀耕火种的绳纹时代进入农耕青铜器为标志的弥生时代的过程产生了巨大的影响。山东半岛与日本的贸易和人员往来虽然未直接见于史书，但通过考古发现和有关的文字记载，可以证明山东半岛与日本在春秋战国时期，通过海路有同朝鲜半岛的文化交往。

战国时代的《山海经》记载："盖国在钜燕南，倭北，倭属燕"，当时燕昭王开拓疆土，势力达到了朝鲜北部，倭与燕邻近相通。倭人从朝鲜半岛南部，再"循海岸水行"，沿朝鲜半岛西海岸北行经辽东半岛，再经庙岛群岛进入山东半岛齐国的交往更多。正因为山东半岛与朝鲜半岛、日本列岛有文化交流和人员来往，《山海经》才会有具体准确的记载。东汉王充的《论衡》，提到了倭人向周王贡物之事，"周时天下太平，越裳献白雉，倭人贡畅"。畅，郁金香草，亦指用郁金香草掺和黑黍酿造的香酒。《论衡》既然多次记载有倭人到西周朝贡的事，说明倭人贡物在很早就有了，而且走的是"循海岸水行"的海路。刘凤鸣先生所著《山东半岛与海上丝绸之路》专著引用了北京大学陈炎先生的结论："日本在西海岸发掘出的中国春秋时期的青铜铎350件，与朝鲜出土的完全相同。"这说明，早在2700年前，中国航海的先驱者，已经开辟了从山东半岛出发，经朝鲜半岛，再东渡日本的航路，并把中国文化传入朝鲜和日本。在史前文化时期，山东半岛经海路与朝鲜有直接的往来，与日本的往来多经过朝鲜间接进行。到春秋战国时期，山东半岛与朝鲜、日本都有着直接的交往。山东半岛沿海的芝罘、斥山、成山、琅琊等港口，是齐国设置对朝鲜、日本为主的商贸集散港。齐国因"齐冠带衣覆天下""财蓄货殖，世为强国"，积累了财富，贮备了充足的贸易货源，以丝绸为主要货物的贸易，从春秋一直延续到清代。从最初以丝绸为主要货物的贸易通道而命名的"丝绸之路"，到成为涵盖贸易和文化交流的通道，从山东半岛到朝鲜半岛、日本列岛这条海上通道称为"东方海上丝绸之路"，应该是名副其实的。要从时间上计算，山东半岛沿海港口作为"东方海上丝绸之路"始发港的时间，应该早于南方开辟海上丝绸之路设置的始发港口。

春秋战国时期，齐国凭借毗邻海外的地理优势，利用史前时期沿海逐渐开辟的海路，主动对外贸易，使山东半岛至朝鲜、日本的商贸、文化等多方面交流通过稳定、通畅的海道开通而得以实现。

三、东方海上丝绸之路的形成

从史前文明到春秋战国时期,从山东半岛"循水岸而行",抵达朝鲜半岛、日本列岛的海路逐渐畅通和延伸。由此,商贸及文化交流的规模逐渐扩大,形式增多。总的来讲,这条"东方海上丝绸之路"的真正形成,则是在秦汉时期。具体来说,就是在秦国先进的造船业和航海业大发展的背景下,以徐福"入海求仙人"事件为标志,集浩大船队,载人数千航行于齐国时期开辟的"东方海上丝绸之路"海路,使中、韩、日的直接交往达到一个很大的规模为标志,真正形成了"东方海上丝绸之路"。徐福"入海求仙人"的事件经过,在此略去。与本文有关的是,公元前219年秦始皇东巡时,齐人徐福上书说服秦始皇遣发童男女数千人,入海求仙人。公元前210年,徐福以仙人药的诱惑,秦始皇再一次上当受骗,遣发男女三千人,资之五谷种种百工而行。徐福得平原广泽,止王不来。参阅相关的研究成果,有这样几方面与本文相关。第一,徐福两次率船出海,都是数千人的庞大船队,童男童女、水手、随从、兵役善射者、海上生活资料等等,需大船在百艘以上,这种筹备和组织,需要一个设施完善,交通便捷,能容纳大批人员聚集,所需物资运送装载存放的港口。尽管对徐福的启航港存在争议,这个启航港一定在山东半岛沿海,这是没有疑义的。

第二,徐福"入海求仙人"的路线,司马迁在《史记·秦始皇本纪》里讲得很清楚了。从琅琊沿海岸线北上到达山东半岛最东端的荣成成山,过东端西行至之罘(今烟台芝罘岛),再沿海岸线西行,船队离开山东半岛驶向大海的路线,《史记》没有说明,徐福骗秦始皇而"入海寻仙",必然奔今龙口市、蓬莱市、长山岛县海域海市发生最多的地区,这一带离庙岛群岛很近,也是自史前文明时期探索开辟的一条去辽东半岛、朝鲜半岛、日本九州最熟悉和安全的航线。徐福率庞大的船队第一次"入海求仙人"进行探险性的海航后,第二次"入海求仙人"就能相对平稳和安全。可以说,徐福两次率庞大船队的海航,对这条海路的畅通是更大的开发和检验。能招募若干领航员、水手,远航沿途若干港口码头,能容纳庞大的船队,能对气候风向潮汐准确的把握,都得益于从这条海路探寻开辟、开通以来的积累和不断开拓的结果。

第三,徐福的船队最终登陆地点,也是史家争论的问题。《三国志》里记传言徐福到了亶洲,经专家考证,亶洲就是日本,在唐诗中,说徐福到了日本，五代后周时期济州开元寺僧人义楚在所撰《释氏六帖》中明确提到徐福到了日本。"日本国，亦名倭，东海中。秦时徐福将五百童男、五百童女上此国也。又东北千余里有山，名富士，亦名蓬莱。其山峻，三面是海，一朵上耸，顶有火烟。徐福至此，谓蓬莱。至今子孙皆曰秦氏。"据近些年统计，在日本的徐福遗迹有五十多处。海外成立的徐福研究会，对徐福航海、天文、地理、医药、宗教、民族、人种、语言、民俗等领域进行深入的考证与研究。在春秋战国高超的造船技术和航海技术的基础上，徐福浩荡船队为朝鲜半岛、日本列岛带去了中国的文明，笔者认为，徐福的船队最终到达了日本，证明了这条"东方海上丝绸之路"的最终形成，在庞大的船队因沿海停靠，航海中散失离队，尤其是最终目的地为"仙山"的远航，人员沿途流失是可以想见的，相应为沿途传播文明，为往后的交往熟悉这条海路提供了机会。

至汉代，朝鲜半岛、日本列岛与中国往来频繁，与朝鲜半岛贸易的货物多来自山东半岛，或由中国内陆自山东半岛交易。中日的交往规模有了大的扩展，交往层次更高。据史籍记载，汉武帝开始到东莱寻仙的时间，离徐福最后一次出海的时间有七十多年，之后，汉武帝多次到东莱寻仙，说明徐福所海航的路线，就是经庙岛群岛，至朝鲜、日本的这条最熟悉、安全和必经的航线。

《后汉书·东夷列传》记载："倭在韩东南大海中，依山为居，凡百余国。自武帝灭朝鲜，使驿通于汉者三十许国，国皆称王，世世传统。"1784年，一颗镌有"汉委奴国王"的金印，在日本九州福冈县的志贺岛被掘出土，证明《后汉书》所记居邪马台国的大倭王"建武中元二年（公元57年），倭奴国奉贡朝贺，使人自称大夫，倭国之极南界也。光武赐以印绶"是属实的。至唐代，中日、中韩的政府和民间交往，达到了鼎盛时期。

综上所述，从山东半岛经由辽东半岛，"循水岸而行"至朝鲜半岛，再向南渡过朝鲜海峡的这条"东方海上丝绸之路"，从史前文明时期开始逐步开辟，到春秋战国时期得以开通，在秦汉时期最终形成。这条海上通道，为沟通中朝、中日间的友好交往，文化的传播、互动起到了巨大的作用。一直到唐代，这条海路都是中韩、中日官方和民间往来的首选通道。直到明、清时期，这条海路才衰落了。中国文化在历史上对朝鲜、日本的影响是巨大的，正因为如此，对承载着文化传播的这条"东方海上丝绸之路"的研究，应该有其重要的历史价值和现实意义。

"以海为生"与"吾乡海国"
——明清浙江海洋社会形成史论

王万盈　李央琳 / 泉州师范学院

明清时期，浙江沿海各种社会群体、社会组织与海洋互动所形成的思想观念、生活方式以及行为方式的总和构成浙江海洋社会有别于内陆社会的重要特征，具体表现在"以海为生"的经济生活方式是明清浙江海洋社会形成的物质基础，外向型生产的出现是明清浙江海洋社会的重要特征，海神信仰是浙江海洋社会民众的精神支柱，海洋走私与反走私是海洋社会不同利益博弈的表现，人口流动加快是浙江海洋社会形成的又一表现，海洋意识的形成是浙江海洋社会成熟的标志等几个方面。明清浙江海洋社会的形成是浙江沿海民众长期与海洋互动的最终结果。

迄今为止，学界对"海洋社会"的概念表述不一，界定各异。但杨国桢对海洋社会概念的提法颇值得重视。杨国桢先生认为，海洋社会是"指在直接或间接的各种海洋活动中，人与海洋之间、人与人之间形成的各种关系的组合，包括海洋社会群体、海洋区域社会、海洋国家等不同层次的社会组织及其结构系统"[1]。也就是说，作为社会生活主体的人以及各种社会组织、观念意识、文化行为、生活方式等一旦和海洋发生互动，都可以构成海洋社会的基本内容。因此笔者所认为的海洋社会，就是生活在海洋沿岸和海洋岛屿上的各种社会群体、社会组织与海洋互动而形成的思想观念、生活方式以及行为方式的总和，是人类长期与海洋互动过程中所形成的特有的物质文化和精神文化。只有明确了这个概念，方有可能进一步讨论明清时期的海洋社会问题，这也对我们进一步理解海上丝绸之路何以在明清发生重大变化的原因颇有助益。

---

[1] 杨国桢：《论海洋人文社会科学的概念磨合》，《厦门大学学报》2000年第1期。

一

明代梦觉道人在《三刻拍案惊奇》一书中对浙江曾有形象描述：

> 浙江一省，杭、嘉、宁、绍、台、温都边着海。这海里，出的是珊瑚、玛瑙、夜明珠、砗磲、玳瑁、鲛鮹。这还是不容易得的对象，有两件极大利，人常得的，乃是鱼盐。每日大小鱼船出海，管什大鲸、小鲵，一罟打来货卖。还又有石首、鲳鱼、鲻鱼、呼鱼、鳗鲡各样，可以做鲞；乌贼、海菜、海僧，可以做干；其余虾子、虾干、紫菜、石花、燕窝、鱼翅、蛤蜊、龟甲、吐蚨、风馔、蟳涂、江鳐、鱼螵，哪件不出海中，供人食用、货贩。至于沿海一带，沙上各定了场，分拨灶户刮沙沥卤，熬卤成盐，卖与商人。这两项，鱼有鱼课，盐有盐课，不惟足国，还养活滨海人户与客商，岂不是个大利之薮。[1]

梦觉道人所述，实质上已不自觉地指出浙江作为海洋社会所需的几个必备条件：以陆地为依托，以海洋为生存空间的自然环境条件；以海洋产业为链条，以海洋贸易为通道的物质条件；以海洋居民为主体，以海洋社会与国家政权双向互动为根本的社会条件都已完全具备。而"以海为生"，对海洋依存度日益增加的经济生活方式正是明清浙江海洋社会的重要特征之一。

众所周知，浙江属于全国海洋大省之一，拥有的海洋面积是陆地面积的2.6倍，并有全国最长的海岸线和数量最多的岛屿，尤其是浙江拥有的岛屿数量几乎占全国二分之一强。漫长的海岸线和沿海丰富的渔业资源，是浙江沿海民众世代赖以生存的物质基础，直接影响浙江滨海民众的生活与生产方式。如明代定海、奉化、象山一带的浙东沿海贫民，更将大海视为生活的源泉："向来定海、奉、象一带贫民以海为生，荡小舟至陈钱下八山，取壳肉紫菜者，不啻万计。"[2] 渔业生产对浙江沿海民众生活影响更大，每到鱼汛期，浙江"宁、台、温人相率以巨舰捕之，其鱼发于苏州之洋山，以下子故浮水面，每岁三水，每水有期，每期鱼如山排列而至，

---

[1]（明）梦觉道人撰：《三刻拍案惊奇》第二十五回，《缘投波浪里，恩向小窗亲》，上海古籍出版社1990年版。
[2]（明）陈子龙等选辑：《皇明经世文编》卷二百七十，《御倭杂著·倭寇论》，中华书局1962年版。

皆有声"。捕鱼回港后，"舟回则抵明之小浙港以卖，港舟舳舻相接，其上盖平驰可十里也。舟每利者，一水可得二三百金，否则贷子母息以归。卖毕，仍去下二水网，三水亦然。获利者，钹金伐鼓，入关为乐，不获者，掩面夜归。然十年不获，间一年获，或偿十年之费。亦有数十年而不得一偿者。故海上人以此致富，亦以此破家"。因此明代浙人王士性说：明州、台州等地，"滨海郡邑，乃大海汪洋，无限界中，人各有张蒲系网之处，只插一标，能自认之，丈尺不差。盖鱼虾在水游走，各有路径，阑截津要而捕捉之，亦有相去丈尺而饶瘠天渊者。东南境界，不独人生齿繁多，即海水内鱼虾，桅柁终日何可以亿兆计"[1]。王士性所论，不只是言出浙东沿海生产方式和渔船数量之多，更指出沿海民众海洋生产的开放性和颇具特色的海洋生活方式，而"浙渔俗傍海网罟，随时弗论"更是如此。再如，石首鱼是浙东著名海洋水产之一，每年四五月份是石首鱼捕捞季节，"浙东温、台、宁波近海之民，岁驾船出海，直抵金山、太仓近处网之"。江苏沿海渔民捕捞石首鱼，"仅取以供时新耳"，浙东渔民却能对其进行深加工，以获取更高效益，"温、台、宁波之民，取以为鲞，又取其胶，用广而利博"[2]。清代宁波的奉化地区民众，生产方式的海洋色彩也很明显。据光绪《奉化县志》载：奉化"濒海小民，业网罟舟楫之利，出没波涛间，变化如神，习使然也"[3]。光绪时期，奉化地区商业市场颇多，"各市以大桥为最，海物自莼湖等处，山物自奉化、松林二乡会集，而宁海旅客必出于此，故贸易特盛。次则泉口、江口、莼湖，惟莼湖多海产"；"盖其海物贯输全邑，亦或输出宁郡"。而"泉口多山物竹木之类，新嵊过客亦多由此，江口多蒲席、蒲履、布匹之类，间有谷产。余则每值市期，除南北货外，鱼肉蔬笋各因其时，自四方桥担负而至"[4]。光绪《奉化县志》所载不仅指出奉化地区民众因缘海而形成的生产生活习俗，更指出清代奉化地区商品经济的繁荣与海产品的大量交易关系密切。

由于对海洋生产依赖度不断提高，更因渔业生产对民众生活的重要影响，明清浙江沿海形成一种独特习俗，就是专门为船主制造船只的"长年"，探测鱼群的"渔师"和领航的"柁师"始终会得到船主的尊重，并受到"同坐食"的礼遇。之所以

[1] （明）王士性撰：《广志绎》卷四《江南诸省》，《元明史料笔记丛刊》，中华书局1981年版。
[2] （明）陆容撰：《菽园杂记》卷十三，文渊阁四库全书本。
[3] 光绪《奉化县志》卷一《风俗》，《中国地方志集成·浙江府县志辑》，上海书店1993年版。
[4] 光绪《奉化县志》卷三，《建置》下《镇市》，《中国地方志集成·浙江府县志辑》，上海书店1993年版。

会如此，就是因为"渔师则以篙筒下水听之，鱼声向上则下网，下则不，是鱼命司之也；柂师则夜看星斗，日直盘针，平视风涛，俯察礁岛，以避冲就泊，是渔师司鱼命，柂师司人命；长年则为舟主造舟"。"惟渔师、柂师与长年同坐食，余则颐使之，犯则棰之，至死不以烦有司，谓之五十日草头天子也。"[1] 海洋生产直接影响和决定着浙江沿海民众的生活质量，"长年""渔师""柂师"三者决定着捕鱼船主的财富来源，因而得到船主的礼遇也就不足为奇。每次鱼汛捕鱼，"获利者，钣金伐鼓，入关为乐，不获者，掩面夜归"，"故海上人以此致富，亦以此破家"正是明清浙江海洋社会的典型写照。

正因渔业资源对浙江沿海民众生存起着决定作用，海禁严厉时，一些沿海地方官员不仅要求"请弛出海捕鱼之禁以利民"[2]，个别地方官干脆冒着被革职的危险"擅开海禁"。浙江会稽人姚启圣在康熙二年（1663年）出任广东香山知县后，于康熙八年就"以擅开海禁，罢任"[3]。即使在嘉靖倭乱海禁最严厉时期，有头脑的地方官员也会考量沿海居民生活所需，以变通方式允许民众下海捕鱼。明永乐时期，明政府"以渔人引倭为患，禁帆寸板不许下海"，严重影响浙江沿海民众生活，"后以小民衣食所赖，遂稍宽禁"。嘉靖三十年（1551年）后倭患复起，"复禁革"。嘉靖三十五年（1556年），浙江总督胡宗宪"以海禁太严，生理日促，转而从盗，奏令渔船自备器械、排甲，互保无事为渔"。甚至有官员认为"海民生理，半年生计在田，半年生计在海，故稻不收者谓之田荒，鱼不收者谓之海荒"[4]，该看法已经说明当时浙江海洋社会的历史现状。乾隆就说：浙江镇海、定海"二县洋面，产鱼甚多，邻省渔船云集"，"出洋捕鱼船户，皆无籍贫民"[5]。许多沿海民众为生计所迫势必违禁下海捕鱼，如顺治十三年（1656年），宁波鄞县人朱云就是"因地方荒歉，无可觅生"，在鱼汛到来后与朱盛等十多人"违禁出海"捕鱼[6]。如此事例在明清浙江沿海甚多，无须一一赘述。经济生活与海洋不可分离，因"无可觅生"而"以海为生"正是明清浙江海洋社

---

[1]（明）王士性撰：《广志绎》卷四《江南诸省》，《元明史料笔记丛刊》，中华书局1981年版。
[2]《明宣宗实录》卷八十三，宣德六年九月壬申条，台湾历史语言研究所校印本。
[3]《清耆献类征选编》卷六，台湾银行经济研究室1967年版。《清史稿》卷二百六十《姚启圣传》："以擅开海禁，被劾夺官。"
[4]（清）顾炎武撰：《天下郡国利病书》，《浙江下·绍兴府志·军制》，四部丛刊本。
[5]《清实录·乾隆实录》卷一千三十八，乾隆四十二年八月丁未条，中华书局1985年版。
[6]《郑氏史料续编》卷三，台湾银行经济研究室1995年版。

会形成的重要标志。

二

海洋贸易的繁荣是形成海洋社会的重要标志之一，也是沿海民众重要生活来源之一。随着明政府海禁政策的日趋严厉，浙江沿海的海上走私也愈演愈烈。事实上，嘉靖倭乱的重要原因之一就是"推其祸始，乃由闽、浙沿海奸民与倭为市；而闽、浙大姓没其利，阴为主持，牵连以成俗"[1]。但嘉靖倭乱半个世纪之后，东南沿海尤其是浙江、福建一带"民又生心，相率与倭为市"，许多"大姓出母钱资之通倭"，"一人得利，踵者相属。岁以夏出，以冬归"，"海禁大弛，通倭如织"，"通倭者大得利"[2]。由于海洋贸易利润丰厚，更因"以有海利为生不甚穷，以不通商贩不甚富"观念的形成[3]，使得"番货为奸商所笼"，"倭舶遍海为患，兴贩之徒，纷错于苏杭内地，潜居其国中者，亦不下数千家"。明代"近海之民，以海为命，故海不收者谓之海荒"，"以故私贩日益多"现象的出现[4]，绝非统治者能依靠强力手段所能禁止，海洋经济和海洋意识已经深入浙江沿海居民生活的各个层面，清代浙江慈溪人姜宸英就说："近海之民，以海为命。"[5] 明清统治者以国家安全为由实施海禁剥夺沿海居民下海的权利也就是对其赖以为生的生活资源的剥夺，势必会出现"海禁严绝，人民倡乱"的局面，民众"生路阻塞，商者倾家荡产，佣者束手断飡"现象也是统治者不愿看到的[6]，因此地方官员往往对沿海民众私自下海捕鱼偶尔也会睁一只眼闭一只眼。即使在海禁最严厉的明清两朝初期，民众下海走私贸易也不可能完全禁绝，"通番获利十倍，人舍死趋之"[7]。一旦海禁废弛，对外贸易纳入正轨后，很快就会出现贸易繁盛现象。如清代浙江乍浦对日贸易口岸的繁荣就颇具典型。清初海禁政策给乍浦造成严重破坏，所谓"乍浦滨临海角，往时地瘠民稀"，但"自禁令既弛，南通闽粤，东达日本，商贾云集，

---

[1]（明）董应举撰：《崇相集选录》，台湾银行经济研究室1967年版。
[2]（明）董应举撰：《崇相集选录》，台湾银行经济研究室1967年版。
[3]（明）王士性撰：《广志绎》卷四《江南诸省》，《元明史料笔记丛刊》，中华书局1981年版。
[4]（清）贺长龄辑：《皇朝经世文编》卷八十三《兵政十四·海防上》，台湾世界书局1964年版。
[5]（清）姜宸英辑：《湛园集》卷四《论》，"论日本贡市入寇始末"，文渊阁四库全书本。
[6]（明）陈子龙等选辑：《皇明经世文编》卷四百，许孚远《敬和堂集·疏通海禁疏》，中华书局1962年版。
[7]（清）计六奇撰，魏得良、任道斌点校：《明季北略》卷五，中华书局1984年版。

人烟辐辏，遂为海滨重镇"即是如此[1]。

正是由于海洋贸易通道直接关乎浙江民众生活的方方面面，浙东沿海民众为求生存而依靠海洋从事各种行业，一旦因其他原因而使沿海民众与海洋断绝联系，就会直接威胁他们的生存。道光时期闽浙总督刘韵珂曾言："福建之漳州、泉州、兴化、福宁与浙江之宁波、台州、温州等府，地多滨海，民鲜恒业，沿海编氓，非求食于网捕，即受雇于商船。"[2]因此任何企图阻塞海洋贸易通道的举措都会遭到浙江沿海各阶层的反对。例如，当嘉靖时期浙江巡抚朱纨"严禁巨家大侠泛海通番者，又立勾连主藏之法，以双樯大舰走倭岛互市向导者长屿人林恭等若干人正典刑"时，就引发浙江沿海豪族士绅和一些朝廷官僚的激烈反弹，"于是海上诸大族咸怨"[3]，"杭人口语藉藉"，"失利之徒怨谤蜂起"[4]。社会舆论的压力加之朝中同僚的弹劾，导致朱纨被迫自杀。朱纨的自杀，既是个人的悲剧，更是明政府海禁政策的牺牲品。这个悲剧的出现，就是因为朱纨的举措阻绝了海洋社会民众与海洋的互动孔道，一大批"纷错于苏杭内地"的"兴贩之徒"和"潜居其国中者亦不下数千家"的海洋走私者失去了以海洋贸易为生的依托，"近海之民，以海为命"的通道被阻断，从而出现所谓"海不收"的"海荒"[5]。因此朱纨之死也就成为迟早之事了。

除规模化和集团化走私外，明清浙江沿海居民的个人走私也从未间断，甚至向合伙制的小集群或小团体走私方向发展。万历时期浙江地方官府审理的严翠梧、方子定走私案，林清、王厚、张玉宇走私案以及赵子明走私案等，都反映着明代私人走私贸易的股份化、团体化。而清代浙江沿海的走私集团化和合伙制化的趋势比明代更进一步。如顺治十二年（1655年）十月十五日，浙闽总督佟代向清中央的报告中就提及浙江商人方元茂、杜昌平、谢德全等人"结党联艅，更番出没，或装载番货"，贸迁有无，并"兴贩纱缎、丝绵，并药料、磁油等货，为数不赀，从江、浙一带合伙起脚，路由温州府转运福宁州，潜谋下海"。该案件就是典型的合伙走私案。雍正六年（1728年）十二月，江苏巡抚尹继善给雍正的奏

---

[1] 光绪《平湖县志》卷四《建置下》，"义产"引《路守官记略》，《中国地方志集成·浙江府县志辑》，上海书店1993年版。
[2] 《史料旬刊》第三十六期《道光朝密奏专号第二·刘韵珂折》，北京图书馆出版社2008年版。
[3] （明）王士性撰：《广志绎》卷四《江南诸省》，《元明史料笔记丛刊》，中华书局1981年版。
[4] （明）严从简撰：《殊域周咨录》卷二《东夷》，中华书局1993年版。
[5] （清）姜宸英撰：《湛园集》卷四《论》，"论日本贡市入寇始末"，文渊阁四库全书本。

折中建议：所有出洋贸易之船，除令出洋地商总出具保结，牙行、保甲等人自愿担保外，"合伙商人各出具连环互结，使彼此觉察"[1]。尹继善虽然没有提及沿海商人如何走私，但也点出出洋贸易商人的"合伙"性质。常态贸易下的商人是合伙出洋经商，那么非常态贸易即走私贸易更需要商人们以"合伙"形式降低贸易风险与成本。乾隆二十五年（1760年），浙江按察使李治运在《稽海船以清盗源疏》中讲到浙江沿海一带走私贸易时也提及浙江洋面经常发生"在洋抢劫之案"，究其原因就是由于"附近商民，扬帆出没，最易藏奸，小者割网偷鱼，大者劫财掠货，虽有防汛员弁巡哨，而在洋抢劫之案，窃发时闻"。在所破获的海上"抢劫"案中，几乎所有案犯"俱系沿海穷民，充当船户水手，各出微赀，伙同造驾，或越山樵采，或泊海收鲜"[2]。如果没有海洋，没有海洋贸易，也就不可能在明清浙江沿海出现走私者"结党联艘"，"各出微赀，伙同造驾"出海贸易的海洋走私合伙制现象。从这个视角观察，浙江海洋社会的又一重要表征已经在明清形成。

海洋贸易的外向型特点也带动了明清浙江相关产业链形成，尤其是依靠海港、码头生存的搬运工人数量急促上升。据乾隆七年（1742年）两广总督庆复奏折讲，自康熙二十三年（1684年）开洋贸易后，仅广东一省，"藉外来洋船以资生计者约计数十万人"[3]。浙江对外贸易规模虽然不及广东，但依靠海洋贸易为生者人数并不会比广东少很多。如清政权在刚刚设立浙海关之初，给浙海关"派解铜斤水脚银三千七百五十两"，这些水脚银就是用来支付专门搬运从日本进口铜料船只上的铜料搬运费用，每斤铜料付费标准为一分，这样仅在乍浦口搬运铜料为生的装卸工人人数就有数百人之多，如果加上其他码头和南北新关从事搬运的装卸工人，清代康乾时期浙东各码头仅依靠搬运货物的工人数目也不会少于万人。这个数字还比较保守，因为在咸丰四年（1854年）时候，宁波地区仅依靠码头生活的搬运工人的人数就有三千人之多，"宁波码头卸载脚夫共三千余人，海船进口出口，皆系此辈运货上船下船，借以糊口。合三千余人之家眷计之，仰食于海船之进出者，不下万余人"。因此笔者个人认为，清代浙江的海洋贸易规模虽不及广东，但以海洋贸易为生的人数也不

---

[1]《世宗宪皇帝朱批谕旨》卷二百二十三上《朱批尹继善奏折》，文渊阁四库全书本。

[2]（清）贺长龄辑：《皇朝经世文编》卷八十五《兵政》十六《海防下》，台湾世界书局1964年版。

[3]《史料旬刊》第二十二期《庆复折》，北京图书馆出版社2008年版。

是一个小数字，明清整个浙江地区从事海洋贸易的商人、船主、船工水手、搬运工人以及牙人等的总人数估计在十万人以上。

明清浙江商品经济发展和农业生产商品化道路的形成，除本身固有的人地关系紧张压力推动外，更离不开海洋贸易刺激，也与地处海洋贸易带的人海关系的互动密不可分，并成为明清海洋贸易产业链上的重要一环。众所周知，明清浙江农业商品化程度一直处于上升通道，湖丝、茶叶、烟草、棉花等利润很高的经济作物种植面积日广。尤其是国际贸易市场对这些商品的需求长期旺盛，湖丝成为明清时期对外贸易的主要商品。这种贸易需求的刺激反过来又促进了浙江农业生产商品化步伐进一步加快。浙江民众弃农而种桑养蚕现象增多，有些区域甚至利用一切可利用之地栽种桑树。湖州"民力本射利，计无不息，尺寸之堤必树之桑，环堵之隙必课以蔬"，"富者田连阡陌，桑麻万顷"[1]。嘉兴桑树的种植数量也十分惊人，桑树"不可以株数计"[2]。有趣的是，湖州民户绝对不种牡丹花，其原因就是"以花时有事蚕桑，亲朋不相往来，无暇及此也"[3]。为了不误蚕事，每到蚕月，湖州民户"夫妇不共榻，贫富彻夜搬箔摊桑"，甚至地方政府为了使蚕农能投入全部精力从事蚕业生产，也会"停征罢讼"。蚕月过后，不论是上缴国家的赋税还是欠借他家的钱物均全部还清，所谓"竣事，则官赋私负咸取足焉"就是如此。正因为湖州蚕农精心事蚕，从而形成湖州"丝绵之多之精甲天下"，"浙十一郡惟湖最富"的局面[4]。

从明开始，杭嘉湖地区丝织业就一直居于全国前列，"隆万以来，机杼之家，相沿此业，巧变百出"[5]。湖州生产的包头绢畅销全国，"各省直客云集贸贩，里人贾鬻他方，四时往来不绝"[6]。嘉兴的近镇村坊以"织绸为业"，"机杼声轧轧相闻，日出锦帛千计"[7]。到清代前期，杭嘉湖地区已经是南部中国丝织业中心，福建、广东等地丝商纷至沓来，采购丝织品。这些地区的蚕农和国内外市场的联系越来越密切。一旦丝织品出现滞销，就会直接影响到丝农生活。据

---

[1] 乾隆《湖州府志》卷二十九《风俗》，《中国地方志集成·浙江府县志辑》，上海书店1993年版。
[2] 光绪《嘉兴府志》卷三十二引《石门邝志》，《中国地方志集成·浙江府县志辑》，上海书店1993年版。
[3] （明）陆容撰：《菽园杂记》卷十三，文渊阁四库全书本。
[4] （明）王士性撰：《广志绎》卷四《江南诸省》，《元明史料笔记丛刊》，中华书局1981年版。
[5] 乾隆《湖州府志》卷四十一引《双林志》，《中国地方志集成·浙江府县志辑》，上海书店1993年版。
[6] 乾隆《湖州府志》卷四十一《物产》，《中国地方志集成·浙江府县志辑》，上海书店1993年版。
[7] （清）金淮撰：《濮川所闻记》卷四《文》，李培撰"翔云观碑记"，《中国地方志集成·乡镇志专辑》，上海书店1992年版。

陈国栋研究，乾隆中叶禁止丝斤出洋（运往日本例外）时，闽浙总督与福建巡抚会奏的一个折子说明了闽、粤海洋贸易对浙江农民生计的影响。奏折中云："即以产地而论，浙省之杭、嘉、湖及绍属之诸暨，产丝最盛。每届新丝出后，江、浙、粤、闽贩丝客民拿本而来者甚多。所产粗丝顷刻得价售卖，农民转觉生计裕如。今奉禁之后……粗丝销售转滞，于农民反有转售不远之苦。"[1]乾隆二十四年（1759年）闰六月，江西道监察御史李兆鹏就说："近年以来南北丝货腾贵，价值较往岁增至数倍，虽由生齿日繁，出者少而用者多，然推求其故，亦不尽由于此。查丝之出产，各省俱有，而以江浙为最多，顾因地近海洋，彼地织作精巧之物，非内地丝斤不能经纬纯密，民间商贩希图重利，出卖洋艘，转运多至盈千累万，以致丝价日昂。"[2]我们暂且不论李兆鹏所言严禁丝斤出洋之举措，就其所言"民间商贩希图重利，出卖洋艘，转运多至盈千累万"一语就能看出清初浙江丝绸出口贸易的旺盛情况。

正因为浙江海洋贸易发达和农业生产商品化步伐加快，弃农经商人数增多以及桑树种植对耕地过分侵占，清初浙江粮食供应就经常出现短缺现象，使浙江民众对粮食市场的需求度不断提高，进而又带动了粮食海运产业链的发展。清代浙江商人通过沿海运输通道和运河通道将大量粮食贩运至浙江销售，尤其是在贩运江苏等地粮食之时，更是从中获取厚利，史言"浙之米价每溢于吴，浙商舳舻昼夜不绝，居民之射利者又乐与之，以致吴民尝苦饥，而浙商倍获利"[3]就是表现。乾隆五十年（1785年）八月，富勒浑给乾隆奏折中就说："江浙民人，素皆仰给四川、湖、广客米。"[4]四川、湖北、广东等地所占米粮如果不能及时漕运到浙江，势必会导致浙江"米价踊贵"，从而影响浙江居民生活。由此可见浙江农业生产在清初对外依存度就已经进一步加大。同样，江苏、福建、台湾等地亦是浙江重要的粮食来源地，如乾隆五十一年（1786年）正月，闽浙总督雅德奏："浙江杭、嘉、湖三府属，因上秋收歉米贵。经奏明先拨福建福州、兴化、泉州、福宁四府属仓谷十万石，招浙商买运粜济"，"浙江三府属，仓粮粜缺，请再拨台湾府县仓谷十万石，每石

---

[1]《皇朝政典类纂》第3751页，转引自陈国栋《东亚海域一千年——历史上的海洋中国与对外贸易》，山东书画出版社2006年版，第196页。
[2]《史料旬刊》第十八期《李兆鹏折》，北京图书馆出版社2008年版。
[3]（清）顾炎武撰：《天下郡国利病书》，四部丛刊本。
[4]《清实录·乾隆实录》卷一千二百三十七，乾隆五十年八月己亥条，中华书局1985年版。

定价六钱，令浙商在浙交银，给照赴运"[1]。就清代浙江具体区域粮食需求而言，正常年景下台州、温州粮食生产基本上能保证当地所需，稻麦菽粟尚有余饶。但宁波由于人口增加较快，本地粮食难以保证地方民众所需，加之常有粮米走私出洋，更加剧了粮食供应的短缺，故经常需从台湾、福建、湖广等地调米入浙。一旦海洋贸易通道被阻塞，台湾等地大米就很难运至宁波等地。由此可见浙江民众经济生活对外依赖度在明清时期不断增强，而粮食海上运输孔道的是否通畅，会直接影响明清浙江民众的生活质量。

三

海洋信仰或曰海神崇拜是海洋社会人海关系在精神层面上的典型反映，明清浙江沿海民众信仰的主要海神就是妈祖。作为福建沿海民间女子的林默（又叫林默娘）之所以能在宋初被沿海社会群体推奉为海神，并受到宋以后历代政权不断升格的神格礼遇，其在沿海民间社会的影响度也是越来越大。究其原因，就是人海关系互动的频繁需要妈祖这样一位海洋社会保护神，需要妈祖能给他们带来海上的平安。所以许多航海者包括他们的亲人深信"相传大海中当风浪危急时，号呼求救，往往有红灯或神鸟来，辄得免，皆妃之灵也"[2]这样的说法，并有人言之凿凿亲身经历、目睹妈祖显灵。东南海洋社会民众对妈祖的信仰也因为妈祖代表着向海洋凶险的挑战，实际上也反映人们对海洋认识的深化，开始由敬畏海洋而变为欲挑战海洋了。

妈祖信仰大约自南宋时期传入浙江，在明清得到快速传播，崇信者甚多。据浙江地方志记载，清代浙江的舟山、宁波、杭州、嘉兴、温州等地的妈祖"天后宫"就有一百五十余处。甚至浙江内陆的金华、湖州、衢州、丽水也为数不少。另据光绪《定海厅志》卷二十七和民国《定海县志》的记载，舟山的岱山、六横山、长涂以及舵岙等处有"天后宫"近40处；雍正《宁波府志》和民国《象山县志》记载宁波的"天后宫"也达20余处。杭州也有为数不少，建筑辉煌的"天后宫"。史载："杭州武林门内天后宫，栋宇宏敞，虽在城市，境极静僻。"[3]随着妈祖的神格不断被抬高，浙江地方政府修

---

[1]《清实录·乾隆实录》卷一千二百四十七，乾隆五十一年正月乙丑条，中华书局1985年版。
[2]（清）赵翼撰：《陔余丛考》卷三十五，"天妃"，商务印书馆1957年版。
[3]（清）陆以湉撰：《冷庐杂识》卷四《秋鸿馆词》，中华书局1984年版。

葺妈祖神庙的举措在明清也是逐年增多。嘉庆二年（1797年），浙江地方政府奉饬"重修浙江镇海县天后庙大门、大殿、后殿等房"；嘉庆三年（1798年）"重修浙江海宁州海神庙、天后庙"[1]。令人注意的是，康熙时期曾来中国的罗马尼亚籍的俄国大使米列斯库在所著《中国漫记》中描述宁波情况时指出：宁波"城里有各种海鱼虾蟹，十分丰富。这个地区十分富庶，水果蔬菜应有尽有，鱼类尤多"。在宁波的"有座山上有一个大庙，中国人到这里来求神释梦。许多人出海之前携带大量供品到这里来祭海，祈求出海平安"[2]。米列斯库所说的神庙估计就是天妃宫。不论对妈祖的民间信仰也好，还是中央乃至地方政府的重视与倡导也罢，明清妈祖信仰已经深入浙江民众社会经济生活当中，每年元宵节、"天妃"诞辰日（农历三月二十三）和忌辰日（九月初九），信徒们都要举行盛大庆祝与祭奠活动，其中尤以元宵节与天妃诞辰纪念最为隆重[3]。而海商们每逢远航，均要去天妃宫祭拜，所谓"商贾入海，必祷求阴护"[4]。米列斯库所言和天妃宫在浙江的广泛分布，说明妈祖信仰已成为浙江民众尤其是沿海民众重要宗教信仰之一，影响和制约着人们的心理和行为，反映着人海关系的微妙变化。

四

明政权是在推翻元朝统治，消灭张士诚、方国珍等反元势力基础上建立起来的，成王败寇一幕再次上演于历史舞台。方、张主要力量虽被朱元璋消灭，但其余党却利用身处东南沿海的便利条件下海为"寇"，史言明初张士诚、方国珍属下之"豪杰多逸出航海"就是如此。这些在政治争斗中失败的方、张余部并未因朱明王朝的出现而放弃斗争，他们在力量日渐衰弱的情况下就采用和海上日本走私商人、落魄武士联合方式，开始频繁侵扰明廷东南沿海各地，浙江也未能幸免。明人张瀚曾说："我明洪武初，倭奴数掠海上，寇山东、直隶、浙东、福建沿海郡邑，以伪

---

[1]《钦定大清会典事例》卷八百六十六《工部·坛庙规制》，台湾文海出版社1992年版。

[2] [罗]尼古拉·斯帕塔鲁·米列斯库：《中国漫记》，蒋本良等译，中华书局1990年版。转引自金普森、陈剩勇主编《浙江通史》第八卷《清代卷（上）》，浙江人民出版社2005年版，第503页。

[3] 崔来廷：《海国孤生——明代首辅叶向高与海洋社会》，江西高校出版社2006年版，第239页。

[4]（明）何乔远撰：《闽书》卷六《方域志》，福建人民出版社1994年版。转引自崔来廷《海国孤生——明代首辅叶向高与海洋社会》，第239页。

吴张士诚据宁、绍、杭、苏、松、通、泰,暨方国珍据温、台等处,皆在海上。张、方既灭,诸贼强豪者悉航海,纠岛倭入寇。"[1]因此,这股反明势力并非乌合之众,而是有组织、有目标的海上政治军事集团,他们利用海洋便于退守,难于追剿的有利条件,勾结浙江一带沿海活动的走私商人,最终成为倭寇之乱的发端,从而也成为明政权实行海禁的主要口实。

明初海禁的严厉曾一度制约了张士诚、方国珍余部对东南沿海的侵扰。但随着明初经济的恢复和商品经济的发展,尤其是贡使贸易输入的奇珍异宝和海洋贸易的丰厚收益,使得浙东沿海一带"势家"经济实力急促膨胀,贡使贸易的有限性远远不能满足沿海海商追逐更大利润的欲求,他们就利用近海便利条件,展开海洋走私贸易,从而和海上走私集团形成千丝万缕联系。嘉靖倭乱前,"浙东海边势家以丝缎之类与番船交易,久而相习"[2]。而无契约的口头"君子协定"恰恰成为浙东"势家"侵吞海上走私贸易者财物的主要方式,经济上的纠纷成为导致倭乱的因素之一。闽浙沿海走私贸易的猖獗也使"倭寇"成分发生变化,所谓倭寇"其诸酋长及从,并闽及吾温、台、宁波人,间亦有徽人"[3]就是典型,沿海中国民众成为倭寇的主体。当经济纠纷上升到武力冲突而引起明政府关注后,清除海上走私集团盘踞的巢穴双屿港,重新严行海禁政策就成为明政权维护滨海社会安定的主要举措。而海禁的严厉又进一步断绝了海边"势家"和海上走私者的生存之道,从而引起浙东沿海海商"势家"和民众的激烈反弹,更大规模的嘉靖大倭乱开始爆发。嘉靖倭乱的实质既是东南沿海贸易走私集团和明政府的一次利益博弈,也是海洋社会民众争取开放的生存空间的一种尝试。阻绝海洋贸易通道和试图打开海洋贸易通道的斗争客观上也给东南沿海社会经济造成惨重破坏,并伴随着朱明王朝兴亡的始终。

明末,以郑芝龙为首的海商集团又纵横于闽浙沿海。崇祯元年,郑芝龙被明廷"招安"后,开始假借政治势力彻底垄断了东南沿海贸易,俨然成为东南沿海的海商霸主,"自就抚后,海船不得郑氏令旗,不能往来,每一船例入三千金,岁入千万计,芝龙以此富敌国",并将浙江海洋贸易也纳入自

---

[1]（明）张瀚撰:《松窗梦语》卷三《东倭纪》,中华书局1985年版。
[2]（明）叶权撰,凌毅点校:《贤博编》,中华书局1987年版。
[3]（明）陈子龙等选辑:《皇明经世文编》卷二百五十六,《茅鹿门文集·条上李汲泉中丞海寇事宜》,中华书局1962年版。

己的势力范围。崇祯十二年（1639年），郑芝龙、郑成功父子在杭州设立金、木、水、火、土五家商号，经营丝绸等外贸商品，有海船百余艘，水手上千人，贩销日本、印度等国，完全垄断了福建、浙江的海上贸易。而郑氏集团在东南沿海的活跃和清初明残余的抗清斗争，又使得新建立的清政权仿佛一夜之间回到明朝，继续推行着明初的海禁政策，并较明王朝有过之而无不及。严厉的海禁和对反清势力的防范虽然能够断绝政敌的大规模军事侵扰，却始终难以断绝海上走私贸易通道，康雍乾嘉时期在浙江、福建沿海出现绵延不断的走私现象乃至大规模海盗浪潮同样是对清政府将海洋社会民众与海洋空间进行割裂的反抗。因此，浙江沿海无论是明代还是清代所形成的大大小小海上走私集团始终在海禁政策下图生存，以走私贩私形式保持着与海洋的联系。从明代的倭寇到清代的海盗、海寇的演进就说明这些反海禁政治集团和走私贸易集团的组织化与规模化，并成为游离于明清浙江海洋主流社会之外的另类。

如前所论，明清时期浙江海洋贸易孔道众多，通过浙江沿海可以到达东洋、西洋乃至南洋各重要贸易地区，更能方便于往来国内沿海各地，因此海洋航行安全问题尤其是海盗频现也是海洋社会重要特征之一。明清两代浙江沿海海盗问题始终是困扰统治者的重要问题，明代的倭寇长期让明政府疲于应对，清代的海寇也使清政府寝食难安，从倭寇到海寇的变化并不仅仅是名称的改变，更是反映着海上走私目的和走私性质的变化，反映着浙江海洋社会中的商民与海洋互动欲求的变化趋势。直言之，明代倭寇的出现，明人董应举认为是"由闽、浙沿海奸民与倭为市。而闽、浙大姓没其利，阴为主持，牵连以成俗"[1]所致。这个见解虽没有错，但并没有看出问题的实质。嘉靖倭乱是国际贸易市场形成后东南沿海尤其是浙闽沿海海商集团力求拓展国际贸易，打开中国贸易通道的一次尝试，是明代浙江沿海外向型商品经济发展的后果之一。外向型的经济必然需求海洋自由贸易的通畅，这就是为什么在嘉靖倭乱半个世纪之后，东南沿海尤其是福建、浙江一带又是"民又生心，相率与倭为市"，"海禁大弛，通倭如织"现象产生的重要原因[2]。也是海禁废弛后浙东民众踊跃走私，"人必趋之"的动力。尤其是那些上岸交易的番商，更是得到民众支持："兴贩之徒，纷错于苏杭，近地人民自有馈时鲜、馈酒

---

[1]（明）董应举撰：《崇相集选录》，台湾银行经济研究室1967年版。
[2]（明）董应举撰：《崇相集选录》，台湾银行经济研究室1967年版。

米、献子女者。"[1] 明代浙东沿海居民之所以如此踊跃，就是因为他们生活的环境和海洋密切相关，明政权的沉重赋税和对浙江沿海民众"以海为生"生活来源的阻绝，就使得他们铤而走险，所谓"小民苦于贪酷，困于徭赋，迫于饥寒者，一闻倭至，又乐从之"[2] 就是真实写照。"市舶既废，番舶无所容"，"于是凶党构煽，私市益盛不可止"[3]。一场大规模的包括沿海各阶层在内的反海禁斗争终于以倭乱的形式爆发。

清政权建立后亦严行海禁，尤其是"迁海令"与明代"罢市舶"海禁政策相较有过之而无不及，对浙东沿海社会经济造成严重危害，导致民众生活的贫困和商品经济的萎缩。如康熙时期的治河名臣靳辅曾讲道：顺治初年，江浙等地民间资财流通畅通，丝帛、粮食、器具虽然价格较高仍买者甚多，民间富裕之家和一般家庭能够正常生活而不贫困的占总人口的十分之七八，而海禁后的二十多年间，虽然"各物价值颇贱，而买者反少，民情拮据，商贾亏折"，"家家穷窘"，真正富足的人家仅占百分之一二而已。据此，靳辅认为导致民众贫困的真正原因就是"因海禁太严，财源杜绝，有耗无增，是以民生穷困，至于此极"[4]。靳辅之论可谓一针见血，因此在康熙开海禁前许多浙江沿海民众就开始走私贸易。当清政府采取严厉镇压措施禁绝走私贸易的时候，这些走私者也就自然由商而转为亦商亦寇了。

值得注意的是，清代浙江沿海的海寇和明代倭寇性质上有明显区别，如果说明代浙江沿海倭寇是以海商集团为主要成分的话，清代浙江沿海的海寇在郑氏集团被消灭后则主要在海上以劫掠商船和渔船为生，没有了明代"倭寇"那种打通自由贸易孔道的要求。清代海洋贸易的多元化和往来大洋商船的增多，使更多冒险之徒看到劫掠商船变得更加容易，因之就铤而走险，成为专门劫掠贸易商船的职业海盗。

五

浙江作为明清对外交流的主要窗口之一，作为明清海上丝绸之路的重要节点，这一时期的海洋生产

---

[1]（明）胡宗宪撰：《筹海图编》卷十一《经略》一，"叙寇原"，文渊阁四库全书本。
[2]（明）陈子龙等选辑：《皇明经世文编》卷二百一十八《郑端简公文集二》。关于倭寇的来源，清人稽璜、曹仁虎等修撰的《钦定续文献通考》卷一百三十二《兵考·舟师水战》载云：洪武三年，"禁沿海民私出海，时国珍及士诚余众；多窜岛屿间，勾倭为寇"。
[3]（清）贺长龄辑：《皇朝经世文编》卷八十三《兵政十四·海防上》，台湾世界书局1964年版。
[4]（清）靳辅撰：《靳文襄公奏疏》卷七《生财裕饷第二疏》，台湾文海出版社1967年版。

也引人注目,并弥漫着浓郁的海洋商业气息。杨国桢认为,海洋区域社会与陆地农业社会相比较,人口的流动性、社会的开放性,是主要的特点[1]。如果从该层面考察,明清浙江海洋社会特征十分明显。

明清浙江民众生活和海洋贸易关系密切。由于对外交流不断拓展,明代因各种原因东渡日本及南洋各地的浙江人很多。日本"长崎有大唐街,皆中华人所居"[2]。居住在长崎大唐街的华人虽有一部分可能是明以前就客居日本者,但很大部分是在明代以走私贸易形式到日本。成化五年(1469年)二月,随同日本使者玄树前来朝贡的通事阎宗达就是浙江奉化人,阎宗达"先年负义逃入岛,今随使来朝"[3]。明万历年间,"会有温州人沈嘉旺,从倭逃归"[4]。据《万历野获编》记载,沈嘉旺很可能就是从温州沿海偷渡到日本的,因此对日本国内情形比较熟悉,"既习倭事"。更多居住于长崎的浙人是被倭寇掳掠到日本的,明英宗正统八年七月就有官员了解到,"先是,浙江昌国卫军余戴弗名等六人被倭贼掳去,至是自海外历朝鲜至京师"。还有一部分是为逃避赋税徭役而去日本的浙人,如"浙江黄岩县民周来保、福建龙溪县民钟普福,洪熙间俱困徭税叛入倭"[5]。

因此在1608年东渡日本的淮安人刘凤歧就认为当时居住在长崎的华人有两三千人,而整个日本列岛的中国人则达两三万人[6]。明熹宗天启五年四月戊寅,福建巡抚南居益就说:"闻闽、越、三吴之人住于倭岛者不知几千百家,与倭婚媾长子孙,名曰唐市。此数千百家之宗族姻识,潜与之通者,实繁有徒。"[7]鄞县人宋素卿以及毛海峰、

[1] 杨国桢:《论海洋人文社会科学的概念磨合》,《厦门大学学报》2000年第1期。
[2] (清)丁绍仪撰:《东瀛识略》卷八《遗闻》,《中国方志丛书》,台湾成文出版社1984年版。
[3] 《明宪宗实录》卷六十三,成化五年(1469年)二月甲午条,台湾历史语言研究所校印本。
[4] (明)沈德符撰:《万历野获编》卷十七《沈惟敬》,台湾伟文图书出版有限公司1977年版。
[5] 《明英宗实录》卷一百六,英宗正统八年己未条、庚申条,台湾历史语言研究所校印本。
[6] (明)朱国祯撰:《涌幢小品》卷三十,中华书局1959年版。
[7] 《明熹宗实录》卷五十八,明熹宗天启五年四月戊寅条。对于福建巡抚南居益的奏文内容,台湾"中央研究院"历史语言研究所编《明清史料》乙编,第11页,《兵部题行"条陈澎湖善后事宜"残稿》记载更为详尽:倭寇"为祸东南甚烈,闽人至今能言其惨毒之状。逮后关白作难益蒙神祖震怒,兴师讨平,申令沿海商民,不得片帆下海,私构于倭。三十年来,天语煌煌,有如星日,夫熟得而干之。然而倭之耽汉财物,怨我闭关,未尝一日忘中国也。我即严禁通倭之奸,三尺非不凛然,而方禁方生,愈戢愈炽,亦何尝一日使汉人绝迹于倭奴之境哉? 此其诚难言矣。海上之民,以海为田,大者为商贾,贩于东西洋,官为给引,军国且半资之,法之所不禁也。而风帆一挂,飘摇于溟沉无涯之界,日域月瞻,任其所如,吾乌知商艘之不之倭而之于别国也? 其次,则捕鱼舴艋,村村户户,不可以数计,虽曰禁其双桅巨舰,编甲连坐不许出洋远涉,而东藩诸岛,乃其从来采捕之所,操之急则断绝生路,有铤而走险耳,利之所在,法有时穷,卒且奈何。闻闽越三吴之人住于倭岛者不知几千百家,与倭婚媾长子孙,名曰唐市。此数千百家之宗族姻识,潜与之通者,踪踪姓名,实繁有徒,不可按核。其往来之船,名曰唐船,大都载汉物以市于倭,而结连崔苻,出没泽中,官兵不得过而问焉"。

林杰等浙江籍人或因债务，或为走私，或被掳掠到日本，长期在日本居住。虽然在明代浙江、福建、广东诸多民众以多种方式入居日本，但其中被日本人掳掠去的占相当部分。明人张燮就说："浙江、福建、广东三省人民被虏日本，生长杂居十有其三，住居年久，熟识倭情。"[1]由于明代宁波是与日本经济文化交流的唯一通道，因此这些居住在日本的华人中浙江籍的肯定为数不少。

到清代，浙江沿海赴日人数激增，这主要得益于清政府对日贸易的开通和航海技术的提高，许多日本政府需要的文人、武士、僧人前往日本，这一点王慕民等在其《宁波与日本经济文化交流史》一书中有详细叙述，不再赘言。需注意的是，由于清代浙江商品经济的发展，早在康熙开海禁前就已不断有浙人走私贸易到日本，这些浙江商人如顺治十二年的方元茂、邵朋吉等，顺治十三年的鄞县人朱云，康熙元年的绍兴人王吉甫，康熙十三年绍兴人张相如等几十人都是通过走私前往日本的。此外赴日传播学术文化的中国学者，在长崎行医的浙江医生等史籍都有记载。如清人袁枚在其短篇小说集《续子不语》中也曾记载了清代温州书生王谦光前往日本等海外经商的事情，"王谦光者，温州府诸生也。家贫不能自活，客于通洋经纪之家。习见从洋者利不资，谦光亦累资数十金同往。初至日本，获利数十倍。继又往，人众货多"[2]。明清浙江商人民众赴日人数的不断增加，其意义不只强化了日本与浙江的经济文化交流，也表明作为海洋社会的浙江与作为海洋岛国的日本之间的互补性与互动性在不断加强，浙江人口的流动性也在增强。

地理环境的制约使得明清时期浙江人口外移流动的速度明显高于内陆省份，尤其是远赴海外的人数较多。正如明人王士性所说的"江、浙、闽三处，人稠地狭，总之不足以当中原之一省，故身不有技则口不糊，足不出外则技不售"，"宁、绍人什七在外"，宁、绍民众"竞贾贩锥刀之利，人大半食于外"[3]。海洋经济的发展使得从事工商业的人数激增，也使人口流动速度加快。如杭州的海宁县"民逐鱼盐为生，列肆负贩"；富阳县"邑人率造纸为业，老小勤作，昼夜不休，村落多种柏树，参差成行，采子为膏以应造烛之用"；临安县"妇女缫丝北工于南，商贾贸茶南多

---

[1]（明）张燮撰：《东西洋考》卷十一《艺文考》，"日本附"，文渊阁四库全书本。
[2]（清）袁枚撰：《续子不语》卷一《浮海》，陕西人民出版社1998年版。
[3]（明）王士性撰：《广志绎》卷四《江南诸省》，《元明史料笔记丛刊》，中华书局1981年版。

于北"[1]。嘉兴"富商大贾，长桅巨舶，夷蠻海错鱼盐米布之属辐辏，城市居民富饶，市邑繁盛"[2]。宁波"商贾鬻鱼盐，工供日用"[3]。义乌"男子服耕稼，妇女勤织纺，商贾鬻鱼盐，工习器械以利民用"[4]。衢州府西安县"贾人皆重利致富，于是人多驰骛，奔走竞习为商，商日益众"[5]。龙游县"民庶饶喜商贾"，"灉水以南务耕，北尚行商"[6]。明人王士性也认为"龙游善贾"[7]。常山县"地狭民稠，人尚勤俭，事医贾趋利尚气"[8]。江山县"江邑沃壤，民殷富，人肩摩，庐舍鳞次，商贾辐辏"。桐庐县"蚕桑是务，蒸茶割漆，以要商贾贸易之利"。分水县"大率贸易贩籴，仰赖他郡以为生"。云和县"力耕勤织，衣食聊足自给，惟工艺贸易悉资外贩，故流移侨居者十六"[9]。衢州"民多行商，龙游尤甚"[10]。温州"商贾贸迁，鱼盐充牣，其俗剽悍以啬，其货纤靡"，"其人多贾"，"地不宜桑而织纴工，不宜漆而器用备，不宜粟麦而杭稻足"[11]。民众从事工商人数的增多，不仅仅使人口流动频繁，也自然引发社会不断走向开放。《浙江通志》的相关所载恰恰印证了杨国桢海洋社会与陆地社会最大区别就是人口的流动性和社会的开放性这个不易之论。

六

值得注意的是，海洋意识的强弱往往代表着海洋社会的兴衰起伏，国际社会如此，明清浙江海洋社会也不例外。因此，明清海洋意识问题的实证研究而不是泛泛空论更能从一个全新视角观察某一区域或某一阶段海洋社会的发展程度[12]。

海洋意识是海洋社会群体对自身所处海洋的认知和感悟，是沿海民众与朝夕相处的海洋物质世界互动后的观念、情感在心理上的折射与升华。随着浙江海洋社会的形成，浙江海洋社会群体海洋意识也在形

[1]《浙江通志》卷九十九《风俗》，文渊阁四库全书本。
[2]《浙江通志》卷九十九《风俗》，文渊阁四库全书本。
[3]《浙江通志》卷九十九《风俗》，文渊阁四库全书本。
[4]《浙江通志》卷一百《风俗》，文渊阁四库全书本。
[5]《浙江通志》卷一百《风俗》，文渊阁四库全书本。
[6]《浙江通志》卷一百《风俗》，文渊阁四库全书本。
[7]（明）王士性撰：《广志绎》卷四《江南诸省》，《元明史料笔记丛刊》，中华书局1981年版。
[8]《浙江通志》卷一百《风俗》，文渊阁四库全书本。
[9]《浙江通志》卷一百《风俗》，文渊阁四库全书本。
[10]《钦定大清一统志》卷二百三十三《衢州府》，文渊阁四库全书本。
[11]《钦定大清一统志》卷二百三十五《温州府》，文渊阁四库全书本。
[12] 翻检历年海洋意识研究之作，从理论上泛谈所谓"海洋意识"问题者居很大比例，这种空泛论述既无法从学理上解决海洋意识的概念、内容以及海洋意识的层次性问题，更无助于把海洋意识问题的研究推向深入。

成和不断强化，我们前文所论明清民间海神信仰中的妈祖信仰在浙江的大规模传播就是典型，再如康熙《江山县志》卷三《寺观》载，清康熙时期在江山县西北三十里的仙人山上建有"马姑仙庙"[1]。这个马姑庙实质上就是妈祖庙。在远离海洋的衢州江山也有妈祖信仰存在，很值得我们深思，说明浙江沿海的妈祖信仰已经出现由沿海向内地扩展的态势。浙江社会对妈祖崇拜由沿海向内地阶梯状演进态势的形成表明，沿海民众对妈祖信仰的强化使其在心理上对海洋生活保护神的内在需求在增加，从行为上说明人海互动的进一步频繁，这一点正是浙江海洋社会群体海洋意识已经形成并逐渐强化的重要表现。

海洋意识的出现和发展，衍射在社会生活领域，就是海洋社会民众对海洋物质条件的进一步依赖和重视。明清浙江、福建一带沿海民众主要依靠海洋贸易为生，也不乏依靠晒制海盐为生之民众。清人吴允嘉编纂的《嘉庆钱塘县志补》载，宋元时期杭州沿海民众就普遍晒制海盐，"杭濒海斥卤地，百姓藉盐以自活"。清代平湖县的沿海居民多数以煎盐为业，"近海居民煎盐曰趁海，谓趁潮可洒，趁晴可晒也"[2]。尤其是乍浦城西的沿海居民，"民以盐生，牢盆声达数十里"[3]。海盐私贩私卖现象虽然在官府严格禁止之列，但明清浙江沿海仍是盐贩成群，甚至对成群结队的盐商，官府也采取睁一只眼闭一只眼的态度。王士性就说："浙盐取暑天海涂晒裂咸土而扫归之，用海水洒汁煎成。行盐有定界，私咸有令甲，然只绳其小者，捕兵无私盐当罚，则偷觑见小民之肩挑背负者执而上首功，若乡村巨姓，合百余人，执铁担为兵，买百余挑，白日鱼贯而荷归之，捕兵不惟袖手不敢问，且远避匿，盖此辈端觅捕兵棰之，以泄平日之忿，棰死则弃之，官府且不敢发也。"[4] 这种"沿海奸民，素食其利"的海洋贸易和"以盐为生"的物质环境激发着浙江沿海民众向海洋索取生存所需的意识[5]。

浙江沿海尤其是宁波地区在明代海洋贸易中甚至出现"三尺童子，亦视海贼如衣食父母"[6] 的现象。当地民众把海上贸易视为生活重要来源，正如朱纨所论："有

---

[1] 同治《江山县志》卷五《秩祀志》将其称为"马仙姑庙"。
[2] 光绪《平湖县志》卷二《地理下》，"风俗"，《中国地方志集成·浙江府县志辑》，上海书店1993年版。
[3] 光绪《平湖县志》卷三《建置上》，"城池"，《中国地方志集成·浙江府县志辑》，上海书店1993年版。
[4] （明）王士性撰：《广志绎》卷四《江南诸省》，《元明史料笔记丛刊》，中华书局1981年版。
[5] （清）贺长龄辑：《皇朝经世文编》卷二十六《户政一·理财上》，台湾世界书局1964年版。
[6] （明）朱纨撰：《甓余集·海洋贼船出没事》，《四库全书存目丛书·集部》第78册，齐鲁书社1996年版。

等嗜利无耻之徒，交通接济，有力者自出赀本，无力者转展称贷，有谋者诓领官银，无谋者质当人口，有势者扬旗出入，无势者投托假借，双桅三桅连檣往来，愚下之民，一叶之艇，送一瓜，运一罇，率得厚利，驯致三尺童子，亦知双屿之为衣食父母。"[1] 这种风气也影响到许多地方官员的政策主张，如万历二年，浙江巡抚庞尚鹏就奏请开海禁。海盐县人王文禄也曾提出："若欲海寇悉平，必须宪臣奏请沿海凡泊船处所多设市舶司，有货税货，无货税船。船出地方，给以票证。人皆好生而嗜利，化寇而为善良，且因以裕国用矣。"[2] 王文禄的意见并非代表少数官员，而是根据对沿海民众生活依靠的了解而得出的符合实际的观点。"近海之民，以海为命"更是直接道出海洋在民众生活中的决定性作用[3]。因此明人王士性就说：宁、绍、台、温海滨之民，"餐风宿水，百死一生，以有海利为生不甚穷，以不通商贩不甚富"。这个观点正是浙江沿海民众海洋意识的强烈反映，这也就是为什么明清时期海禁愈严，浙江沿海民众走私愈烈，海洋走私贸易屡禁不止的原因所在。浙江沿海民众生存环境的实际存在决定了其必然拥有高涨的海洋意识。因此当清康熙时期刚刚开放海禁，乍浦居民就"或造巨舰出洋贸易，柴船则专在近岙樵采"[4]。

当海外商品流入浙江后，沿海居民对舶来品的优劣已经形成共识，如日本的铜器、漆器、倭刀等品质精良，琉球物品往往质量低劣，所以明清浙江沿海居民就将一切质量低劣的物品称为"琉球货"。之所以将琉球商品作为质量低劣和廉价的代名词，其中的原因清代地理学家、浙江仁和人郁永河已有指出。由于琉球国小民贫，因此沿海"商舶从无贸易琉球者，以其贫且陋也"。而琉球进入国内的商品"所贡硫黄、皮纸而已。其所携财货，惟螺与蚌壳。螺可为筚篥吹，即城头晓角是；蚌壳研之可以镶带。外此则有纸扇、烟筒"。由于琉球商品"其制陋劣，佣儿所不顾"，因此当地民众就将质量低劣且不堪用的物品统统称为"琉球货"，"忆吾乡俗语谓厌憎之物，辄曰'琉球货'"[5]。这种民间社会专门称谓的出现，正是在长期海洋贸易之中所形成的海洋意识的又一典型体现。

[1]（明）朱纨：《甓余杂集》卷三《双屿填港工完事》，《四库全书存目丛书·集部》第78册，齐鲁书社1996年版。
[2]（明）王文禄撰：《文昌旅语》，见《中华野史》明朝卷一，泰山出版社2000年版。
[3]（清）贺长龄辑：《皇朝经世文编》卷八十三《兵政十四·海防上》，台湾世界书局1964年版。
[4] 光绪《平湖县志》卷二《地理下》，"风俗"，《中国地方志集成·浙江府县志辑》，上海书店1993年版。
[5]（清）郁永河撰：《海上纪略》，《中国方志丛书·台湾地区》第46册，（台北）成文出版社有限公司1983年版。

在明清许多浙江学者的著作中,也透露出明显的海洋意识。如明代浙江临海人王士性就言:"吾台少所出,然近海,海物尚多错聚,乃不能以一最佳者擅名。"浙东学者徐时栋在《烟屿楼笔记》卷六中也说:"吾乡海国。"[1] 如是等等,多不胜举。明清许多地理学著作也反映着视浙江为海洋社会的意识。如《明一统志》提及宁波区位优势时讲道:宁波不仅是"东南要会,东渐巨海,西通五湖,南畅无垠,北渚浙江。负溟渤,控扶桑,倚巨镇,通长江。抱负沧海,枕山臂江。水陆并通,太湖漫其西南,大江带其东北"[2],而且也是"海道辐辏之地,南则闽广,东则倭人,商船往来,物货丰衍,东出定海,有蛟门虎蹲天设之险,亦东南之要会"[3]。《大清一统志》说宁波:"海道辐辏,南接闽广,北控高丽,商舶往来,物货丰衍",镇海招宝山,"本名侯涛山,以诸番入贡,停泊于此,改今名"[4]。温州"海育多于地产,商贾贸迁,鱼盐充牣"[5];"浙江阻山濒海"[6]。从这些描述中很容易看到明清时期浙江地区海洋意识的高涨。因此当明清政权实行海禁时,许多内迁海岛民众面对废弃的故土,纷纷要求返回旧居,甚至在明代当宁、台、温滨海大岛废弃后,所有"禁田"已经荒芜,如宁之金堂、大榭,温、台之玉环,大者千顷,少者亦五六百顷,南田、蛟巉诸岛则又次之,所以就有"缙绅家私告垦于有司"之举。清康熙十一年(1672年)虽曾把居住海岛民人迁移内地,但"仍有在此等海岛筑室居住耕种者"[7]。雍正八年正月,闽浙总督就向清廷报告:浙江定海、衢山等处的万两岙、倒斗岙以及桶岙等地都出现民众"搭盖棚厂,砍伐芦柴"现象。虽然雍正严令限以日月,"查行拆棚,搬回进口,永禁不许再往盖厂"[8],但仍无法阻绝这种现象发生。

因此,以海为生,以洋为市,"每获重利而归。穷洋竟同闹市"的海洋生活意识[9],以海致富、以海破家的生存意识,祈求海神的恐惧意识,不畏高压冒死下海的进取意识以及流落他乡,"多有归国立功之志"的祖国意识[10],都构成明清浙江海洋意识的重要内容。

---

[1] (清)徐时栋撰:《烟屿楼笔记》卷六,《续修四库全书·子部》,上海古籍出版社1996年版。
[2] (明)李贤等撰:《明一统志》卷四十六《宁波府》,文渊阁四库全书本。
[3] (明)李贤等撰:《明一统志》卷四十六《宁波府》,文渊阁四库全书本。
[4] 《钦定大清一统志》卷二百二十四《宁波府》,文渊阁四库全书本。
[5] 《钦定大清一统志》卷二百三十五《温州府》,文渊阁四库全书本。
[6] 《明孝宗实录》卷十四,弘治元年五月丙寅条,台湾历史语言研究所校印本。
[7] 《钦定大清会典事例》卷六百二十九《兵部·绿营处分例·海禁一》,台湾文海出版社1992年版。
[8] 《浙江通志》卷九十六《海防》,文渊阁四库全书本。
[9] (清)计六奇撰,魏得良、任道斌点校:《明季北略》卷五,中华书局1984年版。亦见《郑氏史料初编》卷一。
[10] (明)张燮撰:《东西洋考》卷十一《艺文考》,"日本附",文渊阁四库全书本。

泉州圭峰史迹与海洋文明探析

刘文波／泉州师范学院

泉州峰尾已有 600 多年的港城历史，圭峰塔、"姑妈"义烈宫是圭峰文化的具体象征，见证了峰尾半岛人民自古以海为田，从事海洋捕捞、近海养殖与航运贸易的发展历程，彰显了峰尾的海洋文明历程。

泉州曾经拥有十分发达的"海丝文明"，这是基于宋元时期泉州社会经济的发展与海外交通贸易的兴盛，由此奠定"东方第一大港"的地位。学者们在追寻这一历史时期泉州"海丝文明"之发展场景的同时，也关注到现实中泉州地面之史迹。泉州湾古沉船、九日山祈风石刻、清真寺、灵山圣墓、摩尼教草庵、天后宫、聚宝街、真武庙等，真实再现了泉州"海丝文明"之发展，也形象展现了"多元文化宝库""世界宗教博物馆"等有关泉州之美誉。圭峰——峰尾，作为泉州下辖的古港古城，也是新兴石化港口城市——泉港的文化重镇，其保有以圭峰塔为代表的较多历史遗迹，也向世人诉说着圭峰曾经有过的海洋文明历程。

圭峰，今泉州市泉港区峰尾镇之代称。峰尾地处湄洲湾南岸尾端，是一个濒海半岛。峰尾镇于 1999 年成立，下辖诚峰、诚平、前亭、上楼、联岩、峥嵘、郭厝、奎壁等 8 个行政村。其实，圭峰主要是指现在峰尾镇之核心区诚峰、诚平、前亭三村。

峰尾虽建镇时间较短，但其建城、建港历史则较早。峰尾地处泉州东北沿海突出半岛，地域不大，却是南北水陆交通要冲，历史上曾是抗击倭寇的战略要冲之地，明初峰尾即修筑城池与烽火台以作防御。据地方历史文化研究者的考证，明洪武二十年（1387 年），江夏侯周德兴至惠邑筑城，峰尾城居其一。今《惠安县志》亦载有：明代，福建沿海包括惠安在内屡遭倭寇的侵扰，为了巩固海防，先后筑起崇武、莲城、东山、浮山、峰尾、辋川海滨 6 城和惠安县城，烟墩 23 座，形成比较完整的防御设施。"烟墩即烽火台，是配合城池而建，用于守望报警，联络御敌。县内古烟墩尚能见其遗址有肖厝烟墩……峰前烟墩、峰尾烟墩和后张烟墩等。现已遭破坏。"据证：峰尾始建城时，首段城墙位于城东北石狗尾高阜处至东安澳一带，连接烟墩山，山上建烽火台，一直延伸到圭峰塔附近一带开阔地，"旧城顶"遗址至今尚存。至明隆庆六年（1572年）重建大环城，设东、西、南、北四大城门，浚沟护城，容民居之。大环城内建筑林立，石铺街道四向纵横，有东、西、南街和中街、后街，店铺林立，市肆繁荣。遗憾的是，至抗战时期，先经敌机轰炸，后遭人为破坏，整座古城被夷为平地。

有关峰尾港的最早记载亦出现在明代，据《惠安县志》记载：峰尾港在湄洲湾口，总称峰尾澳，由诚峰、诚平及前亭3处澳口组成。明代设巡检司。诚峰村的姑妈宫澳为其主要澳口，港地面积较大，适宜船舶停泊和避风。1973年建设有突岸式简易码头，泊位长30米，环港防波堤200多米。近来，古港发展又得佳讯：2012年5月，峰尾一级渔港（诚峰）工程项目获得国家农业部立项批复。因此，以峰尾港为依托，峰尾私人海商自明代乃至更早时期就已活跃在南北海运与对外贸易之中，如《惠安县志》载：宋元之际，獭窟、肖厝、黄崎（莲城）、峰尾等地航商非常活跃，船只装载鱼盐、黑白砂糖。"浮海鬻吴、越间"，并运销海外。明中叶，以航海为业的惠安沿海人民……"冬易浙米而南，春易广米而北，闽海赖以无乏食之民"。

有着600多年建城、建港历史的峰尾至今留有一些史迹，一定程度上保存着过往繁华逝去的景象，也向今人传递了峰尾古城古港那段曾经有过的海洋文明发展历程。其中具有代表性的就是圭峰塔。

圭峰塔建于今峰尾镇诚平村塔仔澳山上。据称：始建于元代，明崇祯年间（1628—1644）倒塌，清嘉庆三年（1798年）重建。塔为石构空心楼阁式，2层方形，高3米。有2层塔基。塔底层内墙浮雕一菩萨像，其右勒"重建圭峰塔记"。上层收分，门楣上阴刻楷书"圭峰塔"。葫芦塔刹。圭峰塔座下的峭壁上还刻有"观澜"石刻。从《重建圭峰塔记》中可以了解到圭峰塔之名源起于塔前之"有石曰圭峰石"，并说明了上述圭峰塔的始建年代与重建的历程，以及"终元之世，泉人第进士者，惟琦一人"的卢琦曾读书于此。

民间流传圭峰塔有着镇海观澜、避邪御灾之灵验，周边渔民出海之前也常往烧香祈风。其实，圭峰塔顶之葫芦塔刹是一卯榫相嵌的活动装置，具有指引船舶出港入澳的航标作用，由于圭峰塔位于海滨高处，又面向湄洲湾，成为一座天然的航标。值得称道的是，圭峰塔门两侧石刻对联"作东南巨镇，起海国文明"，浓缩了有着600多年历史的峰尾古城古港的海洋文明发展历程，也道出了圭峰人民的美好愿景。由此，圭峰塔成为圭峰文化的象征，成为当地弥足珍贵的文物古迹。圭峰塔于1957年、1979年分别被列为惠安县重点文物保护单位。1997年公布为肖厝管委会第一批文物保护单位及旅游文化风景点，并载入"泉港文化遗产"。

作为供奉"姑妈"的义烈庙在圭峰人民心目中同样具有极高的地位和文化象征。《峰尾名镇与圭峰文化叙略》载：义烈庙位于今诚峰村峰尾半岛东北濒海处，坐东北向西南，始建于明嘉靖年间（1522—1566），清嘉庆十九年（1814年）重修再建。系抬梁斗拱土木结构，硬山顶宫殿建筑，面阔进深各三间，主体建筑占地面积175平方米，几经修拓，山门、中厅、双天井、庑廊、殿堂等建筑完整。殿内有明大学士史继阶、张瑞图与都御史郭必昌的题词。1957年，义烈庙被列为惠安县县级文物保护单位，1997年4月被肖厝管委会公布为第一批区级文物保护单位。

峰尾"姑妈"在圭峰人民心目中如同邻近的湄洲妈祖一样具有同等重要的地位。据称，峰尾"姑妈"名叫刘益娘，生于明弘治十二年（1499年），逝于明正德十三年（1518年）。如同湄洲妈祖林默娘，峰尾民间一直流传"姑妈"刘益娘"济世安澜"的故事。她们生前都能为人治病救灾，救急扶危。逝后都能显灵拯救海难，并常示梦显圣，在惊涛骇浪中救过许多渔民与过往商船，更有联手抗击倭寇入侵等传说，深得圭峰人民敬仰。因此，邻近讨海为生的人们一般在出海之前要前往祭海求签。

无论是圭峰古城古港，还是圭峰塔与义烈庙，都体现了圭峰文明与海的亲近，承载着圭峰人民曾有过的"作东南巨镇，起海国文明"的海洋发展历程。圭峰文明与海的亲近，圭峰人民以海为生，则是圭峰当地的地理资源条件所决定，由此形成了海洋捕捞、近海养殖与航运贸易的三大传统海洋经济发展模式。

峰尾镇现有总人口约5.5万人，陆域面积仅为11平方公里，自古以来就深受地少人多之困扰。尤其是圭峰文明所处核心区诚峰、诚平、前亭三村，人口密集，可耕土地严重不足。但峰尾镇所处海域面积则多达32平方公里，海岸线长达13公里，可利用滩涂面积600公顷以上，为峰尾人民提供了得天独厚的海洋资源。因此，古代峰尾就已形成了与我国其他地区不同的经济发展模式，渔农并举，以渔为主。据载：入宋之后，惠北沿海的捕捞作业以定置网及内海围网为主，牡蛎养殖业亦已出现；元时，有人使用手杆钓捕淡水鱼；明时，渔民使用大型对船拖网，四季皆渔；清时，大钓船钓艚作业"名闻江浙十四澳"。

峰尾的海洋捕捞由来已久，明洪武十六年（1383年），惠安沿海8澳设有河泊所，征收渔课，峰尾就是其中之一，说明明初峰尾渔业发展已具有一定的规模，因此引起地方政府的关注并加强管理和征课。正德（1506—1521）后，沿海渔场向外扩展，峰尾渔民已开始转移到浙江渔场生产。嘉靖九年（1530年），海洋捕捞已有旋网、牵丝链网、拖网、扦揪小网、手摇网、方网等19种作业技术。20世纪80年代以来，更是形成了以钓、拖网、机灯光围网、定置网和流刺网5大作业为支柱，张网、敷网、地拉网、掩网、抄网等作业为辅，生产手段不断改进。

钓鱼业历来在海洋捕捞中占有重要地位，据载：清后期，峰尾渔民就开始发展50—60吨位的大钓船，当时峰尾钓船数就高达90多艘。钓船各背带附属舢板四艘，冬汛钓捕带鱼。民国二十一年（1932年），峰尾共有小钓船180多艘，大钓船4艘，渔民800多人，钓业盛极一时。

拖网也是海洋捕捞中传统作业之一，曾形成网仔、漏尾、竖乌、牵虾等作业形式。1962年，惠安一对配置100马力的机帆船（时称"大钓机"）在峰尾前亭澳率先诞生，可背带舢板八艘。由于采用柴油机马力推动，加上风帆助航，有着稳定性好、航速快、运载力大的特点，更适应外海长汛生产，使钓带产量大大提高。因此在20世纪70年代，机帆船迅速发展；80年代在惠安沿海外洋捕捞中机帆单船拖网得到大力推广。1987年至1990年，峰尾渔业连续四年总产量居惠安县之首。

随着生产技术的进步与沿海渔业资源情况的变化，明正德（1506—1521）年间，沿海渔场向外扩展，峰尾渔民就已开始转移到浙江渔场生产。明后期，其活动区域北至江苏吕泗渔场以至沙外、上海、浙江；南抵广东、海南岛以至北部湾；东抵台湾。1989年远洋捕捞甚至拓展北到韩国的济州岛附近1442海区、东至近日本海岛的1596海区进行生产。

近海养殖则是圭峰海洋经济发展的另一主要方式。峰尾海域位居湄洲内湾中部，海域面积较广，浅海滩涂辽阔，风平浪小，潮流畅通，透明度大，水质较好，是天然的内湾渔场，海洋资源十分丰富，盛产鲈、鲷、黄鱼、鳗、石斑鱼等，也是贝藻类生长的天然场所。

牡蛎（俗称蚝）和缢蛏养殖历史较早，据称：惠安沿海传统养殖品种为牡蛎，北宋年间就已掌握人工养殖技术；民国时期在惠安沿海地区，如峰尾、奎璧、山腰等地普遍展开。1949年后，峰尾近海滩涂养殖有了长足发展，新增加海水养殖面积3668亩，拓展了浅海滩涂面积近两万亩，主要有下列品种：牡蛎、紫菜、江蓠、海带、紫贻贝、缢蛏、花蛤、对虾、鲍鱼等。目前峰尾镇近海养殖紫菜2300亩以上，牡蛎6300亩左右，缢蛏1100亩以上，花蛤800亩左右，海带300亩左右，有鳗鱼网1000余张，内海定置网200余张。峰尾人民实现了以海为田的梦想，以海为田成为峰尾人民赖以为生的一种海洋经济发展方式。

俗言"一方水土养育一方人氏"，峰尾人民"养捕并举"，实现了"耕海牧洋"的壮志。良好的港湾优势与开港通商又为峰尾人民走出大陆、交通四海、发展航运贸易提供了可能。

上文述及峰尾私人海商以峰尾港为依托，自明代乃至更早时期就已活跃在南北海运与对外贸易之中。据地方历史文化研究者之考证，峰尾航运贸易之兴盛应始于渔业的转场生产，随着渔业的发展，带动了航运贸易的发展，时间应追溯到清康熙年间（1662—1722）。至光绪年间（1875—1908），峰尾有大小渔船100多艘，商运船80多艘，规模较大的如峰尾三房楼仔刊拥有商船13艘，开辟了北至大连、旅顺，南到汕头、南澳等地的航线。抗日战争前后，峰尾航运贸易繁盛一时，时有"小上海"之美誉。

抗战时期，日寇对沿海地区进行了经济封锁，严重影响了沿海人民的生命安全和渔业生产。但是，战争时期各地物资的紧缺却为海运贸易创造了条件。抗战时期，有着丰富航海经验与精湛航海技术的峰尾人民，敢于冒险，纷纷弃渔从运、从商。据说繁盛时有85%的渔民、农民插股参与经商，形成了抗战期间的"沈家门兴"和抗战胜利后的"台湾兴"，即这一时期峰尾航运商贸主要是与浙江普陀沈家门或台湾地区往来。在"沈家门兴"时期，峰尾半岛拥有大小航运商船150多艘，船号遍及峰尾城内、城外后山、打艮大圭、前亭各地达数十家；峰尾当地有大小商行60多家，峰尾街形成各类行店90多家。由此盛极一时，故有时谣颂之："峰尾小上海，财源滚滚来；消灭日本鬼，台湾再兴起；撞风又破浪，富裕和兴旺。"

总之，"一方土地养育一方人氏，一方人氏创造一方文化"，地域文化乃是地理与历史两者相互作用的结果。圭峰文化就是在峰尾半岛这一特定地理环境和圭峰人民"耕海牧洋"的发展进程中孕育生成的。圭峰文化的象征，无论是作为航标的圭峰塔，还是深受峰尾人民膜拜的"姑妈"义烈宫，其中寄托着峰尾人民"作东南巨镇，起海国文明"的豪情，也隐含着惊涛骇浪中寄希望于"姑妈""安澜海国，扶危济困"的敬畏，体现了圭峰人民对海的憧憬，对海的敬畏，更说明了圭峰人民与海的亲近。因此，无论是史迹——圭峰塔、"姑妈"义烈宫，还是峰尾半岛传统经济发展方式——海洋捕捞、近海养殖与航运贸易，都相互彰显了峰尾的海洋文明历程。

参考文献

[1] 刘宗训：《峰尾名镇与圭峰文化叙略》，福建美术出版社 2012 年版。

[2] 惠安县地方志编纂委员：《惠安县志》，方志出版社 1998 年版。

[3] 刘宗胡、许力量：《圭峰文化的象征——圭峰塔》，引自圭峰文化研究会编委会《圭峰文化研究（1）》，1998 年。

[4] 刘恢宝：《圭峰渔业的兴起和沿革》，引自圭峰文化研究会编委会《圭峰文化研究（3）》，1999 年。

唐代海外贸易政策和规模及其对东南地区社会经济的影响

孙彩红 / 泉州师范学院

唐代政府对海外贸易采取的是自由放任政策，对来中土的海外贸易团体或政府使节的原则是临而存之，以宣扬圣德为主。受当时的航海技术所限，海上运输风险极大，尽管与唐政府有朝贡关系的国家比前增多，唐代海外贸易的规模有较大增长，但是由于蕃舶停靠的地区仍集中在东南沿海的几个主要港口城市，对东南沿海的几个主要港口地区的社会和经济影响较大，辐射地区有限。

随着航海技术和造船技术的提高，唐政府对来华的海外商贩和使节采用绥抚政策，唐代海外贸易比前扩大，往来广州等地的蕃舶不计其数，唐末的广州，经商的穆斯林、犹太教徒、基督教徒和祆教徒达十多万人。唐舶足迹远达阿拉伯、非洲等地。

一、唐代海外贸易政策

在唐代，人们对周边和海外各国的风俗制度的了解有所增加，但是在当时人们的认识中，仍将其视为远夷。《通典·边防一·边防序》中，杜佑云"其地偏，其气梗，不生圣哲，莫革旧风，诰训之所不可，礼义之所不及，外而不内，羁而不縻，来则御之，去则备之"。因此，唐人对周边各族并不主张主动出击，"历代观兵黩武，讨伐戎夷，爰自嬴秦，祸患代有……隋炀帝承开皇之殷盛，三驾辽左，万姓怨苦而亡。夫持盈固难，知足非易，唯后汉光武，深达理源。建武三十年人康俗阜，臧宫、马武请殄匈奴，帝报曰：'舍近而图远，劳而无功；舍远而谋近，逸而有终。务广地者荒，务广德者强。有其有者安，贪人有者残。'"杜佑认为"持盈知足，岂特治身之本，亦乃治国之要道"。

[1] 对远夷绝域，唐政

[1]《通典》卷一百八十五，《边防一》，中华书局1988年版，第4978页。

府没有如隋炀帝时期那样动用国家力量，主动派遣使臣开远夷、通绝域，这可能与当时一些重要名臣的认识有关。杜佑在《通典·边防九》卷末引魏征论："自古开远夷，通绝域，必因宏放之主，皆起好事之臣。张骞凿空于前，班超投笔于后，或结之以重宝，或慑之以利剑，投躯万死之地，以立一朝之功，皆由主尚来远之名，臣徇轻生之节。……炀帝规模宏侈，掩吞秦汉，裴矩方进《西域图记》以荡其心，故万乘亲出玉门关，置伊吾、且末郡，而关右暨于流沙，骚然无聊生矣。古哲王之制方五千里，务安诸夏，不事要荒。岂威不能加、德不能被？盖不以四夷劳中国，不以无用害有用也。是以秦戍五岭，汉事三边，或道殣相继，或户口减半。隋室恃其强盛，亦狼狈于青海。此皆一人失其道，故亿兆罹其毒也。"[1] 对于远路而来的各国使臣，唐政府方面将其定为"远修职贡，载勤忠欸，嘉其乃诚，宜有褒赐"，作为天朝上国，而对其礼遇有加，以示来远之意。《册府元龟·外臣部·褒异一》云："先王之御夷狄也，接之以礼，示之以信，濡之以惠泽，耸之以威德，羁縻勿绝而已。盖以其桀骜成性，荒简无常，不可以臣畜之也。三代而下，因其慕向，厚加恩纪，以申抚纳，或优厥赠贿，或被以冠带，赐印绶，以异其数；班币帛以将其意。以至殊馆谷之待，加优戏之娱，纡车驾以临会，命公卿而祖道，又复哀其沦丧，录其勋伐，恩及母妻，赏逮臣仆，用能绥怀遐阻，窒其侵叛之原；震耀威灵，成乎率服之盛。斯亦来远之奇策也。"[2]

从史籍记载可见，唐代中央政府对到长安的海外使节的待遇，一般有几种情况：一是赐宴、授给武职及相应的官服饰物，按级别或朝贡物品的价值赐给丝织品；二是授给官职赐袍服饰品，不赐丝织品；三是不授官，只赐给丝织品；四是授给官职，不赐给丝织品，留宿卫，或放其回国。从《册府元龟·外臣部·褒异》的记载来看，对于一般使臣，赐帛最高不超过100匹，最低不少于20匹。唐玄宗时期，来长安的外国使节次数最多，最能说明唐朝鼎盛时期对国外使节的待遇高低情况。《册府元龟》卷九七五《外臣部·褒异三》记载：开元十二年（724年）二月新罗遣其臣金武勋来贺正，进阶游击将军，各赐帛五十匹，放还蕃。当年五月，新罗贺正使金武勋还蕃，玄宗皇帝降书新罗王金兴光，云："得所进杂物等，并踰越沧波，跋涉草莽，物既精丽，深表卿心。

---

[1]《通典》卷一百九十三，《边防九》，中华书局1988年版，第5281页。
[2]《册府元龟》卷九七四，《外臣部·褒异一》，中华书局1960年版，第11437页。

今赐卿锦袍、金带及彩素共二千匹，以答诚献。"同年七月，尸利佛誓国王遣使俱摩罗献侏儒二人、价耆妇女一人、杂乐人一部及五色鹦鹉，授摩罗折冲，赐帛一百匹，放还蕃。八月，玄宗遥授尸利佛誓国三尸利陁罗拔麽左威卫大将军，赐紫袍、金钿带。十三年（725年）正月，大食遣其将苏黎等十二人来献方物，并授果毅，赐绯袍、银带，放还蕃。开元十三年（725年）七月，波斯首领穆沙诺来朝，授折冲，留宿卫。十五年（727年）正月，新罗遣使来贺正，授奉御，赐绯袍、银带、鱼袋，放还蕃。十六年（728年）三月，大食首领提卑多等八人来朝，并授郎将，放还蕃。开元十七年（729年）正月，米国遣献胡旋女子三人及豹子各一，赐帛百匹，以遣之。九月，大食国遣使来朝且献方物，赐帛百匹，放还蕃。十八年（730年）正月，波斯国王及新罗国王各遣使来朝贺正，各赐帛有差。二月，新罗国王金兴光遣侄志满献小马五匹、狗一头、金二千两、头发八十两、海豹皮十张，乃授志满太仆卿员外置同正员，绢一百匹，紫袍、银钿带、鱼袋，留宿卫。四月，米国、石国等遣使来朝贡，并赐帛有差，放还蕃。开元十八年（730年）十一月，波斯首领穆沙诺来朝，献方物，授折冲，留宿卫。二十年（732年）八月，波斯王遣首领潘那蜜与大德僧及烈来朝，授首领为果毅，赐僧紫袈裟一副及帛五十匹，放还蕃。开元二十一年（733年）十二月，大食王遣首领摩思览达干等七人来朝，并授果毅，各赐绢二十匹，放还蕃。二十六年（738年）二月，吐火罗遣大首领伊难如达干罗底睬来献方物，授果毅，赐绯袍银带、鱼袋及帛三十匹，放还蕃。开元二十九年（741年）十二月，大食首领和萨来朝，授左金吾卫将军，赐紫袍金钿带，放还蕃。天宝十一载（752年）十二月，黑衣大食谢多诃密遣使来朝，授左金吾卫员外大将军，放还蕃。十二载（753年）七月，黑衣大食遣大酋望二十五人来朝，并授中郎将，赐紫袍金带、鱼袋，放还蕃。十二载（753年）四月，黑衣大食、吐火罗等遣使来朝，各赐帛有差，放还蕃。十四载（755年）三月，康国王、石国副王并遣使朝贡，各授折冲都尉，赐紫袍、金带、鱼袋七事，放还蕃。

由上述材料可知，赐宴、授官，对于生活在唐朝的人来说确实是很好的褒奖，解决了在唐朝生活几个月的国外使节们的生活问题。但是赐帛的数量有限，尽管这些丝织品在海外的价值很高。按照唐朝的丝织品市场价格来算，唐政府赐给的物品价值并不算太优惠。在鼓励国外商团通过朝贡的方式得到更多的物质利益方面，起了一定的作用，如大食国在肃宗朝和代宗朝还在保持二年或三年一朝的频率,其后则少见记载。但是这种作用不能评价太高,从记载的波斯、大食等国朝贡使团的人数不超过30人来看,这种褒奖相对于跋涉万里的高昂费用而言,吸引力可能不是很大,所以使团人数较少,没有像日本使团那样一个使团达几百人。

对来中土贸易的远国商贩,德宗朝宰相陆贽认为他们是"唯利是求,绥之斯来,扰之则去"[1]之辈。对远涉重洋而来的海外物产或宝物,唐政府特别是皇帝不能追求,否则即为"示贪风于天下,延贿道于朝廷。黩污清时,亏损圣化","失推诚之体,又伤贱货之风"[2],也不能推崇。有蕃舶停留的地区,地方官员负有"奉宣皇化,临而存之"的责任;朝廷诏令亦称"南海蕃舶,本以慕化而来,固在接以恩仁,使其感悦"[3]。因此,唐代中央政府对民间海外贸易干预不多,对于集中在岭南、福建、扬州等地的蕃舶,在玄宗天宝九载之前不征关税和商税。具有后来纳舶脚、收市、进奉、禁珍异等职能,其中以进奉为主要职能的市舶使也只在广州和交州设置过。其中,最迟在广德元年在广州设置的市舶使属于常设,安南市舶不常设,只在海外船舶到安南时才临时设置。[4]由于岭南、福建、扬州等地到长安路途遥远,绝大多数海外产品在当地交易,深受当地官民欢迎。《中国印度见闻录》卷一记载,蕃舶抵达,中国人把商品存入货栈,保管六个月,直到最后一船海商到达为止。政府用最高的价格现钱购买货物的十分之三,其余的十分之七交还商人。唐政府规定"任其来往通流,自为交易",地方官"不得重加榷税"[5]。实际上,地方官重加榷税是常态。就岭南来讲,据《旧唐书》卷九十八《卢怀慎附子奂传》云"自开元以来四十年,广府节度清白者有四"。其后,地方官亦时有贪贿。德宗朝宰相陆贽在《论岭南请于安南置市舶中使状》中指出:"广州地当要会,俗号殷繁,交易之徒,素所奔凑。今忽舍近而趋远,弃中而就偏,若非侵刻过深,则必招怀失所。"[6]因此,唐代到岭南等地的海外蕃舶的数量变化较大。

---

[1] 王素点校:《陆贽集》卷十八,《论岭南请于安南置市舶中使状》,中华书局2006年版,第575页。
[2] 《陆贽集》卷十八,《论岭南请于安南置市舶中使状》,第575、576页。
[3] 《唐大诏令集》卷十,《太和三年疾愈德音》,中华书局2008年版,第65页。
[4] 宁志新:《隋唐使职制度研究(农牧工商编)》,中华书局2005年版,第288—291页。
[5] 《唐大诏令集》卷十,《太和三年疾愈德音》,第65页。
[6] 《陆贽集》卷十八,《论岭南请于安南置市舶中使状》,第575页。

二、唐代时的海上贸易的高风险、长周期

唐代海外贸易的

规模除了受地方吏治好坏等因素之外，尽管造船和航海技术有了进步，但是海上航行受到季风的影响极大，风浪打翻船舶是常态。另外，由于船速有限，海上航行花费时间很长，因此，中国与海外国家如日本、狮子国、大食、波斯等地来往的船只，若是顺风顺水、安全往返一次，一般需要一年时间；中间成功往返的概率较低，风险极高。这决定了能够到达中国的诸蕃每一个国家的船舶的数量不会太多。

《通典》卷一百八十八《边防四·海南序略》记载：汉代就与中国有交往的海南诸国，"大抵在交州南及西南，居大海中洲上，相去或三五千里，远者二三万里。乘舶举帆，道里不可详知"。其中，赤土国直崖州之南，渡海水行，便风十余日，经鸡笼岛至其国。但实际上，要完成交易，往返两地，需要的时间很长。如，炀帝大业三年，"屯田主事常骏、虞部主事王君正等应召通绝域。骏等自南海郡乘舟，昼夜二旬，每值便风，至焦石山而过。东南泊陵伽钵拔多洲，西与林邑相对……又南行，至师子石，自是岛屿连接。又行二三日，西见狼牙修国之山，于是南达鸡笼岛，至于赤土之界，月余至其国都……及还，遣那耶迦随骏贡方物。既入海，见绿鱼群飞水上，浮海十余日，至林邑，东南并山而行。……循海北岸，达于交趾。六年，却还到中国焉"[1]。从南海郡到赤土国，要完成各种任务，往返花费了三年时间。

距离辽东一万二千里，在百济、新罗东南的倭国，贞观五年，太宗遣新州刺史高仁表持节抚之，浮海数月方至。[2] 与其他南海诸国相比，日本距离中国相对较近，但因两地间水上风浪巨大，大和尚鉴真六次东渡才成功到达日本；而日本的遣唐使团在有唐一代才到中国15次。

在广州东南海中洲上的婆利国，自交趾浮海，南过赤土、丹丹国，乃至其国，去广州二月日行。[3]

在海南大洲中，真腊之南的投和国，自广州西南水行百日至其国。从武德六年遣使献方物到贞观中，又遣使奉表，以金函盛之。又献金榼、金锁、宝贝、犀、象、海物等数十品。[4] 两次来华，时隔数年。

天竺国，在葱岭之南，去月氏东南数千里，分为五天竺。南天竺际大海。北天竺距雪山，四周有山谷，通为国门。东天竺东际大海，与扶南、林邑邻接，

---

[1]《通典》卷一百八十八，《边防四·赤土》，第5088、5098—5099页。
[2]《通典》卷一百八十五，《边防一·倭》，第4994、4996页。
[3]《通典》卷一百八十八，《边防四·婆利》，第5097页。
[4]《通典》卷一百八十八，《边防四·投和》，第5101、5102页。

但隔小海而已。西天竺与罽宾、波斯相接。中天竺据四天竺之间……去长安九千八百里。去都护理所二千八百里,南与葱岭相连。[1]唐代从广州到波斯湾,按贾耽记载海上航行全程需要90天。但是,从天竺国的朝贡使团来唐朝长安的记录看,如从事商业贸易活动可能需要更多的时间,最多一年往返一次。《册府元龟》卷九七一《外臣部·朝贡四》记载:开元二年二月,天竺国使翟昙惠感来献方物。八月,西天竺国遣使献方物。五年,中天竺国遣使来朝并献方物。十八年十一月,中天竺国并遣使朝贡。十九年十月,中天竺来朝。

与大唐距离最远的大食国,在玄宗至代宗时期来往唐朝最频繁。从天宝十一载到肃宗乾元元年,每年一朝,甚至一年有两队使臣来长安朝贡。《册府元龟》卷九七一《外臣部·朝贡四》记载:十一载十二月,黑衣大食来朝。十二载三月,黑衣大食并遣使献方物。四月,黑衣大食遣使来朝。十三载四月,黑衣大食遣使来朝。十四载七月,黑衣并遣使贡献。十五载七月,黑衣大食遣大酋望二十五人来朝。肃宗至德初,大食国遣使朝贡。乾元元年五月,黑衣大食酋长闹文等六人并朝见。可见,民间大食船舶来往广州等地贸易,也可能是一年往返一次。

三、唐代海外贸易对东南沿海的经济影响

唐代蕃舶输入中国的物品很多,史籍记载的主要有香药、珍宝、纺织品、金银、大型动物等。仅据《册府元龟》卷九七一《外臣部·朝贡四》记载的部分国家的朝贡方物种类主要有:林邑国先后献象九头、沉香、象牙、花氎、珍珠一百条、黑沉香三十斤、鲜白氎二十双。康国王先后遣使献毛锦青黛。大食国先后献金线织袍、宝装玉洒池瓶各一、马、龙脑香、毛锦、豹六。吐火罗国先后献狮子、零羊、五色鹦鹉、马及骏、胡药干陁婆罗等三百余品、须那伽帝释夌等药、瑞夌香药等、红颇梨、碧颇梨、生玛瑙、生金精及质汗等药。罽宾国先后进《天文经》一夹,秘要方并蕃药等物、善马。南天竺国遣使献豹及五色鹦鹉、问日鸟。新罗王金兴光遣使献果下马一匹及牛黄、人参、头发朝霞䌷、鱼牙䌷、镂鹰铃、海豹皮、金、银等。兴光遣其侄志廉谢恩,献小马两匹、狗三头、金百两、银二千两、布六十四、牛黄二十

---

[1]《通典》卷一百八十八,《边防九·天竺》,第5260页。

两、人参二百斤、头发一百两、海豹皮一十六张。识匿国王遣使献马及金精。康国王乌勒遣使献侏儒一人，马、狗各二，胡旋女子及豹。尸利佛誓国王遣使俱摩罗献侏儒二人，僧祇女一人，杂乐人一部及五色鹦鹉。史国献胡旋女子及蒲萄酒、豹。佛誓国王遣使献五色鹦鹉。米国王遣使献狮子、胡旋女子三人及豹、狮子各一。北天竺国献质汗等药。日本国遣使来朝，献美浓絁二百匹、水织絁二百匹。安国遣使献马、宝床子及鸵鸟卵杯。康国遣使献宝香炉及白玉环、玛瑙、水精眼药瓶子。罽宾国遣使献波斯锦舞筵。狮子国王献钿金宝璎珞及贝叶梵写《大般若经》一部、细白氎四十张、象牙、真珠。波斯献狮子、香药、犀牛、象、火毛绣舞筵、长毛绣舞筵、无孔真珠、玛瑙床、豹四。石国、史国、米国、罽宾国各遣使来朝，献绣舞筵、毾𭅺、红盐、黑盐、白戎盐、余甘子、质汗、千金藤、瑠璃、金、银等物。北邑国献象牙、真珠、白花氎。真腊国遣使献犀牛。

上述方物主要涉及吃喝玩乐几个方面，以奢侈品居多。其中的香药丰富了唐人的医药宝库，但是因为数量有限，价格昂贵，一般百姓难以享受。输入的玻璃制品在唐代没有得到技术推广。

唐代出口的产品主要是芦荟、樟脑、马鞍、瓷器、丝绸、肉桂、生姜等日常用品，其中丝织品为大宗，瓷器也逐渐成为主要出口产品，这推动了东南沿海地区的社会经济的发展，东南沿海地区特别是江浙地区丝织业技术水平和产量后来居上，广东地区桑树的种植面积扩大、丝织业产量提高，与海外贸易的发展分不开。就江南而言，随着社会经济和对外贸易的发展，有蕃舶停靠的港口数量增加了，但与广州港动辄停靠不计其数的蕃舶相比，两者差距比较大。明州是江南地区与日本等国商贸往来的出海港之一，木宫彦泰认为，唐末从明州出发到日本的船有6只，日本到明州的船有1只。《中国航海家大事记简表》整理了有唐一代从明州出发到日本的记载有9次。作为唐代商品经济发达的大城市扬州和明州都是江南越窑瓷器的输出港口，在扬州文化宫和扬州教育学院的遗址中，出土了大量瓷器，其中就有宜兴窑和越州窑瓷器；在宁波的唐代城墙下出土了700多件唐代瓷器，绝大多数是越窑瓷器，小部分是长沙窑瓷器。此外，余姚江唐代出海口发现的唐代沉船，装载瓷器数百件，主要是越窑和长沙窑瓷器。宁波东门口码头遗址出土了上林湖窑和婺州窑青瓷等，说明海外贸易港口的腹地辐射到长沙和婺州等地。此外，杭州、温州、润州、苏州、台州、池州等地不同程度地有蕃舶往来，其中以杭州、越州、台州的胡商数量更多。不仅如此，胡商的活动范围沿着钱塘江到达过睦州所属的桐庐地区。国外发现的中国瓷器大多是唐朝中期以后，主要是晚唐五代时期，可以从侧面证明海外贸易对江南地区瓷器制造业的促进作用。江南的青瓷，随着远洋舶船被销售到日本、东南亚、西亚、南亚、俄罗斯、非洲的埃及等地。从发现的瓷片数量来看，因为海上航行的风险极大，装载瓷器的海舶安全抵达目的地的数量可能比较有限。从关于江南地区中国商人到日本的记载看，自唐末到五代一百多年中，唐代有13次，吴越时期8次，约5年一次，且商船体量不大，船上载有30余人，或40余人，或60余人。[1]民间海船的载货数量可想而知。总之，民间的海外贸易的规模其实比较有限。从《中国印度见闻录》记载来看，唐代海外贸易的发展，在广州地区确实一度曾形成了以出口贸易为主的社会经济发展模式，但在唐末农民起义时受到了很大打击，五代时期并没有恢复其往日辉煌。而在江浙一带包括福建沿海，生产的商品则仍以内销为主，外销数量有限。

---

[1] 张剑光：《唐五代江南工商业布局研究》，江苏古籍出版社2003年版，第421—436页。

历史的回归

——"丝绸之路"与"一带一路"

刘迎胜／南京大学

一、化不利为有利——丝绸之路是怎样产生的？

（一）其他文明中心的交互性与中国古代文明的相对独立性

欲了解中国在古代世界历史中的地位，就要先了解中国以外的其他文明中心。

上古时代旧世界最重要的人类早期文明起源地，不是广为散布的，而集中于旧大陆（即欧亚非大陆）几个地方。公元前1万年至公元前8千纪，人类文明的曙光已出现于中近东的地中海东岸的黎凡特、阿纳托里亚高原以及两河流域，如巴勒斯坦约旦河谷的杰里科（Jericho）、土耳其的加泰土丘（Çatal Hüyük）与卡尤奴（Cayönü）、今叙利亚的穆勒拜（Murebat）。[1] 但对后来人类文明影响最大的，除中国以外还是在旧大陆（即亚、欧、非三大陆的西部和中部，大约北纬30度线的几个地区，如尼罗河下游的古埃及、伊拉克两河流域的美索不达米亚，以及今巴基斯坦的古印度河中游发展起来的古文明。这些地区人类文明首先发展起来不是偶然的。有学者研究过上述三个文明起源中心发展起来的基础。宋豫秦等写道："弗·卡特和汤姆·戴尔认为，'蓝色尼罗河夹带的淤泥与主要来自白色尼罗河流经的丛林和沼泽地的腐殖质，每年都要给埃及留下一层薄薄的沉积层'；'这一层薄薄的新土层就是埃及漫长而富有生命力的文明之秘密所在'。（《表土与人类文明》，中国环境科学出版社，1987年）在这一点上，弗·卡特和汤姆·戴尔同意希罗多德'埃及是尼罗河的赠礼'的说法。这一说法被称为'大河论'。"[2] 也

---

[1] 曹康：《早期世界城市化探源》，刊于顾朝林主编《城市与区域规划研究》2011年第3期，第87页。

[2] 宋豫秦等：《中国文明起源的人地关系简论》，科学出版社2002年版，第19页。

就是说,尼罗河流域定期泛滥——消退的洪水所形成的肥沃的冲积平原,是上古埃及人农业文明起源的主要条件。对于两河流域,作者引述弗·卡特和汤姆·戴尔的意见,即美索不达米亚"主要资源则是底格里斯河的幼发拉底河的河水及其流域的富饶的土壤","由它们构成的自然财富使得美索不达米亚成为人类文明的摇篮"。至于印度河,作者认为:"公元前8000多年到公元前2000年这段时间内,印度河流域气候湿润","正是由于湿润的气候、丰沛的降水和充足的河流滋润出肥沃的印度河平原,古老的印度河文明才得以在这里诞生。"[1]

换而言之,上述文明起源中心均位于大河之滨的冲积平原,这些地区水源充沛、土地衍沃,为人类提供了丰富的衣食之源,对刚脱离石器时代、进入原始农耕社会不久的古人类来说,是较易谋生之地,使人类在生产力水平还十分低下的时代,能够凭借简陋的劳动工具获得较多的产出。

但上述作者所理解的文明,主要指定居民所创造的农业文明,并不包括游牧文明。且就上述地区的农业文明而言,其所忽视的因素还有,这些地区由于气候多炎热、干旱而少雨,相对于多雨地区和高纬度地区,尚处于刚跨入文明时代的人类,在这里建造的房屋不但具较持久性,且因抵御严寒的要求不高,建造时所消耗的资源也更少。且因无严冬,人们不需为越冬消耗额外的资源。总之,这些地区均为原始农业时代,投入与产出比率较高的地区。

在东亚,中国的原始农业和城市的起源地,虽然也处于大江大河流域,即今长江、黄河、辽河流域,但与上述几个文明中心有相当的区别,分布纬度较高,大致位于北纬30度线至35度线之间的地域,也非炎热、干旱、少雨地区,且多位于生态过渡带。[2]因此有相当的独特点。

文明的发展,除了其内在自生动力以外,相互间的交流也是必不可少的条件之一。在约旦河谷的杰里科(即《圣经》中的耶利哥)遗址发现过产自遥远地域的黑曜石、绿松石与玛瑙贝。土耳其的加泰土丘发现的"各种产地相距遥远的原材料的聚集,说明这里曾是交换中心"[3]。从目前的情况看,西亚是人类农业文明的发祥地之一,而位于北非尼罗河下游的古埃及文明与西亚、两河流域的古巴比伦文明,两者间地理位置相距较近,埃及的西奈半岛与苏伊士地峡是两者的交往的天然

---

[1] 宋豫秦等:《中国文明起源的人地关系简论》,第22—25页。
[2] 同上,第15—16页。
[3] 曹康:《早期世界城市化探源》,第90—91页。

陆桥，考古成果证明，古埃及与美索不达米亚自古便有一定的联系。

印度河流域的哈拉帕文化与西亚的美索不达米亚陆上交通虽然不甚方便，但水路连接却较便利，古人可循海道往来于波斯湾与印度河口之间，考古发现证明了古印度河文明与西亚古文明之间至少保持着间或性的往来。

而作为东亚古文明的源起地中国黄河、长江流域，内生条件较好，除大江大河之外，南北之间没有自然屏障，有利于文明的生长与发展。但从文明间交往的角度看，就是另一回事了。如果将这一地区置于世界文明史的角度观察，从大尺度地理看，东亚地区远离其他文明起源中心，即使与相对距离较近一点的印度，两者陆上虽然相连，但却被青藏高原和喜马拉雅山脉所分割，而海路，由于中南半岛与马来西亚一直向南伸入海中，所以从中国东部前往印度的海路不但非常曲折，也相当遥远。

因此，古代从中国前往世界其他文明中心是非常不便的，需要经过漫长的海路或陆路，较上述其他几个文明之间的交流而言，要花费更长的时间，消耗更多的资源。这就意味着，东亚文明从地理位置和交通条件看，相对于其他三处文明中心而言，处于较为封闭的位置。

我们知道，地中海是一片地理位置非常特殊的海，被欧亚非三大陆所包围。进入文明时代以来，环地中海地区之间的海上交往就非常密切。那么我们的东亚呢？打开地图看一下就可以发现，中国所在的东亚大陆虽然面向着西太平洋，但是中国海岸并非直接联系着西太平洋的浩瀚大海，换言之，东亚大陆所面对的并不是一望无际的大洋，而是西太平洋的几个边缘海：鄂霍次克海、日本海、黄海、东海与南海，而这些边缘海以东，则是一连串岛屿，即今所谓"第一岛链"，它们大致与东亚大陆的海岸线相向平行排列。若从北向南数分别为：千岛群岛、日本列岛，即北海道、九州岛、四国和本州岛这四个岛，下面是琉球，即冲绳，再下面是台湾、吕宋列岛。

今天虽然有西方学者将地处东亚大陆与朝鲜、日本、琉球、中国台湾与菲律宾、婆罗洲（即西太平洋岛弧）之间的黄海、东海与南海称为"亚洲的地中海"[1]，但上述岛屿的面积和人口与东亚大陆相差悬殊，其宜农区域与资源均十分有限，不足以支撑其独立发展成像中国一样有世界影响的文明起源中心。

东亚大陆并非单一的地理文化单元。其北部，从大兴安岭

---

[1] 例如，德国学者萧婷（Angela Schottenhammer）所主编之书即 The East Asian "Mediterranean"：Maritime Crossroads of Culture，Commerce and Human Migration（《东亚的"地中海"：文化、商业与移民的通道》），Harrassowitz Verlag，2008，Wiesbaden。

到阿尔泰山，从降水条件讲，远离东亚季风带；从纬度、海拔上讲属高寒区；从地理景观上看，是草原、山岭、戈壁和森林地带；从居民的生产与生活方式上讲，主要是游牧、狩猎和半游牧区。流动的生产与生活方式，使游牧文化区难以如农耕社会那样，发展出复杂程度较高的技术。

亚洲大陆的中、西部，从河西走廊直至西亚，基本上是沙漠—绿洲区。以高山融雪形成的内陆河，在其中下游沙漠中形成沼泽，经人类开垦而成为绿洲。当地的居民虽然也主要从事灌溉农业与手工业以及商业，但其规模和文化资源却远少于东亚的农耕区。

因此，长期以来，作为农业时代东亚大陆中心区的长江、黄河流域，与周边地区之间的交往，较地中海周边和其他地区而言，主要特点是多方面的非对称性。

我们可作如下对比：

（二）远距离交往的推动力

既然从古代中国前往遥远的西方是这样不便，那么"丝绸之路"又

	中国	对照区
海洋地理条件	一面临海，属腹地—沿海类型	东南亚、印度、阿拉伯半岛、非洲与西欧：均多面临海 地中海的北、西、南三面为大陆所包围
	相邻的东南亚大陆以南的海中虽散布着数以千计的岛屿——今吕宋列岛、印度尼西亚诸岛等。但在航海业尚未发达的远古时代，跨海往来相对不便	环地中海地区发展跨海交通较易
交流情况	中国所在的东亚大陆的中心区：面积辽阔，大农耕区，人口众多 周边： 1）隔海相望的朝鲜、日本、琉球，面积有限，经济规模与人口规模均较小 蒙古高原：无复杂技术 2）绿洲农业区：社会规模小	环地中海的欧洲、西亚与北亚经济体量均较大
	东亚大陆中心区与周边的交往： 与隔海相望的朝鲜、日本、琉球为同质文化区，交流基本为输入—学习型，少有双向启发型 与蒙古高原：游牧与农耕之间的物质交换 与绿洲农耕区：过往型与消耗型	环地中海先后或同时存在几种异质文化

是如何发展起来的呢?

1.对遥远文明的向往与更好生活的向往

人类皆有追求新知的好奇心。"丝绸之路"起源于文明的差异性。

远古的人类在不同的地理环境下,发展出不同文明,形成不同的思想与文化,创造不同的生产与生活方式,生产不同的产品。古代东西方之间虽然交往困难,但毕竟通过种种直接与间接的渠道相互知晓,进而互相吸引。[1]

外来文化带动了异域产品输入,如香料的输入及其在中国使用的普及化。中国的产品,如陶瓷、丝绸等,被海外市场所发现。

(1)对外交往对于古代中国的必要性

中国自古以来是一个人烟稠密的国家,这一点很早就被来华的外国人注意到。东晋译经师印度人迦留陀迦(Kalodaka,此曰"时水")译《佛说十二游经》谓:"阎浮提州中有四天子。东有晋天子,人民炽盛。南有天竺国天子,土地多名象。西有大秦国天子,土地饶金银璧玉。西北有月支天子,土地多好马。"[2] 在农业生产技术没有取得突破的古代,中国东南沿海地区人口的增长与耕地有限的矛盾开始显现,开始出现以海为生人群,如船民、贸易商、渔民,甚至海盗等。而在十六国—隋与唐末—宋的中国历史上两个南北分割的时期,地处南方的王朝由于疆土面积有限,海外贸易与市舶抽分成为政府增加岁入的重要手段[3],因而也是海上对外交往的重要发展期。

青藏高原以北的我国西部地区的经济形态,主要是高山雪水灌溉的绿洲农业。与东部中国的中心区相比,这里的绿洲面积小、人口少、经济规模也小,同一个绿洲之内通常无法自给自足。因此通过对外交换,弥补本地生产的不足,是绿洲经济的重要特点之一。[4] 而大漠南北的草原地区由于土地高寒,对抗自然灾害的能力较弱,而且因

---

[1] 在College, S., Conolty, J. and Shennan, S. J. 等所主编之书《农业在西亚与欧洲的起源与传播:有关新石器时代种植经济的考古调查》(Origins and Spread of Agriculture in SW Asia and Europe: Archeobontanical Investigations of Neolithic Plant Economies, UCL Press,2005)中收有新石器时代从红海至小亚半岛腹地的远距离贸易之图,为上引曹康论文第90页所引。

[2] 参见《大正新修大藏经》卷4,No.195,第147页。关于此问题,参阅伯希和《四天子说》,冯承钧译本,载《西域南海史地考证译丛》3编,第83—103页。

[3] 宋高宗南渡后,李纲建言"值艰难之际,赋入狭而用度广"。除裁并官僚机构,以节浮费(《建炎以来系年要录》卷七,叶九,建炎元年七月己亥条,上海古籍出版社1992年版,影印四库全书本)之外,还表示"市舶之利最厚,若措置合宜,所得动以百万计,岂不胜取之于民?朕所以留意于此,庶几可以宽民力尔"。[(清)徐松辑:《宋会要辑稿》,职官四四(第八十六册)之二〇,中华书局影印本1957年版,第4册,第3373页]他还下旨:"市舶之利,颇助国用,宜循旧法,以招徕远人,阜通货贿。"[《宋会要辑稿》,职官四四(第八十六册)之二四,影印本,第3374页]南宋前期市舶"岁二百万(缗),所谓息钱,尽归户版"。[(宋)许月卿撰:《百官箴》卷六《提举市舶箴》,清文渊阁四库全书本]

[4] 唐代杜佑在《通典》中记当时之"康居",即今乌兹别克斯坦的撒马尔罕曰:其国"善于商贾,诸夷多凑其国"。继而又引韦节《西蕃》云:"康国人并善贾,男年五岁则令学书,少解则遣学贾,以得利多为善。"(卷193,《边防九·西戎五》,中华书局标点本,第5256页)

为生活与产生的流动性，没有条件发展复杂程度较高的手工业，因而与邻近的农耕区之间长期存在畜产品与农产品之间的交换。

（2）发展远距离对外交通的可能性

古代中国的政治、经济中心长期在北方，因而最早的东西交通是沿陆路发展起来的。我国西北边疆地区的居民，为发展丝绸之路做出过重要贡献。

我国北方邻近蒙古草原。草原牧民因移牧而过着游动的生活，因而他们活动范围与信息传布的距离远大于与之相邻的汉地农耕区。他们所驯化的马匹，使人类得以利用畜力，日行数百里。同时，从蒙古草原到东欧之间，没有难以逾越的地理障碍，因此总体来讲，蒙古草原的游牧民族拥有更多的遥远文明的消息，有着更便利的交往的能力与条件。[1]

我国西部是沙漠绿洲区域，这里的古代居民驯化了适于在荒漠中行走的骆驼。前已提及，绿洲居民因为当地经济规模有限，自古有着经商的传统。而星罗棋布的绿洲则成为长途旅行的天然中继站，为远客提供了歇息、补充饮食，就地贸易交换以及补充更远地域知识的条件。

古代中国人民克服海洋障碍，发展远洋交通的几个要点是要增进海舶的适航性、提高海运的经济性、改进导航技术与利用自然动力。

适航性的提高表现为安全性、可操控性与乘员生存条件的改善。与安全性直接关联的是船舶的大小。汉以后，中国发展起建造大型海船的能力。据《一切经音义》中说，常见的一种称为当时的"大船"，长达20丈，可载六七百人。[2] 许多阿拉伯旅行家曾经描述过唐代航行在印度洋水域中的海舶。因为幼发拉底河与底格里斯河的冲击，波斯湾中浅滩很多，中国海舶体积大、吃水深，航行不便，因此阿拉伯旅行家苏莱曼说，波斯湾中诸港之间的航线多由当地小型船舶担任，它们把各地的土产运抵尸罗夫港（Siraf），再转驳中国船运往东方。印度西南部的故临是各国海船补充淡水的地方，对中国船每次要收费1000迪尔汗，而其他诸国船仅收10—20迪尔汗[3]。这种收费上的差别除了对不同地区船征收不同税率的因素以外，显然是因为中国船特别大的缘故。据宋人吴自牧《梦粱录》记

---

[1] 蒙古国学者在漠北匈奴时代墓葬的考古发现，可见不少来自黑海与高加索地区的器物。见埃列格增《匈奴的宝藏》，乌兰巴托，2012年（G. Eregzen，Treasures of the Xiongnu，Ulaan Bataar，Mongolia，2011．Academician B. Ekhtavsin，Ulaan Bataar）。
[2] 慧琳《一切经音义》卷二十五释云公撰，慧琳再删补《大般涅槃经音义》第八卷音义"大船"条释云："《埤苍》，大船也，大者长二十丈，载六、七百人者是也。"（《〈一切经音义〉三种校本合刊》，徐时仪校注，毕慧玉等助校，上海古籍出版社2008年版，第2册，第941页）
[3]《苏莱曼游记》，见穆根来等汉译《中国印度见闻录》，中华书局1983年版，第9—10页。

载,宋时"海商之舰","大者载重达五千料,可载五六百人"。[1] 载重五千料相当于三百吨位。当时中型的海舶载重达一千料至二千料,可载二三百人。当时应用得最普遍的是"可载二千斛粟"的中型海船,称为"客舟","长十余丈,深三丈,阔二丈五尺"。而长阔高皆三倍于"客舟"的海船,叫"神舟",望之"巍如山岳,浮动波上"[2]。

舵是从尾桨演变而来的。中国是最早在船舶上使用舵的国家之一。[3] 大型船只的舵极为巨大,不但建造需要很高的技术,而且在船只上必须通过专门的绞关机械才能操控。舵的使用使船只在海况复杂的情况下,能航行自如。

古代中国造船师为增强海船抵抗横向冲击的能力,开始为船只建造甲板,并继而在船只肋骨间增加隔舱板。[4] 船舶内部空间的舱室结构中的水密舱,不但增加船只在遇险时的生存能力,也伴随着船只的大型化,改善了乘员在长途旅行中的生存条件。

船舶的承载能力不但取决于其大小,也取决于其利用率。中国海船的舱室化,为小额贸易商贾提供了从事海外贸易的条件,他们可以租用船上一两个舱室,随自己的货物一同来往中外,因而大大提高了船舶的运载力与经济性。

各国传统的导航术相关的是地文导航与天文导航。地文导航即依据所记录航线沿途地理信息,随时予以对照,纠正航向;[5] 天文导航就是按日月星辰的位置指示航行。[6] 除了上述两者之外,中国独有的是磁罗盘导航术。晋代葛洪的《抱朴子·外篇》提道:"夫群迷乎云梦者,必须

[1] (宋)吴自牧撰:《梦粱录》卷十二,"江海船舰"条,清学津讨原本。
[2] (宋)徐兢:《宣和奉使高丽图经》卷三十四,"客舟"条与"神舟"条,清知不足斋丛书本;王云五主编:《丛书集成初编》,商务印书馆据知不足斋丛书排印,1936年版,第116—117页。
[3] 1956年,广州皇帝岗发掘的西汉墓中出土木制船模一只(广州市文物管理委员会:《广州皇帝岗西汉木椁墓发掘简报》,《考古通讯》1957年第4期,第22—29页)。首舱有四个木俑,各持木桨一支。尾舱坐一木俑,也持木桨一支,显然是在"弼正"船的方向。1973年,在湖北江陵凤凰山西汉墓8号墓,也出土一艘木船模型(长江流域第二期文物考古人员训练班:《湖北江陵凤凰山西汉墓发掘简报》,《文物》1974年第6期,第48—49页)。与上述广州船模相似,均为前舱四人持桨,后舱一人持桨。用于船尾的桨兼起舵的作用,可视为从桨向舵转变的开始。1955年,在广州近郊东汉墓中出土了一只陶船模,船后有舵。观看实物,可发现舵的设置尚未沿船纵向中心线,也保留某些桨的特点。参见席龙飞《桨舵考》,《武汉水运工程学院学报》1981年第1期,第19—23页。上述陶船图片见王冠倬编著《中国古船图谱》,生活·读书·新知三联书店2000年版,第3页,说明文字为:"1951年广州东郊十九路军坟场出土。长54厘米,通高16厘米,中部宽15.5厘米。"
[4] 1951—1952年,湖南长沙伍家岭第203号西汉后期墓出土木船模型一件。根据出土的零件,在船上复原出三间船房。参见上引王冠倬编著《中国古船图谱》,第61页。
[5] 于志刚主编:《海洋技术》,海洋出版社2009年版,第117页。
[6] 汉代舟人观星的经验和资料已经大量成书。见于《汉书·艺文志》的就有《海中星占验》12卷、《海中五星经杂事》22卷、《海中五星顺逆》28卷、《海中二十八宿国分》《海中二十八宿臣分》28卷、《海中日月慧虹杂占》28卷等数种。其中的"五星"是指金木水火土五大行星,而"二十八宿"则是恒星。可参见陈晓中、张淑莉《中国古代天文机构与天文教育》,中国科学技术出版社2013年版,第281页。

指南以知道；并乎沧海者，必仰辰极以得返。"[1]就是说，航行时，与观测北极星并用的，是使用指南针。1044年泉州曾公亮（999—1078）在所撰之《武经总要》中还记载了一种指南鱼，是用薄铁片剪成鱼形，将其磁化后成为指南鱼，浮置水面即可指示南北。[2]朱彧在言及1098年至1102年其父在广州所见航海活动时，介绍"舟师识地理"，夜以观星，昼以观日，阴晦天则观指南针。[3]1124年徐兢在《宣和奉使高丽图经》中也说，天气晴朗的夜间凭星斗航行，晦暝则全靠"指南针"。这一发明使得船舶在海天一色的茫茫大洋之中，有了全时段、全天象条件下的导航能力。

最早的船舶是靠划桨与撑篙航行的，即依靠人力推动。但远洋航行靠人力是不现实的，只能另寻动力。帆就是人类为利用风力航行而发明的。中国人很早就注意到亚洲大陆与海域受季风的强烈影响，每年春夏盛行东南风，而秋冬之际且西北风横行，诸葛亮"草船借箭"的故事就是季风知识的体现。具体在海上航行，每年初冬是东南沿海地区海船利用西北风出洋下番的季节，而来年春暖花开则是商贾舟师扬帆回归之时。在蒸汽机、柴油机等人工动力发明之前，季风是人类远航的主要动力。

2005年4月25日，为纪念郑和下西洋600周年，国务院批准确立每年的7月11日为中国"航海日"。我们应当这样理解，永乐五年7月11日是郑和受诏下番的日子，而他扬帆出海只能是当年冬季。

2. 巨大的人口与经济复合体

既然从中国所在的东亚大陆前往西方的陆、海两途的路程是这样遥远不便，古代中外各国人民为什么要克服千难万险而往来呢？换言之，丝绸之路是怎样发展起来的？

黄河流域的上古居民，在干旱少雨的自然环境下，发展起以粟为代表的旱作农业；而长江中下游地区的人民，则利用当地的野生稻资源，发展出稻作文化。[4]这里虽然纬度较尼罗河、两河流域与印度河中下流域更高，但这里四季分明，地处西北太平洋季风带，降水充沛，是宜农的自然环境，上古居民能够在使用简陋工具的条件下获得稳定的收获，因此其土地承载人口的能力，不但远高于与之相邻的北部荒漠草原地区，同时也因为其面积比

---

[1]（晋）葛洪撰：《抱朴子·外篇》卷一，四部丛刊影印明嘉靖四十四年鲁藩承训书院刻本。
[2]《武经总要·前集》卷十五，明金陵唐富春刻本，南京图书馆藏。
[3]《萍洲可谈》卷二，"舶船航海法"条，李伟国点校，中华书局2007年版，第133页。
[4] 宋豫秦：《中国文明起源的人地关系简论》，第16—18页。

尼罗河下游、两河流域与印度河中下游的总和还要大，人口繁衍的速率远高于上述其他三个古代文明起源中心[1]，很早就形成了规模巨大的人口—经济复合体。

这个农耕业为基础发展起来的巨大的人口—经济复合体是古代中国文明的基础，也是整个东亚经济与文化的中心，在东亚历史、文化发展的长河中，数千年以来长期发挥着"火车头"的作用。

在农业经济时代，这里除了优越的宜农条件之外，其余异于其他地区之处有：

（1）高度的社会组织能力。中国很早就形成疆域辽阔、统治机器完整、制度与法律健全、社会运行有序、有着各种文化设施的国家。

（2）手工业的高度发达：有能力向国内、周邻和海外提供大量以陶瓷与丝绸为代表的高质量的商品。中国瓷器很长时期内一直受到海外各国上层社会的喜爱。在当代世界中国古瓷器海外最大收藏地土耳其伊斯坦布尔托普卡普宫（Topkapï Sarayi）的藏品中，可以发现有一件"青花缠枝牡丹纹葫芦瓶"，"形制高大隽美"，瓶嘴镶有银套，"与瓶浑然一体"。[2] 其所镶银质瓶口与盖，并非简单的装饰物，而是在瓶口损坏之后，为掩饰缺陷继续使用而修补上去的。可见即使贵为奥斯曼帝国的王室，也不舍得将损坏的中国瓷器弃而舍之。在上层贵族的引领之下，整个西亚社会出现追捧中国瓷器的风气[3]，于是原先已经趋于消失的"伊斯兰青花陶"，在一种模仿中国青花瓷情景之下应运而生。这种陶器表面看与青花瓷有几分相似，但其胎质不是高岭土，而是黏土，烧成的温度低，但与青花瓷一样为釉下彩，施用钴料，器呈白地蓝花效果[4]，满足了当地社会需求。这是古代中国生活水平高，引领世界消费时尚潮流的体现。直

[1] 葛剑雄教授在其研究中，给出中国历代人口增长的几个节点：公元前221年秦始皇统一时，秦朝人口约有3千万或更多；西汉末元始二年（公元2年），6千万；"安史之乱"前夕的755年，唐人口9千万；北宋大观四年（1110年），宋人口超过1亿，辽、夏、大理合计约超过1千万；13世纪初，宋、金、夏、大理总人口超过1.2亿；明末17世纪初，人口突破2亿；道光三十年（1850年），为4.3亿（《中国历代人口数量的衍变及增减的原因》，《党的文献》2008年第2期，第94页）。其他有关研究参见谢忠梁《中国历代人口略计表》，《四川大学学报》1979年第3期；朱贤枚《中国历代人口统计》，《江西大学学报》1982年第3期；史实《我国历代人口数变化初探》，《人口研究》1985年第3期等。

[2] 《幽蓝神采——元青花瓷器特集》，上海博物馆主办，上海书画出版社2012年版，第119—121页，配文，周丽丽。

[3] 据记载，14世纪也门拉苏里德王朝苏丹阿勒·马利克·阿什拉夫（1370—1401），在为他儿子举行割礼的宴会时，骄傲地展示了从没有用过的500件中国瓷碟。（Venetia Porter, *Islamic Tiles*, British Museum Press, 1995, p.93, 兹据马文宽《再论中国青花瓷与伊斯兰青花陶》（下），《收藏家》2012年第12期，第30页及第34页注39）。

[4] 马文宽：《再论中国青花瓷与伊斯兰青花陶》（上），《收藏家》2010年第11期，第19页。

到 18 世纪德国造出梅森瓷器[1]，西方人才了解了瓷器生产的秘密。

（3）古代中国不但经济发达，而且经济体制先进。当时中国与周边国家之间存在着经济发展程度的代差，中国是最早进入以贱金属铜铁、继而以纸币为普遍价值尺度的国家。这种经济水平的代差，不但表现了中国主要以手工业品为输出物，而周边国家则大量向中国运销各种初级产品，而且体现为宋元以来，周边国家对中国的货币需求量大增：外商入华采购的商品中，往往包括大量中国货币。[2]而用于交换的是向中国输出大量商品货物与贵金属。[3]这种制成品与初级产品及贵金属与贱金属、纸币的交换，是自然形成的，与当今发展中国家与发达国家之间的贸易有几分相似。

（4）中国自古人口众多，因而生存竞争激烈，谋生不易，这不但养成了中国人民勤于劳作的美德，增加了经济的活跃度，也促使东南沿海地区的人民很早就出洋下番[4]，移民海

---

[1] 而在欧洲，中国瓷器也受到统治阶级的追捧，成为财富的象征。17 世纪时德国选帝侯萨克森公国的奥古斯特二世（August II der Starke）1717 年以一队骑兵为代价获腓特烈·威廉一世（Friedrich Wilhelm I）收藏于柏林夏洛腾堡（Charlottenburg）与奥拉宁堡（Oranienburg）的 151 件龙瓶（Dragoon vase）。后来他手下的一位炼金术士翰恩·费里德里希·学特格（Johann Friedrich Böttger）指导科学家埃伦弗里德·瓦尔特尔·冯·齐木豪斯（Ehrenfried Walther von Tschirnhaus）破解了瓷之所以优于陶的两大秘密：高岭土原料及高温烧制，于 1708 年在公国首府德累斯顿附近的梅森（Meissen）首次成功烧制出瓷器，被称为"梅森瓷"（Meissen Porcelain）。早期的梅森瓷的表面有模仿中国的绘画，背后有模仿中国的题款。这说明，中国输出陶瓷的同时，也输出了中国的消费时尚。参见宋广林《麦森窑早期瓷器的中国装饰艺术风格初探》，《装饰》2011 年第 9 期；杨喜发《赫洛尔特与早期梅森瓷器装饰的中国人物图式》，《装饰》2013 年第 9 期；李璠《小瓷盘的百家貌——对于 18 世纪德国麦森瓷器"蓝色洋葱"图案的研究》，《艺术设计研究》2015 年第 3 期。

[2] 据宋人赵汝适的《诸蕃志》记载，宋时中国海商为谋取高利，"往往冒禁，潜载铜钱"至爪哇贸易胡椒（杨博文校释，中华书局 1996 年版，第 55 页）。明代马欢在其《瀛涯胜览·爪哇》条中说，"番人殷富者甚多，买卖交易行使中国铜钱"（明亦政堂刻本）。

[3]《隋书》卷二十四记："梁初，唯京师及三吴、荆郢、江湘、梁益用钱，其余州郡则杂以谷帛交易，交广之域，全以金银为货"，这一情况也发生在古代"丝绸之路"陆路的咽喉要地——河西，同书记后周初河西诸郡，"或用西域金银之钱，而官不禁"。这些地方实行金银本位制的原因是因为对外贸易发达。岭南地区在相当长的历史时期内，以金银为通货的事实见于许多记载。唐人张籍诗云："海国战骑象，蛮州市用银。"（《张籍诗集》，中华书局 1959 年版，第 15 页）元稹在其《长庆集》中也提到："自岭以南，以金银为货币。"（《元氏长庆集》卷三十四"钱货议状"，四部丛刊景明嘉靖本；并见《元稹集》，中华书局 1982 年版，第 396 页）被贬官到潮州的韩愈也记载说："五岭买卖一以银。"［（唐）韩愈撰：《昌黎先生文集》卷三十七"钱重物轻状"，宋刻本，国图书馆藏；并见《韩愈集》，中国戏剧出版社 2002 年版，第 344 页］近年来，在岭南地区的考古发掘中曾数度发现古代外国货币。与中国流出的货币多数为铜等劣金属币的情况相反，从目前的资料来看，流入中国的域外货币多数为贵金属币。

[4] 文莱苏丹国首都斯里巴加湾市（Bandar Seri Begawan）附近小山上的一处名为"郎加斯"的伊斯兰墓葬区（Rangas Muslim Cemetery）中，有一方宋代墓石，其铭文曰："有宋泉州判院蒲公之墓，景定甲子（1264）男应甲立。"此碑最初是在 1972 年为德国汉学家傅吾康（Wolfgang Franke）教授所发现。因傅吾康教授所摄照片墓碑字迹不清，马来西亚学者陈铁凡（Chen Tieh Fan）先生又从吉隆坡来此重读并制作拓片，因此才准确读出铭文。具体见 Franke, Wolfgang & Chen Tieh Fan，A Chinese Tomb Inscription of A.D. 1264 Discovered Recently in Brunei，in Brunei Museum Journal, 3, 1（1973）。此文译为汉文，见《泉州文史》第九集刊傅吾康、陈铁凡著，温广益译《最近在文莱发现的一块公元 1264 年的中文墓碑的初步报告》，第 150—154 页。据元人周达观记载，元初柬埔寨已有"唐人"（《真腊风土记》，夏鼐校注，中华书局 1981 年版）。元末汪大渊除了柬埔寨之外，还提到加里曼丹已有"唐人"（《岛夷志略》"真腊""勾栏山"条，苏继庼校释本，中华书局 1981 年版，第 69—70 页，第 248 页）。

外。海外中国移民社会成为联系中外的天然桥梁。

古代中国人口与经济的体量及社会的富裕，造就了旺盛的内需，成为海外商品极为重要的吸纳地，为各国提供了巨大的市场。

二、大航海背后的中国因素

大航海彻底改变了人类历史，也改变了中国的面貌，以致现代有些学者把大航海时代视为全球化的开端。不少世界史书籍[1]这样介绍：大航海的前提是欧洲人自古希腊时代起就知道地球是圆形的。由于15世纪以后，奥斯曼帝国控制了中近东，欧洲航海家不得已求其次，认为向西航行也应当能航达中国和印度，于是开启了发现美洲之旅。

从研究丝绸之路的角度，如果我们提问：既然欧洲人早就知道地球是圆的，却要等到14世纪才开始为探求新航线大航海？这个问题应当怎样回答呢？

（1）大航海的原动力是马可·波罗带到欧洲的中国故事。马可·波罗回到威尼斯后，经口述整理而成的《马可·波罗游记》，向欧洲人介绍了元大都，即北京的富丽，告诉欧洲人中国使用纸币；燃料不用柴，而使用一种黑色的石头；到中国东南地区的港口泉州来贸易的船只数量达西方基督教国家的百倍之多。他的书被译成多种文字，很快在欧洲广为流行，深入人心，使得到东方去寻求财富成为商界的共识。

（2）磁罗盘的西传。宋元时代，中国发明的磁罗盘导航术传到欧洲，船只的海上定位能力有了飞跃的提升，航海家不再畏惧在遥远的未知海域探险航行。

（3）火炮装备于海船——海上武力的革命性变化。火炮在中国何时装置于船舶，史料中虽无明文记载，但在日本人所绘"元寇袭来图"中，有一幅描绘元军在与日本作战的图画，其中绘出元军发射的火器正在爆炸，这是元军征日水师装备火器的证据。[2]元军水师的主力是在征服南宋过程中归降的宋军水师，因此可以推测南宋水师船上已经设有火器。

在冷兵器时代，小股船队远航异域时，如果与当地人对垒，多处下风。自从欧洲

---

[1] 如黄鸿钊《香山商澳濠镜春秋》，广东人民出版社2013年版，第34页；藤章斌编著《世界上下五千年》，安徽文艺出版社2013年版，第57页；秦中超编著《话说历史》，中国文联出版社2012年版，第288页等。
[2] 小松茂美编集：《蒙古袭来绘词》，中央公论社昭和53年版，第34—35页。

人从中国学习了在船上装置火炮，船员掌握了操持火器的技能之后，船只的自卫与威慑力大增。对于欧洲航海家而言，即使驾驶单船只帆，面对人数虽然众多，但只拥有冷兵器的对手时，也占有明显的优势。这才使得欧洲冒险家敢于在遥远的陌生大陆登岸。

因此，在大航海所开启的人类历史的转折中，也含了中国人的贡献。

而我们言及古代中国人民通过丝绸之路、中外交往对世界做出贡献的同时，我们也应当了解，丝绸之路历史不是中国一家演出的独脚戏，而是世界各国人民共同的事业。

今天我国人民所食用的农作品产品中，并非中国原产，在历史不同时代引入的物种很多，如小麦、菠菜、黄瓜、胡萝卜、洋葱、葡萄、苜蓿、西红柿、西葫芦、辣椒、土豆、番薯、玉米、巴达木（大杏仁）、阿月浑子（开心果）、胡椒等。多数人没有注意到，被视为中国民歌的代表作《好一朵美丽的茉莉花》与许多人爱饮的茉莉花茶的茉莉花，并非中国原产，而是自海外引种的植物。古代我国人民普遍以丝麻为纺织的主要原料，棉花引入之后，对解决人民衣被之需、美化生活起了极大的作用。

当代我国纳入各地保护的古建筑中，许多是佛教寺院。其实佛教本身就是外来宗教，历经两千年的发展，已经本土化，被多数中国人视为自己的文化了。自魏晋以后，中国诗学发展迅速，各类韵书层出不穷，究其原因是由于随佛教入华传来的印度语音学知识，启发了中国文人认识汉语、改进表述汉字读音的方式，发明了反切注音法。故而丝绸之路沿线各国人民都是这一历史创造者，中国人民也是丝绸之路的受益者。

三、重回世界舞台的中心——当代的新丝绸之路

自2013年下半年以来，"丝绸之路"突然变成出现频度很高的词汇。其原因是国家主席习近平2013年9月3日至13日访问中亚四国、出席上海合作组织2013年峰会，提出了建立"丝绸之路经济带"的设想。

从2001年上海合作组织成立以来，中国和中亚国家的经贸及社会文化关系取得了长足进展。1992年中亚国家独立时，中国和中亚五国的双边贸易额只有4.6亿美元，2001年增长到55亿美元，2012年已经达到459.4亿美元。目前，中国是中亚五国最大的贸易伙伴，也是中亚油气资

源最大的购买国。

在上海合作组织推动下，中国和中亚国家已经建立了定期的反恐联合军事演习、国防部长磋商和会晤、国家安全事务高层官员对话制度。在此之上还有上合组织年度的首脑会晤机制。上合组织从20世纪90年代开始建立的边境信任措施起步，演变为与中亚国家的次区域合作框架。2015年7月，上合组织在俄罗斯乌法举行峰会，再次扩员。上次是将乌兹别克斯坦吸纳为成员国，没有引起太大注意，因为基本框架还是中国与苏联国家之间的一个国际组织。但这次扩员将印度与巴基斯坦吸纳进来，成为世界上一个没有西方国家参与、覆盖欧亚两大洲地域的国际组织。

中国的兴起在世界历史上的意义，超过19世纪末美国的兴起，堪比18世纪末至19世纪初的工业革命。其原因在于，到19世纪末西方国家的总人口不过2亿—3亿，西方工业国的出现，造成少数人居于全人类产业链与食物链的顶端，全世界的资源与财富均为他们所用，极大地扩大了全球的贫富差别。日本以及后来"亚洲四小龙"的出现，也没有影响这种世界格局，因为它们的体量太小。而中国的兴起，是相当于现存西方社会两倍以上人口的崛起，它意味着原先为西方少数人享用的全球资源要被新来者瓜分，原先已经存在的财富流动渠道和流向要改变。

中国虽然地大物博，但其实其人均资源的占有量并不高，并不能满足全体人民达到工业化国家生活水平的需要；其人口固然众多，但国内市场也已经容不下其巨大的生产力。可以预计，中国像目前这样发展下去，对海外原材料与初级产品的需求将越来越大；其工业生产对海外市场的依赖也越来越大。

反观中国的周边，除了日本之外，北方的俄罗斯与蒙古地广人稀，资源极为丰富。中国以西的中亚以至西亚与东南亚，人口众多。这些地方均远离世界工业与科技及文化的中心（即欧美），短期内不具备独立发展成世界新的经济、文化与科学中心的条件。

中国改革开放以来，走的基本上是一条追赶之路，就是以西方世界已经达到的成果为模板，依样复制。即使在科学技术暂时与西方还有很大差距的条件下，通过改进基础设施，如高速公路、桥梁、港口、铁路、能源设施，与中国由于成本提高和环境恶化，无法再生存下去的一些加工业形成接力赛式的"交棒"，即产业转移，也能在较短时间内，改变国家的面貌，使其发展水平较迅速地达到中等发达的程度。我理解的新丝绸之路，如果要讲中国对世界的贡献的话，恐怕就是这一点。

上述这些仍然欠发达的国家，如果面向中国，采用中国模式，与中国合作，其所能达到的远景大概就是这样。当然，在这个过程中，中国近一二十年中形成的过剩的产能，也有了出路。中国转移出一些旧的下游产能，在国内形成新的上游产能。周边国家原材料与初级产品的优势、广阔市场与中国的经济活力结合起来，有可能形成共同繁荣的远景。我理解的"双赢"大致如此。

近30年来的发展，我国主要依靠一是投资带动，二是加工贸易，结果造成了极大的具有中等技术含量的产能，它不但关系我国的既往投资能否利益最大化，也关系社会的就业与民生。我相信，新丝绸之路设计的背景中，还应当隐含通过中国企业走向海外，创造全球新需求，使中国能在新时代得到更大发展的考虑。

世界上所有民族的生存与发展都有一个空间的问题。大航海以来，世界已经被西方国家瓜分完毕。中国作为一个人口与经济大国，如同世界上其他大国一样，不但产生了新的国家利益，而且已经产生了世界利益，并且未来还会有越来越大的世界利益。例如，中国这个传统的东亚大国，在数千年发展过程中，不但丢掉了曾经拥有的日本海出海口（黑龙江以北、乌苏里江以南，今俄罗斯远东地区），而且从来没有提出过印度洋出海口问题，而今天如何获得这些出海口已经是新的国家利益与世界利益。

但在这个已经被世界旧的大国控制的世界，要获得更大的发展空间，又不可能走殖民者侵略与扩张的老路，只能走和平发展之路。构建新丝绸之路，看来是绕过既有势力范围的一种想法。但是，我们也要看到，今天与过去有很大的不同。

过去的东亚的国际秩序是以中国为中心的，世界上其他国家对中国非但没有戒心，而且曾经以结交中国为荣。今天世界上多数国家看准美国是第一强国，中国是后来者。主导这个世界的是西方，不是中国。

历史上中国周边民族有些还没有形成国家，对中国是"仰视"。而当代他们在经历殖民统治，独立之后有了自己的国家，是国际社会"平等"的一员，有自己的国家利益，与中国平起平坐，不但"平视"中国，也以从西方殖民者那里继承来的游戏规则来对付中国、要求中国。

历史上中国与周边国家发展水平的明显的代差，今天就算经过30年发展，中国只不过是经济总量大一点，从人均水平平衡量来看，才刚进入中等发达程度。

大航海时代，中国在亚洲的地位，无论是政治、经济还是文化，是不可替代的。今天可替代者非常多。如果把"丝绸之路"计划看成一个"俱乐部"，当代这种各俱乐部很多，如东盟、欧盟、TTP等，有些国家不交结中国，一样可以活得很好。换而言之，当代中国对他们的吸引力要远小于古代。

最后，历史上的丝绸之路是自然形成的，也是当年学者总结出来的。与今天作为国家计划刻意推进是明显不同的。

总之，如果撇开政治因素，单讲经济，世界是非常现实的。新丝绸之路计划如果能成功实施，对中国的好处是清楚的、明显的。对其他参与者的好处是什么，有多大，参与国家能够从中得到什么，得到多少，要付出什么，付出与收获之比如何，每个参与者都会算账。

如果将政治因素考虑在内，事情就要复杂得多。多数大国对自己势力范围内的国家都有自己的考虑。俄罗斯致力于"欧亚联盟"，目的是保持自己在苏联空间的影响力，印度把南亚视为自己的后院，绝对不会轻易让中国插足其间。就是小国也要在地区大国之间玩平衡术。当代多数国家的国民对自己财富的流失、环境的污染有很高的警觉，即使是中国认为对他们有利的事，他们也有自己的逻辑，更不必说容忍与允许中国的国家利益在他们国家中合法存在。

但无论如何，在我看来，这是中国100多年来，根据自己目前的国力与未来可能的国力，在现在国际关系的框架之下提出的世界战略。也许它的眉目还不很清晰，当然也不可能清晰，可以预计在推行过程中会遇到各种想到与想不到的困难，也许会有不断的调整与变化，但有一点是肯定的，即它是顺应时代的，是一种在现有国际关系体系与框架之下，设法让中国这个正在成长中的大块头，有一个容身之地和发展空间的尝试。

历史上的丝绸之路主要是普通的百姓与民间之间交往形成的。国家应当鼓励越来越多的企业"走出去"，在全球范围内活动，也注意吸纳有志于在中国发展的外国人来中国，传授他们的知识，创建他们的事业。

从丝绸之路到嬉皮之路
——泰国文物保护及文化研究领域的国际合作及其启示

朱晓艺／西南林业大学

一、嬉皮之路的兴起与西方国家外交策略的改变

1966年夏天，正在哈佛大学学习人类学的史蒂夫·杨（Steve Young）来到泰国东北部旅行，他在一个名叫班清（Ban Chiang）的村庄不小心被树根绊倒，却意外地发现了几片陶器的残片。这些残片后来经美国宾夕法尼亚大学碳14鉴定，其年代确定为公元前3600年—公元前1000年之间。随后，泰国艺术厅（The Fine Arts Department of Thailand）与宾夕法尼亚大学考古系联合对班清进行了考古发掘，在班清出土的大量陶器证明了泰国境内史前文化遗址的存在。这一考古发现改写了泰国美术史，将泰国美术史的起源推进到史前时期——而在此之前，学术界对泰国美术甚至东南亚美术的开端多解释为源于中国和印度。

事实上，在史蒂夫·杨的发现之前，泰国本土的考古学家已经陆续在班清地区发现了一些文物，但并没有取得突破，也未能得出令人信服的结论。而远在美国的宾夕法尼亚大学考古学人类学博物馆馆长Froelich Rainey，对于当时美国考古学界研究对象过度集中于近东和美国本土地区的局限性也有所认识，于是他将视线投向了更为遥远和开阔的东南亚地区，班清的发现，无疑为他的研究提供了契机。除了班清地区的挖掘工作，20世纪60年代后期，美国还在泰国其他地区展开了文化遗址的挖掘和研究工作，主要包括夏威夷大学在泰国东北部Non Nok Tha地区发现了青铜时代早期的遗址，宾夕法尼亚大学在那空沙旺（Nakhon Sawan）地区的Chansen发现了人类历史从史前过渡到农耕社会的重要证据，美国考古学家Chester Gorman在泰北夜丰颂（Mae Hong Son）地区的Spirit Cave发现了新石器时代的人类遗址……这一系列成果让泰国考古学和美术史

研究进入了一个新的高度和历史时期，美国学界与泰国艺术厅也就此建立了长期稳定的合作关系，进而为西方世界与泰国在文物保护及美术史研究领域的进一步合作打下了坚实的基础。

西方学术界将研究领域拓展到泰国并不是一个偶然现象，西方国家与东南亚的交往由来已久，泰国作为东南亚的重要国家，是一个不但善于学习西方，更善于与西方交流的国家。16世纪葡萄牙人首次来到泰国，之后欧洲殖民者在泰国相继登陆，19世纪英法两国在泰国展开权力争斗，泰国国王拉玛四世、拉玛五世在西方国家的包围下顺势展开了西化改革，学习西方先进的政治经济体制，引进西方文化。由于奉行灵活的外交政策，泰国成为东南亚唯一没有成为殖民地的国家。"二战"期间，东南亚大部分地区战火弥漫，泰国则在变幻的战局中最大限度地保存了国土完整和人民相对平稳的生活，造成这一切的原因多样，但其中的重要原因之一是由于泰国对西方国家及西方人士的充分了解。

如果说，历史上西方国家沿着丝绸之路到达亚洲，通过武力征战和资源掠夺在殖民时期实现了对东南亚国家的硬性统治，进而强行推行自己的文化，那么20世纪60年代以来，西方世界对东南亚的外交策略则更注重多层次、多领域的交往互动。除了官方的经济援助和商贸往来，民间及学术界对东南亚的文化援助逐步加强，正是这些高水平的文化研究，以更为潜移默化的软性文化交流方式，促进了西方文化与东南亚文化的相互影响和相互渗透，将东南亚与西方世界紧密相连。

纵观20世纪60年代以来西方世界与东南亚日渐密切的文化交往，我们不能忽视当时另一重要文化背景，即嬉皮文化在西方的兴起。从某种意义上说，嬉皮文化的兴起改变了东南亚与西方交往的方式、层次与领域，促使东南亚与西方的交往从官方和政府间的、国与国之间的合作交流，转向了范围更为深广的西方民众与泰国民众的交流，也从政治经济领域转向了文化艺术领域。

嬉皮文化的兴起，最早可以追溯到20世纪50年代。1955年，一群英国大学生从伦敦出发前往东方，试图重走700年前马可·波罗笔下的丝绸之路，他们将沿途的见闻传播到欧洲，引发了西方年轻人对东方的向往。1957年，为了给欧洲旅客提供便利，英国"印度人"（The Indiaman）巴士公司开始运行从英国伦敦到印度德里的长途巴士线路，随后，另一家客运公司"亚洲灰狗"（Asian Greyhound）也开始经营通往印度的线路。

20世纪60年代，美国旧金山的嬉皮士运动穿过北美大陆，进入欧洲，一批又一批西方嬉皮士纷纷踏上这段旅程，前往想象中的神秘东方寻找他们的精神寄托。这条始于伦敦、终于印度的长途公路，途经土耳其、阿富汗、巴基斯坦、克什米尔地区，到达印度果阿和尼泊尔加德满都，被称为"嬉皮之路"（The Hippie Trail）。在南半球，来自澳大利亚和新西兰的嬉皮士则抵达印度尼西亚的巴厘岛，从这里穿过马来西亚、泰国、柬埔寨、老挝，到达尼泊尔和印度，因为沿途的廉价旅馆大多提供香蕉饼做早餐，这条贯穿东南亚的嬉皮之路，后来被称作"香蕉饼之路"（Banana Pancake Trail）。

1979年后，伊朗革命和阿富汗战争的爆发，克什米尔地区的混乱，使得"嬉皮之路"被迫逐渐关闭。老一辈嬉皮士们青春已逝，他们当中有的人已经无法重新适应西方主流社会，只能踏上旅程，继续寻找自己的乌托邦；有的人则无法割舍自己的青春，选择留在印度或东南亚度过余生；更多的老一辈嬉皮士重返西方，努力融入社会，其中不乏重归主流的成功人士，例如当上了美国总统的克林顿；还有英国人托尼·惠勒，他从自己的嬉皮士经历中看到巨大商机，在走过嬉皮之路后创办了世界上最大的私人旅游出版社——"孤独星球出版社"，建立了覆盖出版业、影视业的庞大商业帝国。

嬉皮文化以反传统为开端，却最终成为西方传统的一部分，20世纪80年代以后，严格意义上的嬉皮士随着一个时代的终结不复存在，而嬉皮文化和嬉皮士精神却在西方世界得到了传承，越来越多的西方年轻人成为背包客，成为新一代嬉皮士。他们追随着前辈的轨迹，重返东方，只不过这一次，他们更多地聚集于"香蕉饼之路"沿途的东南亚国家。

嬉皮文化源于西方，主观上反叛西方社会的传统文化和价值观，客观上却促成了20世纪60—70年代大规模的西方文化与东方文化的交流。与历史上西方向东方的殖民扩张不同，嬉皮文化的倡导者没有官方身份，没有政治扩张企图也没有商业目的，相反，他们反战，反民族主义，反对以中产阶级为代表的西方主流文化价值观，他们对并不熟悉的东方文化抱有敬畏之心和神往之意，甚至期望借此来拯救自己的灵魂。当大批西方年轻人蓄须留发，乘坐廉价的交通工具沿着嬉皮之路抵达东方，沿途的原住民们立即发现，他们和历史上的西方殖民者和探险家大不相同。首先，他们选择，甚至是标榜简朴的旅行方式；其次，他们更倾向于与当地人交流，参与和学习当地文化，他们以本地化为荣，以游客身份为耻，不屑于以往观光客们的肤浅；他们试图从东方宗教和信仰中寻找精神寄托，并且将信仰东方宗教或神秘宗教作为自己区别于主流西方白人的主要标志；他们的旅行不止于短暂的走马观花，他们的停留时间往往长达数月甚至数年，为的是能够充分地融入本土文化。

嬉皮文化具有强烈的遁世逃避色彩，又往往因为强调享乐主义而被诟病，但是嬉皮文化对后世的影响也不乏积极因素。20世纪80年代以后，嬉皮文化虽已式微，嬉皮运动倡导的一些理念却得到了保留和发展，甚至进一步影响了主流社会的价值观，例如摈弃民族主义提倡多元文化的主张，促使西方世界对东方文化采取包容甚至是保护和扶持的态度，西方主流社会从学术上、经济上扶持东方文化逐渐成为惯例，在第三世界国家缺乏实力独立展开研究和保护本土文化（尤其是珍贵的历史文物古迹）的情况下，这些举措对保护人类共同的文明成果起到了积极的促进作用。西方的政府、私人基金和学术研究机构对东南亚历史文化研究的长期扶持援助，在很大程度上推进了这一地区的文化研究；而嬉皮士对第三世界原住民生活境遇的关注，对于环保问题的敏感，则直接催生了一批国际扶贫和环保组织，今天我们熟悉的不少非政府组织（Non-Governmental Organization，NGO，即民间组织）的建立，可以说也受到了嬉皮文化的一定影响。嬉皮运动促进了东西方文化的相互了解，也在某种程度上改变和丰富了东西方交流的方式。

伴随着西方世界从"丝绸之路"转向"嬉皮之路"，西方国家与东南亚的交往方式也从政治经济领域逐渐转向了文化领域。20世纪60年代至今，西方国家在泰国开展了一系列文物保护和学术研究活动，这些活动不但对泰国的文物保护和研究工作起到了极大的促进作用，也在事实上强化了西方世界与泰国的关系。

二、泰国文物保护及学术研究国际合作概况

西方国家与泰国的文物保护及学术研究合作主要包括以下几种方式，一是对泰国境内的文物遗址的考古修复和保护工作，西方国家博物馆或高校提供相应的资金和技术，以及高水平的科研专家。二是通过学术展览和研讨会共同研究泰国文物及文化遗址，尤其是历史上西方收藏的泰

国和东南亚文物，通过在泰国举办这些文物展览，与泰国学者合作研究等方式，加强国际学术交流与合作。三是西方国家设立的私人基金或政府文化基金为研究提供经济资助，这些基金有专门针对东南亚区域文化研究的专项基金，也有的是专门针对文物和文化遗址保护领域的基金；基金面向东南亚或泰国地区的申请者开放。四是加强泰国出版界与西方国家出版界的合作，资助文物文化遗址保护和研究的相关著作出版，尤其是英文和法文、德文的出版。

20世纪60年代以来泰国与美国合作在班清地区的考古工作，极大地带动了西方国家在东南亚地区的文物保护和学术研究工作。美国宾夕法尼亚大学考古学及人类学博物馆具备全球考古学界最为领先的学术水平，他们的参与引发了其后在湄公河流域的很多重要考古和文物保护工作，例如其后由泰英美多国高校和研究机构参与的湄公河中游大规模考古项目（Middle Mekong Archaeological Project）。除了高校和研究机构，西方国家也在泰国设立了一些专门研究泰国及东南亚地区文化艺术的专业机构，例如著名的法国远东学院（École Française d'Extrême-Orient），前身是建立于1898年的法国印度支那考古调查会，由当时的法属印度支那总督创办，旨在考察和研究西贡(胡志明市)的文化遗迹，经过一个多世纪的发展，已在12个亚洲国家设立了17个分支机构，成为法国最重要的专门研究南亚、东南亚、东亚文化的国家机构，研究范围包括历史、考古、艺术、人类学、民俗学、文献学等多个领域。法国远东学院与法国国内最高水平的高校和研究机构合作，研究成果卓有建树，在学术界具有较高声誉。远东学院曾最早也是最系统和科学地对柬埔寨吴哥窟进行了考察和研究，而其汉学及敦煌学研究也一直处于学术界的前沿地位。泰国是法国远东学院开展东南亚研究的重心，在清迈和曼谷都设有办事处（中国仅北京设有办事处），研究主要集中在南传上座部佛教历史及艺术，例如巴利文手抄本研究、泰国佛教寺院建筑艺术研究等。其研究课题深入具体而细化，尤其关注东南亚不同国家之间文化的相互影响和融合，涉及不少具有独特学术价值的领域，例如佛教在泰国孟族[1]地区的传播，泰国佛教铭文与高棉文化的关系。远东学院拥有自己的出版机构，研究成果大多作为学术著作出版英法双语的版本，在欧洲和北美及其他英语地区传播甚广。同时他们还编辑出版了考古及艺

---

[1] 孟族（Mon），缅甸和泰国的少数民族，主要居住于泰国南部与缅甸交界区域，是较早信仰从斯里兰卡传入泰国的上座部佛教的少数民族。

术领域极为重要的期刊和学报《亚洲艺术》（Arts Asiatiques）、《东南亚研究》（Aséanie）和《远东手册》（Cahiers d'Extrême-Asie）。

此外，文物展览及相关研讨会也是西方国家在泰国开展文化研究的重要途径。由于历史原因，欧美发达国家的博物馆拥有不少亚洲文物收藏，旧金山亚洲博物馆、牛津大学博物馆、大英图书馆（British Library）藏有一批珍贵的泰国绘本和古籍，英国文化教育协会（British Council）曾与大英图书馆及一些欧美博物馆合作，在泰国曼谷泰国文化中心（Thailand Cultural Centre）展出了一批西方收藏的泰国古代珍贵典籍及绘本。这次长达两个月的展览不但吸引了泰国的学者来目睹这些在本国难以看到的研究资料，也吸引了大批泰国普通民众。展览也带来相关的学术研讨及交流，这些珍贵的展品及相关研究成果随后被收录成集，出版了著作《Thai Art and Culture-Historic Manuscripts from Western Collection》，成为学习和研究泰国古代绘本和典籍的重要参考资料。

在西方参与泰国文物保护及文化遗址研究工作中，还有一支非常重要的力量就是私人基金会。以美国为例，美国的私人基金会种类众多，资金雄厚，基金的重要用途之一就是支持高校和研究机构从事国际和地区问题研究，包括在亚洲地区进行世界文化遗产的保护和研究。例如著名的洛克菲勒基金会[1]（Rockefeller Foundation），长期资助东南亚地区的科技、医疗、教育及文化事业，并为大湄公河流域各国的学者开展学术研究提供研究经费，包括泰国、老挝、越南、柬埔寨、中国在内的各国学者都曾获得该基金资助。宾夕法尼亚大学在泰国班清的考古研究则受到亨利·鲁斯基金会[2]（Henry Luce Foundation）的大力支持。亨利·鲁斯基金特设研究东亚和东南亚文化艺术的专项基金，曾资助由亚利桑那州立大学主持的上座部佛教文明项目（The Theravada Civilizations Project）的研究，该研究汇集了芝加哥大学、多伦多大学、法国远东学院等机构众多不同领域的学者，从宗教、历史、语言学、文学、视觉艺术等多角度对上座部佛教进行了系统而深入的研究。

除了私人基金，西方国家本着文化外交策略，也会在海外设立专项基金支持当地的文化研究。2001

---

[1] 洛克菲勒基金会，1913年由洛克菲勒家族成立于纽约，主要历史使命是"提高全世界人类的福利"。

[2] 亨利·鲁斯基金会于1936年成立于纽约，是美国出版业巨头亨利·鲁斯所设，他的父母曾作为传教士在19世纪晚期来到中国，他本人在中国出生长大，对亚洲有着深厚而复杂的感情。20世纪20—30年代，他创办了美国最有影响力的三大杂志——《时代周刊》（Time）、《财富》（Fortune）、《生活》（Life），成为影响一个时代的重要人物。

年开始，美国在驻泰国大使馆设立了"大使文化保护基金"（Ambassadors Fund for Cultural Preservation，AFCP），专门为泰国文物保护提供资金和学术帮助。这项基金尤其注重泰国具有重要历史意义和独特艺术价值，却又未能得到保护的珍贵文物及文化遗址，从设立以来，修复和研究的项目包括泰北夜丰颂地区的史前考古遗迹，曼谷石龙军路（Charoen Krung）建于19世纪60年代的传统建筑；泰国东北部玛哈沙拉堪府（Maha Sarakham）和泰北南邦府（Lampang）的佛教寺庙壁画；泰国南部伊斯兰风格建筑等重要文物遗迹。其中不乏在泰国文物界和美术史界未能得到足够重视，而本身具有重要价值和意义的作品，例如玛哈沙拉堪府和泰北南邦府的佛教寺庙壁画题材广泛，具有鲜明独特的本土风格和极高的艺术价值，是解读泰国东北部社会风俗及宗教的重要依据，但长期以来在泰国的文化艺术研究中并未产生应有的研究成果。大使文化保护基金的推动也促使泰国学者和海外学者更加积极主动地参与了该领域的研究，对于泰国艺术史的完善有着重要的意义。

1965年成立于美国纽约的世界文化遗产基金会（The World Monuments Fund，WMF），旗下有多个基金会，主要职责是资助世界范围内的历史建筑遗址及文化遗址的保护和修复，其口号是"跨越国境保护历史建筑及艺术"，成立以来曾在世界各地参与了一系列重要历史建筑和文物的修复保护工作，在亚洲主要有尼泊尔古代寺庙遗址保护，柬埔寨吴哥窟遗址保护，伊拉克战后及日本震后的历史建筑修复等项目。2011年泰国洪灾之后，著名的阿瑜陀耶古城[1]遭到毁坏，美国驻泰大使馆与大使文化保护基金出资70万美元，WMF出资34.7万美元，与泰国文化部艺术厅合作，对阿瑜陀耶古城遗址内进行了为期两年的修复和重建工作。阿瑜陀耶古城是泰国和东南亚极其重要的历史古迹，WMF与AFCP这次工作还专门特别对历史公园内的地标建筑——著名的高棉风格皇家寺庙柴瓦塔那兰寺（Wat Chaiwatthanaram）进行了系统的修复和保护及资料整理，为后续研究该历史时期宗教文化、建筑艺术留存了实物并提供了重要的资料。

西方国家与泰国合作展开的文物保护及相关研究工作的学术成果，以往多由西方出版社出版，近些年来也有不少著作由泰国本土

---

[1] 阿瑜陀耶（Ayutthaya），又被称为大城，是14到18世纪泰国的古都，400多年来经历了33位国王，是泰国历史上暹罗国的首都，现存遗址已成为阿瑜陀耶国家历史公园，被联合国教科文组织列入世界文化遗产保护名录。

出版社出版。也正是由于西方在东南亚的文化研究成果丰富，才促生了泰国本土的外语出版社，例如白莲花出版社（White Lotus）和蚕虫图书公司（Silkworm Books）。其中蚕虫图书是规模较大也较为成功的一家出版公司，由泰国人创办，专门出版英文书籍，他们与美国华盛顿大学出版社开展合作，出版介绍泰国及东南亚文化的英文版书籍，同时也与法国远东学院签署协议，将有关东南亚研究的法语著作翻译成英语在北美及英国出版。2005年，蚕虫图书得到洛克菲勒基金会的资助，成立了下属的湄公出版社（Mekong Press），由洛克菲勒基金会提供资助，出版了一系列有关湄公河流域区域研究的重要著作。

综上所述，西方国家在泰国展开的文物保护及文化研究工作，已经通过长期的实践建立了一套日趋成熟和完善的系统，包括从学术课题的确立、研究人才的培养和学术队伍的建立、跨国合作方式、资金来源、后续研究的开展、研究成果的推广和传播等各个环节的工作。虽然这些学术工作的参与者主要是高校和科研机构，但是却对整个泰国社会产生了不可低估的影响。学术研究的成果往往直观地反映在社会世俗生活中，例如有关文物古迹和宗教的研究将泰国文化介绍到西方世界，吸引着大量的西方游客前来泰国旅行和定居，与佛教相关的瑜伽、禅修项目一直深受西方人士青睐，而西方国家对泰国文化的尊重与热爱、扶持与援助，不断强化着泰国人的民族自豪感与自信心，也让泰国民众对西方人士好感倍增。西方世界与泰国民间的密切交往，也使得两种文化自然而然地交融渗透，从而推进了西方文化在泰国的传播，这正是西方国家文化外交的最重要的成果和最终目的。

三、泰国文物保护学术研究领域的国际合作对我国文化外交的启示

在泰国文物保护学术研究的国际合作活动中，西方国家的合作方多为高校、科研部门、私人基金会、民间组织等机构，即使近些年开始有政府机构的参与，也多为政府背景较为弱化的文化或学术机构（如专项文化基金会），与纯粹的政府官方机构比较，这些机构并不强调国家利益，而是更强调研究的学术性和专业性，有着更为客观和中立的立场，因而具有更强的亲和力，更容易获得泰国的信任和接受。

另一方面，文物及文化遗产的保护和研究是全球范围内备受关注的问题，文物作为人类文明的共同遗产，具有不可复制、不可替代的历史意义和价值，对全球范围内人类文明成果的保护，不但是文物所在国的重任，也是每个国家的义务。尤其是发达国家在资金、学术研究水平等方面的优势，以及在全球范围内文化话语权的优势，决定了他们与发展中国家相比，在保护和发展文化方面具备更强的能力，也肩负着更多的责任。西方发达国家积极参与东南亚地区的文物保护和文化研究，无形中宣传的是西方国家体制的优越性，国家对多元文化的包容性，以及国民形象的亲和性，无疑是深得人心的一项工作。

事实上，西方国家对东南亚文化长期的关注和研究，也符合西方文化传统中探索未知世界和对外扩张的理念。西方国家早期对外扩张以资源掠夺和武力征服为主，在文化领域则以传教为主，有意思的是，西方传教士在泰国传教数百年，今天泰国依然是一个90%以上人口信仰佛教的外交国家，而且还吸引了大量的西方人皈依佛教。但是，20世纪60年代以来，大量西方人士沿着嬉皮之路涌入泰国，西方国家在泰国展开的本土文物保护和文化研究不断发展，西方国家的文化外交更注重在研究和了解泰国文化的基础上，开展双方的文化合作与交流。在这样的背景下，泰国效仿西方建立了自己的政治经济和教育体制，西方文化产品（如好莱坞电影）在泰国拥有稳定增长的市场，每年前往西方国家的泰国留学生数量也在大幅攀升……可以发现，西方世界的外交策略，从传统的外交以政治经济军事为中心，转向当代以文化外交为中心，从政府和官方之间的交流为主，转向民间交流为主，西方世界与泰国正在更为丰富的层次、更为宽阔的领域展开不断深入的相互交流与相互了解，西方文化也正是在这一背景下潜移默化地渗入泰国文化之中。西方国家文化外交策略和实践在泰国取得的成功，无疑为提升中国文化软实力及实施文化"走出去"战略提供了重要的参考价值。

中国的对外文化宣传近年来力度不断加大，成绩斐然，但与投入的财力物力人力相比，仍显得效率不高，在对外文化宣传的思路与方式上仍显得相对单一，其中的误区之一就是在整个对外文化宣传的战略决策中，单纯集中于在海外宣传中国文化，但对所在国自身的文化有所忽视。中国传统上是一个高度统一的国家，拥有历史悠久的文化，并长期在世界上处于领先地位，因而中国在文化上长期处于自给自足的状态，工业革命后西方世界的突飞猛进打破了这种格局,但中国人的传统思维却并未打破,一个明显的实例就是,移居海外的中国人往往喜欢聚集在中国人的圈子里,对当地文化没有太大兴趣,这一心理也在中国的对外交流中得到了体现。例如中国在海外宣传本国文化的重地——孔子学院,主要工作是汉语教学与中国文化展示和推广,但很少举行与所在国文化相结合的活动。与孔子学院相似的德国的歌德学院、法国的法语联盟,同样是在海外宣传本国文化的机构,他们会针对所在国的文化特点,举办相应的文化活动,例如北京的歌德学院长期举办中国独立电影放映、泰国清迈的法语联盟长期举办泰北文化讲座,而众多西方国家也长期在泰国从事文物和保护文化研究工作。从他们取得的成果来看,对所在国文化抱有好奇和热情,了解和学习所在国的本土文化,是尊重所在国文化的重要表现,也是对外文化宣传的第一步。任何一个国家的民众,都不可能无缘无故地接受一种外来文化,哪怕这种文化有多么先进多么优秀,外来文化只有本着谦虚和尊敬的态度先充分了解所在国的文化,获取当地人民的信任,才能了解当地人民对于外来文化的需求和接受的可能性,从而正确合理地制定本国对外宣传的方式和方法。另一方面,在关注、了解、学习、研究所在国文化的过程中,获取所在国人民的信任,建立与所在国人民长期稳定深厚的合作关系,也为文化的对外宣传打下了坚实的基础。因此,要真正吸引所在国从普通百姓到学术阶层各界人士都能够理解和接受外来文化,必须让人民从情感和实际需求上认可外来文化存在的必要性和合理性,而积极参与所在国的文化建设,是最直接有效的途径。

中国对外政策的另一个误区是,文化外交活动多由政府主办,非政府组织和机构的活动受到一定程度的压制而不够活跃。可以发现,西方国家在泰国开展的文物保护及文化研究工作,参与方虽有政府部门,更多的却是私人基金会、高校、研究机构、社会团体等非政府组织和机构,他们代表不同的利益集团,拥有不同诉求,发挥着不同作用,相互之间有牵制有约束也有促进,因而整个工作的性质比单纯由政府主持显得更为中立客观,更容易获得民众的好感和信任,社会影响也更为广泛。由于政府是国家利益的代表,单纯由政府组织的文化活动难免显得过分维护国家利益,于民众而言缺乏亲和力,较难获取普通民众的信任和认同。事实上,非政府组织和机构在社会中的重要作用是不可替代的,西方社会经历了嬉皮运动之后，非政府组织和机构的大量出现，原因之一正是认识到在市场和政府之间还需要另一支平衡力量，他们由于自身的非营利性和非政治性，能够在一定程度上协助政府平衡民意，缓和政府与民众之间的紧张关系，同时不同组织满足了不同群体民众的精神需求，这都有益于缓和社会矛盾并加强社会凝聚力。同样，在文化外交中他们也具有以上先天优势，但显然在中国的文化外交过程中非政府组织和机构并未发挥应有的作用。

此外，中国外交整体过分依赖经济外交，文化外交相对薄弱。对外援助多是经济援助，多采用出资修建基础设施、贷款、捐款等方式，而在文化方面的援助微乎其微；西方国家在殖民时期就开展了对亚洲地区的文物考古和文化研究工作，例如法国远东学院的前身就是建立于1898年的法国印度支那考古调查会，20世纪60年代以来又通过长期的对外文化援助建立了一套完善成熟的文化援助对外合作系统。而中国作为历史悠久的文明古国，尤其是作为当代经济飞速发展、日益受到全球瞩目有责任的大国，当今有能力也有义务担负起全球范围内保护和研究人类文明共同成果的责任，但目前中国的对外文物保护和文化研究工作却显得十分薄弱。中国社会科学院学部委员、考古研究所所长、中国考古学会理事长王巍就曾经表示："随着中国国力的增强，中国对外援助项目与日俱增。但是迄今为止，中国的援外项目绝大多数是经济援助项目，文化援助项目寥寥无几，这与中国文明古国和文化大国的地位很不相称。"[1] 近年来，中国社科院曾赴乌兹别克斯坦展开文物挖掘工作，中国文物研究所也曾赴吴哥窟开展文物保护和修复工作，另外蒙古国、越南、俄罗斯都有我国考古和文物保护学者的足迹，但由于都是各单位自筹经费，缺乏稳定充足的资金来源，因此工作的时间和研究的深度都得不到保障，甚至让国外的合作伙伴对中方合作的诚意表示怀疑。由于中国对外援助经费由商务部统一管理，主要经费用于对外经济援助，在对外文化援助方面资金短缺，尤其是考古和文物保护工作专业性较强，急需更为专业的部门设置专项基金，进行有效的管理。

综上所述，在目前"一带一路"策略和海上丝绸之路复兴的新的历史时期，中国与东南亚地区的关系处于十分敏感而关键的时期，西方国家拥有殖民时期在东南亚奠定的经济和政

---

[1] 《考古学家王巍：中国应加强对外文化援助》，2014年3月8日，《中国新闻网》，中新社记者采访。

治基础，在嬉皮之路的引导下又在东南亚建立了成熟有效的文化交流和民间互动系统，但中国作为传统上与东南亚有着文化亲近性的大国，在当代的文化交往中却显得生疏而被动。可以发现，历史上西方世界在殖民时期曾用武力强行推行西方文化，但并未征服东南亚，而当今西方国家在泰国展开的本土文化援助和文化研究，却促使传统泰国文化和当代西方文化同时得到了长足的发展，两种有着巨大差异的文明在泰国也相互杂糅，和平共处。历史证明，以一种文明压倒另一种并不是文明的发展，而是文明的失败，面对另一种文明，用开放的心态包容和学习恰恰是有效沟通的开始。而国与国之间的交往从政府扩大到民间，从经济政治领域拓展到文化领域，也是目前世界各国对话交流的新趋势。本文以实例与分析相结合，希望西方国家几十年以来在泰国和东南亚地区的文化外交策略，能为当今中国提升国家软实力，实施文化"走出去"战略提供一些新的思路。

"丝绸之路"不可忽视的经济功能
——以中国瓷为例

侯样祥 / 中国艺术研究院

一、国内外考古发掘资料已经表明,在古代社会,陶是人类共同的发明物,而瓷的发明权则是中国人独享。相对于陶的粗糙,瓷显然要精致得多、美观得多、实用得多。因此,古代中国瓷与丝绸、茶叶等一起,为西方上层社会争相抢购就不足为奇了。客观地讲,相较于丝绸和茶叶,瓷更胜一筹。在英文中,China 为中国,china 为陶瓷,即是明证。而由于瓷天然具有千万年不腐的特点,相较于丝绸与茶叶,其地上与地下之遗存物都要多得多。因而,研究陶瓷与"一带一路"之关系,既显得必要,也有了可能。

二、古代"丝绸之路"功能众多。从官方角度讲,"丝绸之路"是政治之路、外交之路。汉武帝开拓"丝绸之路"、明代之"郑和下西洋"等都是明证。但从民间来看,"丝绸之路"更是经济之路。元代之前龙泉青瓷产区的繁荣、青花产生后景德镇产瓷区的繁荣,以及民窑重镇德化产瓷区的兴衰史都可以证明这一点。更不要说还有一个专门术语"外销瓷"了。一定意义上可以说,"丝绸之路"上的中国瓷,较好地诠释了经济学上之生产与需要的关系:中国瓷在满足海外瓷器市场需求的同时,海外瓷器审美趋向又反过来影响并决定着中国产瓷区的兴衰。

三、在古代社会,不同地区的人类交往方式,经济显然比战争等带有更多的自觉性与自愿性。古代"丝绸之路"上的中国瓷,就是东西方商品与文化交流的重要承载物。一方面,中国瓷的输入,对西方社会生活和文化生活产生过重要影响,至今西方各大博物馆、美术馆无不大量珍藏中国古代瓷器即是明证。另一方面,西方市场的需求又反过来影响中国瓷的审美与发展,青花的产生及其发展即是实例。这是一个不可回避的历史事实。

明清两淮盐商文化对于当代文化中国建设之启示

谢建平 / 江苏省文化艺术研究院

明清时期的江淮地区活跃着一个巨大的商业资本群体，其活动范围涵盖长江以北的扬州、淮安二府，通州和海州二直隶州以及海门直隶厅，他们的存在对于当时国家的政治经济及社会生活产生了不可低估的影响，尤其是在清乾嘉年间，其兴盛的程度可谓达到顶峰，这就是闻名天下的两淮盐商。由于两淮盐商与清朝统治者之间存在着经济利益上的共生关系，因而受到了特殊的宠惠和庇护，不仅控制着关系国计、民生、军需的盐业经济命脉，而且对于所在地区及城市的经济发展也起着关键的作用。尤其需要指出的是，两淮盐商在获得巨大利润财富之后，除了少部分用于"生产资料的再生产"外，更多的资金却是投向了"生产条件再生产"领域（文化投入在其中占相当大的比例）。此举一方面显示出两淮盐商深远的经营眼光和策略，另一方面也造就了两淮地区文化发展的繁盛局面，从而形成了历史上奇特的"两淮盐商文化"（涵盖教育学术、刻印出版、戏曲曲艺、书法绘画、园林建筑、饮食服饰、民俗等诸多领域，至今江淮地区存留着众多的两淮盐商文化的遗迹和胜景）。"两淮盐商文化"作为一种历史存在现象，虽然已经离我们远去，但它曾经所创造的辉煌和文化实践活动，对于当代文化中国建设，对于如何凸显文化软实力在国家"一带一路"发展中的重要作用，其启示性意义应该是多方面的，非常值得研究和总结。

一、"两淮盐商文化"的产生与涵盖范围

两淮地区的盐业起于中唐，因北方长期战乱，国家经济重心南移，江淮盐利由此成了政府财政收入的重要来源之一。晚唐时随着盐商集盐区域划定，盐商盐籍成为人们所追逐的目标，江淮地区也成为盐商

的集中地。宋代引盐区域的确立，使得盐商具有了专营的垄断特权，所以盐商又称"引商"。元代盐业承袭宋制，两淮推行立仓纲运之法，后因战事频繁，需款甚巨，最终又实行引票法。明初实行开中法，由盐商运粮草至边地，凭政府发给盐引赴产地支盐，而"引商"又有边商和内商之分。明万历四十五年（1617年），为了疏销积引，改行纲法，即将盐商所领盐引编成纲册，规定每年照册上旧数派行新引，而且纲册可以世袭，故又被称为"纲商"。清初沿袭明末纲盐旧制，实行"民制、商收、商运、商销"的专卖法，无引私商，一概不得染指，盐商享有运盐行销之专利权。本文所论述的明清两淮盐商就是这种纲盐制度下的产物。

两淮盐商内部经营分类众多，《清史稿·食货志》"盐法"条载："凡商有二：曰场商，主收盐；曰运商，主行盐。其总揽之者曰总商，主散商纳课。"此外，还有"业商"（专以出租盐引而坐享其利）、"租商"（租引行销的）、"代商"（代租商办运）等，皆为两淮盐业中的垄断者。其中"总商"势力最大（又称"商总"），居于政府与散商之间，上对国家承交赋税，下对散商指派勒索，以其雄厚的经济实力成为两淮盐商的巨头。清代中期是两淮盐商发展的鼎盛阶段，尤其乾隆年间两淮盐商平均每年实得利润达二百多万两，其资本总量可达两千万两以上，成为全国三大商业资本集团之一（广东行商、山西票商、两淮盐商）。清人黄钧宰曾形容说："两淮额引一千六百九十万有奇（应为一百六十九万），归商人十数家承办……以每引三百七十勘计之，场价止十文，加课银三厘有奇，不过七文，而转运到汉口以上，需价五六十不等，愈远愈贵，盐色愈杂"（见《金壶浪墨·盐商》），其经营获利之丰厚由此可见一斑。所谓"乾、嘉间，扬州盐商豪侈甲天下，百万以下者皆谓之小商"（《清朝野史大观》），即是当时真实情形的写照。

从明中叶至清末这500多年间，来自陕西、山西、安徽、江苏、江西、湖广、浙江等地的商人陆续迁居于两淮地区，以扬州为中心从事经营淮盐的活动，从而形成了庞大的"两淮盐商群体"。在两淮盐商中尤以山西、安徽两大商帮的经济实力最为雄厚，其成员原本就具有较高的文化素质与修养，他们崇"儒"尚"贾"，热衷于教育学术、文化艺术、收藏出版等诸多公益性事业，倾心于城市园林的营建和饮食文化的打造，不惜为此投入巨资，而经年累月所营造的良好的经济环境与人文生态，又不断吸引着全国更多的精英人才汇聚于此，如此往来复还的良性循环，终于成就了名誉天下的"两淮盐商文化"。两淮盐商文化的涵盖范围主要包括这几个方面：

1. 高扬"崇儒尚贾"的思想理念。表现在积极参与弘扬儒学的活动，奉行"商儒相济""商而兼士""以道营商，以义行事"的经营原则，推崇"商道"与"儒学"并行不悖的理念，为两淮盐商文化的形成注入了内在的、新的价值观标准，在商业实践中相互促进，共同发展，使之充满发展生机和活力。

2. 重视对精英人才的培养。扬州自明代以来就有兴办书院的传统，清代的李斗在《扬州画舫录》中提及的就有资政书院、维扬书院、甘泉山书院、安定书院、敬亭书院、虹桥书院、梅花书院等。两淮盐商延续并发扬了这种传统，除关注家学教育外，还积极投资捐修社会书院，延请名师任教，设立院生高额奖励措施。这种在教育上的有效投入，不仅成为"商"与"儒"互联的桥梁，融洽了"商""儒"关系，从而开启了崇儒尚贾的社会风气。书院成为造就社会精英的摇篮，培养了众多的高层次人才，其中不乏名人学士。此外，盐商子弟中科举入"仕"者也不在少数，而承续"商"道者更是干得有声有色。

3. 热衷于古籍文献的保护。关注中国传统文化的传承，兴办各种形式的文人雅集，筑建书楼，收藏并重刻古籍善本，资助刊印各种文化著述。又可分为两种情况：一是前人保存下来的善本，虽然由盐商出资，但仍须在官方主持之下刊刻梓行，如《全唐诗》《全唐文》之类等；二是多为流传影响较大的时人著述，如马曰璐的《南斋集》《南斋词》，厉鹗的《宋诗纪事》，汪士慎的《巢林集》，金农的《画竹题记》之类等。这种对中国传统文化的敬畏态度，不仅营造了浓厚的人文环境，也使许多珍贵文献资料得以留存了下来，惠及于后世学人。

4. 倡导文化交流活动的开展。广交各路文人雅士，资助文人墨客的研究与创作，开办各种学术性活动，吸引了各地文人云集两淮地区。这些名流巨擘讲学著述，进行学术探讨，交流创作心得，而所谓"四方贤士大夫无不至此"（李斗《扬州画舫录》），"海内文士，半集淮扬"（谢堃《书画所见录》），正反映了两淮盐商文化强大的吸引力和凝聚力，同时也可以解释清代朴学"扬州学派"（以王懋竑、王念孙、王引之、汪中、焦循、阮元等为代表）和书画艺坛"扬州画派"（即"扬州八怪"，以汪士慎、郑燮、高翔、金农、李鱓、黄慎、李方膺、罗聘为代表）的诞生现象之缘由。

5. 倾注于城市园林景观的营造。城市园林的营建艺术是两淮盐商们因钟爱而为之倾注的领域。盐商与园林的关系实质就是经济与文化之关系的典型展现，盐商出巨资营造了园林景观，而这些城市中的园林景观又提高了盐商的社会地位与公众形象，园林营造艺术所蕴含的深厚文化积淀，给予城市的不仅是一种赏心悦目的视觉感受，更是一种文化品位和修养的提升。历史上两淮盐商所兴造、营造的园林景观，既丰富了这些区域内城市的文化内蕴，也为今天这些城市发展的布局规划，提供了有益的经验借鉴。

6. 扶持推动戏曲曲艺的发展。最突出的例证就是两淮盐商在最为兴盛阶段——清代乾、嘉时期，对于地方戏曲艺术的扶持力度可以说达到前所未有的程度，如"两淮盐务例蓄花、雅两部，以备大戏。雅部即昆山腔，花部为京腔、秦腔、弋阳腔、梆子腔、罗罗腔、二簧调，统谓之乱弹"（李斗《扬州画舫录》）的描述，表明这种扶持力度和影响力是带有全国性的。所谓"花部"得以兴盛而与"雅部"昆曲能分庭抗礼，推出新一代戏曲艺术的表现形式，这里除了有自身的内在因素外，两淮盐商在经济上的支撑不能不说是十分重要的因素。盐商们不仅自己蓄养家庭戏班（如扬州昆腔七大内班），也资助各地来的戏班，召集班社会演，邀请文士撰写剧本为戏班提供新剧目排演。尤其是清乾隆五十五年及嘉庆年间，两淮盐商征召花部中之徽班相继数次晋京会演，如著名的"三庆""四喜""春台""和春"四大徽班，开启了徽调、皮黄的合流之路，最终合并演化为国剧京剧。除此，像江淮地区的"扬州清曲""淮安十番""海州五大宫调""邵伯小牌子"等诸多的曲艺、器乐种类的流行与传播，也都与盐商的扶持、推动及深厚的文化素养有着密不可分的关联，皆属于两淮盐商文化的涵盖范围。

二、"两淮盐商文化"的本质特征与功能

以上对于两淮盐商文化产生与蕴涵之归纳阐述，本义在于能将问题引向更深层次的探讨——两淮盐商文化的本质特征与功能到底是什么？

关于两淮盐商文化的本质特征，以笔者个人的认识和理解，如果要给它下个定义的话，那就是它具有非常强烈的"意识形态国家机器"性质与色彩，而且它的确在这个意义上发挥了"生产条件再生产"（即包括生产力再生产和生产关系再生产）的功能与作用。历史的实际情况"正像马克思所说的，连每一个小孩子都知道，一种社会形态如果在进行生产活动的同时不对生产条件进行再生产的话，连一年也维持不下去"（阿尔都塞《意识形态与意识形态国家机器》研究笔记[1]）。这也是以往我们对两淮盐商文化研究中所忽略的地方。概括来说，"两淮盐商文化"的出现，对于维护当时国家社会形态的稳定，促进经济与文化的繁荣，起到了举足轻重的作用，我们必须要上升到这个高度来看问题，而这个"意识形态国家机器"概念在很大程度上非常接近我们今天所讲的文化软实力，即文化的引领力、竞争力和凝聚力，也是我们今天文化中国建设所要努力奋斗的目标与任务。

"意识形态国家机器"（AIE）是由西方马克思主义学派的代表性人物、法国著名思想家路易·阿尔都塞首先创用的一个概念，即将意识形态问题纳入社会物质生产结构当中进行讨论，在很大程度上纠正了将意识形态当成纯粹的精神现象或理论（知识）体系的普遍思路，继承了马克思、葛兰西[2]等人关于国家和意识形态的理论[3]，最终将主体建构、劳动力的再生产与国家机器等概念有机地联系在一起，揭示出主体及主体性被建构的物质基础和体制结构。我们不妨具体地了解一下阿尔都塞"意识形态国家机器"概念所涵括的各具特点的、专门化机构的形式：

——宗教的 AIE（由不同教会构成的制度）

——教育的 AIE（由不同公立和私立"学校"构成的制度）

——家庭的 AIE（除作为 AIE 外，还有其他的"功能"，如干预劳动力的再生产，在不同的生产方式中，它是生产单位或消费单位）

---

[1] 陈越编：《哲学与政治：阿尔都塞读本》，吉林人民出版社 2003 年版。

[2] 安东尼奥·葛兰西（1891—1937）是意大利共产党领袖。他的文艺理论著作大多写于狱中，战后得到广泛的传播和研究。《狱中札记》是其重要的思想著述，阐述了掌握文化领导权在无产阶级革命中的重要性，重视知识分子在夺取文化领导权过程中的重要作用，代表了 20 世纪以来马克思主义的发展中一股最富有创新性的潮流。

[3] 马克思所说的生产条件的再生产至少包括两个必要条件："劳动力的再生产，现存生产关系的再生产。"他尤其重视劳动力的再生产问题，认为后者涉及意识形态和主体构造这个更复杂的问题。"劳动力的再生产不仅要求一种劳动力技能的再生产，同时，还要求一种对现存秩序的规则附以人身屈从的再生产，即工人们对统治意识形态的归顺心理的再生产，以及一种剥削和压迫的代理人恰如其分地操纵统治意识形态的能力的再生产。"从劳动再生产角度考察意识形态所起的特殊功用，将问题推向主体的自我建构，推向国家机器和社会机构的教化功能问题，这些实际上是阿尔都塞意识形态理论的核心。

——法律的 AIE（"法律"既属于强制性国家机器，也属于 AIE 的系统）

——政治的 AIE（政治制度，包括不同党派）

——工会的 AIE

——传播的 AIE（出版、广播、电视等等）

——文化的 AIE（文学、艺术、体育等等）

不仅如此，阿尔都塞还将其（AIE）与（强制性的）国家机器（包括政府、行政机关、军队、警察、法庭、监狱等等）做出进一步的强制性的区分：

一是认为：（强制性的）国家机器只有一个，而意识形态国家机器却有许多。即使假定存在着一个由许多 AIE 构成的统一体，也不是直接可以看到的。

二是认为：统一的（强制性）国家机器完全属于公共领域；而绝大部分的意识形态国家机器（它们显然是分散的）是私人领域的组成部分。教会、党派、工会、家庭、某些学校、大多数报纸、各种文化投机事业等等，都是私人性的。

至于为什么会把那些大部分只是私人性质的机构看成意识形态国家机器，阿尔都塞借用葛兰西的话说：公私之分是资产阶级法律内部的区分，在资产阶级法律行使"权威"的领域（指"市民社会"的领域）是有效的。而国家领域避开了这种区别，因为国家"高于法律"：国家是统治阶级的国家，既不是公共的，也不是私人的；相反，国家是公共与私人之间一切区分的前提。

阿尔都塞在对"意识形态国家机器"做出了结构性的分析之后，进而又指出：每一种意识形态机器都是一种意识形态的实现（这些——宗教的、伦理的、法律的、政治的、审美的等等——不同领域的意识形态的统一性，是由它们对占统治地位的意识形态的臣服来保障的）[1]。只有明白了这个道理，当我们从"再生产"理论的角度重新审视历史上两淮盐商文化及其本质特征——"意识形态国家机器"的多样性的功能恰恰在于它们唯一的，也是共同的生产关系再生产的作用（阿尔都塞语）[2]，就不难超越以往的认识并得出新的结论。

总之，两淮盐商文化的产生，首先取

---

[1][2] 陈越编：《哲学与政治：阿尔都塞读本》，吉林人民出版社 2003 年 12 月版。

决于当时社会形态下的政治、经济发展动力的需要，其次是两淮盐商雄厚的经济实力基础的坚实支撑。两淮盐商资本集团与国家统治者之间存在着的共同经济利益关系，使得这种关系不可能不提升到政治与文化层面上来。两淮盐商不仅对盐业有着垄断经营权，而且将这种垄断意识延伸至对于意识形态国家机器的渗透，并在此领域内发挥出了重要的功能作用，这正是与国家主流意识形态保持一致性的体现，对于保持当时社会形态的稳定延续至关重要，自然也会得到国家统治者的默许与赏识，因为两者根本性目标相同。现在有相当多的研究资料表明，明清时期两淮盐商用于文化上的投入要远超过在生产资料再生产上的投入，可以说是其深远经营眼光和魄力的充分体现。以往学者多从非生产性的负面角度来评述两淮盐商们的文化消费行为，如奢靡之风、挥霍无度、捐纳官职、蓄养家伎等（不可否认这也占到盐商非生产性消费的很大一部分）[1]，却因此忽略了"两淮盐商文化"最本质和最主流的方面，即其本质特征就在于它是一种"生产关系的再生产"，在一定范围和某种程度上发挥了意识形态国家机器的功能，对于这一点必须要引起我们的足够关注。

三、"两淮盐商文化"在今天的启示意义

今天我们之所以研究历史上的两淮盐商文化，是因为它属于中华传统文化的有机组成部分，是其传承流变中不可或缺的一个链接，是一定历史阶段条件下的必然产物。"一个不记得来路的民族，是没有出路的民族。"因此，两淮盐商文化的价值意义也只有在历史和现实、未来的递进关系中才能得以彰显，当代的文化中国建设同样需要从传统文化中汲取力量源泉。正如习近平主席所指出："一个国家选择什么样的治理体系，是由这个国家的历史传承、文化传统、经济社会发展水平决定的，是由这个国家的人民决定的。"文化既是国家治理体系现代化的重要内容和组成部分，也是其推进进程中的重要基石。笔者以为"两淮盐商文化"对于当代文化中国建设，其

---

[1] 晚清两淮盐商对于朝廷的报效捐输及非生产性消费支出过大，很多人入不敷出，只得抬高盐价，私盐趁机扰市，导致官盐滞销、商人欠课直接影响国家财政收入，致使朝廷对盐法进行改革。道光十二年两淮盐务改归两江总督兼管，将淮北引盐改为票盐。道光三十年又推行于淮南。纲法改为票法，从根本上取消了盐商对盐业的垄断，新制度逐渐取代了旧制度，两淮盐商风光不再，衰败渐成定局。

启示意义可以体现在三个方面：

1. 经济的可持续发展与文化价值观

"两淮盐商文化"作为一种历史的存在现象，在一定意义上可以说它是明清文化繁盛局面的标志，也是顺应时代发展潮流的结果。"两淮盐商文化"的产生除了可归结为有两淮盐商强大的经济实力作保障外，两淮盐商对于"生产关系再生产"领域的高度重视，不能不说是一个非常关键的因素。其中两淮盐商文化的主导核心即在于它的新价值观理念的建立。中国古代社会分工讲的是"士""农""工""商"的等级秩序，商人的社会地位历来不高，常因"见利忘义"而遭受排斥，盐商文化则将"儒学"与"商道"结合在了一起，高扬"崇儒尚贾"的思想旗帜，奉行"以道经商，以义行事"的经营原则，商业交往中互利共赢，为盐商经济注入了内在的生命活力，使之充满了发展生机。从这个意义上说，两淮盐商的价值观理念既是对于中华传统文化的继承，又是一种创造性的发展。由此联系到当下我国正在实施的"一带一路"发展倡议，所明确提出的要与"一带一路"周边国家构建利益共同体、责任共同体、命运共同体，实现和平、合作、和谐、共赢的方针，就是一种共同文化价值观的建构。由此说明只有文化才是联系各国友谊的纽带与桥梁，才能使这些民族、宗教、文化、社会制度都有着明显差异的国家，彼此之间建立起相互信任和情感认同的合作基础。习近平主席提出的中国处理好同"一带一路"周边国家的关系，要遵循"亲、诚、惠、容"的理念，进一步凸显了文化价值观的核心作用。两淮盐商文化中的"以道经商，以义行事"原则，"见利思义"的儒家思想，具有中华传统文化价值观（"仁、义、礼、智、信"）宽厚、包容的特点和优势。故从这一点上说，它对于今天的文化中国建设不乏启示意义。

2. 经济的可持续发展与文化生态

广义的可持续发展概念包括可持续经济、可持续生态和可持续社会三方面协调统一，既要求人类在发展中讲究经济效率，又要求关注生态平衡和追求社会公平。可持续发展作为一个指导人类走入21世纪的发展理论，它已经超越了单纯的自然环境保护，将经济发展与社会生态建设有机地结合起来。文化环境是社会生态的重要构成部分，它既是文化价值观和文化生存方式的统一体，也是一个国家、一个民族发展的环境和灵魂。明清两淮盐商经济得以延续数百年繁盛，其中很重要的原因就是得益于有一个良好的文化生态环境（它与"生产关系再生产"的良性循环紧密关联），其涵盖范围几乎涉及社会文化生活的各个领域，如教育学术、刻印出版、戏曲曲艺、书法绘画、园林建筑、饮食服饰、民俗等等，在两淮盐商所构建的文化生态系统中，我们既能看到它们相互之间的有机关联，又能看到它们各自独具的功能与色彩；既能看到中华传统文化优质基因的延续，又能看到符合于时代潮流的创新与发展；直至今天，两淮盐商文化还在不同程度影响着我们的文化生活，并且被不断赋予新的时代内涵。历史的发展经验告诉我们，没有一成不变的文化生态，也没有隔绝继承传统的文化生态，文化生态的建设始终伴随着社会形态的变化而发展，始终伴随着政治、经济的发展而变化，而唯一不变的是贯穿于其中的"天行健，君子以自强不息；地势坤，君子以厚德载物"的进取与包容精神。今天国家"一带一路"倡议对文化软实力建设提出了更高的要求，我们完全可以从历史的源泉中汲取宝贵的经验，从中得到有益的启示。

3.经济的可持续发展与文化自觉

当代"文化自觉"理论的提出是源于当前人类文化发展实践的不自觉状态。文化自觉既是指人的主体自觉性在文化实践中的表现，也是建设先进文化必要条件的前提。经济的可持续发展需要文化软实力的内在支撑，而文化软实力的强弱又决定着经济发展的可持续程度。尤其是经济发展全球化的今天，多元文化的冲突与交融日益凸显，文化的作用力不仅渗透到社会生活的各个方面，也成为推动经济发展和解决转型期各种社会问题的重要手段。重新审视"两淮盐商文化"产生的实践过程及内在驱动因素，深刻认识其"生产条件再生产"的本质特征，我们不难发现，"文化自觉"无意识始终居于最权威的支配地位。这种高度的文化自觉来自五千年中华传统文化自信的底气，来自不屈不挠中华民族精神自立的骨气。它既蕴含着世代中华儿女对生活的理解和创造，又预示着对未来生活的更高追求。同时也表明当代中国在走向世界大同的过程中，每一个中国人都能在这种历史和现实、未来的对话中，获得自己所理解的"意义世界"。

"非遗"产品文化认同的内涵、维度及影响因素
——基于 NVIVO 的质性分析

黄益军　吕庆华／泉州师范学院

一、问题提出

"非遗"产品指以非物质文化遗产资源作为基础，经过传承人或企业等生产主体利用传统或现代技艺进行设计、创新与生产，能满足消费者审美、精神愉悦、文化体验、功能性等需求，并可供使用和消费的产品或服务。随着消费者生活水平的提高以及消费观念的更新，消费需求日趋多样化、个性化、情绪化，现代社会开始进入重视"情绪价值"和"情感价值"的时代，即情感消费时代。消费者购买商品不仅看重商品数量多少、质量好坏以及价格高低，还追寻一种情感上的满足和心灵上的认同。"非遗"产品是典型的兼具使用价值、情感价值和符号价值的产品，即人们在消费"非遗"产品使用价值的同时，也消费着某种文化符号，即其背后所蕴含的宝贵人类智慧和财富。"非遗"产品以其独特的精神价值，承载着一个民族深层的情感结构，当这些共同的价值、情感作用于人的行为时，容易使消费者产生文化上的认同感，并进而影响"非遗"产品的消费意愿或行为。这种特定的文化认同有助于我们更为细微地理解消费者行为（Shavitt et al.，2009 年）[1]。正如 Wattanasuwan（2005 年）所言："我们购买的产品、进行的活动以及所追求的哲学、信念无不讲述着关于我们是谁、认同什么的故事。"[2]

但是，通过文献梳理，目前鲜有研究者从消费者角度对"非遗"产品文化认同进

---

[1] Sharon Shavitt, Carlos J. Torelli, Jimmy Wong. Identity-Based Motivation: Constraints and Opportunities in Consumer Research, *Journal of Consumer Psychology*, Vol. 19, No.3, 2009, PP. 261—266.
[2] Kritsadarat Wattanasuwan. The Self and Symbolic Consumption[J]. Journal of American Academy of Business, 2005, 6（1）：179—184.

行理论探讨,"非遗"产品文化认同至今仍没有一个被普遍接受的概念,更遑论其具体维度及影响因素了。因此,本文拟通过文献梳理与质性访谈,借助 NVIVO 软件,对消费者"非遗"产品文化认同的概念、维度、影响因素等问题进行初步探讨,以期为"非遗"产品设计开发、"非遗"产品管理、"非遗"产品营销等提供一定的理论借鉴。

二、文化认同的内涵综述

"认同"译自英文 identity,该词起源于拉丁文 idem(即"相同",the same),从字面理解主要有认为彼此一致、认为彼此相似时同类有亲近感或可归属的愿望和表示赞同的含义。在市场营销领域,认同往往与身份相关,Reed et al.(2012)将认同界定为:消费者自我关联的任何一种分类标签,在该标签下面一个人非常明确他如何思考、感觉、行动以及想成为怎样的人[1]。当人们认同的客体为文化理念、文化符号、风俗习惯、伦理道德、制度等文化要素时,就形成所谓的文化认同。Wan & Chew(2013 年)认为文化认同即个体自我与某种文化的心理联系[2]。郑晓云(2008)将文化认同定义为,"人类对于文化的倾向性共识与认可",并认为文化认同表现为对文化的归属意识,能作为文化意义上的"我"与"他"之间的区分边界[3]。董青、洪艳(2015)认为文化认同是个体对某一特定文化特征接纳的程度,表现为个体对最能体现某一群体的事物和价值的肯定性认知[4]。台湾学者黄吉村、刘宗其(2005)从文化认同、广告中介效果与品牌态度的结构关系模式入手,将文化认同界定为"对异国文化的态度,反映在认知、情感与行为三个成分上之高低程度"[5]。马向阳、王烨纯(2015)从区域视角将文化认同定义为,"基于区域内成员和外部观察者对该区域内文化的显著特征共识而建立起来的集体认同"[6]。

文化认同的主体可以是个人,也可以是群体,其本质与认同的本质并无差别,

---

[1] Reed A., Forehand M. R., Puntoni S., Warlop L. Identity-based Consumer Behavior [J]. International Journal of Research in Marketing, 2012, 29(4), 310—321。

[2] Ching Wan, Pony Yuen-Ga Chew. Cultural Knowledge, Category Label, and Social Connections: Components of Cultural Identity in the Global, Multicultural Context [J]. Asian Journal of Social Psychology, 2013(16): 247—259。

[3] 郑晓云:《文化认同论》,中国社会科学出版社 2008 年版。

[4] 董青、洪艳:《媒介体育接触与中国文化认同研究》,《北京体育大学学报》2015 年第 11 期。

[5] 黄吉村、刘宗其:《文化认同下异国形象广告效果之探讨——以哈日风潮为例》,《中山管理评论》2005 年第 2 期。

[6] 马向阳、王烨纯:《品牌文化认同对区域品牌产品购买意向影响研究》,《河北工业科技》2015 年第 1 期。

仍包含同一性与独特性两大内涵，基于同一性，个体能与他人、群体能与其他群体分享共有的文化要素；基于独特性，个体与他人、群体与其他群体相互区别。目前学术界对文化认同并无统一界定，基本上根据研究目的和需要提出针对性的定义。对于非物质文化遗产的文化认同的内涵，王媛、胡惠林（2014年）提出：从广义上讲，非物质文化遗产的文化认同主要指对非物质文化遗产的文化价值认同和以非物质文化遗产为载体的文化身份认同。从狭义上讲，非物质文化遗产的文化认同主要指人们对非物质文化遗产自身的认同问题。认同的价值内涵指向包括血缘、地缘、族群、宗教、情感等诸多方面[1]。结合上述研究，本文认为："非遗"产品文化认同是指消费者在对"非遗"产品表现形式和文化内涵做出肯定价值判断基础上，进而对"非遗"产品及其背后所承载的文化身份产生喜好、归属、自豪等情感的一种态度评价。但是，消费者的"非遗"产品文化认同具有哪些构面？又受哪些因素影响？现有理论研究并未给出很好解答，还需进一步从质性访谈中加以明晰。

三、研究方法与数据来源

本研究采用半结构化的焦点访谈方式（Problem Centered in Depth Interview，PCI）收集数据，目的是厘清消费者"非遗"产品文化认同的结构及其影响因素。开展访谈之前拟定的提纲如下：（1）访谈对象是否了解什么是"非遗"产品？是否有"非遗"产品的购买经历？如没有，则访谈终止，如有，则继续。（2）在什么情境下购买该"非遗"产品的？（3）花费情况和了解该"非遗"产品的渠道。（4）为什么要购买该"非遗"产品？（5）访谈对象对该"非遗"产品的文化认同包含哪些方面？（6）哪些因素会有利于或不利于该"非遗"产品的文化认同？（7）是否会继续购买或向人推荐？为什么？（8）访谈对象的人口统计学资料。（9）访谈对象认为还有什么需要补充的问题。

访谈采用面对面和电话两种方式，访谈时间为2016年7—8月，被访谈者主要分布于福建和浙江两省市（其中福建省的访谈者70%来自全国其他省市，目前在福建工作、学习），访谈人数是43人，每位访谈对象的访谈时间在20—30分钟之间，所有访

---

[1] 王媛、胡惠林：《文化认同：非物质文化遗产存续发展的核心机制》，《福建论坛（人文社会科学版）》2014年第10期。

谈由作者自己完成。具体访谈对象的信息汇总见表1。

表1 访谈对象人口统计信息汇总

访谈对象背景		总数	百分比（%）
性别	男	16	37.2
	女	27	62.8
年龄	18—25	15	34.9
	26—35	18	41.9
	36—45	8	18.6
	46—55	2	4.6
学历	专科	3	7.0
	本科	21	48.8
	硕士	11	25.6
	博士	8	18.6
职业	教师	10	23.3
	公务员	2	4.7
	事业单位员工	6	13.9
	企业员工	16	37.2
	学生	8	18.6
	自由职业者	1	2.3

四、概念整理与模型建构

本研究在质性资料分析过程中借助NVIVO 10软件进行辅助分析。NVIVO 是 Non-numerical Unstructured Data by Techniques of Indexing Searching and Theorizing 的简称，是一种目前应用最广泛的基于扎根理论原理的质性分析工具。NVIVO 具有丰富的操作选择，如文档预备（可输入纯文本、截面多格式文本、音频、图片等），编码（归纳或演绎、在活体内或由研究者界定、手动或自动等），检索（通过节点、文档、文本、矩阵、属性等进行检索），与备忘录、文档、节点和视觉表征的动态连接（如编码条形图、模型的运用等）（Bringer et al.，2004）[1]。该软件一般的分析环节如下：创建项目（Project）；进行内容编码（Coding），创建节点，进行概念整理，建立概念之间的关联；构建模型（Models），在此基础上形成理论。NVIVO 10 版本在资料导入、编码、概念梳理等整个过程均可提供中文处理。

[1] Joyd Bringer，Lynne H. Johnston，Celiah H. Brackenridge. Maximizing Transparency in a Doctoral Thesis1: The Complexities of Writing about the Use of QSR*NVIVO within a Grounded Theory Study[J]. Qualitative Research，2004，4（2）：247—265。

（一）创建项目并导入资料

NVIVO进行资料分析首先要创建项目。本研究所确立的项目名是"非遗产品文化认同分析"。NVIVO中的项目材料可以包括内部材料、外部材料和备忘录三种。本研究的项目材料主要是该项目的原始数据和资料，包括43名访谈对象的访谈文档、访谈录音，导入于内部材料中。还有与研究内容相关的一些参考资料导入于备忘录中。为了便于管理，将43位访谈者分成6组，对应6个访谈记录文档。

（二）对材料内容进行编码

NVIVO提供"编码"功能，以收集有关特定主题及题目的材料。在质性研究中会建立大量的码（Code），在NVIVO中称为节点（Node）。本研究建立的节点以自由节点和树节点为主。自由节点是与其他节点没有清晰逻辑连接的独立节点。树节点是按层次结构编录的节点，可以从顶部的一般类别（父节点）到更具体的类别（子节点）。本研究选用在编码时创建节点的方法，即按照材料内容在文档中选择一定长度的句子、段落或者词语，将其导入到新创建的自由节点中。每一段文字可以建立多个节点，同一节点可以有不同的参考点（Reference）。为力求材料分析的准确，对访谈记录内容预先进行整理、讨论与分析，并结合相关文献提取概念，建立自由节点。如果一段文字涵盖了几个节点，则分别标记为不同的节点。如有访谈对象表达："安徽合肥三国古遗址——三河古镇流传着羽毛扇、牛角梳等工艺。我购买过牛角梳并亲身经历制作过程。牛角梳是一款有特色的旅游纪念品，价格从六十几到一百多都有。牛角梳的手工制作工艺历史悠久，在消费过程中，可以进一步使人了解三国时候的一些历史，能够体现三国时期的文化内涵，其精神文化内涵和DIY的制作过程使消费经历更有意义。还可以根据自己的喜好，设计牛角梳的形状，让自己制作的牛角梳独一无二……"（马×，安徽，21岁；牛角梳）像这段内容就标记了"非遗产品""产品文化内涵""历史悠久""手工制作""个性化"5个自由节点。

编码实际上是由研究人员针对所搜集的材料进行主观判断与分类，因此在整个研究过程中，编码是否具有信度就显得格外重要。因此，针对每个访谈记录，分别检验了个人评分信度和不同人员的评分信度。个人评分信度方面，作者在2016年8月中旬和下旬分别对6个访谈记录进行两次自由节点编码，前后时间间隔14天，编码的平均一致性在0.9以上，其中访谈记录 2 的编码一致性为 0.901，访谈记录 5 为 0.952，其余 4 个访谈记录的编码一致性介于这两者之间，说明个人评分再测信度较高。不同人员评分信度方面，采用的计算方法是：

$$R = \frac{N(A)}{1+(N-1)A}$$

其中，

$$A = \frac{\sum_{i<j}\frac{2M_{ij}}{n_i+n_j}}{N}$$

N 为编码员人数，A 为平均相互一致性程度，n 为节点数，M 为编码员间节点相同的个数。包括作者在内的两名编码员于 2016 年 8 月分别对 6 个访谈记录的自由节点进行编码。陈怡静等（2010 年）主张两位以上研究者编码分类结果的相同程度大于 0.8，则表示具有一致性及可信度[1]。作者与所邀编码员对 6 个访谈记录进行编码的一致性状况见表 2（A 和 B 分别代表两位编码人员）。

表 2　节点编码的评分信度

访谈记录	记录 1	记录 2	记录 3	记录 4	记录 5	记录 6
A 节点数	25	31	36	28	27	31
B 节点数	27	27	31	25	28	30
AB 相同数	21	24	27	21	23	25
一致性程度	0.808	0.828	0.806	0.792	0.836	0.820
评分信度	0.894	0.906	0.893	0.884	0.911	0.901

该表显示 6 个访谈记录的评分者信度都在 0.8 以上，编码员之间相互一致性的可靠度符合要求，为具有较高信度的节点编码。对于不一致的节点编码，提取节点及其参照内容，与市场营销和消费行为领域的博士生反复讨论，并根据节点内容对节点名称进行必要修改，最后归纳访谈记录文档的全部自由节点 65 个，并在此基础上形成自由节点编码的内容及其参照点的汇总报告。

（三）概念整理及关系分析

建立自由节点类似于开放性编码的过

---

[1] 陈怡静、胡学诚、庄焕铭：《以顾客角度探究国内 3C 连锁商店的服务接触机能》，《辅仁管理评论》2010 年第 17 卷第 1 期。

按单词相似性聚类的节点

- 便利性
- 欣赏
- 心理需求
- 产品的地域差异
- 地域内外差异
- 媒介影响
- 文化认同感
- 地域认同感
- 归属感
- 娱乐
- 对当地历史文化感兴趣
- 能理解表现的形式
- 亲身体验
- 所属的民族
- 自豪感
- 观看制作、表演过程
- 买来送人
- 口碑
- 产品吸引力
- 好奇
- 怀旧情感
- "非遗"产品
- 了解和接触渠道
- 消费情境
- 表现形式
- 产品外观
- "非遗"传承人
- 参照群体影响
- 产品价格
- 产品特色
- 产品功能
- 产品知名度
- 产品制作工艺
- 产品原真性
- 产品质量
- 收藏价值
- 装饰价值
- 产品文化内涵
- 个人喜欢
- 传承
- 受众群体
- 便于携带
- 分享
- 关注
- 衍生品
- 与现代科技结合
- 了解专业知识
- 学习相关知识
- 品牌发展阻碍
- 不理解"非遗"（产品）概念
- 个人文化程度影响认知
- 阶层差异
- 接触机会
- 保护
- 传统的形式
- 政府支持
- 增加阅历
- 购买意愿
- 向人推荐
- 原产地
- 个性化
- 历史悠久
- 手工制作
- 产品实用性
- 纪念意义

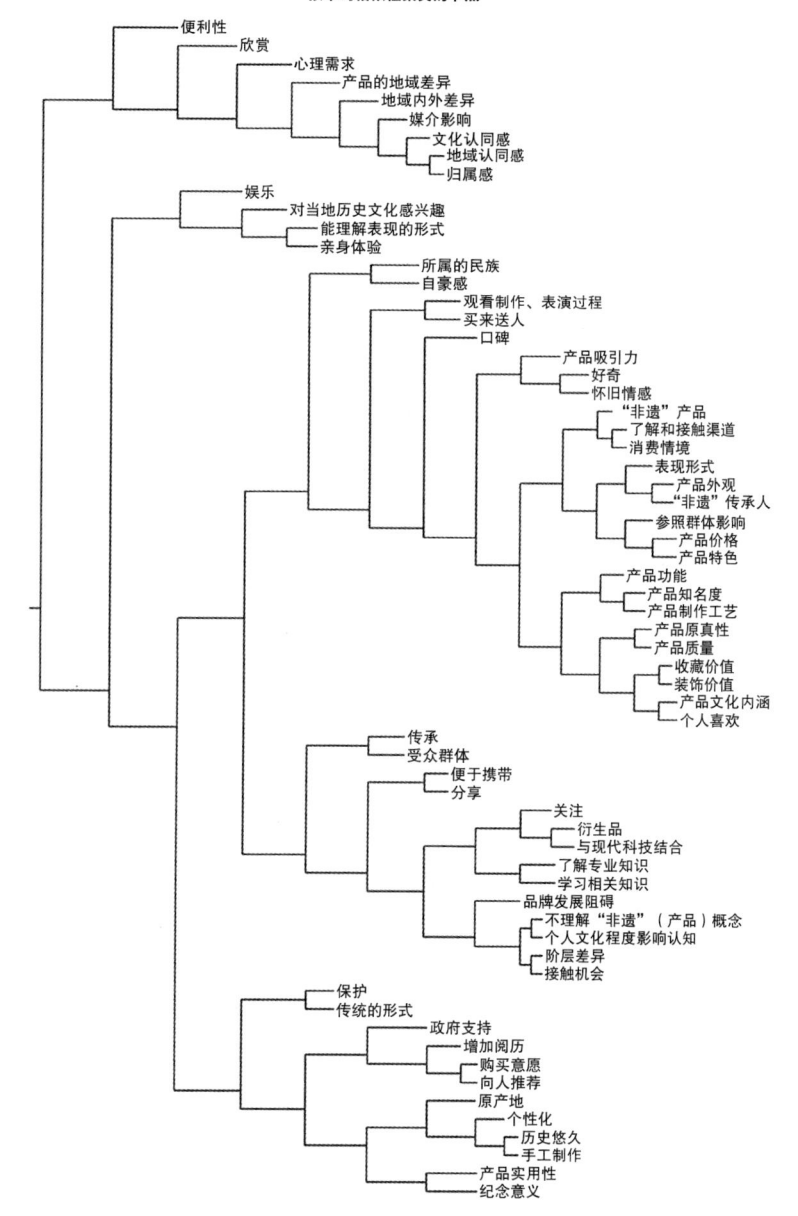

图 1　NVIVO 对节点的聚类分析

程，通过对收集到的资料进行初级分析，将资料内容贴上类别标签。但是，这时自由节点尚是分别独立的概念，不能反映节点之间的关系，因而需要在自由节点基础上，运用 NVIVO 进行概念整理。概念整理实质上是将相关或类似性质的概念合并归类成更高一级的概念和范畴，挖掘它们之间的关系，在扎根理论的解释中通常称为主轴编码和选择性编码，

NVIVO软件操作表现为通过图表、模型和其他可视化技术建立树节点以及自由节点之间的关系。本研究使用NVIVO的聚类分析功能对共享相似词、属性值或编码的节点进行可视化分组。聚类依据为单词相似性，使用相似性度量选择Person相关系数，生成树状示意图如图1所示。

本研究在聚类分析基础上对自由节点进行反复比较，抽取核心概念和范畴形成树节点。对相似或同类型的自由节点进行合并，建立新的树节点；将有包含关系的自由节点分别整理到树节点的"父节点"和"子节点"中。在自由节点基础上，建立父节点7个，子节点61个，见表3。主要的树节点包括：消费外部环境、购买目的、"非遗"产品认知、消费情感反应、行为意愿、"非遗"消费群体等。

在建立树节点的基础上，还需进一步分析节点之间、节点和项目之间的关系。具体表现为：第一，树节点"'非遗'消费群体"与"'非遗'产品认知、消费情感反应、行为意愿、购买目的"之间存在关联关系；"'非遗'产品认知、消费情感反应、行为意愿"之间也存在关联关系。第二，子节点"对当地历史文化感兴趣、分享、个人喜欢、个性化"等与树节点"购买目的"之间存在结构关系；子节点"地域认同感、好奇、怀旧感、文化认同感"等与树节点"消费情感反应"之间存在结构关系；子节点"产品的地域差异、产品功能、产品价格、产品实用性"等与树节点"'非遗'产品认知"之间存在结构关系；子节点"消费者地域内外差异、个人文

表3 访谈材料的树节点及子节点

树节点	子节点
消费外部环境	便利性、参照群体影响、了解和接触渠道、媒介影响、消费情境、政府支持
购买目的	对当地历史文化感兴趣、分享、个人喜欢、个性化、纪念意义、买来送人、收藏价值、心理需求、欣赏、学习相关知识、增加阅历、装饰价值、娱乐、了解专业知识
"非遗"产品认知	便于携带、表现形式、不理解"非遗"（产品）概念、产品的地域差异、产品功能、产品价格、产品实用性、产品特色、产品外观、产品文化内涵、产品吸引力、产品原真性、产品知名度、产品制作工艺、产品质量、口碑、历史悠久、衍生品、与现代科技结合、原产地
消费情感反应	地域认同感、好奇、怀旧感、文化认同感、自豪感、归属感
行为意愿	购买意愿、关注、亲身体验、向人推荐
"非遗"消费群体	消费者地域内外差异、个人文化程度、阶层差异、所属的民族、受众群体
其他	保护、传承、"非遗"产品、"非遗"传承人、观看制作/表演过程、品牌发展阻碍

化程度、阶层差异"等与树节点"'非遗'消费群体"之间存在结构关系。子节点"便利性、参照群体影响、了解和接触渠道、媒介影响"等与树节点"消费外部环境"之间存在结构关系。子节点"购买意愿、关注、亲身体验、向人推荐"等与树节点"行为意愿"之间存在结构关系。第三，树节点"消费外部环境""购买目的"与树节点"'非遗'产品认知""消费情感反应""行为意愿"之间存在过程关系。

（四）模型建立

NVIVO 软件可以通过建立概念上的关联，绘制出概念图或关系图，使节点或文档的内容变得可视化。依据前部分对树节点及其相互关系的判断，本研究尝试构建"非遗"产品文化认同及其主要影响因素的模型，试图揭示文化认同对"非遗"产品消费的影响机理，具体如图 2 所示。模型由三部分构成，左侧是"非遗"产品文化认同的影响因素，包括消费者环境因素、购买目的等方面。中间部分是"非遗"产品文化认同的主要体现：消费者对"非遗"产品的认知、情感反应以及行为意愿。右下角是"非遗"消费群体，反映了不同消费群体对"非遗"产品文化认同的差异。

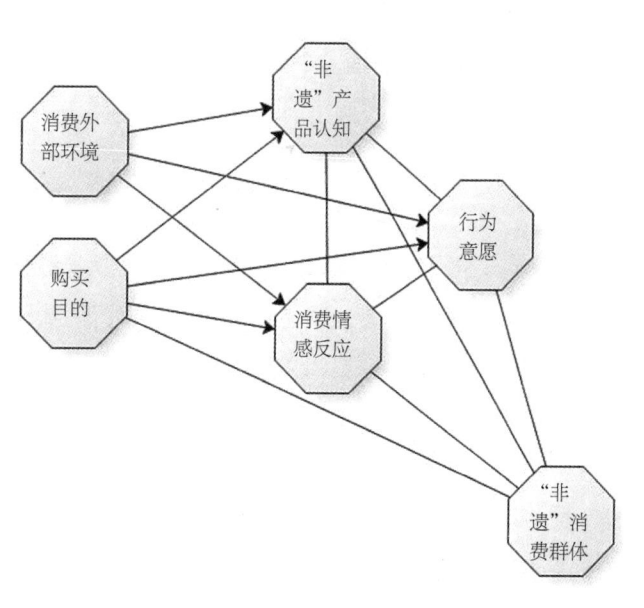

图 2 "非遗"产品文化认同维度及其影响因素

五、"非遗"产品文化认同的维度与影响因素

(一)"非遗"产品文化认同的维度

通过访谈结果分析,"非遗"产品文化认同的确具备态度的性质,包含了认知、情感、评价、行为等维度,这与西方营销领域主流研究结果基本一致。但是,这些维度并不能单纯从社会认同的群体层面去看,它们同时也涵盖了个人的认同层面。具体维度分析如下:

1.产品认知

"非遗"产品具有原创性,决定了其具有独特性、唯一性、不可再生性、不可替代性和稀缺性。在文化产品市场,独具原创性的"非遗"项目和产品比较容易获得文化标识力、社会认同感和市场竞争力,从而得到消费者的认可。但是,"非遗"产品是一个复杂的概念,文化认同也比较学术化,一般的访谈对象理解起来很困难,他们较多从产品本身的属性,如质量、造型、特色、知名度、表现形式、文化内涵等去理解,如访谈对象表示:"……糖画整个制作过程都可以看到,可以体验到朴素的视觉享受,还可以拍照分享给别人……可爱美观的造型很有吸引力……"(林×,海南,20岁;糖画)"……一方好的砚台、制作精良的墨或者毛笔,乃至宣纸,感觉蕴含了很多匠人的心血,有文化底蕴的价值在里面……"(卓××,福建,34岁;笔墨纸砚)"非遗"产品的认知是文化认同的基础,许多访谈对象往往先对产品的形式、内容、制作/表演过程等产生了正面的价值判断,才开始认同其他方面。产品认知维度是消费者能够区辨"非遗"产品与其他产品的基础,反映出消费者对于"非遗"产品某个特定属性或整体的信念。

2.情感反应

"地域认同感、文化认同感、自豪感、归属感"等节点反映消费者对"非遗"产品的文化、地域情感承诺,以及通过追求文化传承、民族自尊等更积极的文化身份评价来提升自己的文化认同程度。"非遗"产品蕴含的遗产要素承载着某一具体族群的历史记忆、祖辈传承、情感价值、信仰价值等,这些珍贵的价值使族群内成员获得一种情感上的共鸣与依恋。因此,消费者对"非遗"产品所在地的历史文化往往表现出一定的兴趣以及归属感,如访谈对象表示:"……灯谜谜面中含有许多与地方文化有关的内容,猜灯谜过程中可以增强对地方文化的了解与认同感……"

（杨××，贵州，21岁；灯谜）"……充分感受到泉州戏剧文化的有趣及魅力，一个小小的木偶充满了文化内涵……"（郑××，福建，25岁；提线木偶）"非遗"产品涉及民间文化的诸多方面，在精神内核、艺术价值、历史价值及舆论导向上都比较正面和积极，反映出中华民族千百年民间智慧的光辉成果，是本土民间文化的精华。经过时间的洗礼，"非遗"产品多数具有良好的声誉，能获得消费者的认可和信赖。而相关"非遗"代表性项目名录和代表性传承人的公布，也在某种程度上提升了"非遗"产品的知名度，增强了民众对"非遗"产品的文化认同感。在访谈时发现，部分消费者对"非遗"产品会感到一种自豪感，同时也希望"非遗"产品在现代社会能够变得更好，也即消费者具有追求积极自我评价和群体自尊的倾向："……'非遗'产品具有丰富的文化内涵，与现代科技结合更具有吸引力……"（贾×，河北，20岁；布袋戏）"……主要认同泉州南音传统的形式及其对中原文化的传承……南音脚本可以用现代语言来写，才能方便外地人学习与了解，让传统更好发展……"（林××，福建，36岁；南音）

3.行为意愿

"购买意愿、关注、亲身体验、向人推荐"等节点体现了"非遗"产品文化认同的行为意愿成分。文化认同的行为成分反映出消费者对"非遗"产品做出特定反应的倾向。通过"非遗"产品的消费经历，对"非遗"产品产生一些基本了解之后，消费者往往会伴随一系列的行为意愿，诸如购买、关注、推荐等，如访谈对象表示："……觉得戏曲有利于提高文化素养和文化内涵，会对泉州的戏曲演出保持持续关注……"（张××，福建，20岁；梨园戏）当然，在"非遗"产品文化认同过程中，行为意愿是一种行为趋势，可以先于认知和情感的发展，如消费者在没有认知和情感的情况下尝试购买或体验了某项"非遗"产品，进而加深对它的了解，并产生认同感，而这些情感、认知成分，反过来又促进了个体的行为倾向和行为方式，如访谈对象表示："……通过学习，对古琴有了更深的了解。学习古琴之后，会想要向别人推荐古琴，自己也会更加关注古琴，如果有机会还是会继续接触古琴……"（宋××，江西，21岁；古琴）

（二）"非遗"产品文化认同的影响因素

通过访谈资料的分析，影响"非遗"产品文化认同的因素包括消费情境因素、产品因素以及消费者自身因素等方面，其中比较突出的具体因素有参照群体影响、媒介影响、内外群体差异、产品类型等。

1. 参照群体影响

Rimskii（2011）将认同视为个体通过交流形成的社会角色的一种感知，个体通过实践形成对现实行为与评价的刻板印象[1]。符号互动论也强调了个体如何通过互动塑造认同，其将焦点集中在个体自身及个体之间发生的行动上，也即当人们与他人互动时，会产生不同的视角，并反过来决定了个人如何解释情境，最终影响人们如何采取行动。Wan & Chew（2013）认为个人与家庭、朋友与同事之间会相互传递共享的文化知识，通过这种特定的社会关系，个人与文化产生联系，并更倾向于认同该文化。"非遗"产品一般具有比较久远的历史传承和良好的声誉，消费者对"非遗"产品的消费往往伴随某种认可或口碑，从而产生信息性影响，这些影响在家人、朋友、同辈的人际交往中容易相互感染，如访谈对象表示：

"……主要是受周边朋友影响，还喜欢它自身的美以及承载的文化积淀，同时（紫砂壶）具有增值的可能性，具有投资价值……"（何××，福建，34岁；紫砂壶）

2. 媒介影响

在当下社会，媒介体验在个体的认同构建中不仅仅是一个边缘角色，其地位与作用越来越重要，有时甚至居于中心地位（Kluszczyński，2013年）[2]。Langmia（2016年）认为，当社交媒介上各方分享共有的社会、文化内容时，就能够产生有意义的交流。当人们具有互动基础或共享群体时，群体之间的信任就会产生。因此，当虚拟与现实相吻合时，认同就会在编码者与解码者之间建构起来。这种认同经过验证与确认，现实世界的普适社会文化规范就会在网络上展示出来，从而在交流者之间产生"我们"的概念[3]。从大众媒介角度，随着生活品质的提升和文化内需的显著增长，"非遗"产品作为承载民族记忆的活态文化产品，日益受到全社会的关注和重视，也是社会舆论比较关注的焦点，相关的媒介报道可能影响消费者对"非遗"产品的文化认同。从社交媒介角度，也存在许多"非遗"产品微信公众号、

---

[1] Rimskii V. The Influence of the Internet on Active Social Involvement and the Formation and Development of Identities [J].Russian Social Science Review，2011，52（1）：79—101。

[2] Ryszard W. Kluszczyński. Experience-Memory-Identity. Media Experiences as the Foundations of Hybridized Identity[J].Art Inquiry，2013（15）：31—45。

[3] Kehbuma Langmia. Social Media "Teleco-presence" Theory of Identity[J].The Journal of Social Media in Society，2016，5（1）：265—290。

虚拟社区等，如不少访谈对象都表示会通过社交媒体获取"非遗"产品信息，并进而影响他们的文化认同："……从小喜欢传统文化，平时会关注泉州的地方微信公众号，了解泉州的公益性戏曲演出消息……"（张××，福建，20岁；梨园戏）"……自己本身对地方文化有较大的认同感，会通过关注地方微信公众号了解地方文化……"（杨××，贵州，21岁；灯谜）

3. 内外群体差异

非物质文化遗产是社区或群体传递其世界观、文化认知精髓的特定表现模式（Skrzypaszek，2012年）[1]。"口述传统、语言、表演艺术、社会实践、仪式和节庆活动"等创造性的表达方式包含着非常多动态和流动的记忆，个人在这些根深蒂固的记忆中发现他们身份的命脉（Trim，2011年）[2]。个体娱乐或消费文化遗产的过程中，"非遗"产品提供了一种不间断的认同感。一方面，"非遗"产品具有一定的社会性、地域性和文化性。任何一项"非遗"产品都体现了各民族社会传统文化的差异性、多样性和社会个性，即"非遗"产品具有"社会性"特征。同时，特定的"非遗"产品必然起源于、扎根于并流行于特定的地域，是一定地域群体的集体智慧，且这个地域范围也是其传播延续的主要基地。在自然环境和人文素养基础上，"非遗"产品成为该地域特定民间传统文化体系的重要组成部分。区域文化背景下文化多样性及其造成的文化心理差异构建了个体与特定区域之间的文化认同，深刻影响着区域及其成员之间的行为与交流模式。因此，消费者在接触、了解、认知本区域"非遗"产品过程中会产生个体或群体层面肯定的文化价值判断，也即会更注重内群体"非遗"产品相对于外群体产品的优点，认为内群体产品优于其他群体产品，如"……拜魁星公仪式会让外人感觉像是封建迷信，而本地人却认为没什么不对的，这是本地和外地的区别。拜魁星公是（本地）一种生活方式……"（郑××，福建，21岁；民俗）

4. 产品类型

按照国务院2006年公布的《第一批国家级非物质文化遗产名录》，"非遗"可以划分为民间文学、民间音乐、民间舞蹈、传统戏剧、曲艺、杂技与竞技、

---

[1] J. Skrzypaszek. Intangible Heritage and its Role in the Formation of Social and Personalidentity [J]. Theology Papers and Journal Articles，2012，p.49。
[2] Trim D.J.B. The Huguenots History and Memory in Transational Context Essay in Honour of Walter C. Utt [M].Leiden：The Netherlands，Hotei Publishing，2011，p.11。

民间美术、传统手工艺、传统医药、民俗等十大类。但是，该分类方法过于复杂和专业，而且"非遗"与"非遗"产品也不全然等同。通过访谈，在现实中大多数消费者并不能明确区分具体某项"非遗"产品的归属。因此，从满足消费者需求角度出发，可以将"非遗"产品分为精神需求型与功能需求型两类，前者如消费者可直接欣赏的民间音乐、民间舞蹈、传统戏剧、曲艺、杂技与竞技等，后者如传统手工艺、传统医药及其各种衍生产品等。访谈发现消费者对精神需求型"非遗"产品的文化认同度比较高，而功能需求型"非遗"产品，由于东西较小或价格较便宜等原因，消费者购买时并不会进行太深度的信息处理，涉入程度较低，导致他们文化认同程度也比较低，如访谈对象表示："……一般会买一些手工艺品，对于一些有保健功能、有实用功能的纪念品，那就更愿意去买。消费过程中的很少有认同或怀旧感，更多的是新奇……"（耿××，黑龙江，43岁；手工艺品）"……我买的是陶瓷材质的水仙花造型的工艺品……消费过程中没有产生认同或怀旧的感觉，只是单纯觉得美……"（孙××，河北，48岁；德化陶瓷）

六、结语

本研究基于消费者角度，借助 NVIVO 软件分析"非遗"产品文化认同的概念、维度及其影响因素，为"非遗"产品文化认同的后续研究奠定了初步的理论基础，同时也为"非遗"产品的现代生存模式提供了新的思路。对"非遗"产品传承人和生产企业来说，应进一步增强消费者对"非遗"产品的认知（如文化内涵的挖掘、表现形式的创新、声誉的维持、个性化等），增加他们的群体归属感（如建设爱好者交流社区、社交媒体产品营销等），沉淀消费者的情感承诺（增强"非遗"产品满意度、增强消费者的产品信念等），提升消费者的文化自尊（提升消费者对传统文化的自豪感、塑造"非遗"产品文化品牌等）。

限于研究条件和能力，本研究仍存在如下不足：（1）"非遗"产品文化认同感是对态度的一种测量，偏向于人的情感，比较抽象，且具有一定内隐性，深度访谈可能会错失访谈对象的表情和反应，因而访谈对象的文化认同感可能未被完全洞悉或发掘，以后可进一步加强访谈技巧的培训或借助神经科学工具作为辅助。（2）"非遗"产品是一个综合的概念，访谈涉及的"非遗"产品类型存在一定差异，访谈对象对其文化认同的效度可能存在偏差，后续可从产品类型或行业角度细化"非遗"产品的文化认同研究。（3）本研究是基于扎根理论的探索性的质性研究，"非遗"产品文化认同维度开发尚缺乏实证数据的检验，如能在此基础上编制量表，为营销领域"非遗"产品的实证研究提供一个较具针对性的测量工具，将使研究更具客观性和普适性。（4）本研究是"非遗"产品文化认同研究的初步尝试，今后可围绕"非遗"产品文化认同的驱动要素、对消费者行为（如购买意愿、产品忠诚、产品依恋）的影响效应等深入展开，从而使该方向的研究更具理论意义和实用价值。

泉州与沿线国家体育用品贸易概况及关系研究

李元／泉州师范学院

本文根据最新国际贸易中心数据统计和2011—2015年中国海关数据统计，采用行业内贸指数、贸易强度指数和HM指数，深入分析了泉州与"一带一路"沿线国家的贸易紧密度以及不同类别体育用品对各板块的市场依赖度。研究结果表明："一带一路"后，泉州与沿线国家间体育用品贸易关系的下滑趋势得到缓解；"21世纪海上丝绸之路"是泉州体育用品出口的主要线路；可充气的球、其他球，草地网球拍、羽毛球拍或类似球拍，一般的体育活动、体操或竞技用品是泉州出口"一带一路"沿线国家的主要类别，高依赖于东盟市场的类别为高尔夫球和其他滑雪器械，南亚一般的体育活动、体操或竞技用品，西亚及北非草地网球拍、其他乒乓球运动用品及器械和其他高尔夫球用具，蒙俄可充气的球，中东欧草地网球拍、其他滑雪器械。

泉州是21世纪海上丝绸之路的先行区，在丝路贸易中具备先行先试的功能属性。作为古代海上丝绸之路的东方起点，泉州凭借优沃的地理人文优势，自古以来与丝路沿线国家有着密切的经贸往来关系。随着国家"一带一路"倡议的提出以及各地区相关措施的出台，政府希望借力"一带一路"打破贸易壁垒，刺激国内经济蓬勃发展的愿景尤为广阔。丝路贸易也将逐渐由以往民间性、自发性、较零散的贸易状态升级到政策性、计划性、规模性的贸易行为。泉州也是全球重要体育用品制造业基地，肩负着打造福建"海丝"核心区优势新高地的希冀。泉州体育用品制造业发达，据福建省体育产业研究中心统计，截至2014年底，1594家规模以上体育用品生产企业实现产值约1956亿元，约占"海丝"核心区体育及相关产业经济总量的71.07%。在福建省体育产业"十二五"规划提及的"四带十一基地"中，泉州定位为现代体育装备制造业基地，确立以泉州为中心，晋江、南安为骨干的体育用品制造产业带。因此，泉州体育用品业属于"海丝"核心区中的核心体育产业。然而，在世界工厂向东南亚转移的大趋势下，泉州体育用品制造业首当其冲。部分体育用品制造中小企业规模性裁员停工，一些以贴牌生产为主的 ODM 小企业面临停产倒闭。世界产能转移令泉州体育用品制造业处于抱团取暖、共求发展的生存状态。"一带一路"倡议无疑为贸易出口打开连接希望与现实的窗口，是泉州体育用品制造业贸易生存的"强心针"，为泉州体育用品制造业的再次腾飞带来目标与方向。因此，研究泉州与"一带一路"沿线国家体育用品贸易关系，对于推进泉州体育用品制造业的协调发展，促进泉州体育用品贸易的可持续发展，进一步做好泉州产业发展政策与规划，构建 21 世纪海上丝绸之路先行区，打造"海丝"核心区出口新优势具有重要的现实意义。

目前，不少学者专家针对中国与丝路沿线国家的宏观贸易关系以及体育用品贸易进行了诸多研究，为体育用品贸易增长理论提供有力支撑。如，陈颇等（2009 年）对中国进出口贸易互动关系进行研究，认为体育用品出口贸易与我国进出口贸易、出口贸易、进口贸易存在较高关联度，同时进出口贸易、出口贸易是体育用品出口贸易增长的原因。但就中观层面分析探讨城市丝路贸易的研究不多，在指导丝路城市的贸易发展方面提供的借鉴经验有限。此外，丝路国家不存在明显的界限，对丝路国家的认定有一定的模糊性。部分学者对丝路沿线国家进行板块分割研究，为后者研究提供可贵的巨人之肩。如邹嘉龄等（2015 年）把丝路 64 个国家划分成蒙俄、中东及西亚、东南亚、南亚、中亚、中东欧 6 个板块进行研究。在体育用品数据收集方面，国外学者 Madeleine Andreff、Wladimir Andreff（2009 年）通过提取 COMTRADE 数据对全球体育用品贸易特征进行分析，具体深入到运动服、风衣、体操器材的贸易。由于中国海关数据分类和编码方式与国际存在一定的差异性，运动鞋、运动风衣等体育用品很难纳入体育用品的统计范畴，而中国是运动鞋服重要出口国，体育用品进出口数据的完整性存在缺口。现阶段体育用品数据处于无限接近完整、部分反映整体的状态。如，王兆红、钟华梅（2014 年）通过整理国务院发展研究中心的数据资料，提出我国八类体育用品的出口贸易中，运动用球类器材器械的出口贸易竞争力比较优势较弱，体育用品制造业总产值与体育用品出口竞争力呈显著负相关等观点。

在此背景下，本文以泉州体育用品制造业特色为落脚点，发展泉州与"一带一路"国家贸易为前提,基于大量数据分析,采用贸易强度指数、产业内贸指数及 HM 指数研究法等,重点通过体育用品进出口贸易量来揭示泉州与沿线国家的贸易紧密程度、贸易强弱及互相贸易的依赖程度,分析泉州与沿线国家的贸易关系,以此为基础提出促进泉州与丝路沿线各国的体育用品贸易发展的对策,并为做实"一带一路"倡议、促进中国与沿线国家多双边合作提供科学依据。

一、研究范围、方法和数据来源

(一)研究范围

"一带一路"是开放型的国际区域经济合作网络,基于但不限于古丝绸之路的范围。为便于研究,本文设定的研究范围包括"一带一路"沿线 65 个国家。根据其地域属性大致划分为"丝绸之路经济带":蒙俄及中亚 5 国、独联体 6 国、中东欧 16 国、"21 世纪海上丝绸之路"的东盟 10 国、南亚 8 国、西亚及北非 18 国等 7 个板块。

(二)研究方法

1. 行业内贸指数

行业内贸指数(Intra-Industry Trade Index,IITI),可以用来测量泉州与丝路国家体育用品行业的贸易程度,以说明该行业有互补性的贸易需求,具体公式如下:

$$IITI_{jk} = 1 - [SUM_j|(X_{ijk} - M_{ijk})/|(X_{ijk} + M_{ijk})|] \quad (1)$$

式中:X_{ijk},M_{ijk} 分别代表国家 j 的 i 行业向国家 k 的出口和国家 j 中的 i 行业向国家 k 的进口。行业内贸易指数(IITI)的值应该介于 0—1 中间,当 $IITI= 0$ 时,该产业不存在行业内贸易;当 $IITI= 1$ 时,该行业存在最大化的产业内贸易;如果 $IITI= 0.5$ 时,表示该国具有平均的行业内贸易指数值。

2. 贸易强度指数

贸易强度指数(Trade Intensity Index,TII),可以用来衡量泉州与丝路沿线国家贸易联系的紧密程度,其计算公式如下:

$$TII_x = \frac{X_{ij}/X_i}{M_j/M_w - M_i} \quad (2)$$

式中：X_{ij}, X_i, M_j, M_i, M_w 分别表示 i 国对 j 国的出口额，i 国出口额总和，j 国的进口额总和和，i 国进口额总和以及世界的进口总额。如果贸易强度指数小于1.0，表明泉州与丝路国家的贸易联系松散；如果等于1.0，则与世界其他国家的联系程度平均；如果大于1.0，说明与丝路国家的贸易联系紧密。贸易强度指数越大，双边贸易的联系程度越紧密。

3. HM 指数

HM 指数（Hubness Mea-surement Index）适用于相互贸易依赖程度测算。该指数由 Baldwin（2003 年）提出，以测算 FTA 网络中的潜在轴心国。公式为：

$$HM_j = \frac{X_{ij}}{X_i} \times \left(1 - \frac{M_{ij}}{M_j}\right) \quad (3)$$

式中：X_i, M_j, X_{ij}, M_{ij} 分别表示 i 国的总出口额，j 国的总进口额，i 国到 j 国的出口总额以及 i 国从 j 国的进口额。HM_j 的值主要用于衡量 i 国出口对 j 国市场的依赖程度。该值介于0—1之间；当 HM_j 指数越接近1.0时，表明 i 国出口对 j 国市场的依赖程度越大，反之亦然。

（三）数据来源

本文以2013年为研究"一带一路"前后贸易关系的时间节点，采用的数据主要包括两部分。一是2011年、2013年、2015年"一带一路"沿线国家体育用品对全世界的出口数据和全世界体育用品的出口总额；二是2011年、2013年、2015年泉州体育用品对"一带一路"沿线国家及全世界的进出口数据。其中，前者来自国际贸易中心数据库（International Trade Centre），后者来源于中国海关信息网。

二、"一带一路"前后泉州与沿线国家体育用品贸易概况及演变

（一）泉州体育用品贸易总体概况

泉州是全球主要的体育用品制造基地之一，体育用品贸易以出口为导向，占进出口额比重的绝大部分。2015年，中国体育用品进出口额1128030.87万美元，出口额1058711.10万美元；泉州体育用品进出口额666.57万美元，出口额665.55万美元。在出口额占进出口比重方面，泉

州以占比 99.84% 高于全国 93.85% 的比重，凸显了泉州作为体育用品重要生产区域的独特性。对比 2015 年厦门、深圳等国内重要体育用品生产基地的出口贸易情况发现，泉州、厦门、深圳三个地区体育用品占贸易出口总额比重分别为 0.28%、3.40%、0.42%，明显高过全国 0.07% 的比重。泉州地区体育用品出口额远低于厦门地区的 112891.96 万美元和深圳地区的 115954.67 万美元，属三者中最低，且与 2014 年福建省体育产业研究中心统计的 1956 亿元产值形成极大的反差。为何泉州地区体育用品出口额远不及产值的表现呢？究其原因，厦门和深圳地区有着巨大的港口优势，且各自拥有保税区和保税政策。而泉州海关隶属于厦门海关，厦门的港口优势和出口税收政策分流了泉州出口的体育用品。换句话说，港口优势的不足限制了泉州体育用品业巨大产能的输出。在泉州港口优势得到充分发掘后，泉州体育用品出口贸易状况将得到质的提升，有能力超越厦门和深圳等地。

（二）"一带一路"前后泉州与沿线国家体育用品贸易演变

1. 进出口贸易额变化

泉州体育用品制造业为本土中低端市场提供了充足的产品支持，进口产品更倾向于高技术含量、高品牌溢价的中高端产品，对象多为拥有世界顶级品牌、具备更先进生产技术的美国、德国、日本等发达国家。"一带一路"沿线以发展中国家为主，在世界体育用品需求市场进一步扩大的大环境下，"一带一路"沿线国家的体育用品进口额由 2011 年从泉州对"一带一路"国家体育用品行业内贸指数可以看出，2011—2015 年，泉州与"一带一路"沿线国家总体的 IITI 指数皆为 0。2011 年，泉州与各大"一带一路"板块的 IITI 指数为 0；2013 年，泉州与中东欧的 IITI 指数为 0.04；2015 年，泉州与各大板块的 IITI 指数也为 0。因此，泉州与"一带一路"沿线国家几乎不存在体育用品行业内贸易，没有互补性的贸易需求。

泉州体育用品出口额以约 1.4 倍的年速度保持增长，2015 年出口额约 63659080 美元。而"一带一路"前后，泉州与沿线国家体育用品出口贸易总额呈"V"形增长的态势。2011 年为 6822981 美元，2013 年小幅下降至 6508074 美元，2015 年大幅增长至 8493327 美元。从板块出口层面分析，东盟、南亚、西亚及北非是泉州最大的贸易伙伴，其次为蒙俄、中东欧，再次是独联体和中亚。由此可知，相对于"丝绸之路经济带"，泉州与"21 世纪海上丝绸之路"沿线国家的贸易联系更为密切。

（1）2013年后，泉州体育用品对南亚、西亚及北非的出口贸易额增速明显高于其他"一带一路"板块，半数板块的出口贸易额呈负增长。（2）泉州与东盟、蒙俄维持着较稳定的贸易关系。近年来，东盟出现较平稳的下滑，虽仍居出口贸易量首位，与南亚、西亚及北非的差距在逐步缩小。蒙俄的出口贸易量虽不大，但呈缓慢增长的态势，深层是归因于俄罗斯联邦对泉州体育用品进口的增加。（3）泉州与中东欧、中亚和独联体的体育用品出口贸易处于低水平，较2013年前出现不同程度的下降，出口贸易额进一步萎缩。

2. 商品结构变化

2011—2015年，泉州对"一带一路"国家体育用品出口分类日益丰富，呈新旧交替态势。体育用品贸易分17个大类，泉州与"一带一路"国家贸易涉及其中的11大类，分别为：可充气的运动用球、其他运动用球，滑水板、冲浪板及其他水上运动器械，高尔夫球、其他高尔夫球器械，乒乓球用品及器械，草地网球拍、羽毛球拍或类似球拍，溜冰鞋及旱冰鞋（包括装有冰刀的溜冰靴），其他滑雪器械、一般的体育活动体操或竞技用品及设备等。一般的体育活动体操或竞技用品及设备、羽毛球拍或类似球拍、草地网球拍、可充气的运动用球、其他运动用球五类与泉州保持着连续、稳固的出口贸易关系，是泉州体育用品出口"一带一路"沿线国家的传统类目。一般的体育活动体操或竞技用品及设备、羽毛球拍或类似球拍这两类的贸易之和占据着出口贸易额的绝大部分。2011—2013年一般的体育活动、体操或竞技用品及设备出口贸易额稳步增加，2015年出现粗放式的增长；羽毛球拍或类似球拍出口贸易额处于递减区间，递减趋势明显。自2013年起，高尔夫球、其他高尔夫球器械、溜冰鞋及旱冰鞋（包括装有冰刀的溜冰鞋）是2013年增加的出口分类，其贸易额不大，但发展趋势较为平稳。此外，2015年新增乒乓球用品及器械、其他高尔夫球用具、其他滑雪器械和滑水板、冲浪板及其他水上运动器械几类产品。

三、泉州与"一带一路"沿线国家体育用品贸易关系的分析

（一）体育用品贸易强度指数分析

泉州与"一带一路"国家的贸易强度指数总体下降，与"21世纪海

上丝绸之路"沿线国家的贸易紧密性明显要强于"丝绸之路经济带"。泉州作为全球体育用品制造业的重要基地，与"一带一路"沿线国家保持着频繁的体育用品贸易往来。2011年、2013年、2015年泉州与"一带一路"沿线国家的TII指数分别为1.99、1.11、0.94。2011年的贸易联系最为紧密，2013年略高于世界贸易联系平均水平，2015年在平均线以下。由此可知，出口贸易额的增长和产品类别的丰富只停留于表面，实质上泉州与"一带一路"沿线国家的贸易联系程度正由紧密转变为疏松状态。泉州与"21世纪海上丝绸之路"板块（东盟、南亚、西亚及北非）的贸易联系紧密，TII指数保持在1.00以上；与"丝绸之路经济带"（蒙俄、中亚、中东欧、独联体）的贸易关系疏松，TII指数小于1.00。

通过分析还发现：（1）东盟是造成贸易关系疏松的最大源头。根据2013—2015年贸易强度指数的变化情况，"一带一路"国家整体的TII指数下降0.17。虽然东盟是泉州重要的贸易输出板块，但在所有板块中，东盟下降幅度最大，TII指数下降了1.31。其余下降板块依次为：中亚0.46、独联体0.19、中东欧0.16。不难看出，东盟是影响整体TII指数下降的主要原因。（2）南亚贸易紧密性最为坚挺。可以看出，2015年南亚超越东盟成为贸易联系最紧密板块，泉州对南亚TII指数一直维持在2.0以上，贸易关系非常紧密。在2013年至2015年贸易关系上升板块中排名第一，TII指数增加了0.93，高于西亚及北非的0.21，大幅度领先蒙俄板块的0.85。因此，南亚板块可视为泉州最为密切的体育用品出口贸易伙伴。（3）蒙俄板块在"丝绸之路经济带"中最具发展潜力。蒙俄板块TII值由2011年的0.03上升至2015年的0.40，中亚、独联体、中亚板块在2013年上升至3年中的最高水平，之后呈下降趋势。说明泉州与蒙俄的贸易关系逐渐加强，贸易潜力明显强于其他三个板块。

（二）体育用品分类贸易依赖程度分析

为进一步揭示泉州与"一带一路"沿线国家的体育用品贸易关系，通过HM指数法分析各分类贸易层面的贸易依赖性，以区分不同分类行业贸易需求。泉州对"一带一路"总体的出口HM值由2011年的22.04%降至2015年的13.34%，总体依赖程度减弱。2013年前的分类除可充气的球和一般的体育活动、体操或竞技用品的依赖程度加深，其余各类有所减弱。2013年后的新增分类中，除高尔夫球、溜冰鞋及旱冰鞋（包括装有冰刀的溜冰靴）减弱，其余皆有不同程度的加深。总体上看，泉州体育用品出口对新增分类的依赖程度高于传统分类。此外，在出口总额保持增长的前提下，对"一带一路"市场依赖度的减弱，表明泉州对全球市场的开拓能力增强。

1. 东盟。"一带一路"板块中，泉州对东盟市场的依赖程度最高，主要集中在其他球、羽毛球拍或类似球拍、高尔夫球、其他滑雪器械4类产品。受东盟"世界工厂"崛起的影响，东盟贸易依赖度整体走低。羽毛球拍或类似球拍分类首当其冲，2011年的HM值是25.60%，至2015年仅为9.48%。但2013年后东盟进口多元性增强，高尔夫球、其他滑雪器械的逆势带头增长。说明东盟与泉州之间已经建立起密切的贸易合作关系，泉州体育用品的出口优势未被全面取代。

2. 南亚。2011—2015年，泉州对南亚出口的体育用品分类停留在可充气的球、其他球、草地网球拍、羽毛球拍或类似球拍、一般的体育活动体操或竞技用品，其间没有发生新变化。2013年后，随着泉州对南亚市场的贸易依赖关系逐步加深，对此5类产品的依赖度有不同程度的增加。其中，一般的体育活动体操或竞技用品的增长尤为明显，HM值由2011年的4.57%上升至2015年的8.15%。说明"一带一路"下，泉州与南亚体育用品贸易保持着稳定的出口关系，但泉州缺乏对南亚市场的开拓能力。

3. 西亚及北非。2013年前后，泉州对西亚及北非市场的依赖程度由回落至上升的趋势明显。2013年前，泉州对西亚及北非出口的体育用品主要是可充气的球、其他球、草地网球拍、羽毛球拍或类似球拍、一般的体育活动体操或竞技用品，这点和东盟、南亚保持一致。近年来，泉州对草地网球拍、其他乒乓球运动用品及器械和其他高尔夫球用具等品类的依赖程度较高。还可以发现，2013年后除了出口分类更加丰富，各个分类的贸易依赖程度皆有加深。说明"一带一路"后，泉州与西亚及北非的体育用品贸易关系正朝积极面不断推进。

4. 蒙俄和中东欧。泉州对蒙俄以及中东欧市场的依赖性不高，HM取值在0.1%—1%之间。可充气的球和一般的体育活动体操或竞技用品是出口蒙俄的主要品类。其中，可充气的球的HM值在"一带一路"各板块中得分最高，2015年的HM值为5.29%。草地网球拍、其他滑雪器械是泉州出口中东欧的主要品类。草地网球拍的HM值与西亚及北非相当，其他滑雪器械的HM值要高于其他板块。由此说明，泉州草地网球拍和其他滑雪器械出口倚重中东欧市场，而可充气的球更依赖于蒙俄板块。

5. 中亚和独联体。泉州体育用品出口贸易不依赖于中亚和独联体市场，HM 值在 0.1% 以下，大部分品类的 HM 值为 0。2011—2015 年，泉州与之有过贸易的品类也不具备出口连续性。"一带一路"的影响甚微，泉州体育用品贸易对中亚和独联体市场发展空间十分有限。

四、结论与政策建议

（一）结论与讨论

1. 泉州与沿线国家间体育用品贸易关系的下滑趋势得到缓解。随着全球体育用品需求的持续旺盛，体育用品出口的竞争态势日益突出。泉州体育用品出口全球的范围虽进一步扩大，却未阻止泉州与"一带一路"沿线国家贸易紧密度的下降，"一带一路"前尤为明显。"一带一路"后，沿线国家在泉州体育用品贸易的地位不断提高。越来越多的沿线国家与泉州建立体育用品贸易合作关系，促进泉州体育用品出口贸易额的稳定增长，并进一步优化出口商品结构，从而推动泉州体育用品出口贸易的积极发展。

2. "21 世纪海上丝绸之路"是泉州体育用品贸易出口的主要线路。泉州作为 21 世纪海上丝绸之路的先行区，与"21 世纪海上丝绸之路"国家贸易更具备政治和经济上的地缘性，而地理位置和交通便利性等原因限制了泉州与蒙俄、中亚、中东欧、独联体等板块的贸易发展。值得一提的是，在"21 世纪海上丝绸之路"沿线国家中，泉州与南亚、西亚及北非的贸易关系逐渐加深，而东盟疏松度日益加大，这与东南亚制造业的崛起有密不可分的联系。

3. 在泉州体育用品分类出口方面，"一带一路"沿线国家的潜力产品各有不同。可充气的球、其他球、草地网球拍、羽毛球拍或类似球拍、一般的体育活动体操或竞技用品是泉州出口"一带一路"沿线国家的主要商品。泉州出口东盟的潜力商品为高尔夫球和其他滑雪器械；南亚是一般的体育活动体操或竞技用品；西亚及北非是草地网球拍、其他乒乓球运动用品及器械和其他高尔夫球用具；蒙俄为可充气的球；中东欧为草地网球拍、其他滑雪器械。

（二）政策建议

为更好地结合"一带一路"倡议促进泉州体育用品贸易及地方制造业发展，提出以下政策建议：

1. 增强泉州与"21世纪海上丝绸之路"的贸易联系。泉州体育用品出口对"21世纪海上丝绸之路"沿线国家的依赖程度高,应时刻关注沿线各国家的贸易政策变化。充分发挥泉州"海丝"起点城市的优势,依靠既有的双多边机制,借助南南合作组织、中国—东盟中心以及中巴经济走廊、孟中印缅经济走廊的建设,维护与"21世纪海上丝绸之路"各国良好的贸易合作关系,进一步强化贸易关系。

2. 加快泉州与"丝绸之路经济带"的贸易通道建设。贸易便利化程度限制了泉州与"丝绸之路经济带"的体育用品贸易发展空间。作为海上丝绸之路先行区,应积极开发泉州国际化港口功能,设立独立的对外办公港口,建设体育用品综合保税区,并强化泉州海上贸易与陆地贸易的衔接功能,做实"先试先行",逆转现实中存在的劣势。利用"联合国海陆丝绸之路城市联盟"创始成员的优势,增强泉州与丝路联盟城市间的贸易关系,实现互联互通、互惠互利,促进泉州与"丝绸之路经济带"沿线各国的经贸发展。

3. 鼓励泉州体育用品企业发掘对"一带一路"沿线国家的出口项目,对特色项目给予政策支持和补助。特色项目应具备较大的贸易发展潜力,能够促进泉州体育用品出口的发展和延续。此外,鼓励泉州企业在出口时进行减免税的申报,通过与"一带一路"沿线国家之间的政治协商,简化减免税商品的审查步骤,缩短审查时间,降低企业的通关成本,提高泉州体育用品出口竞争力。

参考文献

[1] 陈颇、赵恒、夏崇德:《体育用品出口贸易与中国进出口贸易互动关系的实证研究》,《北京体育大学学报》2009年第3期。

[2] 陈子锐:《我国体育用品出口贸易的现状与对策探析》,《国际经贸探索》2008年第3期。

[3] 公丕萍、宋周莺、刘卫东:《中国与"一带一路"沿线国家贸易的商品格局》,《地理科学进展》2015年第5期。

[4] 邹嘉龄、刘春腊、尹国庆、唐志鹏:《中国与"一带一路"沿线国家贸易格局及其经济贡献》,《地理科学进展》2015年第5期。

[5] 向一波:《中国装备制造业的出口依存度及对外市场的需求弹性研究——基于行业面板数据的分析》,《财经研究》2012年第2期。

番薯传入泉州及对当地社会发展的影响

陈桂炳／泉州师范学院

明代万历年间自海外传入农作物番薯，是明清时期中国社会生活领域颇具革命性的事件之一，对我国的农业生产、社会经济、饮食结构乃至精神生活等许多方面都产生了深远的影响。

泉州是我国较早引种番薯的地区之一，探讨番薯传入泉州及对当地社会发展的影响，不仅具有学术价值，更具有现实意义。

一、番薯于明代万历中期传入泉州

（一）泉州地方文献资料中有关番薯传入本地的早期记载

1. "明洪武二十年"说（《朱里曾氏房谱》《赤店乡土志》《毅轩杂志》）。

2. "明洪武年间"说（《嘉坡店古今》）。

3. "明万历年间"说：

"明万历二年"说（《凤翼萧氏家谱》）；

"明万历甲申、乙酉间"说（《亦园脞牍》《灵水吴氏族谱》）；

"明万历二十二年"说（《安海志》）；

"明万历三十三年至三十四年"说（《万历惠安县续志》）；

"明万历四十年之前"说（明万历版《泉州府志》）；

"明万历中""万历间"说（《闽书》《闽小记》《安海志》）。

4. "明天启"说（《清初莆变小乘》）。

5. "明季始入"说（清道光版《晋江县志》《清初莆变小乘》）。

6. "清康熙间传入番薯新品种"说（《范氏族谱》）。

（二）笔者以为番薯大致于明代万历中期传入泉州

番薯于明代万历年间传入我国，这是目前多数人的看法。通过对上述所搜集到的泉州地方文献资料进行梳理和研究，笔者以为：就目前而言，要明确断定番薯传入泉州的具体时间是困难的，大致可以认为番薯于明代万历中期（万历十七至三十三年）传入泉州。番薯自海外传入泉州并不是一次性完成的，其后又有新的品种传入。

二、番薯传入后对晋江社会发展的影响

（一）因地制宜，优化粮食作物结构

番薯传入后，由于它适应性强，产量高，因此得到迅速推广，当地的传统粮食作物结构也相应地发生了新的变化。番薯传入前，地方志记载泉州"论五谷重稻"；番薯传入后，地方志即改称"薯米麦豆"。随着番薯的广泛传播，薯苗的需求量很大，晋江等地还出现了专门的圩场。

（二）物美价廉，改善百姓日常饮食

番薯不仅物美，而且价廉。每当灾荒发生时，番薯在赈灾救荒方面的作用特别突出。番薯还可进一步加工及综合利用，如用番薯酿造的番薯酒，历史上曾长期（改革开放后逐渐少见）流行于泉州广大沿海地区；磨渣积淀后的番薯粉，成为泉州不少风味小吃的辅料或主料；番薯还可以和米蒸做糕、做饼；等等。

（三）入境成俗，丰富民众精神生活

番薯引种到泉州后，还丰富了泉州民众的精神生活。如在民俗文化方面，形成了与番薯有关的民间传说、常用型民间俗语等；对泉州人吃苦耐劳、敢于闯荡的人文性格形成，也产生了很大的影响；对地方民间戏曲的影响，在明清梨园戏剧目文本中亦有不少情节提到番薯。

（四）雅俗共赏，进入文人写作视野

番薯传入后，不仅得到广大百姓的热烈欢迎，而且也引起重视民生的开明士大夫的关注与颂扬，并选为文学创作的题材。如古代何乔远（1557—1631）作长文歌颂番薯；近代吴增（1868—1945）以番薯为题，写了《番薯杂咏》197首，都是七绝。

（五）因薯得福，村贤进宫分享香火

被认为是最早引种番薯到家乡的人，是"有功德于民者"，会被奉为民间俗神加以祭祀。如明代晋江人苏得道，即被民众奉为本村的境主神祇。

"一带一路"倡议与闽系体育品牌的国际化

易剑东 / 北京大学国家发展研究院　任慧涛 / 泉州师范学院

一、华人华侨与现代体育思潮引入中国

虽然中国体育文化源远流长，可以推至千年之前，但现代体育精神及其思潮出现在中国，是近代以来的华人华侨所引入的，其中，通过旧"海上丝绸之路""下南洋"的闽南华人华侨功不可没。华侨华人由于长期侨居海外，较早接触西方体育，同时对国内战乱四起、列强欺辱与民众羸弱深感痛惜，因此在身体力行的同时，把西方体育技艺和知识向侨乡引进推广。从20世纪初开始，闽南地区的华侨率先在家乡引进体育项目、捐建体育设施、赞助运动赛事、普及和传播竞技理念，对中国的体育事业进步影响深远。例如早在1912年，旅菲晋江毓麟校董事会曾委派姚章胜从菲律宾返乡主持校政。姚氏在此期间即在晋江的毓麟小学建有开展足球、篮球、排球、乒乓球及田径运动的设施。著名爱国华侨陈嘉庚先生在1921年就号召"应有健全之身体与精神，方可为社会服务，荷国家仔肩"，为了使体育活动发展正规化，课外活动普遍化，他花重金聘请体育专家来学校指导教学。福建的晋江也是全国著名的侨乡，其海外110余万华侨华人，1946年，以晋江籍同乡为主的群声篮球队还曾经获得全菲篮球赛的冠军。正是这种特殊的关系，推动了晋江侨乡篮球运动的深入发展。1965年，以晋江籍为主的福建男篮在北京邀请赛中以"小个打大个"，连克北方身材高大的篮坛劲旅，曾经受到主管体育的贺龙副总理的称赞。

海外华侨华人与闽粤侨乡展开了多重互动，资助民间体育社团组织等各种体育公益善举，丰富了侨乡人民文化体育生活，弘扬了体育公益慈善文化，自下而上推动了现代体育在侨乡的发展，可以说，当今福建地区篮球、排球等体育项目的活跃，是有深厚的历史背景的。

二、运动精神、契约精神与现代社会发展

契约精神是指存在于商品经济社会并由此派生的契约关系与内在原则，是一种自由、平等、守信的精神，它要求社会中的每个人都要受自己诺言的约束，信守约定。现代体育运动之精神不仅与契约精神有相通之处，还能通过身体游戏、体育竞赛的方式来培养企业精神。可以说，从本质上来讲，现代体育运动本身是西方发达国家培养现代经济、管理人才的一种方式，尤其是篮球、足球和排球等团体型运动项目。

作为现代体育的引入地，参与现代体育项目，让闽南人认识到家族协作、团队合作的重要性，也为福建泉州、厦门等地带来了现代市场经济活动中的契约精神的认同与遵守，这种经验认知转移到现代，成为我国南方社会文化、经济文化和生活文化中的核心理念，从物质、制度到思想层层浸润，帮助南方各个侨乡有力地纳入到全球产业现代化进程之中。例如，福建有一句影响全球的口号，叫作"爱拼才会赢"，就包含着丰富的运动精神与契约精神的共融，同时，这也是福建省民营经济如此发达的命脉和根基。

三、泉州：四大国家战略的耦合之地

提及国家战略，"海峡西岸经济区"和"一带一路"可能更为大众所熟悉。在"一带一路"倡议中，泉州市被定位为"建设21世纪海上丝绸之路先行区"，以及"中国制造2025"的延伸和地区性示范区。为了配套"一带一路"倡议，泉州市政府先后编制完成了《泉州市21世纪海上丝绸之路先行区建设总体方案》和《泉州市建设21世纪海上丝绸之路先行区行动方案》。

此外，在2014年10月，《国务院关于加快发展体育产业促进体育消费的若干意见》，将"全民健身"上升为国家战略。2015年11月，党的十八届五中全会公报中将建设"健康中国"上升为国家战略。同时，2016年10月，中共中央、国务院联合印发《"健康中国2030"规划纲要》，将其定位为"全面建成小康社会、基本实现社会主义现代化的重要基础，全面提升中华民族健康素质、实现人民健康与经济社会协调发展的国家战略"。

为什么说泉州是四大国家战略的耦合之地，首先，泉州是"海上丝绸之路"的起点。其次，是"海峡西岸经济区"的重点口岸。而"全民健身"

和"健康中国"将与体育产业息息相关。

体育产业是体育及相关产业的总称，它是以体育健身休闲、体育竞赛表演和体育用品制造与销售为主营业务，同时对旅游、商业、会展、建筑、通讯、新闻出版、广播电视、游戏动漫、网络等产业具有显著拉动和辐射作用的综合产业链。随着世界经济的不断发展，人们生活质量得以迅速提高，体育活动在世界范围内得以广泛开展，体育产业成为名副其实的朝阳产业。在体育产业发达的北美、西欧和日本，体育产业的年产值已经进入了国内十大支柱产业之列。

泉州是我国古代"海上丝绸之路"的起点，首届东亚文化之都，文化积淀深厚、港澳台侨优势突出、民营经济活跃、县域经济发达、产业聚集明显、品牌优势突出、城市宜居和谐。截至2014年年底，全市体育用品生产企业超过4000家，1594家规上企业实现产值约1961亿元，占全市规上工业总产值的18.4%。体育上市公司有19家，拥有65项国家级体育运动品牌。2007年晋江市被国家体育总局命名为"国家体育产业基地"，2015年7月泉州市获国家发改委、国家体育总局批复为全国35个体育产业联系点城市之一。

随着我国经济增长进入新常态，扩大内需尤其是扩大消费成为推动经济平稳增长主要着力点。体育产业作为国民经济新的增长点，具有发展潜力大、辐射范围广，关联度高、带动作用强，资源消耗低、附加值高等特征。一方面，体育产业自身发展蕴藏着巨大的消费需求和市场潜力；另一方面，体育产业作为关联度极高的"上游产业"，可与国民经济的诸多产业产生渗透和融合，显示出较强的乘数效应。而且体育产业所具有的文化、教育、娱乐、休闲等多种正向累积价值，使其成为促进社会进步与发展、提升文明水准的重要力量。

四、发挥闽系体育品牌特殊优势

一是国家战略和产业政策优势。除了上面四大国家战略带来的红利之外，2010年3月《国务院办公厅关于加快发展体育产业的指导意见》，2014年10月《国务院关于加快发展体育产业促进体育消费的若干意见》，这些政策的出台充分体现了国家对大力发展体育产业的高度重视，进一步提升了体育产业在国民经济发展中的地位。尤其是2015年8月，福建省人民政府发布《关于加快体育产业发展促进体育消费十条措施》，提出：

"到2025年，全省体育产业总规模达到1万亿元，努力保持全国领先水平。"该意见的出台，将为福建省体育产业发展带来无限生机和活力。

二是产业集群优势。近年来，福建省体育产业取得了快速发展，2014年福建省体育及相关产业经济总量和规模继续稳居全国第一，2752.01亿元产业规模和经济总量在全国处于领先地位，已经初步形成了以体育用品制造和销售业为主干、龙头和品牌企业大规模集聚、区域特色明显、比较优势突出的体育产业发展路径和模式。比上年增长12.1%，从业人员达到69.97万人，实现增加值880.02亿元，占全国体育产业增加值的21.8%，体育产业总量和占增加值比重均居全国首位。随着发展规模的扩大和劳动生产率的提高，体育产业已逐渐成为海峡西岸经济区国民经济新的增长点，现已成为全国最具影响力的体育用品生产加工企业的集聚地，并拥有安踏、特步、361°、匹克、鸿星尔克、乔丹等一批有实力体育用品企业品牌。

三是营销路径和代理渠道优势。目前，闽系体育品牌已经形成了成熟的赞助营销模式，同时，还在各个国家形成了较为流畅的代理商结构和渠道。例如安踏自2009年起至今，连续七年成为中国国家奥委会的官方合作伙伴，并独家提供中国奥运代表团领奖服，以及体操、柔道、拳击、跆拳道、赛艇、皮划艇等领域中国国家队的里约奥运会比赛装备。舒华成为奥运会器材官方供应商，并入驻里约奥运"中国之家"，为全体中国参赛队员提供健身装备。匹克则沿袭赞助世界各国家奥委会国家队和运动员的传统，赞助了津巴布韦、新西兰、塞浦路斯等十余个国家的奥运服装。除了赞助中国游泳队和自行车队、希腊和南非奥运代表团，361°还获得里约奥运会的官方供应商资格，成为首个奥运会官方合作伙伴的中国体育品牌。

四是中国冬奥会经济优势。目前我国大型体育赛事发展十分迅猛，诸如马拉松、自行车赛等方面的国际赛事纷纷落户中国，其中最为重要的是2022年冬奥会的成功申办，这为我国体育品牌进行奥运营销提供了世界平台。目前，国际奥委会正在积极推动赞助商参与"奥林匹克主义在行动"计划、开展全球特许计划、加强全球合作伙伴（TOP）和国家（地区）奥委会的合作、拓展奥运品牌的非商业用途等方案。因此，建议闽系体育品牌通过以下6种策略介入北京2022冬季奥运会的营销：第一，成为全球赞助商；第二，介入筹办事务；第三，与赞助商合作；第四，助力城市运行；第五，参与冬奥会衍生服务；第六，抓住群众冰雪运动商机。

"一带一路"背景下科举文化遗产的研究与保护

李润强 / 甘肃省委党校

自古以来，连接亚洲、非洲和欧洲的丝绸之路既是一条通商互信之路、经济合作之路，也是一条文化交流之路、文明对话之路。今天，丝绸之路已经超越了作为商路和交通线的单纯定义，成为一种精神的象征。它不仅见证了中华文明所崇尚的包容与开放，还遗留下大量珍贵的文化遗产。从隋唐以来形成的科举制度及其独特的文化现象和文化遗产，就是其中的一个代表。

一、"一带一路"倡议为科举文化遗产带来新的机遇

1. 科举制度曾经对世界产生了深远影响

科举制度不仅对中国古代的政治、社会、经济、文化、教育、军事、宗教、民俗等多个领域产生过重大而深远的影响，而且，也对世界文官考试制度的发展进程起到了推进作用。从唐代开始，中国科举制度就陆续被引入丝绸之路沿线的一些国家和地区，并逐渐形成了巨大影响。朝鲜元圣四年（788年），新罗国模仿唐朝的明经科，开始设立"读书出身科"，至李朝时期，全面实行科举制度，并完善了乡试、会试、殿试三场考试制。越南李朝时期（1009—1225），效仿北宋科举制度，首开科举考试，其后，考试科目、考试内容、考试文体、考试程序、录取方式等等，都与中国别无二致，科举制度一直延续到阮朝启定四年（1919年）才被废除。18世纪以后，随着西方传教士和外国使节频繁来华，西方人对科举有了逐步了解。后来，在对科举赞不绝口的颂扬声中，欧美国家纷纷仿效，借鉴中国科举制度建立起了世界近代文官考试制度。

2. 科举制度形成了独特的科举文化现象

1300年来，随着科举制度的推进，科举文献和科举文物大量出现，

广泛分布于全国各地，形成了特有的科举文化现象。近年来，学术界整理研究科举文献，出版了数量较多的成果；[1]2009年，还成立了中华炎黄文化研究会科举文化专业委员会；全国各地重视科举文化资源的搜集保护，新建了上海中国科举博物馆、北京科举匾额博物馆和南京中国科举博物馆等专门的文博单位；同时，科举文化旅游也成为全国各地旅游开发和文化产业发展的一个新亮点，社会效益和经济效益引人注目。

3.科举文化遗产的研究、管理、保护、申遗迎来新机遇

长期以来，中国高度重视丝绸之路沿线各种文化遗产的保护，2006年和2012年，国家文物局两次将海上丝绸之路列入中国世界文化遗产预备名单，泉州、宁波、北海、福州、漳州、南京、扬州、广州和蓬莱9个城市的50多个遗产点名列其中。尤其是2013年习近平总书记提出"一带一路"倡议，赋予古老丝绸之路以崭新的时代内涵，为"一带一路"沿线文化遗产保护工作带来了新的机遇，2014年6月，"长安—天山的廊道路网"就被联合国教科文组织列入《世界遗产名录》。所以，传承弘扬"丝绸之路精神"，促进不同文明的包容互鉴，进一步深化与沿线国家的文化交流合作，就必须充分发掘沿线国家深厚的文化底蕴，尤其要深入研究、积极申报像科举制度这些对东亚乃至世界文明产生重要影响的珍贵文化遗产。

二、科举文化遗产的重要价值

1.记录着民族的文化传统，承载着华夏的历史记忆

科举制度是中国古代通过分科考试选拔官员的制度，始创于隋朝大业元年（605年），确立于唐朝，完备于宋朝，兴盛于明清，至清光绪三十一年（1905年）废除，历时1300年。千百年来，从科举制度之中产生了700余名状元，11万余名进士，成千上万名举人，其中包括许多古代伟大的政治家、思想家、史学家、文学家，如唐代的王维、颜真卿、柳公权、韩愈、柳宗元、刘禹锡、白居易，宋代的欧阳修、司马光、王安石、苏东坡、包拯、朱熹、文天祥，明代的王阳明、海瑞、张居正、汤显祖、徐光启，清代的郑板桥、纪晓岚、钱大昕、林则徐、曾

---

[1] 代表性成果，如刘海峰、李兵《中国科举史》，东方出版中心2004年版；张希清、毛佩琦、李世愉主编《中国科举制度通史》，上海人民出版社2015年版。

国藩等,代表着中华民族古代知识分子的精神风貌。不管是从制度的传承,还是从中选拔出人才的史实政绩,科举制度都记录着中华民族厚重的文化传统,承载着华夏文明悠久的历史记忆。

2. 批判继承传统文化,增强民族文化自信

科举制度虽然因诸多弊端在清末被废止,但是,在全世界范围内产生了巨大影响,古代的日本、韩国、越南等国都纷纷效仿,实行科举考试选拔人才,尤其是科举对世界的现代文官考试制度发展进程起到了推进作用。19世纪末美国在华传教士丁韪良(1827—1916)在《中国环行记》中谈到科举制度时说,"科举是中国文明的最好方面","它的突出特征令人钦佩,这一制度在成千年中缓慢演进;但它需要(就如它将要的那样)移植一些西方的理念以使之适应变化了的现代生存环境。当今在英国、法国和美国正在取得进展的文官考试制度,是从中国的经验中借鉴而来的"。[1]孙中山先生也认为,"现在欧美各国的考试制度,差不多都是学英国的。穷流溯源,英国的考试制度原来还是从中国学过去的。所以,中国的考试制度就是世界上最古最好的制度"[2]。今天,我们通过批判继承科举制度中的合理成分,对于保护传统文化、增强文化自信、促进社会进步具有积极意义。

3. 考察传统学校和考试制度,为现代教育改革提供有益借鉴

自宋元以来,科举制度以"四书""五经"等儒家经典为主要内容选拔人才,学校成为科举的第一个阶梯。尤其学校教育与科举考试的整合,极大激发了人们勤奋读书的热情,读书人数急剧上升,中央官学、州县学、书院及各种私塾空前发展,文化教育得到了比较全面的普及,有力推动了社会文化水平的提高。例如,书院作为古代独特的教育机构,将藏书、教学与研究结合起来,兼备官学与私学的特征,书院制度与科举制度相始终。其中,北宋时书院以讲学为主,南宋时逐渐成为学派活动的场所,当时有江西庐山的白鹿洞书院、湖南长沙的岳麓书院、河南商丘的应天府书院、河南登封的嵩阳书院"四大书院",有宋一代书院多达数百所。至明代,书院发展到1200余所,如江苏无锡东林书院、江西南昌豫章书院、广东增城大科书院等。清代书院达2000余所,如江苏苏州紫阳书院、福建福州鳌峰书院、陕西西安关中书院等,大部分书院与官学无

---

[1] [美]丁韪良:《花甲忆记》,沈弘等译,广西师范大学出版社2004年版,第223页。

[2] 孙中山:《孙中山全集》第5卷《五权宪法》,中华书局1985年版,第498页。

异。光绪末年，各省书院大多改为大学堂，各府厅的书院改为中学堂，各州县的书院改为小学堂，书院制度有力地促进了古代教育的繁荣与发展。

4.研究古代人才选拔机制，促进现代公务员制度的完善

科举制度的出现，替代了此前的世袭世禄制，打破了血缘世袭关系和世族对政治的垄断，科举考试坚持比较公正地衡量人才、选拔人才的标准，为中小地主阶层和平民百姓通过科举入仕提供了一个公平竞争的环境，使大批出身寒门的优秀人才脱颖而出，这是古代选官制度的一个重大改革。唐代选拔官员时，举子通过礼部考试考中进士之后，还不能直接授予官位，必须再通过吏部选官的关试，考核进士的身、言、书、判，这个标准涉及长相体貌、言辞表达、书法优劣、判词逻辑等内容。合格者方由吏部上报，再由门下省反复审核方才授予官职。严格的身份和能力的审核，确保新任官员有过硬的综合素质。至明代，考虑到南北方教育水平的实际差距，制定了"南北卷制度"，后来发展到全国设南、北、中三大录取片区，实行地区上的录取平衡，以照顾教育落后地区的考生。明清时期，成为进士先后要通过由州府主持的童试、各省主持的乡试、礼部主持的会试和名义上由皇帝主持的殿试四场考试，严格的程序有利于选拔文化素质较高和行政能力较强的人才进入官员队伍[1]。还有，科举制度采取的一些有效防止舞弊的手段，如糊名制、锁院制、誊录制、考官回避制等，对于今天公务员考试制度的进一步完善，都有借鉴意义。

三、科举文化遗产研究保护面临的难题

1.对科举文化遗产认识不足，研究有待进一步深化

由于科举制度涉及范围十分广博，包括历史学、政治学、哲学、文学、社会学、经济史、地理学、军事学等方面，虽然近年来学术研究方兴未艾、成果丰富，但是，有关研究仍有待扩展和深化，正如厦门大学刘海峰先生所言，"既可以作科举通史的研究，也可以作断代科举研究；既可以作全国性的总体研究，也可以作分省分地的区域研究；既可以对中央政府的正统科举进行主体研究，也可以对割据政权或农民政权的旁系科举作比对研究；既可以作国别研究，也可以

---

[1] 李润强：《清代进士群体与学术文化》，中国社会科学出版社2007年版。

作中国与韩、越、日等国的比较研究;既可以对状元鼎甲进士人物进行微观的个案研究,也可以对举人秀才童生阶层进行宏观的群体考察;既可以对某一家庭或宗族延续的科举链条进行跟踪调查,也可以对某一学派或朋党形成的科举环节加以推敲解释……"[1]但是,这些方面的研究,还有赖于专家学者们进行深入探索并付诸实施。

2. 对科举文化遗产重视不够,保护与传承有待完善

由于科举制度本身存在的一些弊端,如明清时代的考试内容使科举成为束缚知识分子思想的枷锁,登第者通过师门关系在官场中互相拉帮结派、官官相护,导致了官场腐败事件屡有发生。所以,从清末废科举以来,一些人士对于科举始终抱有成见。事实上,科举制度是一把双刃剑,对其分析应该保持客观的态度,它既在一定程度上推动了当时知识分子的垂直流动、有利于社会稳定发展,但又巩固了封建王朝的腐朽统治;既在一定范围内确保了人才选拔的公平公正,但又压抑了古代知识分子的个性发展;既促进了经学研究和教育发展,但又抑制了古代科技发展和科技人才的培养。所以,对于科举制度及其文化的研究,应该是有扬弃的继承,取其精华、去其糟粕,使之为我们今天的教育考试制度改革和公务员制度改革提供有益借鉴。

3. 科举文物散落破损,缺乏必要的保护举措

从古至今,科举文物留存多样、品种繁多,包括历代题名碑录、诏令文书、书院遗址、科考试卷、蒙学课本、考试用书、诗文习作、考试器具、旌表匾额、逸闻传说等,千百年来散落各地,有的缺乏应有的保护。据《广州日报》报道,广东省中山图书馆原来是清代全国四大贡院之一——广东贡院的所在地,当年科举乡试的放榜就张贴在这堵墙上,所以这堵朱墙被读书人尊称为"龙虎墙"。龙虎墙右侧3米宽为土墙,在右下方有一块长方形石刻嵌入的痕迹,但后来石刻没有了。据说,这段石刻非常珍贵,记录了"龙虎墙"的建筑年代及完工时间等众多信息。右上方的土墙也缺了一大块,墙体斑驳残留很多凿痕。显然,虽然"龙虎墙"是见证广州科举历史的"活化石",但长期没有得到应有的保护。直到后来,"龙虎墙"被列入广州市第四次文物普查第一批登记保护文物单位,才得到人们的重视。[2]

今天在一些地方,科举文物依然四处散落、

[1] 刘海峰:《科举学导论》,华中师范大学出版社2005年版,第19页。
[2] 张影、梁相:《百年科举龙虎墙新晋广州市文物保护单位》,《广州日报》2005年10月20日。

损毁严重，尚未得到有力的保护。

4.科举申遗缺乏综合协调，尚未形成合力

申报世界文化遗产，需要以某个地区或某几个地区为主体，将具有特殊遗产价值的文物，向联合国教科文组织遗产委员会申请加入世界遗产。但是，由于科举涉及部门、地域和单位众多，文献文物又分布在全国各地，所以，虽然全国已经成立了几家科举博物馆，但都各自运作、分别布展，缺乏统一的协调部署，如果申报遗产，无法形成合力，虽有申遗之心，但无申遗之力。所以，需要有关部门成立专门机构，组织协调、整合资源、统一部署、形成合力，争取早日将科举申遗纳入全国规划。

四、加强科举文化遗产传承保护的思路与对策

1.综合利用多种手段，加大科举文化遗产的传承保护

由于科举文物分布广泛、形态多样，所以，要借助文物保护、自然与文化遗产保护、传统工艺美术保护、民间美术作品保护等多种手段，才能真正将科举文化遗产的传承保护落到实处。例如，近年来新建的南京中国科举博物馆，不管是场馆选址建设，还是文物收集保护，都调动了多种文化遗产的保护措施。它位于繁华地段夫子庙地区，总占地面积6.68万平方米，范围东至平江府路、南至贡院街、西至金陵西路、北至建康路，项目计划分两期工程实施，总投资约35亿元，仅科举博物馆本体建设投资约9.46亿元。该博物馆还从全国各地收集到历朝历代留下的殿试卷等各类试卷、状元进士匾额、木雕、石刻、器具以及反映科举考试制度的各类凭证、武举石等科举文物7000余件，海内外关注的14块国宝"进士题名碑"也将在这里展出。相信通过这些活动，不仅将重现明清时期科举考场的盛况，给人们展示科举文化的生动场景，而且，也会给科举文化遗产的传承保护提供难得的经验。[1]

2.创新研究思路和方法，加快科举文化遗产的挖掘与整理

由于科举制度的文献资料，至今广泛留存于各种典章制度、正史史料、逸文野史、文人别集、笔记小说之中，大量珍贵的文献资料有待发掘利用，科举研究具有广阔的发展前景。所以，科举文献的整理与研究，

---

[1] 吕宁丰：《中国科举博物馆一期年内开放》，《南京日报》2016年10月15日，第A02版。

"既可以用文物考古法对许多现存科举文物进行研究鉴定,又可以用社会调查法对民间口耳相传的有关科举民谚故事进行问卷分析;既可以对科举的利弊得失进行理论思辨,又有大量的科举人物统计资料可供实证分析;既可以从教育学的角度研究科举考试与学校书院的关系,又可以从政治学的角度研究科举与统治秩序和政权结构的关系;既可以从社会学出发研究科举与试馆和乡族籍贯的关系,又可以从文学史的视角研究科举与唐诗元曲和明清小说的关系"[1]。这些研究思路和方法,对于全面系统地阐述科举的历史,剖析科举制度对古今社会多方面的多重影响,探讨科举制度的启迪和借鉴,都具有重要的作用。

3. 结合文化旅游产业,拓展科举文化遗产的影响力

文化旅游产业是文化和旅游产业有机结合的产物,从近年来国内外经验来看,发展文化旅游产业,应该从文化产业和旅游产业的交叉点切入,探索文化产业和旅游产业深度融合的新渠道。科举文化旅游具有自身特色,保留至今的一些科举文物、遗址和地名,一些文人、进士传世的诗文书画作品和经久不息的传奇故事,都是各地老百姓熟悉的文化遗产。各地文化、旅游部门,应该在保护好这些珍贵文化资源的基础上,借助文化旅游产业这一载体,充分挖掘科举文化的内涵价值,释放蕴含其中的文化潜能,扩展科举文化在全国乃至世界的影响力。当然,也要确保各地科举文化旅游和景区文物的经营性收入中,有适当比例用于科举文化遗产的研究保护。

4. 利用现代传媒技术,开发"复活"科举文化遗产

据《中国文物报》报道,最近,国家启动"互联网+"战略和"互联网+中华文明"行动计划,鼓励各地文博单位和各类市场主体借助现代数字传媒技术,为遗产保护、研究和传播提供更多技术支撑,开发更多弘扬优秀传统文化的产品和服务,满足人民群众多元化的文化需求。科举文化遗产的研究保护应该积极抢抓这一历史机遇,借助互联网和信息化、数字传媒等技术,开发"复活"科举文化遗产。这些成果不仅可以为更多人提供直面科举文化遗产、连接历史的机会,也会大大促进文化遗产融入文化传承、创意、创新事业,让科举文化遗产对接最新现代数字传媒技术,加速让文化遗产融入现代生活。[2]

---

[1] 刘海峰:《科举学导论》,华中师范大学出版社 2005 年版,第 19—20 页。
[2] 傅斌:《文化复兴:古老的文化遗产对接最新现代数字传媒技术》,《中国文物报》2016 年 6 月 21 日。

5.联合重点地区和科研院所，形成科举申遗"两中心、三基地"和全国申遗联盟

北京作为全国科举考试最重要之地，举办过多次乡试、会试和殿试，故宫博物院、孔庙和国子监保存了大量珍贵的科举文物古迹，北京的胡同中也保留了不少科举文化与文物。北京大学、中国人民大学、中国社科院等高校、科研院所，有王戎笙、陈高华、吴宗国、张希清、毛佩琦、李世愉等在科举研究方面卓有成就的专家。科举制度在南京也留下了深刻的印记，如江南贡院、秦状元府、朱状元巷、秦大士故居、上江考棚、三元巷、吴敬梓故居等，一个个科举遗迹成为南京独特的文化优势资源。南京为了挖掘和保护科举文化遗产，还不遗余力征集、收藏了数千件科举文献珍品，南京大学还有一些科举研究的知名学者。厦门市自2005年以来，先后举办了两次"科举制与科举学国际学术研讨会"，厦门大学集聚了以刘海峰先生为代表的科举学方面的专家学者，发表了一些高水平的论著，成为名副其实的科举研究高地。以浙江大学龚延明先生为首的科举研究团队，依托重大项目"中国历代登科总录"，收集、整理了大量珍贵的科举史料，形成了一系列前期研究成果，培养了一批中青年学者，目前该项目已完成过半，预计成果总字数将达到2750万以上，成为科举制度研究的另外一个高地。[1]上海市较早创办了科举博物馆，还开办了刊物《科举学论丛》，该馆坐落于嘉定孔庙内，利用孔庙古建筑的自然分割，以"科举制度沿革""科举与儒学""科举与社会文明""科举考试程序""科举与教育"五个板块为主题，陈列科举文物和相关展品千余件，全方位展示了科举制度的历史变迁，复旦大学等高校也汇聚了一些科举研究的知名专家。

基于以上因素，建议在北京、南京设立两个科举文化研究中心，在厦门、上海、杭州打造三个科举文化研究基地，并以此为依托，广泛联络各地保留有文庙、贡院的文化单位，如山东曲阜孔庙、浙江衢州孔庙、福建福州文庙、泉州府文庙、四川德阳孔庙、云南建水文庙、天津文庙、广东德庆孔庙、甘肃武威文庙、台湾台南孔庙等，共同组成"全国科举申遗联盟"，作为申遗的主体力量和重要载体。成立科举申遗领导小组，建立科举文化遗产保护管理长效机制，加强发改、财政、旅游、国土、建设、文化部门间的协调，完善重大事项沟通、

---

[1] 龚延明：《中国历代职官科举研究》，中华书局2006年版。

协商制度。同时，加大科举文化遗产保护的经费投入，将保护经费列入各地财政预算，切实保障"一带一路"沿线科举文化遗产的日常维护经费和遗产保护的抢救性投入，重点是科举申遗的经费投入。

6.依托中华炎黄文化研究会科举专业委员会，成立科举申遗专家顾问团

科举文化专业委员会是中华炎黄文化研究会的分支机构，自从2009年成立以来，学界同仁通过连续召开"科举制与科举学"学术研讨会、设立研究基地和合作建设网站，组织全国各地乃至世界范围内的专家学者开展学术交流，普及和宣传科举研究的成果以及科举制度对世界文明史的贡献，取得了一系列重要的学术成果。一些学者提出的科举申遗主张，得到了国内外专家的纷纷回应和大力支持。因此，建议在北京、南京等申遗的重点城市，依托科举文化专业委员会成立科举文化申遗专家顾问团，分为若干工作组开展专业指导，调动博物馆等文化单位、热心文化遗产保护的社会民众和高校科研院所的学者共同参与，协助相关职能部门形成科举申遗的咨询专家团队，帮助解读申遗政策、制定工作规划、谋划构思申报材料，积极为科举申遗提供建言咨询和智力支撑。

全球风险社会与文化遗产保护

郭惠民／国际关系学院　文艺轩／国际关系学院

伴随着全球工业化进程的不断加深,世界物质财富得到了急剧增长,资本在全球范围内进行着积累,资源利用的广度和深度也超越了以往任何时期,各个领域的新兴科学技术也史无前例地呈爆发态势般诞生。然而就像狄更斯在《双城记》里所说的"这是最好的时代,这是最坏的时代……人们面前有着各样事物,人们面前一无所有"。虽然得益于工业化的发展,人类创造出了与以往相比更加富裕的生活条件,带来了更为深刻和彻底的社会变革,但同样也引发了大量的缺陷和弊端的产生:生产力大范围无节制的膨胀导致了各类可再生和不可再生资源的枯竭,引发了各种环境问题的产生,全球性的气候灾难为人类生存带来了巨大的考验;席卷世界的经济危机,因为经济全球化而带来的新的霸权诉求、单边主义和两极分化;因为信仰、宗教而产生的种族、民族冲突不断加剧,极端民族主义盛行,恐怖主义愈发猖狂变得难以打压。种种负面后果让人们开始真正认识自己所处的世界,高速的技术进步和经济增长并不能成为人类无坚不摧的保护伞,我们所处的世界处处充满着变化,变化即风险,社会发展和人类安全时刻都笼罩在风险的阴影下。这是人类社会面临的巨大挑战,然而这也是人类社会进步的必经之路,就像乌尔里希·贝克所说"所谓风险社会即是现代社会"。同时,这些风险并不仅仅简单地存在于经济领域或是自然领域,文明冲突、文化霸权与文化侵略等文化领域同样会受到来自风险的威胁,它们渗透在人类社会的每一个角落。文化遗产作为人类文明的见证者,凝结着人类发展的价值和意义,在风险客观存在的当下,如何更好地保护文化遗产不受侵害,文化遗产如何走出被遗忘的困境是人类需要解决的共同难题。

一、风险社会与世界风险社会

风险社会最早由德国社会学家乌尔里希·贝克在 1986 年提出，在他看来，最初的工业社会认为风险是可控制的、可计算的，并不存在需要管理的破坏力，但"一旦工业社会所导致的危险逼迫它承认其不可控制性、不可计算性，则工业社会将批判自身，并进入风险社会的认识"[1]。他认为风险社会的主要特征在于，人类正面临着大量威胁其生存的风险，而这些风险正是来源于社会的各个领域，人们所处的社会充斥着许多带有组织化不负责任的态度，尤其是风险的制造者以风险牺牲品为代价来保护自己的利益，而且这些风险所造成的危害就如同蝴蝶效应一般具有联动性。同时，由于工业社会发展的需要，人类无限制地扩大了对于社会生活和自然环境的干预范围和程度，人类错误的决策和行为成为风险的主要来源，换句话说，人为风险超过自然风险成为风险结构的主导内容，这也是现代风险社会的主要特征之一。就如同贝克所认为的："技术资本主义所导致的始料未及的风险和危险，不仅是在工业社会的物质化生产过程中产生的，而且是最新出现的高科技制造出来的，金融风险、环境和安全风险、由于科技失控而导致的危险等，日益危及人类的生存。"[2] 事实上，"风险社会"议题在 20 世纪 90 年代就开始逐渐受到西方社会学界的重视，其探讨的课题除了环境危机之外，也从不同角度包括社会制度、人类价值及生产秩序等等对现代社会以风险社会为表征进行了分析，其中包含着关于风险研究的源起、概念及社会分析等方面的内容。

面对风险，人们开始学会借助现代治理机制和各种治理手段采取应对，但同时又面临着治理带来的新类型风险，"人类为了防范和化解风险而不停地忙于改进和更新各种专业系统，忙于解决各种问题。可是旧的问题解决了，新的问题又出现了，各种问题花样翻新，层出不穷"[3]。其中具有代表性的包括市场风险和技术性风险，风险自身的联动性也逐渐加强。同时，风险的波及范围也逐步扩散到了全球范围，人类对于如何在现代社会面对自身与社会认同有了一致的疑问，这也就使得全球风险意识被诱发形成，在应对风险上开始产生整体的认同感，世界风险社

---

[1] [德] 乌尔里希·贝克著：《风险社会——走向另一种现代性》，何博闻译，译林出版社 2004 年版，第 35 页。

[2] [德] 乌尔里希·贝克著：《世界风险社会》，吴英姿译，南京大学出版社 2004 年版，第 19 页。

[3] 同上。

会开始形成。换言之，由于全世界相互依存程度的加深，风险的管理不再是某一国家或是地区的事情，各领域的风险对全世界国家开始具有了相同的威胁，[1] 也正是由于风险的全球性、无所不在性和不确定性激发了人们走向联合的力量："焦虑的共同性替代了需求的共同性，从中产生了由焦虑转化而来的联合，并且，这种联合的意识越来越自觉。"也正是在这种世界风险社会态势要求下，每个国家的生存和发展都与整个国际大环境息息相关。为寻求管理风险的效果最大化，对于各类风险的防范与克服就需要国际社会间的相互协商与合作，面对风险所采取的行为也必须在国际协调和统一行动的框架内实现。

二、风险社会与重塑现代性

从构成上来看，风险社会理论并不是一个单一孤立的理论，它是乌尔里希·贝克所提出的"反思的现代化"理论、"风险社会"理论和"世界主义"构想三大理论中的一部分。当他首次提出"风险社会"理念，就已经试图从现代社会尤其是环境和生态风险角度反思与重构资本主义现代性，在他看来，现代性的特征就是风险社会，在风险社会阶段中，承认由于工业和科技发展所引起危机的不可计算性逼使着整个社会开始进行自身的反省与重新检证理性基础。贝克将社会的现代化进程分成两个节点，从传统社会过渡到工业社会为"简单性现代化"，原始社会资本被工业消解和取代的传统现代化，而现代工业社会的（再）现代化过程是"反身性现代化"。也就是说，在风险社会的概念里，社会成为反身的，其自身成为论题和问题的焦点，由工业社会的弊端所自我衍生的危险以及其体系及制度化规模所无能处理的风险，包括人文缺失、环境生态破坏、国际安全威胁等，逼迫它自身必须开始进行激进的自我批判以及自我改变，进而再过渡到一个新的现代。换句话说，"现代社会自尝其发展的恶果：它反身的、自身面对现代化所产生种种未预期的、不可控制性和不可计算性的破坏。对于这样的现象，现代社会自身也成为自我批判、自我改变的对象"[2]。英国社会学家安东尼·吉登斯在对现代性的分析中，

---

[1] [德]乌尔里希·贝克著：《风险社会——走向另一种现代性》，何博闻译，译林出版社2004年版，第78页。
[2] 周桂田：《现代性与风险社会》，《台湾社会学刊》1998年第21期，第89—129页。

特别还将时空特性引入其中。他认为现代性与前现代性区别开来的明显特质就是现代性意味着社会变迁步伐的加快、范围的扩大和空前的深刻性，所以面对由现代化带来的危机，简单地用以碎片化为主的后现代来取代之是完全不够的，立足于现代性其本身特质来重塑现代性才是解决之道。

事实上，现代性是与传统相对应的一种观念系统，它有着其独特的价值和文化，是现代化过程所寻求的本质和结果。然而由于对经济发展的片面追求以及过分满足人类对于自身欲望满足的无节制索取，使得现代性本身就充满着矛盾性。换句话来说，物质财富不再是评判社会的唯一标准，繁荣也不再是现代性的唯一理由。当风险已经产生且正在转化为威胁全人类安全和生存的普遍危险（Common Risks）时，全球的现代化范式其自身的巨大缺陷显得愈发突出，重塑现代性也就变得越发急迫。"重建现代性就是要平衡诸如真与美、技术与道德、知识与信仰、人与自然的关系，其思想主线在于实现工具理性和价值理性的协同进步……反对对工具理性践踏价值理性，也反对在重彰后者中荒废前者，它们理应在对话中均衡拓展。"[1] 换句话说，在世界风险社会的当下，人们不能仅局限于看到问题的严重性和紧迫性，而是要认识到必须立即行动起来，转变迄今为止所固有的错误思维和行为方式，在相互依存的背景下共同应对危机。

三、风险社会下的文化遗产保护

面对现代性危机和风险社会，因现代化推进中的自身缺陷所导致的文化缺失和文化漠视成为同样亟待重视的论题。文化遗产作为文化的一种有形或者无形的表征，其维系人类共同的价值基础和意义世界，创造包含终极意义之源的作用是毋庸置疑的。

单从"一带一路"倡议来看，"'一带一路'跨越了东亚、东南亚、南亚、中亚、西亚、非洲、欧洲多地，其沿线拥有世界文化遗产400余项，数量众多，占全球世界文化遗产总数的近55%"[2]。不难看出，这些拥有着不同文化

---

[1] 胡百精：《风险社会——对话主义与重建现代性》，《国际新闻界》2013年第5期，第10页。

[2] 王心源、刘洁、骆磊、李丽：《一带一路：沿线文化遗产保护与利用的观察与认知》，《中国科学院院刊》2016年第31卷第5期。

特性，且具备着各自国家和民族深厚历史、艺术和科学价值的文物以及以非物质形态存在的与群众生活密切相关、世代相承的传统文化，并不仅仅是单单一个国家需要承担起保护这些的责任，而是需要处于这个相互依存的风险社会中的人们共同努力。因为"全球风险的一个主要效应就是它创造了一个'共同世界'，一个我们无论如何都只能共同分享的世界，一个没有'外部'、没有'出口'、没有'他者'的世界"[1]。换句话说，在全球化的态势下，各种文化相互碰撞彼此吸纳，一些具有普遍意义的文化价值、制度规范和思想在交流和争论中相互融合，凸显出人类文化的共同性，还有一些文化，由于现代化推进的弊端（人类对土地、财富的索取）却在经历着衰败甚至走向消亡。文化遗产的保护是平衡人类物质与文化、精神与信仰的具体表现，从这个角度上看，也是重建现代性的要求。不论是物质或是非物质的文化遗产，无论其有形与否，都承担着见证人类生存印迹、维系人类价值意义的作用，保护好它们也就意味着保护好人们认知自身的渠道。

　　世界风险社会迫使我们承认了世界的多样性，同样也要求我们拥有着超越国家和民族的责任，去寻求合作与沟通。当今时代是一个开放、动荡、多变、充满不确定因素的时代，人类将面对各种各样的严峻挑战和风险，解决过去从未遇到的问题、困难和矛盾，同样地，风险也意味着机会，意味着可能性，不论未来的风险和危机有多大，机会与危险永远并存。在当下人人追逐物质财富的时代里，文化依旧是我们人类最后的凭仗。如何在经济发展、财富增长、社会进步的同时，通过保护和"活化"文化遗产，守住人类命运共同体生存、发展的底线价值和终极意义，需要我们有共同的担当。

---

[1] 贝克、邓正来、沈国麟：《风险社会与中国：与德国社会学家乌尔里希·贝克的对话》，《社会学研究》2010年第5期。

"一带一路"视野下泰国文化遗产现状及未来展望

阿玛拉·斯里苏查特／泰国文化部文物局

一直以来，泰国文化产权由美术司管辖，由其进行保护、维护及实现增值。增值方式包括通过法律注册成为国家级文物、考古研究和开发为历史公园或供民众和游客学习的公共景点。然而，受到盗掘者盗掘文物及种植或施工等不当土地开发的影响，很多位于偏远地区的国家级文化遗址受到严重损坏。现在越来越多的民众希望这些文化遗址可以进入联合国教科文组织世界遗产名录，这一要求是出于地方群众对其家乡拥有国家级文化遗产而产生的自豪感。因此，美术司采用很多方法，以尽量满足各地区的要求，保证各个文化遗址的保护和可持续发展。下面是一些实际策略及其产生的良好效果：（1）各省设置地方志愿者队伍，保护地方文化遗址。志愿者提供的信息直接向美术司区域管理局汇报，以便遗址的及时保护。（2）在目标群体中开展特别的有关文化遗产的教育活动。（3）针对地方学者及活动人士的国家级和世界遗产知识能力建设。这些人都致力于推进文化资产加入联合国教科文组织世界遗产名录的工作。地方和外国专家将引领他们走向共同的目标，丰富其对其他国家文化遗产的知识了解。（4）制定科研、个人交流和展览交流等双边协议，开启跨文化之路，并与东盟或东盟+3（中国、日本和韩国）等国家一道，打击非法贩卖文物活动。为适应未来文化遗产的保护、提升和可持续发展工作，这些国家还共同制订了进一步的行动计划，因为它们长期以来都是"一带一路"上因文化遗产产生联系和相互交流的国家。

文化遗产的保护与政府扶持

柳在沂 / 韩中未来研究院

一、泉州历史及文化遗产的保护

在宋元朝代，泉州既是世界最大的港口城市，又是海上丝绸之路的重要起点，还是东西方文明交流的重要枢纽。泉州作为海上交通贸易的重要巨埠，存留了许多历史文化遗迹。泉州南音正式入选联合国教科文组织人类非物质文化遗产、闽南侨批与银信成功申报世界记忆文化遗产，联合国教科文组织的世界多元文化展示中心兴建于泉州，都足以证明泉州作为历史名城所具有的重要文化及历史意义。

二、文化遗产是全人类需要共同保护的瑰宝

历史上，泉州作为海上交通贸易的重要起点之一，与广州并肩成为中国最主要的港口城市，为后代留下了数不尽的文化遗产。其中包括，1196年泉州渔民为祈求航海平安建立的天后宫、1138年开始搭建后耗时14年竣工的安平桥、于1059年竣工的洛阳桥、九日山祈风石刻、郑和航海碑、宋武古城、海上往来的重要航标姑嫂塔、南宋时期的万寿塔等，宋元时期在磁灶窑生产的泉州瓷器被誉为海上丝绸之路的主要出口商品，送往世界各地。

泉州在宗教文化领域，也留下了许多的文化遗产。例如，于唐初垂拱二年（686年）创始的中国最大规模佛教寺院开元寺、宋代的道教寺院老君岩、中国现存最古老的伊斯兰风格建筑物清净寺、草庵摩尼教遗址及摩尼光佛石雕像等，这些文化遗产都象征宗教与文化融合与共存的结晶。

从历史人物来看，在明末举国上下发生官员集体腐败的大环境下，

泉州却孕育出了著名思想家李贽。不仅如此,在明末清初(1661年)泉州英雄郑功成率领军马成功击退侵略中国的荷兰殖民者。

目前,泉州为了保护其悠久历史的璀璨文化遗产和名胜古迹,共设有800余所文物保护单位,其中包括国家级文物保护单位31所,省级文物保护单位81所。

为了保护这些弥足珍贵的璀璨文化遗产,传承民族文化,自然需要付出更多的努力。后人应在享用这些先人留下的文化遗产的同时,落实加强保护文化遗产的责任。

三、文化遗产保护的政府扶持

众所周知,世界上绝大多数国家,都会不惜重金与心血来保护且维护本国的文化遗产。政府主导的文化遗产保护单位年均资金投入日益提高,也在证明政府对文化遗产保护的重视程度日益提高。以韩国为例,物质、非物质文化遗产的维护资金规模约为4500亿韩圆,其中物质文化遗产的维护资金比例为66%,非物质文化遗产的维护资金却仅停留在8%的水平。尽管非物质文化遗产与物质文化遗产相比,很难创下实质性的盈利,但考虑到非物质文化遗产的特殊性,政府仍应给予更多的扶持。这种现象产生的原因诸多,但最直接原因可归结为包括年轻一代在内的普通民众没有对非物质文化遗产给予足够的关注。

过去,曾有新闻媒体数次报道,部分文化遗产丰富多彩的国家因资金限制而放弃抢救老旧文化遗产的事例。但随着各国充分认识到文化遗产保护的重要性,抢救和防治本国的文化遗产的工作成为最重要的部分。

四、结束语

综上所述,身为丰富多彩文化遗产的传承人,应自觉尽到保护传承这些文化遗产的义务与责任。无可非议,保护文化遗产、保持民族文化的传承,是增强地区纽带、促进社会发展的重要基础。为了宣扬其珍贵的文化价值,应与当地涉及历史文化遗产资源类的文化产业项目相结合,建立一整套加强维护、合理利用、综合管理的政策体系。

"海丝之路"背景下闽南传统民间艺术的当代存续与传播省思

袁勇麟　涂怡弘 / 福建师范大学

闽南传统民间艺术不仅体现了传统文化的内涵，而且演绎着多姿多彩的民间生活图景，是闽南民众的精神归宿。然而随着经济的腾飞，闽南人的生活观念和方式发生了巨大的变化，快速的生活节奏割裂了现代人与传统的联系，导致部分闽南传统民间文化逐步消失。2013年"海上丝绸之路"战略构想的提出，让闽南的传统民间文化在经贸合作的现实背景下找到了新的契机。

一、闽南传统民间艺术文化遗产概述

所谓"民间艺术"，是艺术领域中的一项分类，是劳动者为满足自己的生活和审美需求而创造的艺术，其中不乏很多"绝活"，像皮影、剪纸、编织、绣花、狮子舞等，都是很著名的民间艺术，也是中华文化的瑰宝。

闽南地区丰富的传统民间文化使其非物质文化遗产数量位居福建省首位。本文根据非物质文化遗产种类将闽南传统民间艺术分为七类：传统音乐、传统戏剧、传统舞蹈、传统美术工艺、传统体育游艺、传统文学、传统曲艺（详见附表）。闽南地区仅国家级非物质文化遗产就有27项，除了众所周知的南音、北管、高甲戏、梨园戏、木偶戏、歌仔戏、拍胸舞、瓷器、剪纸等传统民间艺术外，闽南民谣、灯彩、木版年画、纸织画等也入选国家级非物质文化遗产名录。闽南泉州、厦门、漳州三地各类国家级传统民间艺术文化遗产分布情况，具体见表1。

表1 闽南三地各类国家级传统民间艺术文化遗产分布情况（截至2015年）

地区 类别	泉州	厦门	漳州	总计
传统音乐	2	1	0	3
传统戏剧	5	1	2	8
传统舞蹈	1	1	2	4
传统美术工艺	7	1	3	11
传统体育、游艺	1	1	0	2
传统文学	1	1	0	2
传统曲艺	0	3	3	6
总计	17	9	10	36

注：共同申报的项目总数计为1项，申报地区各计1项

从表中可知，闽南地区非物质文化遗产类型以传统美术工艺项目为主，传统戏剧、传统曲艺次之，传统音乐、传统文学及传统体育游艺较少。在地域上，闽南地区非物质遗产主要集中在泉州地区，大量传统美术工艺均集中于泉州，而厦门、漳州地区则以传统曲艺闻名。

闽南地处沿海，长期依海而生孕育了闽南系民众探索进取的精神，具有重商的传统。海上贸易的发展使得闽南地区的非物质文化遗产得到传承和发展。而泉州作为宋元时期海上丝绸之路的东方起点，成为中原文化、海洋文化和外来文化的交融地。北宋时，泉州成为国际贸易港，与36个岛国有贸易关系，到了南宋和元代，泉州与东亚、南亚、印度洋、波斯阿拉伯，直至东非100多个国家和地区通商往来，成为东方第一大港。由此形成的泉州文化开放性、包容性及辐射广泛性的特征，为诞生种类繁多的非物质文化遗产创造了肥沃的土壤。

二、消失的场所：闽南传统民间艺术文化的社会功能流变

民俗文化源于生活，又融于生活。纵观闽南传统民间艺术的发展历程，这些丰富多样的民间艺术是闽南先民在艰难的生存环境中创造出的追求审美、延续生命和崇拜神灵的习俗，它们以传统的、非官方的形式体现着人们的价值观、行为模式、道德规范和生活习惯。这些艺术珍宝不仅在历史风俗的画卷上留下了扩张与代替、渗透与融合、流传与嬗变、更新与消亡的印记，并永久地展示着闽南原始社会淳朴的面貌风情。但

随着经济的腾飞、市场化进程加快和外来文化的传播，尤其是科技的进步和数字化时代的到来，人们的生活方式逐渐割裂了与传统的联系，原本缱绻而生的传统民间艺术失去了鲜活的生存载体，逐渐成为被观赏的对象，甚至成为被特殊保护的一种文化遗产。

（一）社会功能丧失

传统民间艺术在社会历史进程中的作用主要在于它是一种社会再生产机制，包括社会经济、社会教育、社会心理、社会空间、社会关系、社会等级、社会空间及其文化身份再生产机制，最终成为社会秩序再生产，由此当地社会得以建构和发展。以传统体育游艺为例，因古代地处南蛮地区，养就了闽南族群彪悍的民风，大家需要依靠习武守卫一方家园，故创造出形式多样的拳术、艺阵。到了清朝，清政府禁止集中习武，于是民众便将武术以岁时祭神的名义进行表演。乡村社会中的青壮男子随时加入这些艺阵世界，形成属于自己的社交圈，一个人加入体育游艺活动等于加入一个社群。所以说，传统体育游艺项目起到了凝聚乡民、加强宗族意识、增强防卫能力、娱乐健身、驱邪保安的作用。但是当乡村经济无法满足现代人的生存需求时，越来越多人外出工作、生活，逐渐形成新的社交圈。日渐丰盈的生存空间却让人际关系变得越来越冷漠，个体与乡村社群的交集越来越少，传统宗族社群解散，用以召唤群体的体育游艺则渐渐失去了存在的功能，成为城市"他者"眼中"想象的共同体"。

（二）场域空间消失

闽南地区因海上丝绸之路的开通，不仅成为多元文化的聚集地，更汇集了众多本土和海外的宗教信仰。为了解决生存问题和难以解释的自然现象，人们在生产和生活中不断寻求神灵的庇佑，因此逐渐形成一定规模的鬼神崇拜的习俗。于是，佛诞日、巡佛、婚丧嫁娶、弥月周岁等民俗节日，足迹遍布闽南各地，从而形成了闽南独特的社会文化现象：传统艺术大都根植于民间，被包裹在种种节庆、礼仪、宗教、祭祀活动中。朱熹在《孟子集注》中说："俑，葬木偶人也。古之葬者束草为人，以为从卫，谓之刍灵，略似人形而已。"在闽南的传统旧俗里也将木偶作为祭鬼陪葬，并寄托人们的轮回希望。而后，木偶成为一种表演出现在许多婚嫁仪式、迎神祭祖节庆中，成为娱神的重要工具。每逢阴历三月三、普度、冬至、除夕和元宵，乡民便邀请木偶戏团来村里搭台唱戏，既是乡里乡亲重要的娱乐活动，更是为鬼神、祖先过节庆祝。

1949年之后，由于"破四旧"等运动，昔日"崇巫尚鬼"的思想变为"封建迷信"，祭祀文化被斥为封建糟粕，民间信仰体系随之崩塌。进入改革开放的新时期，随着生活节奏的加快，乡村结构日渐瓦解，年轻人也无暇顾及传统宗教仪式，那些民间艺术生存的场域和空间不断被压缩直至消亡。

（三）艺术涵养退却

中国艺术史上的活化石——南音、歌仔戏和拍胸舞，是典型的具有农耕文化色彩的民间艺术，是闽南人在田间劳动时发展起来的以闽南语方言进行歌唱的音乐和舞蹈表演。这些明朗、欢快的表演一般是对日常生活的描述和对劳动心情的抒发。通过歌曲的传唱、舞蹈的表演，我们看到了那个时代亲切熟悉的百姓人物和劳作场面，反映了丰富多彩的生活场面和各个阶层人民的喜怒哀乐。现如今，人们早已脱离农耕社会，早已无法体会因劳作丰收所带来的喜悦；加之普通话的推广和普及，使得以闽南方言歌唱的南音、歌仔戏逐渐在年轻人群中失去吸引力。甚至连一些闽南人也认为唱腔晦涩难懂的南音、歌仔戏等令人昏昏欲睡，无法理解其所要表达的内容和情感。

此外，时代的发展、文化的交流带给国民无数新鲜、有趣的休闲娱乐方式，全球各种艺术门类抢占了传统艺术的时空资源，而以商业化、娱乐化为目的的现代艺术更容易满足人们表层和感官的刺激，人们的审美品位也在这一冲击中发生了巨大变化。那些曾经被制作用以打发闲暇时光并装饰家居的传统美术工艺品已经无法符合现代人所追求的审美风格，从而导致缺少创新的剪纸、版画作品退出了人们日常生活的历史舞台。

三、尴尬的境地：闽南传统民间文化遗产存续的问题分析

如果说闽南传统民间艺术出生草台，那么现今仅少数可见于文化馆、博物馆、大众剧场，便是在历史选择性过滤的机制作用下，脱去古代农耕时期的烙印，完成从草根到精英的蜕变。如今的它承载着闽南族群在地化的民间记忆，以"文化象征"身份出现并被搬演至公众舞台，成为被观看、欣赏的节目。美国人类学家爱德华·萨丕尔曾断言："每一种文化形式与每一种社会行为的表现，都或则明晰或则含糊地涉及传播。"

由此可见，文化在现代社会中的传承、发展是以传播为基础的。传统民间艺术需要依靠各种传播途径不断唤起脑海深处的记忆与认知，才能获得生存下去的意义，否则只能沦为一种"死"的遗产。综合考察发现，目前闽南传统民间文化遗产的传承与传播存在几个方面的问题。

（一）传播意识错位

21世纪伊始应运而生的"非物质文化遗产"运动，让政府、学者、媒体、商界、社会团体、地方民众等各界认识到保护传统民间艺术的重要性，并积极投入对传统民间艺术的保护中，但各界又都存在不同程度的认识错位。首先，作为传统民间艺术文化遗产的保护主体，政府层面上的保护职责往往存在"断代"现象，不同任期的领导对文化遗产保护的重视程度不同，造成短期"文化政绩"昙花一现的现象。缺乏持续有效、整合统一的政策保障和保护力度，是造成传播危机此起彼伏的重要原因。其次，学者对闽南传统民间文化的研究缺少从理性的学术诉求转化为感性的普查调研；媒体宣传报道不仅数量少而且内容单一；商界则多只注重商业利益的攫取，缺乏文化保护与传承的责任意识；而民众多采取消极态度，认为"民间文化需要保护，但自己却无能为力"。

（二）传承人才流失

学界普遍认为，传统民间文化的保护与传播需要两个主体共同承担，即"传承主体"和"保护主体"。"保护主体"即是上文提到的社会各界，"传承主体"指的是掌握民间艺术技艺的人。根据福建省非物质文化遗产保护中心数据统计，闽南三地传统民间艺术文化遗产传承人情况见表2。

表2 闽南传统民间艺术文化遗产传承人情况（截至2015年）

地区 类型	泉州 国家级	泉州 省级	厦门 国家级	厦门 省级	漳州 国家级	漳州 省级
传统音乐	9	25	0	4	0	5
传统戏剧	17	29	6	7	3	14
传统舞蹈	1	3	0	4	0	3
传统美术工艺	5	17	0	2	3	7
传统体育游艺	1	1	0	5	0	0
传统文学	0	1	0	2	0	0
传统曲艺	0	0	3	11	3	5

从表2中可知，已有部分传统民间艺术无传承人继承。结合表1发现，传承人数少的民间艺术总数也较少。可见，传承人队伍是传统民间艺术保护与传播的不竭动力。但目前闽南传统民间艺术传承人仅有国家级51人，省级145人。年龄最大的已经88岁，最年轻的也已38岁，断层现象明显。新一代的青年看到了外面的世界，对原有的生活方式持排斥、怀疑的态度，舍弃了传统的手工技艺，义无反顾地投进"现代"的怀抱，传统民间文化的保护正面临着前所未有的挑战。另外，纯市场机制的传承不适合民间艺术保护，传承人仅凭自己的努力在市场经济体制中传播传统民间艺术恐怕只能是有心无力。

（三）传播内容、方式单一

闽南传统民间艺术的确在某些方面已经脱离了现代生活，并显示出创新力匮乏的疲态，虽然部分保护人士竭力在表现手法、内容、包装等元素上尝试创新，将其打造成现代化的"产品"，但是始终难以与现代生活实现同步对接。这大致与传统艺术所蕴含的艺术价值、传承人秉持的理念和缺乏创新人才等原因有关。既需创新，又要坚持传统艺术的生命力，的确是举步维艰。

此外，闽南传统民间艺术的传播方式已经从依靠"师徒制"口头传授，转型为"展演式"剧场表演或是"展览型"静态呈现的组织传播方式，剧场、都市舞台已经逐渐成为它的主要传播载体。而今，越来越多的学者、传承人、商界共同探讨民间艺术大众传播方式，如报刊、学术杂志的新闻报道，拍摄纪录片、影视剧，但关注度及收视效果均不佳。总体而言，目前闽南传统民间艺术传播方式还比较单一，尚未形成整合传播的功能与效果。

（四）海外传播效果不佳

"海丝之路"沿线的马来西亚、新加坡、泰国、印度尼西亚、菲律宾等国，是闽南华侨的重要聚居地，更是闽南传统文化的主要辐射地带。目前，在海外生存发展又认可闽南文化的华人将近2000万人。法国社会心理学家莫里斯·哈布瓦赫曾在《论集体记忆》一书中论及传统艺术与文化记忆的互动关系。具体而言，闽南传统民间艺术在原型层面真切体现海外闽南族群特有的日常生活经验与情感心理，不仅深刻反映海外闽南族群价值标准，还再度编织海外闽南族群共同认可的公共生活方式。总而言之，闽南传统民间艺术裹挟着"个体与身处"的复杂情愫，于不期然间起着抚慰个体寂寥、抵抗群体遗忘、联系现代性乡愁的重要作用。

近年来,各级政府尝试将传统民间文化以展览、表演等方式走出国门,以期获得海外传播效力。然而,根据笔者在泰国、印度尼西亚和菲律宾三个国家100位来华留学、短期语言培训的华裔青少年中所做的调查发现,这些华裔青少年对闽南传统文化的认知不容乐观。在传统戏剧曲艺方面,较为知名的高甲戏、歌仔戏、木偶戏、梨园戏、南音,平均仅有24%的青少年曾经看过。在传统美术工艺方面,青少年对剪纸认知程度最高,约有40%的青少年了解德化瓷器、灯彩、石雕,但是仅约5%的青少年听说过漆线雕、木版画、纸织画等工艺。而在传统舞蹈、传统体育游艺方面认知程度则更低,几乎闻所未闻。

表3 泰国、印尼、菲律宾华裔青少年对闽南传统民间艺术的认知情况调查

类型	传统音乐		传统戏剧					传统体育游艺
名称	南音	北管	高甲戏	木偶戏	梨园戏	潮剧	打城戏	五祖拳
占比(%)	20	12	11	65	9	0	0	0

类型	传统美术工艺						
名称	剪纸	瓷器	灯彩	石雕	木偶头	漆线雕	木版画	纸织画
占比(%)	75	61	38	27	67	13	3	0

类型	传统舞蹈			传统曲艺			
名称	拍胸舞	傩舞	拉手舞	答嘴鼓	歌仔戏	锦歌	歌册	闽南讲古
占比(%)	0	0	0	0	3	0	0	16

类型	传统文学	
名称	闽南童谣	陈三五娘
占比(%)	28	2

四、内外并蓄：闽南传统民间艺术文化传播路径

关于闽南传统民间艺术的保护与发展其实早已获得许多学者的关注,大家着重提倡从本土化视角对闽南传统民间艺术进行包装、改造和创新。

然而，当前"一带一路"倡议广泛深入的实施，让我们重新看到闽南传统民间艺术保护与传播的新视角，以海上丝绸之路起点——泉州为代表的闽南传统民间艺术文化，不应再固守自己的"一亩三分地"，而要伸开双臂拥抱这个千载难逢的历史新机遇，让闽南传统民间文化不断还原和延续传统文明，也弘扬和传承"海丝"文化的正能量。

（一）转嫁文化功能

闽南传统民间艺术已不再从实用性层面满足现代人的需要，更多地随着时代的发展变化而被赋予新的内涵。首先，传统民间艺术成为一种被欣赏的"遗产"艺术，通过剧院、博物馆对传统民间艺术的演绎、展示，让人领略到闽南地区与众不同的地域人文景观。其次，社会公共空间的扩张使个体在极度的身份焦虑中急需寻求一个回归乡土的精神寄托，而承载着无限在地记忆的传统民间文化便承担了慰藉人们情怀的角色。正如史学家艾瑞克·霍布斯鲍姆所言："如果社会的急速转型削弱甚至摧毁了与旧传统相适宜的那些社会模式，并催生出旧传统不再适应的新社会模式时，传统的发明将出现得更加频繁。"在中国这个急剧向现代转型的社会中，认同危机显得尤为突出，大量的传统被重新挖掘和复制出来，以它的象征力来维护和稳定国家形象。闽南传统民俗文化在国家非物质遗产保护运动的推动下，跻身进入另一个话语体系，被框入了全球化进程的历史片段中，成为地区的文化表征，连接闽南族群的离散经验并迅速向全世界展示。

（二）本土落地生根

对闽南传统民间文化而言，其传承保护的首要重点是从文化主体出发寻找文化的根本内涵，使传统民间在本土重新获得关注。1964年出台的《威尼斯宪章》提出："要将文化遗产真实地、完整地传承下去是我们的责任"，这就是文化"本真性"概念的提出。"本真性"要求保护文化原生的、真实的、全部的历史意义。虽然传统民间文化原本的社会功能随着人们的生活方式、价值观念的改变而逐渐消失，但是在新的历史时期它的精神意涵不应被覆盖。在保护传统民间文化的同时，需要将它新的文化功能与社会语境相适应，在它的原生地找寻活态的、流变性的传播方式。泉州是闽南地区传统民间文化历史根源最悠久、保存项目最多、传承人数最多的区域，构建一个以泉州为核心的传播中心，辐射厦门、漳州两地，还原传统民间文化生存的本土空间，构建一个具备生命力的"存活环境",在存续文化的基础上,根据时代发展与人民的需求,采取当地人适应的方式进行转化、创新与发展,才能确保传统民间文化拥有适宜的生存活力,从而培养起本土民众对于传统民间艺术的群体认同,唤起他们保护和传播传统民间艺术的"文化自觉",而不因"水土不服"成为供人瞻仰的"艺术标本"或"死遗产"。

(三)海外传播扩展

闽南传统民间艺术文化延伸了中华传统文化的外延,也丰富了中华传统文化的内涵。它是传承于民、规范于民,又深藏于民的行为、语言和心理的基本力量。所以,闽南传统民间文化的传承与发展还需要"走出去",传播至东南亚等闽南华侨聚居地,在真正了解海外民众文化心理的基础上,更加精心整合文化资源优势,打造闽南传统文化海外传播品牌,展示以闽南文化为特色的中华文化风貌。同时更加深入地挖掘闽南与海上丝绸之路沿线国家华侨华裔的血缘关系和文化往来史实,为华裔族群寻根谒祖搭设服务平台,打造华人的精神家园,使传统民间文化在海外获得新的生长空间。

首先,改变传播主力。目前看来,传统民间文化的海外传播主要依靠政府力量,民间基层自发组织、自主推动的少。这种政府主导、由上往下的文化交流方式,使传统民间艺术失去原汁原味、切实可信的观演体验。很多时候,闽南传统民间艺术的传播无法追赶上海外闽南族群发生变化的价值观念、审美趣味、教育水平和欣赏方式。所以,发挥民众自主性,因势利导地采用由下而上的传播方式或许能改变现有的影响力。

其次,拓宽传播渠道。政府传播模式的另一弊端即是受众范围过于狭窄。这些文化交流活动的观众主要集中在主流社会的华人华侨和社团组织,普通民众极少有机会接触。根据调查,约33%的华裔青少年"想了解传统民间艺术,但是没有好的途径"。所以,应该解决闽南传统民间文化海外传播的落地问题。更令人深思的是,文化交流过程中过多地强调远道而来的文化访问团,则更置传统民间文化于"高高在上"的地位,成为普通民众无法凝视的文化意象。因而,传统民间文化的传播还需借助驻各国使领馆的力量,使闽南三地与"海丝之路"沿线国家建立"友好城市",依托华人华侨的关系,将文化传播渠道拓宽至普通民众,利用节庆日在公共空间举办文化交流活动,以大众传播方式扩大传播广度。

最后,继续传播力量。与在闽南本土进行传统民间艺术传承与传播一样，在海外开展的文化传播活动亦出现传播链条断裂的尴尬境地。间接性开展的多，持续性进行的少；表象热闹的多，深层"发酵"的少。近几年来在海外举办的传统文化交流活动可谓声势浩大、人山人海，每一场大型活动都在海外民众心里留下深刻印象，但活动过后即销声匿迹，回复日常平静后缺乏后续力量的巩固。当下一场文化活动到来时，民众需要耗费很多精力才能重新启动对文化的感知。于是，文化的认同度陷入"感知—淡忘—感知"的浅层循环中，而不是"感知—强化—认同"的深度理解。我们知道，文化的力量往往来自"非日常生活"与"日常生活"两个维度，当节庆等"非日常生活"打破日常生活的宁静后，往往使民众陷入节庆带来的文化狂欢之中。但不可忽略的是，文化的渗透能力隐藏在"日常生活"中，唯有通过寻找到与主体生活体验相关的可能表述，方可获得文化感知的再刺激、再深化。

五、结语：塑造多语境"闽南传统民间艺术'海丝'文化圈"

闽南传统民间艺术在洗净铅华后从"草台"跃上"舞台"，不只是一种传统文化，更是闽南地区的文化表征，它的当代续存与传播存在本土与海外的双重困境，最为关键的解决路径是要整合资源，统筹协调。不仅在闽南本土重塑"泉州—厦门—漳州"文化保护的生态圈，更要推动闽南传统民间文化在"海上丝绸之路"沿线国家与地区的传播，进而构建海内外一体共生的"闽南文化圈"。要实现这一文化构想不能仅依靠闽南本土地区，更应该借力海内外多重力量，携手推动闽南传统民间艺术实现现代语境下的"凤凰涅槃"。

参考文献

[1] 李蕊蕊、赵伟、陈静：《福建省非物质文化遗产结构及地理空间分布特征》，《地域研究与开发》2014年第6期。
[2] 中华人民共和国国务院：《国务院关于公布第二批国家级非物质文化遗产名录和第一批国家级非物质文化遗产扩展项目名录的通知》（国发〔2008〕19号），2008年6月14日，http://www.gov.cn/zwgk/2008—06/14/content_1016331.htm。
[3] 资料来源：福建省非物质文化遗产保护中心，http://www.fjfyw.net/daibiaozuo/。
[4] 李涛：《文化生态视野下闽南拍胸舞保护与传承研究》，《唐山师范学院学报》2013年第2期。
[5] 于海滨：《闽台民俗武艺"刣狮"源流、特征及传承的当代价值》，《泉州师

范学院学报》2014 年第 4 期。

[6] 朱熹：《孟子集注》，中华书局 1991 年版。

[7] 转引自周晓明《人类交流与传播》，上海文艺出版社 1990 年版。

[8] 林华东：《海上丝路的历史启示与 21 世纪"新丝路"的建设》，载于《海上丝绸之路新探索——第一届"海丝"文化国际青年学者论坛论文集》，中国社会科学出版社 2016 年版。

[9] [英] 艾瑞克·霍布斯鲍姆：《传统的发明》，顾杭、庞冠群译，译林出版社 2004 年版。

[10] 王伟、陈思扬：《过去的未来：古今海上丝绸之路与闽南戏曲侨易之路》，载于《海上丝绸之路新探索——第一届"海丝"文化国际青年学者论坛论文集》，中国社会科学出版社 2016 年版。

附表　闽南传统民间艺术文化遗产名录

类别	名称	级别	批次	区域
传统音乐	南音	国家级	第一批	泉州、厦门
	北管	国家级	第一批	泉州
传统戏剧	高甲戏	国家级	第一批	泉州、厦门
	布袋木偶戏	国家级	第一批	泉州、漳州
	提线木偶戏	国家级	第一批	泉州
	梨园戏	国家级	第一批	泉州
	云霄潮剧	国家级	第一批	漳州
	打城戏	国家级	第二批	泉州
传统舞蹈	拍胸舞	国家级	第一批	泉州、厦门
	傩舞	国家级	第一批	漳州
	高山族拉手舞	国家级	第二批	漳州
传统美术工艺	剪纸	国家级	第一批	泉州、漳州
	德化瓷器	国家级	第一批	泉州
	灯彩	国家级	第一批	泉州
	惠安石雕	国家级	第一批	泉州
	木偶头	国家级	第一批	泉州、漳州
	漆线雕	国家级	第一批	泉州、厦门
	木版年画	国家级	第一批	漳州
	永春纸织画	国家级	第三批	泉州
传统体育、游艺	五祖拳	国家级	第二批	泉州、厦门
传统文学	闽南童谣	国家级	第二批	厦门
	陈三五娘	国家级	第四批	泉州
传统曲艺	答嘴鼓	国家级	第一批	厦门
	歌仔戏	国家级	第一批	厦门、漳州
	锦歌	国家级	第一批	漳州
	歌册	国家级	第一批	漳州
	闽南讲古	国家级	第二批	厦门

续表

类别	名称	级别	批次	区域
传统音乐	华安畲族民歌	省级	第一批	漳州
	南靖四平锣鼓乐	省级	第一批	漳州
	客家山歌	省级	第一批	漳州
	晋江深沪褒歌	省级	第二批	泉州
	莲花褒歌	省级	第二批	厦门
	德化山歌	省级	第三批	泉州
	哪吒鼓乐	省级	第三批	漳州
传统戏剧	南靖竹马戏	省级	第一批	漳州
	铁枝戏	省级	第一批	漳州
	惠安南派布袋戏	省级	第二批	泉州
	皮影	省级	第二批	厦门
传统舞蹈	踢球舞	省级	第一批	泉州
	鲤城火鼎公火鼎婆	省级	第二批	泉州
	同安车鼓弄	省级	第二批	厦门
	跳鼓舞	省级	第三批	泉州
	漳台大鼓凉伞舞	省级	第三批	漳州
传统工艺美术	东山剪瓷雕	省级	第二批	漳州
	东山黄金漆画	省级	第二批	漳州
	翔安农民画	省级	第四批	厦门
	安溪蓝印花布	省级	第一批	泉州
	华安玉雕	省级	第一批	漳州
	竹编工艺	省级	第二批	泉州
	木雕	省级	第二批	泉州、漳州
	妆糕人	省级	第二批	泉州
	珠绣	省级	第二批	厦门
	锡雕	省级	第三批	泉州
	金苍绣	省级	第三批	泉州
	漳绣	省级	第三批	漳州
	东山海柳雕	省级	第三批	漳州
	彩扎	省级	第四批	漳州
传统体育、游艺	泉州刣狮	省级	第二批	泉州
	厦金宋江阵	省级	第二批	厦门
	南安金蝉脱壳古阵法	省级	第三批	泉州
	灯谜	省级	第三批	泉州、漳州
	青龙阵	省级	第四批	漳州
	俞家棍	省级	第四批	泉州
民间文学	洛阳桥传说	省级	第四批	泉州
	姑嫂塔传说	省级	第四批	泉州
传统曲艺	南词	省级	第二批	漳州
	闽南讲古	省级	第三批	厦门

斯里兰卡水下文化遗产及"丝路"

PALITHA WEERASINGHA

斯里兰卡是印度洋上的一个岛屿，地处古代世界主要十字路口，靠近印度洋东南沿岸。

斯里兰卡最早的人类活动可以追溯到 15 万年前。预计全岛有 125000 多个考古现场分散在大约 8000 公顷的地域范围内。在这些考古现场发现的不计其数的手工艺品是古老人类活动和人类发展重要阶段的证明。其中就有数以千计的铸铜合金人偶，为我们了解斯里兰卡古代风格、肖像学和艺术生产提供了宝贵信息。

尽管在过去的两个世纪里在斯里兰卡的考古现场发掘了大量的铜合金雕像，却未对这些发掘进行以对话为基础的科学调查。因此与此相关的检验和分析文献也十分有限。

一

斯里兰卡地跨连接中国、东南亚和近东、地中海国家的主要海上之路，邻近印度洋东南沿岸。

二

保守估计，斯里兰卡岛屿周围的沉船数量大概在 200 艘。

自 1890 年以来，考古就成为斯里兰卡的国家性活动，从未是私人性质的活动。从事其水下考古现场探索的先驱包括 Victor Atukorala、Langston Perera、Rodney Jonklaas、Arthur Clarke、Mike Wilson、Sena Wicramasuriya，以及 Peter Throckmorton，一位自 1950 年就开始进行水下考古发现的考古学家。

Mike Wilson（之后改名为 Swami Sivakalki）以及 Rodney Jonklaas 于

1956年在加勒港发现了一些有趣且重要的沉船现场。其中包括17世纪中叶沉毁的"海格力斯"号。

三

Arthur Clarke 于 1962 年 3 月向时任考古专员的 C. E. Gadakubura 指出，大小巴斯珊瑚礁（The Great and Little Bases）周围、靠近斯里兰卡东南沿岸的区域具有巨大的考古潜力。但是科学的海事考古却是由 Peter Throckmorton 奠定的。根据最早的记录以及 George Bass 教授和 Arthur Clarke 的研究，Peter Throckmorton 使用正规的测量方法记录了周围的考古现场。

Arthur Clarke 和 Peter Throckmorton 对大巴斯附近的阿拉伯船只进行了缜密的初级挖掘并调查了之后在加勒（Galle）沉没的英国殖民时期的船只。

1964 年在大巴斯珊瑚礁发现的一艘 17 世纪的沉船上载有苏拉特（Surat）银币，是真正的"宝船"，这标志着斯里兰卡海事考古的起航。

四

曾经对加勒港面积 6240 万平方米、直线距离 312 千米的记录区域进行了搜查，在 1997 年末，清楚确认了当时发现的 160 个目标现场中有 25 个为潜在考古现场。测量使用了侧扫声呐。

确认的现场按 A—Y 命名。

1997 年启动了一项政府注资的援救考古计划，目的是在开发前进行影响测量评估。

五

对于现场之一的探索性测试挖掘发现了之后被确认为 17 世纪荷兰沉船的 Avondster。现场保存惊人的完好，并被认为是相关物质发现和历史知识的丰富参考。

Avondster 于 1659 年 6 月 23 日沉毁。沉没地点为加勒港最具潜力的考古现场。另外还有木材框和板材的残骸。

"Avondster（现场 L）计划"于 2001 年启动。是由荷兰政府资助的。Avondster 的挖掘持续了三年，发现了大量有机和无机手工制品。其中包括如滑轮、轴承眼圈和少量船体木材等木制品。

不幸的是，2004 年加勒遭到海啸袭击，保存实验室被毁，其中大多数的手工制品、实验室设备/仪器、化学品、研究样品等都被损坏、损毁或卷入大海。

"Avondster 计划"为一些国家的学生和专业人士提供了培训和交换专业技能的机会。

六

从 Godawaya 船上发现了黑、红器具样本以及木质品。根据这些物品推算，沉船时间为公元前 1—2 世纪。这也是印度洋发现的历史最悠久的沉船。

作为印度洋发现的历史最悠久的沉船，Godawaya 为检验印度洋早期海事活动唯一的直接物理证据提供了珍贵的考古机会。除了可以学到包括金属及玻璃等原材料制作和出口的知识，Godawaya 还有一系列有趣的保存完好的物品，说明其一部分货物下的木制船体受到了保护。

七

1992 年，在海事考古学家 Jeremy Green（西澳大利亚博物馆）率领的一组国际人员的协助下，考古部门、中央文化基金会（CCF）以及 PGIAR 在加勒对经挑选的斯里兰卡大学考古学生和保护人员开始进行海事考古以及海事考古保护培训计划。

这是斯里兰卡第一个海事考古机构性倡议。其目标之一是在该培训项目下为加勒港备建一个沉船数据库。其重要性在于，海港局计划在加勒港建立一个集装箱港。这对于该区域任何沉船都有潜在影响。

八

由于"Avondster 计划"的成功，在海啸之前联合国教科文组织通过了一项决议，在加勒建立亚太海事考古联合国教科文组织实地学校。当时联合国教科文组织将加勒选作亚太地区建立和扩展海事考古培训的理想之地。学校的第一个项目是由中国政府出资的"培训培训人员计划"，时间从 2006 年 3 月 13 日至 4 月 8 日。

2007 年，包括笔者在内的团队参加了联合国教科文组织实地学校—国际文化财产保护和重建研究中心（ICCROM）遗产管理亚洲学院（AAHM）以及考古学研究生学院进行的文化影响评估及海事考古学。同时我们还完成了航海考古学会（NAS）前滩和水下考古入门国际培训，NAS 第一部分：2003 年前滩和水下考古证书。

2008 年，我们的水下考古学家和保护人员同样成功完成了联合国教科文组织地区实地培训学校的斯里兰卡、加勒、亚太地区保护和水下文化遗产"培训培训人员"高级课程。

九

覆盖水下文化遗产现场的法律系统是管理和保护该区域的重要工具。有充足和有力的法律机制保护斯里兰卡陆地及周围海里的考古现场和古代遗迹。立法为 1940 年颁布的第 9 号古迹条例以及 1998 年颁布的第 24 号古迹（修正案）法案提供了保护。

1998 年颁布的对 1940 年第 9 号古迹条例的修正案包括：①领海活动；②将考古影响测量及评估强制化；③考古影响测量评估（AISA）将由开发商出资。

更有甚者，所有处于陆上、内海或领海的现场以及超过 100 年的物品都受到 1940 年古迹条例以及 1998 年修正案保护。根据以上规范，挖掘和 / 或任何开发项目只能在得到考古总干事的允许后才能进行。

1998 年颁布的第 24 号古迹（修正案）法案："一项为斯里兰卡古迹以及具有历史和考古重要性的现场及建筑提供更好保护的条例。"此外，其为包括陆地、地下和水下现场在内的考古遗产提供了保护。

总之，这些法律法案为水下文化遗产现场和文物提供了间接保护。

十

尽管有上述提到的国外资助，仍有很大的提升空间。作为国际认可的为下一代保护这些考古遗产的负责机构，考古部门有义务在发现、分析、保护以及保存斯里兰卡考古遗产、古代现场数以千计的现场保护遗迹和存放在考古现场博物馆的遗迹上起到领头作用。

作为政府机构，考古部门没有足够的资金来保护和管理斯里兰卡的丰富考古遗产，也没有资金、设施或技能来培训以挖掘、现场保存、处理、展示、储存和管理考古现场和材料为专长的考古学家和保护人员。

缺少着眼国家艺术和文化遗产特定保护的本地培训设施是斯里兰卡水下考古实践所面临的重大困难。

关于文化遗产的保护和表演艺术价值分享的建议

舒俊林

我们这一代人的历史使命是保护我们长期创造和积累的传统文化遗产，并将其传递给下一代。虽然我们正在努力实现物质和非物质文化遗产的不断传播，但是传统表演艺术是一种非物质文化遗产，具有各种审美元素，如故事、形式、服饰和装饰等，除了利用视觉和声学方式传播外，我们很难维持它的原始形式，保存其价值并将其传递给子孙后代。

此外，年轻一代很难遇到传统表演艺术，因为传统表演艺术不像韩国流行音乐或其他音乐流派那样具有吸引力和趣味性。大部分传统表演艺术都是为了向外国人展示或提升假日气氛，而不是在公共生活中演奏。因此，年轻人就产生了这样一种强烈的认识，即传统遗产不是为了享受，而是为了保存。

尽管时代价值观正在不断变化，但为了保护传统文化遗产的价值，必须注意以下一些基本要素。

专业知识：有必要深入了解基于内在价值观、专业保护知识和具体保存技能。

教育：根据对下一代的情感共鸣，即保护传统遗产，而不是记住遗产"应该被保存"普及必要的教育知识。

时代共鸣：为了保护真正的美学和价值不被破坏，或者引起人们对保存价值的共鸣，有必要为当代人提供公开分享价值的机会，以现代美学形式，向公众分享和再现传统艺术。

具体来说，就保持传统文化遗产的内在价值而言，"时代共鸣"比其他任何事物都更重要。另外，为了形成普遍共识，我们需要通过各种方式进行价值分享，并努力研究公众的选择观。在过去500年中，由于印刷技术的发展，表达方式主要由汉字决定，我们可以通过书面方式来分享逻辑，从而保存事物的价值。然而，到了21世纪，由于图像的发展，视觉元素在知识认同过程中发挥了很大的作用，价值被视为逻辑与情感的综合体。因此，对于文化遗产保护而言，通过共鸣分享价值变得越来越重要。

在这方面，最近为了保护韩国的表演艺术这一传统文化遗产，人们付出了各种努力。为了使公众体验传统表演艺术，人们开始再现当代美学，或与现代人利益相关的作品。具体形式如下：

首先，存在一些用现代符号再现传统表演内容的作品。这些作品将故事背景设定为现代或进行相应改编，同时设计视觉元素，如具有现代美学特征的服饰和舞台，或以现代方式重构人物、事件和语言表述。

通过上述方式，那些老掉牙和不连贯的故事情景被赋予现代情节，不仅能吸引人们的兴趣，而且更容易理解。例如韩国芭蕾舞剧《春香传》，讲述了一个生活在女权主义社会的韩国女性代表春香以生命守护贞洁的故事，《Nolbo Comes》通过传统戏剧（Madangnori）和韩国传统歌剧《Ongnyeo，Jeomjjikgo（看着他）……》再现了童话世界里的"Heungbu 和 Nolbu"，该剧使"Byeongangsoe"戏剧化，塑造了一个女权主义的社会。

其次，还有一些创意作品将传统的视觉和声学方法应用于世界级名作和流行曲目中。它们通过将非物质传统元素（如学徒制时期传承的韩国传统音乐和舞蹈）应用于名作的故事情节中，最大化故事的美学意义。例如，将《但丁的地狱》重新塑造成韩国传统歌剧和《麦克白夫人》，将莎士比亚的作品《麦克白》戏剧化成韩国传统说唱艺术中的"板索里"。

通过这些尝试，公众在沟通过程中了解这些传统表演艺术的基本价值。为了扩大价值共享，一定要集中力量发展反映时代利益的内容。人们一旦体会到了观看乐趣，就会不断体验表演艺术，加深对传统艺术、价值分享和基本美感的感情。

丝绸之路已有 2000 余年的历史，人们通过丝绸之路交流分歧，通过贸易会议实现沟通价值。为了保护和弘扬各种传统文化艺术的价值和形式，必须实现传统文化和当代文化的相互交流。以反映当代趋势的方式再现传统艺术将成为这一任务的出发点。

"一带一路"下的非物质文化遗产保护构想

马知遥 / 天津大学

　　"一带一路"构想目标是带动沿线 64 国的经济腾飞，完成各国利益共赢的目标。但经济发展、文化先行的思路仍旧贯穿于"一带一路"的方针中，文化的互融、互通、理解都能促使各国经济在交往中获得较好的发展态势，文化的理解沟通带来的是合作的融洽。

　　未雨绸缪的一件大事是如何在推进"一带一路"经济发展中对沿线 64 国文化遗产的分布、种类、名录有一个整体关照，提前为"非遗"的保护划好禁区，防止过去经济发展过快带来的对非物质文化遗产的忽视或破坏现象。

一

　　目前世界性的非物质文化遗产保护运动仍在持续进行，有的国家表现积极，有的表现冷漠。对"人类非物质文化遗产名录"和"人类濒危非物质文化遗产名录"的全盘考察发现，发达国家，比如美国、英国、德国、日本、韩国等对非物质文化遗产的申报和保护力度极大。作为文化大国的中国，目前有 30 余项世界级人类非物质文化遗产，是目前进入联合国《人类非物质文化遗产代表作名录》最多的国家。根据《保护非物质文化遗产公约》，中国在国际一级保护的另一份非物质文化遗产相关名录《急需保护的非物质文化遗产名录》有 7 项进入：羌年、黎族传统纺染织绣技艺、中国木拱桥传统营造技艺、新疆维吾尔族麦西热甫、中国木活字印刷技术、中国水密隔舱福船制造技艺、赫哲族伊玛堪。一些发展中国家，尤其是贫困国家的非物质文化遗产，从联合国的保护名录中发现的极少，或者数量远远不够。对"一带一路"沿线国家进行分析，对各国的非物质文化遗产进行统计，并进行数字化和文字的保护成为当务之急。

　　在"一带一路"推进中，各国站在人类文化遗产保护和共享的高度，形成"非遗"保护同盟，将沿线涉及的非物质文化遗产进行全面普查，对其文献研究资料及实物图片等进行大分类整理，形成大数据库，便于今后对各国非物质文化遗产进行细致的研究和分析，在国别"非遗"研究的同时对各国文化遗产内在的相似性、相互影响、文化的异同等因素进行深入研究，这是一个大的系统工程，需要结合计算机软件技术、人类学、民族学、美术学、历史学等各方面学科专家协同工作。

对沿线国家的非物质文化遗产现状进行细致梳理是一个基础性工作，需要得到各国文化保护部门和相关学者的帮助。因为"一带一路"是经济倡议，但它不是单向盈利、零和博弈的倡议，更不是所谓的遏制和对抗倡议，而是丝路沿线国家和衷共济、互利共赢的大倡议，文化在其中的地位极为关键和重要，而目前 64 个沿线国家的国别文化各个不同，这势必造成交流和文化理解的偏差。经济的发展离不开当地文化的理解和融合，所以从当地国家非物质文化入手进行国别文化研究对"一带一路"发展必定注入活力。

根据多年来非物质文化遗产保护的工作经验，对未来的"一带一路"沿线国家的非物质文化遗产如何保护应当成为专家关注的问题。关注"非遗"生产性保护、"非遗"的生态性保护、"非遗"的旅游开发、"非遗"的数字化和大数据保护是否可以成为当前国际通行的保护方法，需要探讨。

二

生产性保护从提出以来在学界就是一个备受争议的"非遗"保护的方法。生产性保护是"非遗"保护激进派和保守派折中的选择，激进派过分强调经济价值，颠覆遗产传承的意义，而保守派通过现代科技手段对在现实中已缺乏存在基础的"非遗"转化成物质遗产或通过"生态博物馆""生态保护区"以保持"非遗"的生命力，却面临资金问题和传承人人权问题。2012 年，中国政府以一些措施肯定了生产性保护对于"非遗"保护的重要意义。2 月 2 日，文化部颁发了《文化部关于加强非物质文化遗产生产性保护的指导意见》（以下简称《意见》），认为非物质文化遗产生产性保护是指在具有生产性质的实践过程中，以保持非物质文化遗产的真实性、整体性和传承性为核心，以有效传承非物质文化遗产技艺为前提，借助生产、流通、销售等手段，将非物质文化遗产及其资源转化为文化产品的保护方式。《意见》的出台，无疑为大力提倡"非遗"产业化的激进派找到理论的支持。从生产性保护角度着手，将其转化为生产力和产品，不仅易于被广大民众接受，而且可以使传承人根据市场需求实现自主创新的传承，克服仅依靠政策性保护而使创新动力不足的问题，同时也可利用其创造的财富提供保护资金，最终实现非物质文化遗产的可持续发展和活态传承。生产性保护，我们面临的最主要的担心是生产性保护向文化产业生产中的机械化、集约化转移，丧失"非遗"的本真性。机械化的结果表面上是争取到了效益，但从长远来看它最终必将消灭传统非物质文化遗产的文化内涵和精神实质，消灭传统文化的品质和生存的能力。如果真是那样，生产性保护就会变成"非遗"的产业化，其实质就从保护滑向了保护性破坏。生产性保护成为工业化背景下"非遗"保护的一种道路选择，但是在文化转化成商品消费时，不能丢掉"非遗"本身的特性。"生产性"是这类非物质文化遗产项目的共有属性，这些非物质文化遗产的文化内涵和技艺价值要靠人的手工创造来体现，只有在生产实践中，这些"非遗"的传统工艺流程、核心技艺等才能实现保护、传承和弘扬。要保证生产性保护的合理性，必须将生产性保护立足于文化生产的原理之下，运用文化生产的法则去实施生产性保护，强调让非物质文化遗产活态存在于其所在的民族、地区的文化土壤中。坚持政府主导、社会参与；审慎处理好保护传承与开发利用的关系；坚持可持续性的保护原则，走正确的生产性保护之路；正确处理好继承与创新的关系，与时俱进地传承发展。并不是所有的"非遗"都适合生产性保护，这一保护方式主要是在传统技艺、传统美术和传统医药药物炮制类非物质文化遗产领域实施。

"非遗"的生态保护。文化生态的概念首先出现在生态学中，运用于"非遗"保护之中其实就是建立"非遗"的"环境稳定"，保持"非遗"原有生存环境的稳定，其实质是建立文化生态保护区。文化生态保护区很早就进入了官方的视野，几乎是伴随着中国申遗的开始而建立，2012年"文化生态保护区"概念首次进入中国法律体系，5月1日，中国西南多个少数民族聚居地区贵州省开始实施一个旨在更好保护非物质文化遗产的地方性法规。5月25日，文化部向陕西省授牌"陕北文化生态保护实验区"，该实验区是"十二五"时期，文化部推进文化生态保护实验区建设工作中批准设立的首个国家级文化生态保护实验区。对于文化生态的探究，高小康提出了一个新概念"文化生态壁龛"，将它解释为遗产生态保护的红线，对于需要保护的遗产划定相应的不可改造破坏的空间范围。从理论上讲，划在红线范围内的空间就是不可任意改造变动的保护范围。而非物质文化遗产与具有明确物质形态的文化遗产和自然遗产不同，简单地划定"红线"似乎不大可能。文化生态壁龛的提法使我们看到在"非遗"保护中生态保护空间和保护最低底线的建立的迫切，同时也看到了完成这些空间范围的划定和红线的界定却又不是一件易事。传承人和保护者在其中的作用我们不可忽略，所以高小康在另一篇论文中指出了生态保护中的悖论，即因"非遗"生态保护区的建立，导致传承人自我意识的觉醒，一方面认识到了自身价值的重要性，另一方面也认识到拥有的价值作为商业价值的开发，从而使他者主导的保护工作遇到了麻烦，这既是文化生态保护面对的问题，也是生产性保护所面临的问题。生态保护区的建立，一般以保持"非遗"存在的环境以维持"非遗"本真性，这是传统"非遗"保护的方式，但对于"非遗"外部环境保持却很难做到，"非遗"保护较好的地区一般是偏远落后的乡村，他们对于文明时尚生活的向往更加渴求，让他们故步不前却很难做到。"非遗"保护工作如何在尊重非物质文化内在规律的前提下有效介入，解决"非遗"在现代环境中的适应性生存问题，是"非遗"生态保护的核心问题。所以杨程提出构建一个包含人、"非遗"及其生存环境三个要素的生态系统，当生存环境变化时，"非遗"需要形态渐变以适应环境，使系统趋向于一种稳态或平衡状态。这正体现"非遗"所具有的流变性，但是这种使"非遗"自我改良适应周围环境的行为很容易因为自我变异过度而丧失"非遗"的原有的核心文化价值。

"非遗"的旅游开发多年来就是"非遗"研究的热点，主要研究的重点在于旅游开发的必要性。孙宏斌认为，"非遗"的保护还要得益于商业的运作和旅游业的参与。要以各种非物质文化遗产来吸引游客，把非物质文化遗产转化为巨大的文化产业，不但可以促进当地旅游业的发展，而且可以极大地提高非物质文化遗产的传播和影响力，从而达到经济效应和社会效应的双赢。雷蓉和胡北明认为"非遗"的旅游开发是文化遗产的产业化经营的重要手段，"非遗"中存在着旅游价值，能够提升遗产旅游地的品牌与价值，丰富地方旅游产品的内涵，提升地方旅游产品的品位,并且还为"非遗"的保护提供必要的资金。而进入"非遗"后时代"非遗"旅游开发则侧重于具体策略、措施以及对问题的发现和解决。旅游产业和"非遗"开发结合确实是一个好路子,但"非遗"很容易被当作旅游产业中的内容和招牌。如果仅仅把"非遗"当作一种旅游资源来看,那么我们很容易将那些没有价值的"非遗"忽视,但是我们保护"非遗"的角度应当是立足于濒危性的角度。就犹如刘锡诚担心的那样,具有商业开发价值的,便于投入扩大再生产并"打造"成文化产业的,或易于转变为旅游景点的类别和项目,普遍得到了各地政府的重视,而那些不具有商业开发价值的,如属于"口头传统"的类别和项目,尽管具有重要的文化价值,甚而至于处在濒危境地、亟待抢救的项目,也很难得到地方政府应有的关注。如何将"非遗"融入旅游产业中,秦艳培将其归结为三大产品化模式和四条内容途径(三大产品化模式:非物质文化遗产博物馆,非物质文化遗产主题公园,实景或舞台演出。四条内容途径:与景区合作搭建展示"非遗"的舞台上邀请传承人定点定时演出,从"非遗"的文化、科考、教育等旅游价值出发开发科普教育游、文化体验游、修学游等多种专项旅游活动,在旅游中售卖"非遗"有形物质旅游购物品,打造特色节事活动)。"非遗"的旅游开发是发展文化产业的重要途径,我们都能看到其创造的经济价值,正因为利益的驱使"非遗"在旅游开发中出现的问题最多。

  大数据库的建立和数字化技术的融入从数据获取、处理、分析等方面,提出基于理论支持的数据获取与分析系统,为我国非物质文化遗产的进一步国际化传播提供理论与算法支持。这是目前比较先进的一种保护理念。通过实体文献数据、社交网络数据及移动互联网数据等方式获得的各种类型的结构化、半结构化及非结构化的海量数据的积累与获取,突破多文化信息的分布式高速可靠数据爬取或采集、高速数据全映像等数据收集技术;突破高速数据解析、转换与装载等国别文化信息数据的整合技术等。通过对数据进行辨析、抽取、清洗等预处理操作,使数据更易被分析、处理,揭示其背后的数据模式。通过云存储器把采集并预处理后的数据存储起来,建立相应的数据库,并进行管理和调用。通过解决"一带一路"沿线国家的非物质文化遗产基础信息数据的可存储、可表示、可处理、可靠性及有效传输等几个关键问题,彻底从技术上解决复杂结构化、半结构化和非结构化大数据管理与处理技术。最后,通过运用数据挖掘技术及可视分析技术揭示国别文化数据背后隐藏的数据模式,这将大大有效地推动我国对"一带一路"国别文化认识的广度和深度,并通过数据分析和比较清晰地知晓不同文化的异同,寻求不同文化在发展过程中的联系。

运用文字、录音、录像、数字化多媒体等现代化科技手段对珍贵、濒危并具有历史价值的非物质文化遗产进行真实、系统和全面的记录,建立档案和数据库是非物质文化遗产保护工程的主要实施内容之一。因此,利用数字信息化手段对在抢救和保护工作中形成的非物质文化遗产档案进行保护。21世纪,是数字时代,除了"非遗"本身可以依据具体情况与数字化技术结合外,同时,传统的"非遗"保护方式、方法、理念也可以结合数字技术做到与时俱进,高效地实现保护。从某一区域入手针对具体情况,运用技术,制定策略。

三

"非遗"保护的国际传播设想。2016年11月1日,习近平总书记主持中央深改小组第二十九次会议,审议通过《关于进一步加强和改进中华文化走出去工作的指导意见》。会议强调,加强和改进中华文化走出去工作,要坚定中国特色社会主义道路自信、理论自信、制度自信、文化自信,加强顶层设计和统筹协调,创新内容形式和体制机制,拓展渠道平台,创新方法手段,增强中华文化亲和力、感染力、吸引力、竞争力,向世界阐释推介更多具有中国特色、体现中国精神、蕴藏中国智慧的优秀文化,提高国家文化软实力。推动中华文化走出去要突出思想内涵和价值观念。文化承载着一个国家的精神价值。推动中华文化走出去,让国外民众触摸中华文化脉搏,感知当代中国发展活力,理解我们的制度理念和价值观念,应当是我们的不懈追求。要把内容建设放在第一位,突出思想内涵、彰显价值观念,不断增强中华文化的吸引力和感召力。目前的"一带一路"倡议急需要文化先行,文化的交融和理解,可以为此倡议的顺利实施开路。

讲好中国故事,应该从国际教育入手,应该增强传统非物质文化遗产的传播力度。要讲述中国的精彩故事,表达中华文化的核心理念。充分展示优秀传统文化独特魅力。中华优秀的非物质文化遗产是一座精神富矿，不仅铸就了历史的辉煌，而且在今天依然充满着智慧的力量。中华优秀传统非物质文化中讲仁爱、重民本、守诚信、崇正义的价值追求，有利于促进国家之间、人与人之间的和谐相处，对当代世界发展有着重要意义。2003年10月通过的《保护非物质文化遗产公约》指出，非物质文化遗产应涵盖五个方面的项目：1.口头传说和表述，包括作为非物质文化遗产媒介的语言；2.表演艺术；3.社会风俗、礼仪、节庆；4.有关自然界和宇宙的知识和实践；5.传统的手工艺技能。《公约》并指出，非物质文化遗产概念中的非物质性的含义，是与满足人们物质生活基本需求的物质生产相对而言的，是指以满足人们的精神生活需求为目的的精神生产这层含义上的非物质性。所谓非物质性，并不是与物质绝缘，而是指其偏重于以非物质形态存在的精神领域的创造活动及其结晶。我国许多优秀的传统文化都进入了联合国的非物质文化遗产名录，它们许多还不为人知，让更多人知道中国的文化珍宝和全球共享人类文化的大餐，这是提升中华文化软实力的绝佳机会。同时世界各地的非物质文化遗产也不只是属于某一个国家的精神财富，应该属于全人类可以共享的文化财富，所以，在"一带一路"倡议面前，加强对本国文化遗产的保护和推广，同时强化对其他国家尤其是沿线国家的"非遗"的了解和认识，并帮助一些不太发达的国家认识和保护非物质文化遗产已成为我们的必须认识和担负的使命。了解熟悉并达成文化共识的过程是漫长的，从非物质文化遗产的了解和保护开始，让非物质文化沟通世界成为一条捷径。

以丝绸之路非物质文化遗产的共享性促进共同发展

胡惠林　王媛/上海交通大学

自2013年中央提出"一带一路"倡议以来，文化建设一直是该倡议重要的题中之义。2015年3月，国家发展改革委、外交部、商务部联合发布的《推动共建丝绸之路经济带和21世纪海上丝绸之路的愿景与行动》更明确提出，以政策沟通、设施联通、贸易畅通、资金融通、民心相通作为主要发展内容。其中，民心相通就是该倡议在文化建设上的重要目标之一。因此，如何利用"一带一路"倡议机遇，促进沿线国家地区之间的文化交流对话，在尊重文化差异的客观基础上，实现一定程度的文化相通乃至文化认同，就成了我国陆、海两条丝绸之路沿线省份在文化建设上的重要战略任务。

非物质文化遗产作为我国优秀传统文化的重要方面，对于新时代丝绸之路文化建设具有积极的促进作用。尤其是丝绸之路沿线地区的非物质文化遗产，从历史流变流布的脉络看，很多都与历史上丝绸之路的贸易文化往来不无关系。可以说，这些地区的非物质文化遗产历史地丰富了古丝绸之路文化的内涵。所以，实现民心相通，需要依托非物质文化遗产这一宝贵资源。

而从非物质文化遗产存续发展的当前格局看，作为中国传统文化的延续，同时也作为未来中国文化发展的历史基础，除了继续加强对非物质文化遗产项目技艺传承的技术性保护，做好传承人的培养，保障文化技艺、文化记忆等层面的基础性传承工作，我们更需要在非物质文化遗产项目的发展上，尤其是整体的资源开拓发展上积极努力。

从我国保护非物质文化遗产的理论研究与实践探索的现有认识看，诸多非物质文化遗产项目迫切需要融入社会生活，需要广泛的社会消费，唯有如此才能催生非物质文化遗产不断传承并可持续发展的内在动力。正是从这个意义上而言，非物质文化遗产的保护发展需要更广阔的发展空间。

所以,"一带一路"倡议的启动,事实上为非物质文化遗产的保护和发展提供了重要的历史机遇。而如何抓住这一机遇,如何积极利用其机制,针对性地做好非物质文化遗产资源的保护性开发,充分挖掘丝路文化遗产的共享性,促进沿路各国共同繁荣发展,是本文思考的主要方面。从中国的视角出发,以下几个方面构成了我们的主要认识与建议。

一、在资源禀赋基础上,合理制定丝绸之路经济带"非遗"资源开发的整体战略方向

丝绸之路经济带包括西北五省区陕西、甘肃、青海、宁夏、新疆;西南四省区市重庆、四川、云南和广西。从"非遗"资源开发角度看,各省份立足自身优势确立资源开发方向固然重要,但是,从全局看,立足于经济带整体的资源禀赋,做好整体性开发的定位则更为重要。

从这些区域拥有的世界级非物质文化遗产项目看,主要有:新疆维吾尔木卡姆艺术,青海的热贡艺术,新疆的《玛纳斯》,甘肃花儿、皮影戏以及新疆麦西热甫(急需保护的非物质文化遗产名录)。而从国家级非物质文化遗产项目(前三批)的数量和类型分布看,这些区域的国家级"非遗"资源主要集中在民间文学、传统音乐、传统舞蹈、传统美术、传统技艺以及民俗等方面,其中,尤属传统技艺和传统美术资源的数量较为丰富。由此,从"非遗"资源的整体优势看,传统工艺美术产业、民间演艺表演产业的开发应当成为其整体性或战略性开发方向。一方面,依托世界级"非遗"项目或具有世界性影响的国家级"非遗"项目,积极推广"非遗"文化的传播,尤其是"非遗"优秀成果的展示与交流;另一方面,做好经济带"非遗"项目资源的特色开发,通过集中展示中国文化的独特魅力和差异性价值,努力开拓沿线国家地区的工艺美术品市场、文化旅游市场等。

二、在国际开放视野下,科学规划丝绸之路经济带"非遗"资源开发的区域协同策略,建立合作开发的协同机制

丝绸之路是"文化线路"类型的世界文化遗产。它连接着中国经中亚、俄罗斯至欧洲(波罗的海国家),中国经中亚、西亚至波斯湾地区,中国至东南亚、南亚、印度洋等诸多国家与地区。从古丝绸之路文化贸易交流的历史看,经济带区域的各个省份地区与古丝绸之路的交融,在文化贸易路线、文化交往层次以及文化内涵上是有差别的。再加之,各

省份在地理环境、区域位置上的相对性差异，这就在一定程度上决定了对经济带"非遗"资源开发策略上的内部差异。因此，在深入研究沿线省份与古丝绸之路交融互动历史的基础上，更迫切需要建立"非遗"资源定向开发的协同机制。

在以往我们所做的关于中国经济区文化产业发展指数的研究中，就发现了协同机制建立不可或缺的重要意义。没有出于顶层设计的协同机制，或者说没有实质性发挥作用的协同机构、协同制度，没有跨行政区域的对话、合作乃至监督评估平台，这将不利于经济带非物质文化遗产资源开发的整体规模经济，容易导致资源的重复开发、同质化资源开发的恶性竞争等一系列后果。

三、在社会文化经济协调性基础上，全力加强丝绸之路经济带地区在非物质文化遗产资源产业开发中，社会参与的主体性和广泛性

利用丝绸之路经济带倡议促进我国与沿线国家地区间民心相通、文化交流，其参与主体不仅包括政府、企业，还要积极调动社会公众、基层的文化参与。因为，就这些区域而言，多数地区的国民经济发展水平相对较低，多数非物质文化遗产项目也主要在经济欠发达的乡村地区传承，"非遗"资源的商业或者产业开发对于当地民众而言，不仅是其参与公共文化建设的重要途径，更是增加自身收入、改善经济环境的重要方面。因此，出于保护地方文化生态、加强文化传承的考虑，要特别保障这些地区的社会参与权利和参与机制的构建。

从目前看，一是要扶持、建立一定数量的民间手工艺专业村，将这些地方特有的文化资源、智力资源以及劳动力资源积极有效地整合到"非遗"资源产业的开发建设中，引入"一带一路""民心相通"的实质性推进中。二是继续发展并优化"农户＋协会＋公司"的协作发展方式，一方面，强化协会在"非遗"保护与"非遗"资源市场开发关系方面的协调作用；另一方面，通过协会统筹个体农户、个体传承人集体参与地方"非遗"资源开发，从而加强实现整体规模经济效应。

四、在可持续发展原则上，牢固确立"非遗"资源开发的创新意识，不背离"非遗"传承基本原则，同时秉持市场发展导向，鼓励"非遗"产品走出去

从我国古代文化艺术走出去，尤其是文化艺术商品的外销经验看，

积极促进文化创新与文化调适是其关键因素。既然要打开沿线国家的文化消费市场，就必须要做好融入国外文化市场的准备，审美取向、价值偏好的调适，技艺的创新，包括产品质量的提升，这些都必不可少。换言之，既要有中国特色，也要容易被外国消费者接受。从我国古代年画产业繁荣期时，大量产品外销的情形看，其中就有丰富的年画题材革新，尤其是针对外销地区的审美趣味、世俗信仰等创作了丰富的专门满足当地热门需求的年画产品。同样地，从我国古代瓷器的外销经验看，也是如此。我们不能过度桎梏于非物质文化遗产所谓的历史性的传承，而放弃了对其世界性、现代性价值的赋予。从这一点而言，积极抓住"一带一路"沿线国家的市场空间，对于发扬和发展我国"非遗"文化同样意义重大。

地方高校传承本土非物质文化遗产的路径研究

龚春英／泉州师范学院

非物质文化遗产是我国各族人民宝贵的精神财富。地方高校保护和传承本土非物质文化遗产既责无旁贷，同时又在人才培养、资源配备、专业和课程设置方面具有得天独厚的地缘优势。地方高校可以设置与本土非物质文化遗产相关的特色专业和特色课程，将非物质文化遗产融入课程教学；还可以充分利用校园文化宣传平台，营造非物质文化遗产保护的浓厚氛围；依托图书馆的资源优势，实现本土非物质文化遗产的数字化保护。

非物质文化遗产是全人类共同的、珍贵的精神财富。我国非物质文化遗产资源丰富。地方非物质文化遗产是当地历史文化的重要见证，蕴藏着厚重的民俗内涵。"在中国，需要有大批的高校，特别是地方本科院校和职业技术学院'关注身边，关注脚下'，专注于技术推广，文化普及。"[1]地方高校以服务地方经济社会发展为办学宗旨，保护和传承本土非物质文化遗产责无旁贷。高校在人力资源、专业素质、文化资源等方面具有许多单位和个人所不可比拟的优势。地方高校更是在专业和学科设置、人才培养机制以及校地合作交流等方面具有得天独厚的地域优势，如果能扬长避短，无疑能更好地发挥自身的办学特色，更好地承担起保护和传承本土非物质文化遗产的重任。本文拟以泉州师范学院为例，探讨地方高校保护和传承本土非物质文化遗产的优势和具体形式。

一、地方高校传承本土非物质文化遗产的优势所在

1. 人才优势。作为地方优秀文化传承的主力军，地方高校

[1] 朱庆宝、王永义：《大学如何更好地服务社会》，《中国教育报》2009年2月16日。

的师生们在本土非物质文化遗产的传承中发挥着不可替代的效力。一方面，与其他高等院校一样，地方高校，特别是地方文史类院校，无论在师资力量上，还是在智力资源上，都具有绝对的优势。地方高校的学者们除了拥有一定的专业知识、科研能力和文化素养外，还在多年的科研工作中，积累了大量有关当地历史、民俗、民间文学、民间艺术等领域的学术基础和研究经验，具有相当的学术研究实力，完全有能力为本土非物质文化遗产的保护和传承提供专业的理论指导。另一方面，地方高校规范的人才培养机制，也可以为培养与非物质文化遗产相关的高素质专业人才提供智力支持。非物质文化遗产只有代代相承，才能生生不息。地方高校颇具规模的大学生群体是非物质文化遗产保护和传承的主力军。"高校丰富的生源，大大拓宽了技艺传播的受众平台，扩展了'非遗'项目的传播面和影响面，且可能产生'多米诺效应'，吸引有兴趣、有潜质的青年学生加入传承人队伍。缓解因老龄化等因素导致的传承断代问题。"[1]大学生所学专业广泛，对中国传统文化有一定的认知和了解，在校期间若接受非物质文化遗产知识的熏陶，完全有能力通过田野调查、民间采风、"非遗"基地实训等方式积极参与当地非物质文化遗产保护的实践活动。这不仅可以提升自身修养，增强爱国爱乡的情感，而且在一定意义上能弥补当地非物质文化遗产专业人才不足的遗憾，充实人力资源。学生毕业后很可能投身于与非物质文化遗产有关的工作，继续为非物质文化遗产的传承贡献自己的力量。

2. 资源配置方面的优势。与绝大多数的单位和个人相比，地方高校在资源配置方面的优势突出。高校普遍设有图书馆、档案室、大礼堂、校园网、校报等文化交流设施，可以为非物质文化遗产资料系统化宣传和保存提供必备的文化空间。地方高校图书馆的资源优势尤其为当地其他单位和个人所不能企及。地方高校大多拥有一定规模的图书馆和一定数量的专业图书管理人员，可以为非物质文化遗产的资料发掘、分析加工和开发研究中提供专业的指导。其一，地方高校图书馆大多设有地方文献书库，馆藏相当数量的地方史、民俗、地方志等图书文献。例如，泉州师范学院图书馆馆舍面积有2.2万余平方米，拥有阅览座位4000个、馆藏纸质图书160多万册，还有中外文电子书刊150多万册，

---

[1] 王志平、郑克强：《论地方高校对区域非物质文化遗产的传承》，《教育学术月刊》2013年第6期。

并且建有49个中外文数据库。此外，图书馆还设有文浩库特藏室、文献检索中心、个人研究室等，不仅可以为泉州市非物质文化遗产资料的专业化保存提供适宜的场所，也为其保护性研究提供最有力的资料支持。其二，地方高校图书馆与本土非物质文化遗产分布地相距不远，在进行民风民俗调研、采集汇编相关资料、收集相关器具、进行非物质文化遗产展示时更容易操作。其三，地方高校图书馆大多拥有高学历的专业图书管理人员。他们在文献整理、资料分类、信息加工方面具有丰富的经验和技术支撑。专业图书人员的积极参与可以使地方非物质文化遗产资料得到科学的管理，减少不必要的损失。其四，高校图书馆在电子资源数据库建设方面的经验和技术也具有强大的优势。图书馆是高校信息资源的中心，除了馆藏大量纸质图书外，还通过网络系统建有一定规模的电子资源数据库，使在校师生能便捷地享用馆内馆外的信息资源，及时了解相关课题的最新研究动态。

3.学科优势。地方高校有专业的教育机制和日渐完善的人才培养机制，在非物质文化遗产传承方面具有学科优势。伴随着我国高等教育的成熟发展，高校的学科门类越来越齐全，学术研究机制和人才培养机制不断完善。地方高校为在竞争中谋求发展，也在不断地求同存异，在专业设置等方面探讨新的发展思路。比如，将高校教学科研与当地非物质文化遗产保护相结合，就是许多地方高校热衷的发展思路。事实上，地方高校尤其是文史类院校许多学科的设置为非物质文化遗产的传播提供了广阔的渗透空间，为非物质文化遗产保护提供了充足的学术支撑。例如，大多数文史类地方高校都设有历史学、旅游学、管理学、汉语言文学、音乐学等专业，这些学科本身就与非物质文化遗产学有着千丝万缕的联系。尤其是一些老牌地方院校在上述专业建设方面都卓有成就，在地方历史、民间文学、民间艺术等方面积累了丰富的教学和研究经验。地方高校可以依托各学科的优势，促使师生们在非物质文化的通识教育中相互启发，从各自的学术视野投入到非物质文化遗产保护和传承的相关课题研究，充分展示不同学科在非物质文化遗产传承中的作用，使非物质文化遗产研究日益学科化。

4.地缘优势。地方高校在本土非物质文化遗产传承方面还具有地缘优势。地缘优势主要体现在两方面：其一，地方高校大多建在该地区的政治、经济、文化中心，与本土非物质文化遗产的发源地相距不远，交通和通信相对便利，对本土非物质文化遗产进行普查、建档、推广时，所费周期短，见效快。其二，体现在人力资源方面的地域优势。地方高校的学生大多来自本省各区市。他们之间文化相近，语言相通，风俗习惯也比较接近，接触本土非物质文化遗产时会有一种本能的熟悉感和亲近感。事实上，地方高校大部分教师也来自本省，不仅具有必备的专业技能，而且熟知地方的历史文化、风土人情、民俗民风等，甚至长期从事相关课题的研究。由于地缘优势，教师组织学生利用假期或实习、见习期回乡进行调研采风、问卷摸底，或参与课题研究时都十分得心应手。

二、地方高校传承本土非物质文化遗产的路径探讨

（一）利用地方高校的学科优势，推动非物质文化遗产进课堂

1.设置与本土非物质文化遗产有关的特色专业。地方高校办学理应为地方经济文化建设发展服务，培养服务地方的实用性人才。"地方高校在人才培养服务的同时，如何构建自己的文化个性，是地方高校面临的可持续发展的世纪课题。"[1]在学科建设上，地方高校设置与本土非物质文化遗产相关的特色专业，既凸显地方高校的办学特色，也不失为地方高校保护传承本土非物质文化遗产最直接有效的方式；既可以为非物质文化遗产保护工作进行规范的指导，也可以培养专业人才，使非物质文化遗产传承和保护后继有人，走得更远。首先，设置这类特色专业的前期工程浩大。在这个过程中，必须开展一系列规范的教研活动和校内外实践教学，包括摸底该非物质文化遗产的历史现状，构建相关课程体系，编写与该非物质文化遗产相关的教材或教学资料，制订合理的教学计划，聘请非物质文化遗产传承人为客座教授，安排学生到非物质文化遗产基地进行实训等。此项工程后，关于该非物质文化遗产的各项情况可谓基本掌握透彻。其次，设置该类特色专业的主要目的就是培养专业人才。学生在校期间接受了该项非物质文化遗产系统的专业知识教育，进行了必要的实践和调研，甚至参与了相关课题的科研，具备了一定的理论和实践能力。特别是地方师范院校特色专业学生毕业后，将活跃在教学和科研的第一线，他们或直接从事与非物质文化遗产相关的研究工

---

[1] 赵明奇：《地方高校与非物质文化遗产传承——徐州高校"非遗"特色教育探讨》，《徐州工程学院学报（社会科学版）》2009年第6期。

作，或成为中小学老师，在他们所服务的中小学校培养新一代的传承人，成为非物质文化遗产的宣传者和践行者，从而解决非物质文化遗产传承人才奇缺的困局。正所谓代代相传、薪火不息，形成良性的文化生态环境。以泉州师范学院为例，作为泉州地方高校，学校充分发挥地方特色和人才优势，在音乐和舞蹈学院开设音乐学专业（南音方向），成为南音文化传承的专业培养基地。

2. 开设与本土非物质文化遗产相关的特色课程，或将非物质文化遗产知识的有益成分融入其他课程教学。地方高校为更好地服务地方，有必要充分发挥自身的地缘优势，在专业建设、课程设置和人才培养等方面形成自己的办学特色。在制订培养计划的过程中，将本地的非物质文化遗产考虑进去，根据专业特点，与民间文学、地方历史、民俗文化、民间音乐舞蹈等课程教学结合起来，开设与当地非物质文化遗产相关的专业必修或者选修课程，建设一批与当地非物质文化遗产有关的精品课程，将之做大做强。还可以以校选课的形式在全校范围内进行课程教学，这不仅可以使学校和专业在当今日益白热化的竞争中免于落俗，而且使学生在校期间就有机会接受极具地方特色的非物质文化遗产元素的专业熏陶，能从专业的角度深入了解当地非物质文化遗产，为他们毕业后更好地服务地方文化打下坚实的基础，实现人才培养和就业之间的无缝连接。以泉州师范学院为例，历史学专业开设了一系列与非物质文化遗产相关的选修课程，如泉州民俗文化、泉州宗教文化、泉州史迹与旅游、福建地方史、泉州历史文化、田野考古学等课程。同时，非物质文化遗产是优质的教育教学资源。"教育部门应将优秀的非物质文化遗产内容和保护知识纳入教学体系，激发青年热爱祖国优秀传统文化的热情。"[1] 地方高校可以鼓励教师在其任教的公共课程、专业必修课、限选课、专业任选课程以及校选课程的教学中融入非物质文化遗产知识成分，以提升学生对当地非物质文化遗产的认知程度。地方高校的思政部门在这方面有更大的渗透空间。思政课是公共课程，面向的学生受众面广，课程内容较严肃，理论性强。而非物质文化遗产常常蕴含着大量的伦理道德理念和正面的思想情怀，是很好的德育教学资源且案例鲜活，通俗易懂。进行相关课程讲授时，结合授课内容，以讨论课或布置课外作业

---

[1] 周玲：《国防教育与大学生民族精神培育探析》，《思想政治研究》2009年第6期。

的形式，让同学们亲身去收集家乡的非物质文化遗产资料，到课堂上进行交流分享，可以加深学生对非物质文化遗产的认识。两者不仅在内容上，而且在形式上都可以互补。

3.紧扣实践教学环节，建立校内校外的实践基地。高校教学主要由课堂理论教学和实践教学两部分组成。地方高校的师生大多来自本省，这种地缘优势在实践教学环节尤其凸显。学校可以利用课程实践教学的契机，例如，师范院校常有六周的实习期和两周左右的见习期，利用实习和见习的机会组织班级同学，或联合学生社团，指导学生们集中进行实地调查。教师也可以在学期初布置与家乡非物质文化遗产相关的实践教学任务，例如要求学生对家乡某种民俗活动进行调研，发表参加家乡某民俗活动的感想，然后鼓励学生利用周末或假期各自回到自己家乡，亲身了解和感受该民俗活动。通过社会实践活动把理论与实践相结合，让学生们零距离地接触并了解相关非物质文化遗产，可以极大地调动学生们的积极性，加深学生们对优秀传统文化的认识，从而提高学生们保护非物质文化遗产的能力，进而达到带动身边同学共同保护和传承非物质文化遗产的目的。

（二）充分利用校园文化宣传平台，营造非物质文化遗产保护的浓厚氛围

1.继续利用传统校园文化宣传平台，拓展新的传媒手段，营造"非遗"校园氛围。一方面，学校可以通过校园广播开辟固定栏目，定期向师生宣传本土非物质文化遗产，也可以在学生经常光顾的场所，如食堂、图书馆和宿舍区，通过各式宣传栏、海报、院系宣传栏等进行非物质文化遗产知识的普及。学校还可以通过有奖征文的形式，吸引广大师生投稿，营造良好的"非遗"氛围。另一方面，随着现代社会通信设施的日益发达，人们可选择的沟通方式不断增多。特别是伴随着智能手机的普及，QQ、微信、微博等都成为当下年轻人的主要交流手段。大数据时代使得每一个人既是信息的接收者，也是信息的产生者。高校向来处于现代通信发展的较前沿。地方高校可以充分发挥现代通信的优越性展开教学。比如，教师可以建立QQ群或微信群，不仅可以在群里展示相关非物质文化遗产的图片或视频资料，实现资源共享，而且可以与学生在课后就非物质文化遗产的传承问题进行探讨。师生线上线下讨论交流，采用这种非面对面的交流方式，更容易吸引学生的注意力，学生也更愿意通过这种方式阐述自己的观点。

2.鼓励院系或社团定期组织非物质文化遗产宣传活动，落实"非遗"进校园。一方面，院校可以聘请本省获批国家级、省级或市级非物质文化遗产项目的传承人来校担任客座教授，请他们定期为在校大学生进行非物质文化遗产知识讲座，或者在合适的时机邀请传承人到校亲自展示或传授该非物质文化遗产的制作工艺。通过现场表演，使学生亲身感受本土非物质文化遗产的独特魅力。另一方面，充分发挥社团作用。地方高校拥有形式多样的学生社团，是学生参与各项活动的主要组织者，在学生群体中有着不可替代的作用。高校从事学生工作的部门或者辅导员们，可以鼓励、引导或建议社团开展活动时多增加非物质文化遗产的成分。比如，组织非物质文化遗产知识竞赛、非物质文化遗产专题演讲比赛、家乡非物质文化遗产技艺展示等。通过丰富多彩的社团活动的开展，激活大学生参与保护本土非物质文化遗产的积极性和自觉性，营造保护本土非物质文化遗产的浓厚氛围，于润物细无声中增强学生对本土非物质文化遗产的主体认同感。

3.校园网：校园网是高校信息传播的一个重要媒介，是在校大学生进行课程学习交流、了解院系动态的必不可少的渠道。校园网同时具有信息交流快捷、互动不受时空限制等互联网通信的优势，颇受在校大学生的青睐。高校要充分利用校园网的资源优势，制作非物质文化遗产专题网站，向学生宣传有关非物质文化遗产的基础知识；校园网还可以开辟本土非物质文化遗产主题专栏，制作具有代表性的本土非物质文化遗产宣传网页，或鼓励具有计算机特长的学生利用 flash 等动画技术制作极具趣味性的非物质文化遗产项目的展示片，扩大在学生群体中的影响力，吸引学生的关注。

（三）依托高校图书馆的资源优势，打造专业的非物质文化遗产数字化保护平台

1.地方高校图书馆要充实本土非物质文化遗产方面的纸质图书的收藏，形成独具区域文化特色的馆藏风格。地方非物质文化遗产是具有浓厚地域特色的文化遗存，是地方文化的活化石。但基于非物质文化的"口传心授"传承特点，很多没有相应的文字或影像资料的留存，一些极具特色的本土非物质文化遗产在传承过程中传承人一旦突然去世，就可能会出现传承中断，永远从人们的视线中消失。在地方优秀文化保护和传承上,地方高校是一支强有力的队伍,他们对地方非物质文化遗产的保护有责任也有优势。此外,高校图书馆数量庞大。地方高校图书馆要提高自身竞争力和影响力,必须扬长避短,发挥其地域优势和人才优势,致力于特色文献资料的收集,在某一领域的资料馆藏上做到"人无我有,人有我优",彰显个性和权威。图书馆可以选调一批专业图书人员到各地市进行走访和田野调查,对非物质文化遗产项目和传承人情况进行摸底普查,尽可能地通过购买等方式收集当地非物质文化遗产方面的纸质资料,或者利用技术手段复印、扫描非物质文化遗产资料的文本信息,充实当地非物质文化遗产藏品的收集,创建富有地域文化特色的非物质文化遗产馆藏室。或者在已有的地方文献库里开辟非物质文化遗产资料专区,根据非物质文化遗产的门类进行资料的专业分类加工,科学化编排保存。既方便图书馆在以后的资料收集过程中不断查漏补缺,也有利于专业学者开展相关研究。

2. 发挥地方高校图书馆的人才优势,筹建非物质文化遗产电子资源数据库,积极推动本土非物质文化遗产保护数字化的实现。非物质文化遗产表现形式往往是无形的,并不是所有的非物质文化遗产项目都适合并能够通过文字的形式保存下来。像传统音乐、舞蹈和传统技艺等门类的非物质文化遗产项目仅借助传统的文字记录手段是很难准确表述其精髓的,而音频、视频等则可以较完整地将其展示出来。就人才优势而言,地方高校图书馆的工作人员不仅具有专业的图书管理经验,而且不少人就是历史学等文科专业硕士甚至博士毕业生,他们对地方史和地方非物质文化遗产的研究本身就具有浓厚的兴趣和专业基础。因而地方高校图书馆要充分发挥人才优势,组织一批有兴趣、有特长的工作人员,利用他们的摄影技术特长和日臻成熟的网络技术和设备,对相关非物质文化遗产传承人进行采访录音,通过影像、音像和动画等方式将那些极具特色的非物质文化遗产记录下来,这种动态保存的资料更保真,更易为读者所接纳,利于在师生中进行本土非物质文化遗产的推广;通过建立非物质文化遗产电子信息档案数据库,开辟专题网站,不仅可以将本土非物质文化遗产安全长久地保存,拓展本土非物质文化遗产的利用价值和收藏空间,而且数字化保存不占用大量空间且便于整理储存,更容易实现资源共享,师生们可以借助现代化信息检索工具在线阅读、下载,为高校研究人员提供便利。同样以泉州师范学院为例,为进一步保护和传承闽南文化，泉州师范学院与中国社会科学院和台盟中央合作，共建闽南文化交流研究基地。该基地馆藏有两万多册闽南地方文献和一万多册的"方志书库"。这些馆藏资料几乎涵盖了文学、历史、艺术、经济、宗教、社会等各个门类，是目前国内外收集闽南地方文献最为齐全的文化机构之一。除了纸质资料外，基地还充分利用数字化技术，依托图书馆资源优势，开发了闽南文化专题网站、建设闽南文化电子资源、设有闽南文化研究成果展示厅，以方便专家学者研究闽南文化，为各方学者交流研究提供平台。

总之，在全球化日益加剧的当今，非物质文化遗产传承面临的形势更加严峻。保护和传承非物质文化遗产是每一个公民不可推卸的责任和义务。地方高校要充分发掘区域文化资源优势，重视本土非物质文化遗产的保护和传承，提升办学特色，发挥高校师生的中坚力量，更好地为地方经济发展和文化传承服务。

"海丝"文化生态圈中的"非遗"保护与传承发展
——以"陈三五娘"故事的文献整理与研究开发为例

王伟 / 泉州师范学院

有闽南人的地方就有"陈三五娘"的传说。曾广泛流布于闽南、粤东、港台、东南亚乃至日韩等地的经典传奇"陈三五娘",在"基型触发"下"孳乳展延",曲中有戏、戏中有曲,情态各异、数量繁多,从不同方面向世界展露闽南经验的生长与可能,亦昭示了闽南民俗曲艺之不朽生命力的文化密码。

一、因戏结缘:时间川流的文献整理

"戏曲作品是从事戏曲研究的最基本的资料,也是广大读者赖以阅读欣赏的文本,对它的选编和出版是戏曲文献工作者的首要任务。"[1] 曾广泛流布于闽南、粤东、港台、东南亚乃至日韩等地的经典传奇"陈三五娘",在"基型触发"下"孳乳展延"[2],曲中有戏、戏中有曲,情态各异、数量繁多,从不同向度上展露了闽南经验的生长与可能,亦昭示了民俗曲艺之不朽生命力的文化密码。不唯如此,其沉潜浮露的庋置经历与遭际离奇的流转过程,更是生动诠释了以之为代表的闽南戏曲在文化环流中的跨界传播。由是之故,若要在时间川流中讲好这个故事,无疑需要建基在戏曲史料的广泛搜集与系统整理之上。然而时迁境移、茫茫无踪,诚如原泉州市文联副主席、泉州地方戏曲研究社社长郑国权研究员于2012年12月2日在"两岸闽南文化的传承创新与社会发展"研讨会上的小组报告中所言,其最终结集成册、公之于世,并非易事而是有赖诸多

---

[1] 吴书荫:《论二十世纪戏曲文献的整理和研究》,《中国文化研究》2000年第4期,第121—128页。
[2] 著名俗文学研究专家、台湾大学名誉教授曾永义在《戏剧之家》2009年第4期发表的《从西施说到梁祝——民族故事之命义、基型触发与孳乳展延》一文提出,民间故事的两大发展进径:"基型触发"与"孳乳展延"。

机缘巧合。

具体来讲,现存于世的最早刊本据言是建阳(麻沙)书商"新安堂余氏"刊刻于明朝嘉靖丙寅年间(1566年)的《重刊五色潮泉插科增入诗词北曲勾栏荔镜记戏文》(俗称"嘉靖本"),其现代发现者是我国著名敦煌学家、中外交通史家向达先生。而他之所以有如此发现,乃是得益于北平图书馆在1935年秋派遣他以"交流研究员"的名义前往英国牛津大学鲍德利图书馆(Bodley Library)工作,使之能够在英、法、德等国的图书馆与博物馆检索敦煌写卷与其他流落海外的汉文典籍。他在《瀛涯琐志——记牛津所藏的中文书》一文当中对这一文本做如下介绍,"此中比较罕见的要算《荔镜记》戏文,这也是伟烈氏的藏书,书名全题为'重刊五色潮泉插科增入诗词北曲勾栏荔镜记戏文全集',每叶分三栏,上栏《颜臣》全部,半叶十四行,行五字,中栏插图,图两旁各系七言诗二句,下栏戏文半叶十一行,行十六字。全书一百五页,收戏文五十五出,而无第一出,故实只五十四出,末叶上栏有书坊告白五行"[1]。然而令人感喟的是,深受"纯文学"审美观念影响的向达先生对其艺术价值评价不高,甚至认为这一部戏文言辞与描写拙劣,"是不登大雅之堂的作品",只是聊备一格的民间文学意义。而更让人深感遗憾的是,他的发现并没有引起时人关注,因而在过去很长一段时间之后,人们方才知道这一流往海外、国内未见著录的"嘉靖本"的《荔镜记》,世间还现存两本且分别深藏于"日本天理和英国牛津的大学图书馆"[2]。

二十年后的1956年夏天,在以京剧表演艺术大师梅兰芳为正团长、中国著名戏剧艺术家欧阳予倩为副团长兼总导演的中国访日京剧代表团赴日演出期间,日本天理大学图书馆将其所珍藏的"嘉靖本"拍照成为书影而赠予二位先生,此时尘封已久、隐匿踪迹的历史真貌方才重新开启。中国戏曲研究院(中国艺术研究院的前身之一)在两位先生回国之后随即复制留存,并同时分赠给"广东等地的文化部门"[3]。转眼间到了1959年,由闽来京进修的曾金铮与何勋两位先生(二位亦在数十年之后成为泉州戏曲研究社的创社成员与骨干力量)也借助这一难得之机会,为地处福州的福建省戏曲研究所(福建省艺术研究院的前身)与僻居泉州的福建梨园实验剧

---

[1] 向达:《瀛涯琐志——记牛津所藏的中文书》,《国风半月刊》1936年第5期。
[2] 郭汉城:《史料难觅 弥足珍贵——琐谈〈泉州传统戏曲丛书〉》,《中国戏剧》2003年第5期。
[3] 吴月芳、王金淼:《遇见陈三五娘传说:古今多少艺术共话这荔镜奇缘》,http://www.mnw.cn/quanzhou/news/950124—2.html。

团购得书影两套，由其分别保存。然而令人扼腕不已的是，随后而至的"十年浩劫"却使得这一弥足珍贵、来之不易的戏曲文献毁于一旦，可谓复聚复散、旋得旋失[1]。

但值得宽慰的是，早在两位先生访问日本的前两年（1954年），任教于台湾大学的吴守礼先生（1909—2005）便已透过私人渠道获取这一屡遭劫难、备受漂泊的戏文刊本，并且又在1959年寻得了"作为古文物被人带到欧洲"[2]之"牛津本"[3]的摄影，进而在1959年到1962年间将前述分属于日本天理与英国牛津之东西两本、实则为同一部刊本的《荔镜记》互补合校，并由之启动了整理校勘以《荔镜记》诸版本为代表的早期闽南语文献以及通过这些古典文献探究早期闽南语方言等相关工作[4]。除其之外，便是与之相距不过15年，而由同属福建的"朱氏与耕堂"于明万历九年辛巳（1581年）刊刻的《新刻增补全像乡谈荔枝记》（俗称"万历本"）。其历经沧桑的藏迁轨迹亦具有传奇色彩，同样表征着地方性知识在全球本土化语境中的命名与播撒。根据吴守礼在《闽南语史研究的回忆》中所言，其所觅得的万历本是由英国剑桥大学教授、著名汉学家龙彼得（Pier van der Loon）在奥地利维也纳图书馆发现。另外，1965年3月，吴守礼先生还从其授业恩师神田鬯庵（即日本著名汉学家、曾任"台北帝国大学"东洋文学讲座的神田喜一郎）处获得刊刻于顺治辛卯年（1651年）《新刊时兴泉潮雅调陈伯卿荔枝记大全》（俗称"顺治本"[5]）的"景照全套"，并于1968年底油印出版了经其本人校注的《顺治刊本〈荔枝记〉研究》。至于从嘉靖刊本《荔镜记》、顺治刊本《荔枝记》直接演变而来的由"三益堂"刊行于光绪十年（1884年）的《陈伯卿新调绣像荔枝记真本》（俗称"光绪本"[6]），其原本照相的取得刊印，也是辗转多人、一波三折，有赖于国际友

[1] 广东人民出版社在1985年出版的《明本潮州戏文五种》中所收录的《荔镜记》，乃是香港中文大学饶宗颐先生再次从境外复印而来。
[2] ［荷］龙彼得：《被遗忘的文献》，见泉州地方戏曲研究社编《明刊闽南戏曲弦管选本三种》，中国戏剧出版社1995年版。
[3] 在传世的两本嘉靖本《荔镜记》当中，日本天理大学图书馆所藏的刊本在卷末还附有"刊者告白"，比牛津大学所收藏的那一本要完好。
[4] 吴守礼生前相继执行台湾地区"国科会"研究报告《荔镜记戏文研究·校勘篇》（1961年）、《荔镜记戏文研究·韵字篇》（1962年）、《万历本荔枝记·校勘篇》（1967年）、《顺治刊本荔枝记研究·校勘篇》（1968年）等。
[5] 据郑国权于2010年11月18日在泉州师范学院文学与传播学院所做《品读"被遗忘的文献"》的讲座所述，其1997年8月参加台湾"中正文化艺术中心"所举办的"海峡两岸梨园戏学术研讨会"时感慨"找不到顺治本"，然而随后令其感到意外与惊喜的是，出席此次会议的台湾成功大学教授施炳华在第二天便将从其恩师吴守礼处获得的复印件赠送给他。
[6] 郑国权在同一场讲座中提到，梨园戏团亦存有一本光绪本，其是由许书纪早年从菲律宾带给剧团。

人的穿针引线、相互帮衬。据吴守礼自述，乃由其时已转任牛津大学教席的龙彼得前往法国，征询其友人施博尔（Kristofer M. Schipper）[1]博士同意而拍照邮寄。值得一提的是，吴守礼先生汇编的《明清闽南戏曲四种》，"只编入明嘉靖本、清顺治本、光绪本，再加上一本明万历本，共四种，尚无道光本"[2]。而据郑国权在不同场合所言，由"泉州见古堂"在道光辛卯年（1831年）刊刻的《陈伯卿新调绣像荔枝记全本》，乃是于"2008年在泉州当地发现的世上孤本"，"其发现遂使这部戏文的明清刊本成为系列，即明嘉靖、清顺治、道光、光绪都有'陈三五娘故事'题材的戏文刊本，既一脉相承，又有所变化"[3]。

鉴于前期集腋成裘、初见成效的文献征集活动，将之结集成册、加以点校，使之承传有序、昭然可阅以利学术研究就被提上议事日程。是以，泉州地方戏曲研究社在其所编撰之荣获国家文化部"第二届文化艺术科学优秀成果奖一等奖"的《泉州传统戏曲丛书》第一卷《梨园戏·小梨园剧目》（上）中，就将明嘉靖刊本《荔镜记》、清顺治刊本《荔枝记》、清光绪刊本《荔枝记》、梨园戏实验剧团所保存的20世纪50年代新文艺工作者许书纪根据梨园戏老师傅蔡尤本口述记录本《陈三》、华东会演获奖本《陈三五娘》，以及与"陈三五娘"故事相关的一百五十多首絃管曲词一并收入其中。而后郑国权先生在编辑《泉州传统戏曲丛书编校札记——泉州明清戏曲与方言》一书的时候，又对"嘉靖本"上栏所刊刻的"颜（彦）臣全部"[4]"新增勾栏"[5]的短戏文进行校订并收录其间。此后考虑到新发现此前未闻、承前启后的道光本，加之先前的《泉州传统戏曲丛书》"只刊载校订本而未附有原刊本书影"[6]，泉州地方戏曲研究社诸君锲而不舍地在2010年6月一口气推出包含有"嘉靖本、顺治本、道光本、光绪本"的《荔镜记荔枝记四种》。这一汇集四部古刊本的戏文汇编既有加以校订或者重新校订的点校文本，又附有扫描原刊复制而成的戏文书影，收罗宏富、资料翔实，编排合理、斐然可观，并于2011年荣获"福建省第九届社会科学优秀成果三等奖"。然而稍显美中不足的

[1] 据台湾逢甲大学中文系教授陈兆南先生所言，施博尔（Kristofer M. Schipper）本人更愿意自称为"施舟人"。
[2] 郑国权：《一脉相承五百年——〈荔镜记荔枝记四种〉明清刊本汇编出版概述》，《福建艺术》2010年第4期，第8—10页。
[3] 郑国权：《荔镜奇缘古今谈》，中国戏剧出版社2011年版。
[4] 附于上栏的《颜臣》是一出久已失佚的早期宋元南戏唱词，没有道白科介，使用潮泉方言，戏文内容是陈彦臣与陈靖娘的恋爱故事。
[5] 这一附于上栏的戏文被认为是以"陈三作为主人公的折子戏"，其内容为陈三在惠州倡优家饮酒叙谈，由"生、净、末、丑、旦、占"六角演唱。
[6] 泉州地方戏曲研究社：《荔镜记荔枝记四种》，中国戏剧出版社2010年版。

是，作为本套书主编的郑国权老师当时考虑到万历本，"从剧情及其采用的方言文字判断，它是地道的潮州刊本，故未予编入本系列"[1]，只是将之做成电子文本权且供同道中人做研究之用。这一缺憾诚如曾永义先生在为《荔镜记荔枝记四种》所作的《序》中所论，"排除《万历本》是绝对没有必要的"[2]，因为"潮腔同属闽南方言，嘉靖本明标'潮泉'，为合潮泉两腔的刊本；何况'陈三五娘'为发生于潮泉两地的地方故事；而此万历刊本在同属戏文的各方面，有许多可能补足嘉靖与顺治本间的种种缺漏，更加以紧密的连接其间之一脉相承五百年"[3]。嗣后看来，曾永义教授这一建设性意见着实打动了郑国权老先生。缘此，为了让文本序列完整呈现而不至于缺失一环，后者于2011年秋出版了考订精审的《明万历荔枝记校读》一书作为《荔镜记荔枝记四种》的后续补充，并且在同期出版的另一部融资料、考证、论述于一体的新书《荔镜奇缘古今谈》，"编入几篇平常少见的珍贵资料，有明代'陈三五娘故事'的文言小说《荔镜传》（又名《奇逢集》）和微型文言小说《绣巾缘》，还附录台湾成功大学陈益源教授1993年发表于北京《文学遗产》的《〈荔镜传〉考》一文；同时收录已故陈香先生1985年在台湾出版的《陈三五娘研究》一书全文"[4]。

正如郑国权在接受本地媒体记者采访时所言，"从版本意义上说，泉州地方戏曲研究社已经为陈三五娘的往世今生建立了完整的档案"[5]，我们亦可以接着其欲说而没说的话说，"陈三五娘"戏文刊本的今朝发现有效复原了泉南戏曲与宋元南戏之关系的本真面目。实而论之，百年来明清戏文刊本的发现不仅为海峡两岸戏曲学界洞开一片气势恢宏、光彩照人的雄阔天地，使得我们能够有幸赏鉴此前未曾寓目的戏曲文本、价值连城的原始史料及非比寻常的相关论著，而且直接驱动着闽南语系古典文献整理事业的繁荣兴旺。若仅从主体价值上看，其在散编逸篇、孤本秘籍、初写原刻、出版形制、藏迁轨迹诸多方面都反映出为普通戏曲文献无法颉颃的独特性与难以比拟的珍贵性。除此而外，上述发现的闽南

---

[1] 曾永义：《极其贵重的民族文化资产》，《福建艺术》2010年第4期，第6—7页。

[2] 曾永义：《序三》，见泉州地方戏曲研究社编《荔镜记荔枝记四种》，中国戏剧出版社2010年版。

[3] 曾永义：《序三》，见泉州地方戏曲研究社编《荔镜记荔枝记四种》，中国戏剧出版社2010年版。

[4] 郑国权：《明万历荔枝记校读》，中国戏剧出版社2011年版。

[5] 吴泽华：《搜珍数十载为陈三五娘建档案》，《泉州晚报》（海外版）2011年11月14日。

语戏曲文献亦是一座取之不尽、用之不竭的文化宝库，在戏剧学、艺术学、历史学、文献学、文物学、考古学、民俗学、中外交流学诸多领域都蕴藏着不可估量的浑朴价值，殷切召唤着我们登堂入室、探秘寻宝。

二、剧目意涵：戏文故事的腹地风景

有道是戏曲是为没有历史的庶民著史，而剧本作为其筋骨与魂魄的"一剧之本"或许难以直接触碰人类历史的幽灵，但却能在某一向度上间接呈现历史"被删除的状态"。"陈三五娘"这一才子佳人的经典文本在具体时空中之异峰迭起的各式表述与多元样态，不仅体现了民间审美资源参与主流观念形态建构的深度与广度，亦折射了主流话语之于庶民戏曲的功能阐发与价值认定，其本身就构成饶有趣味、历久不衰的永恒议题。当然由于面对面戏曲观演活动的一次性与不可再现性，加之在历史长河之中曾参与其间的老艺人与老戏迷要么已然驾鹤西去、入土为安，要么已是风烛残年、垂垂老矣，我们显然无法逐一（实际上也没有必要）原样复原每一时期甚至20世纪整本"陈三五娘"的舞台样貌。缘此，现代学者（特别是文学出身而治戏曲的研究者）更多地将目光投向相对容易掌控的文本研究，关注"戏剧的书写"与"书写的戏剧"，试图围绕某一特定版本或者几个典型版本之间的来回比较来切入其间、把脉历史。

当中值得一提的有，求学于华南师范大学、供职于汕头市国土资源局的林立先生在其所著的《传统与现实之间的平衡——二十世纪五十年代梨园戏〈陈三五娘〉的改编》一文中就在文艺社会学的传统阐释框架中，尝试性地探讨这一闽南传奇在"戏改"语境中的现代性脉络与意义。在悉心考辨蔡尤本口述本《陈三》以及据此改编而成的华东会演得奖本《陈三五娘》中的"同"与"不同"、表象呈现与深层"不现"后，其颇具历史感地指出后者"在保留许多经典场面和曲词的同时，对主题、剧情、人物等按当时的意识形态要求进行了改造"，"在保留传统的同时，又努力符合当时的意识形态要求，呈现的是一种传统与现实的平衡"[1]。林立另一篇名为《情欲与精神——戏曲〈陈三五娘〉情爱观的变迁》的论文，继续延续这一戏剧社会学批评的致思方式，而将问题焦点试图锁

---

[1] 林立：《传统与现实之间的平衡——二十世纪五十年代梨园戏〈陈三五娘〉的改编》，《安徽文学》2007年第12期，第181—189页。

定在作为剧目题眼的情爱观念上探微究里，比照分析中华人民共和国成立后潮剧改编本《陈三五娘》（主导性观念形态的时代铭文）对《陈三》（作为民间立场的具象表达）的改写与挪用，并以之作为例证说明"1949年前后这段时间民间情爱观念与解放后官方所提倡的情爱观的差异"[1]及其变迁因由。实而言之，林立本人关于戏文内容与时代主潮（如新《婚姻法》之颁布实施）点到即止、欲言又止的互文探讨，其价值并不在于问题本身的解决程度，而是在"去蔽"的意义上提出新的问题，从而开启这一剧目遮蔽已久的另一面相，那就是五百年来一脉相承的《陈三五娘》为何被主流文学史所忽略，其选择性遗忘的原因何在？关于这个问题，笔者在与黄科安先生合作构思的《曲同调殊：戏改语境中的荔镜情缘》以及笔者独自撰写的《闽南地方传统戏曲的现代性经验——华东本与邵氏本〈陈三五娘〉比较研究》等系列论文中，就试图从闽南戏曲现代性转型的文化逻辑之维来回答这一未解之问，并从中抽绎出戏曲文本与深广阔达的社会经济境遇的有机关联。鉴于我们将在下文分节论述之，在此就不再赘言。

当然对于这一问题同样感兴趣的还有，笔者在泉州师范学院文学与传播学院的前同事、现任教于厦门大学嘉庚学院人文与传播学院的陈雅谦教授。其所著的《〈荔镜记〉的思想内涵及"陈三五娘"故事的演变》一文，有感于这出戏文从民间跻身经典的历史嬗变过程，试图解答《陈三五娘》"虽被闽南人奉为戏曲经典，却并未得到国内现在刊行的各种版本文学史的充分重视"[2]的原因所在，无意间触碰了民间集体记忆与主流文学史书写之相互形构的辩证关系。其在郑国权先生来泉州师院所做的数场讲座与学术交流的启发之下，从想象与情感的相互辩证中重构戏曲观演空间，从而于无意间穿透线性进步史观的思维雾障，提出一个让人耳目一新而又难以接受的新颖看法。在其看来，作为"祖本"的《荔镜记》的思想价值较之其他版本反而更高，所持理由是当中五娘所秉持之"姻缘由己"的自由诉求、"女嫁男婚，莫论高低"的择偶标准，在日后版本的演变过程中不仅未作更充分的发挥，反而被人为淡化甚至有意消解。据此发现而判定的思想位阶，陈雅谦先生雄心勃勃地提出应当根据《荔镜

---

[1] 林立：《情欲与精神——戏曲〈陈三五娘〉情爱观的变迁》，《时代文学》2008年第1期，第122—124页。
[2] 陈雅谦：《〈荔镜记〉的思想内涵及"陈三五娘"故事的演变》，《泉州师范学院学报》2011年第1期，第7—14页。

记》来复原戏文主旨与时代精神的思想性关联，从而与泉州先贤李贽所开启的晚明思想解放潮流建立某种精神性（不一定是现实发生）的逻辑联系。显而易见，谙熟比较文学方法论影响研究的作者乃是基于启蒙现代性的进步视阈来论述问题，其赖以"打开文本"的理论工具与操持话语，实为20世纪80年代影响汉语人文学界的人本主义宏大修辞。应该承认，共享类似启蒙论观点的中文学科的跨界学者不在少数，比如毕业于华东师范大学中文系、现任教于浙江师范大学行知学院的华金余先生的《一曲人本主义的赞歌——解读梨园戏〈陈三五娘〉》，笔者同学兼同事宋妍博士的《审美现代性视野中的〈陈三五娘〉研究及其意义》。当然前者承续的是启蒙主义思潮的余波回响，肯定戏文本身之"讴歌男女自由婚姻"[1]和反对封建道统的历史现代性立场；而文艺学背景出身的后者则从社会现代性的自反层面反思现代性（审美现代性）入手，批判性地解构戏文所精心营构的解放神话和爱情迷思。不言而喻，学院派戏曲评论者透过现象看本质的玄思冥想、细读分析，超越一般戏曲爱好者观（读）后感式的直抒胸臆与半知半解的有感而发，起到赋予古老故事以现代性新义之作用不容抹杀、有目共睹，但是否也存有用力过猛的"过度诠释"而让无效的学术话语繁殖淹没了有效的生活意义阐发，进而使得戏曲文本沦为文艺批评离弦说象的思想演武场，以致在公共空间中出现观者自观、评者自评，冷者自冷、热者自热，漠不相关、互不相涉？

正所谓，"过去并不是像化石那样完整地保存下来的，而是在现在的基础上，根据集体记忆的框架而重新建构出来的"[2]。与上述学人代入"前见""六经注我"的思想剖析而疏忽文献考据与田野调查的论述思路有所不同，另外一批具有深厚史学素养的学者则自觉地由文入史、考镜源流，"故纸堆里寻宝贝，田间地头做学问"，不仅让这一"非遗"项目的具体意涵在文本间性的关联网络中呈现，而且让参与其中的我们真正知道"我们现在在哪"[3]。例如，早在1989年台北的林艳枝就完成其硕士学位论文《嘉靖本荔镜记研究》。应该说，这篇学位论文尽管写在20世纪末，相关文献材料尚未齐整刊行，但是其在研究面向、论述框架、文献参照等诸多方面仍然影响了多年之后海峡西

---

[1] 华金余：《一曲人本主义的赞歌——解读梨园戏〈陈三五娘〉》，《四川戏剧》2009年第2期，第78—79页。
[2] ［法］莫里斯·哈布瓦赫：《论集体记忆》，毕然等译，上海人民出版社2002年版。
[3] 杜衡、高剑平：《专访田晓菲、宇文所安：很多文学史只是重复前人》，《外滩画报》2007年11月14日。

岸之福建师范大学文学院孙玲玲的硕士毕业论文《明嘉靖本〈荔镜记〉戏文研究》（2012年）、华侨大学文学院刘婷婷的硕士学位论文《〈荔镜记〉考论》（2014年）。无独有偶，20世纪90年代初，台北东吴大学中国文学研究所刘美芳女士在其学位论文指导教师曾永义教授的指导下，"按照《陈三五娘》一剧流行情形，从闽南到潮州，依剧种而逐地亲访，了解此一剧目在该剧种的传承演变真相"，进一步丰富与完善其所做的18万余字的硕士学位论文《陈三五娘研究》。几年之后，浸淫其间、乐此不疲的刘美芳在其学位论文的基础之上，改写出一篇题为《偷情与宿命的纠缠——陈三五娘研究》的长文，放置在台湾宜兰县立文化中心编撰的《歌仔戏四大出之二陈三五娘》的剧本前面。这篇宏文的第三部分《歌谣说唱中的"陈三五娘"》是其精华所在，一一梳理了"陈三五娘"故事的存在样态，覆盖全面、无所不包，向广大读者提供了一个较长时段的认知框架。在其笔下，"陈三五娘"大体有六大存在方式：一是闽台歌仔，包括"全歌戏及四部系""抄本系""不完全系"的歌仔唱本，以及有声说唱；二是南音曲子；三是潮州歌仔；四是明清刊本戏曲四种中的"陈三五娘"；五是其他民间剧种系统的存在现况，包括梨园戏系统（含有南管白字戏、竹马戏及车骨戏）、高甲戏、掌中木偶戏、莆仙戏、潮州戏与海陆丰白字戏、歌仔戏与芗剧系统（含有赛月金口述本、邵江海口述本、广播歌仔戏、歌仔戏电影、内台歌仔戏、电视歌仔戏、黄梅戏）；六是在其他文学艺术形态的呈现，包括小说、电影及电视剧、舞台剧与舞剧。无须赘言，刘美芳的特殊贡献不在于其所持有的观点本身，因为其依据材料所得出的一些结论，诸如"《陈三五娘》较之《莺莺传》中的张生与莺莺、《画舫缘》的唐寅和秋香，更具有'人本主义的浪漫精神'和'人的觉醒''在意识上有反叛时代束缚价值'"[1]，实乃启蒙现代性论述视阈下一眼望穿的平实结论，实无过多的创新之处。其最大意义在于她巨细靡遗地工笔勾勒了"'陈三五娘'在时空交互作用下所呈现的多变样貌"[2]，从而为包括笔者在内的当代研究者提供了进入"陈三五娘"的全景式导游图[3]，实属"陈三五娘"学术发展史甚至阅读观看史上前所未有的功德一件。

与之并行不悖的

---

[1] 魏清潮：《有大海就有潮声　有潮人就有潮剧》，《人民日报》2013年9月20日。

[2] 刘美芳：《偷情与宿命的纠缠——陈三五娘研究歌仔戏四大出之二陈三五娘》，宜兰县立文化中心1997年版。

[3] 例如，在刘美芳、陈兆南等台湾学者所做之文献梳理工作基础上，籍贯安溪的黄科安教授在其发表于《福建艺术》2016年第1期的《传承与嬗变：关于台湾"陈三五娘"俗曲唱本的"在地化"特征探讨》一文中，从海峡两岸"歌册"印刷出版的传播学视角指出，"陈三五娘"俗曲唱本在保留原乡文化之精神内核所起到的难以替代的凝定作用，亦在另一向度上分析了其在底层大众的口耳相传当中的"新变"现象。

是同属"闽南戏曲文化圈"的大陆方面学者在此研究范式的历史表现与新近开拓。例如，在应《泉州师范学院学报》原编辑部主任林振礼编审约稿而作的《明代前本〈荔枝记〉戏文探微》一文当中，韩山师范学院潮学研究所（院）的吴榕青先生就切中情事、剀切明辨地论证出，"嘉靖本和万历本都不是原创本……存在着一个编成于成化十二年至嘉靖三年（1476—1524）间的《荔枝记》，这个本子就是编万历本时所依据的前本。在没有新材料出现之前，要断定传奇小说与戏文产生孰前孰后，为时尚早"[1]。其文还从嘉靖本、万历本的删改未尽处仔细寻觅蛛丝马迹，并与后世流传的唱本传说比较阅读、相互印证，认为《荔枝记》的原初戏文（明代中叶之前）并非现今所想当然的单线演进，而应是双线交织、相互穿插的复线结构，即在黄五娘与陈三、林大鼻三角纠葛的这条线外，亦存有"六姐（娘）"这一人物及相关情节。近年，采用类似方法来关注同样议题的还有福建师范大学文学院教授涂秀虹，其也是孙佳佳硕士论文的指导教师。长期关注福建建阳书坊刻本与明代通俗文学互动关系的她，在《嘉靖本〈荔镜记〉与万历本〈荔枝记〉——陈三五娘故事经典文本的对比与分析》一文中，具体而犀利地指出"二本戏文都经文人整理编集，但嘉靖本文本相对精致，既适合于舞台演出，又适合于案头阅读，而万历本文本较为粗糙，但更多保留了当时的演出形态"[2]。此外，毕业于同济大学文法学院戏剧戏曲学专业、现今供职于福建省艺术研究院的黄文娟女士在其硕士学位论文《梨园戏〈陈三五娘〉剧目研究》中，"通过考察《陈三五娘》从民间传说到话本小说，及其与戏曲文学之间的关系，从版本的角度细致地比较了它在'潮泉'不同地区、不同历史时期的各个版本，较为清晰地描述《陈三五娘》戏曲四百年来的承传与变化"[3]。最近，其又在此前研究的基础之上新作一文《新中国时期福建"戏改"与传统剧目整理改编——以梨园戏〈陈三五娘〉为例》，以其所在单位资料室珍藏的1952年12月油印的竖排本《陈三五娘》为例，解答了一个困扰人们已久的历史问题，即"为什么《陈三五娘》只有一个晚上的版本？而不可以有其实非常不一样的全本？"[4]

无独有偶的是，籍贯泉州的厦门大学中文系陈世雄教授则以厦门市台湾艺术研究所（院）馆藏的"编于

---

[1] 吴榕青：《明代前本〈荔枝记〉戏文探微》，《泉州师范学院学报》2007年第1期。
[2] 涂秀虹：《嘉靖本〈荔镜记〉与万历本〈荔枝记〉——陈三五娘故事经典文本的对比与分析》，《福建师范大学学报》2014年第6期。
[3] 黄文娟：《梨园戏〈陈三五娘〉剧目研究》，硕士学位论文，同济大学，2009年。
[4] 黄文娟：《新中国时期福建"戏改"与传统剧目整理改编——以梨园戏〈陈三五娘〉为例》，《艺术百家》2015年第5期，第230—231页。

1937年、1961年10月邵江海重改"的歌仔戏《陈三五娘》手抄本（上、中、下三集）为研究对象，"从人物设置、情节结构、体裁特征、形象塑造、'大鼻子'意象、语言风格"等诸多方面论述邵氏改编本与明清三种刊本、蔡尤本口述本、梨园戏华东得奖本的异同。如果说上述几位学者将精力更多地放在追溯这一戏文在大陆地区的传承与嬗变上，那么籍贯泉州的厦门大学台湾研究院朱双一教授所撰的《台湾新文学中的"陈三五娘"》一文，则侧重戏文之"大跨度、高概括"的影响研究，指陈闽台之间密切的文化联系，"以及闽台地方文化以其个性特征和活力对于中华整体的丰富"[1]。顺带一提的是，作为闽南戏曲研究重镇的厦门大学很早便着力于此，体现了"以海外交通证中国历史、以民间文化证传统文化，以俗例证正史"[2]的治学风范。例如，早在1936年6月，籍贯晋江、后移居台湾与美国的厦门大学毕业生龚书炜先生就在《厦门大学学报》上发表《陈三五娘故事的演化》一文，辨分珠玑、披沙淘金，系统梳理这一故事从简单到复杂的历史沿革，开创了为后世学者所因袭的"全歌系"与"四部系"的两类划分方式。分而言之，两大系统的不同主要体现在陈三五娘私奔之后的两种结局，一是渡尽劫波、苦尽甘来，陈、黄终成眷属的大团圆喜剧结尾；二是为奸人所陷、抄家灭门，但却留有陈三余脉，最终沉冤昭雪、善恶有报。值得称道的是，这篇论文不仅有论及籍贯泉州的吴藻汀先生（1888—1968）曾将"陈三五娘"改编为京剧形体并曾上演过这一饶有意味的戏曲事件，而且阐明自己选择民间传说探讨闽南文化的初衷，具体而醒目地指出"这一故事是泉州大众积累若干年的思想观念而出之以具体的映现，是大众汇集他们、他们的祖先的意识形态而作为教科书般流传于本代后代的子孙。这一故事的伟大之处是：它是创作的，是大众创作的而流传大众间以娱乐自己，下意识的却在这中间攫取他们精神的粮食而影响他们的观念意识"[3]。自此往后，南中国国学研究重镇的厦门大学便与"陈三五娘"结下不解的学术之缘，先后有数代文史学人致力于这一故事的传播研究。不仅自1934年开始陆续发表五篇所谓"一时一得之见的文章"[4]并最终于1985年汇集成首部正面研究"陈三五娘"传说之学术专著《陈三五娘研究》

[1] 朱双一：《台湾新文学中的"陈三五娘"》，《台湾研究集刊》2005年第3期，第91—98页。
[2] 张侃：《学缘所系：20世纪初厦门大学国学的研究设想与学术传承》，《福建论坛》2007年第2期，第80—85页。
[3] 龚书炜：《陈三五娘故事的演化》，《厦门大学学报》1936年第2期。
[4] 陈香：《陈三五娘研究》，台湾"商务印书馆"1985年版。

的作者陈香先生毕业于此，而且厦门大学中文系蔡铁民先生勾罗文献、溯源古迹而做的《明传奇〈荔枝记〉演变初探——兼谈南戏在福建的遗响》《一部民间传说的历史演变——谈陈三五娘故事从史实到传说、戏曲、小说的发展足迹》等系列论文，已然构成这一领域之无法绕开的基本文献与共同分享的知识参照系。

三、方言声腔：剧种内核的历史照亮

国内著名方言学者、籍贯南安的厦门大学中文系教授李如龙先生曾经有言，"闽语地区的地方曲艺、戏曲十分多样，流传时间长，这些唱本、戏曲脚本中所记录的方言材料是一笔浩繁而多彩的文化遗产"[1]。职是之故，海内外众多语言学者有感于《荔镜记》这一以南曲演唱的戏文不仅表征着宋元南戏向明清传奇的过渡形式，而且是"现存最早的闽南方言文献"[2]，怀抱极大的热情投入到以之为代表的明清戏文刊本研究热潮，并试图以清晰的客观性和内在的科学性，超越模糊地带的地域之争，形塑海峡两岸共同的语言文化记忆。

例如，硕士毕业于厦大中文系的"华侨大学"文学院原院长王建设教授长时间致力于明清戏文刊本的语言学研究，颇有建树、蜚声学界。籍贯泉州的他在博士学位论文《明刊闽南方言戏文中的语言研究》（2002年）改写而成的《明弦之音：明刊闽南方言戏文中的语言研究》一书及其陆续发表的《从明清闽南方言戏文看"著"的语法化过程》《明刊闽南方言戏文校注之得失》《谈明刊闽南方言戏文的校注》《明刊闽南方言戏文〈荔镜记〉词语考释》等一系列论文中，揭示了闽南方言在近四百年来的演变规律，也证实了作者当初写作学位论文所做的判断，"利用地方戏曲研究闽南方言及其与近代汉语、现代汉语的关系，是开拓新领域、获取新成果的一条重要途径，不仅可以把方言研究进一步推向深入，而且可为汉语史提供许多新鲜的语言材料"[3]。在笔者看来，如果说部分学者的先前著述[4]，暗示了《荔镜记》以"潮州话为主而夹杂泉州话"；

---

[1] 张嘉星：《闽方言研究专题文献辑目索引》，社会科学文献出版社2004年版。
[2] 吴守礼：《明嘉靖刊荔镜记戏文校理》，台北从宜工作室2001年版。
[3] 王建设：《明刊闽南方言戏文中的语言研究》，博士学位论文，暨南大学，2002年。
[4] 如籍贯潮安、享誉世界的国学泰斗饶宗颐先生的《明本潮州戏文五种说略》，饶先生的同乡、中山大学教授曾宪通先生的《明本潮州戏文所见潮州方言概述》，出生于北京的美国康奈尔大学中国文学和哲学教授梅祖麟先生的《闽南语复数人称代词形成何音的年代》。

那么作为泉州方言学界领军人物的王建设，则以其厚实的成果提示学界应该对此加以反思，其实《荔镜记》是以"泉州话为主而兼有潮州话"。

值得重视的是，福建师范大学文学院汉语言文字学专业毕业的多位博士亦关注到《荔镜记》在方言地理学上的重要意义，且大体认同从师承严格并不走样的传统梨园戏经典剧目入手，"全面考察地方戏曲用韵，探讨地方戏曲语言的特点，可以帮助我们了解方言的发展演变"[1]。缘此，她们从语法、音韵、词汇诸种角度切入其间，典型如笔者的前同事、现为华侨大学文学院副教授吕晓玲的博士学位论文《〈荔镜记〉〈满天春〉戏文语法专题研究》（2014年），及其同事朱媞媞副教授源于其本人博士学位论文《泉州传统梨园戏用韵考》（2012年）的《嘉靖本〈荔镜记〉用韵考察》，以及朱媞媞的同门师姐、现为泉州师范学院文传学院副教授王曦的《明嘉靖本〈荔镜记〉方言词缀研究》[2]。除此之外，同在闽南戏曲文化圈核心区的闽南师范大学（原漳州师范学院）亦有学者关注梨园戏《荔镜记》为代表的闽南戏文刊本的方言语法特征，如贾燕子老师就曾著有《〈荔镜记〉中的被动式》《从〈荔镜记〉看明代泉州方言的处置式》等多篇论文，同上述诸位的研究成果一道诠释了"一方水土养一方人，而一方人养一方戏"的朴素道理。

在此要特别再次提及海峡对岸的进展状况，除了吴守礼先生耗费近一甲子、倾注毕生心血之"堪以媲美顾颉刚'孟姜女故事的研究'"[3]的校注工作之外，其忠实门徒原台湾成功大学教授施炳华先生在其编著的《南管戏文：陈三五娘》（台南县立文化中心，1997年）中以乃师审定的校勘本作为参照而对戏文当中方言语词进行注音与注释。另外，施炳华在另一部被大陆学者广为引用的戏曲语言学著作《〈荔镜记〉音乐与语言之研究》当中，不仅从"声腔、音乐结构、歌唱形式、曲牌，及其与北曲、南曲及南管音乐之关系"[4]系统论述《荔镜记》的音乐特点，而且以《荔镜记》为例进一步论述潮、泉两大方言系统的历史异同、演变发展和各自呈现的语音特征。

近年来在台湾地区本土意识逐渐强化的语境之中，不少年富力强、受过严格科研训练

---

[1] 朱媞媞：《泉州传统梨园戏用韵考》，博士学位论文，福建师范大学，2012年。
[2] 王曦：《明嘉靖本〈荔镜记〉方言词缀研究》，《东南学术》2014年第2期，第229—234页。
[3] 娄子匡、朱介凡：《五十年来的中国俗文学》，台北"正中书局"1987年版。
[4] 施炳华：《〈荔镜记〉音乐与语言之研究》，（台北）文史哲出版社2000年版。

的研究生，以之作为选题方向寻访乡土语文、抒发原乡情结，先后撰写出一批高质量的学位论文，与西岸高校的方言学研究交相辉映、彼此促进。当中翘楚者有：台湾"清华大学"语言学研究所钟美莲女士的硕士学位论文《〈荔镜记〉中的多义词"著"》（2001年），其主要以"概念结构"来统摄《荔镜记》中"著"的多义现象，用生动厚实的语料指陈"著"的诸多义项，其实是同一个概念结构体现在表层句法结构的不同结果，进而测绘"著"在不同方言中的演变图谱。施炳华先生的得意门生、台南大学台湾文化研究所蔡玉仙的硕士论文《闽南语词汇演变之探究——以陈三五娘故事文本为例》（2005年），则将《荔镜记》中的闽南语词汇制作成翔实直观的次数统计表，并且依照台湾闽南语的构词方式分类归纳，从不同时空中的文本用字中，历时考察闽南语词汇语音的演变情形，进而在为台湾文学提供词汇素材的同时，粗糙却明确地指出闽南语民间文学强调音准重于字正，其词汇一方面变化速度缓慢，另一方面则被普通话词汇所快速置换，缘此整理词汇可以窥知社会变迁。台北市立教育大学陈怡苹的硕士论文《陈三五娘歌仔册语言研究：以音韵和词汇为范围》（2009年），由"从历史演变看《陈三五娘》歌仔册"与"《陈三五娘》歌仔册语言分析"两大部分构成。前半部分依据时任逢甲大学中文系副教授陈兆南的《陈三五娘唱本的演化》一文，而将这一故事的"歌仔册"版本分为"全歌系、四部系、抄本、竹林本"[1]等四类并遵循时间先后按序整理；后半部分则借由对比厦门会文堂胜记出版的木刻本《绣像荔枝记陈三歌》与台北黄涂活版所刊行的《陈三五娘》这对互为指涉的经典文本在用字特色、押韵特点、特殊词汇等方面的殊同，绘制其时口语词汇的使用图景，进而实现对彼时台海庶民文化的认知重构与"在地"[2]想象。

四、表演经验：剧艺风貌的感性显现

正如傅谨先生所言："戏剧之所以是戏剧而不是一般的文学样式，欣赏戏剧之所以不同于对剧本的阅读，就在于戏剧的文本需要通过演员在舞台上的表演最终完成，而欣赏戏剧也需要通过在剧场里欣

---

[1] 陈兆南：《陈三五娘唱本的演化》，《民俗曲艺》1988年第54期，第9—23页。
[2] 学界普遍认为，在当下台湾的语境中，"在地"是一个具有方位感与族群认同的特殊名词。

赏演员的现场表演，才能真正感受到它特殊的魅力。"[1]诚哉斯言，"陈三五娘"并非只是供人把玩的案头文学与纸上戏文，其存在于具体时空之生动形象的观演活动当中，缘此出身中文科系的学院中人基于语言与文学之维的长篇大论，尽管探幽烛微、发人深省，然而受制于现代学术建制的外部规训，极易流于晦涩难懂的概念游戏与繁琐抽象的智力操演，而与现实层面主体间性的戏曲交往活动出现背离。由是观之，没有浸染过多理论话语的业界人士，其有一说一的经验之谈虽然略显素朴浮露，但却以一种"职业/业余者"[2]之双重性书写姿态，有效避开了将戏曲研究简单化约为一种符号游戏的"专业主义"，从而将剧种研究从空气稀薄的学术高空，重新拉回到生气勃勃、气象万千的艺术实践大地，更带体己温度地切近戏曲记忆的历史性本源与现代性创新。

福建省梨园戏实验剧团主任、舞台技师陈德华先生所著的《"行头"之于"人物造型"——简论梨园戏〈陈三五娘〉人物造型的演变》一文，超越功能意义的概念描述，而直抵艺术经验的规律概括。其历时性地描述《陈三五娘》人物造型在中华人民共和国成立前、中华人民共和国成立后、新世纪三个阶段的历史演变，以之阐发源远流长的传统戏曲"行头"与现代崛起之"人物造型"的传承转变、融合创新，耐人寻味地指出"现代人物造型的创作设计不能以毁弃剧种传统行头为代价，而应该以其为根本基础，去粗存精，传承融合"[3]。

与之同样"接地气"与"得地气"的还有陈德华在梨园剧团的同事、国家一级演员李红女士。作为黄五娘之卓越扮演者的她在《程式的理解与人物的体验——梨园戏〈陈三五娘〉中"五娘"一角浅识》中，从戏曲表演要"演内心"而不只是"演程式"的理念出发，认真总结绵延数十年的舞台表演经验，真切阐明了曲尽人情、愈曲愈折之闽南戏曲在表现人物上的特殊之处，在于其通过不同行当之程式化的"唱、念、做、打"技巧来实现，但是唯有建立在对戏曲人物理解与体验的基础之上，才能达到"形神统一，技艺相谐，贴近观众的审美情趣"[4]。在其看来，戏曲观演的基础是认

---

[1] 傅谨：《新中国戏剧史》，湖南美术出版社2002年版。
[2] 他们大都是舞台上的职业艺术家，但同时是学术上的业余研究者，因而具有双重性的复合论述视野。
[3] 陈德华：《"行头"之于"人物造型"——简论梨园戏〈陈三五娘〉人物造型的演变》，《文学界》2010年第5期，第218页。
[4] 李红：《程式的理解与人物的体验——梨园戏〈陈三五娘〉中"五娘"一角浅识》，《福建艺术》2005年第3期，第62页。

同，缘此作为戏曲的灵与魂的演员首先要创造出属于自己的表演语汇，而后才能自如地呈述故事本身的血与骨。其次，戏曲观演自有其特殊的一个互文脉络，除了绝对意义上的梨园新人，台下观众总会自觉抑或不自觉地将表演者曾经演出的戏码与角色彼此联系或者相互参照。是以，宛如商业电影的"明星制"，传统戏曲的"名角"现象正是这一独特之互文逻辑被推向极致的产物。

无独有偶，类似这种源自舞台一线、发自肺腑的经验感悟，还有福建省高甲戏首位获得"梅花奖"的女演员、厦门市"金莲升高甲剧团"团长吴晶晶。她因在新编高甲戏《审陈三》当中饰演温柔多情的黄五娘而在1996中国"民间红"戏剧节荣获演员一等奖。缘此其在《我演黄五娘》一文中不仅饱含深情地回顾其自十七岁至今演出黄五娘一角的心路历程，而且借由新本《审陈三》采用"陈三模式"[1]之女扮男装、性别错位的经验表述，于不期然间建构出男性目光凝视之下的女性形象，极具反讽意味地将女性追求个性解放、反对封建桎梏的惊人之举，合乎逻辑地诠释为男性话语启蒙之下的镜像模仿，吊诡式地在"落网中的逃脱"中陷入"逃脱中的落网"。总而言之，这篇外表平淡如水的文章，内里却交织了当代闽南审美风范与社会变迁场景之身临其境者的多重经验与多重视角，牵连出了百态纷呈的人文艺术细节与丰厚驳杂的思想感情蕴涵，称得上这一园地里的特殊收成。

五、生活世界：文化研究的越界实践

有道是，"一时代之学术，必有其新材料与新问题。取用此材料以研究问题，则为此时代学术之新潮流"[2]。在雅俗分流、各有归属的西方现代性美学论述框架下，或许只有具备抵抗感的高雅艺术，才有资格被人们谈论审美价值的高低，而除此之外的俗文学，尽管因其易懂通俗、明白晓畅而更受群众欢迎，却似乎只具有原始意义上的文献价值，并不具备美学意义上的艺术价值。在此思考路径的作用之下，部分中土学者对地方戏曲的关注与检视不免以"打开民众日常生活世界"为号召，更多倾向于地方风物、民俗典仪的追索与绍介，

---

[1] 吴晶晶：《我演黄五娘》，《福建艺术》1998年第1期，第16—17页。
[2] 陈寅恪：《金明馆丛稿二编》，上海古籍出版社1980年版。

致力于由浅入深地挖掘民间戏曲（作为"小传统"[1]俗文化的重要媒介）迥异于"大传统"精英文化的民俗价值。

例如，现为福建省艺术研究院副研究员的罗金满在福建师范大学攻读戏剧戏曲学研究生的时候，就在其导师王汉民教授的指导下写作题为《泉州梨园戏与民俗文化研究》的学位论文。于此，作者充分挖掘了《荔镜记》戏文所保留、所体现之丰厚富饶的泉潮两地乃至北宋中原的民俗文化内容，从而生动印证了刘念兹先生的如下论述："《陈三五娘》很好地保存了宋代中原地区人们的社会习俗，《东京梦华录》中所载的宋代开封的风物人情，大多于此可见。同时又具有显著的泉、潮两地的地方特色。"[2]作者还在这篇论文部分章节生发出来的《梨园戏〈荔镜记〉与泉潮民俗关系探略》一文里面，参互考寻、爬梳剔抉剧情发展与两地风俗的繁杂关联，特别是与关目设置与全剧主题的交互关系。再比如，笔者的同事、泉州师院闽南文化生态研究中心主任陈桂炳教授在《明嘉靖版本〈荔镜记〉戏文中的茶——读泉州传统戏曲文本札记之一》一文当中，逐次梳理《荔镜记》当中6处与茶有关的场景，以之管窥流传至今、别具一格的闽南茶文化，进而透视族群文化腹地的历史生活空间。还有，福建省收藏家协会陈昌明先生的《从〈荔镜记〉看古代铜镜研磨》则是"以镜说戏"，煞费苦心地探讨了"为什么铜镜会打破？铜镜为什么要研磨？用什么磨？"[3]的问题，让早已忘却"磨镜为何"与"磨镜何为"的现代人重拾幽深曲折的乡愁记忆。除此之外，中山大学中国古文献研究所钟东先生的《挼荔与磨镜——对潮州戏文〈荔镜记〉中婚俗的探讨》，就将地方戏曲作为"观风俗、知教化"的采风依据，从风俗事项的描述、关目的艺术评判、价值观念的分析、风化传播的考察四个方面，逐次比较一厢情愿之现实型礼聘婚与两情相悦之浪漫型志愿婚的矛盾冲突，娓娓道出"中国古代婚姻礼俗在民间移易轨迹"[4]。另外值得一提的是，中山大学许舒婍的硕士学位论文《明本潮州戏文〈荔镜记〉插图研究》从版式形制、功能作用、传播

---

[1] "大传统"与"小传统"这对概念由美国社会学家雷德菲尔德（Robert Redfield）提出，用以区别同一社会中的不同文化形态，前者通常由占据统治地位的精英阶层所掌控，借由社会正规的教育体系与典籍记录、存续与传播，在社会历史上居于主流地位，后者则主要以民间口传、技艺传习与社会习俗等方式进行传承，通常没有正规的教育承传体系，一般也缺乏相应的文字典籍保存，属于被埋没的庶民文化传统。

[2] 刘念兹：《南戏新证》，中华书局1986年版。

[3] 陈昌明：《从〈荔镜记〉看古代铜镜研磨》，《闽南》2013年第1期，第52—53页。

[4] 钟东：《挼荔与磨镜——对潮州戏文〈荔镜记〉中婚俗的探讨》，《戏曲研究》2006年第2期，第50—61页。

状况等方面考察了嘉靖本《荔镜记》的插图，进而指出其作为"图书之府"福建建阳早期版画典型代表，体现有明一代建阳图书出版图像化、大众化的营销策略以及闽南语系戏曲世俗化、民间化的审美品位。

然而本文此处言及的文化研究显然不同于上述诸位先生的论述方式，而是特指朝气蓬勃的年轻学人在文化研究西风东渐波及地方戏曲研究之后，自觉运用或曰有意嫁接英语语系国家的后现代传媒文化理论（比如詹明信等人），以期在日趋部落化、扁平化的精神生活空间中重新审视当代版"陈三五娘"这一被资本重新勾兑的怀旧佳酿，其论域涉及故事新编、老戏重排，以及影视再造、网络分享。在我们看来，这种学术范型转换之后的新知新见，超越了饾饤碎末的文本考证之学，体现了急于摆脱"影响焦虑"的新锐研究者试图将戏曲经验带入到更为开阔的文化思想讨论空间，从而在揭橥戏曲文本与时代精神繁复驳杂的互文关系的同时，敞开戏剧景观所蕴含的话语权力运行机制和现代性多重张力结构。笔者在泉州师院文学与传播学院的另一位同事古大勇教授新近发表的《"媚俗""媚雅"时代中的"坚守"——梨园戏〈陈三五娘〉和青春版〈牡丹亭〉的改编合论》《大众文化时代下〈陈三五娘〉的改编和发展之路——以青春版〈牡丹亭〉成功改编为"参照"视角》，就体现着借助后现代文化理论工具阐释当下（这一由于历史纵深感消失而被封闭了的"现在时"）观演活动的不懈努力。面对泉腔梨园戏山河日下、惨淡经营的演出困窘，作者希望复制青春版《牡丹亭》"古典为本、现代为用"[1]的成功经验，振兴起弊、东山再起。缘此，他从扬弃陈旧理念、发挥名人效应、明确受众定位、开发衍生产品、利用声光电色、联姻影视媒体等诸多维面，具体而醒目地提出地方剧种在新兴传媒语境中的因应之道。不言而喻，身处"文化变成经济，经济变成文化"[2]之后现代全球文化中的论者，一再强调其对剧目改编与展演之商业化运作策略的充分理解，然而其念念不忘的还是凌空高蹈的"作品本身的艺术和思想水准"[3]，字里行间依然透露出精英主义的文化趣味与文学本位的审美倾向，因而陷入高雅/通俗、艺术性/商业化、理论言谈/实际操作的两难悖论。

[1] 古大勇：《大众文化时代下〈陈三五娘〉的改编和发展之路》，《福建论坛》2012年第3期，第50—61页。
[2] ［美］詹明信：《晚期资本主义的文化逻辑》，陈清侨等译，生活·读书·新知三联书店1997年版。
[3] 古大勇：《"媚俗""媚雅"时代中的"坚守"——梨园戏〈陈三五娘〉和青春版〈牡丹亭〉的改编合论》，《大庆师范学院学报》2012年第4期，第82—86页。

六、记忆之场：时代命题与建构真实

在笔者紧张编制本工作报告的关键时候，适逢"'陈三五娘'传说学术研讨会"在泉州洛江召开，会后热情好客、爱乡重情的主办方循例安排远道而来的与会代表进行"文化考察"，主要内容就是参观"陈三故里"的"历史遗迹"，如"陈三坝""陈三读书处"等保留节目。可以想象，在这种力图从民间传说中引申或曰建构历史真实之现实努力的全面笼罩下，"陈三五娘"是真人真事吗？《荔镜记》的作者究竟是谁？是李贽（1527—1602）吗？果不其然地再次成为会场内外的谈论焦点，大家七嘴八舌、各抒己见甚至发展到互不相让、面红耳赤的唇枪舌剑。

众所周知，"陈三五娘"传说的历史真实性问题，如同梁山伯与祝英台、唐伯虎与秋香等民间故事一样原本并不构成问题，但在地方营销的时代氛围之下，原本掌握阐释权与裁判权的学术话语在高分贝的民间话语、媒介话语、资本话语的影响渗透之下，在公共言谈领域渐次被后者所吞没、所覆盖，而告别独尊地位沦为众声喧哗的话语场域中的一种话语。是以，本已清晰的问题忽而扑朔迷离，在诸如学术话语与大众话语之间、本土话语与异地话语之间、线上话语与线下话语之间出现了数对矛盾，甚至同一话语系统内部也存有彼此矛盾的不同声音。有论者依据亲身所见或者部分媒体揭秘探幽、四处渲染的"故里"与"实物"，信誓旦旦地认为"实有其人"与"实有其事"，并且还到洛江区河市镇梧宅村下堡"寻根"，因为据信700多年前的陈三与五娘从潮州回到泉州以后就居住在此。例如，《汕头都市报》记者在《跨省恋结亲缘数百载不了情》的新闻报道中以探秘揽胜的兴奋口吻描述其在当地向导指引下直奔陈三故里朋山岭下梧宅村的所见所闻。记者在走过刻有"陈三故里"的村口时，"迫不及待地询问一名老大妈：'陈三的老家是不是在这里？'巧的是，这位老大妈非常激动地对记者说：'问我就对了，我就是陈三亲属的后人！'名叫陈秀英的老大妈告诉记者，陈三故居被大火烧掉后，基本上已没有留下什么东西！据专家介绍，陈三五娘在回到老家梧宅村后，过着恩爱的生活，但好景不长，南宋末年，元兵攻入泉州后，大肆杀戮，放火烧了陈三的宅院"[1]。其实类似的描述也见诸本地主流媒体，比如

---

[1] "根之旅"特别报道组：《跨省恋结亲缘数百载不了情》，《汕头都市报》2012年3月12日第2版。

泉州晚报社记者就曾找到在梧宅生活大半辈子的陈进法老人。年已七旬并以陈三家族后人自居的陈进法对记者说，"梧宅村是陈三的家乡，而他们一家是陈三的族裔"，"南宋末年，由于担心元兵的追杀，陈氏家族从梧宅大量外迁，据说有一家躲到泉州西街，其他的有的去了台湾，有的去了厦门，还有的直接迁往五娘故里——潮州"。[1] 现在看来，具有预设立场之真实论者的依据来源大体不出已故泉州文化名人陈泗东先生在数十年前所著《陈三五娘是否真有其人》一文中的概括。现将其认为"陈三与五娘倒是真有其人"[2]的所谓证据归纳如下。其一，"在20世纪40年代，那里还出土过陈三的墓志铭。墓志铭内容为：吾邑世家子陈麟，字伯卿，行三，风流倜傥，工诗善文，无意仕进，时人称之。尝游潮邑，娶潮邑黄九郎之第五女碧琚为妻……"[3] 其二，"据当地老人说，20世纪70年代，他们曾在村中见过陈三夫妇当年殉情的那口水井"[4]。其三，就是位于台商投资区至今依然发挥作用的"陈三坝"。据说，"堤坝建完后，附近农民人人欢悦，额手相庆，因为它的建成对洛阳镇一带的农业生产起了重要作用，不仅可以灌溉，还兼有引水冲淡扩大耕地之功能，所以也有了'毒田化为甘壤'这一说，所以除了陈三坝这个名字外，也有人叫它'丰谷陂'。后来在明朝时堤坝被洪水冲垮，泉州太守屠倬主持重修，所以也有人叫屠公陂"[5]。

至于主张陈三是文学虚构出来之人物的学者，则仔细检索清代乾隆年间所编修的《泉州府志》四十一卷的唐宋人物列传，一针见血地指出翻遍全文却查无传说中的"登景炎间进士"的陈必贤（陈三兄长）、曾为"潮阳令"的陈职（陈三父亲）、"西川太守"的陈三叔父。此外根据史料记载，作为泉州现存的最早水库堤坝的"陈三坝"其实是由南宋右史留元刚（即曾割据漳泉二州的留从效的八世孙）所兴建，所以其又称"留公陂"。缘此，这一水利设施在陈三出世之前便已建好，即使退一万步说，陈三在前人基础上改建抑或重建此坝

[1] 吴拏云等：《"皇明钦赐祭葬"石刻出土"陈三五娘"新发现？》，（2012—12—07）[2016—02—03]. http://www.qzwb.com/mnwhw/content/2012—12/07/content_4238965_2.htm。
[2] 陈泗东：《陈三五娘是否真有其人》，见泉州市洛江区南音协会陈三文化研究室编《陈三五娘闽台论文选》，福建省泉州市洛江区文学艺术界联合会，2009年。
[3] 杨秋香：《陈三故里古迹踏寻追忆〈陈三五娘〉曾经的故事》，（2014—10—10）[2016—02—01]. http://www.fj.xinhuanet.com/dszx/qz/2014—10/10/c_1112769743.htm。
[4] 杨秋香：《陈三故里古迹踏寻追忆〈陈三五娘〉曾经的故事》，（2014—10—10）[2016—02—01]. http://www.fj.xinhuanet.com/dszx/qz/2014—10/10/c_1112769743.htm。
[5] 郭慧杰、陈智勇：《陈三坝与"陈三五娘"传说》，（2014—10—10）[2016—02—01]. http://msyy.qzwb.com/msyy/szf/content/2014—10/10/content_4976430.htm。

亦是不可能。因为在传说所设定的故事发生时间南宋景炎年间（1276年5月至1278年4月），本已风雨飘摇、苟延残喘的南宋政权在北方蒙元势力大举南侵之下更是危若累卵、朝不保夕，而置身大厦将倾、覆巢之下的公子哥陈三，岂能拥有从容不迫的心境与闲暇精心布局、谈情说爱，嫁娶过后又仅凭一己之力调用大量资源兴修水利、造福乡里？

其次再看你来我往、争执不下的第二个问题，即晚明著名戏曲评论家、据说曾评点过《西厢记》《琵琶记》的李卓吾，是否在回乡守制期间创作体现其启蒙思想的《荔镜记》？固执地为这一代代相传的民间传奇寻觅（攀附？）一个文化名流或思想精英以便"化俗为雅"的赞同者，如获至宝地援引籍贯惠安的福建师范大学原中文系教授林海权所著《李贽年谱考略》一书的相关文字来证实这一说法："嘉靖四十一年壬戌（1562年）36岁作《荔枝记》。《荔枝记》描写泉州才子陈伯卿（即陈三）与潮州才女黄碧琚（即五娘）要求婚姻自由的故事。"[1] 不唯如此，他们还引经据典、绘声绘色地描摹李贽如何落笔成文、出口成章地创作这一传奇的传奇画面："《荔枝传》或称《荔镜记》：以男女婚姻自由为题材的戏本，据传是李贽回泉时所作。李禧《梦梅花馆诗钞》载：卓吾归，燃巨烛撰稿，堂上书胥二，堂下工匠十，每脱一稿，即誊清发刻、印刷，书成天未晓。"[2]

与之针锋相对的是，在言谈当中占据上风也代表当代研究主流意见的反对者，则毫不含糊、斩钉截铁地指陈这一传奇的作者绝对不可能是李贽。其理由大概归纳如下几点。其一，如前所述，依据嘉靖本《荔镜记》的篇末"告白"，在这一刊本之前在潮、泉两州各自存有一部《荔枝记》作为其进行"校正重刊"[3] 的戏文底本。而依据汉学家龙彼得先生的考证，这部《荔枝记》大概于公元1500年写就，而此时李贽尚未出世。其二，若从《荔镜记》的遣词造句与行文用语上看，其兼有泉州俗语与潮州方言，当中错字比比皆是，别字（生造字）充斥其间，与世人公认之李贽本人的作文风格大相径庭，故而推论作者另有其人甚至更有可能是由群体加工而成。其三，《荔镜记》与《荔镜传》虽然只有一字之别但却不能等同，前者是戏文刊本而后者是文言小说，但即便如此，《荔镜传》的作者也绝不可能是李贽本人。他们附和了蔡铁民先生于三十多年前在《明传奇〈荔支记〉演变初探——兼论南戏在福建的遗响》中的观点，那就

---

[1] 林海权：《李贽年谱考略》，福建人民出版社1992年版。
[2] 同上。
[3] 泉州地方戏曲研究社编：《荔镜记荔枝记四种》，中国戏剧出版社2010年版。

是"温陵李生"文风潇洒泼辣、酣畅淋漓并且语言明白浅近,岂能是"文字晦涩、堆积典故"的《荔镜传》可比。由此,他们复述了陈益源先生于二十多年前所著《〈荔镜传〉考》一文中的看法,"《荔镜传》的真正作者,恐怕一时难考"[1]。

在旁静听众多前辈老调重弹、振振有词的诸多"高论",作为晚辈的笔者不由暗自默然,思忖再三而引述"西马三大家"之一的弗雷德里克·詹明信(Fredric Jameson)的一段话作为侧面回应:"'现在'一旦成为'过去',便需要'历史'来加以重新构造。而'客观精神'却无法凝视、观察以至于重组这过去的支离破碎的历史;它所能大约感应到的,只是柏拉图洞穴里的虚幻映像——要把握那支离破碎的过去,它必须依靠囚禁此身的墙壁,透过墙上反映的虚幻世界(那另存于我们脑海中的映像世界),才能稽查出历史过去的蛛丝马迹。职是之故,此间若有任何写实成分依然留存下来的话,这'写实主义'的效果也必然是来自我们那种囚禁于密室的经验,来自我们在狱中力求掌握世界的惊人感受,来自我们慢慢从梦中苏醒、惊觉、进而透视眼前崭新历史情况的悟性。我们只能通过我们自己对历史所感应到的'大众'形象和'摹拟本'而掌握历史,而历史本身却始终是遥不可及的。"[2] 实而言之,我们一如柏拉图洞穴之中的囚犯那样,或许只能依据火光投影在墙壁之上的幢幢阴影(现实世界的艺术摹本),进行固定位置之中的有限想象与局部叙述,断难以窥见所谓的历史本相与现实全貌。在笔者看来,上述各位面对问题短兵相接的辩驳争论乃是一种相当情绪化的现实表演,其以一种看似喧闹的交锋方式与意见冲突指向一种本质主义的学术伦理与知识立场,而这种缺乏自省、主客二分的客观说明在历史叙述的"源点"便存在着现实理解的"盲点"。这一传说的作者是谁并不重要,甚至男女主人公是否真实存在亦无关宏旨,要紧的是我们为何谈论"他们"而不是别人,我们在谈论他们的什么,我们又是如何谈论他们,我们究竟是在什么样的境遇中谈论他们并且在主体间性的公共领域中相互协商、达成"共识",以及反思热衷于谈论他们的"我们"究竟是谁?

---

[1] 陈益源:《〈荔镜传〉考》,《文学遗产》1993年第6期,第83—96页。
[2] [美]弗雷德里克·詹明信:《语言的牢笼:马克思主义与形式》,钱佼汝等译,百花洲文艺出版社1995年版。

七、文化记忆：荔镜传奇的研究反思

如前所述，"戏曲文献整理与研究在戏曲研究中处于入门和起步的地位"[1]。但在跨越了"发掘、搜集、汇编、辑佚"的进阶过程之中，我们亦越发清醒地看到，若无分支领域的细部开掘，便不存在故事轮廓的全景呈现，如果没有深入潜流的细致分析，也就无所谓主流话语的系统整合。正是在此意义上，来自不同国家地区、具有不同学科背景、受过不同学术训练的前述学者，或是在各式各样的分析框架下重访"问题意识导向下的陈三五娘"，或是对"作为研究对象的陈三五娘"提出发人深省的各种问题，形成拥有多个声部的辩论场域。无须讳言，上述饱满丰硕的多维言说，超越审美自律论宰制之下自娱自乐的文艺赏鉴，而将故事文本直接嵌入借由陆海两条丝路形成的"闽南'海丝'文化圈"当中，从主题、史料、方法三个维度指认或者再次指认其为向全世界展示的地方意象。

首先就是方言地理层面的"陈三五娘"故事与全球性闽南文化的关系研究。20世纪思想界发生的"语言学转向"，使得马丁·海德格尔（Martin Heidegger）的"人生活在自己的语言中，语言是人'存在的家园'，人在说话，话在说人"[2]，抑或是雅克·拉康（Jacques Lacan）的人类语言是"以父之名"的"大他者"[3]之类的存在论观点渐次深入人心。是以，与现代中国渊源颇深的美国学者哈罗德·伊罗生（Harold R. Isaacs）在讨论语言作为族群认同的基本要素与基础标志的时候，深情写道"这个世界以族群的语言命名、描述，孩子从语言中了解这个世界的过去与现在，族群则以语汇和腔调呈现自己，编织出过去的故事，唱出或悲或喜的歌谣，歌颂乡土之美、英雄之伟与神话之力"[4]。职是之故，通过语言本体把握一个族群的心灵世界，碰触一个地方的文化脉动，进而将个别上升到一般，特殊性涉渡到普适性，亦演化为一种引人注目、方兴未艾的学术时尚。海峡两岸占据天时、地利、人和的老中青三代闽南方言学者，无论是硕果仅存的老派学者还是新时期成长起来的中年专家抑或是在新世纪崭露头角的年轻学人或明或隐地以"陈

---

[1] 孙崇涛：《戏曲文献学》，山西教育出版社 2008 年版。
[2] Heidegger, M., *On the Way to Language*, San Francisco: Harper & Row Publisher. 1971, P.118.
[3] 赵一凡：《从胡塞尔到德里达——西方文论讲稿》，生活·读书·新知三联书店 2007 年版。
[4] [美]哈罗德·伊罗生：《群氓之族：群体认同与政治变迁》，邓伯宸译，广西师范大学出版社 2008 年版。

三五娘"的明清戏文刊本与现代俗曲唱本为重要入口,将闽南方言的演化脉络与在地文化的变迁图谱进行关联性研究,有力证明了"闽语地区的地方曲艺、戏曲十分多样,流传时间长,这些唱本、戏曲脚本中所记录的方言材料是一笔浩繁而多彩的文化遗产"[1]。

先说了作为地方剧种之存在方式的方言,再论建筑其上的戏曲文化圈概念以及内外互动所产生的传承与变异。我们认为,关于前者的存在论研究为对于后者的放射性阐发准备必不可少的先决条件,甚至直接渗入其间、互相映衬。依据"方言决定声腔,而声腔决定着戏曲剧种的个性特征"[2]这一我们耳熟能详的剧种常识,"闽南戏曲文化圈"的疆域就是闽南方言及其所决定之声腔的疆界。进而言之,所谓闽南戏曲文化圈就空间维度而言,其依循陆海两条丝绸之路向世界开放,就时间向度而论,其伴随现代性的萌动发展向未来展开。若摒弃乡土情怀牵引下的敝帚自珍,也超克缺乏自信的文化失语,寻绎方言传播与戏剧生产与接受(特别是迥异于文人写作的民间创作)的互动关系以及二者对于闽南意象的建构功能。不难发现,源远流长、博大精深的闽南方言,孕育出特色鲜明、意涵丰富的"陈三五娘"故事,反之,口耳相传、文字书写等多种传播方式并存的"陈三五娘"故事,亦创造并且保存着大量弥足珍贵、生动鲜活的方言语料。从这一可亲可感、鲜活生动的民间故事当中,可以看出,文学生产与戏剧观演所形构的空间意象当中,自古以来商品经济发达、民风自由开放的泉州,并不仅是一个现实层面的地理概念,而是具有精神地理的文化意涵,其作为地方戏剧风俗画的符号化远景,成为海内外闽南族群(包括"闽南原乡人"和"异乡闽南人")价值世界的美学表征与身份认同的具象表达。

再有,以"陈三五娘"为代表的地方曲艺与民众日常生活实践的互塑关系方面。众所周知,闽南地面的戏曲班社如林、层出不穷,各式名角"你方唱罢我登场"。仅以闽南的泉州为例,其自古以来就以"千家罗绮管弦鸣"(安溪首任县令詹敦仁语)、"四处可见絃管铙拍"的"人文荟萃之邦"名重一时,现今境内拥有的争奇斗艳、美不胜收的"五朵金花"(即"轻歌曼舞的梨园戏、粗犷雄浑的高甲戏、享有'指掌乾坤'之誉的布袋戏、具有信仰神韵的打城戏和优雅从容的

---

[1] 张嘉星:《闽方言研究专题文献辑目索引》,社会科学文献出版社2004年版。
[2] 陈世雄、曾永义:《闽南戏剧》,福建人民出版社2008年版。

南音"[1]），已然凝定为闽南意象的重要代表。有鉴于此，泉州"戏窝子"的美誉广为人知、深入人心，不仅吸引本地文史爱好者的广泛关注，亦成为海内外文化学者知识生产的新的兴奋点。细化到本文论域，成立于1985年12月的泉州地方戏曲研究社[2]，秉持"弘扬中华文化，繁荣戏曲艺术"的宗旨，"以福建省梨园戏实验剧团、泉州市提线木偶剧团、泉州市高甲剧团、晋江掌中木偶剧团作为研究基地"[3]，三十年如一日"翻故纸堆""钻活化石"，硕果累累、薪尽火传。例如，曾为"华东本"《陈三五娘》导演之一的吴捷秋，其所著的《梨园戏艺术史论》史论兼具、探幽勾微，堪称本地剧种研究的经典之作，成为众多晚辈学者的案头必备参考书。在笔者看来，泉州戏曲研究社之于"陈三五娘"的缘分与功绩可能并不局限在学理辨析的追根溯源，而是表现在对不可再生、不可多得之戏曲资料的"第二次抢救"。为了让尘封多年、失散海外的戏曲文献连缀一体、重见天日、回归故里，他们充分调用常年累积的海内外人脉资源（如前面所提到的龙彼得、台湾大学曾永义教授、台湾成功大学陈益源教授等知名学者），"把海外20世纪以来发现的有关泉州戏曲絃管珍贵孤本都搜罗到手"[4]，并以专业之精神做非专业之事，出世之精神做入世之事业，点校编撰了总计十五卷的《泉州戏曲丛书》《荔镜记荔枝记四种》等大部头的戏文汇编。其不仅为抢救与保护非物质文化遗产做出不可磨灭的贡献，亦为这一海内外闽南人所共有的历史文化记忆的当下重构奠定了坚实基础。顺带一提的是，已被泉州师范学院文学与传播学院聘请为客座教授的郑国权先生不忘初心、老当益壮，近年来带领黄少龙、庄长江、曾金铮等泉州地方戏曲研究社同仁，与黄科安教授领衔的中国社科院文化研究中心闽南文化研究基地（泉州师院）的"闽台戏曲研究团队"开展合作，将"'陈三五娘'故事的传播及其当代意义"的课题研究推向一个新的学术高度。

总而言之，"讲故事的方式就是看世界的方式"[5]。是以，特殊的呈述对象必然召唤着特殊的打开方

[1] 树红霞：《黄科安教授谈泉州地方戏曲，"老树"如何发"新枝"》，《福建日报》2012年6月14日第2版。
[2] 泉州地方戏曲研究社的创建者与首任社长便是泉州市第二任市长、福建省文化局原副局长朱展华先生。
[3] 朱展华：《前言》，见施子清等编《南戏遗响》，中国戏剧出版社2008年版。
[4] 林轩鹤：《南音：让世界聆听泉州的声音》，《泉州晚报》2009年10月15日第4版。
[5] 贺绍俊：《讲故事的方式就是看世界的方式》，《山花》2013年第11期，第97—100页。

式，在"超离"想象与"切己"表达之间寻求平衡的"陈三五娘"故事关涉跨界传播的侨易现象，自然不能局限于预先设定之某一学科的筒状视域哺醩食糟，而是需要围绕问题核心积极介入、跨界整合，以期在跨学科的间性视阈下辨识其所蕴含的现代性知识状况，为当代精神生活世界做出独特贡献。正是在此意义上，本文将在前人研究的坚实基础上更进一步，力图陈述与论述并举、实证与理论并重、学术与思想并行以对"陈三五娘"的话语生产进行知识考古，希冀摆脱喋喋不休、自问此身的镜前踟蹰与杂语共生、复调混响的话语狂欢，从光影斑驳的时代断层中寻绎失落已久的东方神韵并且重构湮没在喧嚣生活中的戏剧仪式。

八、结语或余论：作为方法的闽南

常言道，"历史并非关于过去，而是联系未来。任何一个历史讲述只有在未来的愿景、未来的可能性和未来的纵深意义之上，我们才可能体认曾经有过的历史"。若进一步联系到 2015 年 7 月 17 日，国务院办公厅印发《关于支持戏曲传承发展的若干政策》，首次在国家层面明确提出了"进一步加强政策支持，振兴我国戏曲艺术"。此时此刻，我们重新叩访"陈三五娘"这一"典型的南方风情戏"[1]，回溯其依循古今海上丝绸之路的传播路径与侨易脉络，多维透视其在资本市场、艺术生产场、国家政策场诸多场域中的腾挪跌宕，绝不是为了缅怀那段不愿轻易被拂去的"苍凉手势"，祭奠那份也曾引领一时风骚的审美记忆，而是在洗尽矫情的自恋幽伤之后，超克诸如"守住梨园经典"的抽象断语与思古幽情，抑或"与消费时代合欢而舞"的投机心态与臣服姿态，发挥以之为代表的闽南戏曲在重建海内外闽南族群共有精神家园中的特殊作用。有鉴于此，我们可以借用"陈三五娘"传说的跨界景观来勘探闽南意象的想象机制与讲述模式，为在"一带一路"建设的大背景下、"文艺复兴的亚洲转向"的新形势中，如何巧妙借用历史符号叙述闽南经验、讲好闽南故事，进而在国际大舞台上发出"闽南好声音"提供参照与镜鉴。

从理论层面上首先需要指出的是，"陈三五娘"传说在"海丝戏曲文化圈"[2]中之"变"与"不变"的侨易现象，不仅体现了海上

---

[1] 谢柏梁：《中国当代戏曲文学史》，高等教育出版社 2006 年版。
[2] 王伟：《荔镜情缘："海丝"文化记忆中的闽南戏曲景观》，《艺苑》2015 年第 6 期，第 16—19 页。

丝绸之路沿线国家与地区在传统性向现代性乃至后现代性的现实转型中，城市商品经济发展、海内外交通贸易、社会情感心理结构与传统地方戏曲观演活动的互文本关系，而且能够小中见大、点中带面地新近测绘全球本土化情境中闽南文化的灿烂图景。

其次，在笔者看来，荔镜奇缘作为"异文"众多、体现文化侨易的典型个案，其在"海丝戏曲文化圈"中因"侨"而"易"的精神质变颇具症候性的文化意味，这种影响亦不可避免地传导到对其的修辞策略上来。因之，今天我们系统检视"陈三五娘"故事的跨界传播史与学术交流史，可以窥见艺能界乃至文化界内外在透析传统文化现代转型路径的同时，如何借助大众媒体所形成的"文化共用空间"，缝合素朴感性的民间记忆与主流叙述的陈规套话之间的抵牾与裂隙，而在"市场多元频道"中丰富或曰赋予传统文化以新的时代内涵。

再有，荔镜情缘在"海丝戏曲文化圈"的跨界传播研究，毫无疑问是由东西方学者共同发起与合力推动，否则那些"藏于日本、英国、德国、奥地利的图书馆和藏书家中的海外孤本以及其他地区的民间资料"[1]，是不可能宛如百川入海般地奔流汇集到它的发祥地，更遑论老戏新诠、旅游开发、品牌树立、地方营销等后续工作的全面展开。由此观之，这项事业甫一开始就打上了跨文化、跨语际学术交往的鲜明烙印，这当中所体现之"文化互鉴、文心相通"的共享精神，为东西方学术对话、文明交流的平台搭建，间或提供一个可供学习、值得模仿的现实范本。

有道是，"过去和未来之间不是一条直线互相对峙，而或许是一个平行四边形互相角力寻找平衡"[2]。从现实层面上看，在遗产政治形成族群记忆的文化人类学视野下，深入发掘"非遗"申报冲动中的"陈三五娘"传说，不仅能够在全球本土化的时代语境中更新发展这一全球闽南人所共有的文化记忆，而且能够对敏感脆弱的地方戏曲文化生态进行创造性的"生产性保护"，促成非物质文化遗产保护发展的新模式。具体来说，在被闽、粤两省分别列为省级非物质文化遗产项目之后[3]，其并没有采用部分专家所

---

[1] 郑国权：《荔镜奇缘古今谈》，中国戏剧出版社2011年版。

[2] ［美］汉娜·阿伦特：《过去与未来之间》，王寅丽等译，译林出版社2011年版。

[3] 根据2007年7月28日公布的《福建省人民政府关于公布第二批省级非物质文化遗产名录的通知》（闽政文〔2007〕291号），"陈三五娘"传说（泉州）被列为"福建省第二批非物质文化遗产项目"中的"民间文学"类别。

预估的方式联合潮州方面共同申报，而是在出现"两地争注"[1]之后，由"泉州市洛江区非物质文化遗产保护中心"作为申报主体单独申报，并于2014年底以"泉州洛江区陈三五娘传说"[2]为名成功入选"第四批国家级非物质文化遗产代表性项目名录"中的"民间文学"类别。与之相应的是，作为故事男主人公陈三的老家朋山岭所在的洛江区，亦合情合理地被2014年出台的《闽南文化生态保护区总体规划》设定为以"陈三五娘"传说为核心保护项目的整体性保护重点区域。

除此之外，荔镜情缘在"海丝戏曲文化圈"（特别是闽台戏曲文化核心区）中的侨易经验，积极提示着闽台两地之间不容置喙的文化渊源，"以及闽台地方文化与整个中华文化的部分与整体、个性与共性、支流与本源的辩证关系，表明地方文化是某一地区特定环境和特殊历史际遇下的产物，既是生态系统不可或缺的一部分，又有属己的个性特征，并以特质丰富整体。'同根'与'分叉'的树形构造，使得博大精深、源远流长的华夏文明，拥有生生不息、日新又新的生命活力"[3]。

最后也是更为重要的是，"陈三五娘"故事在海内外华人社区中的演述交流，唱遍世情、阅尽沧桑，"展现出弹性惊人的包容力与混合力"[4]，深刻隐喻了传统/现代、本土/异域、中心/边缘、东方/西方互为镜像且彼此他者化以实现自我认同。我们对这一"取今复古、别立新宗"之文化侨易现象的深入把握，不仅可以为平等对话、和谐交往之"海丝"文化生态的构建提供有力而有效的支撑，而且能在新的世界图景中清晰呈现闽南文化的核心价值与闽派美学的时代风范，进而颇有所本地在"文化自觉"的意识形成中提升闽南地区乃至整个福建的文化软实力，为其在"一带一路"倡议下走向世界奠定坚实而又牢靠的基础。

九、致谢语

本文研究承蒙国家社科基金项目（11BZW107）、福建省社会科学规划项目（FJ2016C120）、福建省中国特色社会主

---

[1] 陈正新：《"陈三五娘传说"两地争注》，《广州日报》2007年12月22日第14版。

[2] 吴月芳：《泉州3项目成第四批国家"非遗"洛江陈三五娘传说入选》，（2014—12—10）[2016—02—07].http://www.mnw.cn/quanzhou/news/830038.html。

[3] 王伟：《〈陈三五娘〉的当代传播及其意义》，《兰台世界》2012年第17期，第64—65页。

[4] 陈幼馨：《台湾歌仔戏的异想世界——"胡撇仔"表演艺术进程》，稻香出版社（台北）2010年版。

义理论体系研究中心 2016 年立项项目（FJ2016B047）、福建省中青年教师教育科研项目（JAS150472）、泉州师范学院国家级和各部委项目预研基金（2016YYSK17）资助，依托平台为泉州师范学院省级重点学科中国语言文学一级学科、厦门大学中国语言文学博士后科研流动站。

泉州五大演艺剧团发展异同探讨

陈怡／华侨大学

本文通过实地调研，于 2011 年 4 月至 2013 年 12 月期间，对泉州市文广新局、泉州市高甲戏剧团、福建梨园戏实验剧团、泉州南音乐团、南音艺术家协会、泉州市木偶剧团、泉州歌舞剧团、泉州南安岑兜村（高甲戏发祥地）8 家单位（地点）进行了问卷调研和访谈，见表 1。同时，

表 1 访谈渠道收集案例一手资料情况表

序号	单位名称	访谈对象	访谈次数	访谈时间	访谈时长	成果形式
1	泉州市文广新局	舒琳副局长	1 次	2011 年 4 月	约 1 小时	形成 1962 字文稿
		艺术科黄奇盈科长	1 次	2012 年 5 月	约 1 小时	形成 1181 字文稿
2	泉州市高甲戏剧团	吴毓秀团长	2 次	2011 年 11 月	约 2 小时	形成 7164 字文稿
				2013 年 1 月	约 40 分钟	形成 5512 字文稿
3	泉州市木偶剧团	王景贤团长	2 次	2013 年 1 月	约 1 小时 30 分钟	形成 13046 字文稿
				2013 年 12 月	约 1 小时 30 分钟	形成 14930 字文稿
4	福建梨园戏实验剧团	办公室王主任	1 次	2013 年 1 月	约 1 小时 50 分钟	形成 11305 字文稿
5	泉州南音乐团	吴少传团长	1 次	2013 年 2 月	约 1 小时 20 分钟	形成 6636 字文稿
		曾家阳副团长	1 次	2013 年 12 月	约 30 分钟	形成 8774 字文稿
6	南音艺术家协会	陈日升会长	1 次	2013 年 12 月	约 30 分钟	形成文稿约 3000 字
7	泉州歌舞剧团	陈伟亮团长	1 次	2013 年 1 月	约 50 分钟	形成约 3761 千字文稿
		黄锡金副团长	1 次	2011 年 4 月	约 1 小时	形成约 3 千字文稿
8	泉州南安岑兜村	洪安平书记等	1 次	2013 年 12 月	约 2 小时	收集一手资料约 10 万字
总计			13 次		约 15 小时 20 分钟	180271 字

资料来源：由本文提供。

通过网络、剧团内部资料和刊物等收集大量音频、视频和书籍资料。通过对这些资料的研究，本文发现泉州五大演艺剧团的发展历程有着惊人的相似之处。

一、泉州五大演艺剧团发展的综合描述

考虑到数据资料收集等方面的因素，本文确定了以泉州市高甲戏剧团发展历程为主线，以其他四家剧团为辅线的描述思路。

（一）行业低迷，前路坎坷

20 世纪 90 年代，中国戏剧市场发展出现了大滑坡，这个阶段持续了十多年，中国艺术界部门分类发展处于相对停滞状态。这个时期是演艺剧团发展的转型时期，随着市场经济体制改革的展开，文化体制改革也不断深入，事业单位被推入市场，"吃大锅饭"被取消，艺术表演团体的经费投入方式也有所转变，这一时期的改革给泉州五大演艺文化院团带来"阵痛"。

2002 年，泉州市高甲戏剧团吴毓秀荣任团长，但当时剧团面临着严重的困难：剧团上下一片混乱，已经两年多没有团长了，欠债情况严重，几个月发不出工资，且按照当时的人员编制估计，五年后院团将会有一大批人员离开，届时将"没有演员"，出现"人才断层"。泉州其他四家剧团的日子也不好过。当时的泉州市木偶剧团也是几个月发不出工资，人心涣散，很多演员都开始"另谋出路"，千年古艺面临着毁于一旦的危机之中。

（二）突破困境，探索新路

1. 突破困境之管理艺术

泉州市高甲戏剧团吴毓秀刚上任，就立即敏锐地发现了问题的所在，并开始了一系列整顿、脱困措施。最初是从留住员工、提高士气开始的。吴毓秀团长首先正式召开了全体职工大会，从回顾高甲戏剧团辉煌历史、激发员工自豪感开始，到分析当时剧团所面临的"外患内忧"，激发员工的忧患意识，并就未来的发展问题展开了前所未有的大讨论。在谈到泉州市高甲戏剧团的辉煌历史时，吴团长看得出所有员工都处于震撼和自豪当中，就连吴团长自己也为之动容。20 世纪 50 年代，通过"戏曲改良"，在物质条件十分困难的情况下，成立了泉州市高甲戏剧团。剧

团长期以来致力于对"丑行"表演艺术的整理发掘和创作,并取得卓越成就,《连升三级》则成为泉州市高甲戏剧团以及高甲戏剧种的第一个"传奇"。剧团先后前往全国各地巡回演出,赢得了包括周恩来、朱德、陈毅等国家领导人,田汉、老舍、邓拓等文化界名人在内的高度评价,被誉为"南海明珠",高甲戏丑行表演达到"登峰造极"的地步。20世纪90年代,剧团又创演了新编历史剧《大河谣》,参加全国地方戏曲交流演出,荣获多项大奖,后又创作出多部优秀的作品,在海内外享有盛誉。

1949年以后,百废待兴,在党和国家领导人的关怀下,20世纪五六十年代,政府从民间不拘一格选拔人才,重组剧团,泉州五大演艺剧团就是在这样的背景下成立的。福建梨园戏实验剧团则是以"一出戏成立了一剧团""一出戏成立了一所学校"闻名。1951年,泉州市政府召集闽南梨园戏名流和优秀演员,晋京演出《陈三五娘》,在京极为轰动和成功,政府当即就做出了两个决定:一是认为有如此优秀的剧种,不能荒废和失传,决定正式成立梨园实验剧团;二是由中国教育部牵头,以团带班,成立梨园戏培训学校,为梨园戏剧团培养专业演艺人才,这也是泉州艺校闽南戏培训班的前身,沿袭至今。

会议结束后,整个泉州市高甲戏剧团的面貌焕然一新,员工士气骤然提升。吴毓秀团长开始了他"整顿计划"的第二步:以《风雨孤帆》为契机,整顿组织纪律与提高演员艺术表演水平。长期以来剧团的管理混乱,员工的纪律意识不强,且很多演员的表演技艺都生疏了,在这种情况下,吴团长请了中国艺术研究院的教授,导演《风雨孤帆》。老教授做事原则很强,要求很高,吴团长大胆放手,充分授权。一开始演员上班迟到、表演时思想开小差的现象时有发生,老教授生气、发火,"唱红脸",而作为团长,本着"有问题就要解决"的原则,开会讨论并进行纪律整顿,"唱白脸"。在艺术表演上,老教授严格按照戏曲演出的步骤来,让老演员重温艺术表演规律。就这样,在老教授导演《风雨孤帆》这部戏的过程中,吴团长慢慢地完成了整个剧团纪律的整顿和演员艺术表演水平的提高。

2. 突破困境之人才发展

吴毓秀团长上任之后,做的第二件大事便是着手解决人才发展问题。首先是人才的储备,从2003年开始泉州市高甲剧团就开始上报招生计划,到2005年泉州市政府批下来,剧团开始正式招入一批优秀的艺术毕业生,这批人在 2005 年大约 20 岁，到 2013 年大约 30 岁，正是艺术表演的黄金年龄。其次是人才培养与引进。当时全国都是主创人才奇缺，工资不高，"拿笔杆的还不如卖苦力的"。因此在解决人才问题时，吴团长采取的策略是"走出去与引进来相结合"。"走出去"是指院团自己送人出去培养，如送剧团的导演到"上戏"（上海戏剧学院），送副团长到"中戏"（中央戏剧学院）学习，送台灯设计部的一名员工去"中戏"等。"引进来"主要是指邀请外面的编剧合演。有两种形式：如果剧团有好的题材但力不从心，便可以和外面合作；如果剧团没题材，可以在外面定制题材，由泉州市高甲戏剧团表演。正所谓"台上一分钟，台下十年功"，专业的戏剧演艺人才的培养不是一蹴而就，既需要专业的艺术表演功底，又需要一定的舞台经验，优秀的戏剧演员的年龄一般在三四十岁，他们是剧团发展的顶梁柱。

通过十多年的努力，泉州市高甲戏剧团的人才发展结构的效果显明出来了。吴毓秀团长在介绍目前剧团的人才结构情况时，言语中带着自豪，认为人才问题的解决是"最为让人欣慰的事"，"可以说至少十年无忧了"[1]。

泉州市高甲戏剧团的人才结构情况展示如图 1 所示。

如图 1 所示，以演员为例，戏剧演员的黄金年龄为 20 岁至 45 岁左右，目前演员主要分为三批：第一批演员年龄为 40—49 岁，共 14 人，约占整个演员队伍的 34%，这部分演员就是目前获得梅花奖演员的这一辈，他们既可以担当剧团的顶梁柱，又可以担当指导老师，对年轻演员进行培养。第二批演员年龄为 30—39 岁，共 14 人，约占 34%，这部分主要是当初送出去培养的人才，如剧团的副团长在中央戏剧学院读书，已经

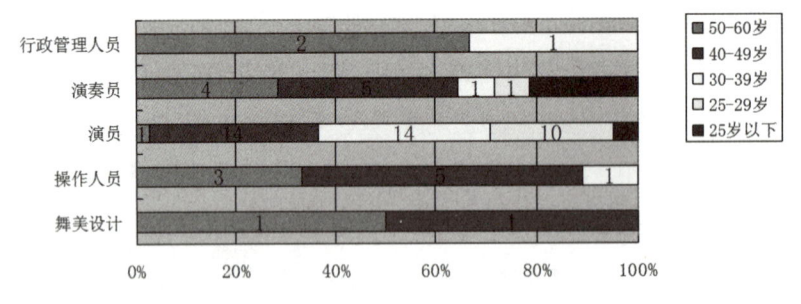

图 1　泉州市高甲戏剧团 2012 年人员职务和年龄结构图

资料来源：由本文根据实地调研绘制。

[1] 泉州市高甲戏剧团吴毓秀团长原话。

两年了，他们这一批从艺也已经有 20 多年了。第三批演员年龄是 20—29 岁，这一部分是年轻演员，是目前准备着手培养的后续力量，整个结构非常好。从创作力量来讲，剧团当初送去院校深造的两个导演和两个"舞美"，于 2013 年回到剧团。他们为泉州市高甲戏剧团今后的发展奠定了坚实的基础。

在解决人才发展问题的方式上，泉州五大演艺剧团有着很高的相似性，都是用战略性眼光对待人才的发展问题。在困难时期，泉州市木偶戏剧团和泉州歌舞剧团成功地以战略性人才发展模式解决了人才断层问题，并实现了人才的新老更替。泉州南音乐团走的是一条以政府为主导的人才培养模式，形成了一整套完善的人才培养体系。早在 1990 年，政府就提出"南音进中小学课堂"，从小学生开始，到中学、艺校中专班、大专，到 2003 年泉州师范学院成立南音戏本科班，再到 2011 年南音研究生院的成立，从各个层次对南音人才进行培养。这不仅为泉州南音乐团提供了优秀的专业演艺人才，而且也培养了潜在的南音传承人和市场。如泉州市文化局和教育局每年都会联合举办中小学生南音演唱比赛，这不仅扩大了南音的传播范围，培育了市场，也为南音培养了潜在的传承人。福建梨园戏实验剧团的人才培养模式与泉州南音乐团具有一定的相似性。从 1953 年剧团成立开始，就由政府部门牵头，以团带班，成立梨园戏培训学校，培养梨园戏专业演艺人才，这些学校定期为福建梨园戏实验剧团输送专业的演艺人才。

3. 突破困境之市场开拓

泉州市高甲戏剧团在面临戏剧市场不景气的大环境下，主动地去开拓市场。吴毓秀团长到任后，首先确定了主动开拓市场，特别是主动开拓晋江、石狮地区高甲戏市场的工作思路。剧团设专门的市场开拓负责人，由他们去和地方洽谈，比方说这个戏一个晚上剧团要多少钱，如果能接受就演，不行就商洽，商洽到双方都能接受的额度。慢慢地，泉州市高甲戏剧团形成了从最初卖不到票，到后来以"下乡"为主线的主动开拓市场模式，在整个泉州高甲戏市场站稳了脚跟。

本文对泉州市高甲戏剧团市场化初步探索路径图进行了展示，如图 2 所示。

闽南地区特别是泉州地区，民俗活动特别多，如酬神、祈福和贺寿等。泉州作为世界宗教文化圣地，不同地方所信奉的佛或神是不一样

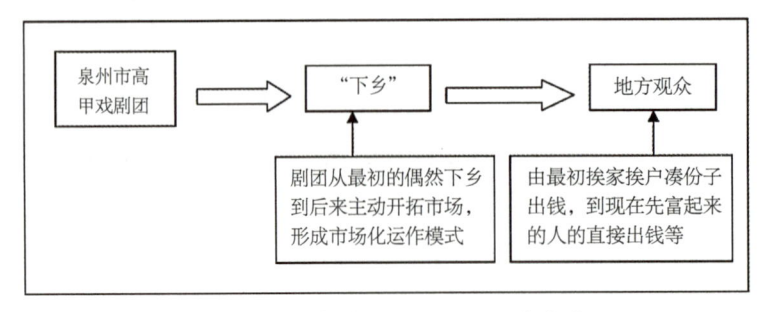

图2　泉州市高甲戏剧团市场化"初探"

资料来源：由本文根据实地调研绘制

的，平均每天都有村落进行酬神、拜佛等活动，这些活动来自民间，被界定为民俗活动。民俗活动从民国时期开始至今，都是需要演戏的，因而很多艺术表演团体正好利用这一空隙去演戏。泉州五大演艺剧团也是如此。

在解决"外患内忧"问题上，五大剧团团长"各显神通"，都表现出极大的胆识与魄力，在不断的摸索中，找到了一条适合自身发展的道路。福建梨园戏实验剧团借着民俗活动进行"下乡"演出，但是由于剧种"雅戏""文戏"的特点，剧团也对泉州市区市场进行开拓。剧团每年在泉州市梨园戏剧院的演出一般有70—80场，下乡演出一般有60—70场。时任泉州市木偶剧团团长王景贤临危受命，决定"另找出路"，果断地将木偶戏推向国际，主动开拓国际市场。剧团从1993年就开始努力，主动和世界联系，如发出自我推荐书等，一直坚持做，从最初的一百个自我推荐书中可能只有一个有回应，到后来在国际上打出了名气，有国家主动邀请，慢慢打开了国际市场。经过多年的努力，泉州市木偶剧团在国际市场上站稳了脚跟，成了"海内开花海外香"。泉州南音乐团则是在对南音艺术进行传承和保护的基础上，对市场化道路进行了探索。如参加企业的演出活动，为企业冠名，泉州南音艺苑[1]主动承接业务，下乡演出等。泉州歌舞剧团在五个剧团中与市场最为贴近，除了到企业参加演出、下乡演出和出国演出等，还有借助社会中间组织进行运作的尝试，如剧团与泉州天籁时空投资公司合作，由剧团负责作品创作，天籁时空投资公司则负责宣传和推广，赚钱分红。

值得一提的是，泉州市高甲戏剧团在

[1] "泉州南音艺苑"是泉州南音乐团的剧场名称。

市场的发展道路上继续深入探索，摸索出了"两条腿走路""精品下乡"的门道。

2011年6月，泉州市高甲戏剧团新编剧目《昭君出塞》女主角扮演者陈娟娟获戏剧最高奖——梅花奖，虽然是个人奖项，但也为泉州市高甲戏剧团的发展"赢来了"一个崭新的平台，高甲戏剧团也由此开始了自身的品牌建设之路，开始打造"梅花剧团"，市场演出效益明显提高。一般的高甲戏剧团一场演出收入为8000元左右，而泉州市高甲戏剧团一台戏从2011年的7000—9000元，到2012年的10000—12000元，再到2013年的13000—15000元，观众一般不和泉州市高甲戏剧团讲价，泉州市高甲戏剧团要多少就是多少，觉得物有所值，泉州市高甲戏剧团成为真正意义上的高甲戏市场领导者。

在演出产品开发上，吴毓秀团长确定了"两条腿走路"的工作思路：一是打造"精品剧目"，建立"梅花剧团"品牌，从演员到表演，到服装、造型、灯台等方面都追求一流，力求"精品"。如2012年8月，泉州市高甲戏剧团为了对"梅花剧团"品牌进行宣传和打造，在泉州影剧院推出梅花奖剧目《昭君出塞》的演出，进行了商业化运作尝试。二是按照市场的需求，创作大众喜爱的剧目，在故事、表演和成本投入等方面，力求贴近市场，满足消费者的需求。"两条腿"是相互促进：一方面，泉州市高甲戏剧团只有打响自己的品牌，才会有知名度，有市场；另一方面，泉州市高甲戏剧团只有占据足够的市场份额才能有能力进行精品剧目的创作，打造出自己的品牌。

此外，泉州市高甲戏剧团市场化的另一大特色是正努力做到"精品下乡"。由于演出条件和成本的限制，精品剧目很难做到"下乡"，但是泉州市高甲戏剧团从演出方式、模式等方面进行思考，对精品剧目下乡演出进行了尝试，为丰富百姓的文化生活做出了贡献，并取得了一定的成效。以精品剧目《连升三级》《董氏李生》以及获得梅花奖的剧目《昭君出塞》为例，作为"大戏"，由于时间和成本等限制，在下乡演出中无法全部进行演绎，泉州市高甲戏剧团就拿出部分章节进行表演，且用最好的演员阵容、最好的艺术力量，根据消费者的经济条件设置灯光、舞台等，进行成本控制，力求做到"精品下乡"。

本文对泉州市高甲戏剧团市场化进一步探索路径图进行了展示，如图3所示。

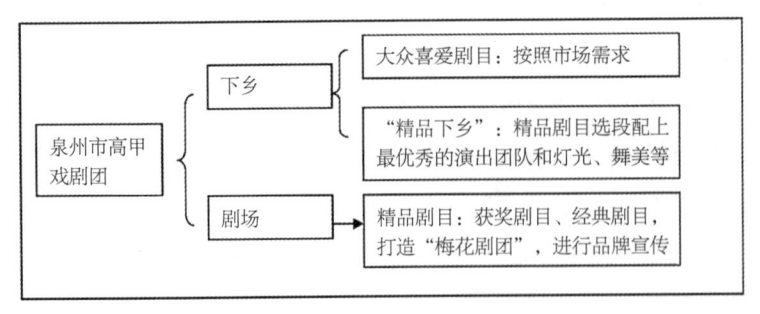

```
泉州市高甲戏剧团 ┬ 下乡 ┬ 大众喜爱剧目：按照市场需求
                │      │
                │      └ "精品下乡"：精品剧目选段配上
                │        最优秀的演出团队和灯光、舞美等
                │
                └ 剧场 → 精品剧目：获奖剧目、经典剧目，
                        打造"梅花剧团"，进行品牌宣传
```

图3　泉州市高甲戏剧团市场发展再探："两条腿走路"与"精品下乡"

资料来源：由本文根据实地调研绘制。

4."木偶"的春天

"请问哪里可以看到泉州市木偶剧团的演出？"这是很多泉州观众以前一直都在问的问题。泉州提线木偶戏作为国家级非物质文化遗产，博大精深，但是泉州市木偶剧团大部分演出却都在国外，国内的观众，就连泉州地区的观众都很难看到泉州市木偶剧团的演出。泉州市木偶剧团之所以"海内开花海外香"，其中一个很重要的原因就是没有自己的剧场，如果租剧场进行表演则会成本太高，长此以往是走不下去的。泉州市木偶剧团前团长王景贤在访谈中提到自己一直希望剧团有自己的剧场，而且一直在努力。经过几十年的努力和推动，泉州市木偶剧团终于拥有了自己的剧场，位于泉山路的泉州木偶剧院大剧场于2015年10月投入使用。剧团不需要租剧场就可以演出了，在泉州有了自己的阵地，泉州地区观众终于可以"大饱眼福"，观看到中国的提线木偶艺术表演。泉州市木偶剧团的发展迎来了"春天"。

目前，泉州市高甲戏剧团、福建梨园戏实验剧团以及泉州南音乐团已经拥有了自己的剧场，泉州歌舞剧团的新剧场完成选址，建设也正在规划当中，这将为泉州五大演艺剧团的发展开创一个崭新的局面。

二、泉州五大演艺剧团发展模式的异同

（一）市场化探索模式的异同

泉州五大演艺剧团同样都面临过相似的"外患内忧"，幸运的是，同样都遇到了有魄力和魅力的领导，带领着剧团走出困境。泉州五大演艺剧团为了走出困境，筹集发展资金，都主动与市场接轨，在市场化发展方面进行了探索，但是由于剧种个性的差异以及剧团自身发展特点，

每个剧团在选择市场化道路的方向和侧重点上有所不同。

泉州市高甲戏剧团是以"俗"为主，以"雅"为辅；以下乡表演为主，剧场表演为辅。高甲戏以"丑行"表演艺术著称，戏剧表演诙谐、活泼、大气，既可以以完整的故事情节为主线，又可以独立成章而不乏精彩和出奇，可以做到"雅俗共赏"，但以"俗"为主，更加贴近生活，贴近老百姓；以"雅"为辅，在剧目的创作、艺术表演手法等方面精益求精。目前，泉州市高甲戏剧团主要活跃在泉州市晋江、石狮等地区高甲戏市场上，每年平均下乡演出150—200场。

福建梨园戏实验剧团是"雅"为主，"俗"为辅；"剧场"表演为主。泉州梨园戏与高甲戏剧种有着很大的不同，梨园戏以"文戏""雅戏""爱情戏"著称，其艺术表演有生动的故事情节，细腻，着重对人物内心情感世界的刻画和表达，因此要求观众要有一定艺术欣赏水平，虽然是雅俗共赏，但以"雅"为主。泉州梨园戏剧团在市场化道路上既能够活跃在泉州市的剧场演出上，也有一定的下乡演出，每年在泉州市梨园戏剧院的演出有70—80场[1]，下乡演出有60—70场。

泉州市木偶剧团走的是一条"国际化市场"道路，经过多年的努力，在国际市场上站稳了脚跟，享有盛誉。泉州市木偶剧团能够成功地开拓市场，主要原因有以下几点：一是有非常鲜明的个性特色，作为国家级非物质文化遗产，泉州木偶戏是中国所特有的，外国愿意花钱请剧团去演出。二是泉州市木偶剧团的表演技艺精湛，超乎其竞争对手，可以称得上全国一流，甚至世界一流。三是轻车简装，泉州市木偶剧团在开拓国际市场时力求做到"演出物资精简、演出队伍精干、演出剧目经典"，为国外消费者节约成本，消费者才能"看得起"，国外市场才能拓展开来。

泉州南音乐团以传承为主线，并尝试基金化运作。南音是中国现存的最古老的乐种之一，是中国音乐历史的"活化石"。泉州南音乐团作为泉州唯一的专业南音表演院团，是以南音艺术传承和保护为基础，对市场化道路进行了探索。如参加企业的演出活动，为企业冠名演出，泉州南音艺苑主动承接业务，下乡演出等。但是相对于其他剧团来说，泉州南音乐团下乡相对来说较少，主要原因在于：一是泉州地区目前有五百多个南音社团在活动，几乎每个乡镇都有南音社团；二是南音比较细腻，需要静下心来花上几个小时进行欣

---

[1] 在泉州市剧场的演出中，相对于泉州市高甲戏剧团来说，福建梨园戏实验剧团每年的剧场演出场次已经算是很多的了。

赏，且都是独立成曲，没有太多的故事情节，对欣赏者的欣赏水平有一定要求。泉州南音乐团在发展过程中始终是坚持以南音艺术传承为主线的，其发展资金更多来自政府，而且目前也在进行基金化运作尝试。

泉州歌舞剧团走的是传承与现代元素相结合的道路。泉州歌舞剧团在市场化探索过程中，既注重对闽南歌舞以及其他民间特色歌舞的挖掘与加工，又注重与现代歌舞元素的结合，更多地反映出一种现代的气息。在市场化运作过程中，剧团除了到企业参加演出、下乡演出和出国演出等，还有着自身的特色，即借助演出中介组织和政府力量：一是借助演出中介组织，如与泉州天籁时空投资公司合作，剧团负责作品创作，天籁时空投资公司负责宣传和市场推广，赚钱分红。二是与政府合作，如《乡愁》是由永春政府出资三百多万元打造，泉州歌舞剧团负责作品的创作，政府负责投资，永春政府目的是想以《乡愁》为契合点打造一个永春品牌。

本文对泉州五大演艺剧团的市场化探索模式进行了总结，见表2。

表2　泉州五大演艺剧团市场化探索模式对比

剧团名称	市场化特点
泉州市高甲戏剧团	"俗"为主，"雅"为辅；"下乡"表演为主
福建梨园戏实验剧团	"雅"为主，"俗"为辅；"剧场"表演为主
泉州市木偶剧团	国际化道路
泉州南音乐团	以传承为主线，尝试基金化运作
泉州歌舞剧团	传承与现代舞蹈元素相结合；演出中介组织的介入

资料来源：由笔者整理。

（二）专业演艺人才发展模式的异同

泉州五大演艺剧团在专业演艺人才培养周期、舞台生命长短、培养模式以及发展现状上有着很多的相似性，但也存在着很多的不同。

泉州五大演艺剧团在专业演艺人才的培养周期上大致相同，都需要很长的时间，"台上一分钟，台下十年功"，专业演艺人才的培养需要耗费很长的时间和精力，有的从很小就开始培养，进入剧团之后还要经过很长时间的舞台锻炼，才能够真正成为剧团的专业演艺人才。

从专业演艺人才的舞台生命长短方面来看，泉州歌舞剧团与其他四家剧团有所不同。其他四家演艺剧团的专业演艺人才的舞台生命相对较长，专业艺术表演人才的黄金年龄约为35岁。而泉州歌舞剧团的专业演艺人才的舞台生命相对短暂，且对演员的年龄要求较高，一般都要求30

岁以下。因此，泉州歌舞剧团演员的舞台生命结束后，需要得到妥善的安置，而这仅仅靠剧团本身，很难实现，需要政府在相关配套机制上有所作为。

在专业演艺人才的培养模式上，泉州市木偶剧团与泉州市高甲戏剧团有着很高的相似性，都是用战略性眼光对待剧团专业演艺人才的发展问题，在剧团切实需要专业演艺人才之前就开始进行专业演艺人才的储备和培养，能够有效地保证剧团专业演艺人才新老更替的完成，防止出现人才断层。

目前泉州市高甲戏剧团的人才结构合理，专业演艺人才发展良好。但泉州市木偶剧团即将面临新一轮的人才新老更替问题，如剧团中木偶表演技艺精湛的演员都已经近50岁了，辅助性演员也快40岁了。早在几年前，泉州市木偶剧团前任的王团长就认识到这一问题，希望能够得到政府支持，但是未果。泉州市木偶剧团目前一边以自己的力量对人才进行储备，一边与政府沟通，希望能够得到政府的支持。在与王团长交流的过程中，本书作者发现他对剧团人才发展问题有着深深的担忧。剧团人才发展不仅需要剧团领导的战略眼光，更需要当地政府的战略眼光。

泉州歌舞剧团在专业演艺人才培养模式上，与泉州市高甲戏剧团和木偶剧团相似，都是以剧团自主培养为主。但是，由于泉州歌舞剧团在专业演艺人才舞台生命上的限制以及政府安置转业机制等的缺失，其专业演艺人才的发展上存在着很大的困难，仅仅靠剧团自身很难解决，因此，泉州歌舞剧团同样对政府有着很高的期许。

泉州南音乐团和福建梨园戏实验剧团的人才培养模式很相似，都是以政府为主导的人才培养模式。由于泉州南音乐团是世界"非遗"剧种——南音的唯一专门传承单位，福建梨园戏实验剧团也是"天下第一团"，政府重视泉州南音乐团和梨园戏实验剧团专业演艺人才教育培养，建立了专门的培训班和培训学校，如梨园戏培训学校和南音研究生院等，为剧团提供专业演艺人才。因此，与其他三个剧团相比，泉州南音乐团和梨园戏实验剧团在人才的招募和培养方面，有着很明显的优势。目前泉州南音乐团和福建梨园戏实验剧团的专业演艺人才发展状况良好。这种人才培养模式充分地体现了政府主导下的专业演艺人才培养的明显优势，对其他的剧团专业演艺人才的发展同样具有适用性，值得深思和借鉴。

本文对泉州五大演艺剧团在专业演艺人才需求和培养模式的异同之处进行了提炼，见表3。

表3　泉州五大演艺剧团专业演艺人才需求和培养模式比较

剧团名称	专业演艺人才培养周期	专业演艺人才舞台生命	专业演艺人才培养模式	专业演艺人才发展现状
泉州市高甲戏剧团	相似，都需要很长的时间	相似	剧团自主培养为主	结构良好
泉州市木偶剧团				新老更替阶段，有一定困难
泉州梨园戏实验剧团			政府为主导的培养模式	结构良好
泉州南音乐团				
泉州歌舞剧团		相对较短，需要安置	剧团自主培养为主	新老更替阶段，有很大困难

资料来源：由笔者整理

（三）价值观模式的相同，即对待传承与创新态度的一致性

泉州五大演艺剧团在发展过程中历来都很注重对传统演艺文化的传承和保护，特别是泉州高甲戏、木偶戏、梨园戏被确定为国家级非物质文化遗产，泉州南音被确定为世界级非物质文化遗产以后，泉州五大演艺剧团更加注重传统演艺文化的传承和保护工作，并将其作为剧团发展的第一要务。例如，泉州市木偶剧团很早就在努力进行木偶剧目抢救和保护工作，有些已经完成，有些目前正在进行当中。泉州市木偶剧团不仅注重对传统剧目的保护和抢救，也重视对艺术表演技艺、音乐唱腔、剧本等的活态化传承，以及对木偶的造型制作工艺的传承。

半个世纪了，随着电视、网络等的发展，需求多元化，消费者的审美眼光等不一样了，如果一味地固守传统便会没有发展，需要进行创新。因此，泉州五大演艺剧团所做的另一个方面的工作是创新和传播，即具有创新性的艺术创作和表演等，以丰富人们的精神生活，提高人们的文化素质。泉州五大演艺剧团在这一文化传播过程中，既注重剧种的传承和保护，又注重对剧目、艺术表演形式等方面的创新，使剧种永葆生命力。

三、泉州五大演艺剧团发展影响因素的异同

（一）政府支持与缺失

在对泉州五家演艺剧团的问卷调查和访谈中，可以看出他们对政府

在整个剧团的发展过程中的表现是"忧喜参半"的。泉州五大演艺剧团之所以能够创办,能够有曾经的辉煌和发展,都与政府的支持分不开。但是,与其他地区相比,泉州政府在参与的主动性和支持力度上有待于提高,剧团对政府今后的表现有着更多的期许。

首先是剧场建设的艰难。剧场是剧团进行艺术表演的舞台,没有剧场,剧团很难更好地进行艺术生产创作和表演。由于剧场投资建设成本很高,收益见效慢,很少有剧团有经济实力单独地实现剧场的建设,需要有政府的支持。泉州政府对泉州五大演艺剧团的剧场建设有做出一定的努力,但是缺乏一定的主动性,五大剧团的剧场建设是经过了剧团几十年的努力、呼吁和等待后,才有所进展的。泉州木偶戏世界闻名,但是泉州本地观众想要看木偶戏表演却看不到,泉州木偶戏是"海内开花海外香",其根源在于剧团没有自己的剧场,在泉州没有自己的阵地,如果租剧场进行表演成本太高,长此以往是走不下去的。木偶剧团前团长王景贤说道:"等的时间太磨人了,都把人给等老了。"王景贤团长于1991年来到泉州市木偶剧团后一直在为剧场的建设努力、奔走。经过二十几年的努力和等待,泉州市木偶剧团的小剧场已经投入使用,大剧场也刚投入使用一年多,剧团会将自身的市场重点放在国内,让国内的观众看到木偶戏,感受中国传统艺术的博大精深。目前,泉州市高甲戏剧团的剧场建成时间较早,比较陈旧;而泉州南音乐团和泉州梨园戏剧场于2008年左右才建成投入使用,但总共欠有900万元左右的尾款没有付清。泉州歌舞剧团的新剧场从2009年确定选址后,至今没有进一步的动态消息。这些也从一个侧面反映了问题,即政府在剧团的发展中确实有一定作为,但表现是让人"忧喜参半"的。

其次是支持专业演艺人才培养力度的参差不齐。专业的戏曲、歌舞艺术表演人才的培养有着一定的特殊性,如培养时间长、成本高,需要积累一定的舞台经验等,但是从目前的市场机制来看,演员的回报率低且社会地位不高。如果按照正常的人才培养模式,剧团很难招到合适的专业艺术表演人才,且情况会越来越糟糕。因此,政府对专业演艺人才培养的介入是必需的,政府只有充分运用自己手中的指挥棒,建立有效的激励机制,才能帮助剧团获得专业的艺术表演人才。目前,泉州政府对南音和梨园戏专业演艺人才的培养已经形成了良好的机制,保障着泉州南音乐团和福建梨园戏实验剧团对专业演艺人才的需求。但是泉州政府并未将这种机制发扬光大，惠及泉州其他三个剧团，即泉州市木偶剧团、泉州市高甲戏剧团和泉州歌舞剧团。目前，这三个剧团正通过自身的努力对专业演艺人才进行培养，获得了一定的成功，但也有着自己的辛酸与无奈，他们对政府今后的作为有着很大的期许。

最后是政府管理的缺失。泉州五大演艺剧团和泉州文化演艺业的发展，都离不开好的文化管理者和经营者，需要政府领导者有战略发展眼光和实际操作能力。目前泉州政府在管理层面有着很大的提升和思考空间：从市场生存现状来看，泉州地区本地剧团的生存状况堪忧，但是目前驻泉州演出外来的剧团却"活"得很好，仅厦门就有150多家。由此可见政府在泉州演艺业发展过程中的管理机制的缺失。从人才培养配套机制来看，以泉州歌舞剧团为例，演员舞台生命结束后，应该如何安置，如何保障他们的切身利益，这与泉州政府的配套管理机制的健全有着很大的关系，如果该问题没有处理好，剧团仍然会招不到、留不住优秀的专业演艺人才的，剧团的生存和发展将会受到威胁。从泉州文化品牌建设来看，泉州各个部门机构各自为政，互不通融，无法形成合力。泉州拥有非常好的旅游资源和演艺文化资源，但是目前"旅游部门只管旅游，文化部门只管文化，宗教机构只管宗教"[1]，很难实现合力，推动泉州文化演艺业的发展和泉州文化品牌的建设。

（二）演出中介组织与行业组织

首先是演出中介组织的缺失。成熟的演艺文化市场，能做到剧团负责作品的生产、制作和表演，演出中介组织负责市场营销。只有这样演艺剧团才能集中精力创作出更好的作品，吸引更多的观众，而优秀的演出中介则通过有效的宣传、营销手段实现对市场的开拓。而目前泉州演艺文化市场并不成熟和完善，在泉州甚至整个福建几乎没有有能力的演出中介机构，五大演艺文化剧团只有泉州歌舞剧团有在这方面进行尝试，与泉州天籁时空传媒有过合作，但是这是远远不够的，"我们期望今后泉州地区能够有优秀的中介组织，能够将泉州木偶戏、高甲戏、梨园戏、南音以及闽南歌舞剧团创作的优秀的作品营销出去"[2]，以实现更大的社会效益和经济效益。

其次是行业组织的缺失。行业组织对剧团乃至整个演艺业的发展有着重要的影响，而对于泉州五大演艺剧团

---

[1] 泉州市木偶剧团前团长王景贤原话。
[2] 同上。

来说，由于剧种间的个性差异，同一剧种内的行业公会的作用将会更加明显。但是，目前泉州只有一个政府组建的泉州戏剧协会，且由于剧种的个性差异，其发挥的作用非常有限。在对泉州五大演艺剧团的访谈调研过程中，剧团的领导都对行业组织有着很高的期许，希望今后能够改变泉州行业组织缺失的局面。泉州目前没有以剧种为单位组建的行业公会，但是在和泉州市高甲戏剧团前团长吴毓秀的访谈过程中了解到，他对这种性质的同业公会有着很大的期许，并希望通过自身的努力来组建。

综上所述，本文对泉州五大演艺剧团发展模式的相似之处和不同点做出研究。泉州五大演艺剧团在市场化探索模式、专业演艺人才发展和对待传承与创新的态度这三个方面极其相似，但又略有不同。同时，五大演艺剧团在政府支持、演出中介组织与行业组织两大方面也面临着共同的缺失和遗憾。

落实"非遗"项目保护传承和交流传播，为"一带一路"倡议的实施提供文化支撑

王景贤／泉州市木偶剧团

"一带一路"是习近平同志于2013年9月、10月间提出的重大构想。充分发挥文化超越时空、跨越国界的巨大影响力和润物无声、潜移默化的"特殊功能"，加强与沿线各国家、各地区、各领域、各阶层、各宗教信仰人群的沟通和交流，便是实施"一带一路"倡议构想的必然要求。

泉州是联合国教科文组织认定的"古代海上丝绸之路"的重要起点城市之一，早在宋元时代，便成为多民族、多宗教信仰汇聚交融之地，为中国与海上丝绸之路沿线各国、各地区的友好交流和合作共赢共荣做出过巨大的历史贡献。泉州又是国务院公布的首批历史文化名城之一，是我国首个荣膺"东亚文化之都"桂冠的城市，也是我国首个"文化生态保护实验区"——"闽南文化生态保护实验区"的核心区。千年以上的多元文化融合与传承，给泉州留下了丰厚的历史文化积淀和在福建省甚至是全国少有比肩的众多"非物质文化遗产"。可以说，泉州要在国家实施"一带一路"倡议中抓住机遇、奋发有为，离不开文化的支撑。而泉州葆有的"非物质文化遗产"，则是泉州文化最重要的内涵。因而，确实做好各个"非遗"项目的保护传承既是当代泉州人不可推卸的历史责任，也是必须认真完成的急迫现实任务。

一、关于传承

剧种艺术的传承是集体性的传承。因此，全体传承人责任意识的建立，便是剧种艺术传承的首要条件。

中国的提线木偶戏产生于两千多年前的汉代，早在一千年前的唐末五代，即在泉州及周边地区流行。至今保存数百出传统剧目和由300余支曲牌唱腔构成的独特的剧种音乐"傀儡调"，并传承一整套"压脚鼓"等其他特色乐器的独特演奏技法。同时也形成一整套精湛规范的操线表

演技艺和独具特色的木偶头像雕刻及木偶造型制作工艺。因而成为中国提线木偶戏艺术的珍稀范本和不争代表。2006年，泉州提线木偶戏被国务院公布为首批国家级非物质文化遗产项目。从20世纪50年代开始，泉州提线木偶戏的传承整体，逐渐完成从家班、民间班社向国有剧团的转变。如今的泉州木偶剧团已成为这一重要"非遗"项目唯一的国有集体性传承单位。为此，我们深感肩头责任重大。

从20世纪90年代中期，我团便把"保护传承古稀剧种艺术"定为剧团工作的"第一要务"。为了使全体演职员都树立起保护传承剧种艺术的责任意识和担当意识，我们坚持不懈地对全体新老演职员进行剧种历史和剧种艺术内涵的普及教育。在剧团尚未完全摆脱生存危机的1996年，我们就提出48字的《同仁共勉》："不因贫弱自卑，不因艰难自弃。不为狭域自限，不为小成自满。坚守精神家园，珍爱文化遗产。不懈精益求精，持续创新发展。"以此凝聚全团演职员的集体意志。同时，自筹资金搜集整理剧种史料、文物，开辟了"泉州嘉礼馆""艺术发展陈列室""对外对台交流陈列室"，既向国内外专家学者和参访者开放，也借此营造剧团内部氛围，使之成为全体演职员日常学习、自我教育的有效手段。从1994年开始，我团积极配合泉州地方戏曲研究社，开展对传统剧目、传统音乐、传统表演线规的搜集、整理、校注和研究，并与日本东京国立文化财研究所合作进行长达4年的"泉州目连傀儡"联合调查研究，相继由中国戏剧出版社等单位正式出版了《傀儡戏·目连全簿》《傀儡戏·音乐曲牌》《傀儡戏·基本线规图录》《泉州傀儡戏概述》《指掌乾坤——精彩绝伦木偶戏》《泉州提线木偶戏》《泉州目连傀儡相关情况调查研究会论文集》等10多部学术著作，并在国内外刊物上发表大量文章。这些专著与文章，很好地向国内外宣传介绍了泉州提线木偶戏，也成为向全体演职员进行剧种知识普及和剧种艺术教育的重要工具。

2005年后，从国家层面开始由上而下全面推进非物质文化遗产保护工作。随着国家、省、市、县各级"非遗"保护工作网络的建立和《中华人民共和国非物质文化遗产法》的公布实施，"非遗"保护的观念更加深入人心。我团抓住机遇，及时组织对上级"非遗"保护文件和"'非遗'法"的学习和普及，结合剧团工作实际进行讲解和宣传。除此之外，从1996年开始，我们排除干扰，统一认识，及时抢救复原了具有重要学术价值和"非遗"保护价值的全套祭奠戏神相公爷仪式《大出苏》，从此全体演职员参加每年举行的春、秋两祭。大家共同体认剧种悠久传承历史，感念剧种前辈艺术家的功德，誓言坚守剧种艺术，承担传承责任。经过长期不懈的内部学习和教育，我团新老演职员对剧种艺术遗产的自珍、自爱和对传承任务的责任感与担当意识得到不断增强，形成了"绝不能让千年古艺毁在我们手中"的坚强共识，这为剧种的传承发展打下了坚实的民意基础。

"非遗"项目的保护传承，最为关键也最为困难的就是后继人才的培养。今天再出色的保护成果，如果缺乏后继人才的接续，终将成为过眼云烟。对此，我们深有体会，也深怀忧虑。

2012年12月，"福建木偶戏后继人才培养计划"入选联合国教科文组织"保护非物质文化遗产公约优秀实践名册"，成为中国迄今为止入选这个名录系列的第一和唯一项目。"福建木偶戏后继人才培养计划"于2008年制订并开始实施。泉州市木偶剧团是本计划的主要实施单位。

我们将本计划作为一个系统工程看待，并将之分为三个部分开展工作。

1. 后继专业人才培养：后继专业人才培养是"福建木偶戏后继人才培养计划"的核心部分。2007年至2011年，泉州市木偶剧团与泉州市艺术学校合作；2011年至2015年泉州市木偶剧团与上海戏剧学院戏曲学院合作，先后招收45名学员进行专业教学（其中有中专、大专及本科学历）。由剧团选派富有表演经验的艺术骨干，担任专业教师。经过多年教学，共有20名优秀学生顺利毕业，并进入剧团实习。为了弥补艺术院校教育的不足之处，剧团重新确立这些学员的表演行当，进行表演线功和道白、唱腔的强化训练。并选派国家级、省级、市级非物质文化代表性传承人，对他们进行"一对一"的"师徒制"教育。这批学员参加了大型木偶剧《赵氏孤儿》《卢俊义》的创作演出过程，并在指导老师的辅导下排练了十几出传统折子戏。经过数年培养训练和200余次登台演出，目前这批学员专业信念得到加强，表演技艺得到提升，舞台经验日益丰富，也得到社会各界的普遍认可。2016年，这批学员正在投入由国家艺术基金资助的"木偶戏《火焰山》第三代演出人才培养"项目，本项目已于2016年12月完成。这批后继专业人才的培养和成长，将使泉州提线木偶戏有可能避免继承人断档的危险，为剧种艺术的传承发展提供了基本的人才保证。

2. 潜在后继人才培养。潜在后继人才培养，也就是对今后有可能成为专业后继人才的早期哺育和培养。十几年来，泉州市木偶剧团不但大量开展对幼儿园、小学、中学、大学的校园演出活动及校园普及推广，并且与通政小学、刺桐幼儿园等学校合作，开办了木偶专业兴趣班。剧团选派优秀青年演员到幼儿园、小学等单位，开展辅导教学，并协助开展校园演出活动。泉州市通政小学历届学生中有近200人参加木偶兴趣班的学习。刺桐幼儿园更是把木偶艺术教学作为该校的特色教育品牌。历届1000多名幼儿在老师的辅导下学会了动手做木偶并编创了许多充满童趣，也闪耀智慧光芒的木偶节目。学校举办了20余届校园木偶艺术节，并在"第四届中国泉州国际木偶节"上与来自世界各地的木偶艺术家同台表演，孩子们在多种场合的演出，得到学生、家长和社会各界的高度赞赏。除此之外，剧团与青少年宫、泉州市艺术馆等单位，合作开办寒暑假短期培训班，近200名中小学师生参加了培训。这些从小接触和喜欢木偶戏的孩子，长大后虽然不一定能成为木偶艺术家，但他们肯定是泉州木偶艺术的喜爱者、推广者和传播者。对这些潜在后继人才的培养，为泉州提线木偶戏后继专业人才培养和事业发展奠定了坚实而广泛的基础。

3. 欣赏者的培养。失去欣赏者的艺术是没有明天的艺术。欣赏者培养的途径，就是持续不断地演出和多渠道的传播。多年来，泉州市木偶剧团坚持每年演出250场左右。这些演出既有校园、社区、重大艺术活动的公益性演出，又有商业性、赢利性的演出，更有广泛的国际性交流演出。迄今为止，泉州市木偶剧团已近200次赴五大洲60多个国家和地区演出。同时，与电视、网络、广播、手机、报刊等媒体结合，开展全方位的传播。特别是参加中央电视台及各省、市电视台许多专题节目录制和播出，接受香港、台湾、澳门地区及许多国外媒体的专题报道，参加中央电视台春节联欢晚会和中宣部、文化部、中国文联、中国侨联等的春节晚会；参加国家组织赴许多国家开展重大国际文化交流活动，特别是在北京奥运会、联合国总部、联合国教科文组织总部、美国卡内基音乐厅等重要国际平台的演出都为泉州提线木偶艺术赢得广泛国际声誉，培育了大批国内外欣赏者和"粉丝"，为泉州提线木偶戏今后的发展打下了较好的基础。

后继人才培养，只有进行时，没有终止时。需要我们一如既往地执着努力，以期让泉州提线木偶这一千年古艺得到永续传承。

在这里，我不得不谈谈泉州提线木偶戏在保护传承工作方面的困难和本人的忧虑。

从泉州市木偶剧团发展史看，泉州傀儡戏在当代虽几经坎坷，却也几度崛起，屡创辉煌。在本人担任剧团团长的24年间，对传统遗产的保护抢救虽举步维艰，却也算尽心尽力，颇见成效，似乎也有理由为自己的工作感到自豪和振奋。但是，若将泉州市木偶剧团 64 年的团史，与泉州傀儡戏此前漫长的千年发展史，以及今后可能继续生存下去的历史作比较，则此 64 年，不过是短暂的瞬间。面对千年古艺能否永续传承与发展的问题，我们没有理由感到乐观、感到自得。

　　从 20 世纪 50 年代初以来，由于社会政治环境、意识形态、社会价值观念、审美观念等都发生了巨大变化，泉州傀儡戏千百年来赖以生存的文化生态环境已面目全非。泉州傀儡戏介入本地区民间宗教、民俗生活的管道已然阻断。与民间人生礼仪及民众世俗生活的联系也几近断绝。因而，不仅民间傀儡戏班社相继倒闭，昔日班社林立，争奇斗艳的景象已不复存在，只遗泉州市木偶剧团"一枝独秀"，支撑着传承重任。但毕竟"独木不成林"，硕果仅存的泉州市木偶剧团，由于丧失了传统的演出阵地，在本地的演出机会日渐稀少，经济来源日渐枯竭，眼下还不能不仰赖地方政府的"人头经费"来留住从业人员，维持正常运转。也就是说，如果政府这位母亲突然"断奶"，貌似风光无限的泉州市木偶剧团，将即刻倒毙，千年古艺——泉州傀儡戏将立即陷入覆灭的危境。这绝不是危言耸听，而是真真切切的现实！

　　民间生存土壤日渐丧失，民间性日渐淡化，终将导致剧种生命力的弱化并危及其永续传承与发展。由于影视、网络等新兴艺术和外来文化来势汹汹，且几乎不受阻拦地侵入本土，迅速夺取了民族民间文化艺术的传统领地。而我国许多从业者与一般民众的自我保护意识与自救能力却相当微弱。更令人焦虑的是，许多政府部门的执牛耳者们"任内政绩意识"和个人功利欲求远胜于历史责任意识和文化保护意识。他们对既需花钱，又需耗费精力，且不能像抓新剧创作那样去"参赛夺奖"，去彰显政绩的非物质文化遗产抢救保护工作提不起工作热情和干劲。因而，在《中华人民共和国非物质文化遗产法》已然公布实施多年的今天，非物质文化遗产保护工作依然困难重重，举步维艰。

　　由于未能摆脱经济拮据的困境，从业人员经济待遇偏低，生活压力不断加重，泉州市木偶剧团的演职人员普遍存在心绪浮躁、事业心明显淡薄、艺术创造力下降这样一种"隐性人才流失"的状况。作为泉州提线木偶戏唯一的传承单位，其内在实力的下降，也使其对外吸引力随之下降。非常明显的例子是：1978 年泉州市木偶剧团与福建艺校联合招收

"泉州提线木偶班",风声一经传出,应考者蜂拥而至。从千余名小学文艺骨干中选出30余名学生,其质量和成才率自然有了保证。到了2005年,艺校与剧团再次联合招生,虽使用现代媒体大做广告,结果还是应者寥寥,最终只能"凡报必招",生源质量当然不如人意。泉州市木偶剧团目前编剧、导演、作曲等创作人才和经营管理人才、研究人才也相当匮乏,人才断代、事业不继的危险依然迫在眉睫,岂不教人忧心如焚?!

为使剧团能真正承担起泉州提线木偶戏的传承重责,窃以为,政府相关部门很有必要创新管理制度,明确规定剧团的首要工作任务与责任目标为:其一,保护、抢救、传承国家级非物质文化遗产——泉州提线木偶戏,并承担相应的责任和义务。同时,政府也应采取有别于一般性艺术表演团体的管理办法,切实承担对该传承单位必须承担的管理职责,并给予特殊的政策扶持与经济保障。

其二,传承人的遴选,是传承工作的关键。根据我们在基层工作的经验,目前在申报认定各级代表性传承人及发放经济补助时,应考虑剧种传承的集体性、多行当特点。更多尊重具体传承单位意见,并将经费补贴的使用权下放到项目执行单位管理。防止个别人只凭资质获取代表性传承人的名誉和利益,而不承担传承的责任和义务。

其三,鉴于我国长期执行"计划生育""独生子女"政策,家长大多视大学文凭的获得为最大愿望,而多数非物质文化遗产培育后续传承人的最佳时段又恰与普及教育期重叠。因而,政府在教育制度方面有必要给予政策性倾斜。若能对所严格遴选出来的"被传承人"实行"中学至大学一贯制"的教育制度,则既能满足传统表演技艺需要"童子功"的要求,又能增加对"被传承人"的吸引力。若能对"被传承人"实行"严格挑选、免费教育、长期培育、终身服务"的政策,则"被传承人"的培养就更有制度的保证。

二、关于发展

对一个已列入国家级"非遗"保护项目的剧种而言,保护是工作的前提。没有很好地保护,传承和发展便会失去基础。但保护的目的,绝不是为了把他弄成个"木乃伊",弄成一个稀有的"生物标本"送进博物馆,供人参观、凭吊。应该把他视为一个独特的生命,努力保持他活泼而独特的生命形态,保持他鲜活的艺术个性、艺术特质和审美特色,并努力使之得到永续传承。

在具体实践过程中，我们认为不应该把传承与发展视为一个矛盾，而应把他们视为一个生命成长过程中两个相辅相成的条件。同时我们觉得，在实践中处理好以下几个问题，似乎是相当必要的。

首先给自己一个准确的定位，并以此指导自己的工作。1949年至今，各级国办艺术表演团体，实际上已成为各剧种保护、传承、发展工作的主体。而其中，有些剧团因历史原因，已成为本剧种"一脉单传"的独生子，对本剧种的传承发展，负有不可推卸也无从推卸的历史责任。泉州市木偶剧团就是这样的剧团。

对于这样的剧团，上级主管部门在交与其工作任务、职责和对其进行管理，包括给其资助和保障时，应该有别于其他一般性的艺术表演团体，甚至有别于其他"非单传"剧种的表演团体。在这方面，我国还缺少相关的理论指导和政策引导。

作为剧团自身，我们明确地把"传承古稀剧种艺术"作为剧团工作的第一要务。把抢救保护传统剧目、表演艺术、剧种音乐、制作工艺和培养新一代传承人的工作摆在剧团日常工作的首要位置。

其次，在创作演出新的剧、节目时，我们既强调对剧种本体艺术、艺术风貌和技艺特点、审美特色的坚守和保护，也强调在吸纳国内外其他剧种艺术手法、艺术手段、艺术观念时，注意不使本剧种的个性受到弱化和变异。

近20年来，泉州市木偶剧团创作演出的大型木偶戏《小黑、小金历险记》《钦差大臣》《赵氏孤儿》《卢俊义》及一些中小型剧目，都以鲜明的艺术个性和表演特色得到国内外同行、专家和观众的广泛好评，并连获三届中国政府舞台表演艺术最高奖"文华奖"及多项国际艺术节大奖。更可喜的是，这些剧目在获奖后，并未"束之高阁"，而是持续活跃在国内外舞台上，这说明，我们的坚守是有成效的。

最后，在长期频繁的国际、国内文化交流中，我们始终顽强地保护着自己的"不可替代性"和"不可超越性"，以之作为开拓国内外传播空间的"不二法宝"。新时期以来，我国各地许多的木偶剧团，为了开拓市场、争取生存的空间，饥不择食地模仿，甚至抄袭境外木偶戏的表演手法和演出节目，导致市场扩大了，钱也赚多了，但本剧种的艺术个性消失了，演职员的技艺水平严重下降了。甚至有些著名木偶剧团，基本抛弃自己的本体艺术，戴着"大头娃娃"面具，搬演"快餐式"的所谓"人偶剧"，令国内外同行痛心疾首。这样的"创新"是典型的"捡了芝麻，丢了西瓜"，甚至是"饮鸩止渴"的行为，不值得效法。我们坚持认为，在经济全球化背景下，文化的多样性和独特性，不但不可削弱，还更应得到加强。交流的目的是互相了解、互相欣赏、互相取长补短，而不是互相模仿、互相同化、互相取代。保护自己剧种的独特性，坚定地立足民族文化和地方文化的根基，坚持用自己独特的思维方式和表现方法去表现人类共同关心的问题，才是自己剧种立足的根本和可能贡献于人类文明的途径。

三、关于传播

对于非物质文化遗产而言，传承是前提、是基础，而传播却是其生命意义的体现和延展。作为国家级非物质文化遗产的泉州提线木偶戏，长期以来在传播中华文化、增强中华民族优秀文化的感召力方面，发挥了重要而独特的作用。

宋元时代，泉州港曾是"涨海声中万国商"的"海上丝绸之路"东方起始港。泉州城里"市井十州人"，"番商云集、纷至沓来"。其时的泉州傀儡戏，曾为多少个国家的宾客演出，并经过哪些渠道向海外传播？因史籍难觅，不得而知。据西班牙人德·拉达在《中华大帝国史》中记载，明万历三年（1575年），他曾随一西班牙公使团经菲律宾来到泉州。当时的泉州官府曾在欢迎宴会上让来宾们看到"此城表演木偶戏极好的节目"。据荷兰学者罗斌提供的资料，1892年荷兰汉学家德·各罗特曾在泉州购得古傀儡24尊，现仅存18尊，收藏于荷兰莱顿大学民族学博物馆（这批古傀儡照片由罗斌先生提供，现存于泉州市木偶剧团陈列室）。

据现有资料可知，泉州傀儡戏至迟从清中叶开始，便随海外移民的脚步，向东南亚华人聚居地及台湾地区传播。泉州傀儡戏名班"庆元班"，于1908年、1914年两度经台湾赴东南亚诸国演出，也在台湾留下了公演的记载。

据台湾学者考察，泉州傀儡戏传入台湾的时间最晚应在乾隆、嘉庆年间，其主要分布地在台湾南部的台南、高雄一带。目前尚存传承自泉州傀儡戏的班社有：茄萣"新锦福班"、阿莲"锦飞凤"班、路竹"万福兴"班、湖内"添福"班、永康"集福轩"班及"围仔内大戏馆"等。台南市武庙尚存清道光十五年（1835年）《武庙禳灾祈安建醮碑记》载："开演傀儡戏班三台，银八元九角四"。成书于光绪二十一年左右的《云林县采访册》记载了正月初九日玉皇大帝诞辰"演戏(傀儡,名曰"线戏",祀玉皇以此为大礼)"。据《台湾日日新报》及《台南新报》载,1900—1920年,泉州傀儡戏屡次渡海到台湾演出。演出剧目有泉州傀儡戏传统剧《目连救母》《三国》《列国》《西游》《说岳》《李世民游地府》等。因其技艺精湛,且"语白以泉州语出之。颇有趣味,又人人能解也",故盛况空前,竟使"人戏"的观众"为泉州傀儡班所夺"。

在两岸隔绝数十年后的1990年,台湾著名布袋戏大师李天禄先生携其两位公子陈锡煌、李传灿(其时两兄弟皆是资深布袋戏艺师)专程来到泉州举行盛大"拜师典礼",拜泉州市木偶剧团名誉团长、艺术指导、一级演员黄奕缺为师,翻开了两岸傀儡戏交流的新篇章。此后至今,泉州市木偶剧团已先后20多次组团或参团赴台交流演出。并与台湾偶戏界、艺文界、教育界及社会各界保持频繁而密切的交流。

泉州市木偶剧团成立后的首次境外交流,乃是1960年,携《水漫金山》等节目,赴罗马尼亚布加勒斯特,参加"国际青年联欢节"演出,并一举夺得该艺术节唯一的集体大奖"集体银奖"(金奖空缺)。此后,经20多年沉寂。自20世纪70年代末改革开放以来,泉州提线木偶戏的对外交流日渐频繁。迄今为止,已赴五大洲近60个国家和地区,交流访演近200次。从1986年以来,相继举办了四届"中国泉州国际木偶节"。2005年春节,泉州市木偶剧团作为首个应邀赴联合国总部举办专场演出的中国艺术团体,在纽约联合国总部参演"2005联合国中国春节文艺晚会"。2005年,剧团被授予"联合国南南合作网——木偶艺术示范基地"。2007年赴巴黎联合国教科文组织总部参加"联合国中国非物质文化遗产艺术节"演出活动。2008年在"北京奥运会"开幕式文艺演出中以《四将开台》精彩亮相。2009年应邀在美国卡内基音乐厅为"古今回响·中国文化节"作开幕式专场演出。2010年获选代表中国参加"上海世博会·国际展览局日"献礼演出……这些重要演出活动使泉州市木偶剧团成为中国木偶界对外、对台交流业绩最为显著的剧团。在此期间剧团多次参加中央电视台春节联欢晚会及中宣部、文化部、中国文联、全国侨联等主办的春节联欢会,并多次代表国家赴国外参加重大多边交流活动,成为蜚声海内外的文化品牌。

在国家实施"一带一路"倡议的时代背景下,我们在做好"非遗"保护传承的同时,更应该以积极主动的精神,开拓交流传播渠道,学习和运用新媒体手段,丰富传播手段,提高传播实效,更好地发挥独特的桥梁作用,为提高中华民族优秀文化的国际影响力和感召力作出自己应有的贡献。相信泉州提线木偶戏这株千年老树,将逢春再发,老树新花,香飘四海!

闽南民间戏曲文化的域外传播

黄科安 / 泉州师范学院

12世纪，在东南沿海一带业已滥觞的南戏，是中国戏曲发展史中的重要篇章。闽南民间戏曲就是中国南戏的重要组成部分，它拥有梨园戏、高甲戏、傀儡戏、打城戏、歌仔戏、掌中木偶等诸多剧种。其中梨园戏因保存宋元明南戏的很多剧目、音乐及表演形态，被誉为"活化石"。迄今为止，它仍活跃在当下舞台上，深受海内外闽南人的欢迎。

一、沿丝绸之路输往东南亚等地

闽南人将去东南亚谋生的行为，称为"走南洋"，这在明嘉靖丙寅刊本的《荔镜记》附录"新增勾栏"一出中就可找到它的踪迹。由此可见，宋元以来泉州的后渚港、漳州的月港以及晚近崛起的厦门港，它们开辟的海上丝绸之路，输往海外的不只是丝绸、茶、瓷等物品，同时还有非物质的东西。闽南民间戏曲，就是沿着丝绸之路输往中国台湾、日本、东南亚等地的。连横在《台湾通史》中说："七子班则古梨园之制，唱词道白，皆用泉音。"这说明梨园戏作为闽南戏曲的主要代表性剧种在中国台湾地区的流布情形。邻近东南亚国家如马尼拉（菲律宾）、爪哇（印尼）、暹罗（泰国），甚至日本长崎，都有闽南民间戏曲演出的文史记载。明万历年间莆田人姚旅在《露书》中写道："琉球国居常所演戏文，则闽子弟为多。"文中所列演出剧目均为梨园戏的传统剧目，记载了梨园戏向海外流播的演出情形。国际著名汉学家龙彼得通过相关文献，发现闽南民间戏曲在东南亚演出的最早资料。在17世纪初叶，印尼（爪哇）的华侨大多为闽南人，英国人司各特（Edmund Scot）在万丹商馆任职时写道："他们（中国人）爱好演戏、唱歌……以祀神。只要他们认为船只已从中国启航就演戏；船到万丹，或从万丹返航也同样演戏。这类戏有时在中午开演到次日早上；演出大多在街上搭成的露天戏台上。"

1685年，派往暹罗朝廷的一位法国使臣叙述他参加希腊商人宴请时，观看了一场中国戏的演出。

二、戏曲蓬勃发展与民间信仰有关

民间戏曲之所以得到蓬勃发展，拥有广泛的草根民众，这与弥漫于闽南地区繁盛的民间信仰有着紧密的关联。民间戏曲酬神娱人的社会功能，使闽南人一年有不少演戏的缘由，诸如四时节令、神佛圣诞、庙宇庆典、人生礼俗等，这些形形色色的宗教活动和民俗活动，为闽南民间戏曲的生存与发展提供丰厚的文化土壤。

而对于"走南洋"的闽南人来说，民间戏曲表演不仅仅是单纯体现酬神娱人的社会功能，更重要的是确立和维系一种共有的文化根性。这就是来自祖籍地的精神魂魄的召唤。它离不开血缘、地缘、亲缘等中华文化传统观念的聚集与融合，从而在陌生的异邦建构起属于闽南人自己社会里的"小传统"。因而，在域外的闽南人仍然像在故土一样，保持着对于庞杂的闽南民间的信仰习俗和文化仪式的兴趣与爱好。

闽南民间戏曲伴随着早期闽南先民的足迹，深深地嵌进居住地区的现实生活中，成为他们认识社会、评价生活、升华情感的文化仪式，也是向外界展示闽南族群的向心力与凝聚力，为中华优秀传统文化在域外传播彰显一种典范的作用；同时，闽南民间戏曲在与他者文化交流中，推动了在地化的转型、变异与重塑，为所在国（或地区）多元文化体系的构建做出自己的独特贡献。今天，我们关注那些曾经走出且历史悠久的闽南民间戏曲，这对于弘扬中华优秀传统文化，探讨如何打造文化"走出去"的新模式，从而更好地服务于当今国家提出的"一带一路"倡议，无疑具有特别重要的借鉴价值与现实意义。

保存传统音乐的意义及方法
——以南管/南音为例

吕锤宽/台湾师范大学

本文系在长期的实地调查汉族，兼及若干少数民族的传统音乐的基础上，理论性地建构音乐类非物质文化的特性，并经由以"亲临其境"的学习研究南管/南音为对象，论述能穿越绵长历史长河的乐种之生态特征与艺术特性。经调查发现，各个社会或民族皆蕴含数量不等的各种表演艺术，在学术研究涉入此领域时，皆将此类型的传统文化称以"民俗音乐"，由于词汇的不正确使用，造成人们对（例如）南管或北管的止步。本文认为，音乐传统文化基本上系以艺术为内核，并承载传播地域的时间与空间特征，如草原上的音乐，节拍舒缓而绵长，音调高亢。

经笔者历时38年的调查研究，认为今之学术界称以"南管/南音"，昔称为"絃管"的音乐传统，堪称世界音乐地图中最长的生态河流，此河系形成的流域虽不若莫扎特或贝多芬作品涵盖的地理空间，仍属汉族诸多乐种传播最为广袤者。以"文化的泉州"为中心，因经济因素造成人口外移而扩散至海外的泉州絃管，基本保存相同的文化生态，而独特的艺术性则为促使其"历久不衰"的因素。

如欧洲艺术音乐或当代流行音乐般，传统音乐如泉州絃管原系自发性的流传，由于诸多因素造成此具有文化性的乐种急遽消失中，政府部门或文教组织乃有"保存提倡"的行政措施。长年的持续观察所见，政府部门对传统音乐的保护，某种层面被视为"业绩"，故而不分青红皂白，关心点在于"有做"，而毫无艺术性的认知。

目前虽有国家级的传统音乐指定，这些艺术品种在文化架构中仍流于地方格局，而未由文化或教育系统纳入作为体系的内容，如公共场所的欣赏曲目，或音乐教学材料。本文认为，保存音乐类传统的意义，在于建构具真正国际观的音乐蓝图，方法在于音乐语汇的挖掘与传承，以及乐种具历史风格与艺术性之认定。

高校对于丝绸之路传统音乐复兴的时代担当
——以泉州南音高校传承发展研究为例

王珊/泉州师范学院

高校对于丝绸之路传统音乐的复兴起着至关重要的作用。2003年，泉州师院在海内外高校开创性地把海上丝绸之路上的璀璨明珠——泉州南音引入高校的专业设置，招收南音本科生，2010年成立泉州南音学院，2011年招收南音研究生。从培养方案的研讨与制订、教材的编撰与课程的建设，到高层次人才的培养，从师资队伍的构建到教学大纲的研制，从课堂教学内容的探讨，到课外南音实践的延伸，从南音学术团队的构建，到南音学术成果的涌现，从保护传承南音到南音的弘扬发展，从传统南音的表演到南音的当代再创造——举措，逐步形成以泉州师院为海内外南音教学、科研、实践三位一体的中心地位，其办学案例不仅是泉州南音传承方式的探究与实践，也为传统音乐的传承与发展探索出一条途径。

一、海上丝绸之路上与泉州南音

宋末至元代时，泉州成为中国第一大港，并与埃及的亚历山大港并称为"世界第一大港"，后因明清海禁而衰落。1991年2月14日，联合国教科文组织海上丝绸之路考察队到泉州考察，而这次考察，让泉州成为联合国在中国唯一认定的"海丝"起点城市，并将全球首个世界多元文化展示中心确定在泉州，让泉州又一次因为海上丝绸之路享誉世界。如今，泉州被列入国家"一带一路"倡议的21世纪海上丝绸之路先行区，将延续一千多年前的繁华。可喜的是，在这个南方港口存在着历史最悠久的中国古老音乐——泉州南音。

泉州南音是"人类口头与非物质文化遗产代表作"项目，有着深厚、丰富的历史文化积淀，在中国音乐史上具有不可替代的地位。泉州南音源于泉州，她是保存中国古老音乐最丰富的现存重要乐种，她以其大量的曲目、古老的乐器和自成体系的记谱方法，延续着汉唐以来中国音乐的血脉。她古朴优雅、清丽委婉，具有很高的审美价值和音乐学学术研究价值，在人类学、语言学、民俗学、中外文化交流史等学术研究方面同样有很高的学术价值。作为中国传统音乐文化的一部分，泉州南音传衍千百年，始终与闽南文化样式生息与共。

二、泉州南音在高校中的传承与发展

以地方高等师范院校作为区域文化传承的一个平台，将地方乐种作为传承对象纳入当代高等师范院校教育研究系统，在专业设置、课程建设、社会需求、文化传承发展等方面进行调查与研究论证的基础上，按照"把传统音乐置于其文化发展脉络中传承、认识、研究"的研究理念，从学科专业建设入手，对泉州南音的传承方式进行深入研究，是泉州师范学院创办音乐学（南音方向）本、硕专业13年来的办学探索。

2003年，泉州师院在海内外高校首次创办音乐学（南音方向）本科专业，10月南音系正式宣告成立；2010年成立泉州南音学院；2011年，泉州师院以南音方向突出的办学成绩获批"服务国家特殊需求人才培养"——艺术硕士专业学位点，成为全国新建本科院校首批拥有硕士专业的高校之一。2012年9月，第一批南音演唱、演奏、文化产业与南音文化推广方向艺术硕士研究生正式入校就读。2013年以泉州师院牵头的"南音文化传承与发展协同创新中心"被认定为福建省首批"2011计划"协同创新中心；音乐与舞蹈学被评为省级重点学科；2014年泉州师院南音研究基地获福建省首批社科研究基地。

高等院校是国家文化传承的重要基地。在高校传承发展泉州南音，首先要解决的是如何使区域音乐与高校专业设置融为一体？如何跨越民间文化与精英文化之间的鸿沟，并在保留传统艺术纯真性的基础上加入新的时代文化内涵？如何配备师资队伍？如何解决"教学与科研脱节"的问题？如何在保护传承南音文化的同时进一步发展南音？这些均是泉州南音进入高校专业设置需要面对和开展的工作。

三、高校与民间相融的教学体系

地方性本科院校承载着传承与发展区域音乐的重任，泉州师院作为地方性新建本科院校，如何真正履行高校的办学职能，是办学者思考、探究和付诸实践的主要工作。2011年4月24日，胡锦涛同志在清华百年校庆上语重心长地说："全面提高高等教育质量，必须大力推进文化传承创新。高等教育是优秀文化传承的重要载体和思想文化创新的重要源泉。"[1] 南音以其民间性、区域性、整体性、活态性、流变性等特征形成自己独特的"民间"传承体系，但随着社会经济的迅速发展，南音与中国其他优秀传统文化一样面临着生存环境萎缩、传承出现断层的危机。由于市场商品经济的繁荣、外来文化的冲击、中国传统文化精神的式微等原因，南音的传承出现了"青黄不接""人亡艺绝"的现象。2005年国务院办公厅就明确指出："通过社会教育和学校教育，使非物质文化遗产代表作的传承后继有人"，要"充分利用科研院所、高等院校的人才优势和科研优势，大力培养专门人才"。[2] 同时，教育部关于印发《完善中华优秀传统文化教育指导纲要》的通知强调"要分学段有序推进中华优秀传统文化教育，把中华优秀传统文化教育系统融入课程和教材体系，全面提升中华优秀传统文化教育的师资队伍水平，着力增强中华优秀传统文化教育的多元支撑"[3]。将区域音乐传统传承体系融入高校专业设置中，构建地方高校传统音乐传承的系统性和整体性，是实现中华传统文化传承的关键，也是当代人所需要承载和展现的。

（一）培养目标、方案的定位

区域音乐进高校的专业设置，其培养目标有别于普通的音乐学专业，也有别于"民间"对传统南音人的培养。南音方向本、硕培养方案是人才培养的宏伟蓝图，是关系到人才培养是否达到培养目标的重要举措。在制订培养方案中，我们严格按照《普通高等学校本科专业目录和专业介绍（2012年）》[4] 和全国艺术硕士专业学位教育指导委员会2010年3月出台的《全日制艺术硕士（MFA）专业学位研究生指导性培养方案》，多次邀请海内外教育界、音乐

---

[1] 胡锦涛：《在庆祝清华大学建校100周年大会上的重要讲话》。
[2] 国务院：《关于加强我国非物质文化遗产保护工作的意见》（国办发〔2005〕18号）。
[3] 《教育部关于印发〈完善中华优秀传统文化教育指导纲要〉的通知》（教社科〔2014〕3号）。
[4] 中华人民共和国教育部高等教育司编：《普通高等学校本科专业目录和专业介绍（2012年）》，高等教育出版社2012年版，第347页。

界、南音界的专家、学者座谈,省市文化部门负责人研讨音乐学(南音方向)本、硕人才培养目标[1],审议教学计划、教学大纲等。在征集多方面专家意见的基础上,制订《泉州师范学院音乐学(南音方向)本科生培养方案》《泉州师范学院艺术硕士研究生培养方案》,培养方案均突出南音方向本、硕人才培养的应用型和实践性,课程设置除了体现南音专业技能和实践,还开设了音乐学基础课程和人文课程,实现人才培养的特色性及多元性。

(二)区域音乐的文本呈现

"将音乐类'非遗'项目编入教材,既是对音乐类'非遗'的保护与传承,也是对传统音乐教材和教学内容的丰富与完善,具有非常重要的意义。"[2]泉州南音作为世界级"非遗"项目进入高校的专业设置方向,规范的教材文本建设是至关重要的,尤其在演奏、演唱方面。泉州师范学院南音专业本着满足现代高校知识、技能传输模式的需求,一方面在课堂中传习泉州南音的技艺,实践"口传心授"的精神和内涵,并转化文本材料;另一方面通过建立规范的教材文本,实现丰富技艺传授手段等方式,试图弥补传统教育中的某些缺陷,形成民间教育和精英教育兼容并蓄的传承理念。

2003年3月,王珊、王丹丹教授编著了《中国泉州南音教程》,这是高等学校南音教程的首创之举,我国著名民族音乐学家、博士生导师王耀华教授称教程的编著与出版"填补了高等音乐院校南音教材建设领域的空白,是高等音乐院校南音教材建设迈出的第一步"[3]。在此基础上,充分认识到必须编著一套包含泉州南音四管、泉州南音演唱以及全面认识指、谱、曲的系列教程,达到在高校平台上的有效传承。为此,2006年由王珊主编,南音传承人和高校教师参编的《泉州南音"指"集》《泉州南音"谱"集》《泉州南音"曲"集》《泉州南音演唱教程》《泉州南音南琶教程》《泉州南音洞箫教程》《泉州南音二弦教程》《泉州方言》等8部南音教材正式出版,"它不仅是南音历史上第一次立足于大学教学体系的系统教材,同

---

[1] 本科培养目标:将其塑造为掌握音乐学科(特别是南音专业)基本理论、基础知识与基本技能,具备在中等学校或中学进行音乐教学,特别是南音教学与研究的导师、教学研究及其他人才。研究生培养目标:培养适应我国经济、文化和音乐事业发展需要的德、智、体、美全面发展的高层次、应用型南音表演、文化推广策划、管理人才。艺术硕士专业学位获得者应具有系统的专业知识和高水平的南音专业表演技能,对音乐具有较强的理解力与表现力,能够运用专业理论知识和技能解决南音挖掘、保护、传承、创新和传播等实际问题,具备表演、策划演出和南音文化推广等基本能力。

[2] 甘绍成、杨明辉:《将音乐类"非遗"项目引入中国传统音乐教学体系的思考——兼谈川音在"非遗"进课堂方面的尝试》,《音乐探索》2015年第3期。

[3] 王珊、王丹丹:《中国泉州南音教程》,厦门大学出版社2003年版,第3页。

时也是中国第一套以一个民间乐种为中心内容的大学教材"[1]。工乂谱是南音的奏唱之本,更是南音长期以来赖以生存和传承的基础。2014 年,王珊、陈恩慧编撰的《泉州南音工乂谱与视唱》教材正式出版,该教材在解读南音工乂谱乐学理论的基础上,由浅入深地指导学习者学唱南音工乂谱,以不断加强和提高学习者对南音工乂谱的视谱、视唱及译谱能力,进而领会泉州南音工乂谱独特的艺术内涵和奥秘。读唱工乂原谱,不但与音乐的传承直接有关,而且与更真实、更深刻地把握音乐直接有关。工乂谱只有唱了,才能对其音乐语言有更深刻的认识,才能得到更细微的体会,才能了然音乐。

(三)构建特色课程

南音进高校,改变了传统南音人才的培养方式,不再仅仅局限于师傅的"口传心授"。高校南音教育具有明显的双重性,它既具备民间音乐的传统底蕴,又兼备高校教育的人文素养。面对国家文化发展需求,南音本、硕专业不仅不断更新完善课程建设和教学内容,而且已形成具有鲜明特色的南音专业核心课程群。2011 年 11 月,在原有课程体系的基础上,对八届本科毕业生用人单位进行调研,与他们共同探讨研究音乐教育及南音人才的培养,进一步合理确定基础课程与专业课程、必修课程与选修课程、理论教学与实践教学的比例,形成与南音人才培养目标、人才培养方案和创新人才培养模式相适应,结构合理、特色鲜明的课程体系,即视唱练耳与工乂谱视读、南音史论和乐学理论、曲式与南音作品分析、南音田野调查与音乐文献检索、泉州方音、南音拜馆、南音演唱、南音"上四管"演奏、泉州方言文化、文化产业与南音文化管理、南音文化产业市场调查与预测、论文写作与南音文案设计、南音文化产业专题研究、闽台民间音乐概述、闽台区域发展史、闽南海外移民史、闽南民间文化、泉州方言研究、梨园科步、南音史论等,培养应用型、创新和实践能力强的高素质南音人才。

根据南音专业的特点,建立了一支以高校教师、专业团体人员、国家级南音传承人为核心的学术与教学研究队伍,其教学分工为音乐学的基础理论、技能由泉州师范学院教师担任,南音演唱、演奏课程则聘请南音团体或国家级南音传承人执教。当南音艺人执教时,安排教师跟班听课,撰写相关教学资料,逐渐形成了一

---

[1] 乔建中:《中国泉州南音教学大系》,《人民音乐》2007 年第 10 期,第 58—59 页。

系列符合高校教育教学要求的教学文本。同时，推进教材、教学参考资料和教学课件三位一体的立体化教材建设，改变传统南音"口传心授"没有规范文本的教学形式，丰富南音教学方法和教学手段，探索一条以"知识传授＋能力培养＋艺术实践"相结合的复合式教学模式，广泛使用现代信息工具的教学方法，推进启发式教学，采用探究式、研究性教学等新的教学方法。

（四）走进"文化生态"

"对原生性的民间音乐的传承，有一个文化生态问题，因此，除了在招生时要求掌握一定的民族语言或地方方言、在教学中邀请民间艺术家进校授课之外，还应该适当地多安排走出去的活动，不要脱离母语环境。"[1] 泉州南音长期以来一直在民间以自娱自乐的方式存活着，仅泉州市的民间南音乐社就有 232 个。泉州南音民间乐社是泉州南音存活与发展的重要载体，乐社交流、活动、仪式及各自的师承传授是传承泉州南音的重要组成部分，南音渗透于民众生活的诸多方面，与以闽南文化圈民众的生老病死、生产生活、精神信仰密切相关。南音演唱、演奏的权威人士大多来自民间社团的南音先生，"面对有如此深厚社会基础并早已是本地民众生活不可分割的民间乐种"，让学生真正了解南音文化生态的丰富性、整体性、流变性、民间性等特质。南音专业采用工作坊方式，即田野采风与音乐实践是工作坊的重要环节，由导师带领学生到各南音传习所、专业团体和民间南音社团学习、采风、拜馆（打擂台）、会唱并参与仪式等一系列文化行为，让学生进入传承人的生活工作中，接受南音传承人的指导，在耳濡目染过程中做一个有心的刻录者，识记现有的南音曲谱，与海内外民间南音社团切磋南音技艺，了解海内外南音现状，抢救即将流失的南音传统曲目，最大限度地调动学生的主观能动性和促进研究型学习能力的培养，同时融入民间传承体系，真正实现走进"文化生态"。

四、泉州南音特色专业学科建设模式

重建学科队伍，凝练学科方向，创立了以南音本、硕专业为基础的"教学、科研和实践三位一体化"的特色学科专业建设模式，实现了以教促研、教研相辅的良性循环。改善现行教育知识体

---

[1]《中国高校传统音乐教育专家笔谈》，《音乐研究》2011 第 2 期。

系中，本土非物质文化遗产资源认知严重缺乏的现状，培养出民族文化的坚定传承者和传播者，真正实现地方高校传承发展区域传统音乐。

（一）教学与科研相辅相长

泉州师院音乐与舞蹈学学科建设致力于为国家优秀传统文化泉州南音及闽台音乐、舞蹈的研究，已形成三个富有特色且又相对稳定的研究方向（即南音与南音教育研究、闽台音乐与音乐教育研究、闽台民间舞蹈与舞蹈创编研究）。在学科建设目标的驱使下，南音专业以南音与南音教育研究为龙头，在音乐教育与音乐教学改革深入研究的基础上，进一步完善南音专业的课程体系，使之完成教学与科研相融并进的构想。乔建中曾指出："教学队伍与研究队伍长期存在脱节现象，多数人对中国音乐的丰厚资源缺乏了解，母语主动寻求在教学中充分利用这些资源的途径和方式，研究成果未能以整合形态转换到音乐教育中，落实到教学理论层面。"[1] 同时，国务院办公厅于2005年颁布的《关于加强我国非物质文化遗产保护工作的意见》指出："要组织各类文化单位、科研机构、大专院校及专家学者对非物质文化遗产的重大理论和实践问题进行研究。"[2] 基于对泉州南音进高校的办学实践，我们从南音本科专业到获得南音硕士专业，培养了一支南音教学与科研团队，并取得了卓越的成绩[3]。改变了原来南音教学只重技艺传授、缺乏理论研究的状况，促进了南音教育的发展。在团队建设中，出现了许多教学和科研双肩挑的师资队伍，如南音专业创办时开设的《南音史论和乐学理论》《视唱练耳与工乂谱视读》，教师以特色课程教学为契机，凝练研究方向，对《明刊三种》《文焕堂指谱》《道光·琵琶指法》三套明清南音孤本进行研究，通过谱字、撩拍、管门、曲牌、记谱法、曲名等南音乐学理论的分析和比较，研究明清南音工乂谱的传承关系；通过对南音特殊管门的分析与研究，

---

[1] 乔建中：《现代专业音乐教育与传统音乐资源》，《音乐研究》2003年第2期。

[2] 国务院办公厅：《关于加强我国非物质文化遗产保护工作的意见 [EB/OL]》，（2005-08-15/2012-12-11）. http://www.gov.cn/zwgk/2005-08/15/content_21681.htm。

[3] 音乐与舞蹈学学科评为福建省高等学校重点学科，并获省级研究生教育创新基地。南音专业评为国家级特色专业、国家级南音人才培养模式创新实验区和国家级专业综合改革项目；《器乐》《乐理和视唱练耳》评为省级精品课程；《南音与基本乐科》教学团队评为福建省教学团队；音乐与舞蹈实验教学中心评为福建省实验教学示范中心；王珊教授评为省级教学名师。主持国家级课题2项，部级课题18项；出版南音学术专著5部，其中《南音》为文化部指定为南音申报"世遗"的乐种介绍书；教材19部；研究成果分别在《中国音乐学》《音乐研究》《光明日报》《中央音乐学院学报》《中国社会科学报》《中国音乐》《人民音乐》等权威、核心学术刊物上发表；连续获福建省第六、七、九、十、十一届社科成果三等奖5项，二等奖4项，获福建省第五、六、七届教学成果奖一等奖1项，二等奖2项。

率先发现百年"毛延管"的秘密。同时，对泉州南音源史及分期进行全新学术角度研究，从泉州方言与南音的历史发展关系考察论证，通过诸文献比较，综合分析与考证，重新梳理南音历史的发展关系，突破学术界单纯从乐学角度研究泉州南音历史，提出泉州南音源于泉州方言与乐学的分期理论，并形成一大批高规格的研究成果。"教育思想的转变，必然要求教学依托于科学研究，在科学研究中开展教学，以科研支持教学改革，教学与科研互动，教学与科研'相长'，并建立基于科研与教学相结合的创新人才培养模式。"[1] 在教学—科研—教学的路径中，以教学创新和科学研究为主导，通过学科交叉与融合、教学与科研紧密合作等途径，推动南音人才培养机制改革，以高水平科学研究支撑高质量南音人才的培养。[2]

（二）创新性人才培养模式

复兴中华文化，必先确立我们的"文化自信"，振兴南音文化，更需立基于继承传统、有效地实现不断再创造。为推动南音文化的广泛传播，激发其内在生命活力，促进南音文化与当代社会的融合，尤其是提升其在高校学子、年轻一代中的认知度。在打造传统课程的内涵建设，深化音乐教师教育模块的基础上，突出南音教育的教学内容和教学课时，增加技能实践课与整体课程衔接，形成渐进式的多层次南音实践教学体系。以作品、剧目为引导的教学方法，围绕单个作品、剧目设计课程、组织教学、安排实践实训，在教学中努力做到"学、练、创（研）、演"的紧密结合，打破理论课与实践课、基础课与专业课、教室与实训场所的界限。在教学内容设计上主要采取案例曲目量化教学法，通过量化学习，加强音乐表演实践，强化实践技能，提升理论水平。充分发挥海内外21家实践基地、国家级南音传承人、艺术家和交叉学科专家的作用，进行表演性教学和演出策划实践工作，采取以跟班排练、模仿、启发、设计等方式开展学习活动。设置教学实践（作品量化教学、周彩排）、认知实践（季展演）、综合性实践（年公演、推介会、案例合作）、素养性实践（各类交流、比赛、申报项目）等环节，进而加强学生专业实践能力的培养。[3]

南音专业自创办以来，先后排演了近百个南音传统作品参加国内外南音展演活

---

[1] 武荔涵：《教学与科研相融合：高校发展的战略选择》，《教书育人》2012年第24期。
[2] 出版学生毕业文集2部，内刊3部；学生获大学生创新创业实验项目国家级6项，省级22项，校级36项；校级大学生科研项目立项68项。
[3] 学生表演的节目获全国性奖、省级奖58项。

动,创作的南音作品《琵琶行》《独坐敬亭山》获福建省艺术院校大学生文艺调演获表演一等奖和优秀创作奖。2012年以来,与心心南管乐坊合作课程,排演"南管诗意"和"翟山坑道——百鸟归巢入翟山"专场音乐会在台湾等地巡回演出,加强两岸文化认同,推动两岸文化的交流合作。

五、协同创新促进南音发展

(一)创作南音新作《凤求凰》

由泉州师范学院牵头,协同福建省非物质文化遗产保护中心、中国音乐学院、泉州南音乐团、台湾心心南管乐坊等单位,并汇集海内外著名南音艺术家及研究人员共同组建的"南音文化传承与发展协同创新中心",于2013年被认定列入首批"福建省高等学校创新能力提升计划"(简称2011计划),2014年泉州师院南音研究中心被评为福建省首批社科基地。2015年10月由泉州师范学院牵头的福建省"2011计划"南音文化传承与发展协同创新中心创作出品的南音新作《凤求凰》参加福建省第六届艺术节展演荣获优秀剧目展演奖第一名等24个奖项,专家称该作品是"我国首个中国古典室内歌剧,开创了中国传统音乐新的呈现形式"。刘延东副总理观看该作品给予极高的肯定。2016年10月,王珊教授带领南音新作《凤求凰》剧组到上海参加"第十六届中国上海国际艺术节"展演及到上海同济大学、交通大学进修南音新作《凤求凰》互动讲座和演出,轰动上海国际艺术节,中央电视台、上海电视台、福建电视台等新闻媒体进行专题采访与报道。

从南音新作《凤求凰》的策划、创作到排练、演出,师生不仅在作品中得到专业水平的提高,而且培养了一支能独立完成大型舞台作品的各方面人才,探索建立与市场经济相适应的艺术人才培养模式,真正实现了产、学、研的办学模式。新作的排演,进一步促进高校南音表演人才的培养和南音文化的传承,在实现南音文化高校教学、传承、科研三位一体、协同发展的基础上,向世界推介南音文化,并探索出一条传播传承保护南音的新路径。充分体现高校以非物质文化遗产再创造为意旨,用当代的语言来传承发展我国优秀的传统文化。

（二）研发南音工乂谱打谱软件

工乂谱是我国古代音乐自成体系的一种记谱形式，是记录南音音乐语言的汉字化表性乐谱，它由谱字、"指骨"（表示时值和琵琶弹奏的记号）及撩拍记号三部分组成。千百年来，南音的音乐载体是以"工乂谱"为形式来体现的。由于南音工乂谱历史悠久，深奥复杂，工乂谱历来都靠弦友"手抄"和"口传"传世。为了解决这一问题，我们充分利用泉州师院多学科的办学优势，集计算机学科师资与南音特聘研究员的力量，协同研发南音工乂谱打谱软件，它的操作简单，只需用拼音输入法就可以进行南音工乂谱打谱，同时又可根据一些老民间南音艺术家的方言特点，支持模糊音输入，解决了众多老南音艺术家不懂得拼音，无法自行录入工乂谱的困难，使得民间流传的南音曲谱能完整地记录保存在计算机中。软件研发，可让新一代的南音文化传承人利用该软件推陈出新，完成复杂的曲谱制作需求，使这一音乐文化的"活化石"焕发更绚丽的光彩。中国新闻网、新华网、中国日报网、中国台湾网等20多家媒体进行报道。

（三）编著出版《泉州南音（絃管）集成》

《泉州南音（絃管）集成》由泉州师范学院南音学科带头人王珊教师主编、中国艺术研究院郑长铃研究员为副主编及台湾师范大学音乐研究所所长、著名南音研究专家吕锤宽教授辑著，该集成收入近6000首曲目，涵盖闽南诸市区县和台湾各地收集整理的大多数乐谱资料。共三十大卷，每卷有重点内容和类别。全套集成以"曲目"为主体，同时既有"泉州南音总论"，也有关于器、调、曲、辞的分论，诸卷论述全面有序，体例通晓清晰，呈现出一个十分完整充实的南音音乐构成全息性体系。它的资料价值、历史文化价值以及它在将来"南音学"（"絃管学"）研究方面的价值都将给后人以重要的启示，它将成为泉州文化乃至闽南文化建设的标志性工程。

结 语

泉州南音传承方式研究，通过在高校的研究与实践，已成为国家对非物质文化遗产项目南音保护的主要阵地，它不仅是高校通过人才培养达到推进国家文化传承与创新的这一基本职能具体体现，也是履行我国对联合国保护非物质文化遗产公约的一种承诺。我们力求通过泉州南音传承方式的研究与实践，把泉州师院建设成为海内外南音传承发展研究的中心，成为南音文化保护的人才培养重要基地，成为福建省学科建设的新亮点，成为海峡两岸以及东南亚等海外华侨文化渊源的交流平台，成为高校通过人才培养向世界传播中华优秀传统文化的交流中心和办学典范，同时也体现泉州师院对于丝绸之路传统音乐复兴的时代担当。

参考文献

[1] 乔建中：《传统能给我们什么？——关于中国专业音乐教育教学改革的再思考》，《中国音乐学》2004 年第 4 期。

[2] 乔建中：《现代专业音乐教育与传统音乐资源》，《音乐研究》2003 年第 2 期。

[3] 乔建中：《中国泉州南音教学大系》，《人民音乐》2007 年第 10 期。

[4] 樊祖荫：《音乐艺术院校传统音乐教育的现状及思考》，《音乐探索》2012 年第 3 期。

[5] 《中国高校传统音乐教育专家笔谈》，《音乐研究》2011 年第 3 期。

[6] 李夏宇：《"内卷化"与"去内卷化"——试论我国传统音乐教育》，《音乐创作》2014 年第 2 期。

[7] 周景春：《高校音乐教育与中国传统音乐的传承》，《集美大学学报》2014 年第 4 期。

[8] 张君仁、王冰：《中国高校传统音乐教育研究综述》，《音乐研究》2011 年第 2 期。

[9] 甘绍成、杨明辉：《将音乐类"非遗"项目引入中国传统音乐教学体系的思考——兼谈川音在"非遗"进课堂方面的尝试》，《音乐探索》2015 年第 3 期。

[10] 陈孝余、尚晶：《泉州南音传承本质问题管窥——以南音声乐演唱为例》，《民族艺术研究》2015 年第 2 期。

[11] 孙凡：《武汉音乐学院中国传统音乐教育现状及本科课程体系建设构想》，《黄钟（武汉音乐学院学报）》2014 年第 2 期。

[12] 王珊、王丹丹：《中国泉州南音教程》，厦门大学出版社 2003 年版。

[13] 武荔涵：《教学与科研相融合：高校发展的战略选择》，《教书育人》2012 年第 24 期。

[14] 王珊、陈恩慧：《泉州南音工乂谱与视唱》，厦门大学出版社 2014 年版。

从南音骨谱中的偏音看外来文化的影响

陈燕婷/中国艺术研究院

关于外来文化对南音的影响之研究，就笔者所见，最为重要的有两篇文章，其一是法国施舟人的《"海上丝绸之路"与南音》[1]，其二是王耀华的《泉州南音"四大名谱"部分外来音乐因素溯源及其传入路径考》[2]。前者认为南音是中外音乐传统交流的结晶，深受波斯文化影响；后者以大量的实例论证了欧洲音乐对南音的影响，并指出，相比之下，波斯音乐对南音的影响，远不如欧洲音乐对南音的影响。笔者在对南音指谱的谱面分析过程中，注意到了骨谱中出现的少数几个偏音，这几个偏音虽然数量很少，却意义重大，可作为南音受欧洲音乐影响之佐证，具体详见下文论述。

一般认为，南音乐谱为琵琶谱，因为乐谱中包含了琵琶指法符号，暗示了节奏。由于相对演唱、洞箫润腔来说，琵琶谱更为简单，因而人们称之为"骨谱"，即只记录"骨干音"的乐谱。然而笔者认为，南音乐谱实际可分为两个层次，其一是真正的纯粹由谱字构成的"骨谱"，其二是有了初步润腔的琵琶谱。琵琶指法包含有一定的"润腔"成分，尤其是"撚指"符号"o""落指"符号"ɔ"，以及两个装饰性指法符号，"抅"和"凡"，已是对谱字的丰富。如，"抅"符号，先用右手奏"全乂"音，然后用左手无名指连续3次抓奏"贝乂"音；"凡"符号，先演奏比原音低一级的音，然后演奏原音。这些带有一定"润腔"成分的指法符号，说明南音琵琶演奏其实并不纯粹是"骨干"，并不是完全的"骨感"，多少有一些血肉在其中。因此，本文所谈"骨谱"指的是不加琵琶指法的"谱字"所构成的骨干音谱。

据张友鹤《学琴浅说》："乐句之主体，用五正声，二清二变，则用于转调，间亦有

---

[1] [法]施舟人：《"海上丝绸之路"与南音》，《闽南文化研究——第二届闽南文化研讨会论文集》(下)，海峡文艺出版社2004年版，第1310—1320页。
[2] 王耀华：《泉州南音"四大名谱"部分外来音乐因素溯源及其传入路径考》，《音乐研究》2015年第5期，第5—13、41页。

用于乐句之中以补助五正声者。"

　　南音中出现的偏音,即传统的五声音阶之五正声之外的音,可以分为两种。其一是"骨谱"中自带的偏音,相比南音庞大的曲目系统来说,这类偏音所占分量极少。这些少量的偏音中,最常见的为变宫,其次为变徵。另一种是润腔中出现的偏音,数量很多,最常见的是变徵,其次是主要由琵琶指法中的"扒"奏法而产生的"#do-si"（C调）两音,这些构成了南音润腔的特点。

　　对于偏音的用与不用,向来有不同的看法,而且有着明显的南北差异:

　　关于音阶形式,宋代乐律家有两种不同的看法:一种是反对应用变宫、变徵二音,而主张只用五声音阶;这可以陈旸为其代表。另一种是赞成应用七声音阶,而企图用理论来肯定七声音阶中各音的价值。这可以杨杰为代表……陈旸反对二变,大意是说:宫、商、角、徵、羽五个音是正派的音;变宫、变徵两个音是有害的音;宫代表着皇帝;皇帝特别的尊严,不能有两个,而且也不能变动;因此变宫不能应用。[1]

　　陈旸,福建闽清人,为典型的南方人。南方推崇五声音阶,北方则常用七声音阶,这种南北差异早已为乐人所熟知。

　　《九宫大成南北词宫谱》严格按照南曲为五声音阶,北曲为七声音阶,所编入的乐曲或依音阶重分南北,或按南北适当变动音阶。如《董西厢》,在《曲谱大成》中是按南曲收入的,而此谱则一律收入北曲。又如南唐后主李煜之《浪淘沙》,本南词,唱作北腔已久,故收入（北曲）。而南曲传奇中之引曲,大多为七声音阶（见《纳书楹曲谱》）,故而《南词定律》独于引曲未标工尺,以其与五声音阶的过曲、尾曲不同。《九宫大成谱》在收入这些七声音阶的引曲乐谱时,则全部依南曲例改为五声音阶。[2]

　　可见,南音骨谱以五声音阶为主是正常现象,极少数偏音的出现反而有点费人思量。

　　偏音在南音骨谱中出现的比例很小,几乎可以忽略不计。但是在不多的一些偏音中,应用情况却较为复杂,各乐谱版本有着较大差异,有的几乎不使

---

[1] 杨荫浏:《中国古代音乐史稿》（上册）,人民音乐出版社1985年版,第390—391页。

[2] 刘崇德:《〈新定九宫大成南北词宫谱〉前言》,见刘崇德主编《中国古代曲谱大全》（二）,辽海出版社2009年版,第751页。

用偏音，有的虽然使用偏音，但情况各不相同。在实践中，这种差异并未引起重视，未见过相关探讨。可见对于偏音，南音人并没有特别排斥或特别偏好，对偏音的有无也并不敏感，其一可能是因为骨谱本身的偏音很少出现，其二因为加上润腔后唱、奏出来的曲调本就含有许多偏音，骨谱本身极少的偏音就被淹没在润腔当中了。当然，润腔中使用的偏音也有自己的规范，并非随意使用。不过，骨谱中偏音的用与不用也许反映出了其他方面的问题，例如观念上主张或反对应用变宫、变徵之不同，这种不同导致了乐曲中偏音使用的不同情况，或者受到外来音乐影响产生变化等。此方面问题还有待进一步探讨。

一、指谱分析版本选择及概况

南音分为指、谱、曲三大部分，"指"是成套的带唱词的套曲，"谱"是纯器乐曲，"曲"则为散曲。本文乐曲的分析、比较方面主要关注指、谱二部分，因为，指、谱的数量是有限的，大致固定的。而"曲"数量众多，难以穷尽。虽也有"曲"集，但曲目往往各不相同，无法比较。况且，"指"本就由"曲"组成，指与曲的区别就是指是成套的，而曲是零散的。"指"中涉及之滚门、曲牌之丰富，具有一定的代表性："'指套'包括南音中所有最优秀的曲词、曲调和'滚门'，常将优秀的散曲逐渐依一定的故事内容编选成套。所以，学乐器的人，只要掌握了套中的主要'滚门'，伴奏散曲亦就没有什么困难了。"[1]

南音界常以"指谱全"夸赞弦友的南音水平。由此可见掌握全部的"指谱"并非易事。而掌握了全部的"指谱"就能成为高水平的南音人，受人称赞。如吕锤宽《南管音乐》描述泉州名师高铭网和张在我时，称赞他们"为指谱全的南管人"[2]。

目前已知南音曲簿最早的版本出于明万历年间（约1604年），即《新刻增补戏队锦曲大全满天春》（简称《满天春》）、《精选时尚新锦曲摘队》（简称《钰妍丽锦》）以及《新刊絃管时尚摘要集》（简称《百花赛锦》）三种。此三种曲簿皆由国际著名汉学家、英国剑桥大学教授龙彼得教授自海外搜集获得。前者于20世纪60年代在英国剑桥

---

[1] 王耀华主编：《福建南音》，人民音乐出版社2002年版，第3页。
[2] 吕锤宽：《南管音乐》，（台）晨星出版有限公司2011年版，第45页。

大学图书馆发现，随后不久，后二者也在德国萨克森州立图书馆发现。1993年，龙彼得教授将这三种曲簿影印本赠予泉州地方戏曲研究社和梨园戏剧团，有关部门如获至宝，经过多方努力，将之编辑刊印成册，名为《明刊闽南戏曲絃管选本三种》（简称《明刊三种》），[1]于2003年11月由中国戏剧出版社出版。遗憾的是，明代的三种曲簿皆只录曲词不录乐谱，仅少部分带有撩拍符号。这种现象可说是中国传统音乐的一个通病。

谨案前代史志，凡纪乐章者只录歌词不载声谱。班书郊祀志首刱其例，后代史家因循不改。所谓乐章者，章则有之，乐则未也。揆厥名义，实欠完备。一代制作，必有一代之精神。若录其文而略其声，无异可视而不可听。吾国古乐之沦湮，此其一绝大原因也。[2]

刘锦藻（1854—1929），近代之人，"《清续文献通考》，纪事起清乾隆五十一年（1786年），止宣统三年（1911年）"[3]。由上述引文可以看出，至迟到了清末，人们就已意识到了"录其文而略其声"的弊病，因此，清代录文兼录其声成为风尚。著名的《九宫大成南北词宫谱》即编纂于乾隆年间（乾隆十一年，1746年）。

清朝代明，汉士阶层瓦解，曲运渐转而系于戏工。"依字声行腔"而打谱敷唱，旧时不识字之戏艺人无能为力也，于是，（由清曲唱家所打之）曲唱"工尺谱"乃出。是，时所使然，事所使然，势所使然也。自乾隆以下，众谱纷灿（工尺亦非全然划一），至今亦近三百年矣。[4]

清代南音有两部重要曲簿流传至今，即《文焕堂指谱》和《道光指谱》。前者编于1857年，刊刻于1873年，于2000年9月，台湾教授胡红波在台南临安路玉市上，意外发现，并高价购得。后者编于1846年，为石狮市玉湖吴抱负珍藏几十年的宝贝。二人先后献出曲簿，由泉州地方戏曲研究社整理出版，前者名为《清刻本文焕堂指谱》，[5]后者名为《袖珍写本道光指谱》。[6]这两部曲簿的重要性在于，

---

[1] [荷]龙彼得辑录著文，泉州地方戏曲研究社编：《明刊戏曲絃管选集》，《泉州戏曲絃管研究丛书》，中国戏剧出版社2003年版。

[2]（清）刘锦藻：《清续文献通考·乐考》卷一百九十九，《乐考十二·乐歌》，载王耀华、方宝川主编《中国古代音乐文献集成》第一辑第十四册，国家图书馆出版社2011年版，第549页。

[3] 王耀华、方宝川主编："《清续文献通考·乐考》提要"，《中国古代音乐文献集成》第一辑第十四册，国家图书馆出版社2011年版，第70页。

[4] 洛地：《"曲""唱"正议》，《戏剧艺术》（上海戏剧学院学报）2006年第1期，第4—13页，第7页。

[5] 台南胡氏拾步草堂、泉州地方戏曲研究社合编：《清刻本文焕堂指谱》（泉州戏曲絃管研究丛书），中国戏剧出版社2003年版。

[6] 石狮市玉湖吴抱负珍藏本、泉州地方戏曲研究社编：《袖珍写本道光指谱》（泉州戏曲絃管研究丛书），中国戏剧出版社2005年版。

基本都附有完整的工乂谱和撩拍、琵琶指法符号。尤其是后者，与当代流传的曲簿高度一致。

本文对比分析了清代两部"指谱"集《道光指谱》（简称"道光版"）和《清刻本文焕堂指谱》（简称"文焕堂版"），苏统谋、丁水清主编的《絃管指谱大全》[1]（简称"晋江版"），以及台湾、厦门出版的"指谱"集《南管指谱详析》（简称"台湾版"）和《南乐指谱全集》（简称"厦门版"），以纵向对比自清至今，横向对比泉州、厦门、台湾等3个南音的主要流传地域，南音"指谱"的大致构成情况，其历时性、地域性变化，以及各自不同的偏音使用情况。

（一）各个版本的"指套"概况

"指，即器乐曲，有词有谱，偶尔也可作清唱，然大部分都作为演奏乐曲。"[2]絃管老先生丁世彬对"指"的这一定义初看起来似乎自相矛盾：开头就将"指"定义为"器乐曲"，但是后面又说"有词有谱"，"可作清唱"，有词可唱的怎么能是器乐曲呢？其原因就在于，多数情况下，人们都将"指"作为"演奏乐曲"，只奏不唱。

有人认为："'指'还有一义，就是作为教材用于指导学生入门学习南音，即具有'指南'的意义。通常由絃管先生口传心授，让学生熟读死背几套'指'的曲词和工乂谱（俗称'念嘴'）。"[3]

5部指谱集，指套数各不相同：文焕堂版套数最少，只有总头加36套，共37套；其次为道光版，40套；晋江版和厦门版为50套；台湾版为48套加新创作的3套，共51套，然本文对新创作的3套暂时不予关注。

从清代道光年间至今约160年的时间，南音指套构成比较稳定，清代两部指谱集中的指套保留至今，并逐渐增加，到如今已有50套之多。清代两部指套同多异少，文焕堂版37套中有35套也出现在道光版中，只有《孤栖闷》，以及《南海观音赞》为道光版所无，由于《南海观音赞》后来被一分为二，名为《南海观音赞》和《普庵咒》，因此，这3套加上道光版自身的40套，清代共有43套指套流传至今，这43套全部保留在其他三个版本的指谱集中。

5部指谱集中的指套有15套曲名和节数完全相同，其他指套不同处主要有三种

---

[1] 苏统谋、丁水清编校：《絃管指谱大全》，中国文联出版社2005年版。
[2] 丁世彬：《闽南絃管概论》"引言"，中国（新加坡）上海书局2009年版，第2页。
[3] 《絃管指谱大全》编委会：《絃管指谱大全》"前言"，见苏统谋、丁水清编校《絃管指谱大全》，中国文联出版社2005年版，第1页。

情况，其一是多一节，其二是少一节，其三是某两节合为一节。也有少数情况是乐曲顺序对调。多一节的情况如指套《轻轻行》，晋江版和清代2版都只有两节。但是厦门版和台湾版将第2节中落【长滚鹊踏枝】滚门的"那恐畏"段，分离出来，作为独立的一节列出；《玉箫声》套，晋江版和清代2版都为3节，台湾版和厦门版则多了第4节"空误阮"。少一节的情况如《父母望子》套，其他版本都由3节构成，只有文焕堂版少了第3节。某两节合为一节的情况如《对菱花》套，其他版本都有3节，只有文焕堂版将第2、第3节合为一节，因而只剩两节。较复杂的情况如《记相逢》套，晋江版有5节，但是其他版本都无最后的"奉佛"节，而且清代两个版本都将第2、第3节合为一节，因此，清代版都只有3节，台湾版和厦门版都只有4节；《为人情》套晋江版和台湾版皆为3节，清代版皆少第3节，所以仅由2节组成，厦门版则多了"中秋月"节，共有4节。顺序对调的情况如《惰梳妆》套，道光版第3、第4节顺序与其他版本颠倒。这些情况各有不少例子，在此不赘。

值得注意的是，在清代2版中皆无《共君断约》套，但是如今的《共君断约》套中各曲其实在清代2版中都存在，只是未被独立出来，而被列入《春今卜返》套中。另，在《道光指谱》中，虽无如今独立的《孤栖闷》套，但是该套曲中两节分别收入其他指套中，其中第1节"孤栖闷"在《清早起》中，第2节"因见梅"在《锁寒窗》中。而仅比《道光指谱》晚11年的《清刻本文焕堂指谱》却有完整的《孤栖闷》套，且其《清早起》《锁寒窗》套构成也与如今完全一样。

总体来看，各个版本相同指套的乐曲构成同多异少，最全者为晋江版和厦门版，皆为50套。相比之下，当代的3个版本共性更多些。可见，经过一百多年的时间，南音指谱有所变化，但是同仍远远多于异。

以晋江版为例，50套"指"，包含了近150首"曲"。各套由不同数量的散曲构成，有短有长，短则2节长则7节，其中以第2、第3节构成者为多：

由2节构成的有20套，占总数的五分之二；

由3节构成的有18套；

由4节构成的有6套；

由5节构成的有3套；

由6节构成的有1套；

由7节构成的有1套；

特殊情况如《普庵咒》由3回各6段构成。

50套指套，以"五空管"为多，共28套，其中有一套前为"五空管"后过"倍思管"。其次为四空管，共11套。9套"五空四仅"管，其中有3套中途转换其他管门。另有2套为倍思管。

指套中的《趁赏花灯》《心肝跛悴》《一纸相思》《为君去时》以及《自来生长》等五套最为著名，俗称"五大套"，又称"五枝头"。

（二）各个版本的"大谱"概况

5部指谱集，大谱的套数各不相同：道光版套数最少，只有7套；文焕堂版有12套；台湾版和厦门版为13套外加一套新创作的《闽海渔歌》；晋江版最多，为15套。

道光版虽然只有7套，但是其中的《孔雀展屏》套为文焕堂版所无，这一套加上文焕堂的12套，清代流传下来的谱共有13套，被称为内套，完整保留在当代的指套集中。晋江版多出来的2套称为外谱，是后来新增的谱，但也不是当代人所创作，尚不知创于何时。台湾版和厦门版的《闽海渔歌》创作于20世纪五六十年代，由身居厦门的南音大师纪经亩率领一群南音乐人创作而成。

大谱各套、各节的名称历来有些出入。据晋江版"编辑凡例"六：

底本"大谱"各套套名和小节名，自20世纪初以来先后问世的刊本都做了改动并加上颇具文学性的文字，如"走马"改为"八骏马"；"百鸟归巢"的小节，加上非鸟类的"黄蜂出巢""蜘蛛结网"等名目，显然都是不妥的。故根据《清刻本文焕堂指谱》12套"大谱"相应的套名及小节名加以订正，原有的名称基本上保留在（）中以备查。[1]

而"谱"和"曲"由于约定俗成皆以歌词的前几个字命名，所以在名称方面没有"指"这种复杂情况。

不计套名、节名的不同，不计有无引子，5部指谱集共有的6套谱中，基本相同的只有《三面金钱经》和《百鸟归巢》2套，节数和旋律大致相同。共性较多的还有《起手板》，其他版本都相同，只有文焕堂版少了1节；《五面金钱经》，其他版本都相同，只有道光版少了2节；《阳关三叠》，各版本也基本相同，差异在于最后4小段是独

---

[1] 苏统谋、丁水清编校：《弦管指谱大全》，"编辑凡例"，中国文联出版社2005年版，第39页。

立成节还是合为1节。差异较大的如《八面金钱经》，当代的3个版本相同，清代两个版本差异较大，道光版只有引子加6节，无第1节，且第8节并入第7节中合为1节。文焕堂版虽也有8节，但是前5节与《五面金钱经》同，第6节则综合了当代版的第2—5节，第7、第8节为当代版的第6、第7节。

其余7套，都只有4个版本，除《走马》4个版本都相同外，其他6套都与当代的3个版本基本一致，清代版则与当代版在构成节数方面有差异。

总的来看，当代大谱的3个版本基本相同，差异处主要在名称上。与指套相比，不同地域流传的大谱更加一致。

还以晋江版为例，15套大谱，由近百首各自独立的乐节组成。各套由2到8节构成，有些大谱还有引子。

由2节构成的有《叩皇天》；

由3节构成的有《三面》；

由5节构成的有《五面》《梅花操》；

由6节构成的有《起手板》《百鸟归巢》《三不和》《舞金蛟》；

由7节构成的有《孔雀展屏》；

由8节构成的有《八面》《四时景》《走马》《阳关三叠》《四不应》《四静板》。

带引子的为《三面》《五面》和《八面》，有着共同的"西江月引"。许多谱集略而不记。

其中，《四时景》《梅花操》《走马》和《百鸟归巢》，为南音界的四大名谱，简称"四梅走归"。《三面》《五面》和《八面》与佛教有着密切关系。《起手板》为入门曲，新学生一般都要求首先学这首曲子，即为"起手"之意。《三不和》和《四不应》是南音中较为特殊的曲子，琵琶定弦有所改变。

与指套中五空管占绝对多数不同，15套大谱以四空管为多，共7套。其次才是五空管，共6套。倍思管和五空四伬管仅各有1套，《阳关三叠》是倍思管，《四不应》为五空四伬管。《四时景》虽为五空管，但是从第5节开始，节名后标注"以下皆用四伬"，因此从第5节开始，实际上已转入五空四伬管，从第5节开始各曲皆为C宫。

二、指谱中的偏音使用情况

（一）指的情况

南音指套曲调以五声为主，偶有偏音出现，产生半音进行。就当代3个版本来看，最多者为"乂（C）、贝乂（降C）"，其次为"思（G）、罒思（降G）"进行。这些情况中的偏音，往往出现在下行旋律中，都是作为经过音使用，与正音配合，而且顺序无一例外都是先本音，后偏音。详见下文分析。

然而这些半音进行，并未出现于清代的文焕堂版中，道光版也只在分属于2个指套的3节中出现半音进行，包括《对菱花》次节、3节中的"乂、贝乂、下、士"，仅在第3节出现的"一、思、罒思、六"，以及《记相逢》次节的"六、思、罒思、六"。当代的3个版本，半音进行比之清代版稍多，但是也相当有限，如晋江版只在分属于8套"指"的10曲中出现偏音，而且每曲往往就一两个，相比指套全部147曲以及各曲的篇幅，所占比例非常之小。具体如下：

第一种情况为只有文焕堂无偏音，其他版本相同。这种情况只在《对菱花》套第2、3节中出现。

指套《对菱花》次节，其他版倒数第2小节有C宫的"乂、贝乂、下、士"（宫、变宫、羽、徵）下行进行，只有文焕堂版以正"乂"音替代"贝乂"音。第3节，其他版都有5句与2节尾句后半部分旋律相同，因此有5处属同一旋律反复的"乂、贝乂、下、士"（宫、变宫、羽、徵）下行进行。有一处C宫G宫转换处位于模糊宫调地带的"一、思、罒思、六"（C宫的羽、徵、变徵、角，或G宫的商、宫、变宫、羽）下行进行。只有文焕堂版同样以"下"代替"贝乂"，以"思"代替"罒思"，指法一样。前者在歌词"瞑"与"昏"之间，后者在"青"与"黄"之间，详见下谱。

谱例1：《对菱花》第3节晋江版、文焕堂版偏音乐句对比

　　　　晋江版[1]　　　　　文焕堂版[2]

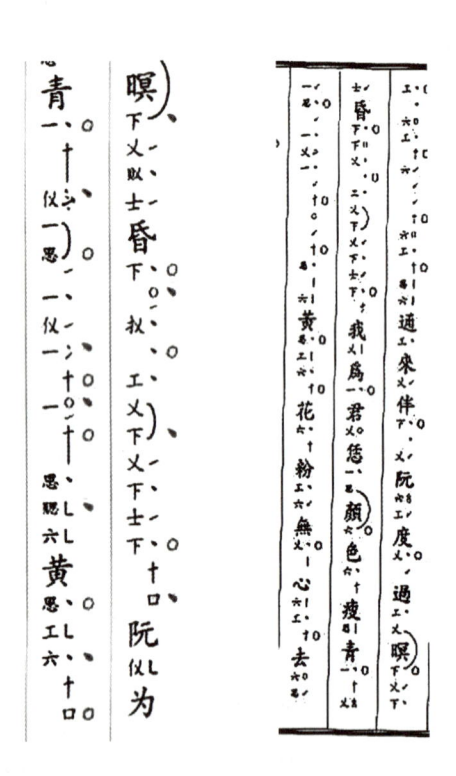

第二种情况比较复杂，各版本不太一样，如《记相逢》次节。

晋江版《记相逢》次节有一句C宫乐句，先是"工、乂、贝、下"（商、宫、变宫、羽）下行进行，而后是"六、思、嘿、六"（角、徵、变徵、角），从歌词"铁马"始，自"爱酸"止。文焕堂版都以正音代替。道光版无前面的"乂"，后面的"嘿"则相同，台湾版、厦门版则保留"乂"，无后面的"嘿"。

---

[1] 苏统谋、丁水清编校：《絃管指谱大全》，中国文联出版社2005年版，第71页。
[2] 台南胡氏拾步草堂、泉州地方戏曲研究社合编：《清刻本文焕堂指谱》（泉州戏曲絃管研究丛书），中国戏剧出版社2003年版，第144页。

谱例2：《记相逢》次节偏音对比

晋江版[1]　　文焕堂版[2]　　道光版[3]　　台湾版[4]　　厦门版[5]

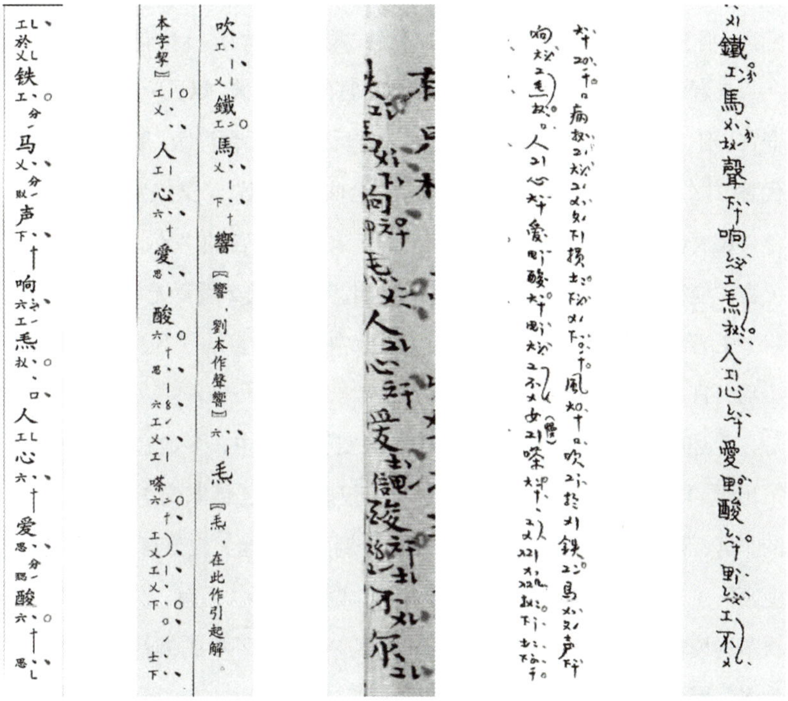

　　第三种情况为当代版某几版有偏音，但是清代版全都没有偏音，这类情况比较多。

　　1. 当代版《记相逢》第3节都有C宫的"工、乂、贝、下"（商、宫、变宫、羽）下行进行，文焕堂版和道光版都省略贝。

　　2. 当代3个版本《为人情》第3节都有一处C宫的"乂、贝、士、下"

---

[1] 苏统谋、丁水清编校：《絃管指谱大全》，中国文联出版社2005年版，第87页。

[2] 台南胡氏拾步草堂、泉州地方戏曲研究社合编：《清刻本文焕堂指谱》（泉州戏曲絃管研究丛书），中国戏剧出版社2003年版，第157页。

[3] 石狮市圭湖吴抱负珍藏本、泉州地方戏曲研究社编：《袖珍写本道光指谱》，中国戏剧出版社2005年版，原谱如此，第117页。

[4] 卓圣翔、林素梅编著：《南管指谱详析》，（台）高雄乡音出版社2001年版，第182页。

[5] 王秀怡编校：《南乐指谱全集》，鹭江出版社2005年版，第61页。

（宫、变宫、徵、羽）进行，清代版本皆无第3节。

3.晋江版、厦门版《趁赏花灯》第4节有一处C宫的"乂、𠆥、下、士"（宫、变宫、羽、徵），台湾版无第4节，清代2版无"𠆥"音，其他音的进行皆同。

4.晋江版、厦门版《锁寒窗》次节有一处G宫的"六、思、𭆣、六"（羽、宫、变宫、羽）进行，文焕堂版以正"思"代替"𭆣"，道光版、台湾版省略"𭆣"。

5.晋江版《绣阁罗帏》(南)次节有C宫的"工、乂、𠆥、下、士"（商、宫、变宫、羽、徵）进行，同一乐句在不同地方反复5次，台湾版、厦门版以"乂"代替"𠆥"，道光版歌词旋律差异大，全曲无"𠆥"。文焕堂版无此套。

6.晋江版、台湾版《照见我》第6节末尾有C宫的"乂、𠆥、下、士"（宫、变宫、羽、徵）进行，厦门版无此节，清代2版皆无"𠆥"。

7.晋江版、厦门版《手抱琵琶》次节中段有C宫的"下、乂、𠆥、下"（羽、宫、变宫、羽）。

上述带偏音的曲子，全部集中在五空管指套中，多数在C宫的情况下出现"宫、变宫"（乂、𠆥）进行，仅有一例《锁寒窗》次节为G宫的"宫、变宫"（思、𭆣）进行；仅有一例《记相逢》次节有C宫的"宫、变宫"（乂、𠆥）和"徵、变徵"（思、𭆣）进行。另有一处《对菱花》次节为模糊宫调的半音进行。可见，指套中出现得不多的偏音中，"变宫"为多，而且多数在C宫的情况下出现。

值得注意的是，前述偏音在各个版本中的不同情况，往往除了有无偏音外，其他音的进行以及位置都大致相同。

（二）谱的情况

大谱中偏音的使用情况较指套复杂，15套大谱共94曲中，有17曲出现偏音进行，多处出现了"四仅（c^2）、五仅（b^1）"进行，甚至还有"工、全乂、乂、𠆥"（d^1、$^\#c^1$、c^1、b）的连续半音进行。《梅花操》次节和《走马》第6、第8节都有连续的带半音的音阶下行。这些偏音基本都出现在五空管中。仅有一曲四空管《舞金蛟》为特例。大谱各个版本中的偏音情况与指套相似，主要出现在当代版本中，但是当代版本的情况也不太相同。道光版仅在《百鸟归巢》第2、第5节中出现"思、𭆣"进行。另外，指套中一个偏音都没有的文焕堂版，大谱中意外地使用了2个"𭆣"。详见下文。

其一，文焕堂版中的偏音。

文焕堂《四时景》首节出现了一个C宫的"乂、工、六、㐅、六"（宫、商、角、变徵、角）进行，台湾版、厦门版与之相同，晋江版为正"思"；次节当代3个版本的"思"皆为"㐅"，因此当代3个版本其实已经转为"㐅管"。但是文焕堂版中相应处主要为正"思"，中间却突然出现了一个"㐅"，即G宫的"乂、一、㐅、一、思"（角、商、变宫、商、宫）进行。道光版无此套。

谱例3：《四时景》次节文焕堂版、晋江版偏音对比

　　　　晋江版[1]　　　　　文焕堂版[2]

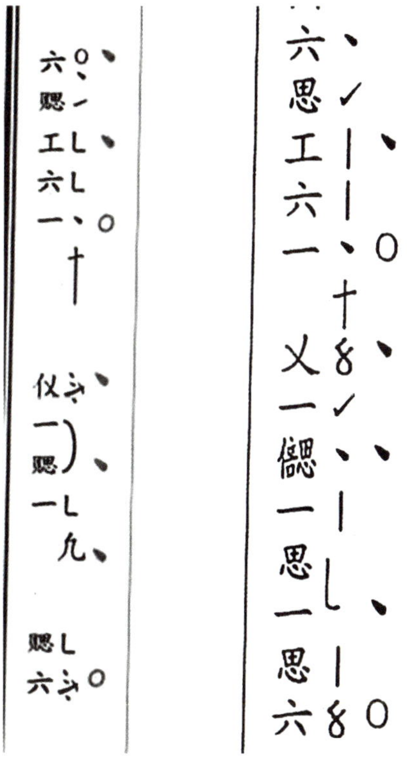

其二，道光版中的偏音。

《百鸟归巢》晋江版、厦门版前5节都有一样的结尾，结尾处都有C宫的"乂、贝"进行，第2、第5节还另有可看作是G宫也可看作是C宫的，属于模糊宫调的"思、㐅"进行。台湾版前五节结尾相同地方的进行为"贝、扒"，第2、第5节同样有"思、㐅"进行；道光版并无"乂、贝"

---

[1] 苏统谋、丁水清编校：《絃管指谱大全》，中国文联出版社2005年版，第396页。
[2] 台南胡氏拾步草堂、泉州地方戏曲研究社合编：《清刻本文焕堂指谱》（泉州戏曲絃管研究丛书），中国戏剧出版社2003年版，第294页。

的进行,二者都为"乂",但是有"思、賏"进行;文焕堂版则皆无半音进行。

其三,当代版有偏音,清代版无的情况。

1.当代3个版本的《起手板》第3节开头有C宫的"下、乂、败、士"（羽、宫、变宫、徵）,快到结尾处有G宫的"六、思、賏、六"（羽、宫、变宫、羽）半音进行。文焕堂版以及道光版开头为"下、乂、乂、士",后面音符与当代版有较大差异,全曲皆为正"思",一个"賏"都没有。

2.台湾版、厦门版《四时景》首节出现两处"败",由于没有同时出现正"乂",所以可视为往G宫的转调,"败"为"角"。晋江版、文焕堂版这两处则皆为正"乂";当代3版《四时景》第6节的第4小节出现C宫的"六、思、賏、六"（角、徵、变徵、角）进行,文焕堂版第6节为"六、思、六",无偏音;晋江版《四时景》第7节中部及末尾两次出现C宫的"工、乂、败、下"（商、宫、变宫、羽）进行,台湾版、厦门版第7节的"工、乂、败、下"仅出现在末尾处,中部为"工、乂、下"进行。但是有C宫的"一、四仪、五仪、一"（羽、宫、变宫、羽）进行为晋江版所无。文焕堂版第7节为"工、乂、乂、下",无偏音。道光版无此套。

3.晋江版《梅花操》次节接近结尾处有一乐句很特别:"仜、四仪、五仪、一、仜、四仪、五仪、一、一、思、賏、六、一、思、賏、六",一串很长的七声音阶下行。这一句可承前面旋律之宫调,看成G宫的新音阶,也可看成已经旋宫至C宫的古音阶。厦门版、台湾版同,文焕堂版为（高的）"工、乂、乂、一、工、工、乂、乂、一、思、思、六、一、一、思、思、六",无偏音,此句明显为G宫。不过,据编辑注:《梅花操》次节"原本撩拍号缺漏特多,补缺加注,过于繁杂,特参照泉州指谱大全和刘鸿沟本酌补,以供参考"[1],因此,此处差异可以暂时忽略。文焕堂版没有使用如今的高八度符号"亻",因此在高音前标"高的",以示高八度。奇怪的是,文焕堂版在乐谱开头标注琵琶谱字位置时,所用各个音位的谱字与如今基本相同,高八度音也用"亻"号表示,但是到了实际乐谱中,却弃之不同,而用"高的"二字代替,不知何故。道光版无此套。

4.当代3个版本《走马》每节都有一样的结尾,第1、第3、第4节有同样的抗段。第4节中间有连续的两个G宫的"一、思、賏、六"（商、宫、变宫、羽）进行,第6节开头连续两处G宫"仜、四仪、五仪、一、思、賏、六"七声新音阶下行进行（也可

---

[1] 台南胡氏拾步草堂、泉州地方戏曲研究社合编:《清刻本文焕堂指谱》（泉州戏曲絃管研究丛书）,中国戏剧出版社2003年版,第300页。

认为是C宫古音阶，二者几乎同等分量。但参照全曲旋律，似乎G宫更胜一筹）；第7节有G宫的"工、全乂、乂、仪"（徵、变徵、清角、角）的半音进行；第8节有与第6节相同的两处G宫"仜、四仪、五仪、一、思、睕、六"七声新音阶下行。文焕堂版第4节为"一、思、思、六"；第6、第8节为G宫的"工、乂、乂、一、思、思、六"；第7节同处全为正乂，皆无偏音。道光版无此套。

其四，当代版有偏音，清代版无该曲，因此无从查对的情况。

1.晋江版《四时景》第8节中部出现两处C宫"仪（四空）、一、思、睕、六、工、乂"（宫、羽、徵、变徵、角、商、宫）的缺变宫的古音阶进行。台湾版与之相同，但是在其后出现C宫"乂、仪、下、乂"（宫、变宫、羽、宫）的进行，与前一处共同构成完整的七声古音阶。晋江版该处为"母仪、仪、母下、仪"进行。"母"为奏母线之意，简谱版译为同音"1"，为宫音。厦门版基本与台湾版同，唯一不同的是第8节的结尾处的"乂、仪、下、乂"，成为"乂、仪、下、仪"。文焕堂版无第8节。道光版无此套。

2.当代3版《四静板》第6、7节中部都有G宫的"一、思、睕、六、工"（商、宫、变宫、羽、徵）进行。道光版无此套，文焕堂版无此2节。

3.晋江版《舞金蛟》首节以F宫的"工、六、五六、乂、工"（羽、宫、变宫、徵、羽）结尾。其他版本皆无此套。

总的来说，与指套中的情况相同，各个版本中虽然偏音使用情况不太一样，但是除偏音外的其他音符多数都高度一致。

三、南音偏音的研究意义

其一，综上分析，可以看出，南音骨谱中虽然有少量偏音，但是这些偏音数量之少相比起南音指谱的庞大体系来说显得微不足道，可以认为，将偏音引入南音骨谱，尚只是一种试探性、偶然性的有限尝试。说明南音虽然可能受其他各种外来音乐的影响，但是它的主体、它的源流是以五声性为主的中国传统音乐，这点毋庸置疑。

其二，南音虽然因为有乐谱记载，骨干音变化不大，但是在流传、传抄过程中多少还是会有些差异，前述各个版本的异同就是证明。值得注意的是，润腔中使用的偏音与骨谱中的偏音是两回事。骨谱是从古代一直流传下来的，带有一定的稳固性。润腔则需要人来演绎，有自己的润腔规则，而且必然会随不同时代的人的乐感之变化而变化，其中虽然因为师承关系有一定的稳定性，但是相比乐谱来说又有一定的时代变异性。南音受外来音乐的影响可能更多地体现在润腔上，而不是骨谱上。关于润腔中的偏音，有待进一步研究。

其三，偏音的使用应首先考虑西方音乐的影响。从前述分析可以看出，同处清代的两部指谱集使用偏音的情况非常之少，可以以个数计。而且两部谱集的情况各不相同，道光版比文焕堂版稍多些，使用的偏音基本都被后代指谱集所继承。从清代的这两部指谱集到当代三部指谱集的一百多年时间里，偏音使用情况有了很大的变化，出现了如《梅花操》和《走马》中那样完整的七声音阶下行。正好是在这一百多年里，中国遭遇了翻天覆地的变化，西方文化不断涌入，对中国产生了深远的影响。可以推测，南音骨谱中偏音的使用是受西方音乐影响所致。清末至今，西方音乐对中国音乐的冲击力度还是很大的，南音人在西方音乐的影响下，在琵琶上尝试不同音级的连接是很有可能的。其实"㐅""䎃"与"㐅""思"等音一样，都是南音的常用音，只不过"㐅"与"䎃"一般并不作为偏音使用，而是作为其他管门的五正声，与其他音结合组成了不同的宫调，成为宫调主音。如"㐅"音在 G 宫中就是主音，为"角"；"䎃"音在 D 宫中也是主音，同样为"角"音。

其四，大谱比指套有更多、更复杂、更具规模的偏音使用情况，如整个的七声音阶的使用、半音音阶等，可见，大谱更为灵活，不受唱词约束，具有更多的灵活性和可变性。而指套自古传下来，已成经典，相对难以撼动。

当然，具体情况还有待进一步研究，还有待进一步的资料发掘。

文化传统与创新

——从台湾南管发展现况与跨界的演出看新旧音乐文化的涵融与衍异

林珀姬／台北艺术大学

南音，在台湾数百年来惯称南管或南乐，从杜嘉德（Cartairs Douglas，1830—1877年）所著《厦门方言中英文对照辞典》[1]，可知19世纪在厦门的南音，亦有洞管和品管之分，当时也称为南管而非南音。此书中并无汉字，为中英文对照的词条，中文部分是"厦门方言"，以罗马拼音标注写成，再加上英文解释。词条中除了提到"絃管"，也提到了"南管""洞管""品管"，而"洞管"就是指以洞箫为主的上四管；"品管"则以横笛而得名；也就是"洞管"是"正南""絃管"；"品管"则指"太平歌"或"天子门生阵"。

本文拟从台湾已登录的南管与太平歌之团体与个人谈起，再论及台湾南管传统文化圈中当代发展现象，最近数年来，与不同乐种或不同领域做跨界演出于舞台、剧场、庙宇、古迹等地，音乐与不同的领域交融碰撞所产生的火花，或令人感动，或让人失望，或感到悸动落泪！保存与创新之间，如何取得平衡，是当代人应该认真省思的问题。

一、台湾登录之南管之个人与团体

早在联合国教科文组织公布"南音"（南管）为"人类非物质文化遗产"之前，台湾教育事务主管部门为保存、维护及发扬固有民族艺术文化，充实民众休闲生活，于1985年开始举办了十届"民族艺术薪传奖"，当时南管音乐方面被登录为薪传奖南管音乐艺师的有吴昆仁、蔡添木、郑叔简、余承尧、刘鸿沟、尤奇芬；薪传奖南管戏艺师的有李祥石、吴素霞；薪传奖南管团体有台南南声社、华声南乐

---

[1] *Chinese-English Dictionary of the Vernacular or Spoken Language of Amoy*, London: Trubner & Co., 1873，p.240。

社、鹿港雅正斋、鹿港聚英社、汉唐乐府、闽南乐府等。以上南管艺师尚健在持续教学的仅剩吴素霞；而获奖的团体，虽然仍在，但部分馆阁活动力已渐弱。

教育部门薪传奖停办后，文建会（后改制为"文化部"）于2009年起举办了"重要传统艺术暨文化资产保存技术授证"，也就是"人间国宝"登录；在南管音乐方面登录的是台南南声社张鸿明先生，南管戏是吴素霞女士，两位艺师都是2010年登录，而张鸿明艺师已于2013年辞世。吴素霞出身南管世家，自幼习唱南管，19岁就开始在清水的清雅乐府教馆，虽然登录为南管戏艺师，但除了从事南管戏的传承，南管音乐教学仍是她的教学重心，她的子弟馆与子弟兵遍布北中南各地。目前第一届传习的南管戏艺生已获得授证，也开始在地方展开传习工作。张鸿明先生辞世时，传习工作并未完成，虽然艺生也非常努力学习，达到相当的水准，不过南声社因为这几位艺生导致馆内不和，是一大憾事！

至于地方方面目前已登录的南管艺师台中市有吴素霞，彰化县有黄承桃、郭应护，嘉义市有蔡清源，高雄市有陈嬿朱；南管团体有基隆闽南第一乐府、台南南声社、台南海寮清和社、鹿港雅正斋、鹿港聚英社、鹿港遏云斋、台中市清雅乐府、彰化锦城阁高甲团、新北市南管新锦珠剧团。

在南管的俗唱——太平歌方面，仅有台南市已同时做登录，有港墘、永吉、后营、公亲寮等太平歌阵与东竹林牛犁阵。

各县市政府登录的团体，基本上是以其艺术性、历史性、民俗性、独一性等不同面向来做登录，因此，各地团体之音乐水准与艺术性悬殊甚大。

二、台湾南管发展现况

（一）馆阁活动

自2009年9月30日，联合国教科文组织公布了"南音"（南管）为"人类非物质文化遗产"，这对南管音乐的传承与活动，无异打了一剂强心剂，引起更多有识之士注意到南管音乐的美与艺术性。不过，这对于台湾民间原生态的馆阁活动而言，并未掀起多大的涟漪，老馆阁生态如旧，音乐是生活的一部分，敬天常、尊古礼、循传统，每年例行之事依旧，但各地馆阁受到地方管理部门的关注，或配合地方观光活动，有了较多表演露脸的机会。观察各馆阁延续性的教学传承与正常的拍馆活动外，因为登录后所谓"人间国宝"的"名利"影响，内在因素是有心人士开始积极争取提名，致使馆阁中的和谐遭到破坏，影响所及，馆阁中出现了馆员的内部斗争，而心不协则乐亦不协，南管馆阁生态起了变化；外在因素则受到大环境经济不景气之影响，台湾与大陆港澳的交流，馆阁出国的变少了，但外来团体或个别弦友至台湾的交流活动反而较活络。

截至 2016 年，正常活动的馆阁，北部地区有基隆闽南第一乐团、台北闽南乐府、台北华声南乐团、台北和鸣南乐社、台北中华絃管研究团、台北咏吟南乐社、台北心心南管乐坊、台北永和乐社、台北浯江南乐社；中部地区有清水清雅乐府、沙鹿合和艺苑、台中佳和艺苑、台中中瀛南乐社、台中乐成宫南乐社、台中永盛乐府、台中龙天宫南乐团、鹿港雅正斋、鹿港聚英社、鹿港遏云斋、鹿港永乐絃管、锦成阁高甲阵、伸港泉州厝新锦珠高甲阵、北港集斌社、北港汾雅斋；南部地区有嘉义凤声阁、台南海寮清和社、台南县麻豆镇集英社、台南振声南乐社、台南南声社、台南庆安宫和声社、台南大天后宫南音社、高雄右昌光安社、高雄广益南乐社、高雄阿莲荐善堂、高雄梓官乡聚云社、高雄茄萣乡振乐社、高雄茄萣乡和音社、高雄茄萣乡振南社、高雄内门村新兴社南管、高雄内门集声南乐社、高雄内门和乐轩太平歌、高雄内门光兴村鸭母寮太平歌、东港镇海宫南乐社；东部地区有台东闽南聚英社；离岛有澎湖西瀛南乐社、金门列屿群声南乐社、金门浯江南乐社、金门传统乐府等。

其中活动力较强的馆阁在北部地区有华声南乐团、和鸣南乐社；中部地区有清雅乐府、合和艺苑、聚英社、遏云斋；南部有振声社、南声社、和声社、光安社、振乐社、振南社、广益南乐社；离岛有西瀛南乐社、列屿群声南乐社、浯江南乐社、金门传统乐府等。

处于停摆状态的有台南县后壁乡龙御南管社、澎湖集庆堂；金门城隍庙南乐社，金门城隍庙南乐社因老乐人凋零，所剩老乐人则到传统乐府活动；高雄醉仙亭南乐社，仅在初一、十五祀神演唱，已多年不再与各馆阁交流。

每年重要的整弦活动有台南南声社春、秋祭，鹿港聚英社春祭，合和艺苑的秋祭等，都是邀请全台各地弦友参与的大型活动。彰化"文化局"因为承办了共四班推广教育的研习班，还有全台唯一的南管实验乐团，故亦常举办全国大会唱的整弦活动，2016年12月3日举办了踩街与整弦活动。台北华声社2016年以创团三十周年，举办了"华声儿女回娘家"活动，邀请北部各馆阁参与活动，当天活动有一百多人参加，席开八桌。

（二）"官办"活动——人间国宝活动系列

1. "101年无形文化资产推广暑期系列活动"："向大师学习计划——南管戏研习活动"。

每年暑假由台湾文化管理部门主办，在台中文化创意产业园区雅堂馆举办，由吴素霞艺师与合和艺苑作南管七子戏之推广教学，每年参与研习活动的学员，或多或少会继续学习南管或南管戏。

2. 私办活动——馆阁推广教学

馆阁借由推广教学活动以吸收新团员，如台南振声社，以系统化教学招收新学员认识南管音乐，两年后得以加入振声社成为正式团员。

三、从传承角度看南管音乐的发展

（一）进入教育系统的传承

1. 台北艺术大学音乐学院传统音乐学系南管组

为了培育传统音乐专业人才，以传承、研究并发展传统音乐，1995年台北艺术大学音乐学院传统音乐学系成立，并于2007年硕士班成立。虽然每年毕业的学生不多，十多年来，也累积了一些人才，台湾原有的三个南管专业团体演出以及南管整弦活动中，都有毕业学生的参与；但这五年来汉唐乐府演出重心移至大陆，2016年江之翠乐团因为团长周益昌骤然离世解散，只剩下心心乐坊还有演出活动，传统音乐学系毕业学生没有了去处，生活经济有压力，是许多学生所面临的问题。近年来，台湾少子化严重，不少学校关闭了音乐班，即使尚存的音乐班也没有南管音乐教学，所以，南管音乐一直无法在中小学校的教育系统中扎根与有系统地培养南管音乐专业学生，这是基本问题；而另一个问题显现在招生上，少子化，报考学生锐减，考试又以非南管乐系的不同乐器应考，进了学校才开始接触南管，不少学生因为对自己的主修南管乐认识不深，在南管老师（民间乐人）传统的口传心授的学习方式与南管乐的必须背谱的认知上，出现适应不良，形成教学上的隐忧，亟待解决。

另外，硕士班成立的十年，每年招收一至二位学生，每学期以一场音乐会曲目为学习目标，除了演唱，同时要求能在各场音乐会中操作不同乐器。目前只有十位毕业生，均有优异成绩的表现，但只有两位回到学校担任兼任教师传习南管音乐，一位在馆阁中教学。其他人空有南管音乐唱奏能力，却只能找份不相关的工作糊口。

2. 中小学校校园的传承

在学校教育系统中，往往是升学考试影响教学与学习方式，虽然近一二十年来，各地一直都有学校引进南管音乐入校园学习，但每每受到校长的替换，校长或家长不支持，或是主其事的教师异动，而无法持续南管社团的学习活动。例如台北市的石牌小学、五常小学、敦化小学，新北市的树林小学、双城小学，宜兰的北成小学，台中市的新民高中，鹿港的文开小学、鹿港小学，台南市的喜树小学，后壁的安溪小学等都曾办过南管社；有些学校断断续续仍有学习活动，有些早已停摆，也有些在最近几年组团训练，异军突起，积极参加比赛，并有好的成绩表现。

从2016年的观察，目前有南管音乐传习活动的学校，知见的学校有新北市双城小学、兴仁小学、正德中学、安康高中、二重中学，台南市的喜树小学、南宁中学等。

（1）兴仁小学南管团成立于2005年，为新北市淡水的小学南管乐团；指导老师为台北艺术大学传统音乐系教授蔡青源及兴仁小学音乐老师陈晓音，二位老师辛勤指导，使得团员技艺进步快速。未来将努力在社区推广表演，并积极安排与各地校际作交流切磋演出。

（2）正德中学南管团成立于2007年，是承接兴仁小学南管团的中学学校，与兴仁小学技术上联合，仍由蔡青源及陈晓音老师指导，利用平时假日与暑假时间团练，致力发展"南管古乐"，故正德中学给了兴仁小学南管团毕业学生在南管学习上不至于因为升学而中断的学习机会，并借由学习实践的累积，他们演奏的南管韵味正逐渐由生涩转趋成熟。

（3）双城小学南管乐团成立于2001年。成立至今，先后受邀参与各项社区艺文活动，以及参与传统戏曲的演出，2010年获台北县"99学年度学生音乐比赛"荣东区丝竹室内乐"小学"组优等第三名。2012年获101学年度学生音乐比赛新北市东区丝竹室内乐"小学"三区B组优等。历任聘请师资包括：2001年"奉天宫南乐团"卓圣翔、林素梅老师，2002年"新锦珠剧团"陈庭全、陈锦珠老师，2003年"江之翠南管乐府"团员，2004年曾韵清、曾静芬、郭清盛、黄桂兰、陈贵强等多位老师，

2009年迄今庄国章、陈正宗、陈贵强、温明仪等老师。

（4）喜树小学曾于1996年成立南管班，后因故停止；2005年再次成立南管社团，目前由黄怀慧老师负责，聘请南声社张鸿明老师、张柏仲老师指导。成立至今，除参与南声社、和声社整弦活动观摩之外，2008年11月在彰化县文化局安排下至鹿港与文开小学南管社进行交流，2009年参加台南市学生音乐比赛、彰化县文化局"戏曲彰化南北传唱——2009国际传统戏曲节"南管新生代邀请观摩赛皆获得优异成绩。目前台南市文资局亦积极协调南宁高中（含"中学"部）承办南管团，为喜树小学南管团学生升学后还能继续接受南管学习来铺路。

（5）南宁中学为完全中学，从2016年开始，聘请本校硕士班毕业生黄俊利传承南管以衔接喜树小学南管学生。

3. 台湾区学生音乐比赛

台湾的教育以升学挂帅，各级学校中，各相关艺术类别的学习，则是比赛主导学校组队参加与学生学习意愿。最近的五年来，台湾区学生音乐比赛，早已将南北管纳入比赛范围，虽然台湾地区学生音乐比赛，南北管比赛只占一场，参加的团体不多，主因是各级学校校长或教师对南北管音乐缺乏认识，抑或是师资难寻也说不定，导致参赛学校少。但正因为如此，夺取奖项的机会更大。当然也有些南管圈内人认为传统的南管不应有比赛，不过比赛引导学习，这是不争的事实。况且，泉厦地区借由中小学生之各级比赛，挖掘人才，并以比赛得奖论赏，升学考试可以加分来强化年轻学子的学习意愿，此项工作行之多年，已有相当的成绩，值得借镜参考。

（二）公部门与民间研习班式的传承

1. 淡水社区大学"南管雅乐"研习班

淡水社区大学"南管雅乐"研习班于淡水福佑宫（新北市淡水区中正路200号）上课，授课教师为徐智城老师，徐智城为2010年台北艺术大学传统音乐系硕士班毕业生，1996年加入江之翠剧团至散团，目前也是台北华声南乐社与闽南乐府教馆教师。

2. 松山社区大学"南管入门""南管浅学"研习班

松山社区大学南管入门班，自2010年9月初次开班共计18周的课程，由庄国章、陈正宗、廖宝林三位老师指导后续开寒假班等。2012年第2期秋季班课程名称定为"南管浅学"。

松山社区大学地址为台北市松山区八德路四段101号——中仑高中，授课教师为庄国章老师，庄国章自1971年起陆续随郑叔简、蔡添木、陈瑞柳、林永赐、张鸿明、张再隐、林新南等老师学习南管；1995年起陆续受聘复兴剧校、国光艺、台湾戏曲专科学校、树林小学南管社、敦化小学南管社、双城小学南管社、内湖湖滨里南管推广班、江之翠南管乐府推广班教授南管，现任中华絃管研究团团长、台湾传统剧艺乐团团长。

3. 台北孔庙南管研习班

台北孔庙南管研习班已有十多年历史，台北华声南乐团由林珀姬和徐智城等人负责授课，每周一、周三晚上，周日下午在台北孔庙后厢房（有时在导览室）上课。配合孔庙"古迹观光"，每月第一、三周在孔庙仪门演出活动，也给学员上台演出的机会。

4. 台北大稻埕戏苑南管研习班

此研习班成立初期原由华声社吴昆仁与江月云夫妇教学，在他们二人相继辞世后，改由华声社林珀姬与徐智城负责教学，学员大部分为华声社的老团员，学习南管至少都超过20年，可以说是华声社的进修班，因此在教学上，曲目的选择会以个人的程度、音色与性向为考量，择其优者学习，而其他学员共同学习，培养演出团队默契。若遇有新生报名，则另带出个别教学，直至他能共同参与学习为止。

5. "彰化文化局"——推广教育——南北管传统音乐戏曲研习班

"彰化文化局"南北管戏曲馆之南管音乐研习班共有甲、乙、丙与南管基础四班，此研习班系彰化县文化局为"推广南北管传统曲艺、培育传承人才为整理南北管戏曲传承教材，奠立南北管薪传根基"，于南北管音乐戏曲馆开设相关研习班。另有七子戏班、高甲戏班、昆剧班。上课地点在南北管戏曲馆研习教室。南管甲班聘请黄承桃老师、马玉瑚助教授课。南管乙班聘请郭应护老师、尤能东助教授课。南管丙班聘请施永川老师、陈丽英老师授课。上课地点都在南北管音乐戏曲馆。唯南管基础班聘请聚英社社长许耀升、吴敏翠夫妇授课，为配合彰化县古迹观光活动，上课地点由南北管音乐戏曲馆移至鹿港龙山寺，借以吸引观光客目光。

而七子戏由南管戏人间国宝吴素霞老师授课，高甲戏由新锦珠剧团的陈锦姬、陈锦珠、陈庭全三人上课。

6. 老干新枝馆阁的新式教学

引进系统式的教学，提升学生的学习兴趣，吸引年轻学子进阶学习南管，成效在初入门阶段更能彰显。例如台南振声社原为台南第一个南管馆阁，2000年因台南市基金会培训的"赤崁清音南乐社"的大部分学员加入，使得休馆许久的振声社重新复馆，现任社长为蔡芬得老师，蔡社长为了要吸收新学员，一反传统馆阁消极的"姜太公钓鱼，愿者上钩"方式，积极上网招生，引进有系统的教学方式，主动出击，吸引学生入门，并以三个月为一期，渐进式深入学习，是传统馆阁的现代招生方式。所以从2000年振声社复馆后，就分别于2002年、2004年、2006年、2011年入选为台南市的杰出演艺团队，2007年还获得第五届台新艺术奖提名。这样的杰出成绩，得力于社长蔡芬得老师与团员们的努力，从振声社的招生简章内容便可看出蔡社长的企图心。

7. 最传统的传承方式

龙御南管社为家传三代的馆阁，老师傅不会看工尺谱，学习方式为口传心授，馆员有20人左右，习乐者均为中老年妇人，能唱曲目甚多，且甚多三撩拍曲目，与一般太平歌习唱曲目相异，家私脚则年龄偏高，都在70岁以上，使用乐器与洞管同，唯演奏时，没有指法规范，所唱曲目骨干音亦同于洞管，但没有指与谱的演奏，属于歌馆类型。内门地区和乐轩等各太平歌馆亦保留此传承方式。

8. 西港刈香圈的太平歌传承

西港庆安宫的刈香活动，是三年一次，元宵过后，各馆阁纷纷入馆活动，但这些馆阁的传承，由于团员年老凋零，口传不易，近十年来为了因应香科需要，聘请有国乐背景的老师前往教学，在各馆中最令人熟知的为居住高雄的郭荣泰老师，目前各馆都已改用简谱学习。

2014年台南市政府公告登录西港刈香活动中的天子门生阵与牛犁阵为台南地区的传统艺术保存团体，并于2016年5月21日晚在西港庆安宫举行"市定传统艺术保存团体授证典礼"，表彰西港刈香中具特色的戏曲类艺阵（又称"文阵"）。当晚活动中有永吉吉安宫天子门生、港墘港兴宫天子门生、竹桥庆善宫牛犁歌阵、公亲寮清水寺天子门生、东竹林保安宫牛犁歌阵五团文阵演出，市长更亲自授予传统艺术登录证书及旗帜。

与天子门生阵同时登录的牛犁歌阵保存团体为东竹林保安宫、竹桥庆善宫，两者均为参加西港刈香而筹组，皆为超过120年的历史悠久阵头。表演以孩童为主，成人唱奏为辅，保留民间小戏传唱，形式与内容相当具有民俗色彩。音乐性文阵养成缓慢，在人才老化且快速流失的情形下，村庄仍坚持自主训练配合刈香民俗，缺人缺钱依旧出阵，难能可贵。

以上是目前在台湾可见的南管传承方式，各种方式利弊得失不一，端看如何运用；而时代的转变，如何与时代接轨，既能引起学生兴趣又能积极主动学习，才能有效达成传承目的；而在保存传统音乐韵味上，如何让学生认识声与韵交织所产生的美，有别于西方音乐只有声的表现，是每个传承者要思考的问题。

四、跨界演出

1. 舞蹈与南管

林文中舞团推出《小南管》系列演出，搭配一连串在各地演出前的示范讲座。活动内容包括：林文中舞团"小"系列作品第肆号《小南管》示范讲座，现代舞工作坊、现代舞驻馆创作"铁道中的'小'世界"。活动采取免购票、自由参加的方式进行。舞团并至日本东京演出，本校学生亦有多位参与此系列演出活动。

《小南管》的特色是以"发现问题"作为编创出发点，大胆地以现代舞形式挑战传统南管音乐，舞者将随着现场演奏的南管音乐起舞，其融合南管戏身段与现代舞的肢体语汇，试图带给观众在视觉与思考层面的冲击。

2. 琵琶交弹——萨摩 × 南管音乐会

心心南管乐坊近几年在跨界演出，总是选择不同的面向出击，以她的"琵琶交弹——萨摩 × 南管音乐会"为例说明，为此，王心心还赴日学习萨摩琵琶。演出者有萨摩琵琶/岩佐鹤丈与南管琵琶/王心心，并由知名学者林谷芳参与会谈。演出受到台湾学界与艺文界的肯定。

3. 文学与南管音乐的结合

心心南管乐坊——女子恋南管系列的演出，尝试让南管在现代社会有新的展现面貌，这是 2012 年主要的演出作品。几场女子恋南管系列，由蔡欣欣教授策划，每场由陈银桂老师主讲说书，搭配心心乐坊的演出，带领观众借由文学的欣赏进入南管音乐的领域，这是一个文学与南管音乐结合的演出，相当不错的想法，但由于说书的时间较长，所以整场音乐会仿佛成了说书的配角。

4. 南北管神话音乐剧《蓬莱》

南北管神话音乐剧《蓬莱》是"2016华文原创音乐剧节",以"天天有歌唱"为主题,由李易修导演、精心策划精彩的音乐剧表演,结合南北管、偶戏、多媒体,大胆跨域不设限,带给观众最震撼的视觉享受。特别是南北管两个属性极度不同的乐种如何在此剧中表现,是一个超吸睛的特点。音乐设计由毕业于台北艺术大学传统音乐系的许淑慧担纲。

5. 结合古迹建筑定点定时的展演

每月的第一、三周上午10—12时,华声南乐社在台北孔庙仪门的演出已有20年历史,孔庙是外来观光客常到的景点,有导览员带领观光客作建筑导览以及南管音乐介绍。自2016年5月起,每周星期六下午2—5时华声南乐社亦进驻台北市定古迹建筑——有记茶行二楼清源堂演出,有记茶行,也是外来观光客最爱光顾的茶行,同时搭配大稻埕社区导览以及观光客茶文化巡礼,所以"品茗听乐"是有记茶行的另一大卖点。

6.【遇见设计,邂逅爱丨Design for love】台北假期篇,为台北市行销台北之微电影,以古迹、茶文化与南管的关系相结合,从中让人找到爱。南管部分由华声南乐社演出,是温馨感人的作品。

五、台湾首次"官办"南管乐甄选活动、演出与录音出版

(一)"跃动南管·观摩汇演"音乐会甄选活动

由台湾音乐中心主办南管乐甄选活动——"跃动南管·观摩汇演"音乐会于2012年3月24日在宜兰传艺中心曲艺馆演出。此活动为台湾音乐中心于2011年12月办理"跃动南管·观摩汇演"团队征选的后续活动,评选后入选者得参与"跃动南管·观摩汇演"音乐会演出,其中演奏组计6组,演唱组计10组参加演出;后经评审委员遴选,作影音专辑出版录制。

(二)录音与CD制作

1. 演奏组有指套【良缘未遂】与谱套【四时景】。

2. 演唱组有4曲,分别为《只冤苦》《荼蘼架》《推枕着衣》《望明月》者。

经过一段时间的练习后,各组分别进白金录音室录音,于11月21

日（六）14：00在台湾音乐馆专辑举行发表记者会。参与录音的6个团队、20余位表演者中，有浸淫南管数十年的老前辈，有优秀的中生代演唱演奏家，更有甫毕业或正就读于大学的年轻学子，以其自身的技巧、历练和彼此的默契，对乐曲做出最佳的诠释，可作为老中青三代南管乐人的最佳典范，故以"承先而启后"，定专辑名为《承启——台湾南管》。

六、个人近五年来南管音乐相关出版

1.《大倍齐云阵》套曲

由林珀姬带领传统音乐系硕士班同学参与《大倍齐云阵》套曲的整理、演练、音乐会演出、录音，林珀姬撰写相关论文介绍《大倍齐云阵》，最后由彰化文化局出版，是一书加3 CD的有声书。

2.《南管乐语与曲唱理论建构》

由林珀姬著《南管乐语与曲唱理论建构》，是南管音乐相关书籍首次进入国际书展活动举办新书发表，以"悠悠响起我的南管声音"为题，邀请作者与南管戏艺师吴素霞女士对谈，并邀请传音系硕士班于现场演出，吸引了逛书展的人潮驻足聆赏。2015年此书再版发行。

3.《承启——台湾南管》专辑

台湾音乐馆为活络南管音乐之传承及保存，特别委托台北艺术大学传统音乐系林珀姬教授录制出版《承启——台湾南管》专辑，含两片CD，包含指套《良缘未遂》、曲《只冤苦》《望明月》《推枕着衣》《荼蘼架》以及谱《四时景》共6首曲子。台湾音乐馆希望借由本录音，保存台湾南管音乐特色，也提供后人欣赏与学习。

4.《南管乐语与曲唱理论建构》有声资料（2 CD）

台北艺术大学传统音乐系出版，由林珀姬教授制作出版《南管乐语与曲唱理论建构》有声资料（2 CD），是以《南管乐语与曲唱理论建构》一书中的选曲作示范演唱录制，是提供学生学习参考的有声资料，内包含20首曲目，由简单短小至三撩拍的难度示范，短则约3分钟，长则20多分钟。学生可根据书中的乐曲分析参考学习。

5.《南管音乐指谱套系列专辑I》（5 CD）

台北艺术大学传统音乐系出版，由林珀姬教授制作出版《南管音乐指谱套系列专辑I》（5 CD），系台北艺术大学传统音乐系硕士班第二届学生的学习曲目，每学期经过一场一乐会的历练之后才录制，是由学生与老师共同参与录制的南管音乐指谱套的有声资料。指谱套的学习，需要经过长时间唱念，与共同练习培养演奏默契才能有美好的音乐表现，这五张CD的录音，尚未达到尽善尽美，但已有相当的水准，可提供南管爱好者欣赏。

6.《记忆台湾南管音乐》馆先生的唱念与秘笈（2CD）

这是以从前馆先生的手抄本与录音做出版的专辑，复刻了斗南地区南兴社馆先生的手抄本电子档暨其夫妻的声音档，南兴社虽然在台湾名不见经传，但作为一个馆先生，此出版让许多弦友发思古之幽情。

7.《盐水人的声音》清平社馆先生翁秀塘的唱念与秘笈（2CD）

翁秀塘是盐水清平社最后一位馆先生，清平社虽曾盛极一时，馆员最多时有40多人，盐水的许多政商界名人都曾参加此馆，翁秀塘最后也参加台南南声社，并在台南高雄等地馆阁教馆，此出版是清平社的手抄本以及翁秀塘先生的教馆唱念，由高雄光安社馆东洪进益先生提供。

8.《南管音乐专辑》演唱：黄美美

黄美美为南声社的老曲脚之一，曾随南声社出国演出，本CD原题名为《南声社南管专辑》，但因南声社内部问题，迫使台南文化资管理处销毁原录制完成CD，重新以"《南管音乐专辑》演唱：黄美美"为题出版。

9.《南管音乐指谱套系列专辑Ⅱ》（3 CD）

台北艺术大学传统音乐系出版，由林珀姬带领学生制作出版《南管音乐指谱套系列专辑Ⅱ》（3 CD），以指套五大套为主，外加《汝因势》一套，这三张CD的录音，由徐智城琵琶与林珀姬箫担纲全部曲目的演奏。

结语

在登录"人间国宝"艺师的问题上，台湾的问题是把艺师的年龄界定得太高了，没有65岁以上，无法成为"国宝"，所以张鸿明先生接受授证第二年就生病了，第三年辞世了，至今还未有第二位南管"国宝"。反观泉州传承人可以三十几岁年龄就获选为传承人，年轻人有年轻人面对传承的想法，从善于利用媒体扩散教学效用、利用包装获得认同，到他们传承教学的目的。但这是被利用的传统还是被创造的传统？值得好好思考!

在跨界展演所产生的问题上,究竟是以南管为主体?还是以南管为配乐?还是值得省思,毕竟想要有双赢的局面,是必须多方面思考清楚。以说书为主,南管成了配角,似乎可有可无,那么这个配角随时可被取代!以舞蹈为视觉取向,但因强调南管音乐的阴阳五行与律动线条的搭配,其中可以很清楚地感受南管的音乐之美,《小南管》的舞作就有更高的可看性。《遇见设计,邂逅爱 | Design for love》台北假期篇之微电影,以早年大稻埕茶行文化与南管音乐发展息息相关,故从此故事发展出由南管乐声的吸引让跨海来台寻找外婆旧情人的女主角,完成了外婆生前的委托,南管虽然只出现短短几分钟,但已足够让人难以忘怀!但如果从音乐人的耳朵而言,此片的配乐除了南管,其他则让人无法忍受!

在传承问题上,传统一对一口传的教学已无法适应现代的社会,新兴以民乐系统教学方式似乎较为现代年轻人所接受,但是此方式的教学所产生的问题是声多韵少了,就像民乐在刘天华改革民乐器后,至今是回不去了。对于传统,每个人的认知是不相同的,局内人或局外人,不同的角度审视有不同的结果,所以我们想要的传统究竟是所谓的原生态的传统?或被利用的传统?还是被改造的传统?让我们好好想想!至于个人从事教学与研究,个人以为为子孙留下有声资料与音乐理论资料使后代子孙可以依循找回传统的路,上述只是已出版的部分,未出版的还有甚多,个人力量有限,只是尽己之力,但求无愧我心而已!

异国南音的存活与发展态势

丁宏海 / 新加坡湘灵音乐社

世界在看亚洲，而亚洲在看中国，中国任重道远，"一带一路"不是中国独奏曲而是所有沿线国家共谱的伟大乐章，要借此机遇，建立文化平台，分享经验与资源，共荣共进地使南音发扬光大。

新加坡南音的母体是泉州的南音。随着闽籍人士南来，落地生根，它的生存与发展，如果没有不断尝试改革，另辟蹊径寻求发展，就会如一般的传统艺术，最多只能保有原来传统的演唱形式，面对时间的推移、环境的变化，新一代观众嫌弃其古老陈旧，不受欢迎，而逐渐消失。

如何让南音与华社文化发生关系，促进社会进步，开拓南音新领域，推进南音文化的研究，推动南音事业发展应具有的积极意义。湘灵音乐社荣幸受邀参与研讨，借此机会分享南音在新加坡如何立足本土，融入华社，展现其千年古韵魅力。期待南音人能共同深思探讨，使老祖宗文化瑰宝能成为现代一股文化力量，凝聚海内外华人，"带"路，走向世界。

"南管音律分外娇，声随游子处处飘，风风雨雨，潇潇寥寥，苟延残息到今朝，可怜曾经是御前清客者，沦落他乡混渔樵，寂寞孤影夜，工工六工解无聊。"这首出自先父丁马成20世纪80年代写的一首曲词《鸾凤和鸣》中的首段已道尽了南音在海外的困境。

为适应社会的迅速变化，湘灵意识到唯有改变方有出路，秉承和学习先辈改革创新的精神，抱着传承南音使命，无畏地面对挑战，走出新格局。

湘灵深知南音要融入本土，增添新元素，创新时不迷路，前提必须扎根传统，方能时而原汁原味，正襟危坐，静如止水，时而耳目一新，感动观众。湘灵两场不同格调的演出就给观众带来意外的惊喜。

在湘灵常年筹款晚宴兼纪念孟昶郎君诞辰，我们大胆地让观众穿梭时空，回到20世纪40年代创社现景，以已故社长丁马成南音创作《何日君再来》为主题，邀请爵士乐队与国际舞高手同台碰撞，以现代同名流行歌曲结合，歌词与音乐穿插，配合服装、美食、茶艺、香道，在重新改造历史悠久的首都剧院吃桌演出，给观众带来惊艳，被媒体人评为超越华族传统曲艺，是新加坡艺术瑰宝。

相隔两个星期，湘灵获得闽属会馆支持在新加坡科技大学成龙捐赠的明清古建筑演出另一场《御前清客》，先从户外的古戏台演出一段《荔镜记》，然后移到两座古厝呈现三首古老南音经典《趁赏花灯》《山险峻》和《四时景》，同时邀请大学古建筑专家杨茳善教授讲解古戏台、古厝的建筑特色，让观众沉浸在百年雅致古朴的建筑欣赏千年音乐活化石南音，让习惯快节奏生活的都市人静下心来体验古人"绕梁三日"的境界。

分析了这两场演出，湘灵得到如下的启示：

1. 打开窗口，扩大影响

通过南音演出，打开多个不同窗口，有传统戏曲、音乐、建筑、服饰、茶艺、美食、香道，甚至建立艺术品牌、自创产品，不管从哪扇窗口看进去，都能体验南音深沉的美感。

早报副总编辑韩咏梅观后评论说，打开不同窗口和通道，走进物联网的世界性格，让不同领域的东西混搭在一起创造新的价值，这不只限于商业，在文化和艺术领域也可以做深做广，深入发掘一种艺术的内涵，同时链接不同领域的其他形式把触角和影响力扩大。

2. 文化回溯，精神觉醒

受不同教育背景的现代本土与新移民华人，经过一个小文化断层而自觉性生起对祖宗文化艺术的兴趣与回溯，以前被视为古老落伍的南音，以现代手法包装呈现后，会有很"酷"的感觉。精致细腻的构思展现，让观众领略南音词曲精神与神韵，激起对自身文化的自信与重视，从冷漠轻视逐步走向敬重热爱，稳步走下去必能提升生活质感、文化内涵。

3. 传递正念，和睦社会

中华文化维系着世界华人的未来，中华文化的价值观"孝悌忠信礼义廉耻"如能通过南音作品演出传递，发扬南音和谐包容精神，号召闽属会馆积极呵护与扶持，把南音视为自己的文化标杆，应引以为豪大力推动，南音之光就是华人之光、国家之光，发扬南音和谐包容精神，定能增强社会凝聚力。

湘灵音乐社这几年获得石狮蔡维镖南音老师无私奉献给予指导，培养出一批能演绎高难度传统曲目的年轻演奏者，逐渐具备扎实的传统根基,希望年轻一代除了掌握南音演出技巧,也能加强对中华文化的认知与重视,提升自身文化修养,竭力做到艺术与文化传承并驾齐驱。

  保住传统发挥创意,不断创建新平台,为古老的艺术注入新生命,湘灵有志使南音成为代表新加坡传统文化的品牌,让南音感动自己,感动华社,感动国家,祝愿海内外南音同仁团结互助,共荣共进,使南音"一带一路"走上世界舞台,名扬天下。

南音新品历史一作[1]
——评南音新作《凤求凰》

陈孝余／泉州师范学院

2015年10月11日晚7时许，南音新作《凤求凰》在福建省泉州市梨园古典剧院隆重首演。该作品（以下称"新作"）由泉州师范学院2011南音文化传承与协同创新中心、音乐与舞蹈学院师生联合泉州市南音乐团等单位[2]共同协作完成，演出后立即受到了社会各界热切关注，得到了各大媒体广泛报道。毋庸置疑，不论从剧场效果还是观众反应看，"新作"的确都是非常成功的。尤其是其得到国务院副总理刘延东的肯定，并获得福建省第六届艺术节展演一等奖（第一名），乃至近期强势登陆上海国际艺术节且做高校巡演（同济大学、上海交大）等，都彰显和续写了"新作"的不同寻常。对此，我们不仅要感性体验，还要理性分析，以裨益艺术本身乃至南音传承。概要之，笔者认为"新作"具有四个方面的特点。

一、精义之音　深微之意

南音，作为闽南这一极富传统文化内涵之地域的地方音乐品类，素有"中国音乐活化石"之盛誉。这一至高评价直指其艺术形式的本质——音乐。的确，南音是音乐而非其他，其最具艺术魅力的是音声之和。南音新作《凤求凰》紧紧抓住并且放大这一点，音乐不但贯穿作品始末而成为其展开的推力，而且渗透于作品每个环节剖面而成为其情节表现的源力。"新作"在音乐上可以用"精义""深微"来形容。

"新作"音乐之精义表现在对作品音

---

[1] 2014年福建省社科基地重大项目"南音文化在'一路一带'的传播传承拓展研究"（2014JDZ044）课题研究成果；2015年泉州师范学院校级课题"泉州南音馆阁研究"之阶段性成果。
[2] 南音新作《凤求凰》是一个协同性的大制作，主办单位：泉州师范学院，承办单位：福建省2011南音文化传承与发展协同创新中心，演出单位：泉州师范学院、泉州南音学院、泉州市南音传承中心，协办单位：泉州电视台、福建省社科研究基地南音研究中心、泉州市音乐家协会。

乐构架的"谋篇"以及音乐内部结构的"布局"两个方面。从宏观层面来看，新作的逻辑思维显然是音乐，即以音乐为主线并且以音乐为内容。譬如从第一场第一节开头司马相如和卓文君出场：二人徐步分别从两侧相对缓悠移步而出，音乐在洞箫幽怨的曲调中在角音上持续独白，声音迟弱而后跌宕上扬，再稳稳地落在羽音上，而琵琶以小弦切切的方式恰当地镶嵌在洞箫的哀叹中，声部有主有次、层次分明，而琵琶的玉珠之音与洞箫的古幽之声形成自然对比，音色一明一暗，配器统一。二者合力的音乐效果真可谓之"八音克谐，无相夺伦"。"新作"开篇之音乐就奠定了整部作品的风格与基调，短暂之乐句就彰显了音乐情感的一次起伏，这种对音乐的精致追求可以用最感性的方式体悟，乐然耳中。

"新作"音乐之深微则表现在对南音传统的深刻理解和对作品故事情节的深切把握上。前者指的是音乐的传统性：整部作品音乐很"南音"，用一些专家的话说达到了以假乱真的程度。的确如此，《凤求凰》的音乐在曲调上将传统南音古朴、婉转的优雅格调一以贯之，在配器上也基本运用南音传统的"上四管"辅以北琶、二胡等，其本质是遵循传统南音美学进行创作，因此从音乐角度来说，这部作品做到了"移步不换形"。当然，这一点得益于作曲者吴世安老师深厚的南音积淀，以及他对传统南音的追爱。后者指的是音乐对剧情的深微表达：司马相如与卓文君的故事已经成为中国古代爱情的典范而家喻户晓，《史记》中详细记载了这段佳话。"如君之恋"在后世相传中已经被定格为反封建、追求自由爱情的经典，也被历代文人、艺术家作为创作的素材和搬上舞台。譬如《西厢记》中张生隔墙弹唱《凤求凰》，《玉簪记》中潘必正也以琴心求陈妙常，《琴心记》更是直接再现相如与文君之事。因此，《凤求凰》有着丰富的人文资源和深厚的历史沉淀，甚至它本身就构成了一个文化系统。《凤求凰》基于这些历史故事又不同于历史，其诀别的结局赋予了作品悲剧性。而音乐准确、恰切地表达故事内容，需要作曲家对历史故事的深入理解以及对音乐方式的自我理解，尤其是在深厚传统南音积淀上对整部音乐的深刻考虑。

总之，音乐创作上的精义和深微，正构筑了《凤求凰》高艺术性的基座，也成为其首演就成功之关键。诚然，无论从何种角度说，南音都是音乐或以音乐为主体，因此"新作"恪守南音传统，做到了不失原味又不同于传统,同时真实而具有深厚文化底蕴的故事则为作品铺垫了成功的基石,二者相得益彰。

二、音舞联袂 剧乐融合

"新作"之艺术呈现显然是音乐与舞蹈相结合,南音与戏剧相结合的形式。不论从文本还是舞台来看,"新作"都始终将音、舞、剧三者整合、统合,达到融汇一炉、化零为整的艺术效果。仅就这种艺术表演形式,新作品就堪称南音的历史之作。应该说,尽管与戏曲不无关系,南音的历史观念始终属于音乐范畴。这种历史观念不仅可以从"指""谱""曲"[1]的本体构成看出,还可以从南音传承人和南音学者的观念中得出。从历史向度来看,传统南音之呈现均为三五音人围坐而乐,即使所谓现代南音之创新也未脱窠臼,即南音的艺术属性和传统格调。用西方音乐观念来说,南音的历史演变其实始终处于一种小型室内乐的格局,其直观之风格就两个字:"雅""静"。新作品继承了传统南音风格,又不拘泥于传统南音形式,《凤求凰》以音乐为核心且以乐为体,以舞蹈为衬托且以舞为象,以戏剧为载体且以戏为轴,实现了音乐、舞蹈、戏剧的三结合而且达成了彼此协调与统一。这一点能在短时间内做到的确来之不易,其中渗透了从导演到演员,从作曲家到乐师,从台上到幕后的所有参与者的心血和汗水。

正如前所述,南音在历史发展过程中一直保持着一种清心寡欲的志趣,坚守着乐娱众生的姿态,而少有自我超越之举。"新作"打破了传统南音的音乐格局,重新塑造南音单一的表演结构,可以说是独一无二的,堪称历史性作品。从中国传统文化角度来说,从夏之涂山氏歌到汉之相和歌,从唐代大曲到宋元以降之戏曲,中国传统音乐经历了不断积淀和丰富的历史过程,其艺术本质表现出一种强烈的融合性。可以说,"六代乐舞"伊始,中国音乐所具有的综合性始终贯穿历史并成为传统音乐文化发展的主线和明线。"击石拊石,百兽率舞"不仅仅是古代音乐的特征,更是中国人审美心理的性质,"丝竹更相和,执节者歌"不仅是中国音乐的表现方式,更是中国人欣赏音乐的聆听特点。因此,单一的音声表现既不

---

[1] 在与笔者的访谈中,南音国家级传承人苏统谋先生指明了这一点,而南音研究专家王耀华先生和乔建中先生等提出的"弦管学"和"南音学"等也强调了南音的音乐属性。

符合中国音乐的艺术特征,也不符合中国人欣赏音乐的心理特征。以此出发,"新作"突破传统是按照艺术的规律办事,更是遵循观众的特点办事,讲究实事求是,也讲求实效。事实证明也是如此。

三、黜俗归雅 舍媚还淳

直观"新作",淳雅的气质通透于整个舞台。这里的"雅"有三个层面含义,从微观上来说表现在音乐和表演两个层面,从中观层面看体现在作品框架的结构力上,从宏观上看则指整个音乐作品的格调。

首先,用极富传统南音韵味的旋法创作浓郁的舒缓曲调,通过以假乱真的南音化音乐营造雅致的艺术品格;再则,演员用舒缓的动作以小开小合的表演方式和舞台调度展现塑造人物,从而强化了这种雅致,同时也将这种"雅"具象化。观赏过程中,我们可以真切地体验到一唱三叹的润腔,张力温缓的音调,让每一个音符都作用在耳朵上,这是听觉的舒雅;而角色用小巧细腻的动作,游走在细微的呼吸中,而所有演员都置身于一个精致的方寸之间,从而形成视觉上的雅致。这种听觉和视觉的双重雅致,合力开启了观众静雅的心理空间。

这种音乐结构要素的雅还不足够形成作品的性格,还需要用作品的布局框架这些要素。难能可贵的是,安凤英导演秉承中国传统艺术美学观念,用一种"大写意"的手法,结构这种视听上的"雅",并且用中国传统戏曲美学的"虚"意将之勾连为一个整体,从而形成《凤求凰》至淳至雅的艺术格调。正是有了上述这两个层面要素,新作品实现了一种通透的、彻底的"雅"气,还不是一种做作的、肤浅的"卖萌"。笔者认为,南音《凤求凰》令人折服之处正是在小格局中表现高大上,彰显的正是所谓的大雅。

再次,跳脱作品本身,我们稍作比较会立刻发现"新作"特有的淳雅品性。应该说,在当下极为浮躁的社会音乐环境中,中国音乐尤其是大众音乐缺乏的不但是"美",更是"雅"。在诸如原创歌剧等大型音乐的大制作格局中,作品大开大合的表演、大喜大悲的剧情非但没有产生内在的艺术张力,凸显的反而是庸俗与乏味,所缺失的正是大美和大雅。正是在这种社会语境中,南音《凤求凰》非但推陈出新,更是黜俗归雅,可贵之处尤为凸显。

四、国际传播 "非遗"示范

"新作"的出现绝非偶然,而是精心酝酿的。但我们在看到"热闹"之余,需要深思事象之后的含义和隐意。笔者认为,这部"新作"既不是个别南音局内人的一时兴起之创作,也不是南音自身的文化自觉,而是南音文化在当代留存境遇下文化局内人的自觉行为与协力之举。从这一意义出发,"新作"引发我们思考和启示。

从艺术层面来看,"新作"的确打破了传统南音的表演体系,其艺术构架乃至艺术内涵都有了非常大的变化。无论其作品历史地位如何,这部作品确实在中国传统艺术当代的传与承的方面做了一次具有历史意义和时代精神的尝试。虽然学术界对于传统音乐艺术是原样保护还是创新传承存在争议,但"两条腿走路"的观念并无质疑。而这部《凤求凰》正是在传统南音的创新传承方面做出了自己的贡献,并富有启发性。

从民族层面来看,"新作"其实是在"非遗"之下的艺术行为。众所周知,南音是首批国家级以及第五批世界非物质文化遗产、具有双重"非遗"身份的闽南地方音乐品种,也同时具有独特的民族与艺术的双重价值。由此,"新作"不仅是对闽南传统音乐文化的历史担当,是对国家"非遗"保护乃至国家文化安全的切实举措,还是向联合国教科文组织对人类非物质文化遗产保护承诺的一次落实。

从传播角度看,一切文化都是以传播方式存在的,因此南音史就是南音传播史。因此,南音传承的所有研究都是在"传播"语境中展开讨论。上述似乎有些言过,但若我们谨思之后就会发现:不管社会传承抑或学校传承,南音当代传承(方式或对策)都必须考虑到一个关键问题——"有效传播",否则所有的探讨最终都将因此而虚化,虽"丰墙"但"峭址"。而在时下"一带一路"倡议背景中,南音传承又面临一个新的课题,也是新的挑战——南音国际传播。在这一事实与现实中,南音国际有效传播是一个我们不能回避的问题。

众所周知,"一带一路"是国家层面的宏观发展战略,泉州作为古代海上丝绸之路起点已经悄然成为这一国家战略的重心。笔者认为"一带一路"既是经济战略也是文化战略,这种文化战略的重要方面就是中国文化的国际传播。着眼泉州,南音无疑是重要的音乐内容,而其国际传播的主要对象是沿"海上丝绸之路"区域的传播,而这一区域的重心又是闽南人外迁较为集中的国家和地区，如菲律宾、马来西亚、新加坡等东南亚地区，亦即笔者所谓的"近文化圈"[1]传播。传播学基本原理告诉我们，一个传播结构包括传播者—传播媒介—受传者三要素。根据"拉斯韦尔模式"[2]，有效"国际传播"内在结构则包括：传播者—音乐（内容）—音响（媒介）—受传者。在利好的外环境下，南音国际传播策略的重要方面是传播方式，而这种方式不仅是指传播媒介还应该涉及音乐形式。从现状来看，我们往往对前者关注较多而忽略了后者的思考，而新作《凤求凰》恰恰在这方面做出了具有启发性的有意义的尝试，这一有益尝试还需要持续的努力和后续的研究。

直言之，作为中国音乐文化重要代表以及海外华人尤其闽南人的"乡音"，南音的跨境传播已经成为摆在世人面前的现实的重大课题。无论是南音传承还是跨境传播，这部《凤求凰》都通过自身向我们展示了传统南音当代传承的新路径。从这一意义来说，"新作"的确是南音之"今典"，也将是南音的历史"经典"。

余论

直言之，南音新作《凤求凰》以一种敢为天下先的胆略创构历史，以爱拼才会赢的闽南精神横空出世，以弘扬传统的初衷立意作品，从非物质文化遗产保护的高度审视南音传承。"新作"以创新为核心，以协同为原则，以艺术为宗旨，以南音为根本，堪称传统与现代完美结合的原创音乐作品之典范，这种典范性的艺术特征就是"移步不换形"。主创者和参与者的倾心创作和热情付出共同把《凤求凰》托举在世人的面前。而这些鲜花和赞誉背后的万般滋味，局外人是难以体会的，只有以总策划王珊教授为首的创作团队才能知晓。

总之，新作品以当代人的思维演绎历史经典，以古老南音的腔韵表现既是对南音发展的一大创举，也是对南音传承的有益实践，无论从艺术品质上还是音乐体裁上都创造了历史新高度和新篇章。虽然《凤求凰》作为司马相如向卓文君表达爱恋的诗文，已经成为

---

[1] 笔者曾提出中国音乐国际传播的三个文化圈观点，并分别讨论了不同文化圈的传播策略。详见拙文《宣传天下、咸使知闻：全球视野的中国问题考察——〈中国音乐国际传播的历史与现状〉读后》，《人民音乐》2015年第9期。

[2] 美国传播学著名学者哈罗德·拉斯韦尔曾提出5W传播模式：谁传播（who）、传播什么（says what）、如何传播（in which channel）、传播给谁（to whom）、有何效果（with what effects）五要素。参见 丹尼斯·麦奎尔等《大众传播模式论》，上海译文出版社1987年版，第16页。

一个深具历史内涵爱情典故的标志性语汇,被不同时代以不同艺术形式呈现。因此这一题材之作品不乏新作,如潮州音诗《凤求凰》、评剧《凤求凰》、京剧新编《凤求凰》、越剧《凤求凰》等,但从南音出发,这部《凤求凰》是独一无二的,在南音史上是具有里程碑性的作品。

当然,今天的《凤求凰》只是一个起点而不是终点,它需要不断打磨、不断完善。试想,十年、百年之后的《凤求凰》已经不再是"新作"而是"旧作",但笔者相信,我们都由衷地希望它那时已经成为"名作"。同时,南音《凤求凰》只是方式而不是目的,全心全力地为古老南音做点事情,为继承和发展南音艺术做出自己的贡献。毋庸置疑,传统南音在今天多元化、信息化的后时代潮流中如何留存是一个摆在我们面前的深刻命题,而仅以南音的方式传承南音已然是一种一厢情愿,因而问题已经悄变为如何在继承南音基础上创新传承,让更多当代人尤其年轻人接近南音,如此方是南音之传承大计。

(作者附言:本文得到南音新作《凤求凰》主创者导演安凤英女士、作曲吴世安先生等的悉心教导,在此深表谢意!)

闽台南音"郎君祭"仪式结构与其音声探究

王丹丹／泉州师范学院

"郎君祭"是闽台南音的重要仪式活动之一，其祭祀仪式历经宋、元、明、清、民国至今，其"原始版""经典版"无从确定，但其仪式结构内核应系于我国上古时代的祭祀文化，延承了孔儒学派"仁礼一体"的本质特征。作为对古代文化音乐先师的祭祀，"郎君祭"虽有别于传统的天、地、神，以及先贤的追思和自然的敬畏的祭祀，但其仍蕴涵着深刻的人与自然、人与社会以及人与人之间和谐相处的理念。它以纯粹音乐和富于音乐性的人声、器物声以及器乐声演释仪式，是有别于其他祭祀仪式特有的艺术回归与升华。

作为闽台地区共同传承的古老乐种——泉州南音，其之所以传承千年而永葆艺术之博大精深，传承奥秘因由种种、众说纷纭，但作为其传承方式之一的春秋两祭之"郎君祭"乐典祭祀仪式，堪称中国古老乐种的传承模式、方式之一绝。

泉州南音被誉为"中国古典音乐明珠""中国音乐历史的活化石"。在闽台地区的传承中又称"南管""南曲""絃管""郎君唱"等。南音的"絃管"一词源于唐贞元八年（792年）泉州的第一位进士欧阳詹的《泉州泛东湖饯裴参知南游序》——"指方舟以直上，绕长河而屡回，絃管铙拍，出没花柳"。晋王羲之《兰亭序》中也有句"虽无丝竹管弦之盛"。五代南唐保大十三年（955年）安溪开先县令詹敦仁曾有"千家绮罗管弦鸣，柳腰舞罢香风度"的诗句。

在台湾地区，南管（音）的传承情况也有记载："康熙三十六年（1697年）郁永河在其描述亲身至台见闻的《裨海纪游》上卷'台湾竹枝词'第十一首，即描写了南管音乐在祭妈祖庙前演出的情形：'肩披鬖发耳垂珰，粉面红唇似女郎，妈祖宫前锣鼓闹，侏离唱出下南腔。'"而"下南腔"即以南音腔调演唱的泉州梨园戏的唱腔，抑或可泛指南音及泉州梨园戏。而在黄淑璥《台海使槎录》（1736年）"赤崁笔谈"祠庙部分的描写"求子者为郎君会，祀张仙，设酒馔、果饵，吹竹弹丝，两偶对立，操土音以悦神"也提及南音的传衍。而"其中黄淑璥的描述，被认为有如今日南管乐人于春、秋二祭时，以南管音乐祭祀其乐神郎君爷一般。至于被公认为台湾最早的南管社团鹿港雅正斋，据考证有三百年历史；台南振声社有一百五十年以上的历史，而台北地区的庄聚宝堂（1840年）、艋舺聚英社、艋舺集贤堂、大稻埕清华阁四个南管社团，均于日据时之前即已成立"。

已故泉州籍的我国著名音乐家李焕之先生在其为《福建南音初探》（王耀华、刘春曙著）所作序言中写道："福建南音是由众多的声乐大套曲、器乐大套曲和无数散曲所构成的乐种。它远溯隋唐历史渊源，经历了一二千年来的沧桑巨变，在发展过程中，从中原流向南方，吸收、融汇唐宋以来其他乐种、乐调，最后落户闽南民间，终成家喻户晓、妇孺皆爱的音乐品种。"

"郎君祭"的主角"郎君爷"何许人？目前较一致说法郎君即是五代后蜀后主孟昶。孟昶16岁时其父逝，"遂袭其父伪位，皇朝乾德三年春，王师平蜀，诏昶赴阙，赐甲第于京师，逮其臣下赐赉甚厚，寻册封楚王。是岁秋，卒于东京，时年四十七岁"[1]。而孟昶为何被奉为南音乐种之乐神，则传说颇多，流传较多的说法是：一是后蜀后主孟昶初即位，勤政事、仁慈柔怀，且知音律善填词，其爱妃花蕊夫人亦精于曲子词演唱，民众敬之慕之感；二是孟昶之原配花蕊夫人被宋太祖赵匡胤纳为贵妃，一日花蕊夫人在对其亡夫画像跪拜时被宋太祖遇见，便谎称系求子拜神，后果得子，宋太祖便封该神像之神为"郎君大仙"，并赐春秋二祭。

昔之泉州、闽地由于多是中原等地区民众南迁入闽融合而成的移民社会，南音弦友、信众或追本溯源而崇孟昶之特异身份奉其为乐神乐仙，并以此更好延承传衍南音。而宋以来南音有了"郎君祭"，使南音的传承更具合乎"礼"、合乎"法"，而传衍千百年。

"郎君祭"之历史脉络探析

了解"郎君祭"形成的历史脉络，首先要了解南音的形成、发展、成熟之概况，王耀华、刘春曙合著的《福建

---

[1]（宋）薛居正等撰：《旧五代史》第6册136卷，中华书局1976年版，第1823—1824页。

南音初探》中即称有四说：或何昌林的前期南音为"唐代燕乐歌曲（声乐）及五代北宋的细乐（器乐），后期南音形成于明代……"或孙星群的"南音肇基于五代、形成于宋"说；或吕锤宽的唐宋以前形成期、元明时期发展期、清季以降；或沈冬的"奠基期五代以前、成形期宋元两朝、成熟期明清迄今"。而至今较一致看法是形成于唐、发展于宋元、成熟于明清。"郎君祭"始于何时，由于郎君其人孟昶为宋初叶之降臣，因此"郎君祭"只能是自宋始。中国是个富于浓郁祭祀文化之邦，黄帝陵的祭祀早于春秋战国时期的秦灵公三年（公元前422年）即有，迄今两千多年。而海内外华人共祭并尊为文圣和武圣的孔子和关公，其在人们虔诚的祭拜中渐渐由人变神。祭祀源于古人对自然的敬畏和先贤的追思，从上古时代以来，在长期文明发展过程中，祭祀活动逐步形成了一套敬天祀祖的仪式化形式，成为习俗文化而传承下来。

中国的祭祀文化中"祭孔"最具典型性与代表性。孔子生于周灵王二十一年（公元前551年），卒于周敬王四十一年（公元前479年），享年73岁。孔子去世后的第二年，鲁哀公下令在曲阜孔子旧宅建庙，并按岁时祭祀，这是祭孔的开始，并历代延承，且规格、规模不断提升，尤其是明清时期达到顶峰，一年一度举行祭孔大典，被称为"国之大典"。祭孔大典中的乐舞表演，继承上古时代汉民族祭祀天地、庆祝丰收与战功的原始歌舞形式，是集歌、舞、礼于一体的庙堂祭祀乐舞，有"闻乐知德，观舞澄心，识礼明仁，礼正乐垂，中和位育"之谓，具有巨大文化和艺术价值。

从以上我国祭祀文化之部分概述，可证"郎君祭"之出现与留存，且能千百年延承下来，是有其深刻的政治的、文化的、历史的种种缘由的。以"祭孔"之典的政治方面而言其是"国之大典"，孔子为"大成至圣文宣先师"，举"三献"行三拜九叩之大礼。而南音之"郎君祭"则有凉伞开道、五少芳贤"御前清客"之誉传，执教絃管者非下九流之属而被尊称为先生。从历史上看，孔子去世的第二年（公元前478年）鲁哀公即下令在曲阜阙里孔子的旧宅立庙，即今天的曲阜孔庙。汉高祖十二年（公元前195年）经鲁国时以太牢祭祀孔子，这是帝王祭祀孔子的开始。黄帝陵的祭祀最早于春秋战国时期的秦灵公三年（公元前422年），正好比孔子的祭祀晚了56年。南音的郎君爷孟昶生活于宋太祖赵匡胤时期，其去世之后才有"郎君祭"的祭祀活动。而作为当时历史年代的"音乐人"也好，或人民的崇拜者也好，其受到如此高规格的"国典式"的、次祭黄帝陵、次祭孔的春秋两祭及上香叩拜、进馔祀祭之礼遇也是匪夷所思的，这就是由于其深层次文化因素。两千多年的封建社会所实行"罢黜百家，独尊儒术"，使儒家思想独占大一统的地位，儒家的礼治文化成为传统文化代名词，儒家是国学的核心与主体。尊孔、祭孔是儒家文化得以传承与发扬的机制与礼规，千百年来"香火不断"而不可逾越。"郎君祭"中之郎君爷其地位不能比之"大成至圣文宣先师"的孔子，但由于其乐种之"曲""指""谱"等，富于儒家的"礼""仁"的思想、文化内涵，如"曲"中的《白兔记》《琵琶记》《杀狗记》《朱买臣》《苏秦》《吕蒙正》《朱弁》《高文举》《孟姜女》《王昭君》等故事唱段，以及"指"中的《王魁与敫桂英》《王十朋与钱玉莲》《刘智远与李三娘》《郭华与王月英》《张君瑞与崔莺莺》《赞南海观音》等。在"谱"有内外套之别，内套如《梅花操》《四时景》《走马》《百鸟归巢》《阳关曲》《五湖游》《八展舞》，外套如《舞金蛟》《思乡怨》《叩皇天》《大阳关》等。其乐曲的思想内涵为"仁""礼"，"仁礼一体"之明德、亲民、止于至善三条纲领，及格物、致知、诚意、正心、修身、齐家、治国、平天下的八个条目。"谱"中乐曲名称也富于儒家思想意蕴，和谐、庄重、柔美、愉人的"四时景""八展舞""百鸟归巢"等，其音乐也是集、化我国古代传统民族雅（燕）乐之大成，是谓"泉南之乐……弦歌叶奏，竹肉和鸣，情文相生，华实并茂，洋洋悦耳。可移人情，感人心，荡涤百忧，消融万虑，致足乐也"[1]。

"郎君祭"祭祀仪式结构探析与比较

"郎君祭"祭祀仪式历经宋、元、明、清、民国至今，其仪式结构的"原始版""经典版"无从确定，但"郎君祭"其仪式结构应是源于我国上古时代的祭祀文化，延承了孔儒学学派"仁礼一体"的本质特征。"郎君祭"的祭祀正是应"南音""絃管"之"正名"，应"仁礼一体"之"正名"，使南音得以薪传千年而不衰，其结构之"魂"来自炎黄祭祀文化；

---

[1] 林霁秋：《泉南指谱重编弁言》，见《福建南音初探》，福建人民出版社1989年版，第149页。

其结构之"体"则来自上古之图腾文化。

"郎君祭"可以说是源于远古时代以及周、汉的祭祀文化，脱胎于宫廷祭祀（含祭孔春秋二祭）。而其祭祀通常由"具有仪式意味的人体动作，这类动作的起因是人类心理和生理反应的自然流露"的"仪式化"[1]之祝词、祝文，其包括仪式程序起连缀作用之祝词以及咏赞郎君爷主题祝文（主题祝文有的乐社在春秋祭中或无或从简）；"仪式化"的拜祀动作包括进香、端酒、献花、进牲、鞠躬、叩首及行进之动作；"仪式化"的祭祀音乐，和一些具有仪式化意味的物具，包括果蔬、五牲，以及盛物之器盘、盆和香、灯笼等相关物件。"郎君祭"也正是由以上一些"构件"而组成的"郎君祭"仪式结构。泉州地区的一些南音社团在春秋二祭的结构模式上基本一致或可说是大同小异。以2005年泉州南音乐团春祭仪式为例[2]，其仪式进程是：首先由唱礼生（相当于如今主持人）招呼全体参与者肃立，并恭请披红的主祭就位／海内外南音社团领队披红就位／奏谱《八面》的首节《金钱经》（主唱者持拍板打拍）／主祭献上清香之同时唱礼生念读祝词／主祭进献鲜花（花香四季）／主祭献红灯笼两个（人丁兴旺）／主祭送糯米制作的红圆（合家平安）／主祭献美酒／主祭进鲜果及凤梨等／主祭进香茗（安溪铁观音）／主祭捧盛有鱼鸡猪肉的红盘进牲(三生有幸、牲礼齐备)／主祭颂念祝文／主祭肃立、跪、三叩首后平身／诸弦友肃立，奏乐生披红并持拍板演唱（开始演唱《画堂彩结》之后又奏谱《五面》的五节《折采茶》）／主祭官、海内外弦友依次上香／礼毕。在王耀华著的《福建传统音乐》[3]中其祭祀程序归纳为：举乐、主祭员就位、跪、上香、进爵、再进爵、三进爵、进花、进圆、添丁、进果、进金帛、俯伏、止乐、读文、就位、跪、开读、举乐、叩首、叩首、三叩首、兴、跪、叩首、叩首、六叩首、兴、跪、叩首、叩首、九叩首、兴、礼毕。"郎君祭"春秋二祭仪式结构主要如上述及的仪式化的祝词、祝文，仪式化的拜祀动作，仪式化音乐三部分组构而成，但三个部分各南音社团各有差异，或多或少，或长或短，各有千秋。执行仪式者一般是东西班各一人（另有礼生二人），亦有不按传统的分设东西班，仅是一人主持而已，另有主祭1人、主唱1人、南音先生4人，以及一些有交有往的乐社的代表及嘉宾。以祝词、祝文而

---

[1] 薛艺兵：《神圣的娱乐》，宗教文化出版社2003年版，第12页。
[2] 陈燕婷：《南音北祭》，文化艺术出版社2008年版，第183页。
[3] 王耀华：《福建传统音乐》，福建人民出版社2000年版，第192页。

言，以主题祝文如泉州南音乐团的 2005 年春祭其主题咏祝文[1]是："追溯先师、孟昶郎君、名垂青史、年华如驰、节序更新、椒花献颂、柏叶制铭、音容虽远、报本情殷、四海蕃衍、茂叶繁枝、乐生广蕃、古今同济、共树丰碑、流芳远届。" 接着又是颂读祭祀目的主题性祝文："祭祀宜虔、旧典谨遵、追思师德、倍觉怆然、谨俱牲礼、笃诸豆笾、恭神祭告、佐以短篇、伏维、尚飨。"

以仪式化音乐而言，泉州南音乐团 2005 年春祭用了南音谱中的《八面》的首节《金钱经》以及演唱的《画堂彩结》及奏谱《五面》的五节《折采茶》。安海雅颂南音社 2004 年秋祭中仪式音乐先后以奏《梅花操》后演唱《金炉宝篆》，终奏谱《四时景》八节。陈埭民族南音社 2007 年秋祭其仪式音乐先后有奏谱《梅花操》，及后之演唱《金炉宝篆》，终接《四时景》。以上诸多南音社团的春秋二祭的仪式结构，均是先松后紧、先简后繁的奏"谱"伴奏一般性联缀性祝词与一般性仪式化祭祀动作，仪式后阶则演奏、演唱曲与三跪九叩及主祭颂读篇幅较大的主题性祝文，使仪式进入高潮，从而形成金字塔形的仪式结构。

在泉州地区"郎君祭"的春秋二祭的祭祀音乐大致一样，如春祭一般是先奏《八面》某些段落，按接唱《画堂彩结》，再奏谱《五面》一些段落。而秋祭则是先奏谱《梅花操》某些段落，后接唱《金炉宝篆》，最后再奏谱《四时景》某些段落。耐人寻味的是在"郎君祭"的春秋二祭中祭祀乐分量并不多，南音"谱""曲"有千百首，而实际选用于祭祀乐的"曲"或"谱"仅一至两首。春祭中的唯一的演唱曲《画堂彩结》其曲词："画堂彩结赛蓬莱，仙翁座上笑颜开，琴弦笙箫齐喝彩，愿得年年福寿康泰，金杯寿酒集贤宾，南极老人在锦堂颂欢庆，王母晋仙桃尽来祝寿……"而秋祭唯一的演唱曲的《金炉宝篆》其曲词："金炉宝篆香正香，银台上红烛光辉齐来庆贺，喜得高堂富贵福寿成双，福寿高堂，捧金杯来斟寿酒，诸弟子都来祝寿……"由于该二首曲词皆是祝福庆寿是以入选。在宗教音乐中，如佛教仪式活动的音乐其功利性体现于"赞佛功德"与"宣唱佛理"。而"郎君祭"祭祀仪式音乐其功利性仅体现于祀福庆寿，而"宣唱佛理"式的咏赞郎君与弦友之明志则由祝文给予表述。

已有一百多年历史的台湾台南南声社，

---

[1] 陈燕婷：《南音北祭》，文化艺术出版社 2008 年版，第 207—208 页。

于2009年录制的其秋祭的DVD碟片中[1]，其祭祀仪式流程是：①参加祭祀所有人员整装，整弦踩街奏《十音》，到祭祀的房舍（一般是南音馆阁所在地）并演奏《出庭前》。②由唱礼生宣读"孟府郎君献敬"开始；全体肃立；各南音先生就位；乐起奏《十音》与《朱郎卜返》（为仪式流程作伴奏）；主祭就位；上香；献花、献果、献灯（小宫灯一对）、献馃饼；主祭三叩首、献酒、四叩首、五叩首、六叩首、再进酒、七叩首、八叩首、九叩首；献牲礼、献茶三杯、献帛、献甜点。③献祝文，先朗读引言、后吟读正文（约二百字）；上香；主祭退场。④演唱《金炉宝篆》。⑤先贤献敬，奏《十音》《鱼沉雁杳》《画堂彩结》，礼毕。台南南声社之秋祭不同于泉州地区的之先踩街后祭祀，也有别于泉州地区秋祭开始的《梅花操》，而是选用《十音彩路》《出庭前》等。通过先踩街后祭祀，更好昭示、渲染、营造"郎君祭"的活动态势及功能，而踩街之行的祀乐去典雅之《梅花操》代以"闹热"之《十音》也是别具匠心的，且台南南声社秋祭活动近两小时，全程活动均以奏乐伴之，乐神郎君爷祭祀特色十分浓烈，这也与闽南地区"郎君祭"有所差别，这一现象我们或许不能仅仅把它视为一种单纯性的地区差异，而或可视为另一仪式现象发生，或许是"分化—阈限—再整合"的过程。虽然其仪式活动中还没有出现到戴面具的分离和差异，但也正如英国著名人类学家维克多·特纳在其《仪式过程：结构与反结构》所述及的"……在这一过程中，对日常生活的结构的设定既受到阐明，又受到挑战"[2]的境域，由此，使我们从中更好地认知领悟特纳把仪式放在社会过程中加以考察，把社会看作交融与结构的辩证的统一，而分化—阈限—再整合的过程，是结构与反结构相互作用的结果。从而使我们更清醒地、更深刻地认识客观实践中的祭祀仪式结构是可能随着地区差异与时空的变化，以及人们的现实生活与审美观念的不断变化而变化着，这须我们长时间地、客观地对更多的田野对象进行实地观察、记录和思考。

在"郎君祭"祭祀仪式结构中我们亦可视为仪式化肌体动作与仪式化音声两者之组合。曹本冶教授在其《思想~行为：仪式中音声的研究》一文中指出："作为信仰体系的外向性行为，仪式的演示自始至终在'音声'境域的覆盖中展现。

'音声'指的是一切仪式行为中听到或听

[1] 台南南声社录制的2009年"郎君祭"DVD碟片。
[2] [英]维克多·特纳：《仪式过程：结构与反结构》，黄剑波、柳博赟译，中国人民大学出版社2009年版，第7页。

不到的音声,其中包括一般意义上的'音乐'……听得到的'器声'和'人声'两大类'音声'。器声即器乐,包括具有特定仪式含义的'法器'声和民俗活动共享的乐器声。仪式中由人组成的'音声'境域,包括各种程度的近似语言、近似音乐、似念似唱或似唱似念、连唱带哭或连哭带唱的'音声'。"[1] 依此理念视之,"郎君祭"中的祭祀祝词、祝文,祭祀音乐均属于祭祀音声,祝词、祝文或声中带音或音中有声。闽台地区"郎君祭"祭祀活动仪式结构一般可说是"声""音"并重,但不同地区与馆阁因各有其主客观因由而有所差别,或"声"多点、"音"少点,或"声"少点、"音"多点。当然,"郎君祭"的仪式结构不可能是一刀切、一模一样的,但不同地区之南音馆阁其"郎君祭"之祭祀活动还是旨在悼念先贤、光大南音、偕我弦友、同心共德。

"郎君祭"人文意义及其社会价值

"郎君祭"作为祭祀仪式,其仪式结构、仪式音声,总是处于随着时间之推移、历史之发展而流动、而融合之变化中。对今之各地区,闽台或东南亚华侨居住区的南音社团之"郎君祭",我们不能也不可能强求其一致、一个模式,这正是由于千百年来音乐文化总是在承前启后地流动、变化、融合之中,其实"古音"早已在"灯火阑珊处","古音"早在"今乐"中,正是由于其所以能流传至今成为今之"今乐",正是其历经沧桑并以各种不同程度、不同的层面保存着"古乐"之内涵及面貌。2013年6月间由文化部、福建省人民政府主办,泉州市人民政府等协办的在泉州举行的第十届世界闽南文化节之国际南音大会唱活动中,由晋江市东石镇南音社演绎的"郎君祭"仪式的展示中,由于时间的制约,仪式活动的总时值仅26分钟,在其祭祀仪式进行的"音声"方面便有所删减,但仍然保持仪式的祝文、祝词、拜祀动作及仪式音乐等核心的结构程式,全场除了仍然设有"东西班"作为朗读传统祝文祝词之人员外,尚有一人担任贯串全场活动的类似传统的"唱礼生"今之节目主持人,以更好掌控、表述整场仪式活动之进行,值得一提的是这场祭祀仪式主祭却是由泉州市乐团团长(男性)担任。以上述及的这场仪式活动显然也是不可能等同于其他南音社团的祭祀活

---

[1] 曹本冶:《中国民间仪式音乐研究》,上海音乐学院出版社2007年版,第17页。

动,因此,我们也就难以确认或定论谁之仪式为经典,或谁是非"正声"、非"古音",又如以往"郎君祭"的祭祀中,主祭、东西班(主持人)、礼生、主(演)唱、演奏者或嘉宾均系男性,可是在台南的一南音阁之祭祀中即出现了四五位嘉宾式之女弟子、女弦友;又如泉州一南音中心其"郎君祭"的祭祀中的主祭则是其中心负责人的女性来担任,然而在仪式前或后之踩街中的表演者、香客则是不拘男女。于今,在祭祀仪式进行中出现一些变化或变异,可以说这在诸多祭祀活动中并非是个例,充分说明民间祭祀仪式活动总是随着该社团之主客观条件之制约而不以人们的意志为转移地时刻在流动、在变化中,说不定今后诸如主祭就位上场后主唱者则退立侧位为是,且说不定今后之祭祀中主唱也可由善唱之女性弦友来担任。当然,这"流动"、这"变化"总是以其绝对或相对地进行着,总是要以其应有的"度"、准则在左右着,于此,我们不禁想起艺术大师梅兰芳先生对待民族文化艺术之继承与发展之"移步不换形"经典名言,我们深知中华民族的传统艺术在历史的长河中总是在发展变化着,但万变不变其宗,不变其本。"郎君祭"其信仰、理念以及核心程式及内涵是绝不能变、绝不可变的,但程式及程式内容或有所增减、变异则是可允许的,这就是要坚持可"移步"不可换"形"之原则。

次之,我们须知信仰是信仰体系的核心,信仰的外展行为即是仪式,而仪式的"音声"既是仪式的形式,也是仪式的内容。"郎君祭"作为对古代文化音乐先师的祭祀,其虽有别于传统的对天、地、神,以及先贤的追思和自然的敬畏的祭祀,但其仍然蕴含着深刻的人与自然、人与社会以及人与人之间和谐相处的理念,以及追慕先哲、共勉向善、增进亲情、团结族群等多种优良功能和作用的道德因素。而郎君祭则更是以纯粹音乐和富于音乐性的人声、器物声以及器乐声(包括无声的"心诵"等)演释着仪式,整个仪式即在庄重、虔诚、肃穆、古朴的艺术气场中演释着、进行着。郎君祭仪式应该既是信仰的回归与升华,同时也是别于其他祭祀仪式特有的艺术回归与升华。是以,我们必须充分认知在今天构建社会主义核心价值体系的进程中,大力弘扬优秀传统的祭祀文化,充分发挥中华传统祭祀文化的积极作用。古老音乐瑰宝的南音"郎君祭"是闽南地区与闽台、港澳以及海内外广大南音社团及弦友赖以千年薪传及维系亲情、乡情、弦友情、民族情之血脉纽带,其祭祀之盛事、盛典将永远刻骨铭心地成为广大华人之文化记忆。其后,我们还须善于观察、体验诸多地区之"郎君祭"以及进行比较研究，并在仪式"音声"与信仰、仪式演绎三者之间互动关系中辨别出其地域性文化特性及跨地域性文化元素，从而更好发扬光大"郎君祭"的祭祀文化。

我们深知，泉州南音传承千百年而不衰，其根本因由除了其本身乐种之博大精深外，其中之一是南音社团构建于近系族亲的自然村落或社区、城镇街坊巷，形成了一个个世代相传的南音传习所与演艺社，凸显乐社之扎根于民间的持续性与稳定性；之二是"口传心授"的传艺确保了乐种艺术薪传的"原汁原味"的科学性；之三是南音社团之间常态与非常态性的"拜馆"活动，促进社区馆社之间的艺术交流，增强馆社之间的人脉交往，提升馆社、弦友的人气指数，有利于构建良好、和谐的文化生态环境。

泉州南音之所以传承千百年而不衰，除了上面述及的那些因由外，还在于其乐种本身能在历史的长河里充满生机和活力，不断地自我完善、发明、创造，"郎君祭"祭祀活动的出现即一明证，这是南音发展里程内的一个自我完善、一个新的飞跃，是南音成熟期的标志之一。人们说人类从没有宗教到产生宗教，是人类社会进步的一种标志，也是人类进入文明社会必由之路，南音出现了"郎君祭"祭祀活动，使得南音从单纯的传艺、演艺的"口传心授""拜馆"等的单纯的艺术活动转入艺术与心灵的交织、碰撞，更上一层楼的阶段，南音也被披上了神秘、圣灵、崇高的面纱。当然，泉州南音之所以产生"郎君祭"之祭祀活动，也与泉州地理人文生态密切攸关，泉州被称作古代宗教博物馆，一些大型音乐活动往往是在社会性的祭祀活动中举行的，是以出现了南音"郎君祭"的春秋二祭活动也就自然不过了。从此，南音再不仅仅是一个单纯的民间乐种，而是富于更为高深玄奥的、理念的信仰的光辉，在中国的神灵世界里又增添了唯一的"乐神"——"郎君爷"这尊神灵，并充斥于南音弦友及人们的信仰世界。随着时间的推移，"郎君祭"祭祀仪式由仅是本馆阁的弦友参与，逐渐扩大为本地区南音馆阁的弦友的参与，以及发展至当今的来自东南亚各国南音弦友参加，甚至还有日本、韩国等国家的南音爱好者、研习者参与。

南音"曲""指""谱"，以其"乐而不淫，哀而不伤""发乎情，止乎礼"的中和之美，受到人们千百年来的钟情与喜爱。"郎君祭"的祭祀仪式活动正是最大限度宣扬、巩固、提升中和之美的净涤心灵之举，弦友在圣灵感召下汇聚一堂，同颂郎君之恩德、同沐弦友之情谊、同肩乐馆之兴衰，诸多的音乐之情与意融融于一堂，莫大愉悦、体验和收获，其仪式活动的功利性远远超过仪式活动的本身，而是更深刻、更充分地显示了"郎君祭"高度的人文意义和社会价值。

参考文献

[1] 杨荫浏：《中国古代音乐史稿》（上、下册），人民音乐出版社 2001 年版。
[2] 王耀华、刘春曙：《福建南音初探》，福建人民出版社 1989 年版。
[3] 吕钰秀：《台湾音乐史》，台湾五南图书出版股份有限公司 2003 年版。
[4] 乔建中、韩钟恩、洛秦主编：《中国传统音乐》，上海音乐学院出版社 2009 年版。
[5] 薛艺兵：《神圣的娱乐》，宗教文化出版社 2003 年版。
[6] 维克多·特纳：《仪式过程：结构与反结构》，黄剑波、柳博赟译，中国人民大学出版社 2009 年版。
[7] 曹本冶主编：《中国民间仪式音乐研究》（上、下册），上海音乐学院出版社 2007 年版。
[8] 陈烈：《中国祭天文化》，宗教文化出版社 2000 年 12 月版。
[9] 傅亚庶：《中国上古祭祀文化》（第二版），高等教育出版社 2008 年版。

絃管"名指"《金井梧桐》记谱衍进史探

陈恩慧／泉州师范学院　陈瑜／中国艺术研究院

絃管指套历史悠久，其中《金井梧桐》是目前所发现的 50 套传统指套中分量重且奏唱难度较高的一套，堪称絃管指套中的"名指"，在明代以来的絃管文献中均有记载，具有重要研究价值。本文通过梳理明清以来重要絃管谱本中《金井梧桐》记谱法的历史衍变过程，试图归纳总结其所反映的记谱法衍进发展特征，以此窥探絃管记谱法的历史发展过程，并对絃管曲谱的一些现象提出思考，以供学界探讨。

一、研究背景

在中国传统音乐的传承规律中，"口传心授"和曲谱记录是两种重要的传承方式。"口传心授"通过口耳相传使得参与者亲历音乐体验而具有活态传承的特点，曲谱记录则因固态传承方式而更具有稳定性和持久性，两者共同构成中国传统音乐体系中的一个重要特征。作为中国传统音乐的古老乐种，絃管（亦称"福建南音"）在历史的传承过程中亦主要以口传心授为传承方式，并通过长期的实践探索发展出一套完整且富有特色的记谱法，留下了大量珍贵的曲谱文献。近年来，随着大量絃管古谱的挖掘出版，"谱传"的重要性及絃管古谱所蕴含的丰富内涵逐渐引起学界重视。在目前所发现的 50 套[1]传统絃管指套中，《金井梧桐》是最具代表性意义的"名指"之一，絃管界素有"九枝十一雁"的说法。该指套在明清以来的重要絃管文献中均有记载，具有重要的学术研究价值。

絃管工乂谱是一种记录有乐曲用调、滚门、曲牌名、音高、节拍及器乐指法的记谱法。目前絃管曲谱

[1] 苏统谋、丁水清编校《絃管指谱大全》，中国文联出版社 2005 年版，在原 48 套指套的基础上增加一套《手抱琵琶》，合计 49 套；其中《普庵咒》又从《南海观音赞》中列出，作为单独一套，故可看成两套，合计 50 套指套。林祥玉《南音指谱·肆》，台北大稻埕留真印刷馆 1914 年版，第 99—102 页，见指套《手抱琵琶》全套。陈世练辑《中国南音泉州絃管指谱全集》，安溪霞苑絃管等闲阁 2012 年版，记载指套 50 套。

研究主要集中在对絃管曲谱刊本研究、絃管工乂谱记谱法及其历史发展脉络研究等方面。絃管曲谱刊本研究方面较重要的文章有孙星群的《四百年前福建南音刊本的发掘——读〈满天春〉〈钰妍丽锦〉〈百花赛锦〉》、郑国权的《客观评价〈泉南指谱重编〉》、林珀姬的《校读〈文焕堂指谱〉之管见》、施玉雯的《谈〈文焕堂指谱〉之内容及版本》等，学者们从不同角度对絃管多部重要曲谱进行解读。[1]絃管的记谱法研究方面较重要的文章有李寄萍的《清刊南音孤本管门研究》《明清絃管南音文献之"撩拍、谱字"探》《清刊孤本工乂谱字研究》、陈瑜的《福建南音"滚门"模式特征研究》《福建南音"滚门"的历时性特征》及张兆颖博士论文《明、清南音传本曲牌研究》等论著，试图通过对絃管曲谱刊本记谱法及相关因素探索，挖掘揭示絃管记谱法的乐学理论及文化内涵。[2]絃管曲谱刊本的历史发展研究方面较重要的文章有吕锤宽的《论絃管谱的发展与演变——兼论〈文焕堂指谱〉的特点》[3]论述了絃管古谱发展与演变思路，同时分析了《文焕堂指谱》的谱法特点。李寄萍的文章《明清南音"五枝头"指套衍进探究》《明清南音文献指谱衍进探究》，文章以明清絃管孤本《明刊三种》《琵琶指法》《文焕堂指谱》为线索，探讨了絃管代表性"五大套"指套及絃管指谱之组套、工乂谱法的衍进发展现象；同时在《南音记谱史探衍》《南音特殊管门史载考析》等文章中，作者通过对絃管曲谱的梳理提出絃管经历了从明代的记谱萌芽、经过清代工乂谱体系的形成、发展到民国时期南音成熟记谱、新中国时期南音记谱保护与探究五个历史阶段。[4]吴少静的《泉州南音工乂谱发展与传播的相关历史研究》在前人研究的基础上，将研究内容拓延至当下絃管工乂谱的发展与传播，论其庞大的记谱发展演变史，见证

[1] 孙星群：《四百年前福建南音刊本的发掘——读〈满天春〉〈钰妍丽锦〉〈百花赛锦〉.》，《音乐研究》2004年第2期；郑国权：《客观评价〈泉南指谱重编〉》，转引自泉州地方戏曲研究社编《两岸论絃管》，中国戏剧出版社2006年版；林珀姬：《校读〈文焕堂指谱〉之管见》，转引自泉州地方戏曲研究社编《两岸论絃管》，中国戏剧出版社2006年版；施玉雯：《谈〈文焕堂指谱〉之内容及版本》，转引自泉州地方戏曲研究社编《两岸论絃管》，中国戏剧出版社2006年版。
[2] 李寄萍：《清刊南音孤本管门研究》，《中国音乐》2009年第1期；李寄萍：《明清絃管南音文献之"撩拍、谱字"探》，《乐府新声》2006年第4期；李寄萍：《清刊孤本工乂谱字研究》，《乐府新声》2006年第1期；陈瑜：《福建南音"滚门"模式特征研究》，《中央音乐学院学报》2010年第1期；陈瑜：《福建南音"滚门"的历时性特征》，《人民音乐》2011年第4期。
[3] 吕锤宽：《论絃管谱的发展与演变——兼论〈文焕堂指谱〉的特点》，转引自泉州地方戏曲研究社编《两岸论絃管》，中国戏剧出版社2006年版。
[4] 李寄萍：《明清南音"五枝头"指套衍进探究》，《中国音乐学》2012年第4期；李寄萍：《明清南音文献指谱衍进探究》，《音乐研究》2012年第5期；李寄萍：《南音记谱史探衍》，《中央音乐学院学报》2013年第1期；李寄萍：《南音特殊管门史载考析》，《中国音乐》2015年第1期。

了絃管的传承发展与传播历史。[1]郑国权的《泉州絃管史话》和泉州市教育局、泉州市文化局编的《泉州南音基础教程》对明清以来挖掘出版的古刊本发展脉络做了大致梳理。[2]

综上所述，两岸学术界就絃管曲谱刊本的研究开展了大量工作并取得了丰硕成果。本文在前人的研究基础上，通过梳理明清以来重要絃管谱本中《金井梧桐》记谱法的历史衍变过程，试图归纳总结其所反映的絃管记谱法的相关规律特征，同时结合絃管界乐人的口述采访以及自身絃管实践经验，对其中一些现象提出探讨，以供学界探讨。

二、明清以絃管曲谱中《金井梧桐》记谱法的变迁

絃管音乐三大组成部分"指""谱""曲"之"指"，亦称"指套"，是一种由唱词、谱字和琵琶指法构成的，由若干支曲子连缀而成的套曲。指套《金井梧桐》是目前所发现的50套传统指套中分量重且奏唱难度较高的一套。该指套首节《金井梧桐》曲词"雁"字和次节《绣成孤鸾》曲词"枝"字，在絃管界素有"九枝十一雁"的说法，意为曲文"雁"有11拍，"枝"有9拍，是絃管"字少腔多"的典型，充分体现絃管"慢""雅"的音乐特点。

（一）明代谱本中的指套《金井梧桐》

荷兰汉学家龙彼得教授于20世纪五六十年代先后在英国剑桥大学图书馆和德国萨克森州立图书馆发现的明万历三十二年由漳州海澄县（今属龙海市）李碧峰、陈我含刊刻的《新刻增补戏队锦曲大全满天春二卷》、明万历年间由漳州林景宸刊刻的《精选时尚新锦曲摘队一卷》（《集芳居主人精选新曲钰妍丽锦》），以及明万历年间由漳州洪秩衡刊刻的《新刊絃管时尚摘要集三卷》（《新刊时尚雅调百花赛锦》）三种闽南戏曲絃管古籍（以下简称《明刊三种》）[3]，反映了明代絃管曲目的

---

[1] 吴少静：《泉州南音工乂谱发展与传播的相关历史研究》，《人民音乐》2015年第1期。

[2] 郑国权：《泉州絃管史话》，中国戏剧出版社2009年版；泉州市教育局、泉州市文化局编：《泉州南音基础教程》，福建人民出版社2009年版。

[3] 这三本明刊絃管选集于1992年辑刊《明刊闽南戏曲絃管选本三种》由台湾南天书局出版，附龙彼得教授所著《古代闽南戏曲与絃管之研究》（The Classical Theatre and art Song of South Fukien: A Study of Three Ming Anthologies）。此后经由泉州地方戏曲研究社重新编辑翻译部分章节，于1995年由中国戏剧出版社，以同样书名出版这部书。为纪念龙彼得先生逝世，再次由泉州地方戏曲研究社组织将龙彼得教授的整篇论文（共五章）和三种明刊本及其校订本汇编为《明刊戏曲絃管选集》一书于2003年11月出版。其中《新刻增补戏队锦曲大全满天春二卷》收录散曲曲词146首；《精选时尚新锦曲摘队一卷》收录散曲曲词52首；《新刊絃管时尚摘要集三卷》收录散曲74首，为絃管研究提供了珍贵的历史资料。

流传情况。在《明刊三种》中最早记载了《金井梧桐》指套首节。

1.《新刻增补戏队锦曲大全满天春》

《新刻增补戏队锦曲大全满天春》(简称《满天春》)刊行于1604年,刊本由絃管散曲和南戏构成,文字排版分上、下两栏,上栏刊刻146首絃管散曲曲词,下栏刊刻18折南戏戏文。其中《满天春》(上卷)上栏见《金井梧桐》【满池娇】(又)(图1)。"又"意为后一唱段曲词重复或变化重复前一唱段曲词的曲牌。经比对,《金井梧桐》【满池娇】(又)的曲词与今文献差异甚大,二者间有否关联,因无法找到充分的资料证据,笔者不予妄断,但从曲词内容上看,属思君的闺怨曲。另,《满天春》(下卷)上栏见《金井梧桐》【越调】(图2)。经对照,此段唱词与今日流存之《金井梧桐》指套首节近乎相同,且唱词完整,但缺少次节《绣成孤鸾》和工乂谱记谱。《明刊三种》中标注的"调"是与记谱最相关的,如"二调""北调""越调"。《金井梧桐》标记"越调",经对照"越调"为五空管(C/G宫系统)。此外《金井梧桐》曲词中标有"く""く"记号,这些是《明刊三种》表示反复的记谱符号,标记在曲词句末的下方,为前一句曲词的反复。例如"枉我销金帐内,数尽更筹く",唱作:"枉我销金帐内,数尽更筹,枉我销金帐内,数尽更筹。"

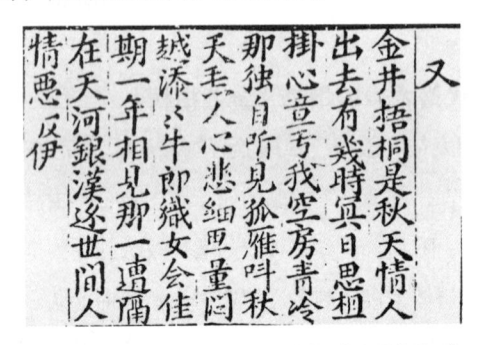

图1 《满天春》(上卷)散曲《金井梧桐》

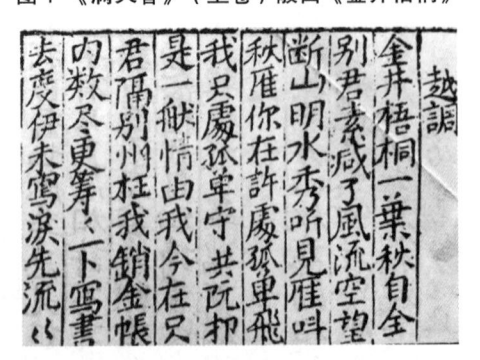

图2 《满天春》(下卷)散曲《金井梧桐》

2.《新刊絃管时尚摘要集》

《新刊絃管时尚摘要集》(简称《百花赛锦》或《赛锦》)刊行于明代万历年间,分上中下三卷,其中下卷《新刊时尚雅调百花赛锦二卷》见《金井梧桐》【北锦】(图3)。经对照,《赛锦》《金井梧桐》首节曲词完整,同样缺少次节《绣成孤鸾》和工乂谱记谱。刊本中亦标注"ヒヒ"的反复记号,增加了"又听见"和"到今旦未来,枉我空守只梧桐树"两处曲词的反复,使之更接近今文献。值得一提的是,《赛锦》《金井梧桐》全首八行曲词周边均附着小圆圈,这些小圆圈为絃管撩拍的拍号。其中第二行14字"雁"字周边包围11个[1]小圆圈(即"雁"有11拍),尽管各家对其周边所附拍号的数量说法不同,也无法证明"十一雁"的俗称与《赛锦》《金井梧桐》有直接关联。但可以肯定的是,《赛锦》中撩拍拍号的出现,是絃管工乂谱记谱的重要标志,为我们研究明代絃管记谱提供了重要信息。此外,《金井梧桐》曲词前标记【北锦】,查《赛锦》谱本的曲目排列为【背双】【双】

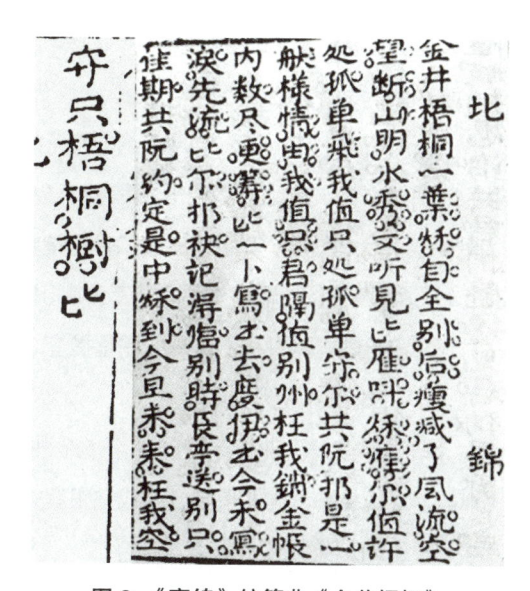

图3 《赛锦》絃管曲《金井梧桐》

【相思引】【北】四个门头[2],即【背双调锦】【双】【相思引调锦】【北调锦】。"调锦"是每个门头的后置字词,"调"顾名思义,即调名,"锦"似乎不与剧目剧情有关,疑为流行、时尚曲之意,故【北锦】可理解为门头【北】的时尚锦曲。再查清道光年《袖珍写本道光指谱》之《金井梧桐》,其门头已衍进为【北调】(与今【锦板】门头

---

[1] 关于"雁"字周边所附拍号数量有不同说法。如郑国权在《泉州絃管史话》中指出,"雁"字周边附着11个拍号,是"九枝十一雁"誉称的史证(中国戏剧出版社2009年版,第107—109页。此观点包含台北艺术大学传统音乐学系林珀姬教授的观点)。民间乐人陈世练认为"雁"字周边附着7个拍号,其中有4个拍号应归属于上一个曲词"秋";省级传承人吴璟瑜认为"雁"字周边附着10个拍号,其中有1个拍号应归属于曲词"秋"。笔者经细数,赞同郑国权、林珀姬所提出的11个拍号的观点。

[2] 门头即滚门的民间称谓。

同义异名），【北调】与【北调锦】称谓雷同。由此通过《赛锦》目录【北调锦】的门头记载和清《道光指谱》【北调】的记载可推测，门头【北】应是【北调】的衍进"前身"，同属五空管，一二拍（4/4拍）。

综上所述，从《满天春》《金井梧桐》的记谱记载到《赛锦》《金井梧桐》记谱的逐步衍进及撩拍记号的出现，可知絃管在长期历史发展中并非一成不变，其记谱法呈现出衍进变化的现象特征。明代谱本《金井梧桐》古曲为指套形成前的散曲，其记谱特点相对简易。

（二）清代谱本中的指套《金井梧桐》

迄今发现最早附絃管工乂谱记谱的古文献分别为清道光年手抄本《袖珍写本道光指谱》和清咸丰七年刊印本《文焕堂指谱》。《金井梧桐》附工乂谱完整指套收录二著其中。

1.《袖珍写本道光指谱》[1]

《袖珍写本道光指谱》（以下简称《道光指谱》）系道光二十六年（1846年）的手抄本，该传本以管门分类编抄，全套共分为四卷，总抄录絃管指套40套和大谱7套，其中第三卷二套见指套首节《金井梧桐》【北调】、次节《绣成孤鸾》【又调】。与《明刊三种》相比，增加了次节《绣成孤鸾》，并附工乂谱记谱，即附有工乂谱的完整指套。

（1）指套的完整形成

《道光指谱》除保留原明刊首节《金井梧桐》，又增加了次节《绣成孤鸾》。《金井梧桐》指套已形成并组套完整（图4）。

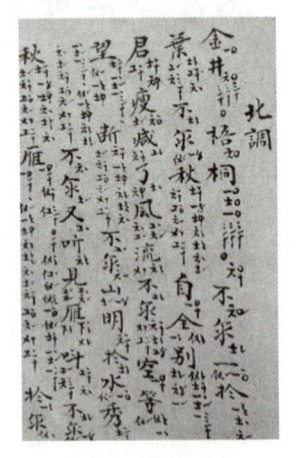

首节《金井梧桐》　　次节《绣成孤鸾》

图4 《道光指谱》《金井梧桐》指套

---

[1] 泉州地方戏曲研究社编：《袖珍写本道光指谱》，中国戏剧出版社2005年版。

（2）附工乂谱记谱

①工乂谱谱式

《道光指谱》中《金井梧桐》的工乂谱谱式与现今谱式同为竖排书写，曲词置于工乂谱字和琵琶指法之前，相对照而歌唱。不同的是《道光指谱》的工乂谱字和琵琶指法分两列竖排，今本则为一列竖排，且乐谱中仅见工乂谱和琵琶指法，未见撩拍符号。

②工乂谱谱字、琵琶指法

《道光指谱》中《金井梧桐》所附工乂谱字见"士、下、乂、工、六、一、仅、仜、抌"等，对应固定音高相当于 g、a、c^1、d^1、e^1、a^1、b^1、d^2、e^2 等。经对照，这些谱字与今用谱字几乎相同，唯部分谱字有混用现象，即一个谱字可代表不同的谱字音高。如谱字"士"既为原谱字（固定音高 g），也可作谱字"思"（固定音高 g^1）；谱字"乂"既为原谱字（固定音高 c^1），也可作谱字"贝乂"（固定音高 b）和谱字"抌乂"（该谱字由 $^\#c^1$ 和 b 两个音构成）；谱字"仅"既为原谱字（固定音高 b^1），亦为谱字"$^\times$仅"（固定音高 c^2）。从不同谱字音高用同一谱字标示的现象可见，《道光指谱》所附的工乂谱字初具雏形，是絃管记谱体系衍进成型的开端和关键。

《道光指谱》中《金井梧桐》琵琶指法见"o、丶、╱、兀、†、φ、8、口、乚"等近二十个，其演奏用法与今几乎相同，仅部分指法符号的书写不同（不完全统计）（表1）。

表1 《道光指谱》与《絃管指谱大全》[1]（现今谱本）指法对比表

琵琶指法	落指	全跳	去倒	踩指
《道光指谱》	φ	8	乚	乚乚
《絃管指谱大全》	）	≥	乚	≥

③门头

《道光指谱》《金井梧桐》首节门头【北调】，次节【又调】。经对多篇文献的研究，【北调】与今【锦板】门头同义异名，为五空管，

---

[1] 苏统谋、丁水清编校：《絃管指谱大全》（上册），中国文联出版社2005年版，第252—259页。

一二拍。[1]【又调】为反复、重复同一门头之意。由此,《金井梧桐》次节《绣成孤鸾》【又调】与首节【北调】的门头信息一致,即五空管,一二拍。

2.《清刻本文焕堂指谱》[2]

《清刻本文焕堂指谱》(以下简称《文焕堂指谱》)是迄今发现最早(1857年)刊刻絃管工乂谱的古文献,全套分为四卷,共收录絃管指套36套和大谱12套。其中,卷二第十七套见《金井梧桐》指套。与《明刊三种》相比,《文焕堂指谱》与《道光指谱》同衍进为附有工乂谱的完整指套。虽《文焕堂指谱》所标注年代比《道光指谱》晚11年,但其记谱信息似乎比《道光指谱》久远。

(1)工乂谱谱式

《文焕堂指谱》与《道光指谱》的谱式有明显差异。《文焕堂指谱》本词谱联合竖排,曲词在谱字和琵琶指法左侧(仅第三十六套《观音赞·南海谱》的曲词在谱字和指法之上),同时承袭了《明刊三种》的撩拍标记法,将撩拍符号附着于曲词周围。谱字与琵琶指法为一列竖排(图5)。《道光指谱》的谱式在上述已阐释,此处暂略,但《道光

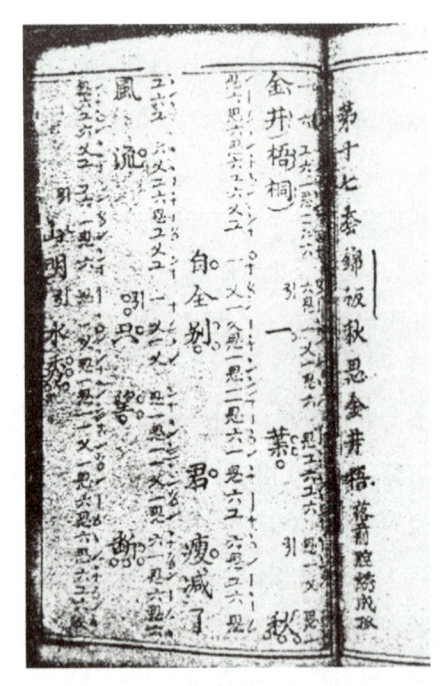

图5 《文焕堂指谱》中的《金井梧桐》指套

---

[1] 参见龙彼得论文《古代闽南戏曲与絃管》:"有关〔北调〕……名称现在与〔锦板〕是同义异名,所指称的是属于五空管一二拍的曲牌门类",载自龙彼得辑录著文、泉州地方戏曲研究社编《明刊戏曲絃管选集》,中国戏剧出版社2003年版,第40页。林珀姬在《校读〈文焕堂指谱〉之管见》认为:"南管散曲中,以'锦板'与'短滚'的曲目变化特别大,故乐人常谓'锦板就是北调,也是百调(音同)',意指其变化之大,形成许多不同的特殊曲调",载泉州地方戏曲研究社编《两岸论絃管》,中国戏剧出版社2006年版,第212页。王樱芬在《南管曲目分类系统及其作用》中认为:"【锦板】(又称【北调】),撩拍为一二拍,下分十多个牌名",载自《两岸论絃管》,第94页。马晓霓论文《南音套曲〈金井梧桐〉源流考证》中经对上述三位学者的观点进行论证后提出:"从本文的比较结果也不难例证'锦板就是北调'的结论,这就是为何道光本标为【北调】,而咸丰本、《重编》本以及后来流行的各类'指谱'中将《金井梧桐》套的门头几乎皆标【锦板】,但乐律并无根本差异的原因之所在",《中央音乐学院学报》2013年第3期,第43—44页。

[2] 台南胡氏拾步草堂、泉州地方戏曲研究社合编:《清刻本文焕堂指谱》,中国戏剧出版社2003年版。

指谱》曲词置于工乂谱之前的谱法格式与今谱法相同，其整体谱式更接近今用文献。

（2）工乂谱谱字、琵琶指法、撩拍

《文焕堂指谱》的工乂谱字可视为两部分：一是古谱中的谱字，该部分见"士、下、乂、工、六、思、一"七个常用基本谱字及偶见"高的""下的"表示高低音的夹注。《道光指谱》除基本谱字外，表示高八度在基本谱字左侧加上"亻"符号，表示低八度在基本谱字上方加上"艹"符号的记谱方式与今文献一致。二是章焕所增补内容中的谱字，在刊本两篇序言及"琵琶指法"和"洞箫管位图"中皆有表示高音的"伩、仜、抌、偲、亿"等谱字，而古乐谱中未出现这些符号。细翻《金井梧桐》，曲谱中仅见七个基本工乂谱字，从谱面上看不出高、中、低音之分，但谱字功能与《道光指谱》相同。《文焕堂指谱》用汉字表意的记谱方式似乎比《道光指谱》用符号表意的记谱方式更为古老。

《文焕堂指谱》中《金井梧桐》除"o、丶、／、†、口"等指法与《道光指谱》及今用文献符号、用法相同外，部分符号的书写有所不同（不完全统计）（表2）。

表2 《文焕堂指谱》《道光指谱》《絃管指谱大全》指法对比表

琵琶弹奏指法	去倒	凡指	半跳	落捵	全跳
《文焕堂指谱》	l	L	△	手	8
《道光指谱》	㇄	冗	㇄	⁞	8
《絃管指谱大全》	L	冗	⸝	⁞	⸜

从表2可见，《文焕堂指谱》与《道光指谱》的琵琶指法功能一致，但标记不同。《文焕堂指谱》的指法符号较简单还不成熟，《道光指谱》则与今用指法符号近乎雷同。

（3）门头信息、衬词运用

《文焕堂指谱》中《金井梧桐》首节标注"锦板秋思金井梧"，【锦板】与今用门头相同，"秋思"是为乐曲所设的符合曲词词意的题识，"金井梧"为曲名"金井梧桐"简称。次节《绣成孤鸾》节首标注"前腔绣成孤"，"前腔"意为与前一节门头相同，"绣成孤"为"绣成孤鸾"简称。比照《道光指谱》《文焕堂指谱》，其门头内涵基本相同。《文焕堂指谱》中《金井梧桐》曲词中穿插许多"引"字，经校对，这些文字为絃管衬词"于""不汝"，《道光指谱》的衬词标记与今曲簿相同，即"于""不汝"。

综上所述，清代二著《金井梧桐》指套的记谱初具规模，比对明清文献之《金井梧桐》，可逐步梳理其记谱的衍进发展特征：联套唱词→组套完整、附工乂谱记谱→形成有谱法的完整指套（详见表3）。小结上述及表3呈现的衍进特征不难看出，清代絃管记谱法的主要特点是：谱法格式清晰明了，谱字、指法、撩拍标记、门头提示及衬词运用在逐步发展，并形成固定的记谱模式，絃管人可直接视谱奏唱。因此，清代应是絃管记谱体系形成的重要历史时期。

表3　明清文献之《金井梧桐》记谱衍进特征表

	散曲→指套	附工乂谱记谱			
		谱式	谱字	琵琶指法	撩拍	门头
《明刊三种》	散曲（一节·金井梧桐）	无	无	无	有	越调、北
道光年《道光指谱》	组套完整（一节·金井梧桐 二节·绣成孤鸾）	二列谱式	含高低音的谱字约10余个	指法符号较成熟	无	北调
咸丰年《文焕堂指谱》	组套完整（一节·金井梧桐 二节·绣成孤鸾）	一列谱式	9个谱字	指法简单、不成熟	有	锦板

（三）民国谱本中的指套《金井梧桐》

《泉南指谱重编》[1]（以下简称《重编》）是研究民国时期絃管的一部重要文献，系絃管文人林霁秋在大量手抄本的基础上加以整理编辑而成，共分为六册，于1921年出版。纵观絃管记谱历史，该著创造了多项史无前例的创举，如首次对絃管记谱法理论、琵琶指法、琵琶管位以及45套指套的本事加以阐释，尽管《重编》存有林氏的主观臆测，受到后人褒贬不一的评价，但该著博古汇精，对后世影响巨大。《射部·重编·叁册》第十八套亦见《金井梧桐》指套。

（1）工乂谱谱式

《重编》中《金井梧桐》的谱式改变了清文献的两列竖排谱式，发展为与今文献相同的一列竖排谱式。乐曲

---

[1] 林霁秋编：《泉南指谱重编》，上海文瑞楼书庄刊印，1921年。

谱式从左至右分别为谱字、琵琶指法、撩拍，三行合一，为音高、奏法与时值、节拍（拍号）的综合标示，曲词置于谱字、琵琶指法、撩拍符号之前（图6）。

（2）工乂谱谱字、琵琶指法、撩拍

《重编》中《金井梧桐》见"士、下、乂、工、六、思、乙[1]、仪（仪）、ˣ仪、仁、伬、抓、抆"等十几个工乂谱字，对应固定音高为g、a、b、c^1、d^1、e^1、$^{\#}f^1$、g^1、a^1、b^1、c^2、d^2、e^2及由两音构成的"抓"（$^{\#}c^1$和b）、"抆"（e^1和$^{\#}f^1$）等。《重编》改进了清文献用同一谱字标识不同谱字音高的现象及用汉字表意的记音法，将工乂谱字逐步完善，发展为与今用谱字相同，并形成基础谱字音列。

对照清代相关文献，《重编》中的《金井梧桐》琵琶指法标记更丰富完善，见琵琶指法三十余个，指法标记贴近今用文献。谱字功能清楚明了，弦管人见谱可直接奏唱。同时，《重编》首刊了琵琶指法图，共标注了36个指法符号和指法组合，以及相对应的指法称谓（图7）。

图6《重编》《金井梧桐》指套

图7《重编》中的琵琶指法表

---

[1] 谱字"乙"为"一"同义。谱字"抓"与"抆"同义。

《泉南指谱重编》中《金井梧桐》的撩拍标记衍进成与今文献完全相同（有拍位和撩位），且改进了清文献于曲词周边附着拍号的记法。撩拍符号置于琵琶指法右侧，采用红颜色标记，避免与其他符号混淆，简洁清晰。与此，"九枝十一雁"的撩拍标注清晰体现，一目了然。

（3）管门、门头、曲牌、题识、词目

早在清刊《道光指谱》的前三卷封面已标有"内拾套四空""内拾肆套五空"及"内拾陆套北调"的管门相关记载，清《文焕堂指谱》的洞箫指法图中亦见"五孔六正管"的管门记载以及谱字中偶见"四空""五空""毛延管"的小字标记，但清二著在指套（谱）首未见管门标记，大多以门头或曲牌包含管门信息。然《重编》在指套与大谱前首刊其所属的管门，如《金井梧桐》套前标明管门"五腔"（与"五空管"同义），进一步明确了絃管管门与门头、曲牌之间的从属关系。《重编》中《金井梧桐》套首注明"五腔锦板愁思北""秋思、金索挂梧桐"。经对照，【锦板】为该指套门头，【愁思北】[1]为【锦板】门头所属曲牌，"秋思、金索挂梧桐"为文人林氏为该套曲所作题识。且《金井梧桐》两出首均另起新名：首出"贺新凉"、次出"停针曲"。

《重编》之《金井梧桐》的记谱及谱法理论方面已呈现出一定的规范性和系统性，演奏者可凭谱演奏。其指套的记谱愈加成熟，与《道光指谱》《文焕堂指谱》相比，工乂谱谱法逐步完善、成熟，并形成基本的记谱法理论。由此可见，絃管的记谱法至民国时期已趋成熟。

（四）近代谱本中的指套《金井梧桐》

本文所指的近代絃管谱本指1949年以来产生的絃管谱本，这期间絃管文献层出不穷。本时期主要以刘鸿沟《闽南音乐指谱全集》（1953年）与苏统谋与丁水清编校《絃管指谱大全》（2005年）二著为例进行探析。

1.《闽南音乐指谱全集》[2]

《闽南音乐指谱全集》系菲律宾华侨、絃管人刘鸿沟先生于1953年根据各手抄本略加整理编印的絃管文献。全集附絃管指套48套，大谱16套。见第三十五套《金井梧桐》。综观全套套曲，其记谱已完善成熟（图8）。

《闽南音乐指谱全集》中《金井梧桐》指套工乂谱字已衍进

---

[1] 吴凤章主编，《中国曲艺音乐集成》全国编辑委员会、《中国曲艺音乐集成·福建卷》编辑委员会编：《中国曲艺音乐集成·福建卷》，中国ISBN中心2001年版，第66页。

[2] 刘鸿沟编：《闽南音乐指谱全集》，菲律宾金兰郎君社1953年版。

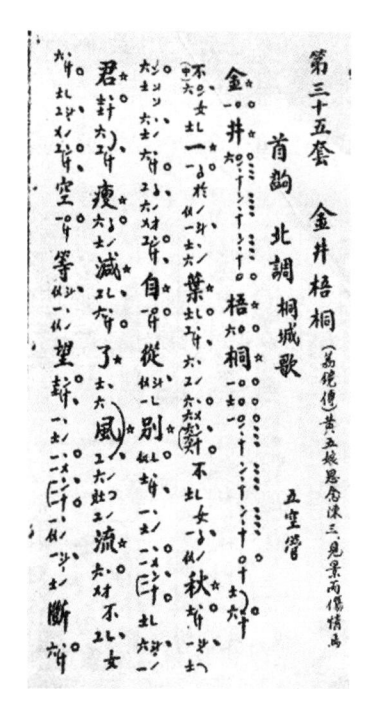

图 8 《闽南音乐指谱全集》中《金井梧桐》指套

成熟，唯谱字"士"（g）、"思"（g¹）与今文献标注相反。《闽南音乐指谱全集》前首见中国古乐十二平均律、西乐、南乐的乐学对照表（图9）。琵琶指法与今文献几乎相近，唯指法"打线"稍有不同，并且在《闽南音乐指谱全集》前首见"琵琶指法表"与"南乐琵琶指法与西乐对照表"

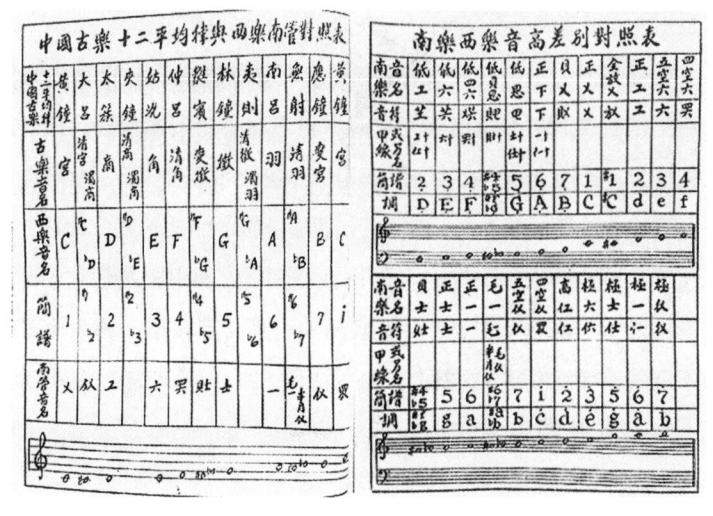

图 9 《闽南音乐指谱全集》中南乐、西乐、中国古代十二平均律对照表

(图10）。通过西乐与南乐乐学的对照加强阐释絃管记谱法理论。管门于套首标注为"五空管"，与今完全相同。

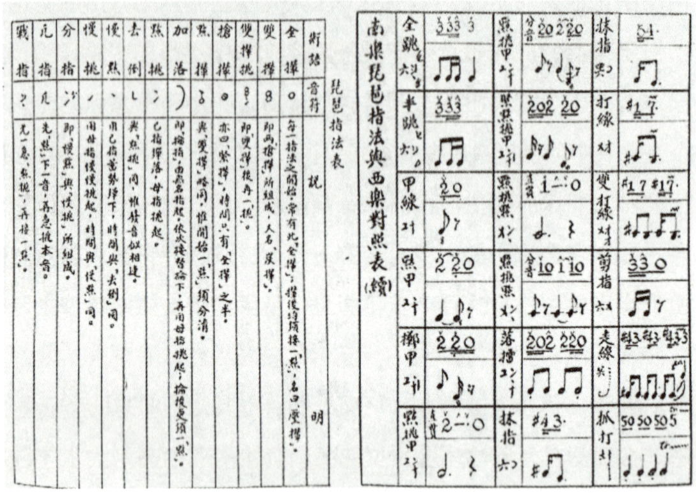

图10 《闽南音乐指谱全集》中琵琶指法表、南乐琵琶指法与西乐对照表

《闽南音乐指谱全集》中《金井梧桐》指套两出首标注"北调、桐城歌""北调、幽闺怨"。经对照，首出【桐城歌】[1]、次出【幽闺怨】均为【北调】门头所属曲牌，与今相同。此外，曲词右侧偶见"☆"符号，查《闽南音乐指谱全集》"语音"与"字音"注解见"亢词句之右旁有☆号者为字音，无此号者全为语音"的记载，谱字旁首标"快慢强弱"，以提示乐曲的奏唱处理。

2.《絃管指谱大全》[2]

《絃管指谱大全》系国家级南音传承人苏统谋、丁水清于2005年编校出版的絃管文献，分上册·工乂谱本和下册·简谱本两册。该著以门类汇编指套，计指套50套，大谱15套。见第三十五套《金井梧桐》。

至此，《絃管指谱大全》中《金井梧桐》指套结构清晰、标注完整，并采用工乂谱和简谱两种版本（图11）。该著梳理相关文献，于标题下对该套曲进行"说明"如下："本套两曲，分两节。原本称为陈三五娘故事不全对，首节《金井梧桐》显然不是五娘曲。《明刊戏曲絃管选集》有两首《金井梧桐》（一七二页和二〇六页）可供参考。《绣

---

[1]【桐城歌】【幽闺怨】见吴凤章主编《中国曲艺音乐集成·福建卷》，中国ISBN中心2001年版。
[2] 苏统谋、丁水清编校：《絃管指谱大全》，中国文联出版社2005年版。

成孤鸾》则是五娘曲,源自明嘉靖《荔镜记》、清顺治《荔枝记》。参看《泉州传统戏曲丛书》一卷。"[1] 指套首完整标注记谱理论,分别为:首节【锦板】(门头)、【桐城歌】(曲牌)、五空管(C/G宫系统)、慢头起(相当于散板)、一二拍(4/4拍);次节【锦板】(门头)、【幽闺怨】(曲牌)、五空管(C/G宫系统)。指套排版清晰完整,撩拍符号均采用红颜色标记,一目了然。

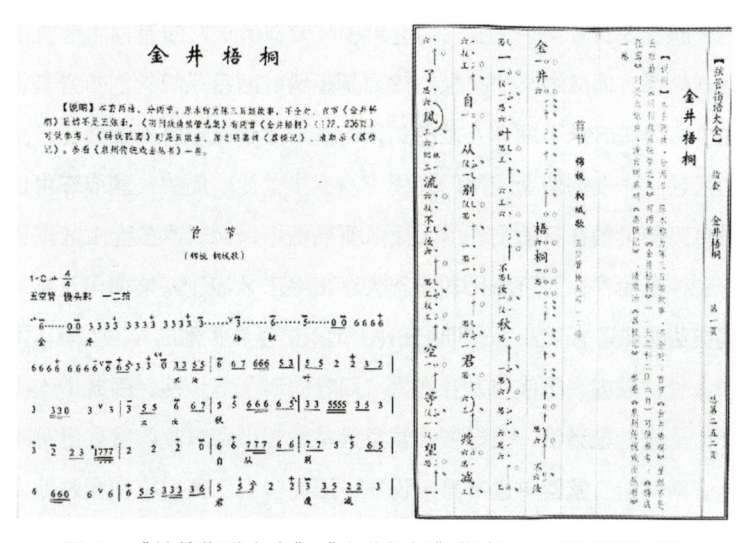

图 11 《絃管指谱大全》《金井梧桐》指套工乂谱与简谱二版

这一时期的絃管工乂谱记谱完善成熟,且呈现多元化(工乂谱、五线谱、简谱对照)的记谱现象,相关絃管记谱法理论的论著推陈出新、层出不穷。

结语

综上所述,絃管指套《金井梧桐》经历了从明清直至近代四个发展阶段,在一定程度上反映了絃管指套及记谱法体系形成的发展过程。福建南音在长期的历史演变发展过程中积累了丰富的曲目,这些庞大的乐曲数量经过历代中国传统音乐的历练洗礼,逐渐形成一套以滚门为核心的曲目分类系

---

[1] 引文中的《绣成孤鸾》应属五娘唱曲,但出处有误。经笔者查证明嘉靖年《荔镜记》原刊第139—140页及清顺治年《荔枝记》原刊第84页,发现原刊中的《绣成孤鸾》与指套中的《绣成孤鸾》曲词不同内容相近。且前者曲牌【望吾乡】(飏管)后者曲牌【幽闺怨】(五空管)完全不同管门,据此确认出处有误,应属于五娘唱曲。

统。这套曲目分类系统中的层次是管门、撩拍、滚门、曲牌、乐曲，它们互相之间按照从属逻辑关系彼此相互制约。在这套分类系统模式中，滚门占有绝对核心地位。不同类型的滚门各自拥有不同的"大韵"旋律，同一滚门不同曲牌的"大韵"旋律是福建南音曲目繁衍的重要手段。这里繁衍的意义不仅包括乐思的繁衍，即在一首乐曲通过"大韵"旋律发展而形成丰富的曲调变化，更重要的在于曲目的繁衍，即通过对"大韵"运用的变化发展形成同滚门的多个曲目变体，从而构成具有特殊旋律规律的一整套曲目系统。[1] 这段话道出了絃管在历史发展过程中形成的艺术创作规律，即围绕某一特征旋律为基础构成曲目系统的创作方式，这也是中国传统音乐中曲牌音乐的创作特点。絃管人以其奏唱经验，只需知道所演唱乐曲的曲牌或滚门，便可演奏出该曲的旋律，这或许可以用来解释为何我们在目前发现的大量絃管曲谱中，明刊本多无工乂谱谱字和琵琶演奏指法，而至清代却出现大量带有工乂谱、完整曲词及其琵琶演奏指法的曲谱的原因。《明刊三种》的乐谱是絃管圈内人之奏唱谱本，仅供絃管"局内人"使用，并非为"局外人"所能识别，因此谱面上无须标记完整的记谱法，仅标注唱词及简易的记谱符号，絃管人已可奏唱使用。同时，在絃管界也有另一说法，那些没有工乂谱字和琵琶演奏指法而仅记有撩拍的"圈撩"曲簿（圈撩谱，即只有曲词和撩拍记号的谱式）乃絃管先生为衣食特意"留一手"而为。由此，我们是否可以这样理解：絃管在明代闽南地区已蔚为流行，其被接受和熟悉程度已超过我们的传统认知，其工乂谱记谱法虽不够完善，但在明代已普遍存在。

　　工乂谱作为絃管赖以生存的奏唱之本，是历代絃管先贤集体智慧的结晶，其发展变迁过程以小见大地映射了絃管传承发展的历史背景，具有重要的研究价值。本文仅以词山曲海之一粟窥其记谱衍进史过程，关于絃管记谱法相关问题亟待学界更多关注和探讨。

[1] 陈瑜：《福建南音"滚门"模式特征研究》，《中央音乐学院学报》2010年第1期，第60页。

泉州南音记录工程现状分析

白志艺／泉州师范学院

　　泉州南音，原称絃管，是中国现存最古老的乐种之一。联合国教科文组织于2009年9月30日将其列入"人类非物质文化遗产代表作名录"，成为世界级非物质文化瑰宝。泉州南音的成功入选离不开一代代海内外南音人的薪火传承以及相关部门的辛劳付出。泉州市人民政府作为该项目的申报和承诺保护的责任单位，认真履行联合国教科文组织《保护非物质文化遗产公约》和《中华人民共和国非物质文化遗产法》，坚持"抢救第一、保护为主、合理利用、传承发展"的"非遗"保护方针，采取多项措施，对南音实行有效的保护和传承，已取得了许多显著的阶段性成果。泉州南音被音乐学家称为"中国音乐历史的活化石"，而"中国的音乐史学家常常感叹中国古代丰富多彩的音乐，保存下来的只有文字，没有声音，所以戏称中国音乐史是哑巴音乐史。这种缺憾决不能在日渐成熟的录音技术、数字技术以及日新月异的多媒体技术的当下延续下去。基于此，泉州市文广新局决定实施"泉州南音记录工程"，计划用5至10年的时间，建立一个全国乃至全世界最为完备的南音数据库，把多年来取得的保护成果和当今现存的所有南音资料，其中包括静态和动态的全部征集、采集与记录下来，并进行数字化处理，妥善保存于数据库，然后向全社会开放，通过资源共享，让海内外南音爱好者与研究者随时都可从互联网上浏览或下载，最终达到保护、保存，传承、传播南音文化遗产的目标。这对于人类"非遗"的有效保护和传承将是功在当下利在千秋之举。

一、泉州南音记录工程的主要内容

　　泉州南音有着异常丰富的曲目和多种唱奏样式，由于口传心授的传承方式及其他诸多因素，在漫长的传唱（奏）过程中，曲目丢失甚多，只有一小部分靠口口相传和曲簿记录下来。据泉州市"非遗"科科长谢万智介绍："英国牛津大学龙彼得教授在英、德两国图书馆发现的《满天春》《新刊絃管》《精选锦曲》（简称《明刊三种》）中共收录南音曲目272首，它们是历代音乐文化的积淀，继承了唐宋大曲、燕乐的余韵。但这批古曲至今保存并可演唱的不上百首，消失近三分之二。"因此，目前尚存的曲目，如果不及时记录保存下来，同样会面临日渐消亡的危险境地。尤其是对那些保存唐代"慢曲"形态的艺术性高、节奏舒缓（七撩拍8/2、三撩拍4/2）、唱奏难度高的曲目，以及在清代民初就已被遗忘的"过支曲""什锦过支曲""循环套曲"等的曲目和表现形态的记录保存已迫在眉睫。为此泉州市文化广电新闻出版局于2011年12月制定并颁布了《关于实施泉州南音记录工程的通知》并专门成立了南音记录工程领导小组，具体负责记录工程工作的指导与实施，正式拉开了这一具有划时代意义的前无古人之举的序幕。

与此同时，制定了《〈闽南文化生态保护区总体规划〉泉州市实施方案》，该《方案》中具体出台了《泉州南音记录工程纲要》（下文简称《纲要》），提出具体实施目标。泉州南音记录工程项目主要包括九大项目内容：

1. 南音曲目记录：南音本体的核心内容是曲目。泉州南音有丰厚的曲目，其中包括"指"（又称"指套"，每套由2至7首同滚门的散曲组成）50套，"谱"（又称"大谱"，器乐曲）15套，"曲"（又称"散曲"）2000余首。南音曲目记录的主要载体：一是书面资料，其发展历经版刻、手抄、蜡刻、电脑排版打印，包括已经正式出版的各种曲谱和民间手抄簿；二是自20世纪20年代以来录制的各种音像制品（包括卡式录音带、CD、VCD、DVD等）。这两部分都应全面征集、保存。

《纲要》中计划组织相关南音专家编制较为详尽的曲目总目录表和曲词总汇编。南音曲目现存的曲词有2000首以上，其中有上述的《明刊三种》的270多首。明代的曲词，并不全是明代当代的作品，有相当一部分是晚唐五代"曲子词"的遗绪，其历史意义显得尤为重要。总体上说，南音曲词不仅有音乐学的意义，同时具有文学、戏曲学与语言学的价值。在首期记录工程中拟组织整理、校订、注释并编辑出版一部泉州南音曲词总汇，并存入南音数据库。（3）曲谱总汇编。南音记录工程项目计划将近2000首曲目的工乂谱，制成电子版。同时选择其中的1000首，制作为工乂谱、五线谱、简谱对照的新谱式，便于更多不同学习背景的南音研习人员学习和研究，扩大泉州南音的传播空间。（4）"指、谱、曲"音视频制作。南音曲目虽然有2000首，但实际传唱的仅仅100多首，而且还有日渐萎缩的趋势。南音中难度大、艺术性较高的七撩曲、三撩曲，多数集中在"指套"中。鉴于南音的"指谱"具有"教科书"的意义。应该将它们全部录制、存入数据库。具体步骤是：先录制"指谱"65套，即"指套"50套，"大谱"15套；录制散曲1800首；录制过支曲及其演奏形式和礼仪程序20套；选录若干民间老艺人原生态演唱、演奏曲目。（5）闽南地区的民间收藏家现珍藏着民国初期欧美唱片公司录制的南音黑胶木唱片300多片，其中有一部分标明是泉州弦友所唱的曲目，这无疑是已知最早的南音有声资料，弥足珍贵，具有极高的收藏和研究价值。应尽快采取措施收藏和翻录，并进行数字化处理，为后人留住南音发展的有声轨迹。同时，将广泛收集已经过世的或在世的高龄南音名家早期演唱的录音资料进行翻录并进行数字化处理。

2.南音文献记录：征集已正式出版的南音典籍与古谱，制成电子版，存入数据库。其中包括：泉州地方戏曲研究社编校出版的《明刊戏曲絃管选集》《清刻本文焕堂指谱》《袖珍写本道光指谱》《泉州絃管精抄曲谱》《泉州絃管名曲选编》《泉州絃管名曲续编》《两岸论絃管》等，晋江市文体局、文化馆出版的《絃管指谱大全》八卷本、《絃管古曲选集》《絃管过支古曲选集》等，台湾出版吕锤宽撰辑的"泉州絃管（南管）指谱丛编"《台湾的南管》，林珀姬著《南管曲唱研究》，以及泉州师范学院等高校和其他科研单位出版的南音著述及各种教材、教程等。

3.南音器物记录：（1）用图文的形式介绍南音上、下四管各种乐器，并从《中国音乐文物大系》中引证相关图像以追溯其历史渊源，同时拍摄收存于开元寺的飞天乐伎手中的乐器，以资对比映照。（2）采录若干家有代表性的南音乐器作坊，介绍各种南音乐器的制作过程。（3）采录介绍南音上下四管各种乐器演奏的基本知识和技巧。（4）采录介绍与南音唱奏及礼仪相关的其他器物。

4. 南音传承人记录：采录各级南音代表性传承人的文字和影像资料。重点人物可采录专题片，作详细介绍。

5. 南音活动记录：（1）泉州历届南音大会唱资料（含图片、音视频）。（2）泉州历届中小学生南音比赛资料（含图片、音视频）。（3）泉州历次南音学术研讨会资料（含图片、音视频）。（4）泉州与境外历次南音双向交流资料（含图片、音视频）。

6. 南音乐神记录：（1）采写录制春秋二祭乐神孟府郎君的全过程。（2）征集编纂有关研究乐神孟昶及祭祀郎君习俗的研究论文。

7. 南音社团记录：（1）为专业团体泉州南音乐团建立专页。（2）用表格的形式介绍各个民间南音社团的基本情况（用已有的普查资料加以补充）。含本地区、闽南其他地区及三明地区、中国台湾地区、东南亚各国等。

8. 南音教学记录：采录、制作多种教学专题片，包括：如何解读工乂谱、习唱中如何咬字吐音、如何润腔做韵；在乐器学习中如何弹奏琵琶、吹奏洞箫、拉好二弦、弹好三弦、打好"拍"等。

9. 南音论坛记录：（1）采录介绍有关学术研究单位的历史与现状。（2）采录介绍国内外南音研究的著述、论文。（3）举办南音研究论坛、研讨会、讲座。

二、泉州南音记录工程实施成果及存在的突出问题

（一）泉州南音记录工程进展及主要成果

泉州市于2013年正式开始实施"泉州南音记录工程"。该项目将采取分期分批的形式，运用现代音像技术，把视为南音"教科书"的"指""谱"全部65套和优秀的"曲"选择1000首录制成DVD，其工乂谱作为DVD图像，既有利于永久保存，又便于爱好者听音读谱，从而防止变异，达到原汁原味传承的目的。经过前期的各项准备工作，包括专项资金申请、录音棚的设计和建设，于2013年12月初开始南音指套的录制工作。经过近一年的潜心研发和细致记录工作，终于在2014年9月30日纪念南音入选人类非物质文化遗产代表作名录五周年座谈会上首次发布了"南音记录工程"工作首批成果。截至目前该记录工程

共完成：

1.全国首款智能南音曲谱软件南音记录工程项目目前已成功研发出"南音数字化智能曲谱"系统。该软件将曲目古谱进行数字化、智能化处理，能在多种终端上进行多媒体展示，并可进行互动教学，将对南音的传承和推广提供极大便利。与此同时，也为南音记录提供了技术保障，意义非凡。作为南音的显著特色，其独特的工乂谱记谱法包括琵琶指法、撩拍符号等，深奥复杂，有如"天书"，过去只能靠木刻或石版印刷、刻蜡版油印，极大地限制了南音的保存与传播。笔者采访了南音记录工程专家组成员、资深南音研究专家郑国权先生，据他介绍：1995年，泉州六中的音乐老师吴世忠与李文胜开发计算机软件，成功地把工乂谱输入电脑，并直译为五线谱与简谱，提高了南音的打谱效率，为南音的教学、传播和研究提供了技术保障。近些年，在原有的基础上又做了进一步的研创。现在用这种软件可将絃管曲谱制成电子版在互联网上传输，并能够在多种终端上进行多媒体展示，还可以进行互动教学。该软件的成功研发无疑将对泉州南音的传承和推广提供极大便利和更广阔的空间。

2.相关文献出版：

（1）《泉州絃管曲词总汇》（2014年2月由中国戏剧出版社出版）。该书将《明刊三种》刊载的270多首曲词，加上明清以来的各种刊本、抄本的唱词文字进行整理校订，共收录南音曲词2050首。书中逐首说明曲子的故事来源出处，注释典故和方言俗字，并借鉴词典的编辑方法，只要知道曲名，便可找到相关资料。该书还将上传至相关南音网上，便于读者、学者查找与研读。

另外，由于台湾是泉州南音最主要的传播地区，许多曲目源自泉州，后来在台湾有所发展，故在《泉州絃管曲词总汇》的附录中还收录了台湾南管存目3100个。

（2）《泉州絃管指谱大全》（2015年1月由中国戏剧出版社出版）。该书以南音国家级传承人苏统谋、丁水清（已故）为责任编校的《絃管指谱大全》（2005年由中国文联出版社出版）为主要底本，参照其他版本的指谱和相关资料，共收录了指套50套、谱15套。今后还将陆续出版单卷本《泉州絃管套曲集萃》和五卷本《泉州絃管名曲千首》，以便广大南音爱好者和学者学习、查阅和研读。

在后续的工作中，还将抢救与记录濒于消亡的"过支曲""什锦过支曲""循环套曲"（这部分是唐宋大套曲的遗响，十分珍贵）；记录絃管界春、秋二祭乐神孟昶郎君的仪式规程，采访老弦友口述亲身经历，然后整理成完整的脚本，把它真实、系统地录制下来；举办纪念《明刊闽南戏曲絃管选本三种》在欧洲发现五十周年活动，包括明代絃管古曲专场演唱会和学术研讨会；广泛征集资料，尤其是寻购旧曲簿、音像资料，建立泉州南音记录档案馆，进行专项保存。

3. 南音指谱的录制。截至目前，南音记录工程共录制了指套、谱60套。由泉州南音乐团和福建雅艺南音文化传播有限公司、泉州市图书馆实施音、视频录制。笔者采访了许兆恺（泉州市图书馆馆长、市"非遗"中心数据库负责人），据他介绍：泉州市图书馆在南音记录工程中主要承担视频拍摄、录制、后期合成以及数据的录入及管理。按照《纲要》要求，需录制"指谱"65套，现已完成60套，约占92%（图1）；需录制时长2100分钟左右，现已完成1500余分钟，已完成72%（图2）。每个作品均配有高清视频，这将更加吸引年轻的爱好者学习和欣赏。目前，其余的未完成曲目正在紧锣密鼓地录制中。

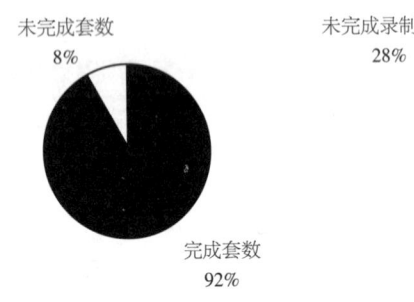

图1　南音记录工程指谱套数完成情况

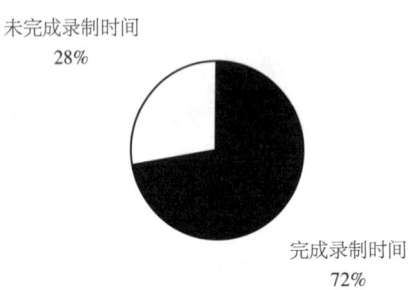

图2　南音记录工程指谱录制时间完成情况

（二）泉州南音记录工程所面临的突出问题

1. 录制协调工作的诸多问题。泉州南音记录工程任务十分繁重，工作量巨大，所以，在整个记录工程正式启动之初就由政府统筹，文化主管部门具体负责并牵头成立了泉州南音记录工程领导小组，具体由市"非遗"保护中心、市闽南文化生态保护区中心数据库和市南音乐团等相关单位负责实施，分别建立专家小组、编审小组、技术小组，分工负责。泉州南音数据库设于市闽南文化生态保护区中心数据库（泉州市图书馆）。但由于具体参与的录制人员（除南音乐团外）较为分散，造成了时间协调、工作协调等方面的极大不便。由于录制采取多渠道多管并进的方式，由专业的南音乐团和民间南音机构召集具有代表性的市级以上南音传承人进行录制，而协调分散于民间、各行各业的传承人是一项十分复杂的工作，在客观上影响了泉州南音记录工程的顺利推进。另外，录制场地和设备也是制约录制进度的又一因素。为了泉州南音记录工程能够顺利开展，在正式录制前，由文化主管部门申请"非遗"保护专项资金投入30余万元建立了专业的录音棚用于录制。录音棚的建设需要时间和技术人员的投入，而能够提供符合录制要求的高标准录音棚的严重缺失，在很大程度上影响了记录工程的进度。

2. 南音录制工作的复杂性。南音录制首先需确定录制的具体曲目。根据记录工程的工作分工，将由资深南音专家提出录制的曲目，再经讨论最后确定。在确定65套指谱的基础上，要在2000余首散曲中甄选和确定需要录制的曲目是一件工作量很大的工作。另外，本次南音记录工程如此大规模、全方位的指套、谱录制工作是前所未有的，因此对演唱、演奏者包括录制人员来说无疑都将是极大的挑战。泉州南音乐团副团长、福建省级南音传承人、南音记录工程专家组成员曾家阳在接受笔者采访时表示：南音指套由于数曲联唱，费时费力，演唱难度较大，所以令很多弦友望而生畏，导致现在较少有人触及，常常是只奏谱而不唱曲词。而本次的录制将还原指套的传统演唱形态，即演唱曲词。他还介绍，本次录制南音五大指套之一的《趁赏花灯》，整整录了46分钟。其工作量之大可想而知。而有些指套的演唱难度比较高，必须在演唱技巧、综合能力等各方面均能够胜任者，才能顺利完成录制。究其原因，主要是由于近现代的欣赏者和演奏者追求洞箫音色的亮丽，导致调高变高，从而使演唱者在演唱指套时要应对较高的音高和较长时长的双重考验。

3. 南音资料的搜集问题由于种种因素，使得南音很多有价值的珍贵资料，其中包括散落民间的南音曲谱手抄本、南音老唱片、音像资料等，搜集和整理无法全面得以落实。譬如在民间习俗中，有些南音老艺人过世时，家人通常会把陪伴其终身的乐谱本烧给他"带走"，造成很大一部分珍贵资料丢失。另外，民间弦友散居各地，对南音相关资料的寻找、搜集客观上带来了诸多不便与困难。即便通过各种渠道、历尽艰辛才探访到有价值的南音珍贵资料，却因有些拥有者的各种原因而不愿外借。泉州南音艺术研究院院长吴珊珊女士在谈到搜集资料之艰辛时，用了"走破脚皮，磨破嘴皮"八个字来形容。据了解，为了搜集南音资料，她和她的同事们曾经一天连跑3个县，早上四点半出发，凌晨一点才回来。有一回为了说服一南音世家出借资料，她的团队每年两次以上前往拜访，坚持了12年，最终才说服对方，如愿以偿。南音资料搜集的不易和种种困难由此可见一斑。

三、泉州南音记录工程的几点建议

（一）政策资金保障

政府相关部门应继续加大资金和人力资源投入，在原有基础上建设高标准、多功能的录制场所以及数据库，配备专业的技术人员，以保障后续大量的记录、保存工作的实际需求。因为根据《闽南文化生态保护区总体规划》泉州市实施方案，泉州南音记录工程分三个阶段实施。具体是：近期（第一期）（2011—2015年）为启动建设与记录期，将实施非物质文化遗产资源数字化建设，实施泉州南音记录工程；中期（第二期）（2016—2020年）为完善与记录期，将进一步完善非物质文化遗产资源数字化建设，实施泉州南音记录工程；远期（第三期）（2021—2025年）实现非物质文化遗产资源数字化共建共享，实施泉州南音记录工程。而要完成上述艰巨的工程，人力物力的投入是关键。

（二）社会资源共享

应充分调动和有效利用社会各种资源。政府部门应大力倡导主动为南音记录工程提供宝贵的数据资源。如散落民间不计其数的南音手抄本、民间和个人录制的各种未经正式出版发行的南音音像制品以及个人收藏的老唱片等。可采取政府收购、租借、自愿捐赠等方式进行收集和采录，对于自愿捐献者予以公开表彰和一定的宣传。力求做到全面准确地整理和汇总。

（三）多部门协同攻关

应由政府相关部门牵头协调，充分发挥高校在科研、技术以及资源方面的优势，并协同行业以及相关单位和社会力量，为南音记录工程提供必要的软件研发、数据库建设等技术。可充分利用泉州师范学院泉州南音学院以及福建省级"2011协同创新中心"项目——南音文化传承与发展协同创新中心、福建省社科研究基地——南音研究中心以及南音文化传承研究生教育创新基地等平台优势，利用多方资源优势，建立、完善和不断优化南音记录工程的软硬件设施，为记录工程提供必要的技术保障。

（四）推广模式创新

利用东亚文化之都的优势，与相关产业有机结合，在公众中广泛宣传和推广南音记录工程的成果。如：与旅游行业结合，在重要景点、酒店或休闲娱乐场所设置LED屏，滚动播放名家演唱演奏的经典南音曲目，最大化地提升宣传效应。

据工信部最新统计数据，截至2015年12月底，我国手机用户数达13.06亿，手机用户普及率达95.5部/百人。这无疑又是一个巨大的可利用空间，可开发手机南音APP，充分运用大数据时代的新技术，为南音文化的推广、传播探索一条切实可行的新路子。

四、结语

泉州南音记录工程是泉州市人民政府以及相关部门为了认真履行联合国教科文组织《保护非物质文化遗产公约》和《中华人民共和国非物质文化遗产法》所组织开展的一项伟大工程，这项工程在南音的发展史上将具有里程碑式的重大意义，对于人类"非遗"的有效保护和传承将是功在当下利在千秋之举。笔者通过采访南音记录工程的几位主要专家和参与者，对记录工程进行了初步的梳理和分析并提出了一些粗浅的建议，希望能为此项工程的后续发展尽绵薄之力。

参考文献

[1] 郑国权：《泉州絃管史话》，中国戏剧出版社 2009 年版。
[2] 泉州市文化广电新闻出版局：《关于实施泉州南音记录工程的通知》，2011 年 12 月。
[3] 林育毅、谢万智：《泉州市闽南文化生态保护区规划汇编》，海峡文艺出版社 2016 年版。

泉州南音的非物质文化遗产价值探析
——兼议海峡两岸对南音的传承保护策略

王青／泉州师范学院

2009年9月30日，泉州南音正式被联合国教科文组织列入人类非物质文化遗产代表作名录。虽然南音迄今为止已有千年的悠久历史，但对于当代人来说，它依然是一个远未获得充分发展与释放的艺术领域。文章以"非物质文化遗产"这一理论视角，探讨了泉州南音在我国的起源及文化价值。在探究其当代保护理论的同时，也比较了海峡两岸在民间南音保护机制上的差异，并希望从整体性、传承性和人文性三个方面来理解泉州南音在当代的保护与传承问题。

民间音乐代表了中华民族千百年来艺术历史所占有的重要地位，应该受到每一代人的尊重、保护与传承。但随着时代的变迁，传统民间音乐却受到了前所未有的多元化文化冲击，有些甚至在人们的漠视与冷落下逐渐衰落、走向消亡。作为中华民族具有"音乐历史活化石"之称的优秀的民间音乐——泉州南音，在2009年9月30日被联合国教科文组织列为第四批人类非物质文化遗产，泉州南音一跃成了全人类共同的文化遗产。但是人们对它的保护思维大多还停留在对传统音乐的认知与保护阶段，没有充分认识到非物质文化遗产在传承中"流变性"的重要特征。当今，在现代社会文化多元化的大背景下，生存环境遭到严重的破坏，泉州南音也出现了渐趋衰落的趋势。所以我们希望通过对南音这一非物质文化遗产价值的探讨，来客观看待泉州南音的过去、现在和未来，力图找到古老南音与现代社会融合的新意义与新价值，重新找回南音作为民族音乐文化曾有的尊严与荣光。

一、泉州南音

（一）称谓

南音被称为"华夏文化历史长河冲积层中的一个断面""中国古代

音乐的活化石"，这些美誉证明了其在民间音乐领域乃至世界民间文化领域的重要地位。南音的别称有许多，像"絃管""南曲""南管""南乐""郎君乐""御前清曲"等都是在不同时期对它的称谓，是我国目前保存下来的古代音乐文化较丰富、较完整的民间乐种之一。在2009年，人类非物质文化遗产代表作名录中，它以"南音"之名登录，所以南音也成为民间音乐人使用最多的称谓之一。

（二）起源分布

南音是我国最古老的民间音乐形式之一。其历史起源有多种学说，目前学术界普遍认同的观点是源于唐代，形成于宋代。而关于南音的发祥地，众多的史料及史实无可置否地表明是起源于古泉州，在随后的时间中，南音从泉州逐渐流传到整个闽南地区及台湾、东南亚一带。南音的分布较为广泛，有人曾说："只要有闽南人的地方，就有南音。"这与它早期的漂泊经历有关，自明清时期，南音就从原乡泉州随移民漂洋过海，来到了厦门、台湾、香港、澎湖、澳门甚至东南亚等地。到目前为止，南音已经成为我国闽南及东南亚地区广为传唱的一种重要民间音乐形式，拥有着很深厚的民众基础和有组织性的民间社团。

（三）音乐形式

南音的音乐形式主要有指套、大谱、散曲三大类。指套，是南音的带词套曲，由若干首歌按古典故事情节连接构成，但很少用于演唱，一般用作乐器入门练习或选择其中热烈的段落作为"嗳仔指"开场来演奏。大谱是南音的器乐套曲，由若干乐章联缀构成，乐谱有标题、各乐章有小标题，以《四时景》《梅花操》《八骏马》《百鸟归巢》四套最为著名。散曲又称草曲，草曲属于单首歌曲。草曲结构有大有小，小结构草曲只有一个曲牌，大结构草曲由十几个曲牌联缀而成。[1] 散曲在南音中占有很大的比重。近些年来，泉州南音研究院、博物馆及部分南音学者从民间陆续发现并整理出的南音散曲达四五千首，远远突破了南音艺人称草曲"诗山曲海三千首"的历史记录。此外，泉州南音使用的是一种独特的记谱谱字和记谱法的"工乂谱"。是以"乂""工""六""思""一"五个基本谱字对应民族五声音阶的宫、商、角、徵、羽五个音级，再配上琵琶指法和撩拍符号，有的填上曲词，从而构成了南音特有的记谱方法。

---

[1] 李寄萍：《南音综析》，《沈阳音乐学院学报》2010年第4期。

（四）演出形式

南音的一个重要特征是必须是以古泉州方言来演唱。演唱者执拍板居于中，即所谓"丝竹更相和，执节者歌"。演唱者要根据工乂谱的主干音对旋律进行"加花"来润腔，亦称"做韵"。南音乐队组合也有固定的形式，主要有洞管、品管、嗳仔指三种模式。洞管是由洞箫、南琶、三弦、二弦、拍板（歌者兼）五件乐器构成，是南音乐队最常见、最典型的一种形式。当南音演唱者的音域与"洞管"的调高不和时，将洞箫换成品箫（南音笛）的弦管乐队，称作"品管"，"品管"比"洞管"高小三度，音域可配唱高音者。当开场需要热烈时，在"洞管"乐队的基础上加入南嗳（唢呐）及"下四管"小打击乐器，一起来演奏指套当中的部分选段，称作"嗳仔指"。[1]

二、泉州南音的非物质文化遗产价值体现

南音是非物质文化遗产，这也体现了其丰富的历史内涵、文化内涵、审美价值和伦理价值。南音流传至今依然兴盛于闽南地区，它已经将传统与现代结合，体现了一种活态的、流动的非物质文化遗产价值。所以我们说，南音的价值是无可取代的。

（一）南音的历史价值

作为非物质文化遗产，南音的历史价值不言而喻。一方面，南音的出现象征着人类社会组织结构与生活方式的形成，它反映了那个时代的道德习俗与思想禁忌，也反映了人与人之间的微妙关系，所以南音的历史价值是丰富的。另一方面，在南音历史的探索过程中，人们也能发现它在音乐特征、乐器、规范、语言、文本、组织等方面所体现出的社会运作价值与对生命的态度，南音为中国历史的深层次积淀形成了一个完整的断面，这一价值是相当罕见的，也充分证明了它所存在的文化与哲学性。

（二）南音的精神价值

在南音中，蕴藏着深厚的民族文化根基，它是南音所独有的精神特质，也是维系闽南地区华夏民族血脉的珍贵元素。作为一种社会行为和生活态度，在南音中所形成的民族精神在

---

[1] 李寄萍：《南音综析》，《沈阳音乐学院学报》2010年第4期。

一代代人的理解与演绎下得以传承，虽然精神无形，但是南音所表达出的情感力是有形的，它推动了人类社会与人格的进化，是具有民族特性的伟大标志。而在南音的传习上，对演奏者及演唱者的音乐能力要求苛刻，且难度极高，特别是民间在主要靠口传心授条件下，人们完全通过熟练的自然技艺来传承南音，这种素质也得以良好地传承下来，约定俗成了南音乐人必须精通两三种以上乐器和几十首曲子的技艺要求。它表现了南音乐人在南音学习上的坚韧毅力和对严于律己的人格历练，这也是南音精神价值的最好体现。

（三）南音的社会价值

非物质文化遗产本身就由于其丰富的社会功能和价值而得以成立，所以南音拥有丰富的社会价值是必然的。人们都说，南音是"活的文化传统"。这说明南音文化已经扎根于每一个盛行南音的文化群体及所在地区，它也充分体现了闽南民族的生活习惯、经济条件、迁移习性、思想品德、美学价值和创造思维。在南音起源的阶段，正是一群下南洋的中国人将南音带到了泉州以外的地区，让南音文化能得以传承和发扬，促进了人与人、族群和社会之间的和谐。也正是南音合理地调和了人类个体的精神世界，让社会安定、团结，这也反映了南音音乐的核心思想"合"与"和"。如今，在闽南和东南亚地区已经成立了无数的南音社团，他们聚合了东亚及东南亚地区绝大多数爱好南音的华侨同胞，让人们因为音乐走到一起，这种发自于南音的交流，客观上发挥了两岸文化认同的巨大作用，成为建设中华民族共有精神家园的重要支撑，其力量是不可估量的。

（四）南音的审美价值

南音是艺术形式，必然拥有丰富的审美价值。在外人看来，南音所展现的是闽南地区族人的生活风貌、审美情趣以及艺术创造力。在经过历史的淬炼之后，南音已经有足够的资历来代表东方音乐深厚的艺术哲思和美学理念，我国著名音乐史学家孙星群先生就基于南音的发展探讨了它的两点审美价值。

首先，南音具有中和多种器乐表达形式的淡雅美。南音中的节拍是以散板—慢板—中板—快板—散板为主要结构，这种从散到整再到散的换板结构让南音乐曲整体节奏富于变化，且形成了鲜明的对比。但是南音所追求的节奏变化正是对感情自然发展的推崇，希望给听者一种幽雅淡美的绵延感。虽然拍板中间有同转式的级进旋行高潮，但是每到乐句的结尾处，节奏就会趋于平缓，自然而然的呈现适度的中和淡雅之美，令人十分舒心。

其次，我们也能从南音中听到声韵婉约美。这种美感来自于南音调值的调节，在南音中具有许多的元音和复元音，并且泉州南音更是有七个声调，这种声调讲究抑扬顿挫，而且要求咬字吐音的绝对精确，所以有人认为南音是歌唱美学与语言美学的完美融合。在泉州方言的引领下，南音的演唱中会存在细节上的旋律线变化，这是对南音乐曲的细腻感情处理，整体演唱出来具有低而平的效果，使得乐曲更加委婉和柔和。这种婉约低调的声韵美正是南音所特有的审美价值。

无论是哪一种美，它所体现的都是中国民间音乐之美，它所蕴藏的也都是中国民间音乐的特色价值，尤其是其对人类文明发展的心理导向更为明显。在南音的指引下，闽南地区越来越推崇"载道、净意、明心"这一至高理想境界，这也体现了南音在音乐艺术之外谦怀雍容的思想境界，所以南音文化当然是值得保护与传承的。

三、海峡两岸对南音的保护比较分析

在历史资料中并没有确切记载南音传入台湾的时间，但早在1895年，清政府将台湾割让给日本时，南音活动在台湾就已经有了相关记录，再加之日本在统治台湾时期对其文化采取了怀柔政策，所以南音在台湾得以发展并迅速进入了全盛期。南音之所以可以在台湾盛行，一方面在于大量的泉州移民移居于此，另一方面则是由于台湾优越的经济条件，作为港口地域所拥有的天然优势。在此后的100年间，南音在台湾经历了"二战"时期的没落期、1949年以后经济高速发展的复苏期以及新时代到来的转型期。南音在台湾能发展到现在，完全得益于当地人对南音文化发自内心的热爱以及当地良好的保护制度。而对于大陆来说，对南音的保护也有自己的一套思路。这些年来，海峡两岸对南音的保护与传承是有目共睹的，两地在保护体系、行为和法令方面虽然有相异之处，但都体现出了闽南族人对南音的深厚情愫。

（一）海峡两岸在南音保护体系上的比较

自南音被列为非物质文化遗产后，祖国大陆对南音的保护体系更加

清晰。大陆地区采取了政府专职机构和政府所主导的民间组织机构，以双管齐下的方式为南音设立专门主管部门，并由中国非物质文化遗产中心执行相关指示。而在福建省与泉州市方面，也对南音设置了非物质文化遗产研究科室，在保证了对南音文化安全保护的同时，也没有停止对它的研究和传承。2013年，泉州南音学院院长王珊教授牵头建设的"南音文化传承与发展协同创新中心"，被福建省教育厅认定为2013省级"2011协同创新中心"，并于当年落户泉州师范学院。几年来，该中心积极构建交流研究平台，并于2013年成功举办了泉州南音国际学术研讨会，许多南音相关的科研成果层出不穷，为南音深层次的传承保护起到了重要的作用。

而在台湾方面，此前南音由"文化资产总处筹备处"管理，隶属于无形文化遗产分支管理体系。2012年5月20日，台湾将原有的"文化建设委员会"升级为"文化部"，南音则转交给台湾文化资产局进行管理。在台湾地区的县市层级也有设置相应的文化保护组织对地方南音进行独立的研究和管理，而且每一处县市级别的南音保护系统都有自己的独立分工任务和研究课题。所以相比较而言，大陆地区相比于台湾地区对南音的保护体系更加清晰统一。

（二）海峡两岸在南音保护法令上的比较

对于南音的法令保护方面，文化部专门针对非物质文化遗产追随UNESCO的《保护非物质文化遗产公约》而单独立法，在南音被列为非物质文化遗产名录的两年后的2011年，颁布了《中华人民共和国非物质文化遗产法》。这一法案的建立很好地保护和约束了像南音这一类非物质文化遗产的保护条例，它对照之前的《文物保护法》则显得更加全面和细致。在立法后，各地的南音社团组织也得到了更多的政府及企业经济支持，得到了有力的保护与传承动力。

而台湾在南音的"立法"思维上则更倾向于追随日本的立法制度模式，《文化资产保存法》就是台湾对物质性与非物质性文化遗产的基本保护政策。相比较而言，台湾依然在遵循传统法制来保护南音，希望其法律保护思维能够一脉相承。所以从整体来看，海峡两岸在南音的立法保护方面各具思路。

（三）海峡两岸在南音保护作为上的比较

在泉州，为了大力发扬南音文化，培养南音后继有人，政府自1990

年就开始加大力度持续展开"南音进校园"活动，在泉州市及地方的中小学开设南音课程，将南音的"传习活动"长期发展下来。自 2003 年起，经上级批准，南音作为民间乐种，又被首次引入高校本科专业，泉州师范学院艺术学院正式组建南音系，并于当年招收了第一届南音专业的本科生，十多年来培养了众多优秀南音教学和表演人才，他们都在随后加入了泉州各地的学校及南音团体，从事南音教学及演奏、宣传工作，为南音的传承和持续发展起到了非常重要的作用。2011 年，泉州师范学院又成立了泉州南音学院，南音保护工作进一步得到社会各界的重视，取得了较大的成果，极大地促进了泉州南音的保护、传承和发展。

而在台湾，南音的教育行为也有许多，但都是非政府行为。民间组织的南音社团众多，但从现实角度看，现代家庭对青年一代学习南音并以此为生计还是具有抵触意识的，这让许多青少年在升学压力与生活压力面前选择放弃南音的学习。相比较而言，大陆在成功"申遗"前后已经将南音的传承演变为政府性教育行为，而台湾依然在走民间委任路线，两种保护行为表明了南音在海峡两地的生存状态。虽然保护方式不同，但是南音的生态之美并没有走样，依然在延续。[1]

四、从人文文化的多元性看南音的保护与传承

（一）从整体性看南音的保护与传承

南音是闽南地区传统民间文化的重要表现形式，但它并不是个别文化形式的有限综合。所以对南音的保护应该体现出在特定时空内对其文化形态和创造力的关注，在关注中行使保护行为。南音的乐曲表现形式众多，如果人们仅以"南音代表作"的形式来认证南音的某一个文化片段，实施并不合理的"圈护"，那南音就会迅速被人们所忽略和遗忘。同样的道理也适合于对其他任何一种非物质文化遗产的保护。不正确的保护方式也是让如今社会产生如此之多"文化碎片""文化孤岛"现象的诱因，人们应该制止这种对文化结构性破坏行为的继续发生，因为这是一种对社会文明发展的诋毁行为。

无论是台湾还是泉州，来自于政府的保护资源都十分有限，而且也正处于萌发阶段。所以整体性保护对于南

---

[1] 陈敏红：《泉州南音乐社传承现状之研究》，福建师范大学硕士学位论文，2007 年。

音来说是一种理想的发展目标，它并非起点。目前的南音保护还要依赖于民间对后代的教育、发扬与传承。在对像南音这样的民间音乐保护形成规模之前，我们也不应该僵化对"理想"的理解，而是应该保持积极的态度和耐心，将南音文化继续下去。

（二）从传承性看南音的保护与传承

南音是我国非物质文化遗产保护的重点对象，它不应在"申遗"后成为官方的保护行为，而与大众无关。实质上，无论是大陆还是台湾人民都应该明确"非遗"保护并不只是对南音技能的传习，它还有包括对南音历史、故事、知识和文化内涵的传承。纵观海峡两岸在南音的发展变迁过程就会发现，对传承与传承人的工作都被置于关键的位置。为此，台湾还设置了专门的"传统艺术中心"，它的核心任务就是委任于政府的民间音乐等艺术形式的传习计划。而两地也在南音的保护与传承过程中不约而同地选择了教育这一路径，将南音带入了校园，并在官方组建了南音乐团。如此做的目的就是要让"会南音"的极少数人将南音的技巧、文化与内涵带给更多"不会南音"甚至"不知道南音"的大多数人。所以说，对南音的保护要达到一种对质的改变，其真正要达到的目的是深化、丰富与提升。人们应该放开自己的眼界，透彻理解"传承"二字的内涵，不是对南音技艺的传承，而是对南音文化的传承。

（三）从人文性看南音的保护与传承

对南音这样的民间音乐艺术的传承就是一种人文性表现，而人文性表现的核心思想应该就是"文化自觉"，这也是爱南音之人对南音保护传承的起点。具体来说，对南音文化的保护应该是一种民族文化的自觉行为和行动主张，并且，人们应该认识到文化自觉对于非物质文化遗产——南音保护与传承的必要性。因为文化自觉是来之不易的，社会学家田青就认为"对于一个处于强势文化'软性包围'下的民族中，人们常常会无法认识到自己的美，从而遗失了'文化自觉'这种特性"[1]。虽然在闽南地区，南音被称为"活化石"，但事实证明，现代文化已经开始质疑南音是否已经缺乏时代感，无法契合当代人的口味等。这说明了南音已经逐渐被现代强势文化所制约。因此基于人文性的角度，我们应该反省自我，是否对南音给予了足够的重视，是否还热爱这样一种艺术形式，是否依然有保

---

[1] 郭耿甫：《非物质文化遗产视角的建立——以南音为例》，博士学位论文，中国艺术研究院，2012年。

护和传承它的动力。所以人们应该给自己一个契机,去了解南音,发掘南音所存在的各种价值。

五、结语

南音作为一种民间音乐文化形式,对它的保护应该是百年大计。而无论政府如何扶持,对南音文化的传承与保护也依然需要仰仗广大群众对它的真爱程度。我们应该意识到,南音所面临的境遇是每一种非物质文化遗产都会面临的。当南音被列为世界非物质文化遗产之后,每一个中国人就应该意识到,南音已经不再是泉州、台湾以及所有闽南地区所存在的民间音乐艺术形式,它已经成了全人类所共同享有的珍贵财富,所以我们有责任,也有荣耀去世代守护这份宝贵遗产的过去、现在与未来。

泉腔南音道教、佛教套曲源流考论 [1]

马晓霓 / 泉州师范学院

南音套曲中的道教、佛教曲目共有《弟子坛前》套、《南海观音赞》套和《普庵咒》套等 3 套。不同版本的联套方式体现出各自的民俗功能和审美倾向。《弟子坛前》套应是保留在南音套曲中的"牵亡曲",内容与民间"尪姨""三姑"等传说相吻合。《南海观音赞》套实属民间礼佛仪式音乐,目前南音文艺表演中亦有念诵、唱奏者,其佛教功德在于赞颂观世音菩萨救苦救难、普度众生的慈悲情怀。《普庵咒》由诸多单音参差组合,其佛教功德在于用最愉悦、慈悲的方法避凶驱邪、消灾解厄,由宋代禅宗临济法系第十三代法嗣普庵禅师(1115—1169 年)开显,后世不少高僧或居士对此咒语亦有颇多开示。

闽南作为我国古代道教、佛教、伊斯兰教等"三教合一"、人文荟萃之"圣地",其相应文化的色彩也自然地反映到南音套曲的形成和发展之中。就笔者观之,南音套曲中的道教、佛教音乐与我们日常生活中的相关音乐在形态和审美上并无本质区别,甚至可以说,南音套曲中的道教、佛教音乐就是民间的道教、佛教音乐,这还可以从目前留存表演中采用敲木鱼、念咒语等仪式中得到明证[2]。若以清刻本《文焕堂指谱》来看,道教音乐和佛教音乐各有一套,分别为《弟子坛前》套和《南海观音赞》套。

焕本之《弟子坛前》套为"三十六套总头",由"请神咒"之《弟子坛》和《请月姑》两部分组成。今传本(如苏统谋、丁水清编《南音指谱大全》)则分三节即《弟子坛前》《请月姑》和《直入花园》。但实际内容与焕本无异,因焕本之《请月姑》实已包含了今传本之《直入花园》。既然焕本将《弟子坛前》套列为"总头",足见其在南音套曲中的地位之显要。这种

---

[1] 此文据笔者博士后研究报告《南音套曲蓝本研究》第四章《南音套曲中的道教、佛教曲目》改编而来,在此,向博士后合作导师刘祯先生谨致感谢。
[2] 笔者在泉州晋江、泉州市区的诸多南音文艺表演中就欣赏到《南海观音赞》的类似表演。

显要地位的形成和确立显然与我国民间根深蒂固的敬奉神灵、祈福禳灾的民俗文化传统具有极为密切的关联[1]。

焕本之《南海观音赞》套由《南海观音赞》和《普庵咒》两部分组成。在一些传本中（如苏本）却分为两套，是为《南海观音赞》套和《普庵咒》套，但其曲目内容与焕本并无明显差异。或许，古本中的《南海观音赞》套之两部分根据需要合起来演和分开来演都可以，并非定式。但是，从套曲组合的学理逻辑来看，焕本之《南海观音赞》套的组合方式显然更为合理，不难领会：由一支单曲"组成"一"套曲"，显然有悖于套曲之基本命义。不过，从表演实践来看，将今传本之《南海观音赞》套和《普庵咒》套分别演唱或演奏，不仅可将对大慈大悲观音菩萨的礼赞和神圣难测的佛教咒语分别开来[2]，也使"各套"音乐的审美风格趋于统一、谐和[3]。

一

从目前可见的最早的南音指谱文献来看，《弟子坛前》套的定型时间至迟应在明末清初，这一推断的理由依旧源于焕本所据实为一"古本"。不过，现存的"铁证"还远远不能揭示其民俗文化内涵的诸多方面，仅能证明其与南音的其他不少套曲一样，属于形成和定型最早的一类。由于先民对人类物质世界和精神世界的极端敬畏和定向认知，以及我国道教文化在各个艺术领域的自然渗透和广泛传播，就使得《弟子坛前》套先天性地具有极为浓厚的闽南民俗文化色彩和道教文化色彩。我们不妨来看看现存最早的清刻本《文焕堂指谱》中的相关曲文：

三十六套总头请
神咒弟子坛落请月姑

---

[1] 南音套曲的民俗文化内涵颇为丰富，不仅仅体现在敬神祈福方面。比如，乐人在选择学习曲目时，就有颇多忌讳。乐人对指套终生只学一部分或大部分，并不求全责备。盖源于其曲名所"蕴含"的民俗文化意义或心灵识见之暗示，如"想君去""为君去""亲人去""情人去"等，其中的"去"就被视为不吉利。为求吉利，不求全学。据台湾学者林珀姬所述：南管"三听四去"（"三听四去"的曲目在1846年抄录的《道光指谱》已完备）的曲目中，"三听"指的是《小姐听》《爹妈听》《听见杜鹃》等三套；"四去"是指《亲人去》《情人去》《想君去》《为君去》等四套，弦友中盛传"四去学透，人也去了了"（从南管耆宿访谈中，得知主要原因是早期不少南管人，因浸淫南管而从此不事生产，导致家产散尽，终其一生，落魄潦倒；前提红先即是一例，其他尚有阔头伯、全先等皆属之）。因此，无人将"四去"学全，此非不能也，而是刻意的不学。（林珀姬：《校读〈文焕堂指谱〉之管见》，郑国权主编：《两岸论絃管》，中国戏剧出版社2006年版，第202页）

[2] 方内皆知，《普庵咒》因其神圣性和神秘性，传统的南音乐人并不轻易唱奏。

[3] 我们从目前传演的曲目来看，《南海观音赞》仪式和唱赞并重，而《普庵咒》明显侧重于心、声合一的持咒唱诵。《南海观音赞》在目前晋江苏统谋先生（国家级南音传承人）主持的南音乐团中已是保留或压轴曲目，而台湾心心乐坊主人王心心所唱在民间和网络亦甚流行。

弟子坛前专拜请，卜土地公公来降临来。土地公公神通真广大，法灵咒水来救万人。献钱献钞买路过，献钱献纸买路行。呵呵佛也，呵佛也，呵呵呵呵呵呵佛也。

弟子坛前专拜请，卜田都元帅来降临来。田都元帅神通真广大，法灵咒水来救万人。献钱献钞买路过，献钱献纸买路行。呵呵佛也，呵佛也，呵呵呵呵呵呵佛也。

弟子坛前专拜请，卜粉化婆娘来降临来。粉化婆娘神通都真广大，法灵咒水来救万人。献钱献钞买路过，献钱献纸买路行。呵呵佛也，呵佛也，呵呵呵呵呵呵佛也。（原书影印本第4—5页）[1]

落请月姑

请月姑，请月姨。排莲华，少年时。年纪亦句通，亦句未。天阮一个姑仔，才即三岁。三岁姑，二岁姨，请恁今暝来救桃。阮厝乜亦有，乜亦乜未无。亦有花，亦有粉，亦有胭脂通来抹嘴唇，亦有耳钩共髻尾梳，亦有金钗共绣鞋。请唠请唠，请卜大娘来听香，请卜二娘来伴坛，请卜三娘来问圣。坐卜久，说卜定，说卜分明，可来乞恁听：千里发毫光，万里发唠童。千里毫光照童身，万里唠童来照童人。生人市上在只兜，生人市上在许头。三步并做二步走，三步并做二步行。急急行，急急走。前人叫，汝莫听；后人叫，汝莫应。直入花园花味香，直入酒店今面带红。蜻蜓飞来都尽成阵，尾蝶飞去于都尽成双。暝阳岭上今好峣崎，我今过只暝阳我心欢喜。掀开罗巾今拭汗去，走得我头茹都髻又崎。急急走唠，急急行，走到生人市上说分明。六角亭上今六角砖，六角亭下今好茶汤。六角亭上下角石，六角亭下今好桂叶。素香不如是木梨香，尾蝶成阵来采花丛。啡也榴来唠，莲也溜榴来唠。脚跶草，我一个脚仔跶草。嗳，真个于是好救桃；嗳，真也个是好救桃！（原书影印本第5—7页）

在今传本（如苏统谋、丁水清编校《絃管指谱大全》）中，对《弟子坛前》套的仪式音乐内容则进行了更为详细的记载或说明：

道教请神咒

（此套要奏时应先声明，或一请、三请、五请、均可用，但近来为简便只用第一请。）

首节翁姨歌四空管一二拍

（第一请）弟子

---

[1] 关于清刻《文焕堂指谱》的文献来源为：台南胡氏拾步草堂、泉州地方戏曲研究社合编：《清刻本文焕堂指谱》（附原书影印本），中国戏剧出版社2003年版。因来自该书的引文在下面会屡屡出现，为避繁项，不再重复罗列该书的文献信息，而以"原书影印本第◎页"随文注明页码，引文亦经笔者根据原书影印本重新校点。

坛前（于）专拜（唠）请，（唠）请卜田都元帅都降临来。田都元帅你只神通都真广（唠）大，（唠）法令咒水都救万民。献钱献钞（于）买路（唠）过，（唠）献钱献纸都买路行。（入号角声）呕呕呕咻、呕呕咻、呕呕咻呕。

（第二请）弟子坛前（于）专拜（唠）请，（唠）请卜土地公公都降临来。土地公公你只神通都真广（唠）大，（唠）法令咒水都救万民。献钱献钞（于）买路（唠）过，（唠）献钱献纸都买路行。（入号角声）呕呕呕咻、呕呕咻、呕呕咻呕。

（第三请）弟子坛前（于）专拜（唠）请，（唠）请卜金丝舍人都降临来。金丝舍人你只神通都真广（唠）大，（唠）法令咒水都救万民。献钱献钞（于）买路（唠）过，（唠）献钱献纸都买路行。（入号角声）呕呕呕咻、呕呕咻、呕呕咻呕。

（第四请）弟子坛前（于）专拜（唠）请，（唠）请卜分花娘娘都降临来。分花娘娘你只神通都真广（唠）大，（唠）法令咒水都救万民。献钱献钞（于）买路（唠）过，（唠）献钱献纸都买路行。（入号角声）呕呕呕咻、呕呕咻、呕呕咻呕。

（第五请）弟子坛前（于）专拜（唠）请，（唠）请卜半路夫人都降临来。半路夫人你只神通都真广（唠）大，（唠）法令咒水都救万民。献钱献钞（于）买路（唠）过，（唠）献钱献纸都买路行。（入号角声）呕呕呕咻、呕呕咻、呕呕咻呕。（工乂谱本第324—329页）[1]

次节翁姨歌四空管一二拍

请月姑，请（于）月姨。排年华，少（于）年时。年纪亦句通，亦（于）句未。天阮一个姑仔，才即三岁。三岁姑，二（于）岁姨，请恁今暝通来伴阮敕桃。阮厝乜亦有，乜（于）会无。亦有花，亦（于）有粉，亦有胭脂通来抹（于）嘴唇，亦有耳钩共髻尾梳，亦有金针通来刺绣鞋。请（唠）请（唠），请卜大娘来听香，请卜二娘都来伴场，请卜三姑来问圣。坐卜久，说卜定，说卜分明，通来乞恁听：千里发（于）毫光（唠），（不汝）万里都发（于）毫芒。千里毫光照童身，万里毫光都照童形。生人市上在只兜，怯人市上在许头。三步并做都二（于）步走（唠），二步并做（不汝）一

---

[1] 关于南音套曲之今传本，如无特别说明，均采用苏统谋、丁水清编校：《絃管指谱大全》（上册，工乂谱本），中国文联出版社2005年版。以下来自该书的引文，一般以"工乂谱本第◎页"随文注明页码，不再罗列该书的文献信息，引文亦经笔者重新校点。

（于）步行。急急走，急急行！前人叫，你莫应；后人叫，你莫听！（工乂谱本第329—331页）

三节翁姨叠四空管叠拍

直入花园是花味香，直入酒店都面（于）带红。田蜨飞来都真成阵，尾蝶飞来都真成双。冥阳岭上是好峣崎，阮今过只冥阳都心（于）欢喜。掀开罗裙都疾赶去，（不汝）走得阮头茹都鬙又欹。急急走（唠），急急行，走到市上共恁说拙分明：六角亭上是六角砖，六角亭下都好茶汤。六角亭上六角（于）石，六角亭前都好（于）蓼叶。素馨不如是茉莉香，尾蝶成阵都采（于）花丛。唓啊柳来唠，柳唓来唠。脚踏草，一个脚踏草。嗳，真个好敕桃；嗳啊，真个都是好敕桃！（工乂谱本第331—333页）

从以上所列焕本和苏本的比较中不难看到，二者在主体内容上是基本一致的，都包括"请神咒（弟子坛）""请月姑""直入花园"，由此可见今人对古本的敬重，不轻易更改。二者明显的不同在于"请神咒"一节：焕本只有三请，即依次请土地公公、田都元帅和粉化婆娘；苏本则达到五请：依次请田都元帅、土地公公、金丝舍人、分花娘娘和半路夫人。而且，所"请"的相应"神仙"之顺序也略有不同。但是，在实际唱奏时，苏本则说得明白："此套要奏时应先声明，或一请、三请、五请，均可用，但近来为简便只用第一请。"（参见上文所录）从以上陈述中我们还不难发现，相对于焕本而言，苏本中所"请"的"神仙"显然更为丰富或全面，多出了金丝舍人和半路夫人"两路神仙"。另需说明的是，焕本第一请的是土地公公，而苏本第一请的却是田都元帅。众所周知，田都元帅乃闽南之戏神，或能体现在某种意义上后来者对戏神更为敬重？！

更值得注意的是该套曲所采用的门头【尪姨歌】，这一门头名称透露出该套曲与闽台"牵亡阵歌"具有密切关联[1]。【尪姨歌】原是闽南人迎尪姨习俗时，对所唱念仪式歌曲的称法。而目前所知最完整的【尪姨歌】，

[1] 我们知道，"尪姨"又称"倒退"，乃闽台"牵亡歌阵"成员之一（其他成员有法师、老婆、小旦与乐师。除乐师与法师由男性担任外，其他三人皆由女性扮演）。儒家之"慎终追远"、佛教之"三世轮回"、道教之"鬼神仙道"等融合而成的民间信仰，乃是"牵亡歌阵"产生的文化基础。我国台湾"牵亡歌阵"的起源有二：其一是从闽南地区所流传的落阴歌谣和尪姨歌谣发展而成；其二系由歌仔戏蜕变而来，由歌仔戏部分艺人与"红头仔"组合，发展成牵亡歌阵。如此便形成台湾的"牵亡"有巫术仪式和民俗阵头两种形式。巫术仪式之"牵亡魂"，乃是藉由灵媒（尪姨）施法，引出亡魂与在世者"对话"；民俗阵头的牵亡歌阵，是一种超度亡灵的歌舞小戏（参考 http://baike.baidu.com/view/1074789.htm#3）。

正是保存在南管指套中之道教乐曲《弟子坛前》。其首节门头为【尪姨歌】，次节也为【尪姨歌】，三节则为【尪姨叠】。这也是南管乐曲中保存极完整的民间宗教歌曲。整套曲的内容完全与民间"牵三姑""关尪姨"之传说相吻合。

《弟子坛前》套中保留的这套【尪姨歌】，将这一民俗活动进行了颇为详细的记载，是研究我国民间祭祀、牵亡仪式的重要史料。我们不妨将其过程略做分解：

首先，用道教请神咒语，在弟子坛前拜请田都元帅、土地公公、金丝舍人、分花娘娘和半路夫人等各路神仙下凡拯救万民（与闽台道教法师请神的咒语颇多类似），并赞颂各路神仙"你只神通都真广（唠）大，（唠）法令咒水都救万民"。并"献钱献钞（于）买路（唠）过，（唠）献钱献纸都买路行"。且入号角声"呕呕呕咮、呕呕咮、呕呕咮呕"。极尽虔诚、恭敬之能事。

接着，拜请只有三岁的月姑和两岁的月姨，请她们今晚来我家伴我游戏、玩耍，并告诉她们（或吸引她们）：我家里什么都有！有花、有粉、有抹嘴唇的胭脂；有耳钩、有尾梳，还有刺绣鞋的金针！同时，我们还请了大娘来听香，请了二娘都来伴场，请了三姑来问圣，十分热闹呢！而且知会各位"三步并做都二（于）步走（唠），二步并做（不汝）一（于）步行"。急忙到"怯人市上"去找已死的亡魂，并且"急急走，急急行！前人叫，你莫应；后人叫，你莫听！"诸位万万不可理会身前和身后人的叫声啊！由此可知，这是一首入阴府牵引亡魂的"牵亡曲"，颇为神秘难测。

《直入花园》曲应是在描述入地府途中所见，或经过花园的情形：田蝶飞来成阵，尾蝶飞来成双。冥阳岭上好峣崎……乃至心生欢喜，掀开罗裙快步赶上去，也顾不得头发乱、髻子斜了。兴冲冲地急急行走到市上，看到六角亭上的六角砖，六角亭下的好茶汤，六角亭上的六角石，六角亭前的好蓼叶。又闻到了茉莉花的清香，看到了蝴蝶排列成阵在花丛里飞来飞去恣采花蕊……观赏如此美景，心里实在是舒坦、愉快极了。在此一边踏青，一边游戏，也实在好玩啊！（嗳，真个好敕桃；嗳啊，真个都是好敕桃！）此节用速度颇快的【尪姨叠】唱奏，更凸显出进入花园"游玩"的欢快心情。《直入花园》在目前的南音文艺表演中经常作为单曲唱、奏，以烘托热闹或喜庆的气氛。该曲与缓慢见长的南音大撩曲形成明显对照。

从以上分析中我们不难认为,《弟子坛前》套实为"牵亡曲"。也正因如此,其三节都采用了【尪姨歌】门头。而"尪姨"正是闽台"牵亡歌阵"成员之一,【尪姨歌】则是闽台民间迎尪姨(灵媒)时对所唱念仪式歌曲之称谓,具有浓厚的闽台民俗文化内涵。

二

文焕堂本《南海观音赞》和《普庵咒》本是合为一套的。《絃管指谱大全》所收系从《南海观音赞》析出单独成为一套者。《泉南指谱重编》在《南海观音赞》左下角注:"按此套古本末后尚有《普庵咒》三回、九转,计共二十七节。其中语言声调均系梵偈呗赞之歌词,多难解,故皆删之。"[1] 所幸,文焕堂本、刘鸿沟《指谱全集》本等皆沿用而未删。

清刻本《文焕堂指谱》之《南海观音赞》[2]:

首节南海观音赞

南海普陀山,一座嗳巍巍。百宝、百宝高峰嗳,足踏莲花碧波中,嗳南无碧波中。水嗳晶宫、嗳水晶宫内端严坐,嗳南无端严坐定、坐定。金容、嗳金容体挂玉玲珑,(前面部分文焕堂本残损不清,依今传本酌补)嗳南无玉玲珑珠嗳翠浓(珑)。嗳紫金妙像难描画,难描难画、难画无穷,嗳无穷无尽度众生,南无度众生出鬼笼。嗳观音大圣大慈尊,南无观世音度众生;嗳观音大圣大慈悲,南无观世音度众生。【落叠】南无水月轮菩萨摩呵摩哑萨;南无水月轮菩萨摩呵摩哑萨;南无水月轮菩萨摩呵摩哑萨。(原书影印本第101页)

苏统谋、丁水清编校《絃管指谱大全》:

寡北照山泉兜勒声五空四仅一二拍

南海普陀山,一座嗳巍巍。百宝、百宝高峰嗳,足踏莲花碧波中,嗳南无碧波中。水嗳晶宫、嗳水晶宫内端严坐,嗳南无端严坐定、坐定。金容、嗳金容体挂玉玲珑,嗳南无玉玲珑珠嗳翠珑。嗳紫金妙像难描画,嗳南无难描难画、难画无穷,

---

[1] (清)林霁秋编:《泉南指谱重编》(御部),上海文瑞楼书庄1921年石印本,第5页。

[2] 清刻文焕堂本《南海观音赞》和《普庵咒》本是合为一套的:首节为《南海观音赞》,次节为《普庵咒》。而今传本(如苏本)则有分开来各自为一套曲者。本文依照目前南音学术界惯例,仍旧将其分为两套加以分别考述,或可圆"五十套"之数也。

嗳无穷无尽度众生，嗳南无度众生出嗳樊笼。嗳观音大圣大慈悲，嗳南无观世音度嗳众生；嗳观音大圣大慈尊，嗳南无观世音度嗳众生。

结咒偈语（闲和不可三番，慎之！）

南无水月轮菩萨摩诃萨。

南无观自在菩萨摩诃萨。

南无救苦难菩萨摩诃萨。

结咒颂语（默念）："无数天龙八部，百万火首金刚。昨日方隅，今日佛地。普安到此，百无禁忌。"（工乂谱本第283—286页）

由于焕本约三分之一残损不清，所以要肯定其与今传本一字不差似乏铁证。但根据古今套曲绝大部分基本相同乃至雷同的事实可以推断，两本的曲文应大致不差，故暂以今传本将焕本不足之处补全，待日后发现焕本之完本后进一步订正。

关于《南海观音赞》的实际唱奏[1]，尤其是在敬奉佛祖的时候演奏，起和（hè）《梅花操》第一段，尾和（hè）《四时景·冬景》，此乃定式。而在目前乐团（包括民间曲社和官方乐团）、学校等进行相关南音的曲艺表演时，则往往有独立唱奏者，也就是说，不一定要和（hè）南音四大名谱之《梅花操》和《四时景·冬景》。如前面提到的晋江南音乐团、泉州师范学院南音学院以及台湾心心乐坊主人王心心的唱奏便是如此。其中表演者有念诵、有敲木鱼、有相应乐器伴奏，佛教音乐氛围颇为浓厚，聆听者自会产生庄严、清净之心，感受"观音大圣大慈悲，嗳南无观世音度嗳众生；嗳观音大圣大慈尊，嗳南无观世音度嗳众生"的"度一切苦厄"之救世情怀。

关于《南海观音赞》之最早蓝本，笔者暂未发现确切文献。在《泉州传统戏曲丛书》（第十二卷）收录清代民间班社傀儡戏抄本《观音修行》（共九出）[2]，但笔者遍查其所收诸出，并未发现与《南海观音赞》套相应的具体曲文，只有零星的故事情节可作比考，但却无法成为考证该套曲蓝本之基本线索。泉州地方戏曲研究专家曾金铮认为："泉州傀儡很早就传演这个剧目，但确切年代无法确定。是否比《目连》传演更早，尚待研究。"[3]

---

[1] 关于南音套曲《南海观音赞》的打谱与唱念，可参阅林珀姬《南管〈普庵咒〉与〈南海观音赞〉打谱与唱念》（台北：华严全球论坛2010年版）一文。

[2] 泉州地方戏曲研究社编：《泉州传统戏曲丛书》（第十二卷），中国戏剧出版社1999年版，第527—561页。

[3] 曾金铮：《观音修行·说明》，见泉州地方戏曲研究社编《泉州传统戏曲丛书》（第十二卷），中国戏剧出版社1999年版，第527页。

笔者以为，由于目前留存的民间傀儡戏《观音修行》原抄本毕竟有所残缺，其中是否遗漏了与《南海观音赞》套相关的曲文尚属疑问。无论如何，因笔者目力所限，关于该套曲更为直接的蓝本只好留待来日进一步查考。但有一点可以肯定的是：由于焕本之"古本"存现之早，该套曲至迟在明末清初就已颇为流行了。

三

清刻本《文焕堂指谱》之《普庵咒》：

二节普庵咒

庵迦迦迦研界遮遮遮神唶叱叱叱檀哪哆哆哆呾罗波波波梵摩。摩梵波波波罗呾哆哆哆哪檀叱叱叱唶神遮遮遮界吁迦迦迦迦迦研界。迦迦主主俱俱主俱主俱兼乔主乔主兼界研迦迦迦迦迦迦研界。遮遮支支朱朱支朱支朱支占昭支昭支占唶神遮遮遮遮遮神唶。叱叱知知都都知都知都挼都知都知挼哪檀叱叱叱叱叱叱檀哪。**哆哆咄咄哆哆咄哆咄哆呢啰呢啰呢喃啰呾哆哆哆哆哆哆**[1]哆哆咄咄哆哆咄哆咄哆呢摩谜摩谜梵摩梵摩梵波波波波波波梵摩。摩梵波波波罗呾多多多哪檀叱叱叱唶神遮遮遮界吁迦迦迦迦迦吁界。

迦迦主主俱俱主乔兼兼兼兼兼兼兼界主乔主兼吁界研迦迦迦迦研界。遮遮支支朱朱支昭占占占占昭支昭支占唶神遮遮遮遮遮神唶。叱叱知知都都知都挼挼挼挼挼挼都知都知挼哪檀叱叱叱叱叱叱檀哪。哆哆咄咄哆哆咄咄哆喃喃喃喃喃喃啰呢哪呢喃啰呾哆哆哆哆哆哆呾啰。波波悲悲波波悲波梵梵梵梵梵摩迷摩迷梵梵梵波波波波波梵摩。摩梵波波波哪呾哆哆哆哪檀叱叱叱唶神遮遮遮界研迦迦迦迦迦研界。

迦迦主主俱俱倻喻喻喻喻喻喻喻喻界研迦迦迦迦迦研界。遮遮支支朱倻喻喻喻喻喻喻喻喻唶神遮遮遮遮遮神唶。叱叱知知都都倻呶呶呶呶呶呶呶呶哪檀叱叱叱叱叱叱檀哪。哆哆咄咄哆哆倻呶呶倻呶呶呶呶呶呶啰呾哆哆哆哆哆哆呾啰。波波悲悲波波耶毋毋毋毋毋毋毋毋毋摩梵波波波波波波梵摩。摩梵波波波啰呾叱

---

[1] 此处"加粗"部分在目前留存的其他版本（包括刊本和抄本）中多被遗漏。由此可见，焕本或许保存了最完整的《普庵咒》，也由此可见其文献价值之高。

叱叱哪檀叱叱叱嗒神遮遮遮界研迦迦迦迦迦迦研界。（原书影印本第101—103页）[1]

苏统谋、丁水清编校《絃管指谱大全》：

普庵咒释教神咒

庵迦迦研界遮遮遮神惹吒吒吒怛那多多多檀那波波波梵摩。

首回首段（月移花影）

摩梵波波波那檀多多多那怛吒吒吒惹神遮遮界研迦迦迦迦迦研界。

首回二段（泉流石壁）

迦迦鸡鸡俱俱鸡俱鸡俱兼乔鸡乔鸡兼界研迦迦迦迦迦研界。

首回三段（蛱蝶穿花）

遮遮支支朱朱支朱支朱占昭支昭支占惹神遮遮遮遮遮神惹。

首回四段（乱洒珍珠）

吒吒知知都都知都知都怛多知多知怛那怛吒吒吒吒吒怛那。

首回五段（细柳含烟）

波波悲悲波波悲波悲波梵波悲波悲梵摩梵波波波波梵摩。

首回六段（风吹荷叶）

摩梵波波波那檀多多多那怛吒吒吒惹神遮遮界研迦迦迦研界。

（工乂谱本第274—276页）

二回首段（子规啼月）

迦迦鸡鸡俱俱鸡乔兼兼兼兼兼验尧倪尧倪验界研迦迦迦迦研界。

二回二段（织锦回文）

遮遮支支朱朱支昭占占占占占验尧倪尧倪验惹神遮遮遮遮遮神惹。

二回三段（花雨缤纷）

吒吒知知都都知都担担担担担喃那呢那呢喃那怛吒吒吒吒吒怛那。

二回四段（雁渡潇湘）

多多谛谛多多谛多谈谈谈谈谈喃那呢那呢喃那檀多多多多多檀那。

二回五段（狐猿过涧）

波波悲悲波波悲波梵梵梵梵梵梵摩迷摩迷梵摩梵波波波波梵摩。

二回六段（浪送梅花）

摩梵波波波那檀多多多那怛吒吒吒惹

---

[1] 需要特别指出的是，清刻《文焕堂指谱》原本并未分段，而是"一气呵成"，直接将如此繁多的咒语刻印成"一大段"。为了方便读者念诵或阅读，笔者参合目前留存曲本之惯例，以及对南音界民间艺人的相关田野考察，将其暂且分为三大段，并加以校点或说明。

神遮遮遮界研迦迦迦迦迦迦研界。（工乂谱本第 277—279 页）

三回首段（春色平分）

迦迦鸡鸡俱俱耶喻喻喻喻喻喻喻喻界研迦迦迦迦迦研界。

三回二段（鱼跃龙门）

遮遮支支朱朱耶喻喻喻喻喻喻喻喻惹神遮遮遮迦遮神惹。

三回三段（潜蛟起舞）

吒吒知知都都耶奴奴奴奴奴奴奴奴那怛吒吒吒吒吒怛那。

三回四段（露滴芭蕉）

多多谛谛多多耶奴奴奴奴奴奴奴奴那檀多多多多多檀那。

三回五段（长空鹤泪）

波波悲悲波波耶母母母母母母母母摩梵波波波波波梵摩。

三回六段（终松籁鸣）

摩梵波波波那檀多多多那怛吒吒吒惹神遮遮遮界研迦迦迦迦迦研界。（工乂谱本第 280—282 页）

南音界皆知，《普庵咒》是南音套曲中所保存的最为神圣、神秘的佛教咒语，且在唱奏乃至抄写时，具有诸多禁忌，不可随意而为，否则被视为不敬或不吉。所以，对"普庵咒"曲本的收藏、学习、奏唱便有一定之规，今传本（苏统谋、丁水清编校《絃管指谱大全》）中记载得十分明白："此咒能辟邪，乃系真经。要学宜清净斋戒，最忌污秽之地。产妇房中，不可收藏。要和要学，先用红笺，上写：'弟子不时学习经文神佛莫听。'""家有孕妇或牝鸡孵卵，切不可和，罪过甚大，慎之、戒之。"（工乂谱本第 273 页）这充分反映了民间对神灵、咒语虔诚的信仰和真诚的敬畏。对此，台湾学者林珀姬亦有一段中肯的描述：

《焕本》或《祥本》与其他抄本明显不同的是，目前许多手抄本中都省略《普庵咒》一节，只有《南海观音赞》，由于此套平日少用，又不可闲和，整弦活动中也不可以唱，（2004 年笔者在台北艺术大学主办了一次南管论坛整弦大会，其中心心乐坊演唱了《南海观音赞》，台下的弦友纷纷来告知笔者，此曲不可在整弦时演唱，但因心心乐坊的老师是来自泉州的王阿心，可能两岸习俗不同吧！）诸多禁忌存在。目前存在于指套中的祭祀套，在台湾，《弟子坛前》常用于土地公的祭祀；《南海观音赞》，则用于观音佛祖祭祀时演唱，相对的《普庵咒》似乎不被重视，也许是过分神圣之故，所以较少人抄写，而被逐渐淡忘。[1]

那么，神圣的《普庵咒》为何具有如此崇高的地位？其蓝本究竟源于何处？我们以下试初步探究。

《普庵咒》由诸多单音参差组合，整体结构严谨、音声流畅、节奏规整。用人声诵唱，铿锵动听、身心感应强烈；用器乐演奏，旋律自然、纯净，氛围庄严、肃穆。念诵、唱奏或聆听《普庵咒》，犹如与自然造化、天地人我相互交融，恍然进入自性觉、正、净之佛的境界，感受佛教"看破""空灵""放下""自性""随缘""自在"的修行智慧。正由于其崇高的礼佛价值、驱邪功德和音乐成就，所以在佛事仪轨中常常被诸管弦[2]。除泉腔南音吸收而成为"指套"之外，琴人亦将其谱于丝桐成为琴曲[3]。此外，弦索、琵琶、丝竹、鼓吹乃至清宫音乐亦将其容纳，或衍为大曲，或为曲牌，以"一曲多式"遍布于我国多类民间乐种之中。

《普庵咒》出自《禅门日诵》，为必读咒语之一，乃南宋普庵禅师（1115—1169年）开显、诵传[4]。而后世关于普庵禅师的庙宇、塑像、香火亦绵延不绝。台湾学者吴永猛就曾通过对普庵禅师生平的相关史料记载的寻绎，以及对金门和台南现存的普庵祖师塑像与当地传说的田野考察，进而指出：

"……澎湖现存各庙宇的普唵神咒、普唵符令和指法都与佛法有关。因而可还原，澎湖小法'普唵派'的祖师应是普庵禅师，依地缘关系，就是宋代禅宗临济法系第13代法嗣。"[5]

方内皆知，《普庵咒》的佛教功德在于用最愉悦、慈悲的方法和最简单、轻松的方式避凶驱邪、逢

---

[1] 林珀姬：《校读〈文焕堂指谱〉之管见》，载郑国权主编《两岸论弦管》，中国戏剧出版社2006年版，第213页。需要指出的是，林珀姬此所认为的"《普庵咒》似乎不被重视，也许是过分神圣之故，所以较少人抄写，而被逐渐淡忘"，可能只是泉腔南音在台湾的一些情况，而针对我国更大的范围之古琴、弦索、琵琶、丝竹、鼓吹乃至清宫音乐之《普庵咒》来说，也许并非如此。参见本报告下文所述。

[2] 关于南音套曲《普庵咒》的打谱与唱念，可参见林珀姬《南管〈普庵咒〉与〈南海观音赞〉打谱与唱念》（台北：华严全球论坛2010年）；以及赖贤宗《普庵咒文献之研究与密咒唱持》（"中国西安'大兴善寺与唐密文化'学术研讨会"，2011年11月25日至27日）。

[3] 《普庵咒》琴曲乐谱最早见于明初《神奇秘谱》。乐曲使用了较多的撮音，营造古刹闻禅、庄严肃穆的气氛，近代著名琴家溥雪斋就是演奏《普庵咒》的代表人物，当代琴人马晓虹亦擅弹此曲。

[4] 普庵大师是南宋江西袁州宜春慈化人，生于北宋徽宗政和五年（1115年），圆寂于南宋孝宗乾道五年（1169年）。普庵大师俗姓余，字印肃。著有《普庵印肃禅师语录》三卷。普庵禅师27岁落发，禅定之余，阅读《华严经》，一日大悟，亲契华严境界。尔后慕名而求证者甚众，禅师随宜说法，或"书偈"，或"折草治病"，或"伐怪木""祈雨""毁淫祠""祛灾除病"，颇为灵验。提倡读诵《楞严经》，作为《禅门日诵》必读咒语之一。示寂后，元成宗重谥"大德慧庆"，明成祖更加谥"普庵至善弘仁圆通智慧寂感妙应慈济真觉昭贶慧庆护国宣教大德菩萨"。日本临济宗在佛殿后常安奉普庵之牌位（参考 http://baike.baidu.com/view/1057607.htm）。

[5] 吴永猛：《澎湖宫庙小法的普唵祖师之探源》，《东方宗教研究》1994年第4期。

凶化吉、消灾解厄。据佛籍所载：作为中国禅宗"临济"法系第十三代法嗣，普庵禅师是一位大彻大悟的大禅师，终身度生。其开示与神迹，广行于教界民间。另据佛界民间相关人士所云：常予持诵其所传之《普庵咒》，就能与普庵禅师有求必应的菩萨精神感应道交，可令风调雨顺、五谷丰登、六畜繁殖、万事如意……后来不少著名法师或知名学者对此咒语曾加以开示、阐释[1]。关于此方面之真理，以笔者识见之浅陋，尚无由臧否。著名佛学家南怀瑾在其专著《道家、密宗与东方神秘学》第一部分之第七章《声音对人体神妙的作用》中对此有这样一段深入浅出的开示：

> 据密宗的说法与显教经论的教义来说，咒语的秘密只有八地以上的菩萨可以了解，而证到八地以上的菩萨，也能自说咒语。在中国佛教的禅宗里，就有普庵印肃禅师，曾经自说一种咒言传给后人。因此，一般习惯叫它为"普庵咒"。这个咒语的本身非常单调而复杂，但念诵起来却很灵验。所谓单调，它是许多单音的组合，犹如虫鸣鸟叫，或如密雨淋淋，但闻一片稀里哗啦之声，洋洋洒洒。所谓复杂，它把这许多单音参差组合，构成一个自然的旋律，犹如天籁与地籁的悠扬肃穆，听了使人自然进入清净空灵的境界。由此可知，真正的悟道证道者，能够了解密咒的作用，并自能宣说密咒的说法，并非是子虚乌有的事。[2]

愚以为，南怀瑾的上述见解颇值今人参识。尤其是"真正的悟道证道者，能够了解密咒的作用，并自能宣说密咒的说法，并非是子虚乌有的事"[3]。诸语，绝非是从"唯心主义"的角度"妖言惑众"，实则有着颇为深厚的心理、生理、宇宙等诸多方面的科学依据和现实基础。有人就曾"杞人忧天"般地预言"二十一世纪将为精神病笼罩之时代"[4]。而《普庵咒》之念诵、聆听或阐释却明显有助于人类心灵之宁静与开阔，自性智慧之延启与觉悟。其修心之切、功德之盛，实无法以片言尽述。正如泉州地方戏曲文献

---

[1] 如忏云大师开示：诵此咒常得吉祥，并除魔障鬼怪。梦参老和尚开示："我们汉地有一位普庵祖师，他是念'普庵咒'的，'普庵咒'是很凶猛的，古来一般的出家人用这个咒来降魔降鬼。要是恼害众生的魔鬼，普庵祖师一念这个咒，可以让魔鬼头裂八瓣。一般人很少持这个咒，因为这个咒相当厉害。"(《梦参老和尚开示》之第二讲《皈依的因缘》，参考 http://baike.baidu.com/view/1057607.htm）。

[2] 南怀瑾：《道家、密宗与东方神秘学》，复旦大学出版社2013年版，第42—43页。

[3] 同上，第43页。

[4] （台北）老古文化事业公司谨志：《编辑前言》（1985年7月15日），见南怀瑾《道家、密宗与东方神秘学》，复旦大学出版社2013年版，书前页。

研究专家郑国权所指出："用世俗文学语言去诠释梵语经咒，是难以达意的。"[1] 此诚肺腑之言也。

---

[1] 郑国权：《普庵咒·说明》，载《絃管指谱大全》（上册，工乂谱本），中国文联出版社2005年版，第273页。

一带一路：台湾"竹马阵"南管音乐之创造性转化

施德玉／台湾成功大学艺术研究所

前言

　　1997年笔者参加"闽台戏曲关系调查研究计划"，赴福建闽南闽西和台湾北中南部进行田野调查，并观赏各地剧团精彩的演出，演出结束后举行"座谈会"，对于所访视的戏曲剧种有更深层的认识和了解，收获颇多。就在这样的机缘里，见识到台南市新营区土库里土安宫有"竹马阵"团。由于该团团员多为当地农民，平日以务农为重，工作余暇进行竹马阵表演，虽历史悠久，但对于沿革历程多已不解，仅代代传承其技艺与音乐。

　　当时初步认知台湾竹马戏，误以为表演十二生肖的不同身段，根本没有剧情可言，是乡土歌舞结合乡土舞蹈的"踏谣"，不过是杂技调弄，还算不上戏曲中的"小戏"。经过数次南下造访，才深入了解，台南市新营区土库里土安宫竹马阵团，不仅有艺阵表演，并已实质发展形成"小戏"，并且部分是以"车鼓"的身段进行戏曲的演出。常演剧目有《千金本是》《看灯十五》《早起日上》《走贼》《元宵十五》《共君走到》《新泪杂膜》等。

　　吕锤宽撰辑《泉州絃管（南管）指谱丛编（上编）》的自序中提及：

　　闽南地区自百千年来，一直流传着以琵琶、洞箫、三弦、二弦，或十七簧笙，以及拍板等和歌或合奏的音乐，馆阁子弟们称其为"絃管"，彼此互称"弦友"，唱之、奏之，谓为"敕桃絃管"。此一古老的乐种，随着不同的地区以及不同阶层的人士，有许多不同的称法，例如台湾地区习称之为"南管"（或南馆），说者谓乃为北方乐种"北管"（或北馆）之对称，东南亚地区之闽南侨社常以"南乐""南音"称之，大陆地区则多作"南曲"或"南音",而见诸文字者,尚有"五音""郎君乐""郎君唱"等,凡此种种名称,皆仅各描述了此一乐种的部分特色。[1]

该文对于"南管"在不同地区的各种名称,和演出时所使用的乐器,都有清楚的说明。

文中对于合乐的方式,提出许多不同的种类,行文如下:

于其他的民间音乐中,吾人尚可发现摘取絃管的曲调演唱或表演的曲艺,然其合乐方式皆各不同,如"歌馆",乃以琵琶和歌艺妲,"太平歌",系以月琴、笛子(品箫)和歌,"车鼓",则属以壳仔弦、笛子和歌之表演曲艺,此外尚有布袋戏、加礼戏(傀儡戏)、高甲戏(或九脚戏、交加戏、鼓介戏)、梨园戏,仍属于吸收了部分或大部分的絃管曲调,而赋予不同的合乐方式与演唱风格的表演艺术,一般人虽无法一一辨识,内行之絃管家则绝不含混其词,仍将其与絃管清楚地区别。[2]

笔者试着以吕氏所论为基准,探析台湾台南市新营区土库里土安宫竹马阵团的音乐表演,和南管音乐的脉络关系。

一、台湾新营竹马阵

台湾台南市新营区土库里土安宫竹马阵团[3]为台湾唯一的竹马阵团体,并演出竹马戏。笔者乃于1998年参与"民间艺术保存计划",主持"新营土库里竹马戏调查研究计划",深入其各方面之特色,从而对竹马戏之音乐有所认识和了解,并搜集整理曲谱多首,继而深入音乐上的分析探究,一方面从事民族音乐的保存;另一方面可提供相关学者研究资料。

(一)新营竹马阵团背景

关于台湾竹马戏之沿革,无文献资料可探索。据当地耆宿称,在清雍正九年(1731年),有一位竹马阵师傅从大陆山东来台,随身带有一尊田都元帅神座至土库里定居,并在土库传教竹马阵,嗣后该竹马阵师傅就在土库寿终正寝,竹马阵得以在土库留存,一代传一代,迄今已有二百多年历史。据笔者多次田野调查,深入探究其音乐内涵,发现有许多音乐曲调

---

[1] 吕锤宽撰辑:《泉州絃管(南管)指谱丛编(上编)》,(台北)"行政院文化建设委员会"1987年版,第9页。
[2] 同上注。
[3] 台湾台南市新营区土库里土安宫竹马阵团名称冗长,本文以下称新营"竹马阵"团。

是属于南管系统，若论其历史脉络，也应源于闽南一带。

笔者从新营竹马阵的表演、脚色、故事情节和音乐等各种角度，进行分析与探究，于2015年完成《论台湾"竹马阵"之历史沿革》论文，论述台湾竹马戏的起源，并非单一源流，而是多元因素形成的艺阵团体，是以福建竹马戏为基础，结合其他戏曲剧种的表演艺术和装扮，以及宗教信仰所形成，最初从大陆福建流播到台湾，又与台湾的民间艺术、宗教信仰、民俗活动结合而形成的独特团体。并且论文中也考证竹马阵师傅应该是从大陆福建东山来台，而非山东。[1] 从这篇论文的考证，使新营竹马阵团的历史沿革有了明确的脉络依据。

由于新营竹马阵有明确的团规，只能传习新营土库里的民众，其表演不能外传，加以时代的变迁，年轻学子多离家求学或工作，使新营竹马阵也多次面临失传之危机。1998年林瑞和先生有见于民俗技艺维护保存之重要，乃大力支持与提倡，当时鼓励竹马阵师傅廖丁力、花龙雄、林宗奋、郭不、周振文、苏木材、陈丁进、蔡钦祥、林助、王来顺等组成竹马阵促进委员会，推行竹马阵。有这些师傅在土库小学组织竹马阵团，并担任教学，才又暂时恢复了土库竹马阵之薪传。

早期新营土库里竹马阵为一文馆，由十二生肖组成，加上后台文武场，人数不多。扮演十二生肖者，每人均以竹子编制十二生肖模型，上糊以纸，加上彩绘，穿戴于身上。因为十二生肖中马扮成"白马书生"，而在古代以读书人为贵的观念下，乃将此十二艺阵命名为"竹马阵"。又由于编制这十二生肖模型的技术已失传，所以目前用现代的平日服饰或戏服来代替竹编模型。

新营竹马阵的表演内容是：与竹马阵有渊源的田都元帅为了救世济民，向玉皇大帝请领玉旨，由鼠为首，带领十二生肖军，配合神的威力与神咒，在古乐、古曲的演奏和歌声中，脚踏七星步，以开大小、分阴阳、文阵、配对、点四门等各种不同的阵势，加上口唱团曲咒语，展神通、施法力，同心协力，驱邪普救众生。又为了增加演出的戏剧效果，由十二生肖各扮演不同的戏剧脚色，龙扮帝王，虎扮武将，狗扮知县，猴扮齐天大圣，牛扮宰相，鼠扮师爷，马扮小生，兔、猪为千金小姐，蛇、羊、鸡等扮奴婢。其中兔、猪、蛇、羊、鸡五位扮饰女性脚色，其他生肖均为男性脚色。

观察新营竹马阵

---

[1] 笔者《论台湾〈竹马阵〉之历史沿革》论文，于2015年台南市政府和成功大学主办的"2015传统音乐与艺阵之流变"国际学术研讨会进行论文发表。

团体的历史背景、演出形态、演出内容、功能性，以及团员以十二生肖为脚色、扮相的阵头、小戏表演，这真是一个非常特别的艺阵团体。为了解其表演艺术和南管的关系，首先应对该团的表演形式进行探究，而后才能论述其音乐由南管音乐创造性转化的现象。

（二）艺阵表演形式

新营竹马阵团以十二生肖的竹马阵为主要表演形式，田野调查访谈时据艺师说明有"艺弄""歌曲"和"路曲"三种不同的表演形式。又经艺师表演过后，针对该团的表演形态，叙述说明如下：

1. 艺弄

艺弄是竹马阵的身段部分，表演的主要形式，有十二生肖一起表演，有单独生肖艺弄和两或三个生肖一起艺弄等三种形式。分述如下：

（1）环绕艺弄：即十二生肖鼠、牛、虎、兔、龙、蛇、马、羊、猴、鸡、狗、猪全部出阵，由鼠领头，猪排尾手举旗，其余生肖手执魁扇、四块等，搭配各自不同的舞步进行绕圈的表演。

（2）单独生肖艺弄：十二生肖中每一生肖绕到庙前时，面对神明各舞弄一次，即由鼠至猪，每一生肖各自舞弄。

（3）两或三个生肖一起艺弄：由两种生肖或三种生肖，面对神明同时舞弄，又称为对弄、三人弄等。

2. 歌曲

竹马阵的对弄、三人艺弄时，一定会演唱歌曲，这些歌曲之音乐近似南管乐，艺师说明该团大约有100首乐曲[1]，如《元宵十五》《看灯十五》《共君走到》《早起日上》《牵君手双》等，每曲名称皆有特定剧情含义呈现于唱词中，歌唱时一曲接一曲，将同属性之乐曲串联演唱，展现歌声和音乐美，在演唱时配上说白，进行戏曲的演出，也就是小戏的表演。每首歌曲演唱之前有一段前奏，唱腔句间有过门，最后还有尾声，从音乐理论上分析，有些乐曲有转调的情形，而非从头至尾同一调门，以增加音乐之变化。

3. 路曲

路曲通常在香阵行进中表演，即所谓"阵头"，由歌舞和锣鼓穿插交织而成，可分为"厌泪"和"传令将军"。

---

[1] 据笔者访视该团，了解他们经常演出的有十几首乐曲。

两类分述如下：

厌泪：近似"王昭君和番"的情节，表演中原女子被送到番邦的心境，沿路啼哭歌唱，唱时边舞边走，有乐器伴奏，每句唱完由锣鼓担任过门，一曲唱完以转一圈等身段为完结，再进行下一曲。

传令将军：情节是番邦派遣将领进入中原，强娶中原女子回番，此为六人合演之剧目，狗表示小番要传令给大王；兔子代表被选中之小姐，猪是不愿嫁去番邦的女子，要受处罚；另外还有鼠、牛、龙等男性身份的三个生肖。表演形式也是行进中边走边舞边唱，由锣鼓与唱腔加乐器伴奏相互交替演出。

就表演场地而言，新营竹马阵是以户外演出为主，也不是在架好的高台舞台表演，而是除地为场，或是在行进中的阵头表演。而以上所述竹马阵各种形式的演出，所使用的乐器如下：

文场：大广弦、壳仔弦、笛、三弦、高音唢呐等。

武场：鼓、锣、钹、板、四块等。

南管的上四管演奏乐器是琵琶、三弦、二弦和箫，其中管乐是"箫"，所以是洞箫和乐之馆阁，也有称为"洞馆"或"洞管"。新营竹马戏的音乐近似南管，但其主奏乐器是"笛"，即所谓"品管"音乐，在台湾一般品管音乐使用乐器有笛、月琴、大广弦、三弦等，而新营竹马戏多年传承却一直没有使用月琴。

新营竹马阵团的表演形式有"艺弄""歌曲""路曲"，经笔者分析，这三种表演形式之名称虽然不同，但是内容却也有重叠之处，如："艺弄"中的"两或三个生肖一起艺弄"所唱之曲即为"歌曲"，所以"艺弄"中是有"歌曲"的。笔者认为新营竹马阵艺师将该团的表演形式如此分类，是依其表演性质进行分类的，并且有其不同着重点的逻辑基准。其一，"艺弄"是以演出者的身段变化形式为主；其二，"歌曲"是以定点演出的小戏之唱曲为主；其三，"路曲"是以行进中歌唱具有故事情节的表演为主。

4. 音乐类型与曲谱

在"艺弄""歌曲""路曲"的音乐中，与南管音乐有脉络关系的当属"歌曲"，尤其竹马阵定点演出小戏时，所唱之曲经分析可以探究该团应用南管音乐配合戏曲故事情节，转化为民间表演艺术的现象。

前文所述据笔者田野调查访视，福建漳浦县已无专业的竹马戏团，仅在漳州芗剧戏团中作散出保存，也是一剧一曲的表现形式。也就是一剧中仅使用一曲，以不断反复曲调演唱小戏中不同情节唱词的"重头"曲式结构。就以台湾竹马阵所保留的一剧一曲小戏音乐数量观之，台湾新营"竹马阵"团，较漳浦县芗剧团当时演员表演的"竹马戏"音乐更丰富些。

虽然新营土库里竹马阵团号称歌唱演奏之音乐有 100 首乐曲，但艺人所知者至多 60 多曲，属于小戏演出的有 20 曲左右[1]，并且大多是一剧一曲、专曲专用的曲体，皆以曲首开头唱词为曲名和剧名。[2]

由于负责音乐的花龙雄师傅是唯一记写曲谱者，将历代老师傅口传心授的音乐听写成简谱，并抄录成五线谱。但其所记之简谱和五线谱，未标明高、低音，花师傅认为如此更适用于高胡或低胡等乐器，但是一个音的高低八度未标明，不同演奏者任意诠释演奏，会使音乐旋律产生不同的变化，因此颇让初学者无所适从。

据笔者考察，竹马戏小戏音乐几乎是以调高的名称，来进行乐曲分类。笔者目前田野调查所得结果，台湾竹马戏音乐共有四种类型，艺师说明是 C 调、D 调、F 调和 C 调转 F 调乐曲。一般车鼓民间艺师的手抄谱，大都是以直行记录唱词为主，即使有音乐部分，也多为工尺谱和简谱；但是新营竹马戏团的花龙雄先生是将其听写出的简谱音符，使用非固定音高的五线谱的形式记录。笔者认为是以首调的观念记谱，但是以五线谱的方式呈现，如此比较能跟得上时代，学习者也容易学习。特别的是，不论属于何调的乐曲，都以 C 大调记录（见谱例 1），并注明演出脚色，以及所使用乐器的定弦。

---

[1] 由于本文篇幅有限，未能将所有曲谱列入，仅能取部分例证题目之片段。
[2] 南管系统的音乐，同一门头的乐曲，常以首曲开头唱词为曲名。

谱例 1.《看灯十五》手抄谱片段

《台湾音乐百科辞书》吕锤宽撰写"南管"辞条:"南管曲的曲调系统称为'滚门'和'门头',同一'滚门'可以套用于若干曲目,例如【相思引】滚门的曲目即有六十余阕。"[1] 依此概念观察新营竹马阵的音乐,属于他们所谓同调的乐曲,其实是相似曲调旋律的音乐,有如南管音乐中同"门头"的乐曲,有相似的曲调,并非西方音乐,C调D调是单指不同调性的概念。

笔者将花师傅手抄谱音乐和南管音乐进行比对,分析C调、D调和F调分别是"福马""潮阳春"和"水车"三个门头的音乐;第四种C调转F调是南管谱【绵搭絮】,只是转调后的音乐移高演奏相似的曲调,并非由【绵搭絮】转为"水车"。分述如下:

(1) C调乐曲(福马):《早起日上》《走贼》《千金本是》《顶巧》《元宵十五》《共君走》《新泪杂膜》《女间劝娘》《赴会》。

(2) D调乐曲(潮阳春):《有缘千里》《当天下纸》。

(3) F调乐曲(水车):《看灯十五》《正月挂起旌旗》《生新醒》《情君去》《劝阿娘》。

(4) C调转F调乐曲(南管谱【绵搭絮】):《牵君手双》。

基本上这些曲名即剧名,每剧起首之前奏[2]音乐骨干音皆相同,虽然乐曲之曲调不完全一样,但都有相同的语法和相近的音型,也有共同的属性。因此我们可以这么说,台湾竹马戏的音乐类型是以调门为名称来分类,和南管音乐的"门头"相似,几乎同调门的曲子是同一音乐类型,并且前奏与后奏皆相同。

二、竹马戏音乐与梨园戏音乐之关系

以上我们了解了台湾新营竹马阵团的表演艺术,但是究竟其和南管音乐有何脉络关系,笔者试从戏曲曲调方面着手比较。吴捷秋著《梨园戏艺术史论》,说明:

> 梨园戏是古南戏的遗响,又偏处东南海屿,在泉州历史文化的积淀下,以中原古语为方言,以古乐南音的指谱为基础,从唐代

---

[1] 吕锤宽撰写"南管"辞条,见《台湾音乐百科辞书》,(台北)远流出版公司2008年版。
[2] "前奏"形同"序曲"又称"音头"或"串"。

参军戏演出形式的传入，承袭五代的歌舞及其化妆表演，结合宋的百戏与杂剧，萌生了地域声腔的道白、唱腔，与独特的表演艺术风格。[1]

文中明确指出梨园戏的音乐是以"古乐南音的指谱为基础"，因此笔者试以新营竹马阵团的竹马戏常用的不同类型乐曲腔调音乐为主，从故事情节内容和音乐曲调分析，寻找和梨园戏腔调音乐近似之唱曲，探究其相近之处，进而论述台湾新营竹马阵团音乐与南管音乐的关系。

（一）《千金本是》南管音乐之创造性转化

新营竹马阵团所演出的竹马戏《千金本是》归类为 C 调的乐曲，是三人弄的小戏，演出梨园戏"过桥""入窑"二折剧情，内容描写吕蒙正落魄居于寒窑，其妻本是千金小姐出身的刘月娥于家中打扫，当时二人穷困，家徒四壁，三餐不饱，而吕蒙正外出借米之情境，内容呈现怨叹感伤之情。

该剧由龙饰演吕蒙正、蛇（或羊）和兔（或鸡）共同演出刘月娥，此处有两位旦脚皆是扮演千金小姐，两人身段皆一致。根据艺师说明是为了让舞台场面丰富饱满，而由两人同时扮饰同一脚色。该出戏以演唱为主而少宾白，音乐旋律出现重头的情形，唱辞也重复演唱（见谱例 2）。

---

[1] 吴捷秋：《梨园戏艺术史论》，收录于《民俗曲艺丛书》，（台北）财团法人施合郑民俗文化基金会 1994 年版，第 423 页。

谱例 2.《千金本是》片段

竹馬戲曲譜【千金本是】
角色：龍・羊・雞三生肖相弄

花龍雄記譜
施德玉整理

1 = C

（未完）

《千金本是》前奏部分为闽南民歌《家婆答》又称《越怎好》，七子戏也称《家婆显》或《家婆谱》，闽南十音称《花婆跳》，常用于车鼓演出，又称为《车鼓谱》或《四门谱》，曲调为五声音阶羽调式。唱词部分的音乐也是五声音阶羽调式，因此句末经常出现 La 和其属音 Mi。音乐曲调流畅舒徐、委婉动听，没有强烈的切分节奏，也没有激昂的大跳音程，在力度与速度上也没有突兀的变化和特殊的效果，适合叙事。全曲以四分音符和八分音符自然流畅的反复，偶尔以二分音符或附点四分音符增加些变化情趣。

（接上）

本文选择以南管音乐为主的梨园戏《吕蒙正》《秀才先行》的"福马"乐曲为例（见谱例3），和相同剧出的《千金本是》进行音乐比对，观察二曲的音乐现象。

谱例 3.《秀才先行》"福马"乐曲

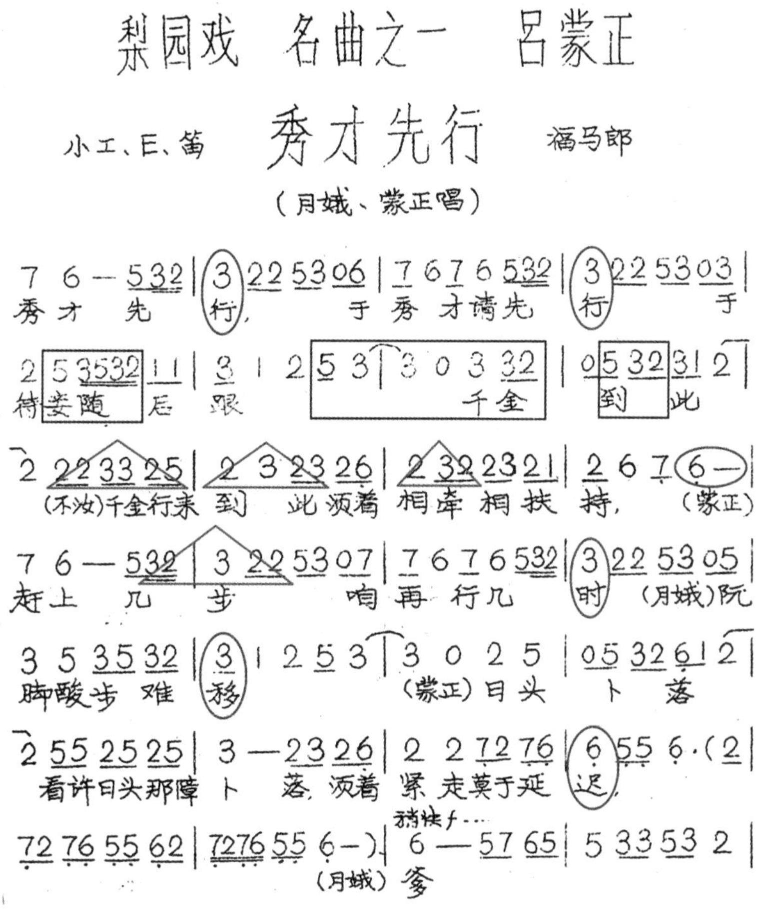

梨园戏《吕蒙正》《秀才先行》的"福马"，乐曲也是五声音阶羽调式，曲谱中笔者圈起句末唱词的音符多为 Mi 和 La，又其中画方形的 Sol Mi Re 音型，和画三角形的 Re Mi Re 音型，在新营竹马戏《千金本是》的曲谱中都是主要的音型。只有梨园戏的《秀才先行》切分音比较多，笔者认为是为了强调词情的效果，也就是戏剧性比较强烈。从以上二曲谱的比对，笔者认为新营竹马戏《千金本是》的音乐是和南管音乐"福马"有脉络关系。

虽然竹马戏音乐已发展为曲牌体，但与南北词属于"细曲"曲牌唱词上有极大差异，竹马戏音乐同一调门的乐曲唱词没有字数、句数、平仄等的制约，可以依剧情内容的变化，填入适当的唱词，只要句末维持押韵即可，因此这是"粗曲"形式，仍保留有相当传统的民间色彩。《千金本是》的音乐虽不似南管音乐"福马"这般紧凑多变化，而以通俗性语法展现，但是也呈现了南管音乐民间化的创造性转化之特色。

（二）《有缘千里》南管音乐之创造性转化

新营竹马阵能演出许多小戏和阵头，除了以上举例说明之戏曲音乐和南管音乐具有"一带一路"的脉络关系之外，还有其他曲调也和南管音乐有相当的关系，如《有缘千里》（见谱例4）属于D调乐曲类型，

谱例4.《有缘千里》片段

是《陈三五娘》的情节，描写五娘思念陈三时悲伤、哀愁之情境，是小戏性质。音乐风格是哀伤、愁苦之情调。曲调是受南管音乐影响的民歌，有些近似"倍士管"的《潮阳春》曲调。

新营竹马戏《有缘千里》音乐是五声音阶徵调式，音型多级进下行，句末结音多停留在 Sol 或是属音 Re，全曲以四分音符和八分音符自然流畅的反复，节奏上较少变化。

本文选择以南管音乐为主的梨园戏《陈三五娘·懒起梳妆》的《潮阳春》乐曲为例（见谱例5），和竹马戏相同剧出的《有缘千里》进行音乐比对，观察二曲的音乐现象。

谱例 5.《懒起梳妆》"潮阳春"片段

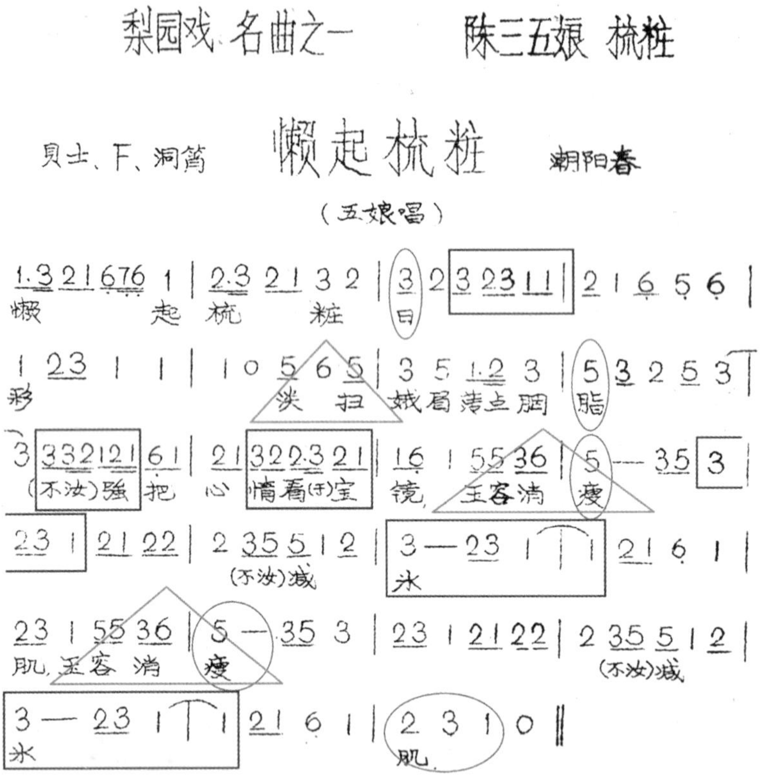

梨园戏《陈三五娘·懒起梳妆》的"潮阳春"，乐曲也是五声音阶徵调式，曲谱中笔者以圈起句末唱词的音符多为 Sol、Mi 和 Do，又以画方形的 Mi Re Do 音型，和画三角形的 Sol La Sol 音型，在新营竹马戏《有缘千里》的曲谱中都是主要的音型。二曲不同之处是竹马戏《有缘千里》的四分音符比较多，节奏比较规整，而梨园戏的《懒起梳妆》的八分音符和十六分音符比较多，节奏变化多。笔者认为是为了强调词情，也就是戏剧性的效果。从以上二曲谱的比对，笔者认为新营竹马戏《有缘千里》的音乐是和南管音乐"潮阳春"有脉络关系的，呈现"一带一路"的传播现象。

（三）《看灯十五》南管音乐之创造性转化

竹马戏《看灯十五》是F调乐曲，情节是《陈三五娘》的故事，此剧描写元宵十五看灯时陈三与五娘相遇，互相爱慕，陈三便入五娘家学做磨镜，五娘又喜又爱，又怕父母洞悉察觉的矛盾心情。各脚色由马饰演陈三、鸡饰演五娘、羊饰演益春，唱词前半为《看灯十五》，后段为《共君断约》。

吕锤宽撰辑《泉州絃管（南管）指谱丛编下编》第三辑"散曲"中对于散曲的曲目提及："水车歌：共君断约。"[1] 从音乐方面我们可以知道竹马戏《看灯十五》是使用南管的"水车"门头演唱，也是南管音乐俗化的现象（见谱例6）。

谱例6.《看灯十五》片段

【看燈十五】

演出角色：馬·雞·羊

花龍雄記譜
施德玉整理

1=F

---

[1] 吕锤宽撰辑：《泉州絃管（南管）指谱丛编（下编）》，（台北）"行政院文化建设委员会"1987年版，第1页。

笔者于1998—2001年受委托执行"台南地区的车鼓阵调查研究计划"，访视许多团体，其中许多车鼓团体都有《看灯十五》这首乐曲，并且许多团体仍能演出这出戏。例如：台南六甲乡车鼓阵，陈清山和辜连勇的演出，就具有梨园戏的风格，非常传神。

笔者又于2009年做"高雄地区'车鼓阵'调查采集保存计划"，搜集高雄地区车鼓团体的艺师手抄谱，其中燕巢乡吴万道口述的车鼓曲谱（萧金柱整理），有15首乐曲；燕巢乡吴万道手抄的车鼓曲谱，有27首乐曲；大社乡柯来福手抄的车鼓曲谱（吴万道提供），有23首乐曲；大社乡柯来福手抄的车鼓曲谱（李认川提供），有40首乐曲；大社乡神农村车鼓阵曲谱，有28首乐曲；湖内乡刘家村车鼓阵曲谱，有21首乐曲。这些手抄谱中也都有《看灯十五》（图1）这首乐曲，明显地指出是"水车"门头。

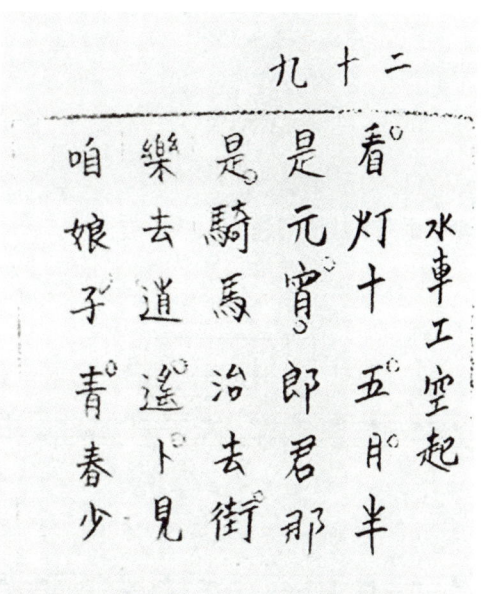

图 1　高雄县大社乡柯来福手抄的车鼓曲谱《看灯十五》[1]

从以上数据显示《陈三五娘》的戏曲题材，已经在台湾普及的以小戏形式进行传承，并且透过车鼓的身段进行表演。又表演者中旦脚经常以入前三步、后三步的肢体细腻表现，或作"阉鸡行"，或作"小碎步"，还有类似梨园戏的螃蟹手姿势（一圆插三角）进行演出，这些表演都能清楚地呈现台湾车鼓戏、竹马戏和大陆梨园戏、南管音乐的关系。我们可以说，新营竹马阵的小戏部分，确实是"一带一路"中梨园戏和南管音乐创造性转化的表演形态。

（四）《牵君手双》南管音乐之创造性转化

台湾新营竹马戏音乐多为一剧一曲、一曲一调，虽有多曲杂缀表演，也都以同调门的同性质乐曲衔接，但唯有一曲《牵君手双》（见谱例 7）是由 C 调转 F 调，一曲中"转调"之情形，也是曲式变化较多的类型。此曲〔前奏〕与 C 调的《早起日上》或《千金本是》相同，是同曲调。曲中用同音高转成 F 调音阶形式演唱，据花龙雄先生说明，早期艺人每唱此曲到转调处，便言明音乐怪怪的，不好演奏唱，花师傅用笛色伴奏时发现已是转成 F 调的指法，这才豁然。

---

[1] 林珀姬：《舞弄门阵——陈学礼夫妇传统杂技曲艺金声玉振（音乐篇）》，（台北）传统艺术中心 2004 年版，第 26 页。

谱例 7.《牵君手双》片段

鐵卜響珍冬　我思君
思君又心酸　未食休治塊
誤誤治帝　誤我治帝
無緣佘那再通起　僥心罪障
重　我思想　思想
未通見君面　旦得旦得僅

《牵君手双》音乐内容很接近南管谱之【绵搭絮】，唱词是描述儿女私情的感伤，被男人遗弃的女子，因思君而彻夜难眠。调式并不明确，是以 La 的羽音为多，但是笔者以圈出句末字，也有 Mi Re Sol Do 等音，所以调式并不明显。当思念情感激昂时，音乐由 C 调转 F 调。曲调升高，较激动，想唤回郎君的心，以不同调门的音阶形式表达一层一层的思想情感。基本上虽然曲中有转调，但 F 调部分的音乐旋律节奏仍维持 C 调乐曲风格，与前所论的 F 调乐曲《看灯十五》《正月挂起旌旗》《生新醒》是不一样的音乐内涵。也就是说，台湾竹马戏音乐中唯一保存下来的转调乐曲，是转换不同调高，使音乐色彩改变以渲染情节，而非二曲连缀。

笔者选择梨园戏的《郑元和·三千两金》【绵搭絮】（见谱例 8）曲调，和竹马戏《牵君手双》音乐进行比对。

【绵搭絮】在南管谱中是"起手板"的第五节，也就是入门的乐曲，梨园戏《郑元和·三千两金》的【绵搭絮】使用此曲调而填词，乐曲也是七声音阶，笔者以红色圈起句末唱词有 La Mi Re Sol 等音，所以调式并不明显。二曲开头和中间反复音型处，笔者以跨号现示 Re Re Mi Re Re Do La，可以见到相似的音型，又以画方形的 Mi Re Re Mi 音型，和画三角形的 Me Re Do Re 音型，在新营竹马戏《牵君手双》的曲谱中都是主要的音型。

此二曲也像其他本文所比较的乐曲一样，不同之处是竹马戏《牵君手双》的四分音符比较多，节奏比较规整，这似乎是新营竹马戏的节奏特征，而梨园戏的《三千两金》的八分音符比较多，也有切分音，因此节奏变化多。从以上二曲谱的比对，笔者认为新营竹马戏《牵君手双》的音乐是和南管谱音乐的【绵搭絮】有脉络关系，呈现"一带一路"的传播现象。

谱例8.《三千两金》【绵搭絮】片段

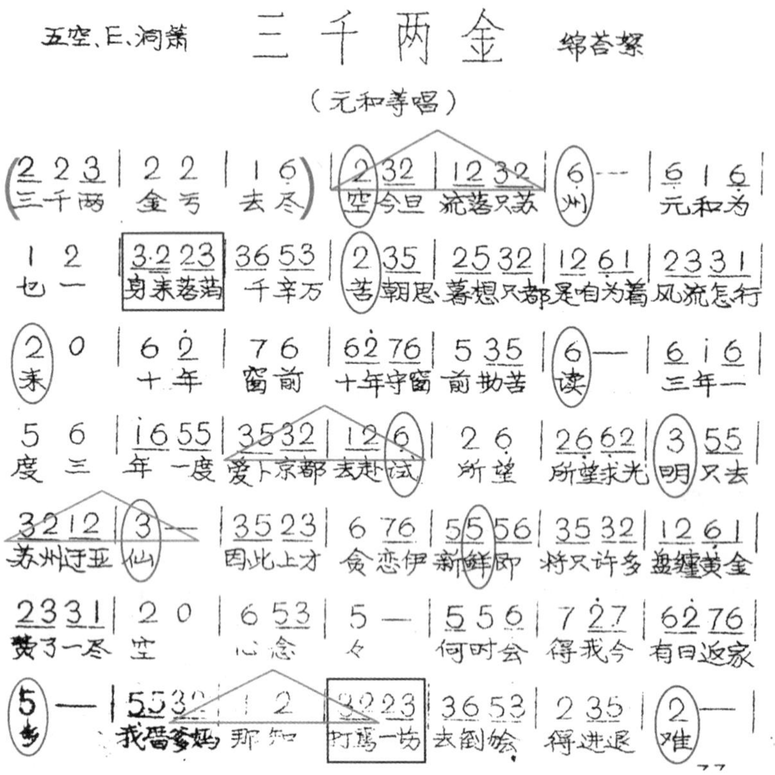

三、十二生肖弄及其"咒语"

台湾台南新营土库里"竹马阵"团的表演，有一种最具特色的十二生肖弄，当有重大的庆典、庙会活动或当地新公司成立即组团前往表演。其中每一个脚色都出场表演一番，自跳自唱，由于没有具体的戏曲特质，应属于"艺阵"。

（一）十二生肖弄

竹马阵《十二生肖弄》先祭祀"田都元帅"，音乐奏一段〔前奏〕，然后十二生肖按五行八卦步法跳弄，进行表演，同时唱出：

元宵景致我只尽点贺花灯点贺花灯
一拜请卜牛魔大王白马二元帅
二拜请卜龙王共山军
三拜请卜鬼蛇羊金凤鸡
单拜请卜齐天孙大圣
又拜请卜狗头大王猪凤搭
总拜请卜十二生军都齐到
手执旌旗展起府法力

接着十二生肖从鼠至猪，一一单独出来表演。全曲共分为十二段，皆以C调指法记谱，曲式上此十二段乐曲是单段体重头变奏形式，使用同一主题每段加以变化之呈现，前奏＋A1＋A2＋A3＋A4＋A5＋A6＋A7＋A8＋A9＋A10＋A11＋A12＋尾声。兹将每段曲谱摘列如下（见谱例9）：

十二生肖弄的乐曲中较特别处，为每生肖唱完曲末都有一段相同的"咒语"为〔尾声〕。唱"咒语"前要将手中扇子打开转一圈做一特定动作，再继续唱，并且有一些特定的步法，此乃台湾竹马阵团表演时的一个特点。

譜例9.《十二生肖弄》每段之片段

虎乙變 1=C

花龍雄記譜
施德玉整理

$\frac{4}{4}$ 6 i 6 5 6 | 3 3 5 3 3 | 6 3 6 5 | 5 6 3 2 2 6 |

山 軍 位 伊 大 草

5 5 3 3 | 3 3 5 3 2 6 | 5 5 3 3 | 3 3 5 3 2 6 |

百 獸 來 去 相 百 獸 來 去 相

兔乙變 1=C

花龍雄記譜
施德玉整理

$\frac{4}{4}$ 6 6 5 3 3 5 | 6 6 i 6 3 | 6 5 5 6 3 | 2 2 6 2 2 | 5 3 6 5 |

兔 仔 月 裡 嫦 娥 唇 紅 以

3 2 6 2 2 | 5 3 2 6 5 | 3 2 6 3 2 | 3 2 1 6 2 2 | 2 6 6 6 i |

目 唇 紅 以 目 黃 四

443

龍乙變　1 = C　　　　　　　　　　　　　　　　　　　　花龍雄記譜
　　　　　　　　　　　　　　　　　　　　　　　　　　施德玉整理

$\frac{4}{4}$ 6 653 35 | 3 3 6 3 | 6 5 563 | 2 263 32 | 123 3 2 |

我　是伊龍軍　　　　　　　變　化　為

3216 3 32 | 123 3 2 | 3216 3 2 | 3216 2 2 | 2 6 6 6i |

變　化　為　尊　　　　　　　　五

蛇乙變　1 = C　　　　　　　　　　　　　　　　　　　　花龍雄記譜
　　　　　　　　　　　　　　　　　　　　　　　　　　施德玉整理

$\frac{4}{4}$ 6 653 35 | 3 3 6 3 | 6 5 563 | 2 262 2 | 5 3 263 |

我　是伊蛇精　　　　　　　神　通　伊

2 262 2 | 5 3 263 | 2 263 2 | 3216 2 2 | 2 6 6 6i |

無　神　通　伊無　比　　　　　要

馬乙變 1=C 花龍雄記譜　施德玉整理

$\frac{4}{4}$ 6 1̲6̲5 6 | 3 3̲5̲6 6̲1̲ | 6 6̲3̲6 5 | 5̲6̲3 2 2̲6̲ | 3̲0̲3 3̲0̲3 |

白　馬　　掛乞金　鞍　　　　　　　騎　出

3 3̲5̲3 2̲6̲ | 3̲0̲3 3̲0̲3 | 3 3̲5̲3 2̲6̲ | 3 2 3̲2̲1̲6̲ | 2 2 2 6 |

上伊人　騎　出　上伊人　看

羊乙變 1=C 花龍雄記譜　施德玉整理

$\frac{4}{4}$ 6 3̲5̲3 3 | 6 3̲6̲5 | 5̲6̲3 2 2̲6̲ | 3 3̲2̲1̲2̲3̲ | 3 5 3 2̲6̲ |

我是羊　婆　　　　走　遍　伊山

3 3̲2̲1̲2̲3̲ | 3 5 3 2̲6̲ | 3 2 3̲2̲1̲6̲ | 2 2 2 6̲ | 6 6̲1̲6̲ 6̲5̲ |

走　遍　伊山　坡　　　　　　今　逢

445

花龍雄記譜
施德玉整理

猴乙變 1 = C

$\frac{4}{4}$ 6 \underline{1 6} 5 6 | 3 \underline{3 5} 3 \underline{3 3} | 6 3 6 5 | \underline{5 6} 3 2 \underline{2 6} | 5 \underline{5 3} 2 3 |

齊　天　是伊大　聖　　　　火眼

3 2 \underline{3 2 1 6} | 5 \underline{5 3} 2 3 | 3 \underline{2 3 2 1 6} | 3 2 \underline{3 2 1 6} | 2 2 2 6 |

金　　火眼　金　精

花龍雄記譜
施德玉整理

雞乙變 1 = C

$\frac{4}{4}$ 6 \underline{6 5} 3 \underline{3 5} | 3 3 6 3 | 6 5 \underline{5 6} 3 | 2 \underline{2 6} 2 2 | 5 3 6 5 |

我　是伊令雞　　　　　　張容伊

3 \underline{2 6} 2 2 | 5 3 6 5 | 3 \underline{2 6} 3 2 | \underline{3 2 1 6} 2 2 | 2 6 6 \underline{6 1} |

無張容伊無稽　　　　　　　五

446

（二）咒语

竹马戏表演时，也许受到南管音乐的影响，打击乐器用的并不多[1]，唯独演唱"咒语"时要加入大小锣、钹、鼓等乐器。据当地老艺人说，如果土库里有居民房舍不洁，阴间晦气侵入时，他们便进行装扮，口含绿叶跳弄唱"咒语"即可清除不净物，驱邪辟凶，并且非常有效。"咒语"共有两种，内容是以声记字，不明词意，其音乐（见谱例10）如下：

---

[1] 竹马戏与竹马阵表演时所使用的乐器略有不同，竹马戏以文场为主；竹马阵为行进中的艺阵表演时，较常使用武场乐器。

谱例 10. 第一种"咒语"《十二生肖弄》尾声

这是第一种类型的"咒语",于竹马阵十二生肖弄的每个生肖表演之后唱念。第二种类型的"咒语"是用 F 调《生新醒》的〔尾声〕,音乐(见谱例 11)列述如下:

谱例 11. 第二种"咒语"《生新醒》尾声

目前台湾新营竹马阵保留有以上两种咒语，至于完整的"咒语"有多少段落？如何演唱？目前艺人言明，多已失传。但无疑的，此剧种是具有宗教驱邪意义，应是与宗教音乐有关。据花龙雄先生称，此段为"咒语"系统的第二种类型，为何置于《生新醒》曲末为〔尾声〕已无人知悉，此乃一脉传唱之乐曲，仍保留至今。

新营竹马阵"咒语"唱词是以"路利林我又ㄣ"等无意义的音声字记录呈现，让笔者思考，这是否和梨园戏的献棚仪式所唱的【懒怛】"唠哩嗹"有脉络关系。

梨园戏演出的形式中"献棚"时唱【懒怛】[1]，是由"唠哩嗹"三个音组成的无字曲。吴捷秋《梨园戏艺术史论》论及梨园戏戏神与"献棚"的演出程序时说明："梨园戏旧时有一套演出程序，上路、下南、小梨园三个流派大体相同，每一个戏班都得按规定程序进行，不得擅自更改。"[2]

文中所列顺序为：起鼓、贺寿、跳加官、献礼献棚。其中"献棚"

---

[1]【懒怛】内容是表示三十六天罡、七十二地煞，故由一百〇八音所组合。
[2] 吴捷秋：《梨园戏艺术史论》，收录于《民俗曲艺丛书》，（台北）财团法人施合郑民俗文化基金会1994年版，第423页。

特别说明：

献棚是戏班在开演前纪念戏祖师——田都元帅，祈求演出成功，保佑阖班平安的一种活动仪式。在戏房内（化妆的地方）置一桌，放上相公爷神龛，前面放抣板一副，以及酒瓶、杯、纸帛、炷香等物，由末行（小梨园用丑行）献棚，先落锣三下，用抣板和拍三下，斟上三杯酒、上香，请相公爷（用偶像雕成，也有用红纸和红布写上相公爷神位）用"蓝青官话"念道："宝香宝香烧你金炉里，一对蜡烛点炉边，好花插在金瓶上，美酒斟在金杯里。恭请，拜请玉音大王、九天风火院、田都元帅府、大舍、二舍、吹箫童子、引调判官、来富舍人、武灿将军；再请本院土地、诸位神明，各各都在上。"念完奠酒，烧纸帛，把纸灰渗入酒中，用无名指蘸酒在抣板上画了个"十八"符号，再在板上画"…"符号，然后合板，把酒捧给后台全体人员点酒，喝彩，唱【懒怛】。[1]

这整个仪式都有一定的流程和规范，吴捷秋在文中说明上路、下南、小梨园三个流派所唱的【懒怛】各有不同，并举出小梨园是：

【头懒怛】嗹（啊）嗹唠哩，唠嗹嗹唠哩，嗹哩唠唠嗹，嗹（啊）哩唠嗹，嗹唠嗹（啊）哩嗹哩嗹唠哩嗹，唠哩唠唠嗹，嗹（啊）哩唠嗹，嗹唠嗹哩嗹唠嗹，唠嗹哩嗹唠哩唠嗹，唠嗹唠嗹哩，唠哩嗹，哩嗹唠唠哩，哩嗹（啊），哩嗹（啊），哩唠嗹。【倒拖船】，嗹唠嗹，嗹哩嗹，嗹哩嗹，唠嗹唠哩嗹唠哩嗹，哩嗹唠唠嗹，嗹哩（啊）哩唠嗹。

而上路老戏的【倒拖船】，共有五段，每段用"马锣鼓"连结起来：（一段）哩嗹唠。（二段）嗹哩嗹，唠嗹唠哩嗹，嗹哩嗹唠嗹唠哩嗹，哩嗹哩（啊）哩唠嗹，哩（啊）哩（啊）哩唠嗹，唠嗹哩嗹唠。[2]

从梨园戏的"献棚"仪式所唱的【懒怛】唠哩嗹中，知道有明确的规范，并且所唱的发音词也有不同组合的排序，从吴捷秋所述小梨园的【头懒怛】共79个音，【倒拖船】共28个音，总共是107个音，如果原本是108个音，则明显的少了1音。新营竹马阵团具有宗教仪式的十二生肖表演，每一生肖表演结束也唱曲调和发音完全相同的"咒语"，唱词有"路利林我又ㄅ"等音，一个生肖表演结束时唱77个音。所以唱法上是和小梨园的【头懒怛】不相同，但是从发音的声响观之，确有相似的情形，如："路"音近"唠"；"利"音近"哩"；"林"音近"嗹"；"我"音近"啊"。

[1] 吴捷秋：《梨园戏艺术史论》，收录于《民俗曲艺丛书》，（台北）财团法人施合郑民俗文化基金会1994年版，第425页。
[2] 同上注。

音近"啊"。仅有"ㄡㄣ"这两个音在小梨园的【懒怛】中没有出现。

又新营竹马阵和梨园戏的"献棚"仪式相似，都是祭祀"田都元帅"，时念唱咒语，并且竹马阵有大小锣、钹、鼓等乐器；上路老戏的【倒拖船】，每段用"马锣鼓"连结，并且也有二段，这些都是雷同之处。因此笔者认为新营竹马阵团的"咒语"，是从梨园戏的"献棚"仪式中所唱的【懒怛】或是【倒拖船】进行创造性转化的情形。

结论

台湾台南县新营区土库里土安宫竹马阵团，据当地耆宿称最初是雍正九年（1731年）开始在台湾发展，若依此推论，迄今已逾280多年，虽然无文献资料可佐证，但依其表演形式和内容，以及多代相传之事实，也可知是相当古老的剧团，由于具有宗教色彩加上久流传于保守偏僻之乡间，并不被广大群众知悉。在该团还有一规矩，即不可将此音乐和表演技艺流传别地，仅能传授本地学人，外传者将会被神明责罚，并有致命危险，在大家严格遵守此法之下，为竹马戏披上了神秘的面纱，也更增加了研究和取得资料的困难。

台湾新营竹马阵团虽然组织并不大，成员才十几位，但是在当地具有极崇高的地位，加上民间和政府的重视，现在正传习于土库小学和当地民众，使这特殊的表演艺术以及音乐能得以延续。

从本文中所探讨的台湾台南新营土库里土安宫竹马阵团的音乐结构与内容，分析出以下9项特点，分述如下：

1. 台湾竹马戏音乐与闽南南管音乐有一定的脉络关系。

2. 新营土库里竹马阵团演出形式有两种，其一为"艺阵"表演，如十二生肖弄，没有故事情节，仅是踏谣形成的歌舞表演。其二为"小戏"，如《早起日上》《看灯十五》《千金本是》《顶巧》《走贼》等。从表演形态看来，不但古朴俚俗，还充满插科打诨，并有歌舞、故事情节和代言，已具有小戏的特质。

3. 音乐性质以调门区分，目前曲调可归为四种类型，其一C调，其二D调，其三F调，其四C调转F调。每种类型乐曲使用相同的前奏和后奏，极似南管音乐门头的曲牌的分类方法，与西洋音乐调高的意义不同，乐曲以五声音阶为主。

4. 台湾竹马戏音乐属于曲牌体中的"粗曲",约制不严谨,同一曲调可依剧情内容做不同情感的表达,唱词的字数、句数、平仄都没有规范,属于比较自由的体制。

5. 音乐曲体基本上多属于一剧一曲的单段体,应剧情需要可重头(反复)或重头变奏成多段;另有运用同一类型动机发展成之多段体曲式,如《早起日上》有13段之多。

6. 竹马阵的音乐,早期是口传心授,老艺人唱一句学一句,完全没有曲谱,剧本上也没有工尺的记载,近期花龙雄先生按他本人音乐素养才写成曲谱,但几乎曲谱高低八度音并未明确记录,经多次田野调查仔细听写,才将曲谱内容确实记录。

7. 竹马阵具有宗教驱邪意义,运用十二生肖的摆阵踏谣歌舞演出,清除当地居民房舍中的不洁晦气,唱"咒语"时跳着特定的步法,达到驱邪辟凶的作用。

8. 伴奏乐器文场:大广弦、壳仔弦、三弦、笛、唢呐;武场:小锣、木鱼、钹、鼓、四块等。

9. 每曲前有〔前奏〕、曲末有〔后奏〕,〔前奏〕有两层意义,其一让在场观众静心,进入情况。其二让演员有充分时间准备,上台时有"梳妆"动作,演员整发,先左而右,整衣领、衣服、鞋子,转一圈才正式演出,这期间〔前奏〕可自由反复,直至开始,所以〔前奏〕可长可短,极自由。有些剧中说白多,如《早起日上》;有些说白少,如《走贼》;有些有冗长的过门,如《走贼》;有些以"鼓界"分段,如《厌泪》。

从本文对于台湾竹马阵音乐及咒语的分析,以及和闽南泉州梨园戏的比较,发现台湾竹马阵和竹马戏的音乐,确实与福建泉州的"南管"音乐有脉络关系,尤其戏曲的部分也与梨园戏的内容与表演形式接近,所以笔者认为这是南管音乐民间化的创造性转化之现象,也确认两岸"一带一路"的脉络关系。

参考文献

[1] 曾永义:《说俗文学》,台北联经出版公司1980年版。
[2] 梨园戏剧团编:《梨园戏名曲选》,福建省晋江地区梨园戏剧团1980年版。
[3] 邱坤良:《中国传统戏曲音乐》,(台北)远流出版公司1981年版。
[4] 张紫晨:《中国民间小戏选》,上海文艺出版社1982年版。
[5] 吴腾达:《台湾民间舞狮之研究》,台北大立出版社1984年版。

[6] 曾永义：《说民艺》，台北幼狮文化事业公司1987年版。
[7] 曾永义：《诗歌与戏曲》，台北联经出版公司1988年版。
[8] 王嵩山：《扮仙与作戏》，稻乡出版社1988年版。
[9] 曾永义：《中国古典戏剧的认识与欣赏》，台北正中书局1991年版。
[10] 黄玲玉：《从闽南车鼓之田野调查试探台湾车鼓音乐之源流》，"财团法人中华民族音乐学会"1991年版。
[11] 黄文博：《台湾艺阵传奇》，台北台原出版社1992年版。
[12] 蒋菁：《中国戏曲音乐》，人民音乐出版社1995年版。
[13] 郑志明：《文化台湾（卷一）》，（台北）大道文化事业股份有限公司1996年版。
[14] 邱坤良：《台湾剧场与文化变迁：历史记忆与文化观点》，台北台原出版社1997年版。
[15] 施德玉：《闽台竹马戏之探讨》，《传统艺术研讨会论文集》，传统艺术中心1998年版。
[16] 林珀姬：《舞弄门阵——陈学礼夫妇传统杂技曲艺金声玉振（音乐篇）》，（台北）传统艺术中心2004年版。
[17] 吕锤宽："南管"辞条，《台湾音乐百科辞书》，（台北）远流出版公司2008年版。

"一带一路"视野下中华文化海外传承传播研究

——以南音在马来西亚的传承传播为例

郑长铃 / 中国艺术研究院　黄欣 / 宁德师范学院

本文立足于福建省重要文化遗产之一的南音文化，结合海上丝绸之路的历史脉络，以南音在马来西亚的传承传播为例，考察福建南音文化在海上丝绸之路沿线的传播传承及其与当地文化的交融与变迁。

当前，在国家倡导发展"一带一路"倡议的契机下，国内及国外丝路沿线国家与地区积极行动起来，海上丝绸之路又一次成为世界瞩目的商贸经济与文化交流之路。从历史上看，海上丝绸之路不仅仅是中国古代时期与其他国家的经济交往活动，也是中国与海上丝绸之路的沿途国家之间的一种文化交流活动。南音作为闽南的代表性传统文化表现形式，也随着"海丝"的经济交往和文化交流，从闽南一隅走出，走向了东南亚乃至更广阔的世界。南音在东南亚尤其是马来西亚的传承和传播，是一带一路视野下中华文化海外传承传播的典范，能为后者的研究提供重要的可供参考的案例。

一、海上丝绸之路与南音研究相关文献综述

（一）研究概述

一直以来，海上丝绸之路都是国内外学者普遍关注的研究课题。早在20世纪30年代，我国学者冯承钧就著有《中国南洋交通史》，认为南海海路交通开辟或早于西域陆路交通。1955年，季羡林在《中国蚕丝输入印度问题的初步研究》中提出，南海道为中国蚕丝输入印度五条道路之一。日本学者三杉隆敏的《探索海上的丝绸之路》，较为系统地研究了"海上丝绸之路"。1990年，联合国教科文组织发起了"海上丝绸之路"综合考察，极大地推动了海上丝绸之路的研究进程，

《广州与海上丝绸之路》《南海丝绸之路文物图集》《中国与海上丝绸之路》《海上丝绸之路》等国内研究论著相继出版。日本学者长泽和俊发表了《丝绸之路史研究》，法国学者施舟人发表《"海上丝绸之路"与南音》。

在海上丝绸之路的研究热潮下，一些学者将目光投向了南音文化在海外的传播和传承，吴远鹏《南音在南洋——东南亚南音发展概述》、罗天全《南音在海外的传播与发展》、龚佳阳《试论泉州南音对南洋华侨华人的社会作用及其海外传承》、台北艺术大学林珀姬《"今古相证"话"南音"》等论著相继发表。

在南音文化的海外传承传播之外，对南音文化的研究本身也经历了一个逐渐深入的过程。福建师范大学音乐学院教授王耀华于1988年、2014年先后发表《絃管研究的历史与现状》和《近25年来的南音研究》两篇文章，对从古至今的南音研究做了详细论述。

根据王耀华先生的论述，可将至今为止的南音研究分为以下四个阶段：

1. 1840年以前的古代南音研究

伴随着南音艺术形成与发展的研究，南音研究从无到有，由简到繁，曲目由少到多。

2. 1840—1949年的南音研究

引进西方音乐学观念，南音研究步入近现代阶段，具有考证学的引进、分类法的探索、描述性乐学的出现等特点。主要著作有林霁秋《泉南指谱重编》、朱维之《泉南古曲在中国音乐上之地位》等。

3. 1949年到20世纪80年代

大量专业音乐工作者投身南音乐学、南音史学理论研究。曲目搜集整理方面，有泉州市南音研究社《南曲选集》《指谱大全》、晋江县文化馆《南音指谱大全》等。1981年以来历届南音大会唱的举办，均能引发南音研究学术热潮。该阶段主要学术成果有：黄翔鹏《"絃管"题外谈》，李文章《梨园戏的综合管门和转调》，王爱群《从南音"滚门"之实探其渊源》等。

该阶段，台湾絃管研究队伍不断壮大，有许常惠、吕锤宽《鹿港南管音乐之调查与研究》，沈冬《南管音乐体制及历史初探》，王嘉宝《南管器乐曲的分析》等论著问世。台湾民俗艺术基金会主办的"国际南管音乐会议"对絃管研究的促进颇有裨益。

东南亚福建华侨方面，在大量絃管曲集出版的同时，理论研究亦已开始。出版的主要曲集有：刘鸿沟《闽南音乐指谱全集》，丁马成、卓圣翔《南管精华大全》，吴明辉《南管指谱全集》等。主要研究论文有彭松涛的《发扬南音》。

4. 1989年至今

南音研究步入常态化、深入化、序列化。有孙星群《南音曲体结构·指》、李寄萍《南音郎君文化现象新考察》、王珊《南音》（与郑长铃合著）等。南音系列化研究成果有泉州南音研究院编辑的《泉州南音集成》、泉州地方戏曲研究社编辑的《泉州传统戏曲丛书》等。

港澳台及海外南音研究方面，有亚太民族音乐学会会长权五圣《韩国的文人音乐——歌曲》、日本冲绳县御座乐复原研究会会长比嘉悦子《琉球王府中的中国系宫廷乐"御座乐"》等。台湾师范大学民族音乐学研究班将南音作为重要学位论文题目，有《基隆闽南第一乐团之研究》等十多篇硕士论文问世。另有吕锤宽出版了《泉州絃管（南管）指谱汇编》《台湾传统音乐概论》《絃管音乐》等专著及多篇研究论文。

黄念旭的专著《南音》是较为系统的南音研究，不但梳理了南音艺术的历史，包括形成、发展、传播日程和名家，而且分别介绍了南音艺术的体系和形态、南音本体的艺术特色，如南音的指、谱、曲、管门、滚门、撩拍等，并在此基础上深入探讨了乐源、滚门和牌名三者之间的关系。同时还介绍了南音的声腔、乐器、表演形式及民俗活动等。

（二）本文的现实意义和实践价值

在上述研究成果的基础上，本文立足于国家文化发展战略的总体规划，依托于丝绸之路丰厚的文化底蕴及南音文化海外传播传承历史，具有重要的现实意义和实践价值。

首先，海上丝绸之路是古代中国与世界其他地区进行经济文化交流的海上通道，对人类文明发展产生了深远影响。而被授予"东方文化之都"称号的泉州，是联合国教科文组织目前唯一认定的海上丝绸之路起点。

其次，南音是中国现存最古老的乐种之一，中原移民把音乐文化带入以泉州为中心的闽南地区，与当地民间音乐融合，形成了这种有中原古乐遗韵的文化表现形式。随着泉南人民的迁徙，南音传到我国港、澳、台地区与东南亚诸国，形成了一个南音文化圈。

因此，在中国与中亚共建"丝绸之路经济带"、与东盟共建"海上丝绸之路"的大背景下，结合"海丝"历史脉络，考察南音文化在"海丝"沿线的传播传承及其当地文化化育，是从文化的角度为国家"新丝绸之路经济带"的战略提供理论与人文精神支持。

基于上述因素，研究南音的海外传承传播，在发展中国文化、使中国文化融入世界文化并使之成为世界文化方面，无疑具有十分重要的意义和价值。

二、个案选择

本文以南音在马来西亚的传承传播为例，考察"一带一路"视野下中华文化的海外传承传播。

在人类的发展过程中，任何物质活动与文化形态从来都是密不可分、相辅相成的，物质活动产生文化形态，而文化形态又促进物质活动。丝绸之路所产生的文化影响要远远大于经济影响，随着海上丝绸之路的形成，当异域文化通过海上丝绸之路来到中国，对古老的中华文明进行补充、改造的同时，有着千年历史的中华民族文化也源源不断地通过海上丝绸之路传播到海外，伴随着中国丝绸、瓷器等商品中所附加的文化形态影响并改造着异域文化的形成与发展。

南海丝路是海上丝绸之路中历史最为悠久的路线之一。南海丝路因涉及地域广博、贸易量巨大和文化影响深远等因素，成为中国几千年对外交往的重要通路。而在南海丝路的三条商路（广州、泉州、宁波）中，自古就有"梯航万国"之称的泉州是西洋、南洋、东洋三路的物资交汇和集散之地，故此在海上丝绸之路中最为发达，占有重要的地位，成为吞吐港口之首。仅据南宋赵汝适《诸蕃志》一书记载，宋朝时期通过泉州与海外进行贸易关系的国家和地区总计53个，而到了元代汪大渊的《岛夷志略》中统计就达到了98个之多。这就使得泉州在元代的时候便成为东方的第一大港，它的进出口贸易额达到了世界的前列，即便是当时埃及的亚历山大港也无法与它匹敌。[1] 至明清时期，政府实行海禁和迁界政策，破坏了泉州的社会经济发展环境，泉人为了生计，冒禁远渡，侨居海外，形成了多次的大规模移民热潮。

从泉州在海上丝绸之路上的历史地位

---

[1] 张星烺编注，朱杰勤校订:《中西交通史料汇编》（第二册），中华书局2003年版。

来看，它是中国通往海外的重要起点和吸纳海外商贸的驿站，在海上丝绸之路两千余年的发展中，以泉州为代表的闽南文化随着泉人的脚步流播海外，在中华文化与西方文化的交织中日益彰显出独特的人文魅力和精神风貌。

南音是闽南最具代表性的文化表现形式之一。它是中国现存最古老的乐种之一，历代中原移民把音乐文化带入以泉州为中心的闽南地区，与当地民间音乐融合，形成了这种有中原古乐遗韵的文化表现形式，并在文化融合与语言同构的发展中逐渐形成了具有闽南地域独特人文精神的南音文化。南音在漫长的发展过程中，成为了民间性、自娱性的音乐，可以说，南音已经贯穿在泉人的生命历程中，只要在闽南人聚居的地方，便能听到南音。乐随人走，随着泉人的迁徙，南音这朵瑰丽的音乐文化之花也随之传到我国港、澳、台地区与东南亚诸国，形成了一个南音文化圈。

除了在闽南地区的泉州、漳州、厦门和港、澳、台地区以外，泉州南音还流播到菲律宾、印度尼西亚、新加坡、马来西亚、泰国、缅甸、越南等国家，成为海外侨胞和港澳台同胞世代珍视、竞相传唱的乡音。而在上述众多国家和地区中，马来西亚作为海上丝绸之路的重要节点，有着独特的地位。依托于南海丝绸之路，中马之间有着经贸文化交往的悠久历史。考察南音在马来西亚传承传播的历史和现状，对研究"一带一路"视野下中华文化的海外传承传播，无疑有着极为重要的作用和意义。

三、海上丝绸之路视野中的马来西亚

丝绸之路作为古代横贯东西方的政治、经济、文化交流的生命大动脉，为亚欧之间的联通及其发展做出了巨大的贡献。从历史时段及地域形态来看，丝绸之路又分为陆上丝绸之路与海上丝绸之路。陆上丝绸之路与海上丝绸之路在不同的历史时段有合有聚，当唐宋时期陆上丝绸之路"道路梗绝，往来不通"[1]而逐渐衰落的时候，海上丝绸之路却日益繁荣起来。

早在12世纪初，法国汉学研究学者沙畹（Edouard Chavannes）在《西突厥史料》中即认为"丝路有海、陆两道，

[1]《全唐文》卷四六四，陆贽：《慰问四镇北庭将吏敕书》。

北道出康居，南道为通印度诸港之海道"[1]。海上丝绸之路由陆地丝绸之路衍生而来，它是指以中国为起点的古代东方通过海运的形式，与南亚、中亚、西亚等各个国家进行经济贸易所形成的交通路线。

从现有的研究来看，海上丝绸之路共有四条，一是从广州经由印度、西亚、非洲、欧洲等地往返的西洋道；二是以泉州为起点，经澎湖、琉球、菲律宾至印度支那和南海各地的南洋道；三是从明州（宁波）至日本、朝鲜的东洋道；四是登州朝日道，这条海上丝绸之路与明州并行，是中国北方与朝鲜、日本经济贸易的交通要道，但因其非政治中心及战乱频发，故此并未在海上丝绸之路中占有太多地位。因此，在学界的共识中，海上丝绸之路又有"两海四道"之说，两海即南海与东海。南海丝路有广州、泉州、宁波三道；东海丝路则是以山东登州为起点的登州朝日道。

其中，南海丝路形成于秦汉时期，发展于三国、隋朝时期，繁盛于唐宋时期。在公元2世纪初期，罗马船只便通过印度洋驶抵南海，通过缅甸及该地区的古掸国向汉朝进献"幻人"，其"自言我海西人，海西即大秦也"，因此《后汉书》中有"掸国西南通大秦"的记载[2]，"至桓帝延熹九年（公元166年），大秦王安敦遣使自日南徼外献象牙、犀角、瑇瑁，始乃一通焉"。[3]《汉书·地理志》中较为详细完整地记载了南海、印度洋航路的贸易：

> 自日南障塞、徐闻、合浦，船行可五月，有都元国；又船行可四月，有邑卢没国；又船行可二十余日，有谌离国；步行可十余日，有夫甘都卢国；自夫甘都卢国船行可二月余，有黄支国；民俗略与珠崖相类。其州广大，户口多，多异物。自武帝以来皆献见。有译长，属黄门，与应募者俱入海，市明珠、璧琉璃、奇石异物、赍黄金杂缯而往。所至，国皆禀食为耦，蛮夷贾船，转送致之，亦利交易，剽杀人，又苦逢风波溺死，不者数年来还。大珠至围二寸以下。平帝元始，王莽辅政，欲耀威德，厚遗黄支王，令遣使献生犀牛。自黄支船行可八月，到皮宗；船行可二月，到日南、象林界云。黄支之南有已程不国，汉之译使自此还矣。

《汉书·地理志》中记载的贸易路线中所列地名，学界尚有争论，可以确定的是，这条航线经过了东南亚的多数国家，其中就包括了马来半岛，也就

---

[1] 姚楠：《海上丝绸之路与中外文化交流·序》，载陈炎《海上丝绸之路与中外文化交流》，北京大学出版社1996年版，第2页。
[2]《后汉书·西南夷传》。
[3]《后汉书·西域传》"大秦"条。

是今天的马来西亚和印度尼西亚。[1]在马来半岛的柔佛河流域考古发掘出的秦、汉陶器残片，可作佐证。[2]

到公元5世纪，马来半岛上的"婆皇""甘陀利""丹丹"等古国，都曾派遣使者到访中国。如《宋书》载："元嘉十九年（442年）婆皇（故地在今马来半岛的彭亨州）国遣使献方物。"马来半岛地区的许多地名，也曾多次出现在典籍当中，如唐代贾耽著《广州通海夷道》就记载了马六甲海峡周边的地形和国家：

> 又两日行，到军突弄山（今越南昆仑岛）。又五日行，至海峡（今马六甲海峡），蕃人谓之"质"，南北百里，北岸则罗越国（今马来半岛南端），南岸则佛逝国（今印度尼西亚苏门答腊东南部）。[3]

公元15世纪，南海丝绸之路的发展到达高峰。自永乐三年（1405年）至宣德八年（1433年）的二十八年间，郑和率众七下西洋。船队航线从西太平洋穿越印度洋，直达西亚和非洲东岸，途经众多东南亚国家。马来半岛上的满剌加（马六甲）则是重要的目的地和往返必经之地。

马六甲海峡是印度洋与太平洋之间的重要通道，也是当时东南亚的国际贸易中心。郑和下西洋期间，中国与满剌加建立了密切友好的关系。明永乐元年（1403年）冬，明成祖派遣中官尹庆出使其国，赠送其酋长拜里迷苏剌礼物，并"宣示威德及招徕之意"。永乐七年（1409年），郑和奉命带诏书，诏封其酋长为满剌加国王，其国之西山为镇国之山，以为经营西洋之中转站。其后，满剌加国多次遣使来华，仅《明史》中就记载有22次。

由此可见，中国与马来西亚的经贸文化交流有着数千年历史。19世纪末20世纪初，"来自东南亚各殖民宗主国的工商资本纷纷进入东南亚，投资铁路、港口、电力、航运、制造业、金融业等，引发对熟练劳动力的需求"[4]，大量中国劳工南下东南亚，中国与马来西亚的经贸文化交流持续加深。

四、中华传统文化在马来西亚的传承传播概况

马来西亚是中华

---

[1] 朱杰勤：《汉代中国与东南亚和南亚海上交通路线试探》，载《中外关系史论文集》，河南人民出版社1984年版。

[2]《美国百科全书》（The Encyclopedia Ameircana, 1963）第八卷，第164页。

[3] 孙光圻：《中国古代航海史》，海洋出版社2005年版。

[4] 庄国土：《论中国人移民东南亚的四次大潮》，《南洋问题研究》2008年第1期，第73页。

文化在东南亚传承传播的重要场域。马六甲特殊的地理位置使其成为南海丝路中重要的交通枢纽，大量货物在这里中转，吸引中国商人至此开展商贸活动，形成了早期的华人社区。

中马之间的经贸文化交流，奉行着和平友好的原则。中国商人获当地人礼遇的事件在历史文献中颇有记载。如南宋《诸蕃志》记载：

> （商船）抵岸三日，其王与眷属率大人（王之左右曰大人）到船问劳。船人用锦籍跳板迎肃，款以酒礼，用金银器皿、禄席、凉伞等分献有差。既泊舟登岸，皆未及博易之事。商贾日以中国饮食献其王，故舟往佛（渤泥）者必挟善庖者一二辈与俱。朔望并讲贺礼。几月余方请其王与大人论定物价。价定然后鸣鼓以召远近之人，听其贸易。价未定而私贸者罚。

元代《岛夷志略》也有"（渤泥国人）尤敬爱唐人，醉也扶之以归歇处"的记录。可见当年中马之间的友好关系。

根据《马来纪年》和《杭杜亚传》等当地文献记载，当时的华裔与当地民众和谐相处，受到当地人的尊重，政府也为中国商人在此生活、经商创造了宽松、和平的环境。15世纪初期，随着郑和七下西洋，中马文化交流进入高峰。东南亚的"峇峇娘惹"，又称土生华人，便是当时定居在满剌加（马六甲）、满者伯夷国（印度尼西亚）和室利佛逝国（新加坡）一带的华人与马来人通婚的后裔。相关资料显示，1895年至1927年间，迁入马来西亚的中国人超过600万。[1]至1957年马来亚独立建国时，国内华人人口已达233万人，占当时居民总数的37.1%。[2]

在旅居当地的华人中，有不少人是浸染在中华文明的传统教育中成长的，有着极高的汉文化素养，他们将中华文化传授给留居地的当地民众。一个又一个华侨聚集地的形成，也使中国文化在马来西亚扎根播种，使后者成为中国文化对外传播的重要基点。

在历代两国人民的友好交流之下，中华文化在马来西亚地区传承传播，对马来西亚产生了深远而广泛的影响，几乎遍及物质文化、精神文化和制度文化的各个领域。

（一）物质文化方面

一般认为，物质文化是满足人类生活和生存需要所创造的物质产品及其所表现

---

[1] ChooKeng Kun,"Masyarakat Majmuk Semenanjung Malaysia：EvolusiSejarah", in: Zuraina Majid ed., M-syarakat Malaysia： Tinjauandan Perbincanganterhadap Beberapa Isudan Topik Semasa, Penang： Penerbit, Universiti Sains Malaysia, 1985, p.56.

[2] Fuziah Shaffie, Ruslan Zainuddin, Sejarah Malaysia, Shah Alam： Penerbit Fajar Bakti Sdn. Bhd., 2000, p.269.

的文化。它包括服饰文化、饮食文化、居住文化、交通文化等。在数千年的经贸文化交流之中,中华民族文化源源不断地通过海上丝绸之路传播到马来西亚,伴随着中国丝绸、瓷器等商品中所附加的文化形态影响并改造着异域文化的形成与发展,对马来西亚物质文化的发展产生了深远影响。

早在东吴时期,孙权就特别派遣使节康泰、朱应从海路出访扶南和南海诸国,即我国历史上著名的"南宣国化",这也是中国首次派遣使节以通过海上丝绸之路加强对外的政治、经济、文化联系。康泰、朱应出使南海诸国多年,归国后写了《吴时外国传》和《扶南异物志》等书籍,详细记述了南海各个国家的政治、经济、文化等方面的情况。这些著作虽然大部分都已散失,但还有相当部分保存于《水经注》《太平御览》和《通典》等著作中。扶南作为当时的南海大国,其势力范围已经包括了今日的泰国、缅甸和马来半岛等地区,其位置处于东西海上交通要冲。

在《梁书》中记载:"吴时,遣中郎康泰、宣化从事朱应使于寻国(扶南国王范寻),国人犹裸,惟妇女著贯头。泰、应谓曰:'国中实佳,但人亵露可怪耳。'寻始令国内男子著横幅。今干缦(筒裙)也。大家乃截锦为之,贫者乃用布。"[1]可见马来西亚的服饰文化受到中国的影响。

在"峇峇娘惹文化"中,也能明显看出中国文化的痕迹,如娘惹人一直保持着成年女子束发,儿童梳成总角的风俗,这是明代文化在当地的遗存。又如农业方面,越南、缅甸、马来西亚等诸多东南亚国家的耕作方法受中国影响,农具的运用、耕牛的使用、许多蔬果品种均由中国引进。马来西亚人还将中药与当地草药结合服用,形成了具有当地特色的医药体系。

(二)制度文化方面

制度文化也称社会文化,是反映个人与他人、个体与群体之间的关系。这种关系表现为各种各样的制度,如政治、经济、教育、军事、法律、婚姻、制度等。

永乐七年,郑和奉命带诏书,诏封其酋长为满剌加国王,其国之西山为镇国之山。之后,明代政府在今天的印尼境内设立了旧港宣慰司,开始对今天的马来西亚、新加坡、印尼西部等地区进行统治。满剌加、苏门答剌作为与旧港宣慰司相配的御封军

---

[1]《梁书·诸夷传》"中天竺"条。

镇，建立城栅、仓库。

跟随郑和下西洋的巩珍在《西洋番国志·满剌加国》中记载：

中国下西洋船以此为外府，立摆栅墙垣，设四门更鼓楼。内又立重城，盖造库藏完备。大宝船已往占城、爪哇等国，并先于暹罗等国回还船只，俱于此国海滨驻泊，一应钱粮皆入库内存贮。各舡并聚，又分次前后诸番买卖以后，忽鲁谟斯等各国事毕回时，其小邦去而回者，先后迟早不过五七日俱各到齐。将各国诸色钱粮通行打点，装封仓储，停候五月中风信已顺，结宗回还。

可以说，满剌加国的建立与发展，离不开明朝的支持。"然而，16世纪初葡萄牙殖民者侵入东南亚，占领了满剌加，导致东南亚国际形势发生剧变，从根本上动摇了以'朝贡'制度为基础的'华夷秩序'。面对这一空前的变局，明朝最高统治者愚昧无知，不了解世界大势，做出不合时宜的反应与决策；加之明朝国力式微，缺乏坚强的实力作后盾，在对葡交涉中软弱无力，其结果只能是坐视满剌加的灭亡，从此我国丧失了在东南亚原有的地位，东南亚逐步沦为西方的势力范围。"[1]

近代以来，由于马来西亚族群组成的多元化，加之英国的殖民统治，马来西亚在制度文化方面受中华文化影响较小。

（三）精神文化方面

旅居马来西亚的华侨在中华文明的传统教育中成长，也将中国的文化典籍、技术知识传授给了当地民众。他们的生活方式、思维方式、价值取向、精神信仰等等，都对马来西亚产生了深远的影响。

在马来西亚华人中，闽粤两省人士占极大比重。闽南文化随着闽南华侨的脚步流播到了马来西亚，与当地文化相结合，在此生根发芽。以语言为例，语言是文化的重要载体，据有关学者考证，在马来语中的汉语有1200多个，其中闽南方言借词就占了约90%。[2] 可见闽南文化对当地的影响。近代以来，这些旅居海外的华人，通过创办华文刊物、成立华文学校、组建华人社团等方式，有意识地发展和弘扬中华文化。将中国的传统习俗、文学作品、音乐戏曲等引入马来西亚，并且发扬光大。

1. 生活习俗和宗教信仰

马来西亚的生活

---

[1] 廖大珂：《满剌加的陷落与中葡交涉》，《南洋问题研究》2003年第3期，第77—86页。
[2] 孔远志：《马来语中的汉语借词》，《荷兰莱顿大学语言、地理和人类学皇家学院学报》1987年4期。

习俗和宗教信仰等受中国文化影响很深。以马来西亚西北部的槟榔屿为例，据当地民间传说，从1786年开埠之后，中国"闽粤两省"人最先到达该地。当地民间信仰中的"本头公""大伯公"，即是当地闽南人对土地公尊称的特殊口语。[1]

华人还将中国的传统节日、社会风俗也带到了马来西亚。今天，在马来西亚的华人社区，政府将中国的传统节日设为假日，当地民众通过各种特殊的节日仪式和活动欢度中国佳节，并且将中国的传统节日与地方文化相结合。如每年端午节，当地华人都会吃粽子、赛龙舟。马来西亚的粽子富有地方特色，有娘惹粽、鲍翅粽、海南粽等，其中娘惹粽将虾米、辣椒、肉馅烹煮在一起，并加入多种香料，口味酸甜香辣，极具南洋风味。

2. 文学作品

19世纪末至20世纪的华人移民将中国的诗歌、小说、散文等文学作品传播到马来西亚。

19世纪末，福建永福人力钧医术精湛，曾奉召入宫为慈禧治病，他游历新马一带，于时任中国（清政府）驻新领事官左秉隆处得知"槟城多诗人"，便赴槟城与时下诗人名士唱酬往来。其著《槟榔屿志略》中，收录了不少当地诗人的诗作，如吴春程《吴春程骈文钞》、林载阳《槟城竹枝词》等，诗作可谓相当丰富。[2]

在马来西亚民间流传的中国口头文学主要有"讲古"和"过番歌"两种形式。"讲古""过番"都是闽南方言。前者即为说书、讲故事，用闽南语对小说或民间故事进行再创作和表演；后者意为"出国、出洋"，是流传于闽南、台湾及东南亚华人社区的一部闽南方言长篇说唱诗，讲述漂泊海外的孤独与辛酸。

在中国典籍的翻译方面，峇峇娘惹族群作出了突出贡献。19世纪末起，他们将《三国演义》《水浒传》《西游记》等大量中国古典小说典籍翻译成马来语。遗憾的是，这些翻译作品部分已亡佚，流传至今的尚有几十部，其中通俗小说占大多数。20世纪后半叶，陆续又有《梁山伯与祝英台》《中国古典诗词选》《孙子兵法》《三国演义》《大学·中庸》《道

---

[1] 张少宽：《南溟脞谈——槟榔屿华人史随笔新集》，南洋田野研究室，2007年9月，第159—163页。

[2] 张少宽：《南溟脞谈——槟榔屿华人史随笔新集》，南洋田野研究室，2007年9月，第113—115页。

德经》《聊斋故事选》等典籍被翻译出版。[1]

3. 音乐、戏曲等传统文化表现形式

远渡重洋的中国人将家乡的生产生活方式带到了东南亚地区。在异国他乡的艰难创业中，一首家乡的曲调、一出熟悉的戏曲，填补了游子心灵的孤苦无依，缓解了对故土的思念，也为忙碌的生活增添了色彩。华人群体的发展壮大，为中国传统音乐、戏曲等在马来西亚的传承和传播提供了充足的土壤。高甲戏、粤剧、闽剧、京剧、歌仔戏、莆仙戏、布袋戏、木偶戏、皮影戏等众多剧种在马来西亚落地生根；南音等传统音乐在南洋的街巷中不断响起。

以槟榔屿为例，一百多年前，在槟榔屿的市区内，就有三十几间戏台。据当地族老说，当时这些戏台多聘请香港等地的粤剧"大锣鼓"演出，有时也邀请"福建班"或京剧班表演。

这些传统文化表现形式既丰富了华人的精神文化生活，也维系着他们对中华文化的认同，增进着海外华人的凝聚力。人在他乡，谋生不易，华人们组建起了各种社团，相互帮扶。这些社团成为中国传统音乐、戏曲在马来西亚传承传播的重要载体。大凡举办南音社、戏剧社，进行各种集体活动，大多都由会馆社团牵头。

五、南音文化在马来西亚的流布及现状调查

（一）南音文化释义

笔者认为，从狭义的角度而言，南音文化是一种技艺持有者、习得者和享用者的生活方式和生命体验过程，包括所有南音持有者、习得者、享用者所共有的语言、传统、习惯和制度，有激励作用的思想、信仰和价值，以及它们在物质工具和制造物中的体现。

而从广义文化来说，南音文化作为中华民族文化系统中的一个子系统，涵盖了闽南地域历史衍生发展过程积淀下来的诸多层积及其相关的文化空间与物件，在这个地域中，南音文化所积淀形成的习俗仪轨、规约制度、价值认同、精神信仰，俨然已经成为人们精神生活中不可或缺的文化传统。

---

[1] 莫嘉丽：《中国传统文学在新马的传播——兼论土生华人的作用》，《华侨华人历史研究》2001 年第 3 期。

（二）南音在马来西亚的传承传播情况

随着闽南移民到达台湾、香港地区以及东南亚诸国，南音也随之流播到这些地区，逐渐形成了一个南音文化圈。在南音文化圈中，大大小小的南音馆阁作为南音存续的载体，数百年来持续不断地延续着南音文化的命脉。如台湾的闽南乐府、"中华南管研究社"、鹿港聚英社，香港的福建体育会，澳门的南音社，菲律宾马尼拉的长和郎君社，新加坡的湘灵音乐社等等，馆阁中的轻弹曼唱，连结着绵绵中华情愫。

1.南音在马来西亚传承传播的历史

18世纪起，大批泉人移居今天的马来西亚一带，至1921年，马来西亚的泉籍华侨已达34万多人。南音作为闽南人生活中不可割舍的一部分，作为闽南人的一种生活方式，伴随着侨商的乡情、相思也千里万里地漂洋过海，来到了马来西亚的土地。

马来西亚最早的南音社，相传为吡叻（霹雳）太平仁和公所。太平仁和公所创立于清光绪年间（1887年左右）。因成员多来自晋江东石镇，而东石镇古称"仁和里"，故称"仁和公所"。据传仁和公所时常举行南音演奏、演唱活动，在马来西亚享有极大声誉。

1890年，巴生雪兰莪永春公所也成立了南乐组。至20世纪30年代，马六甲同安金厦会馆（1931年）、"沁兰阁""云林阁"、马来西亚渔业公会音乐组、太平"锦和轩"（1945年）、安顺福顺宫（1950年）等相继成立。此后，又有一大批南音社团陆续涌现，如吉兰丹仁和南乐社（1960年）、霹雳太平仁爱音乐社（1963年）、新文龙永春会馆（1978年）、马六甲桃源俱乐部、雪兰莪适耕庄云箫音乐社、巴生雪兰莪同安会馆南管音乐组（1978年）、巴生螺阳音乐社、巴生浯声协进社、江沙艺群音乐社、江沙仁和公所、班达马兰新韵音乐社、峇株巴辖南乐社、马六甲晋江会馆、马六甲兴安会馆、怡保福建会馆、峇都牙也福建会馆等。[1]

这些南乐社分布在马来西亚各地，聚集了一大批热衷南音的闽南人，是南音传承传播的基站。人们在南音社团中开展南音的演奏、交流活动，切磋技艺、培养新人。一些南音社还录制了南音唱片，发行相关特刊，发表研究文章。这些乐社的活动，将南音这门古老的文化表现形式介绍给了当地民众，推广到更多的地区，对南音在马来西亚的传承和传播起到了极为重要的作用。

1980年3月，马

---

[1]《瓜雪暨沙白县福建会馆南音乐团成立五周年及马来西亚国际音乐汇演特刊》，2011年7月。

来西亚福建社团联合会成立南音小组，筹划承办东南亚南乐大会奏，由拿督杨朝长任主任。南音小组筹划从马六甲同安金厦会馆南乐组着手培养一批南音好手，并和桃源俱乐部合作，在马来西亚国营电台播放南音歌曲。一时之间，马来西亚南音界群贤毕至、热闹非凡。[1]

1981年8月，马来西亚福建社团联合会文化部南乐团正式成立，并在首都吉隆坡成功举办了"第三届东南亚南乐大会奏"。香港福建体育会南乐队，台湾闽南第一乐团、南声国乐社、鹿港聚英社，马来西亚和南乐仁社，印度尼西亚南乐研究社，菲律宾、新加坡等南音社团参加了这次大会奏。

参加这次活动的马来西亚国内南音社团有马六甲同安金厦会馆南乐组、巴生雪兰莪永春公所南乐组、巴生雪兰莪同安会馆南管音乐组、雪兰莪适耕庄云箫音乐社、太平仁爱音乐社、吉兰丹仁和音乐社南乐团等。[2]此次活动极大地提高了马来西亚在南音文化圈的地位。

遗憾的是，20世纪80年代以后，随着马来西亚经济的快速发展，流播当地的中华传统文化受到了极大的冲击，包括南音文化在内的传统文化在马来西亚华侨尤其是年轻人中的认同感在逐渐衰减。马来西亚南音盛况不复，原有的几十个由会馆成立的南音团，仍然活跃的寥寥无几。所幸，仍有许多关心南音、热爱南音的马来西亚华侨在不断坚持，他们默默守护着南音的火种，为南音在马来西亚的重新崛起提供了可能。

2. 从失落的槟城谈起

1981年8月，第三届东南亚南乐大会奏在吉隆坡举行，本次大会奏于11日、12日及13日分别在马六甲、太平及槟榔屿举办了巡回演奏。

3. 艰难前行的太平音乐社

太平市是与南音最早结缘的马来西亚城市。吡叻（霹雳）太平仁和公所是马来西亚最早的南音社团，揭开了南音在马来西亚传承传播的序幕，正是在其影响下，马来西亚各地兴起了数十个南音社团。遗憾的是，该社团至20世纪已销声匿迹。

所幸，南音在该地后继有人——1964年，太平仁爱音乐社成立了。

马来西亚独立初期，太平市人口以晋江人居多。为团结同乡，深化感情，发挥

---

[1]《瓜雪暨沙白县福建会馆南音乐团成立五周年及马来西亚国际音乐汇演特刊》，2011年7月。
[2]《瓜雪暨沙白县福建会馆南音乐团成立五周年及马来西亚国际音乐汇演特刊》，2011年7月。

守望相助的精神，1963年，先贤蔡世托乡贤及数位热心同乡，奔波筹组乡会，终于在1964年元旦成立了太平仁爱音乐社。蔡世托任首届社长，蔡尤河任总务。太平仁爱音乐社的创会主旨是：团聚晋江同乡、共同发扬传统南音乐曲及戏剧的活动。

音乐社成立之初，获得了多位对南音乐曲戏剧艺术颇具造诣的先贤支持。在他们的声援及指导下，社团规模日渐壮大。社员们积极投入南音技艺的研习行列，开展南音培训，培养出了一批极具技艺水平的剧艺与南乐组成员。音乐社的代表性曲目有《桃花搭渡》《秦香莲》《胭脂记》《陈三五娘》《金枝玉叶》《雪梅教子》《管甫送》《扫秦》《筍江波》等。

音乐社成立时适逢当年国庆日庆典，乐社应邀代表太平市华人社团，在太平湖畔国庆游艺晚会上表演南音节目，精彩的表演获得观众的热烈称赞，也奠定了太平仁爱音乐社在华人社区文化领域中的地位，强化了乐社成员在当地重播南乐的信念。此后的十余年间，乐社应邀到新加坡、吉兰丹、槟城及霹雳州各地义演30余次，盛名享誉新加坡、马来西亚等地，掀起了一片学习南音文化的热潮，演出协助筹获的善款达数十万令吉。1979年，太平仁爱音乐社成立十五周年，组织举办了第一届东南亚晋江同乡联谊大会，庆典当日汇聚东南亚各国晋邑乡绅、社会贤达，一时传为美谈。

乐社全盛时期，有戏剧员20余位、音乐员10余位、义务舞台工作人员10余位，乐器齐备，阵容浩大。

如今，太平仁爱音乐社已历经五十多个春秋，随着时代变迁、社情转易，当年的盛况已不复存在。当地的年轻一辈华人缺乏乡土情怀，对中华文化的认同度逐渐减低，对南音难有共鸣，乐社成员呈现老龄化趋势。

目前，仁爱南音社南音戏剧组已经是北马硕果仅存的南音乐社，仅存约10位组员，在艰难中前行。为力挽狂澜，推动南音文化的传承和传播，乐社社长蔡海瑞、总务黄奇发及财政陈启泉带领着团队，在坚持创社宗旨的前提下，努力探寻重振乐社、发扬南音文化的方法。乐社顺应社会发展的需求，不断自我调整，创立了卡拉OK歌唱班，伺机尝试培育年青接班人。乐社还鼓励对南音有兴趣的不同籍贯男女及华乐团毕业生加入，并引导他们了解泉州南音，学习、传承及发扬南音。目前，仁爱南音社南音戏剧组组织社员在每月第一和第三个周四练习南音。戏剧组原本有咏唱南音、乐器演奏和戏剧表演等活动,因戏剧表演需要较多人手,故而,现阶段戏剧组的活动仍以南音演唱和乐器演奏为主。

在五十多年的岁月中,仁爱南音社经历了风雨崎岖,仍坚持着传播南音文化、传承传统乡情的信念。社员们相信,随着中华民族的崛起与中华文化的普及,冬季之终是春季之始,南音锦曲在太平一定会有发扬光大的一天。

4. 富有生气的巴生、沙白

(1) 巴生南音传承发展的历史

巴生是马来西亚雪兰莪州的皇城,也是马来西亚的第一大港。18世纪以来,众多华人渡海南下,或直接乘船抵达巴生,或先到达马来西亚各地,再从内陆迁居到巴生。大部到达巴生的华人,从事的是底层的体力劳动,在橡胶园或码头讨生活。而这些华人中,又以福建人占大多数,因此,闽南话成为当地流行的方言之一。到1921年时,巴生的福建人已经接近9000人,他们扎根巴生后,用勤劳与汗水开创新生活,并且为当地的教育、文化、民生等做出了不俗贡献。

虽然身在他乡,但巴生的闽南人仍记得自己的根在中国,他们将自己的信仰、习俗、文化等也带到了巴生,并且用自己的努力,将家乡的文化发扬光大。他们组成了各种华人社团,团结一致,共担风雨;带去了自己的信仰,在异国他乡搭建起精神的港湾;还组建了许多的南音社、戏剧社,在熟悉的曲调中建立起联系感情的平台,也维系着对自身传统文化的认同。

南音在巴生已有一百多年的历史。1890年,巴生雪兰莪永春公所成立了南乐组,是巴生最早的南音社团。20世纪70年代后,巴生雪兰莪同安会馆南管音乐组、巴生螺阳音乐社、巴生浯声协进社等南音乐社也相继成立,巴生南音进入了传承发展的繁荣时期。

巴生雪兰莪同安会馆是巴生的福建同安人为了增强联系、凝聚力量而建立的组织,成立于20世纪70年代。会馆中南管音乐组的设立是同安会馆区别于当地其他华人社团的特色。在会馆成立的几十年间,成员们为南音在巴生的传承奉献出了极大的力量。

巴生同安会馆南管音乐组最初由当地黄梨厂的同安工人在1978年组建,2005年,由于资金不足等原因停办。南管音乐组虽然停办了,但巴生同安人传承南音的信念不曾熄灭。终于,在同安华人的不断倡议和共同努力下，2009年，巴生同安会馆南管音乐组得以重新组建。目前，南管音乐组有会员二十多人，他们怀着对南音的深厚感情，以及传承发展南音的责任感，积极地开展南音表演、培训、研究等活动，涌现出了以南音才女林素梅为代表的一批关心南音发展、致力南音传承的优秀南音人。

（2）沙白南音传承发展的历史

沙白南音传承发展的历史，对于研究南音在马来西亚的传承和传播，有着十分重要的意义。沙白"云霄南音社"和福建会馆南乐团的兴衰与发展，是泉州南音海外流播的典型案例。

沙白县适耕庄，地处马来西亚雪兰莪州北端。20世纪90年代，这里还是一个刚开辟不久的村庄。居民过着日出而作、日落而息的朴实生活，文化娱乐活动十分匮乏。为丰富生活、休闲娱乐，当地的一些闽南华侨集资创办了名为"云霄南音社"的南音乐社，利用工余的时间或夜间，就这样玩起南音来了。随着古朴优雅的曲调在村庄中缓缓升起，他们便仿佛回到了故乡的那个小城，那条窄巷，那座梦中的红砖瓦，在忙碌的生活中获得片刻的安详和宁静。

音乐是没有国界的，即使语言不通，仍然能陶冶人性，引起共鸣。沙白的三十几位年轻女性，在长期的耳濡目染之下，也渐渐地爱上了南音，甚至开始学习南音。在云霄南音社几位技艺高超的南音前辈的熏陶之下，她们不但最终学会了南音演唱，还精于南音乐器的弹奏。

遗憾的是，好景不长，几年之后，云霄南音社因资金不足难以维持，只好宣告解散。

到了2006年，陈观福担任瓜雪暨沙白县福建会馆会长时，有理事提议，把停顿四十年的南音发扬起来。经过理事的筹划，在会馆的资助下，终于在2006年7月16日成立了福建会馆南乐团，中断多年的南音终于重新在沙白县响起了。

南乐团成立之后，致力于栽培年少的南音爱好者。值得注意的是，目前南乐团中负责教导南音的几位祖母级的导师，正是当年学习南音的几位沙白年轻女子。闽南人把南音带到了沙白，把南音传播到了当地民众当中，而这些当地民众，又成为了沙白南音传承延续的重要支柱，令人不禁感叹命运的神奇，也惊叹于南音强大的吸引力和生命力。

目前，沙白福建会馆南乐团已经培养出了一批青少年南音爱好者，乐团还曾受邀到福建泉州、中国台湾及印尼、新加坡等地参加演出。2011年，福建会馆南乐团成立五周年时，为增进不同地区南音弦友间的交流、提升社会对南音的认识、承担起传承南音的使命，福建会馆南乐团主办了国际南音大汇演，共有八个国家或地区的约三百多位弦友参加了本次汇演。

沙白华侨传承南音的不懈坚持令人感动，相信在他们的努力之下，南音在沙白一定能够迎来美好的明天。

5. 衰退中的马六甲

马六甲是闽南人最先到达的马来西亚地区之一。马六甲同安金厦会馆南音团成立于1931年，历史悠久，与吉兰丹仁和南乐社、吡叻太平仁爱音乐社并称马来西亚东邦三大南音社团。

20世纪80年代之后，不复当年勇，中断多年，维持得汲汲营营。

之后，我们还有"沉稳的吉隆坡"没有走进，按计划还必须——再访槟城，因为那里有一个没有讲完的故事……新时期"一带一路"影响中华传统文化海外传承传播复兴极其关键性的"人和事"，还将展示：（1）杨玉箴及其身后的团队；（2）执着的林素梅；（3）年长的新秀许隆基；以及（4）希望的田野：三姐弟和他们的同龄人……

六、中华传统文化海外在地存续的力量

中华传统文化之所以能够远播海外，实现在地存续，基于其丰富的精神文化内涵、发展的流动性与系统的包容性。

首先，中华传统文化之所以能够实现广泛的海外在地存续，离不开其本身丰富的精神文化内涵。中国优秀的传统文化，是中华民族不断创造积累的宝贵精神财富，几千年来从未间断，在今天仍然具有强大的生命力与当代价值。中华文化的这种优秀内质，是其能够流播海外，在异国他乡依然充满蓬勃生机的根本。

其次，依托中华文化形成的"海丝"文化具有强烈的流动性，这种流动性促进了中华文化在海外的传播。凭借海上丝绸之路，中国与东南亚地区实现了频繁的经贸文化交流，在广泛交流的过程中，中华文化依托华人这一载体，传播到东南亚乃至更广泛的地区。在这一过程中，华人海外聚居地成为了重要的基点，作为中华文化与本土文化相互冲撞、

相互激发、相互融合的重要场域,以其为中心,中华文化得以迅速流播到东南亚各地。

同时,中华传统文化还以强烈的兼容性吸纳着异域文化的给养,这种兼容性为其传播海外并实现在地存续提供了可能。到达东南亚的华人华侨,将中华文化带到异国他乡的同时,也将其与当地的文化相结合,吸纳着包括南洋文化、东南亚文化、阿拉伯文化以及西方文化的各种品质。这种海纳百川的精神极大地促进了中华文化在海外的传播与发展,经过漫长而复杂的过程,中华文化逐渐融入世界文化的大家庭之中,为在地文化增添了新鲜的生命活力。

当然,中华文化得以实现海外在地存续的最根本原因,还在于中国国力的日渐强盛,在于中华民族的伟大复兴。无论离家多远,祖国永远是海外华人华侨的坚强后盾。他们从祖国的不断发展中获取到了奋进的力量,展现出自尊、自信的精神面貌,向世界展现中华文化的魅力。在这一过程中,华人实现了对中华文化的自识、自珍、自觉与自爱,认识自己国家民族的文化,珍惜它,自觉地传承、保护它,最终树立起民族的文化认同与文化自信。

附录1:太平仁爱音乐社音乐戏剧组(2016—2018)职员表

顾问:拿督蔡海瑞、蔡天生PJK、黄奇发、黄重庆、蔡长源、陈启泉

指导:蔡秀音、蔡长荣、吴再花、黄英杰

主任:许隆基PJK

副主任:蔡长荣、黄锦泉、黄福发

秘书:吴桂月　　　副秘书:李玉英

委员:蔡文全、黄锦川、黄静思、洪明星、李燕凰、陈秀碹、周燕玉、蔡长吉、杨素霞、黄启友、许宝玉、黄锦良、蔡红珠、陈启章

乐器/道具/管理:吴桂月、李玉英、蔡长荣

附录2:雪兰莪州瓜雪暨沙白县福建会馆2006年7月14日成立南音理事名表

顾问:颜碧志AMN、苏青山PJK

会长:陈观福

署理会长:郑益兴　　　副会长:黄忠义、黄天然、郑庆荣

总务：陈金德　　　　副总务：林克茗、潘金铁

财政：李振成　　　　青年团团长：郭成辉

妇女组主席：李秀菊

理事：颜景煌、陈松杉、陈永槐、黄联兴、李振成、黄天然、李亚礼、陈金安、李锦辉、陈水利、潘金载、黄运强、陈志惠

南音导师：林金良、颜秀格、颜玉宝、颜美华、潘升平、郑素霞、潘玉成

组长：陈观福　　　　副组长：李秀菊

秘书：林克茗　　　　财政：颜秀格

组员：颜秀格、颜玉宝、颜美华、林金良、潘升平、郑素霞、李秀菊、黄素华、黄素琳、蔡煜勤、蔡埝祯、蔡煜仁、陈靖雯、郑诗缘、林凯虹、林凯琪、林慧婷、林素琼、颜秀月、颜雅薇、辜庭伟、崔燕婷、谢静宁、邱欣柔、黄佳利、黄凯柔、刘静宜

永远的丝路　难产的经典
——透视新时期以来的"丝路"主题舞剧

欧建平 / 中国艺术研究院

100多年来，丝绸之路作为穿越时空、魅力无穷的文艺创作题材和大型活动主题，一直让沿途各国的艺术家和活动组织家们魂牵梦绕。在"丝绸之路"沿线的中国城市，这个题材更是炙手可热。本文拟以7部这一题材的舞剧为个案，重点介绍其中开先河的《丝路花雨》的创作背景、情节线索、艺术特色、精彩舞段和所获殊荣，逐一点评随后的6部舞剧，并对近年来的"舞剧热"中带有普遍性的问题提出批评，希望能为几部具有"高峰"品相的舞剧问世提供前车之鉴。

丝绸之路　丝路花雨　"丝路"主题舞剧

"丝绸之路"是历史上横贯欧亚大陆的贸易交通线，史称由张骞通西域时开启，从西汉都城长安出发，经过河西走廊之后，分两路继续西行，最后进入欧洲和非洲，曾极大地推动了中国与亚、欧、非三大洲诸多国家经济与文化的友好往来，并因当时的商品以丝绸为主，1877年由德国地理学家费迪南·冯·李希霍芬（Ferdinand von Richthofen）在《中国》一书中首次提出，随后不仅得到中外史学家们的一致赞同，更由各国民众们广为使用，影响至今。

正因为如此，100多年来，丝绸之路作为穿越时空、魅力无穷的文艺创作题材和大型活动主题，一直让沿途各国艺术家和活动组织家们魂牵梦绕。仅就我个人30年来深度参与的中外舞蹈交流活动而言，至少就有三个影响深远的大型项目——一是根据中印两国政府的文化交流协定，著名印度艺术史学家萨约·多希夫人和获得国际大奖的印度摄影家塔基比尔·辛格先生1985年来到中国，沿着西安、兰州、天水的麦积山和炳灵寺、敦煌的莫高窟、吐鲁番、喀什等地一路西行，为期三周的丝绸之路实地考察，以及薛天和我组建的中国艺术史学工作者代表团 1986 年前往印度新德里、阿格拉、泰姬陵、孟买、阿旃陀和埃罗拉石窟、马德拉斯、特里凡得琅、加尔各答等地的重要回访。二是法国里昂 2000 年以"丝绸之路"为主题的"第九届国际舞蹈双年节"，沿着古代丝绸之路的轨迹，特邀了中国的北京、上海、广州、香港、台北，其他亚洲国家中的韩国、日本、泰国、印度、蒙古、乌兹别克斯坦、叙利亚、伊拉克，非洲的阿尔及利亚，欧洲的克罗地亚、荷兰和法国共 13 个国家的 31 个团体及 2 位独舞表演家所做的舞蹈和音乐演出。三是韩国著名现代舞大师陆完顺 2005 年以简约大气的手法，为韩国当代舞团创作的舞剧《丝绸之路》。

《丝路花雨》与《大梦敦煌》：新时期首部成功舞剧及其 20 年后的回响

《丝路花雨》1979 年由当时的甘肃省歌舞团首演于兰州，是中国进入改革开放新时期后成功创作的第一部民族舞剧，创意来自中国艺术研究院舞蹈研究所的著名舞蹈史学家董锡玖先生的建议，顾问由著名敦煌学专家常书鸿、段文杰担任。全剧由序幕、六场加尾声构成，并按照当时流行的"集体创作"惯性，由多位艺术家集体完成，只有编剧是由一人执笔的，而编导则有五人，作曲三人，舞美设计三人，这里的奇迹就在于，个人的才华在全剧中达到了高度的统一。主要演员中的贺燕云随后作为中国古典舞"敦煌派"的代表人物调入北京舞蹈学院任教。

舞剧的创作灵感来自色彩缤纷、舞姿绚烂，堪称"中外文化交流百科全书"的敦煌壁画，起伏跌宕的故事情节描写了中国唐代画工神笔张、女儿英娘与波斯商人伊努斯之间的生离死别和患难与共，而眼花缭乱的异国情调则再现了丝绸之路上源远流长的中外友谊。

全剧中，不仅有神笔张在莫高窟里彩绘的天堂妙境，而且有丝路上中外文化神韵的水乳交融，但最大的成就则在于，编导和演员通力合作，运用中国古典舞的韵律、节奏和组合方式，将敦煌壁画中别具风采的《胡旋舞》《胡腾舞》《六幺舞》《清商舞》《霓裳羽衣舞》，俏丽妩媚的"三道弯儿"体态，特别是妙不可言的"反弹琵琶伎乐天"舞姿，巧夺天工地连接成了一段段意蕴无穷、活灵活现的舞蹈，不仅在舞蹈教学上形成了美不胜收、独树一帜的"敦煌舞蹈体系"，而且在舞蹈创作上开启了一个以古代壁画为灵感、以女子独舞为龙头的兴盛时期，留下了《反弹琵琶舞》《盘上舞》等一批常演不衰的经典舞段。

《丝路花雨》首演的当年，便获得文化部"庆祝中华人民共和国成立三十周年"创作和演出的两个一等奖，1992年由西安电影制片厂拍摄成彩色宽银幕的舞台艺术片，1994年更荣获了"中华民族二十世纪舞蹈经典"的称号，由此成为新时期"丝绸之路"题材舞剧的典范，并曾赴海外30多个国家，为多达400万的观众演出，产生了巨大的国际影响。

值得关注的是，20年后，该团再接再厉，推出了同一灵感来源、不同情节设置的另一部大型舞剧《大梦敦煌》，并在许多方面做出了明显的改变。但这些改变中，给我们留下深刻印象的，既不是王道士倒叙的舞剧结构，也不是画师莫高和戍边将军之女月牙之间的儿女情长，而是其创作团队和演员阵容不再像当年的《丝路花雨》那样，受当时经济和体制的局限，全部使用本团的人员，而是集全国舞剧创作和表演的精英之大成，并创造了120吨舞美重量的最大极限，进而将莫高窟千佛洞里的飞天壁画按照原来的比例搬上了舞台，由此开启了中国舞剧"商业化大制作"的先河，跨入了中国舞剧的"亿元俱乐部，成为中国舞蹈最高比例的盈利样本"，并且理所当然地入选了2002年启动的"国家舞台艺术精品工程"，成为代表中国经济崛起中"国家形象"的代言者。

从《丝海箫音》到《丝海梦寻》：源自"海上丝绸之路"起点的舞剧

早在"一带一路"倡议出台20多年前的1991年，福建省政府因受联合国教科文组织"海上丝绸之路考察团"确认泉州为"海上丝绸之路"起点城市的启发，责成福建省歌舞剧院以此为主题创作一部舞剧，《丝海箫音》便应运而生。

该剧用简单易懂的故事情节、优美动听的音乐旋律、质朴清新的闽南舞蹈和简约大气的舞台美术，讲述了800年前的"东方第一大港"——泉州刺桐港的阿海等"通远舟师"商贸船队上的水手们，以生命为代价，开拓"海上丝绸之路"的动人故事，并自首演开始便颇受青睐，不仅因此来京公演，由我所在的中国艺术研究院舞蹈研究所举办了研讨会，而且参加了1992年在沈阳举行的"全国舞剧观摩演出"，一举斩获了优秀剧目奖、演出奖、优秀作曲奖、舞美设计奖、服装设计奖，其男主演邓宇获最佳表演奖，高国庆、程春玲获优秀表演奖，并在1993年接连获得中宣部的"五个一工程奖"和文化部的"第三届文华大奖"及编导、作曲、舞美、演员奖，福建省政府的通报嘉奖及20万元奖金等殊荣，同年11月还赴香港参加"丝绸之路"艺术节，翌年12月又应新加坡国家艺术委员会之邀，前往当地的黄金剧场公演，不仅宣传了福建作为"海上丝绸之路"起点省份的风土人情，而且成为20世纪90年代初中国舞剧名副其实的代表作。

20多年后的2014年，福建省歌舞剧院在"一带一路"倡议的鼓舞下，不仅大幅度地增加了预算，集体改编了这部当年的舞剧佳作，而且在保留原作剧本执笔者和两位编导的同时，重金外请了整个创作团队和主要演员，并将执行编导从过去的3人增加到7人，其中包括两位当红的青年编导……由此，不仅凸显了全院上下奋力拼搏、打造"高峰"之作的决心和信心，而且通过国家艺术基金的资助和国内外颇为频密的巡演，感动了联合国、欧盟的官员，并且再次赢得了广大观众的青睐，但却在2016年10月结束的"第十一届文华大奖"评审中，未能如愿从12台进入决赛的舞剧中脱颖而出，摘取桂冠，其原因值得我们认真总结，因为具有普遍意义。

《传丝公主》《丝绸之路》和《丝路长城》："一带一路"激励下的舞剧三部曲

这三部作品都是在"一带一路"倡议感召下，来自中国古今两个首都的西安歌舞剧院、陕西省歌舞剧院和北京歌剧舞剧院，并且不约而同地以"丝绸之路"为主题创作的舞剧。

同上文讨论的《大梦敦煌》一样，《传丝公主》《丝绸之路》和《丝路长城》都外请了主创人员，前两部舞剧还外请了主要演员，但在风格上却有同又有异，比如西安的《传丝公主》和北京的《丝路长城》都是注重讲故事的叙事性舞剧——前者的灵感来自大英博物馆收藏的名为《传丝公主》的中国壁画，并根据《大唐西域记》中的历史记录加以改编；后者的蓝本则是国家大剧院新制作的同名历史京剧，而故事则按"一大、一小"这两条线索有效展开：大的方面展现出唐太宗李世民的傲世风骨，小的方面则结合了普通民众柳娘一家的悲欢离合，由此将"开放与和平"的主题呈现在了舞台之上。

而同在西安，分别来自西安市歌舞剧院的《传丝公主》和来自陕西省歌舞剧院的《丝绸之路》，在风格上却大相径庭：前者通过中国蚕丝公主将养蚕和缫丝技术传入西域的曲折故事，讴歌了大唐盛世自上而下的大国气派，具有明显的叙事倾向；而后者则彻底摆脱了传统舞剧的叙事习惯，大胆采取了"去文学化""去戏剧化"的表现方式，并从"丝绸之路"的时空中，提炼出了"一地沙"和"一条路"的典型环境，以及"行者、使者、护者、市者、和者、游者和引者"这7类典型人物，最后以高度凝练且诗意横生的风格，折射出"丝路"与"人生"之间某种意义上的重合，尽管受到"既无舞，又无剧"的批评，却为中国"舞剧"，或者"舞蹈诗"的创作，探索出一条前所未有的新路。

当下"中国舞剧热"中凸显的主要问题

由于中国经济的稳步增长、政府投入的与日俱增，尤其是国家艺术基金近3年来的持续资助，中国舞剧在"新中国500部，其中包括新时期400部"的"世界纪录"基础上，数量又有新的增长，但问题亦有不少。

作为近年来各大全国舞蹈、舞剧和舞蹈诗比赛或展演的评委，以及力求客观公正的舞评人和推动学术建设的研究者，我以为，为数众多的舞剧问世，一方面作为中国经济发展、政府投入增长的受益者，繁荣了全国各地，尤其是二三线城市的演出市场，在一定程度上实现了大中小城市之间的文化平等，可谓功不可没；但在另外一方面，对"舞剧乃舞蹈的最高形式"这个基本理念认识不清，加上"政绩工程"的推波助澜，造成了一二三线城市的领导和舞团不顾自身经济实力的大小和人才实力的强弱，都在争先恐后地搞大型舞剧，动辄耗资上千万元人民币，甚至形成了"没有上千万元搞不成舞剧"的怪圈，结果只是搞出了许多劳民伤财的短命赝品。这种乱象丛生的现象无异于许多地方小煤矿的乱挖乱采，由此造成国家资源的极大浪费和演出市场的极大混乱，因而必须立即叫停。此外，还有这样一些次生问题，需要加以解决。

在团队上，重金外聘了同一批北、上、广的当红编创人员和明星主演，不仅导致这些空降者形成了舞剧创作中的"行活链"，造成了不同舞剧中"千人一面"、缺乏人生妙悟与直击心灵的瞬间等恶果，而且挤压了各地方院团人才的成长空间，甚至出现了这些外聘明星一旦离开，全剧陷入瘫痪的窘境。

在编剧上，热衷于宏大叙事的内容、生离死别的煽情、子承父业的俗套、顺叙倒叙加插叙的结构，而在大量"行活"的重压下，创作人员无法静下心来，推敲打磨出合情合理、感人至深的细节，致使许多舞剧频频出现"剧情短路"的问题，严重影响了高潮的推进和全剧的成功。

在编舞上，不顾"舞蹈长于抒情、拙于叙事"的本质属性，并且不懂道具、哑剧和场景的叙事功能，致使许多舞剧频频出现"舞剧分离"的严重问题，最终导致了全剧的失败。

在包装上，严重脱离剧情的需求和人物的身份，助长了"满堂尽带黄金甲""舞不够景来凑""有照明的灯却无设计的光""激光灯大扫射"等奢靡之风，更暴露出"摆阔露富没文化"的"暴发户"做派。

我以为，唯有文化主管部门和舞蹈表演团体横下心来，痛改急功近利的心态，遏制上述舞剧创作中的"行活链"，才能彻底解决"经典的难产问题"，最终搞出几部符合新时代要求的经典之作来。

全球戏剧创作面临的挑战

在已有60位学生获得奥斯卡金像奖的美国剧作家和教育家罗伯

特·麦基看来:"一个优秀剧本的创作,其难度无异于一部交响曲的诞生,而且在某种程度上而言还会更难。因为作曲家所摆弄的是具有数学般精密度的音符,而我们所染指的却是一种被称作人性的模糊的东西。"

在他看来,如何通过戏剧讲好一个故事,是全球戏剧创作面临的挑战。他在其1997年出版的著作《故事:材质、结构、风格和银幕剧作的原理》中这样指出:

故事衰竭的最终原因是深层的。价值观、人生观的是非曲直,是艺术的灵魂。作家总要围绕着一种对人生根本价值的认识来构建自己的故事——什么东西值得人们去为它而生、为它而死?什么样的追求是愚蠢的?正义和真理的意义是什么?在过去的几十年间,作家和社会已经或多或少地就这些问题达成了共识。可是我们的时代却变成了一个在道德和伦理上越来越玩世不恭、相对主义和主观主义的时代——一个价值观混乱的时代。例如,随着家庭的解体和两性对抗的加剧,谁还会认为他能真正明白爱情的本质?即使你相信爱情,那么你又如何才能向一群越来越怀疑爱情的观众去表达?

他的这些见解使我恍然大悟,我们要讲好中国故事,不能只关注我在上文中指出的种种表象问题,而应追根寻底,发现更加深层的、创作者们的"价值观"问题!

他进而指出:"这种价值观的腐蚀便带来了与之相应的故事的腐蚀。和过去的作家不同的是,我们无从假定观众的期待。我们必须深入地挖掘生活,找出新见解、新版本的价值和意义,然后创作出一个故事载体,向一个越来越不可知的世界表达我们的解读。这绝非易事。"

据他介绍,"好莱坞每年生产和发行影片四百到五百部,事实上是每天一部。其中只有少数优秀影片,而大部分都属平庸或粗劣之作……大制片厂的故事部门要阅读成千上万个剧本、故事大纲、小说和戏剧,才能精选出一个上好的银幕故事。或者说得更准确些,他们会挑选出一些半好的东西来开发出上好的剧本……到20世纪90年代,好莱坞的剧本开发成本已经攀升至每年五亿多美元,其中有四分之三都付给了作家去选定或改写一些否则永远不可能投拍的影片"。

有鉴于麦基先生的这些经验之谈,以及"剧本,剧本,一剧之本"

的经典行话，我们在创作一部舞剧之前，显然应该下更大的功夫，甚至投入更大的成本，去精心挑选和打磨出一个好的剧本来，否则，随后的一切人力物力财力都将会付诸东流！为了确保这项工作的卓有成效，舞蹈院校开设"编剧"专业，舞蹈研究机构启动"编剧研究"方向，文化管理部门建立"优秀剧本库"，可谓当务之急！

在麦基先生看来："人类对故事的胃口是无法满足的……我们讲述和倾听故事的时间可以和睡觉的时间相提并论——即使在睡着以后还会做梦。为什么？我们人生如此之多的时间为什么会在故事中度过？因为，正如评论家肯尼斯·伯克所言：'故事是人生必需设备。'"

他说："文化的进化离不开诚实而强有力的故事，如果不断地耳濡目染于浮华、空洞和虚假的故事，社会必定会走向堕落。我们需要真诚的讽刺和悲剧、正剧、喜剧，用明丽素洁的光来照亮人性和社会的阴暗角落。"

他又说："随着我们对传统意识形态的信仰日益削减，人们转而寻求我们依然相信的源泉：故事的艺术……'好故事'就是值得讲且世人也愿意听的东西，而发现这些东西则是你自己孤独的任务。"

要讲好故事，他认为，我们"还必须拥有很多的爱"——对故事的爱、对戏剧的爱、对真理的爱、对人性的爱、对知觉的爱、对梦想的爱、对语言的爱、对双重性的爱、对完美的爱、对独一无二的爱、对美的爱、对自我的爱、对写作的爱、对忍受寂寞的爱！

由此看来，听故事是全人类的永恒需求，而讲故事，特别是讲好故事，则是各国艺术家们的天职和使命。

让我们静下心来，认真读书，读中外文学名著，甚至海量的网络作品，读各路名家讲好故事的成功经验；让我们静下心来，独立思考，思考如何用舞剧或其他任何形式讲好"丝绸之路"的故事，讲好中国和世界的故事，为"中国文化走出去"和"世界文化走进来"，做点力所能及的事情。

参考文献

[1] 于平：《中国现当代舞剧发展史》，人民音乐出版社2004年版。
[2] 冯双白：《百年中国舞蹈史》，岳麓书社2014年版。
[3] 欧建平：《世界艺术史·舞蹈卷》，东方出版社2003年版。

[4] 欧建平:《舞蹈鉴赏》,江苏教育出版社 2009 年版。
[5] [美] 罗伯特·麦基:《故事:材质、结构、风格和银幕剧作的原理》,周铁东译,天津出版传媒集团、天津人民出版社 2016 年版。

进入中土太常礼制仪式为用的西域乐舞

项阳／中国艺术研究院

"乐"在中国传统社会中是以音声技艺为主导、表达人类情感诉求的艺术形态[1]。近些年来,我在研读文献过程中辨析中国先民用乐理念,感知国家意义上乐的功能性存在,回归历史语境,将乐以仪式为用和非仪式为用划分,仪式为用的乐是为礼乐,所谓"礼乐相须以为用,礼非乐不行,乐非礼不举"[2]。在仪式用乐一脉下,先民们依礼对情感仪式诉求划分为吉、嘉、军、宾、凶五大类型,以多种乐制类型应对多种礼制仪式类型并形成多层级。周公在国家制度意义上提升礼乐功能,将非仪式为用与其对应,这是俗乐类型,成为中华用乐的另一条主导脉络。俗乐一脉不与仪式相须,更贴近社会世俗日常生活,有着更多存在空间、强调技艺性发展更快,这一脉不断裂变,生发出歌舞、说唱、戏曲、器乐等多种音声技艺形式,极大丰富了乐的表现力,并对礼乐一脉产生实质性影响。中国音乐文化以仪式为用和非仪式为用两条主导脉络并行不悖、相得益彰前行发展,成就了中国音乐文化的特色[3]。这乐之形态本无所谓礼与俗,由于社会需要赋予了其多种功能性,有些音乐形态为仪式专用,有些为非仪式专用,还有一些为仪式与非仪式共用,由此导致礼与俗的用乐划分,成就了乐在中国三千年为用的基本样貌。

在这样的观念下,我们可辨析三千年来中土所生发或存在的乐舞文化究竟有怎样的归属。在周代,限于交通等多种因素的影响,中土与周边交流尚不够密切,音乐形态容易形成自己的独立样式和特色,这些样式经八百年涵化,与周文化一并成就中国传统文化的基因意义。汉魏以降,随着中土与周边交流的不断拓展,有两条道路对于中国音乐文化造成了至关重要的影响,或称为中国音乐文化增添了新血液。一条是当下以"一带"指代的古陆上丝绸之路,来自西域的音乐

---

[1]《乐记·乐本篇》:"凡音之起,由人心生也。人心之动,物使之然也。感于物而动,故形于声。声相应,故生变;变成方,谓之音;比音而乐之,及干戚羽旄,谓之乐。"
[2]（宋）郑樵:《通志·乐略第一》,文渊阁四库全书全文电子检索版,上海人民出版社。
[3] 项阳:《周公制礼作乐与礼乐俗乐类分》,《中国音乐学》2013年第1期;项阳:《中国人情感的仪式性诉求与礼乐表达》,《中国音乐》2016年第1期。

文化在汉唐间不断涌入，渐融于中土音乐文化的血脉之中；另一条是偏后存在的海上丝路，来自西方的音乐文化特别对近代中国音乐文化影响深远。我们在此主要探讨"这一带"——西域乐舞进入中土之后的情状。

一、多部伎的礼制仪式为用

汉唐间，随着西域被"凿空"，中土与丝路诸国文化交往频繁，乐舞文化成为亮点之一。西域乐舞的重要特征是歌舞乐三位一体，以"部伎"相称，群体性进入，其最高形式为大曲。换言之，作为部伎的西域乐舞非由个人承载，属人数众多，有多种组合、多种表演形式的大型乐舞形态，文献记载尤为明确。我们姑且不去探究这些乐舞以礼贡还是随商旅以入，我们更在意其进入中土的存在方式，并对中原音乐文化产生了怎样的影响，这是我们先将中国音乐两条发展主脉列出的原因。

如果说，这些乐舞只归某一权贵或封疆大吏，只是区域性存在也是一种认知，但这些乐舞进入中土逐渐被国家接受，并由相应机构传承以用。隋唐时期冠以"七部伎""九部伎""十部伎"者相当数量为来自西域的乐部。这些乐舞有些自魏晋南北朝时期即已进入，直至隋唐，若没有相应机构以为承载断难有如此强大的生命力。是怎样的力量使这些乐部代代传承并成功地融入中国音乐文化之中？如果说南北朝时期这些乐部偏于一隅，当隋代将这些乐舞归入太常寺属下的俗部乐进行管理、教授、传承并加以展演，唐因隋制，这些乐舞更是被纳入国家机构进行训练管理以用，并通过官属乐人面向全国，特别是高级别官府传播，这些乐舞首先在官廷，继而在全国影响广泛。

隋代宫廷已有七部乐的称谓：始开皇初定，令置七部乐。一曰国伎，二曰清商伎，三曰高丽伎，四曰天竺伎，五曰安国伎，六曰龟兹伎，七曰文康伎。又杂有疏勒、扶南、康国、百济、突厥、新罗、倭国等伎。[1] 这些乐舞既来自西方，也有南方和东方。西方有天竺、安国、龟兹、疏勒、康国、突厥等，占据了《隋书》列编七部乐和未列编被称为"杂有"外来乐部的一半以上，可见西域乐舞对于中原影响之大。

我注意到隋文帝对中国音乐文化的三大贡献：他提出"国乐以雅为称"[2]，将雅

---

[1]《隋书·卷十五》。
[2]《隋书·卷十三》："国乐以雅为称。取《诗》序云，言天下之事形四方之风，谓之雅。雅者，正也。止乎十二，则天数也。"

乐定为国乐；他提出"华夏正声"概念，为国乐所用[1]，即律调谱器乐之本体应是中原自产而不可用外来；他将太常寺所辖用乐分为雅部和俗部。《新唐书·礼乐志》云："自周、陈以上，雅郑淆杂而无别，隋文帝始分雅、俗二部，至唐更曰'部当'。"[2] 这雅部乐是礼乐核心为用，但俗部乐内容以及归属、用于怎样的场合值得辨析。其实，俗部中的乐既有用于仪式的礼乐，亦有不用于仪式的俗乐。

《文献通考》引《隋书》记述这些乐部后又对唐代与之密切关联者进行梳理："唐高祖即位仍隋制，设九部乐、燕乐，伎乐工舞人无变者。清商伎者，隋清乐也。有编钟、编磬、独弦琴、击琴、瑟、秦琵琶、卧箜篌、筑、筝、节鼓皆一，笙、笛、箫、篪、方响、桨、鞞皆二，歌二人。吹叶人，舞者四人，并习巴渝舞。西凉伎有编钟、编磬皆一，弹筝、搊筝、卧箜篌、竖箜篌、琵琶、五弦、笙、箫、筚篥、小筚篥、笛、横笛、腰鼓、齐鼓、檐鼓皆一，铜钹二具一。白舞一人，方舞四人。天竺伎有铜鼓、羯鼓、都昙鼓、毛员鼓、筚篥、横笛、凤首箜篌、琵琶、五弦具皆一，铜钹二，舞者二人。"[3]

这是以奏唱人数分。隋将这多部伎乐集于宫廷，设置专门机构训练和传承。如果我们不考量其属仪式为用还是非仪式为用，便不会感受问题的存在。但乐部入国家相应机构传承何以为用？对中原或称对中国音乐有怎样的影响？这是我们所要辨析的主要内容。

唐承隋制，这些部伎在太常寺所辖之太乐署。唐典中太乐署不仅有雅乐大曲，同时还是多部伎的所在，可见太乐署承载的多样性内涵。太乐署承载当为礼乐意义。《唐六典》云：太乐署教乐，雅乐大曲三十日成，小曲二十日。清乐大曲六十日，大文曲三十日，小曲十日。燕乐、西凉、龟兹、疏勒、安国、天竺、高昌大曲，各三十日，次曲各二十日，小曲各十日。高丽、康国一曲。[4] 这是国典记录礼乐机构的承载。至于官属乐人们怎样学习与应用，我借助典籍把握。官属乐人们自幼从全国各地方官府之乐籍中选，视其原住地距京师的远

---

[1]《隋书·卷十五》："清乐其始即清商三调是也。并汉来旧曲乐器形制并歌章古辞与魏三祖所作者皆被于史籍，属晋朝迁播夷羯窃据，其音分散。符永固平张氏始于凉州得之。宋武平关中，因而入南不复存于内地。及平陈后获之。高祖听之，善其节奏，曰：'此华夏正声也。昔因永嘉流于江外，我受天明命，今复会同，虽赏逐时迁而古致犹在，可以此为本，微更损益，去其哀怨，考而补之，以新定律吕，更造乐器。'其歌曲有《阳伴》，舞曲有《明君》并契。其乐器有钟、磬、琴、瑟、击琴、琵琶、箜篌、筑、筝、节鼓、笙、笛、箫、篪、埙等十五种，为一部。工二十五人。"应该看到，这属于俘获，总体是为中原乐器，也有诸如琵琶和箜篌混入的样态。

[2]（宋）欧阳修、宋祁撰：《新唐书·卷二十二·志第十二·礼乐志》，中华书局1975年版，第473页。

[3]《文献通考·卷一百四十六》，四库全书全文电子检索版，上海人民出版社。

[4]《大唐六典》卷十四，近卫公府藏版，昭和十年京都帝国大学文学部印，第24页。

近而到宫廷"就番"轮值轮训,在一十五年内不断上下来回,掌握五十首以上难曲者为业成,出众者可在太常相应机构内为官。如此众多的乐人学成非全部留在宫廷,相当数量以官户身份回到地方官府应差。[1]

官户皆在本司令番。每年十月都官按比,男十三已上在外州者,十五已上容貌端正送大乐,十六已上送鼓吹及少府教习。有工能官奴婢亦准此业成。官户例令番,其父凡先有伎艺堪传习者不在简例。

番户一年三番,杂户二年五番,番皆一月。十六已上当番请纳资者亦听之,其官奴婢长役无番也。[2]

以上是多种技艺令番的状况,太常音声人为四至六番。《唐六典·太乐署》载:

> 凡乐人及音声人,应教习皆著簿籍,核其名数,而分番上下。注云:"短番散乐一千人,诸州有定数,长上散乐一百人,太常自访召关外诸州者,分六番,关内五番,京兆府四番,并一月上,一千五百里外两番并上,六番者上日教至申时,四番者上日教至午时。[3]

《新唐书》对太常乐工教习情形记述详尽:凡习乐,立师以教,而岁考其师之课业为三等,以上礼部。十年大校,未成,则五年而校,以番上下。有故及不任供奉,则输资钱,以充伎衣乐器之用。散乐,闰月人出资钱百六十,长上者复徭役,音声人纳资者岁钱二千。博士教之,功多者为上第,功少者为中第,不勤者为下第,礼部覆之。十五年有五上考、七中考者,授散官,直本司,年满考少者,不叙。教长上弟子四考,难色二人、次难色二人业成者,进考,得难曲五十以上任供奉者为业成。习难色大部伎三年而成,次部二年而成,易色小部伎一年而成,皆入等策三为业成。业成、行修谨者,为助教;博士缺,以次补之。长上及别教未得十曲,给资三之一;不成者隶鼓吹署。习大小横吹,难色四番而成,易色三番而成;不成者,博士有谪。内教博士及弟子长教者,给资钱而留之。[4]

这些乐舞形态都在太常属下两个乐署进行常态化教习,所以会长期存在,多种西域乐舞都在教习之列。这些乐舞用在哪里,又有怎样的属性呢?《大唐开元礼》有记述:"太乐令设九部伎,位于左右延明门外,群官初唱万岁。太乐令即引九部

---

[1] 项阳:《轮值轮训制:中国传统音乐主脉传承之所在》,《中国音乐学》2001年第3期。
[2] 参见《大唐六典》卷六,近卫公府藏版,昭和十年京都帝国大学文学部印。
[3] 《唐六典》卷一四·太乐署,转引自岸边成雄《唐代音乐史的研究》,台湾"中华书局"1973年版,第168页。
[4] (宋)欧阳修、宋祁撰:《新唐书 卷四十八·百官志·太乐署》,中华书局1975年版,第1243页。

伎声作而入，各就位，以次作如式。"（《大唐开元礼》卷九十七·嘉礼·皇帝元正冬至受群臣朝贺）太乐署明确教授雅乐大曲，"十二和乐"属礼乐核心为用。问题是涵盖西域乐部的九部伎同样由太乐署教授，用于仪式且进入国家礼典"如式"，这是非常明确的把握。九部伎与嘉礼仪式诸程序相须，可将其归入仪式用乐范畴，为礼乐意义。我们应考量西域和他种外来乐部对中国音乐文化究竟产生怎样的影响。

须明确并非仅在吉礼大祀中与仪式相须的乐为礼乐，在礼制规定性下乐凡与仪式相须为用都属礼乐有机构成，否则这些乐部不会置于太常所辖乐署，其部伎也不会进入国家礼乐诸如《大唐开元礼》的仪式中。人类有多种情感诉求需要仪式性表达，这显现仪式用乐的丰富性内涵。《周礼》和《仪礼》记述与仪式相须为用的乐都为礼乐范畴，但仪式和乐本身所表达的情感并非单一，彰显丰富性意义，嘉、军、宾、凶诸礼中用乐其情感不可能完全与吉礼等同，嘉礼仪式用乐既有庄重的一面，又会相对轻松明快。嘉礼用乐同样是将乐融入仪式程序之中，一招一式都要符合礼的规范，如此为仪式用乐。作为非仪式为用，最容易变化甚至消解，然而一旦进入国家制度规定性的仪式用乐之中，作为礼乐群体性承载且在仪式中成为必需，属于特定时间、特定仪式对象的规定性使用，由于乐具有稍纵即逝的时空特性，必须设置相应机构以为教习承载并负责实施，在这种情状下，礼乐无论仪式还是乐舞都不宜随意更改变化，除非制度改变，这应是这些乐部被国家乐署规范使用且长期存在、能保持自身特性的道理所在。

这些西域乐舞如果在宫廷属非仪式性使用，我们的探讨便失去了意义。关键在于，这些都在太常寺属下太乐署所教所学，在国家礼制仪式中为用，并且"如式"，有规定性的样式与形态。当这些乐部以国家规定性成为国家礼乐有机构成，这些不同于中原的乐舞形态在国家乐署中由官属乐人们经过长达十数年的教习训练且一批批循环往复，然后一部分充实宫廷与京师为用，一部分回到地方官府为用，形成了宫廷与地方官府均有之的局面，我们有理由考量其对中国音乐文化究竟有怎样的影响。

二、西域乐舞融入中土的意义

西域乐舞自汉魏以入中土，隋唐鼎盛。若像南北朝阶段作为区域性国度存在，即便融入也难以说对中土音乐文化产生整体性影响。要对中土音乐文化产生重大影响需要几个条件，一是国家统一，只有国家统一方能将这些乐舞向全国推广。二是国家须以制度规定性设置专门机构将承载这些乐舞的人员长期专门训练，如此方能保证持续性应用。三是有规定性的用乐场合，这与机构训练成有机连环，即经过训练的乐舞形态必须有展示的"出口"。四是把握这些乐舞在国家用乐中的属性，究竟是更多随意性还是有规定性，是仪式为用还是非仪式为用，抑或两种为用并在。依在下看来，这四种条件都满足的情状下对中土音乐文化产生影响最大化。前三种属直观选项，通过相关记述比较明确。就第四种讲来，学界既往少有辨析。这些西域部伎能够既有仪式为用又有非仪式为用可能是对中土音乐文化造成重要影响的主要动因。把握住这几种使用方式方可认知其与中土音乐文化究竟有怎样的深层关联。

我们在前面辨析了西域乐舞在隋唐时期进入国家乐署之后为用的样态。由于这些部伎国家礼乐仪式为用，必须在具备前面几项条件的基础上方可保障部伎仪式为用的固化存在，这些部伎不仅限于宫廷。通过轮值轮训制，地方官府中每一期到宫中接受训练的官属乐人们必须将这些乐舞承载，所谓掌握难曲五十首以上者为业成，当然要涵盖西域乐舞。无论地方官府还是国家军队中都有国家制度规定性相关机构的存在，虽然名称不尽相同，但其内涵多与宫廷、京师相通。

李正宇先生对敦煌卷子中涉及晚唐归义军乐营的多种活动进行辨析。他认为"归义军乐营内专业班子包括多种技艺行当，门类多种多样"。有"雅乐""法乐""军乐""四方乐（四夷乐）""燕乐杂歌舞""散乐""讲唱"等。第3882页《囗元清邈真赞》将归义军乐营称为"太常乐部"，"第2569页背《驱傩儿郎伟（1）》也有'太常抚（拂）道向前'之句，知乐营必有太常礼仪雅乐设置"（项按：有太常乐部未必是雅乐，但有礼乐势在必然）；"沙州每年都要祭祀社稷、川原、庙貌、风伯、雨师、马神、青苗神……又有州学释奠，以及不时之迎送上下来使、加官晋爵、祝捷贺胜，所须雅乐供奉，皆由乐营承担"；"莫高窟壁画《张议潮出行图》及《曹议金出行图》仪仗中的鼓角、音声及《张议潮变文》记军中所唱的《大阵乐》俱属军乐。军、州岁末驱傩亦属军乐（见《通典》卷133《军礼·大傩》）"。李先生引用Φ365《莲花经变文》"衙前乐部好笙歌，音乐清泠解合和。花下爱灘《南浦子》，延（筵）中偏爱《剪春罗》"，说明"《南浦子》《剪春罗》，俱属燕乐杂歌舞。从敦煌文献保存的数百首曲子词以及数十首曲谱、舞谱来看，燕乐杂歌舞在归义军乐营中所占比重还相当可观"[1]。敦煌文献将归义军和沙州等地相应乐营和衙前乐部设置直接称之为"太常乐部"，可见这种上下相通的表述的确是为了应对仪式和非仪式用乐的机构设置。

国家太常乐署首先为礼乐诉求而设，不然也不会在唐代宫廷中另置教坊以管理俗乐。但西域乐舞不会仅仪式为用，毕竟有"洛阳家家学胡乐"（唐·王建《凉州行》）现象的存在。这些外来乐部在国家意义上需要官属乐人承载，他们既在宫廷应差，也到各级官府为用，这是国家制度下轮值轮训的意义。官属乐人恰恰属于礼俗兼用者，否则社会人士何以认知这些乐舞形态呢？

虽然这些部伎不能进入吉礼雅乐，但可以进入国家礼制多类型为用。国家意义上有连续性训练，相当数量的官属乐人回到地方官府乃至军旅从事礼乐与俗乐。社会人士依照为用赋予乐的类分和功能性意义，同一种形态在礼俗用乐之中不断出镜，又怎能不对中国音乐文化造成实质性的影响？这是一个进入国家体制内长期实施并主导融合的过程，王建《凉州行》中所云"洛阳家家学胡乐"是在中唐，反映出这种变化的深入。

西域乐舞与中原乐舞确有相当差异，这反映在句式、节奏、音律、旋法、乐器、形态乃至风格等多方面，首要还是语言等因素所致。东晋高僧鸠摩罗什云：天竺国俗，甚重文制，其宫商体韵，以入弦为善。凡觐国王，必有赞德，见佛之仪，以歌叹为贵，经中偈颂，皆其式也。但改梵为秦，失其藻蔚，虽得大意，殊隔文体。有似嚼饭与人，非徒失味，乃令呕哕也。[2] 这是以佛教经卷进入中土的视角，却以天竺国音声为重。更何况"梵音重复，汉语单奇。若用梵音以咏汉语，则声繁而偈迫；若用汉曲以咏梵文，则韵短而辞长"[3]。语言上所谓"声繁偈迫""韵短辞长"，西域乐舞音调必定与中土有较大不同，这是普遍现象。恰恰这种曲调、节奏、乐器、乐舞等多方面迥异的形态进入中土，必使人有新奇感受。诸乐器形态可从诸多壁画、砖雕、石刻乃至乐俑等把握，琵琶、觱篥、箜篌等一大批西域乐器成为中原人士的挚爱，并融入了国家礼俗用乐之中。既然这些乐舞长期置于国家仪式用乐最高端，且有专门机构负责全国性官属乐人教习，每期学习达十五年之久，乐人们除了在京师执事，还有相当数

---

[1] 李正宇：《归义军乐营的结构与配置》，《敦煌研究》2000 年第 3 期，第 73—79 页。
[2] 释慧皎撰，汤用彤校注：《高僧传》，中华书局 1992 年版，第 53 页。
[3] 释慧皎撰，汤用彤校注：《高僧传》，中华书局 1992 年版，第 507 页。

量回到地方，焉能不对中土乐文化造成实质性影响？

虽然中原文化中也有像骚体诗参差的语句，像《上邪》长短不一的样态，但在中唐之前诗歌语言更多以齐言为重。杂言歌词的形态何以逐渐占据主导，应深入辨析。如果说隋之前西域等部伎还属区域存在，由于统一的隋将占据俗部乐一半以上的西域部伎归之为用，唐代承继隋太常模式，将其置于太乐署，以制度规范，从全国官属乐人中不断选拔且有连续性教授，保障国家用乐。这些乐舞形态在制度规定意义上随太乐署训练过的官属乐人带到各府州郡县，《唐六典》成书于开元二十六年（738年），是盛唐时的国家法典。以此为限，这七部伎、九部伎在唐代也存在了百年，加之《大唐开元礼》（732年颁行）中嘉礼为用九部伎为印证，可见从隋代到此一个半世纪持续了这种在国家制度下为用的样态。

这里有几个问题。其一是制度导致官廷、京师与高级别官府官属乐人用乐的相通一致性，当然涵盖音乐本体中心特征一致性和丰富性。西域乐舞，诸如天竺、龟兹、安国、康国等与中土有如此大的不同，也昭示着此类形态会被带至全国各地。虽然训练是在太乐署和鼓吹署中进行，特别是太乐署教习涵盖众多西域乐舞部伎，当这些部伎来到地方官府为用，则使这些形态在各地生根。其二是涵盖军旅的地方官属乐人将具有多种功能性为用的乐舞在各地展开。其三是中唐时期太常重新组合了这些侧重仪式为用的乐舞形态。白居易《立部伎——刺雅乐之替也》诗描述了这种变化："立部伎，鼓笛喧。舞双剑，跳七丸。袅巨索，掉长竿。太常部伎有等级，堂上者坐堂下立。堂上坐部笙歌清，堂下立部鼓笛鸣。笙歌一声众侧耳，鼓笛万曲无人听。立部贱，坐部贵，坐部退为立部伎，击鼓吹笙和杂戏。立部又退何所任，始就乐悬操雅音。雅音替坏一至此，长令尔辈调宫徵。圆丘后土郊祀时，言将此乐感神祇。欲望凤来百兽舞，何异北辕将适楚。工师愚贱安足云，太常三卿尔何人。"似乎是将既往鼓吹署改由立部伎承载，这便将多种部伎重新组合，是对既有部伎相称的淡化。其四是要考量这些部伎用乐在地方官府和军旅的乐营中是否仅限于国家礼乐层面。"洛阳家家学胡乐"局面形成，是散见于民间为用的胡乐，还是在国家乐署中参与教习的官属乐人带到各地不限于礼制仪式为用，这些都值得考量。在下以为，地方官府中的官属乐人们将太常教习的西域乐舞用于仪式和非仪式两种场合的可能性更大。毕竟这些乐舞嘉礼仪式为用也属欢悦的场合。地方社会人们在乐营中把握太常乐部属常态。我们应对地方官府和军旅之乐营承载有更深入探讨，毕竟乐营在地方官府属礼俗兼用的机构设置。更何况宫廷太常乐部中雅乐与坐部和立部的乐人互动、互通，将这些乐在仪式和非仪式中为用成为可行，敦煌卷子已经有效揭示。还应注意的是，这些部伎其最高形态是为大曲，呈现歌舞乐三位一体的样态，用于仪式之中，其实，这些部伎既然有最高形态，就有其一半形态，或称部分独立性的样态，即属于西域乐舞的"次曲"和"小曲"，所学时间无须一月，只要20日和10日，乐舞规模也不会过于庞大，应该用于非仪式者。[1]再有一些独立的乐舞样态，诸如胡旋舞、胡腾舞等，虽然属礼贡以入，但未见记载是与仪式相须的样态。从性质上讲，作为俗乐最容易从宫廷到地方官府乃至市井社会为用。须明确，既然都是来自西域的品种，而且属同一部伎，当然其形态应与大曲从本体上有一致性意义，这些形态更容易面向社会的多种场合承载。

值得关注的是，隋唐时期墓葬壁画中多有西域乐舞的场景，也并非都在京师，壁画中更多描绘的是筵宴享乐而非仪式性的场面，可见西域乐舞的确有仪式和非仪式为用两种样态。文献中有这样的表述，即仪式用乐过后则有非仪式性乐舞的登场。我们辨析的恰恰是仪式和非仪式需要各自所在，以及宫廷、京师与地方官府在哪些层面为用具有一致性内涵。将西域乐舞平面化表述，不去辨析自身所具有的多规格和类型，以单一使用方式把握，显然都不尽符合这些乐舞在中原的实际样态。学界既往研究过于平面化是导致问题说不清楚的关键所在。

唐诗以齐言为主导，宋词是长短句形态。问题在于，这种长短句形态究竟怎样形成，其间经历了怎样的变化？我借助王灼《碧鸡漫志》把握曲子在唐宋间的发展脉络。[2]诗与词都是与乐有密切关系。曲子词在发展中以"牌"而立，文人以词牌论，乐人以曲牌称，其实指"一个东西"，只是角度不同。王灼认定"古人初不定声律，因所感发为歌，而声律从之，唐、虞禅代以来是也，余波至西汉末始绝。西汉时，今之所谓古乐府者渐兴，晋、魏为盛，隋氏取汉以来乐器、歌章、古调并入清乐，余波至李唐始绝。唐中叶虽有古乐府，而播在声律则鲜矣；士大夫作者，不过以诗一体自名耳。盖隋以来，今之所谓曲子者渐兴，至唐稍盛，今则繁声淫奏，殆不可数。古歌变为古乐府，古乐府变为今曲子，其本一也。后

---

[1]《大唐六典》卷十四，近卫公府藏版，昭和十年京都帝国大学文学部印，第24页。
[2] 项阳：《词牌/曲牌与文人/乐人之关系》，《文艺研究》2012年第1期。

世风俗益不及古,故相悬耳。而世之士大夫,亦多不知歌词之变"[1]。这是词曲相合或称词与声律的整体把握。何以唐中叶之前古乐府鲜于声律,何以"在音声者,因声以度词,审调以节唱,句度长短之数,声韵平上之差,莫不由之准度"[2]。在下以为,还是由于中唐之前中原由文人承载的诗歌已成固定模式,更强调辙韵和文学意义,虽有官伎索求诗作入乐的记载,但杂言或称长短句相较齐言有更强的音乐性。在参差的意义上,每一个曲牌所成曲调都因词格长短有异,容易形成声律特色。齐言诗向曲子词的转化恰恰是声律意义上彰显,转化之后形成文人持续性的文学把握(当然与声律有着极大的关联)。乐人更重声律把握。以声律为中心是乐人主导,即便文人参与也不会将这些在娱乐场合换取生活费用,毕竟乐重二度创作,声律技艺与词曲内容合一。

中唐应是歌诗向曲子转换的一个节点,而晚唐到五代十国,是曲子词彰显的时期,这与家家学胡乐不无关联。我们应讨论何以胡乐进入中土数百年到这时方有如此规模深入民间,此前怎样存在,其后是什么因素造成这种状况。我们似乎应该将目光投向制度、经济、战乱等多种因素,导致宫廷乃至各级官府中部分官属乐人流散民间,承载技艺的官属乐人有七十除籍说。两者都为经历了轮值轮训之后的乐人回归民间。国家制度规定性有多处相关记述,诸如白居易《琵琶行》描述的即是由乐籍回归民籍者,所谓"自言本是京城女,家在虾蟆陵下住。十三学得琵琶成,名属教坊第一部……弟走从军阿姨死,暮去朝来颜色故。门前冷落鞍马稀,老大嫁作商人妇"。《北史·崔昂传》云:律文妇女年六十以上免配官,唐则六十皆一切为蕃户,七十皆一切为良。亦谓其不足使耳。[3]《新唐书·顺宗纪》载:贞元二十一年(805年)三月,顺帝诏裁减教坊,"放后宫及教坊女伎六百人"。宝历二年(826年)十二月,文宗……出宫人三千,省教坊乐工、翰林伎术冗员千二百七十人。……太和二年(828年)三月乙酉,罢教坊日直乐工……七年闰月乙卯,以旱避正殿,减膳,撤乐,出宫女千人,纵五坊鹰犬。[4]

在盛唐之前官属乐人外放只有七十为良一途,而后则有多种,这大概是教坊乐

---

[1] 王灼:《碧鸡漫志》,《中国古典戏曲论著集成》(一),中国戏剧出版社1959年版,第106页。

[2] 王灼:《碧鸡漫志》,《中国古典戏曲论著集成》(一),中国戏剧出版社1959年版,第110页。

[3] 参转引自俞正燮《除乐户丐户籍及女乐考附古事》,载《癸巳类稿》卷十二。

[4] (宋)欧阳修、宋祁撰:《新唐书》卷八,中华书局1975年版,第330—334页。

人与民间有密切关联的重要因素。唐代将俗乐单设教坊归之的制度恰恰是在盛唐，我们有理由相信，此前由于没有明确专置俗乐机构，因此太常有可能兼之。专置教坊，将太常属下的一些职能移接过来，这应是多部伎进入的意义。白居易所言太常乐部等级者，实际上是将教坊职能归属在太常，这里显然既有仪式用乐又有非仪式用乐的场景。教坊在发展过程中逐渐礼俗兼用，且宫廷与地方官府都有存在的机构属性，甚至以教坊乐系正在被清晰地揭示出来，这就是后世人们认定西域乐舞对中原音乐文化甚至文学产生巨大影响的动因。

西域乐舞确与中原音乐有着相当不同。当下我们无论是来到新疆地区，以及历史上属于大唐帝国的"安国乐"和"康国乐"之所在的乌兹别克斯坦（1997年我受文化部派遣去乌兹别克斯坦的撒马尔罕出任由联合国教科文组织主办的东方艺术节评委）、印度（天竺乐）等地都会深切感受到西域与中原声律（涵盖音乐结构）的较大差异。20世纪80年代，在《中国民族民间器乐曲集成·新疆卷》编纂过程中，由于对新疆维吾尔木卡姆乐舞节奏难以把握，周吉先生约请黄翔鹏先生等专家学者召开记谱研讨会，大家对节奏、乐律和结构（涵盖长短等变化）的复杂和丰富性进行深层辨析。切实感受其中的微妙变化，当下在其原发地尚且如此，可以想见当年这些西域乐舞在太常和教坊训练之后进入宫廷和各级官府，且以仪式和非仪式为用之时会对中原音乐产生怎样的影响。所谓教坊与北里也是文人"汇聚"之地。这对齐言歌诗向杂言过渡至关重要，学界真应该对这个过程有更深层次的挖掘。

诗词属于音乐文学，既往文学界的研究与音乐学界研究视角有所差异，像历史上王灼这样整体把握者尚不多见。我们说，影响中国唐宋间从诗向词发展的一个重要因素是西域乐舞经历了长达几个世纪制度下生存，经过国家礼乐机构规范发展，进入礼制仪式（除雅乐之外）用乐不断演化，形成自宫廷、京师以及高级别官府共有样态，呈现导引意义；由于从太常到教坊乐的不断演化，亦具全国性意义。当官属乐人们从所承执的官方用乐机构与民间社会互动，特别是西域乐舞除仪式为用亦有非仪式为用，如此形成宫廷、各级官府乃至城市都切身体味"胡乐"之存在。西域乐舞由于语言以及声律结构上的差异，通过教坊乐系使得文人与乐人在互动中切身感受到这种"新奇"，继而胡乐家家唱，导致中国歌诗既有的齐言规整性主导结构被打破，而这种音乐结构的改变当然是以官方机构下的官属乐人为主导，毕竟这些人经历了数十载专业训练之后上下相通，在京师和地方官府的相应机构中都有存在。他们服务于国家用乐场合的同时，必将其承载带向社会。西域乐舞之语言所成的声律以及乐曲的结构所显现的参差必对齐言之歌诗产生影响，渐渐形成杂言长短为主导的样态。虽然最初词曲合一，但作为曲牌/词牌的意义形成，则在该曲牌音调和结构相对固化的情状下依词格而填撰新词，成为一曲多用的样态。这种影响的主渠道或称推手是文人与乐人的互动，曲子词成为代表。王灼以其睿智认定中唐之后曲子词之声律变化是为要者，我们应该加强声律变化对中国音乐与文学多产生巨大影响的探研。王灼把握住这样一条脉络令人感佩，将其深层内涵"讲清楚"是音乐学与文学界共同的课题。我们看到，后世内部结构显现长短参差的曲牌既可以独立存在，依照不同宫调为用又成为多种音声技艺形态之"分子"，以此为主导持续了数百年，特别对于元明时期的戏曲更是最为彰显。曲牌之长短结构对礼乐整体产生影响（许多礼乐曲目也以曲牌构成，不过内容有独立创制），这当然涵盖礼乐核心为用的雅乐。雅乐本以"华夏正声"为代表，应该从律调谱器上遵循中原旧制，但明代《太常续考》显现雅乐曲谱的句式结构为参差样态[1]。

在下以为，西域乐舞进入中土，从区域存在到统一的国家为用，从礼制仪式为用到非礼制仪式为用，在国家制度下呈现从宫廷、京师到各级地方官府均有之，继而民间存在的局面，在籍官属乐人——乐舞承载者与文人互动过程导致齐言歌诗向杂言曲子词转化，这是以声律为中心把握的意义，从西域乐舞母体之语言、节奏、时值、结构全方位的不同对中原用乐产生实质性影响，此为中唐以后"洛阳家家学胡乐"的真正内涵。我们应对这个过程刻意关注和更多论证。关键在于把握这些西域乐舞礼俗兼用的性质，以及国家在这个转化过程中所起的重要作用。这里我们仅是将问题提出，研究有待深入。

---

[1] 项阳：《以〈太常续考〉为个案的吉礼雅乐解读》，《黄钟》2010年第3期。

从隋唐大运河视角俯瞰
——古代政治文化中心东移与乐舞形态格局嬗变

王宁宁／中国艺术研究院

序

公元前138年,西汉张骞通使西域,凿通古代中国的陆地丝绸之路。在陆地丝绸之路之前,已有了海上丝绸之路[1](陶瓷之路),它主要有东海起航线和南海起航线,形成于古代秦汉时期(公元前221—前206)。在广袤的中国大地上,很显然,从西北的陆地丝绸之路到东南沿海的海上丝绸之路,其间还有着广阔的地理空间距离。隋炀帝大业元年(605年),由于国家经济与政治的需要,隋朝第二个皇帝,隋炀帝发动河南诸郡男女百余万人,开挖南北大运河[2],公元610年,历经六年的大运河工程完成,南北大运河的开通,使陆地丝绸之路与海上丝绸之路被这条大运河沟通连接起来。到了唐朝,大运河日益完善。这条隋唐大运河南起余杭(今杭州),北至涿郡(今北京),以洛阳为中心,沟通连接了中国的海河、黄河、淮河、长江、钱塘江五大水系,贯穿古代中国的南北,全长4000华里[3]。(图:隋朝大运河图)

在大运河繁忙地将粮食物资源源不断地从南至北、由东向西地流通,并且输入

---

[1] 海上丝绸之路,又叫陶瓷之路,主要有东海起航线和南海起航线起点,包括徐闻、合浦、临海、广州和泉州等。汉代"海上丝绸之路"始发港——徐闻古港。从公元3世纪30年代起,广州取代徐闻、合浦成为"海丝"主港。宋末至元代时,泉州超越广州,并与埃及的亚历山大港并称为"世界第一大港"。明初海禁,加之战乱影响,泉州港逐渐衰落,漳州月港兴起。http://baike.so.com/doc/2062901—2182483.html——360百科。

[2] 《隋书·炀帝纪上》:"发河南诸郡男女百余万,开通济渠,自西苑引谷、洛水达于河(黄河),自板渚引河(黄河)通于淮。"中华书局2009年版,第44页。

[3] 隋唐大运河以洛阳为中心,南起余杭(今杭州),北至涿郡(今北京),605年,隋炀帝即命开凿大运河,"发河南诸郡男女百余万,开通济渠,自西苑引谷、洛水达于黄河,自板渚引河通于淮",长一千多公里。608年,隋炀帝沿洛阳东北方向开凿永济渠,沟通沁河、淇水、卫河,通航至天津,接着,溯永定河而上,通涿郡。610年,隋炀帝继续开凿江南运河,使得镇江至杭州段通航。至此,以洛阳为中心,通过通济渠、永济渠两大渠道,沟通了海河、黄河、淮河、长江、钱塘江五大水系,总长2700公里的中国南北大运河全线贯通。http://baike.so.com/doc/280790—297243.html。

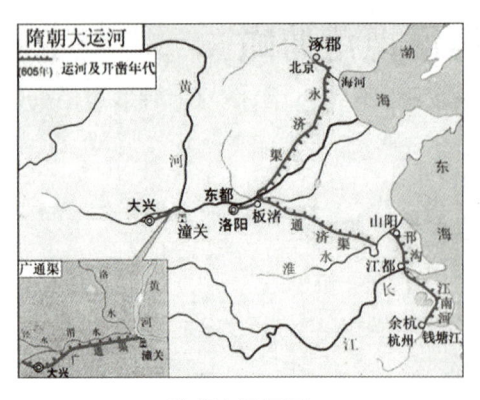

隋朝大运河图

政权中心所在地——长安与洛阳的时候，历史也在悄然改变。

一、南北大运河开通，奠基大唐的繁荣与乐舞的盛况

（一）运河繁忙、唐朝繁荣与乐舞的盛况

隋朝仅存三十八年就结束了。但是隋朝开通的南北大运河，为代之而起的唐朝带来了意想不到的收获。历史学家断言："大唐帝国的繁荣在很大程度上，可以归因于继承和改善了运河体系"[1]；大唐帝国的崩溃也与大运河年运量的衰落，以及大运河的阻断有密切关系[2]。大运河这条交通和经济的大动脉，把古代中国北方的政治军事重心与南方的经济重心联系起来，把西北关陇军事重镇与江南财富紧密联系在一起，因此有力支撑了大唐帝国的统治，并带来社会空前的繁荣。

隋唐大运河促进了古代中国南、北方经济与文化的交流。就像大运河的通达与包容，唐朝胸襟博大，政治开明，军事强大，此一阶段乐舞沿着宫廷乐舞形态格局的发展，展示出繁盛的景象。宫廷雅乐、燕乐、胡乐、散乐等，都创作出丰富的作品。唐太宗李世民的"贞观之治"推出了宫廷燕乐九部伎和十部伎，其中容纳了本土华乐、西域胡乐的精彩乐舞。唐玄宗李隆基的"开元盛

---

[1] [英]崔瑞德主编：《剑桥中国隋唐史》，中国社会科学出版社1990年译本，第135页，转引自袁刚《隋炀帝传》，人民出版社2001年版，第312页。

[2] 史念海《河山集》："大唐帝国的崩溃与运河年运量的衰落有密切关系"，生活·读书·新知三联出版社1963年版，第208页，转引自袁刚《隋炀帝传》，人民出版社2001年版，第312页。陈寅恪认为："黄巢破坏了东南诸道财富之区，时溥复断绝南北运输之汴路，藉东南经济力量及科举文化以维持之李唐皇室，遂不得不倾覆矣。"陈寅恪：《唐代政治史述论稿》，转引自袁刚《隋炀帝传》，人民出版社2001年版，第313页。黄巢起义，阻断了大运河，统一的局面被瓦解，江南的物资不能顺利输入关中，促使唐王朝统治岌岌可危。

世"又推出了宫廷燕乐坐部伎与立部伎，以及精湛的大、中、小型歌舞表演。唐太宗的《破阵乐》在当时影响甚大，传至西域国家，唐代玄奘大师取经印度时，当时印度的拘摩罗王还询问了大唐《秦王破阵乐》[1]。一部乐舞能够在当时有如此的传播和影响，可见大唐的影响力。在大运河经济带动下，唐代社会政治、军事、经济的强大，也成就了乐舞的盛况。这一时期的考古文物方面，展示了当时歌舞、乐器、乐律、乐谱、舞谱等方面的成就。

唐代乐舞壁画（河北曲阳出土）

隋代乐伎、隋代敦煌壁画供养人形象

（二）运河流通、倚重经济与隋唐政治中心的偏移

然而，就在大运河经济繁荣的同时，唐朝政治文化中心却在长安与洛阳之间游移。对此，学者有不同说法，但都不能排除洛阳濒临南北大运河中心地段这一原因。公元581年，隋朝定都长安。但公元605年（大业元年），隋朝开通大运河的同时就迁都洛阳。其后，唐高祖李渊建立唐朝，又定都长安。但唐太宗时，朝廷三次搬到洛阳办公。公元657年，唐高宗把洛阳定为永久性的东都（第二个首都），此后唐高宗主要居住在洛阳，朝廷也多次迁往洛阳（不少于七次）。女皇武则天称帝后，改国号为周，定都洛阳。公元706年，唐中宗又把朝廷迁回长安。公元717年，唐玄宗又将朝廷迁往洛阳办公，公元736年，唐玄宗朝廷又被迁回长安。公元904年，唐朝政府又搬到洛阳，直到公元907年唐朝灭亡。可见自大运河开通以来的323年里，隋唐朝廷在长安与洛阳之间，来回搬移十多次[2]。

隋唐朝廷在长安

---

[1]（唐）玄奘大师著，董志翘译注《大唐西域记》卷十记载，玄奘应邀前往迦摩缕波国弘扬佛法，拘摩罗王对玄奘说："今印度诸国多有歌颂摩诃至那国（指中国）《秦王破阵乐》者，闻之久矣，岂大德之乡国耶？……"中华书局2014年版，第592页。

[2] 隋唐迁都：581年（开皇元年）隋朝定都长安。605年（大业元年）隋朝迁都洛阳。618年（武德元年）唐朝定都长安。627—649年唐太宗朝廷三次搬到洛阳办公。657年（显庆二年）唐高宗把洛阳定为东都，朝廷也多次迁往洛阳办公（不下七次）。690年（天授元年）武则天定都洛阳。706年（神龙二年）唐中宗朝廷迁回长安。717年（开元五年）唐玄宗朝廷迁往洛阳。736年（开元二十四年）唐玄宗朝廷迁回长安。904年（天复四年）唐昭宗朝廷搬到洛阳，直到唐朝灭亡。

隋唐迁都

公元纪年	帝王年号	皇帝	都城	办公地点	备注
581年	开皇元年	隋文帝杨坚	长安	长安	
605年	大业元年	隋炀帝杨广	洛阳（迁都）	洛阳	
618年	武德元年	唐高祖李渊	长安（定都）	长安	
627—649年	贞观年间	唐太宗李世民	长安	长安或洛阳	三次搬移，历时两年余
657年	显庆二年	唐高宗李治	长安	洛阳（设东都）	七次搬移洛阳
690年	天授元年	武则天	洛阳	洛阳	
706年	神龙二年	唐中宗李显	长安（迁回）	长安	
713年	开元元年	唐玄宗李隆基	长安	717年迁至洛阳办公	玄宗共在洛阳度过十年，朝廷迁移不下十次
736年	开元二十四年	唐玄宗李隆基	长安	迁回长安办公	
904年	天复四年	唐昭宗李晔	洛阳（朝廷迁往）		三年后唐亡

与洛阳之间，来回地摆动，表明隋唐帝王和朝廷在政治、军事、经济三方面的反复权衡，并不断地调整。但是，来回移动总不能长久持续，因为频繁迁都耗费了国家的财力物力人力，所以最终还是要在游移中有所定位。显然，畅通的大运河以它川流不息的动态，在运输着粮食和物资的同时，也在影响甚至改变着历史。

隋唐都城：长安、洛阳从西向东来回移动的节点：
①涿郡（今北京）——大运河最北端；
②余杭（今杭州）——大运河最南端；
③洛阳：濒临大运河中心。

二、国家政治文化中心东移，中原乐舞南下

（一）迁都与国家政治文化中心东移

唐朝结束在最后一次迁都洛阳。历史最终选择了濒临南北大运河中心的洛阳，来结束朝廷长期以来在长安、洛阳之间的游移与摆动。可是不久，都城又在洛阳与开封之间游移。

唐王朝灭亡后，相继出现的后梁、后唐、后晋、后汉、后周五个短暂的王朝（史称五代），其中的后梁、后唐、后晋三个政权均定都洛阳。后汉、后周政权定都汴京开封，但同时以洛阳为陪都。大运河继续影响后续政权对于政治中心所在地的定位与选择，因为汴京开封是在洛阳的东面，就在大运河的一段——汴渠的岸上。

可见隋唐大运河带来的交通发达与经济繁荣，使得国家日益倚重大运河，这时，濒临大运河中心地段的洛阳和汴渠岸上的开封，逐渐成了全国的政治、经济和文化中心。大运河的交通与经济引领了迁都，并使得古代中国政治中心一再东移。在这一过程里，社会文化与乐舞也在随之嬗变。

五代政权都城：在洛阳、开封从西向东，继续移动。

五代政权的都城

政权	帝王年号	皇帝	都城
后梁（907年）	开平元年	朱温	东都开封 西都洛阳
后唐（923年）	同光元年	李存勖	洛京（洛阳）
后晋（936年）	天福元年	石敬瑭	先都洛阳 后都开封
后汉（947年）	天福十二年	刘暠	东京开封府
后周（951年）	广顺元年	郭威	东京开封府

（二）中原乐舞南下、"胡乐"传入南方

随着南北大运河发达的水路交通与经济运输，国家政治文化中心不断东移，同时在南北大运河的流通下，南、北方文化艺术交流不断。特别是，隋唐政权结束后的五代政权时期，社会战乱动荡，为了躲避战乱，大量北方中原人士不断进入南方，中原乐舞也随之传入南方地区。比如，从西域传入北方中原的"胡乐"，开始流入南方和西南地区。处于西南地区的前蜀小政权，其宫廷乐队皆演奏西域的胡乐器，如箜篌、毛员鼓、羯鼓、鼗鼓、筚篥、答腊鼓等。前蜀皇帝王衍曾亲作《甘州曲》辞，与宫伎一起演唱[1]。《甘州曲》是西域传入的歌舞曲。又如，大唐

---

[1]（唐）孟棨等《本事诗　本事词》记载："前蜀王衍曾亲作《醉妆词》和《甘州曲》，与宫伎一起演唱（《甘州曲》是最早的边地大曲）。"古典文学出版社1957年版，第37页。

著名乐舞《霓裳羽衣》传入江南地区，在南唐小政权的宫廷里表演。同时，处于西南地区的前蜀小政权，其宫廷里也传演《霓裳羽衣》。

三、国家政治文化中心几度迁移，乐舞形态格局嬗变

（一）两宋的都城，国家政治文化中心向东南迁移

五代十国结束后，北宋政权建立，北宋定都在大运河的一段汴渠的岸上——汴京（开封）。北宋政权结束后，南宋政权迁移至江南地区，定都临安（今杭州）。临安（杭州）在开封的东南，是南北大运河最南端的起点。由此可见，自大运河开通以来，在隋朝、唐朝、五代、北宋、南宋的朝代变迁过程中（历时698年），都城经历了从长安—洛阳—汴梁—临安的迁移。这个迁移

前蜀皇帝王建永陵墓浮雕——毛员鼓乐伎

过程，始终在贴近、濒临大运河，关于这一点，除了地缘政治因素外，经济的原因以及社会东西南北的交通态势的驱动力等，都促使都城从西部关中的长安一再向东迁移，最终落在大运河边上的汴梁（开封）和临安（杭州）。

此过程明确呈现出：国家政治军事文化中心在地理位置上，自西向东地移动，贴紧大运河；同时，由于南北大运河的走向和流通，乐舞文化也呈现出自南向北、自北向南，双向交流与传入。这样一种大趋势，在地理空间位置上，呈现经纬坐标的整体动态移动：自西而东，自北而南。这就是一条大运河的开通，带动国家经济的繁荣，促进社会交通的流畅，与此同时，引领着国家政治军事文化中心的移动。那么在这样的态势下，乐舞的形态格局必然会在社会政治、经济和文化艺术的整体联动中，发生改变。

两宋都城：汴梁（开封）临安自西北向东南，继续移动。

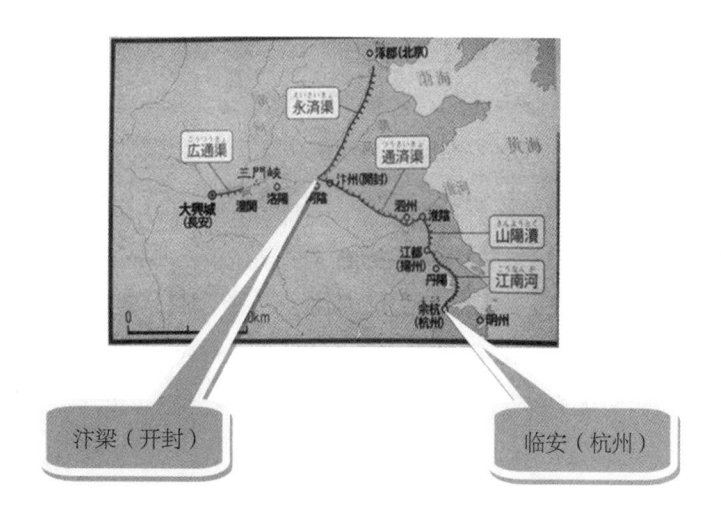

两宋都城

政权	帝王年号	皇帝	都城
北宋（960年）	建隆元年	宋太祖赵匡胤	东京汴梁（开封） 西京洛阳
南宋（1127年）	建炎元年	宋高宗赵构	临安（杭州）

（二）乐舞形态格局嬗变

隋唐时期，古代中国乐舞仍然以宫廷乐舞为主要层面。但是，大运河开通以来，国家政治文化中心向大运河贴紧，同时，大运河经济与交通的发展，促使运河两岸的城镇城市不断崛起，当时的洛阳、汴梁（开封）、

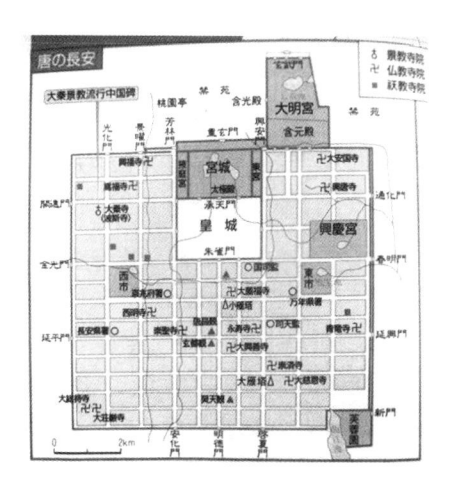

唐代都城长安街区平面图

501

临安(杭州)、江都(扬州),以及泉州、成都等,都是人口众多的大城市。在城市里,人口集中,市民阶层涌现,都市行会出现,社会的开放性更显突出,在这样的背景下,传统乐舞的形式内容都发生了很大变化。

以唐、宋的坊市制为例,古代城市街区是封闭性的,像棋盘纹一样,格局严密规整。唐代长安城的里坊街区皆有"坊门",早晚的开闭由"坊正"统一管理[1],夜晚实行全城街道严格宵禁。同时也限制集市的开闭时间,规定以日中时分,击鼓三百声,市民入市交易;日落前三刻,击钲三百声,人们散去[2]。人们共同娱乐表演的机会很受限制,所以唐代诗人白居易形容为"隔街如隔山"。

随着城市的崛起,大运河交通发达,人口的流动与集中已不再那么容易被控制了,商贸行会组织出现,社会闲散人员增多,原来封闭性的城市街区管理被突破。晚唐以来,至宋代,逐步取消了宵禁和坊市制管理,开放式的街市布局代之而兴起,于是人们不必一到天黑就熄灯睡觉,而是可以自由出入于"勾栏""瓦舍"这些商贸娱乐聚集地,痛快地表演和娱乐。在这样的态势下,戏曲、小说、曲艺、民间节日歌舞、杂技等各种技艺表演不断涌现,并取代了大型、精致、抒情、宫廷化、贵族化的乐舞。乐舞的创作和表演,逐渐由宫廷模式转向了民间模式。国家也不再设置庞大的乐舞机构,宋代朝廷需要乐舞表演时,往往从民间调集艺人来表演戏曲、歌舞、杂技等节目。

从隋朝至宋朝,随着南北大运河的开通,社会经济和交通的改变,国家政治军事文化中心迁移,沿大运河两岸的城市崛起等原因,促使了隋唐以来的传统乐舞形态格局嬗变,乐舞大势从宫廷走向广阔的民间社会,又再回入宫廷,为朝廷和国家服务。

四、一条大运河的延伸:对历史的呼应,对未来的开拓

隋炀帝开通大运河并迁都洛阳,其后各代帝王利用大运河,迁移政治军事文化中心,可以说各种动机与考量及谋略,以及在地理空间和生存空间上,都是着眼于一朝一代,

[1] 居住的地方叫"坊"。早上五更二点自宫内"晓鼓"声起,诸街鼓顺序敲动,坊门开启,鼓要敲到天亮为止。每晚鼓声敲响即关闭坊门,不许人们出入。夜晚实行全城街道严格宵禁,如果有"犯夜者,笞(chī)二十"。(唐代长孙无忌《唐律疏议》)即便是官员也不例外,"中使郭里旻(mín)酒醉犯夜,杖之"。(刘昫《旧唐书》)

[2] 规定"凡市,以日中击鼓三百声而众以会,日入前三刻,击钲三百声而众以散"。(李林甫《唐六典》)

没有超出本土意识与本位意识。这是历史的局限性。今天，习近平总书记提出"一带一路"的合作发展的理念和倡议[1]，把古代"丝绸之路"这一历史精神与符号，放在全球和未来的和平发展前景道路上，重新阐发和运用，把人类看作一个息息相关的命运共同体，如此的战略高度和世界胸怀，已经远远超越了古人。

从历史的纵深度来看，"一带一路"的思维，在中国传统文化的思维方式中是有渊源的。两千年前的传统典籍《礼记·礼运篇》就指出："圣人参于天地，并于鬼神，以治政也。"[2]说圣人能够从天地万物之中，悟出统治天下、治理社会的道理来。据此，唐代经学家孔颖达进一步阐释，圣人能从天运变化、寒暑交替、土地生殖、祭祀祖宗等现象，来体察自然的道理，并用于治理社会。简言之，就是"参天法地"，效法天地之道也。中国古人认为，天地有无言之大教，大自然的秩序就是人类社会制度的底本。这种自然智慧，是中国人古老的整体性世界观和天地人一体化的智慧认识境界，它把人、社会、治理天下等每一种具体的观念、形态和现象，都放在宇宙自然的整体运行中来进行认识考量，这样的认识论和世界观，必然超越一己之私、一国之私的藩篱，而有着博大的胸襟。由此亦可见，"一带一路"的中国智慧的历史本源所在。

习近平总书记提出的"一带一路"合作发展，它贯穿亚、欧、非大陆，连接东面的东亚经济圈和西面的欧洲经济圈，带动其间潜力巨大的发展中国家。在国内，"一带一路"又以西北、东北、西南、内陆、沿海和港澳台等地区板块，来涵盖全国；发挥地区地理和经济特点优势，全国一盘棋，联动提升，全面发展。这当中，板块的分割与整体性连接的地理空间布局，线路的划分与整体性畅通，陆路、海路与航空；经济、政治与文化的联动，政策、设施、贸易、资金、民心的相通，利益、命运和责任的共同体等，如此全球性的思维与规划，体现了中国智慧的当代发挥与运用。作为意识形态的当代乐舞艺术，也必然随之而联动发展。

在因果论中，一

---

[1] "一带一路"的内涵归纳起来，主要是"五通三同"。"五通"就是政策沟通、设施联通、贸易畅通、资金融通、民心相通。这"五通"是统一体，缺一不可。"三同"就是利益共同体、命运共同体和责任共同体。三者也是一个整体，不可分割，就是共赢。"一带一路"贯穿亚、欧、非大陆，东面是活跃的东亚经济圈，西面是发达的欧洲经济圈，其间是广袤的潜力巨大的发展中国家。丝绸之路经济带重点畅通中国经中亚、俄罗斯至欧洲（波罗的海）；中国经中亚、西亚至波斯湾、地中海；中国至东南亚、南亚、印度洋。21世纪海上丝绸之路重点方向是：从中国沿海港口过南海到印度洋，延伸至欧洲；从中国沿海港口过南海到南太平洋。

[2]（清）阮元校刻：《十三经注疏》下册，中华书局（影印）1983年版，第1422页。

个善念的种子,会带来一个善果。建构于当下的"一带一路"合作发展格局,其善缘而起与和平发展、世界胸怀与全球着眼点,必将会造福中国与世界的未来。

浅谈非物质文化遗产的传承与发展
——以舞剧《丝路花雨》为例

费维耀　黄惠民/上海音乐出版社

非物质文化遗产内容丰富，形式多样，风格独特，历史悠久，是人类创造的宝贵文化遗产，也是人类智慧和文明的集中体现。因此，保护好非物质文化遗产势在必行，刻不容缓。然而，在新的形势下，我们又面临着如何传承和发展非物质文化遗产的重要任务。就此，以中国经典舞剧《丝路花雨》为例，谈谈《丝路花雨》成功的几个重要原因。

一、古为今用

舞剧《丝路花雨》是古为今用最典型的范例。《丝路花雨》剧源于敦煌莫高窟壁画艺术，其优美的舞蹈姿态令人赞叹不已。《丝路花雨》剧成功的主要原因就是在取材上独具慧眼，取其精华，选择了敦煌乐舞壁画中最具特色的舞蹈风格。敦煌艺术是集古代最具代表性最有影响力的中国文化、古印度文化、希腊文化和伊斯兰文化融合而成，是丝绸之路各种文化的集散地，正因为如此，敦煌文化成为古代文化艺术的经典之作。在敦煌壁画中呈现了大量的古代乐舞艺术，"胡腾舞""胡旋舞""长巾舞""腰鼓舞"，尤其是独具特色的"反弹琵琶舞"，更加让人耳目一新，心旷神怡，赢得了人们的高度赞赏。舞剧《丝路花雨》正是在浩如烟海的敦煌壁画中，经过细致的考察、认真的分析、精心的选择，集中展示了壁画中最具代表性的敦煌舞姿，让这些千年之久的壁画图像，淋漓尽致地展现于现代舞台之上，让古老的艺术大放异彩。

二、主题突出

主题是艺术的灵魂，《丝路花雨》主题突出、格调高雅、情节感人，歌颂了丝绸之路上中西人民弃恶扬善、友好往来结下的深情厚谊，讴歌了向上向善的伟大丝路精神，突破了凡戏必有爱情的传统模式，这是《丝路花雨》剧打破常规、创新发展的关键所在。

三、形式之美

《丝路花雨》之所以受到广泛的好评和高度的赞赏，其中的一个重要原因，就是选择了以舞剧的形式来呈现，利用舞台的特殊空间，充分展示了敦煌乐舞的魅力，把人们带到了一个特殊的历史年代，让人们充分感受到了敦煌艺术的魅力。

自古至今，任何艺术的生命都在于创新，没有创新的艺术无法顺应时代发展的潮流，艺术只有不断地传承和创新，才能保持旺盛的生命力，这也是《丝路花雨》带给我们的深刻启示。因此，非物质文化遗产不仅要重视其保护，而且要更加注重它的传承和发展。

论闽南红砖建筑装饰艺术的社会文化

谢必震／福建师范大学

前言

闽南红砖建筑，被誉为"红砖文化"。红砖红瓦，燕脊山墙，其建筑装饰艺术多式多样，精彩纷呈，令人眼花缭乱。千变万化的图案，千姿百态的作品，诸多雕饰手法的运用，譬如砖雕、石雕、木雕、瓷雕和室内、室外别致的修饰，线雕、浮雕、半透雕、镂空雕各种技艺交织在一块。这些建筑，经过历史的锤炼，尤其在诸种社会因素的影响下，逐渐形成其建筑装饰艺术的特色，成为中国文化艺术的瑰宝，乃至世界文化艺术的瑰宝。

一、特色各异的闽南红砖建筑装饰艺术

历史上中国的大部分民居建筑都是以灰砖为主，在福建也是如此，唯有福建沿海、闽南一地却以红砖为主。有学者注意到，福建民居红砖和灰砖建筑的划分，是以福州与永定的连接线为分界线的。这条线的福建西北地区，为灰砖区，约占福建省面积的五分之四。而这条线的东南地区即红砖区，约占福建省总面积的五分之一，正是福建沿海地区。主要包括福州、福清、莆田、仙游、泉州地区、厦门地区和漳州地区。

以闽南地区红砖建筑为代表的福建红砖文化，虽然外墙都用红砖，但建筑的平面布局、外观造型、装饰艺术的运用还是不尽相同，各有特色。

譬如在建筑的平面布局上，闽东地区的民居建筑主要为四合院沿纵向组合的形式，而闽南地区的红砖建筑却是以合院为中心在两侧各建一排或数排护厝，左右拼接，沿横向发展的形式。

建筑的立面处理也是十分讲究。闽东地区立面墙脚很高，多用平整的花岗岩砌筑。墙面分隔上下两层，有实砌、空斗，并以白灰勾缝，形

成颇具特色的装饰效果。闽南地区亦用块石和红砖混砌的"出砖入石"的墙面，独具特色。立面处理极为丰富，红砖或实砌，或空斗，或组砌，或砖片镶拼贴面。

福清、莆仙地区的民居屋顶构造也形式各异。福清最有名的宏路镇唐宅，其屋顶出檐极小，仅用红砖出挑，饰以彩绘，砌空花女儿墙做檐口瓦顶的收头。又如莆田江口的余宅，其主体建筑为三段的悬山顶，两厢及门亭为歇山顶。仙游盖尾乡的陈宅，也是悬山顶和歇山顶相结合的形式。

闽南红砖的民居屋顶通常分成几段，错落有致。屋顶呈双曲线，顶部高悬，两端翘起，凸显闽南红砖民居的地方特色。

从建筑装饰的方式来看，采用木雕、石雕、砖雕、泥塑、壁画等工艺，从雕塑的手法来看，运用了圆雕、浮雕和镂空透雕等技巧。

从雕刻的内容来看，多为戏剧故事、历史人物、花鸟鱼虫、飞禽走兽、山水亭阁，题材丰富，形象生动，各有典故寓意，集中体现了古代工匠的高超技艺，鬼斧神工，别有韵味，堪称传世之作。

二、各种文化对闽南红砖建筑的影响

民居建筑是文化的一个组成部分，内涵丰富。闽南红砖建筑装饰艺术的形成以及其独特的风格一定是受到方方面面的影响。诸如各种社会文化因素的影响、自然地理的影响、历史演变的影响。本节主要探讨闽南红砖建筑装饰艺术的社会文化因素。

1. 中原文化的影响

福建是个移民社会。西晋八王之乱后，历史上出现了"五胡乱华"，即匈奴、羯、氐、羌、鲜卑，各种政治势力交织纷争，形成主要的十六国，即五胡十六国。晋怀帝永嘉年间（307—312年），大量的汉民南迁，史称"永嘉南渡"，福建历史上就有"八姓入闽"的传说。这八姓为"林、黄、陈、郑、詹、邱、何、胡"。八姓入闽，是历史上第一次北方汉人大规模地进入福建。这次移民，不仅明显增加了福建地方的人口，到晋朝末年，福建户数有8600多户了。而且，这些汉人带来了中原先进的文化，加快了福建地区的开发和进步。福建近几年的考古发现中，有关南北朝时期的文物，例如青瓷、壁画、金属器物等制作的工艺和装饰的手法，也都已基本汉化了。

当然，唐朝末年的战乱，及五代十国时期，又有许多中原汉民南迁福建，南宋时期，中国社会经济重心南移，元明清时期的朝廷更替，都有汉民南迁的浪潮。概括成一句话，即中原文化给福建带来了巨大的变化。

中原文化具有它的正统性、征服性、辐射性和融合性。福建文化很好地吸纳了中原文化的精髓，尤其在正统性方面最为突出。闽学的产生、形成与发展，足以说明这一问题。闽南地区的红砖文化在相当程度上反映出中原文化的影响因素。

譬如建筑的色彩，在闽南地区得到充分的运用。在世界上许多国家和民族中，红色象征着喜庆、富贵、至尊，具有驱逐邪恶的功能，因而在建筑中大量使用。如在古代中国，许多宫殿和庙宇的墙壁都是红色的，官吏、官邸、服饰多以大红为主。"朱门"代表着富贵、权力、上层社会。在中国的传统文化中，五行中的火所对应的颜色就是红色，八卦中的离卦也象征红色。在性格色彩中，红色亦代表积极、主动、开放、热情、乐于与人交往的性格。因此人们喜欢红色，闽南地区，包括台湾等地的人们，可能受到传统文化的影响，不仅建筑材料运用红砖、红瓦反映中原文化，即中国传统文化的影响力，在建筑装饰的内容和题材方面也同样体现了中国传统文化的影响。诸如忠孝、仁义、廉耻等为主导的历史故事和人物的雕塑、画作都成了红砖建筑装饰的主要内容。

由于福建是个移民社会，宗族的观念十分浓厚，宗族祠堂的建造是族人最为重视的建筑工程，大家舍得花钱，共同出力，因此家族祠堂的建筑在工艺水平方面远远超过普通的民居，自然成为闽南红砖建筑的代表。比较有名的有福州螺洲陈氏宗祠、福州澳门街林氏宗祠等。

2. 海外文化的影响

福建在历史上是个对外开放的省份，尤其是唐朝末年，即王审知主闽时期，福建致力于海外交通与对外贸易，从此海外文化对福建影响很大，一发不可收拾。"涨海声中万国商""船到城添外国人"成了福建对外交流的写照。宋元时期盛极一时的泉州港，与海外30多个国家的交往，使泉州的文化繁荣到了"满街都是圣人"的境地。海外文化对于闽南地区的建筑装饰艺术的影响是显而易见的。

大食帝国的商人带来的阿拉伯文化，东南亚诸国的文化因素，早期西班牙、葡萄牙、荷兰等殖民者通过贸易传输的西方文化，日本人带来的东洋文化，都在福建的通商口岸——厦门、泉州、福州传播开来，这种海外文化的影响，同样反映在红砖建筑上。尤其是近代中国开埠时期，这种异域之风尤为显著，一直保留至今。譬如泉州的清净寺建筑、东南亚花瓶式的栏杆、欧式的鼓浪屿建筑、美国人设计的校园建筑等都是海外文化影响闽南红砖建筑的历史见证。

当然这一文化的影响因素同样带有宗教的色彩，因此，下面我们提到的宗教文化的影响因素亦含有海外文化的成分。

3. 宗教民俗文化的影响

闽人好巫，历史上早有评说。因此宗教信仰在福建一地十分兴盛。这种宗教之风还反映在海外宗教对福建的影响。由于海外交通和贸易的关系，海外宗教文化对福建的影响非常突出。泉州由于海外交通的缘故，已被世人称为世界宗教的博物馆。我们知道，除了中国土生土长的道教之外，佛教、伊斯兰教、印度教、基督教、婆罗门教、摩尼教、火袄教等都传入泉州，加上闽南地区的地方民间宗教的影响，这些都反映在红砖建筑的艺术方面。

福建的民间宗教信仰十分兴盛，最为著名的有妈祖信仰、保生大帝、清水祖师、关帝信仰、王爷信仰、观音信仰。除了这些比较有普遍意义的神明信仰外，福建各地的地方神明的信仰和崇拜数不胜数。这些宗教的建筑也都给红砖建筑装饰艺术提供了充分展示的空间。

寺庙宫观的建筑，既是宗教建筑，亦是红砖建筑，其建筑装饰艺术必然受到宗教因素影响。宗教建筑关于闽南红砖建筑装饰艺术应该是最具代表性，尤其是艺术水平方面。富丽堂皇的建筑，其工艺水平和规模都是以经济实力为衡量的标尺。通常的民居，虽是大户人家，虽是达官显贵，但从个人的角度而言，都有资金方面的局限，因此在规模和工艺上都有限制，惟有公益的项目，具信众之力，方有惊人的结果。较之宗族祠堂的建筑工艺和规模而言，亦是同样的道理。因此我们可以想见，一个地方的寺庙宫观，其所展示的建筑装饰艺术一定是具有典型的代表意义的。譬如泉州的天后宫、安溪的清水岩、龙海的慈济宫、东山的关帝庙、泉州供奉王爷的富美宫等，这些宫庙的建筑装饰艺术，无一不是闽南红砖建筑的代表。宗教文化对红砖建筑的影响尽显其中。

三、保护研究闽南红砖建筑装饰艺术思考

我们这里提到的闽南建筑，其建筑的风格和装饰的艺术同台湾的红砖建筑如出一辙。两地的建筑工艺有渊源关系，同样都面临着保护和研

究的问题。在闽南地区，随着社会现代化水平的不断发展，这些具有古建艺术的建筑正面临着毁坏和消失。尤其是历次的政治运动，许多富有特色、具有历史文物保护意义的建筑不复存在。在广袤的农村和山区，具有典型意义的古建筑正面临着毁坏的命运，即使是文物部门开始保护的一些建筑，由于修缮技术的贫乏，也是到了越修越坏的结局。如何挽救这些值得永远保护的文化遗产，是值得我们深思的问题。

当务之急是呼吁社会，呼吁政府重视古建艺术的保护，在经费和保护政策方面出台有关规定，方可阻止古建艺术不断消失的现象。

其次是培养具有高超技艺古建修复技术人员。目前福建地区这类人员十分匮乏，在物质需求旺盛、价值观念急剧变化的大环境下建设这样一支技术队伍实属不易，需要学术界和政府部门相结合，下大决心组建培养具有高度责任、高水平的技术人员队伍。

再次需要加强相关的研究，凝练研究方向，引进海内外先进的修缮技术，将研究成果与社会实践紧密地结合起来，闽南地区红砖建筑装饰艺术的瑰宝才能显示出她永恒的生命，才能成为人类社会建筑历史上不谢的奇葩。

结论

闽南红砖建筑装饰艺术，是伴随着闽南社会历史的发展而发展的。现代社会与传统的建筑艺术的发展之间的矛盾日益突出，如何解决这一矛盾，是摆在我们每一个关心社会、关心传统文化健康发展平凡一员面前的问题。了解这些建筑艺术的历史，剖析这些建筑艺术的发展缘由，保护它们存在的价值是我们责无旁贷的历史使命。积极地研究它、保护它，在历史与现实之间，才能走出一条宽广的通天大路。

参考文献

[1] 戴志坚：《闽海民系民居建筑与文化研究》，中国建筑工业出版社 2003 年版。
[2] 戴志坚：《福建民居》，中国建筑工业出版社 2009 年版。
[3] 汪征鲁：《福建史纲》，福建人民出版社 2003 年版。
[4] 王耀华：《福建文化概览》，福建教育出版社 1994 年版。
[5] 何绵山：《闽文化概论》，北京大学出版社 1996 年版。

人类非物质文化遗产代表作
——中国书法之篆书的意义摭谈

张晓东 / 中国书法家协会

"丝绸之路经济带"和"21世纪海上丝绸之路",即"一带一路"不仅仅是一个空间和地域的概念,"和平合作、开放包容、互鉴互学、互利共赢"的丝绸之路精神是千百年来沿线各国人民共同创造的历史文化遗产。

文化是人类在社会历史发展过程中所创造的物质财富和精神财富的总和,特指精神财富,如文学、艺术、教育、科学等。遗产是人类文明经过数千年的积淀而形成的人类共同物质的财富和精神财富。文化遗产具有精神和物质的双重性。

随着国家"一带一路"倡议构想的深入推进,文化遗产的挖掘、保护、交流、互鉴日益受到重视。

欧亚大陆是古代文明的发祥地和历史演进的最大舞台,每一次人类社会的进步,都在这里留下过深刻的痕迹,人文遗产星罗棋布、浩如烟海。

汉字是中国汉族人民记录汉语的书写符号,是华夏文明绵延千载的亲历者。汉字首先是一种描摹物体形象的表形文字,如古代汉字"山""水""火""禾"等,古埃及的圣字书和巴比伦的楔形文字中,表形文字也占一定比例。

以汉字为书写对象的中国书法于2009年9月30日列入人类非物质文化遗产代表作名录。在"一带一路"的构想下,加强沿线各国的人文交流,中国书法将发挥越来越大的作用。

中国书法是以锥形毛笔、墨锭(墨汁)、宣纸等为主要工具材料,通过书写汉字,在完成信息交流实用功能的同时,以独特的造型符号和笔墨韵律,融入人们对自然、社会、生命的思考,从而表现出中国人特有的哲学思想、人格精神与性情志趣的一种艺术实践。历经3000多年的发展历程,书法已成为中国文化的代表性符号。

在中国文化"走出去"的战略上,中国书法是最具代表性的项目之一。

书法诸体中，篆书又首当其冲。

一、作为文字学意义上的字体——篆字

《周礼·春官·巾车》："服车……孤乘夏篆。"郑玄注："篆，五彩画毂约也。"夏篆，乃古代三孤所乘以五彩雕刻为饰之车。《周礼·考工记·凫氏》："钟带谓之篆。"此篆为钟四周边上之装饰图案。最早出现的"篆"字，具有图案花纹之意。

东汉许慎的《说文解字·叙》云："秦始皇帝初兼天下，丞相李斯乃奏同之，罢其不与秦文合者。斯作《仓颉篇》，中车府令赵高作《爰历篇》，太史令胡毋敬作《博学篇》，皆取史籀大篆，或颇省改，所谓小篆者也。"从这段记述中，我们可知"小篆"最早是指秦时李斯等人厘定、创造的规范字体，这是对中国古文字的第一次整理。

又云："自尔秦书有八体：一曰大篆，二曰小篆，三曰刻符，四曰虫书，五曰摹印，六曰署书，七曰殳书，八曰隶书。"大篆被第一次作为书体明确地提出来，其意义是重大的。

再云："时有六书，一曰古文，孔子壁中书也。二曰奇字，即古文而异者也。三曰篆书，即小篆。四曰佐书，即秦隶书，秦始皇帝使下杜人程邈所作也。五曰缪篆，所以摹印也。六曰鸟虫书，所以书幡信也。"

近代国学大师章太炎先生对《说文解字·叙》作注，于1935年4月在苏州国学讲习会上演讲稿中言："张怀瓘《书断》，引《吕氏春秋》仓颉作大篆，今《吕氏春秋》无此语，或古文亦称大篆，事未可知。刻符文字，今于汉铜虎符见之，字体并无稍异。虫书所谓鸟篆。摹印者，刻玺之文。宋人摹秦玺文，见薛尚功《钟鼎款识》，字体甚奇，书于旗帜者亦然。盖摹印与虫书互相混用也。刻符殳书，字体不变。虫书摹印，加以花纹，为之不易，故别立门目耳。秦隶今难见……与夫秦权秦量所刻，笔势似篆而笔画减省者，殆皆所谓秦隶矣。"

对于文字的产生，仓颉造字的传说，历代古籍中多有记载。战国时期赵国史书《世本·作篇》云："史皇作图，仓颉作书。"《吕氏春秋·君守》讲："奚仲作车，仓颉作书，后稷作稼，皋陶作刑，昆吾作陶，夏鲧作城，此六人者所作，当矣。"《淮南子·本经训》载："昔者仓颉作书而天雨粟，鬼夜哭。"《说文解字·叙》述："黄帝之史仓颉，见鸟兽蹄迒之迹，

知分理之可相别异也，初造书契。"卫恒《四体书势》记："昔在黄帝，创制造物。有沮诵、仓颉者，始作书契以代结绳，盖睹鸟迹以兴思也。"张怀瓘《书断》曰："案古文者，黄帝史仓颉所造也。颉首四目，通于神明，仰观奎星圆曲之势，俯察龟文鸟迹之象，博采众美，合而为字，是曰古文。"

卫恒《四体书势》详解六义焉："一曰指事，'上''下'是也；二曰象形，'日''月'是也；三曰形声，'江''河'是也；四曰会意，'武''信'是也；五曰转注，'老''考'是也；六曰假借，'令''长'是也。"

古文字学界一般按时代先后与字体体式特点来称谓：商代文字，主要是指殷商时代的甲骨文和少量的金文。西周春秋文字，主要指金文及盟书。六国文字，主要指金文、玺印、货币、古陶文与简牍、帛书文字。秦系文字主要包括先秦《石鼓文》、秦刻石、诏版、权量、简牍、帛书、砖铭、瓦当及印章等。

台湾学者游国庆讲："甲骨文与金文，是古汉字最重要的资料，造字的本形本意与文化意韵，往往具存其间。"

文字的产生凝结了中华民族先民的智慧和对宇宙的认识，汉字对于人类文明的进步，特别是对中华文明的传承，具有无可替代的作用，篆字对汉字造字思想的承载是最为丰富的，在文字学上的历史意义和重要地位更是不言而喻的。

历史学家陈寅恪说："凡解释一字，即是作一部文化史。"

二、作为书法意义上的书体——篆书

《说文解字》云："仓颉之初作书，盖依类象形，故谓之文。其后形声相益，即谓之字；字者，言孳乳而浸多也。著于竹帛谓之书；书者，如也。"这是最早对"书"字的诠释。《释名·释书契》曰："书，庶也，纪庶物也，亦言著也，著之简永不灭也。"

《说文解字》竹部云："篆，引书也。从竹，彖声。"清人段玉裁在《说文解字注》中对此又作了更为充分的说明和注释："引书者，引笔而著于竹帛也。因之李斯所作曰篆书。"王筠《说文句读》："运笔谓之引。""篆本引而书之之名，因谓所书之体曰篆。""篆"字又有运笔之法或谓"篆引"，用"篆引"之法所书之体谓篆体。

篆书是"随体诘诎，画成其物"。如同图画，世界上任何人都能以眼睛观看皆可感受其魅力的一种书体。

蔡邕在其《篆势》中讲道："字画之始，因于鸟迹，仓颉循圣作则，制斯文体有六篆，妙巧入神。或龟文针裂，栉比龙鳞，纾体放尾，长翅短身。颓若黍稷之垂颖，蕴若虫蛇之夯缊。扬波振撇，鹰跱鸟震，延颈胁翼，势欲凌云。或轻笔内投，微本浓末，若绝若连，似水露缘丝，凝垂下端。纵者如悬，衡者如编，杳杪斜趋，不方不圆，若行若飞，跂跂翾翾。远而望之，若鸿鹄群游，骆驿迁延。迫而视之，端际不可得见，指撝不可胜原。研桑不能索其诘屈，离娄不能睹其隙间，般倕揖让而辞巧，籀诵拱手而韬翰。处篇籍之首目，粲斌斌其可观。摘华艳于纨素，为学艺之范先。嘉文德之弘懿，愠作者之莫刊，字体之俯仰，举大略而论斿。"对篆书的势作了精辟的阐述。形是表现静态的，势是寓示动态的，形势备而神显。这也是篆书赋予我们的视觉享受。

在今天的考古界和书法界，一个普遍的认知是将小篆以前的包括金文、籀文、简牍、帛书、兵符、盟书文字以及殷商时代的甲骨文等都划归为篆书的范畴，即为大篆。

金文与小篆的区别。金文的线条是放射性的，较少的横平竖直，布白不匀，结体多变，或大或小。小篆是框在一个看不见的框子里，线条向四个角伸展，横平竖直，布白匀停，结体规整，大小一致。

阿恩海姆在《艺术与视知觉》一书中说："整平化所起的作用，是使构图统一，使对称加强和重复，使不适宜的细消失，将倾斜纠正等。尖锐化则相反，主要是产生分离，加强差异，强调倾斜等。"可以认为，小篆是将尖锐化的金文进行了整平化的革命。

三、篆书在五体书法中的地位和作用

学习篆书的重要性，古人早有论述。王羲之《九势论》讲："穷研篆籀，功省而易成。篆集精易，形新而势显。"傅山道："不知篆籀从来，而讲字学书法，皆寐也。""不作篆隶，虽学书三万六千日，终不到是处，昧所从来也。"

饶宗颐言："力的养成，篆书是关键功夫。有势无力，只是虚有'字样'而已。故写字宜先习篆，从一画做起，反复练习，以养其力，以培其势。一画分横笔、竖笔，方圆由此而生。一生二，二生三，故篆法为一切书之母。

不从此门入者，笔不能举，力不能贯，气不能行。"

清代王澍《论书剩语》中说："作书不可不通篆隶。今人作书，别字满纸，只缘未理其本，随俗乱写耳。通篆法则字体无差……此入门第一正步。"还说："书法必从植其本始，学书从篆入，犹为学之必自经始。学书不篆，犹文家不能经也。"赵宦光也讲："用笔要古拙，要拙多于巧。要古拙，就得通篆籀。历代大家之书都沉着痛快，有篆籀气象，便是明证。"

篆书对中锋用笔要求极高，线条力感要以圆融、厚实为上，是学习书法练习线条的主要书体。

在所有造型艺术种类中，线的因素体现着中华民族的审美精神。所有线的艺术又总是与情感相关的。因此学习书法，线条质量的高低至为关键。

篆书与隶书。王镛先生讲："如果不写篆书就学习隶书，就很容易写成晋、唐、宋，包括元、明这几个朝代，他们的隶书基本上都是脱离了篆书的隶书，隶书那种根本的特征反而少了，表面的夸张多了，我认为这是书法在发展过程中出现的一个误区，变成了一种外在的东西。"汉字的变革——隶变，就是由篆书向隶书的转变。古人云："非究于篆，无由得隶。"可以说，篆书是隶书之母。

篆书与楷书。傅山在《霜红龛集》卷二十七·"杂记"中道："楷书不知篆隶之变，任写到妙境，终是俗格。钟王之不可测处，全得自阿堵。"

篆书与草书。篆书和草书表面上离得好像很远，实际上像八大山人和沈鹏先生那样的草书，就属于充分地运用篆书的线条，基本上没有两头起笔收笔的装饰，而是自始至终基本上处于一种相对等粗细的篆书的那种线条在游走，并且草书使转的弧线本身也具备这些特征。草书是将篆隶符号化，失去了篆书所保留的象形成分。篆法用笔书写草书，线条尽得圆浑而苍茫的美感。

中锋运笔，是篆书运笔的最基本的方法，沉稳扎实、圆润华滋的线条功夫，将为其他书体的学习和创作做了根本性的准备。篆书线条的磨砺解决了所有线条的中段部分，如将首尾作些变化将成为其他书体的线条。我一直认为，学习书法，先从篆书入手，是练习线条的不二法门。

四、篆书与其他艺术的关系

汉代以降，多以篆书作碑额，彰显了篆书装饰方面的功用。

篆书与篆刻。篆书是篆刻的文字基础。以书入印是很多篆刻大师的成功捷径。篆书水准的高下会直接影响到篆刻家的影响力。如邓石如、赵之谦、吴昌硕、齐白石等既是书法大家，又是篆刻大家。

篆书与绘画。在各种书体里，绘画的线条跟篆书最为接近。篆书两头都是简单、平实的，不像其他书体有那么多的变化，从而更适合在绘画里运用。近代绘画大师吴昌硕、齐白石、黄宾虹、傅抱石、潘天寿等都擅写篆书，将篆书的笔法运用到绘画中，以篆法入画，呈现出高古、苍茫、雄浑的绘画风格。还有张仃、范曾、饶宗颐亦用篆书。

五、学习篆书的意义

（一）篆字是学习和研究古文字的钥匙

《周礼》的"六艺"是教给贵族儿童的六种科学技术，其中的"书"，就是指识字和写字。《汉书·艺文志》："古者八岁入小学，故周官保氏掌养国子，教之六书，谓象形、象事、象意、象声、转注、假借，造字之本也。"我们现在习字读书，已不知字之本义，甚为遗憾。

唐代李阳冰在其《上采访李大夫书》中讲道："缅想圣达立卦造书之意，乃复仰观俯察六合之际焉。于天地山川，得方圆流峙之常；于日月星辰，得经纬昭回之度；于云霞草木，得霏布滋蔓之容；于衣冠文物，得揖让周旋之体；于须眉口鼻，得喜怒惨舒之分；于虫鱼禽兽，得屈伸飞动之理；于骨角齿牙，得摆拉咀嚼之势。随手万变，任心所成，可谓通三才之品汇，备万物之情状者矣。"他把篆字创始时的常、度、容、体、分、理、势之源作了形象的阐述。

"世界上有一个伟大的国家，她的每一个字都是一首优美的诗，一幅美丽的画，你要好好学习。我说的这个国家就是中国。"20世纪50年代，印度前总理尼赫鲁对女儿如此道。一个他国总理对汉字的认知和评价如此深刻，我们应该感到骄傲和自豪。

学习篆书的好处，在日积月累中，不知不觉地认得了许多古文字，对古玩的研究，对印章的释读，提供了文字的保证和便利。

（二）篆书在对外文化交流中的作用

篆书还是中国书法对外交流的首选书体，只有那些仍保留象形成分的文字才能让外国人产生兴趣，并因此而喜欢上中国书法，特别是甲骨文和金文保留了大量的象形成分。

随着中国经济增长和国际上的地位逐步上升，中国书法越来越受到世界的关注，学习书法的热潮已经来临。

篆书这一最古老的书法体系，于晋代以降几成绝响，至唐代的李阳冰竟自谓其篆书"斯翁之后，直至小生，曹喜、蔡邕，不足言也"（李肇《国史补》）。篆书书法的衰颓，于此可见一斑。到了元代，名震国朝的赵孟頫也无力回天，不能挽救篆书书法的式微。直到清初布衣邓石如，重振篆书雄风，树大旗于清季之初，后有赵之谦、吴昌硕等继之。

当今，我们一批有抱负的篆书书法家要以创新的意识重塑篆书的新形象，在"一带一路"的沿线国家中交流互鉴，共同享受人类文化遗产的优秀成果。

篆书的继承和创新，仍有巨大空间。

六、结语

亚欧非大陆及附近海洋的互联互通，增进沿线各国人民的人文交流与文明互鉴互荣，各国人民相知相交、和平友好。几年前，中华文明从泉州启航，在浩瀚的大海上扬帆，播撒了人类文明的果实，共同浇灌人类文明这棵参天大树。

福建将成为21世纪海上丝绸之路的核心区，泉州这一港口城市将再一次被历史牢牢地铭记。

参考文献

[1] 许慎：《说文解字》，中华书局1963年版。
[2] 段玉裁：《说文解字注》，上海古籍出版社1981年版。
[3] 王筠：《说文句读》，上海古籍书店1983年版。
[4] 《历代书法论文选》，上海书画出版社2014年版。
[5] 崔尔平选编：《历代书法论文选续编》，上海书画出版社2015年版。
[6] 王国华编撰：《书法六问：饶宗颐谈中国书法》，人民美术出版社2012年版。
[7] 李泽厚：《美的历程》，天津社会科学出版社2001年版。
[8] 游国庆：《趣味的甲骨金文》，台北"故宫博物院"2011年版。
[9] 张超编：《书论辑要》，教育科学出版社1988年版。
[10] 傅山：《霜红龛集》，山西人民出版社1985年版。

伴随"海丝"陶瓷贸易而来的妈祖信仰移植

王永健／中国艺术研究院

在我国这样一个多个民族、多种宗教与文化并存的社会中，一种宗教信仰很难覆盖整个社会面，多元的文化造就了多元宗教信仰的存在。尤其是在传统的乡土社会中，各种民间信仰无孔不入，占据着宗教信仰所不能达到的地方，服务于它的信众。"实用性"是中国民间信仰的一个重要特点，它能够为信众提供一种超能量的心理支持机制，能够支持人们不畏艰险，勇敢开拓。实际上，信仰移植在中国的乡土社会中具有相当的普遍性，伴随着移民、贸易等，都会产生民间信仰从一地移植到另一地的情况。

景德镇因瓷闻名于世，拥有1700多年的陶瓷行业历史，分工细密的陶瓷各行业，形成了与之相适应的行业信仰习俗，如掌管成型的师主神、窑火的风火仙师童宾、工商贸易神关帝、水路运输神天后等等。这些神祇既有本地神，也有被移植过来的信仰，它们共同构建了景德镇陶瓷行业的信仰习俗体系。妈祖信仰源于福建东南沿海一带，伴随着航海文明而兴起，有着大量的信众和广泛的影响，在沿海城市建有数量较多的妈祖庙宇。而景德镇作为一座内陆山区小城，也建有妈祖道场——天后宫。在当前妈祖研究资料搜罗较全的《妈祖研究资料目录索引》一书所收集的文献目录中检索，没有找到关于景德镇天后宫的研究文论。而景德镇作为千年瓷都，历史上便是外销瓷最为主要的产地之一，大量的客商到景德镇贩运瓷器，景德镇天后宫是伴随着陶瓷贸易的发展而修建的，是景德镇瓷器海外贸易的直接见证。因此，对景德镇天后宫进行相关的研究，具有重要的学术价值。本文以景德镇天后宫妈祖信仰为研究对象，试图探讨景德镇天后宫的历史与现状，妈祖信仰在景德镇的陶瓷贸易中发挥的作用，以及信仰移植的原因。这些问题都是笔者期待在本文中予以解答的，也希望借此能为学界填补一点研究以及资料上的空白。

一、景德镇天后宫的历史与现状

妈祖信仰源于宋代，在后世的发展中影响愈益广泛，不仅在东南沿海多个港口城市都建有妈祖庙，而且远在内地的江西的景德镇、江苏的淮安、安徽的天长等城市也建有妈祖道场。妈祖信仰何以影响如此之大？传播如此之广？从《天妃显圣录》中可以窥其一二，文载：

所谓天妃，福建莆田湄洲屿林氏女也；诞生于宋建隆元年（父官都巡，名愿；一说名惟悫）。由于后来历代君主、大臣奉为护航之神，敕封赐号，于是沿海各地莫不建立宫庙（或称天妃宫，或称天后宫及其他名称），一切漂洋过海船只莫不供奉天妃神位。考诸谱载：天妃，吾宗都巡愿公之女也，诞降于有宋建隆元年。生而灵异。少而颖慧，长而神化，湄山上白日飞升，相传谓大士转身。其救世利人，扶危济险之灵，与慈航宝筏，度一切苦厄，均属慈悲至性。得无大士之递变递现于人间乎？自宋兴以来，威灵昭赫，有祷必应，历世弥远，圣德弥彰，而神功广大，尤著于江淮河海之中，上为国家保卫转输，下为生民拯扶陷溺。于是外国之䑸，上运之艇，贾舸朝泛，渔舟晚渡，凌海国而无波，泊天涯而若路。即有危瀑惊飙，颠连呼吸，舟人望空号祝，神妃闪忽遥临，或香闻座次，或火耀桅头，则万叠狂涛，一苇飞渡，帖若安澜。使东南泽国之以海为田者，得与中州沃壤之民，并较桑麻，同游化日。神之功大矣、著矣！亘古今不可少矣！故累代锡命宠颁，褒封洊锡，湄山宫殿，皆奉天朝遣官创建，迄于今璇宫壮丽，宝树披离，梳楼指旭日以迎曦，天阁干云霄而直上。噫！异矣！

这段文献描述了妈祖信仰的形成和妈祖在江海之中扶危济险、拯救众生的灵异之功，以及后世由于对妈祖信仰的笃信，而在各地兴建妈祖道场。景德镇虽不靠海，但是其生产的外销瓷器，却要通过水路最终进入沿海各港口而远销到世界各地，可以说水路运输是其最为主要的瓷器运输方式。"实用性"是中国神灵信仰的一个重要特点，举凡送子娘娘、土地爷、龙王、白眉三郎等，都掌管着具体的功能领域，可以说对于神灵信仰的需要，使它能够在新的地方兴盛起来。

为什么妈祖庙会落户景德镇？它兴建于什么时期？由何人所建？现在的状况如何？带着这些问题笔者进行了相关的考证。

第一则史料是法国著名的耶稣教传教士昂特雷科莱（中文名：殷弘

绪），在康熙五十一年（1712年）九月一日，写给巡阅使奥里神父的信。其中在介绍景德镇概况的部分中提到：

这里还可以看到用大量金钱建造的偶像庙宇。有一豪商为了经营贸易而横渡大洋之后觉得，多亏天后（即妈祖）保佑才免遭于难，说是在遭遇到最强烈的风暴时看见她显灵。为了兑现当时的许愿，他以全部财产为天后建造了一座宫殿，其规模之壮观超过其他庙宇。上帝呵，但愿这座宫殿在将这个故事讲给我们基督教徒以后的有朝一日，将变为"巴什利克"（Baslique）圣堂，以献给天上真正的女王（圣母玛丽娅）。这座新的宫殿是用在印度积累的银币"皮阿斯特尔"（Piastre）建造的。由于这种欧洲货币在此地为人们所熟悉，故在贸易上通用，而无须像其他国家那样重新加以铸制。[1]

殷弘绪大概描述了景德镇天后宫的来历和壮观形貌，他写这封信的时候是在1712年，由此可以推断，至少在康熙五十一年之前，天后宫已存在于景德镇，也说明在这之前的相当长一段时间，福建商帮就已经进入到景德镇陶瓷贸易的经营领域中，并且形成了一定的行业组织，常驻在景德镇。殷弘绪在描述中还提到修建这座天后宫的资财是来自于与印度的陶瓷贸易，甚至印度的银币在景德镇市面可以自由流通，足以想见当时市场的开放和贸易的繁荣程度。

第二则资料是《景德镇市珠山区志》（1970—2003年）中对天后宫的由来、规模、结构、内饰等做了较为详细的记述：

景德镇的天后宫，是由清初客居景德镇的福建籍工商民众合资建造。该建筑被用于祭祀天后，祈求神灵庇佑赐福。它也是客居景德镇的福建籍工商同乡会的所在地，故又称"福建会馆"。它还是景德镇福建籍工商子弟就读的同乡义学之处，所以也被称作"三山书院"。

历史上的天后宫，建筑群体规模宏大，中轴线上有牌楼、甬道、戏台、院落、酒楼、享堂、正殿及后宅，两侧另有厢房、陪屋等附属建筑。正殿建筑为扩建部分，扩建时间为清代乾隆五十九年（1794年），有石质纪年碑刻2块，镶嵌于正殿楼层两侧山墙内。现存的正殿建筑遗构，采用"三件五架两层穿逗式"结构模式，前部附有重檐三椽伏檐厅构架，以保护正殿因高大而暴露在外的檐部木质构架。两侧为封火式马头山墙，后部为硬山式封檐墙。内部构架

---

[1]［法］杜赫德编：《耶稣会士中国书简集：中国回忆录Ⅱ》，郑德弟、朱静等译，大象出版社2001年版，第89页。

无间隔装修，前部设"船篷式"轩廊，以加大构架进深数。正殿明间，上部置八角圆芯叠斗藻井，其下原供奉有天后立式塑像。两侧次间，上部为四方状素藻井，下部原分别供奉有"千里眼"和"顺风耳"的神像。梁架间的装饰集中为平盘斗、丁头拱拱眼，雀替之上雕饰题材除一般的吉祥图案之外，还有大量的海怪水兽以及航海景观，这在景德镇地方性古建筑上极为少见。天后宫的建筑，富有沿海地区历史建筑的特征特色，与建筑人特殊的籍贯身份相符，其整体形制上又符合景德镇的地区性建筑规范，这就充分证实当时景德镇的建筑存在着异地同化，相辅相成的情况。[1]

第三则资料是《江西省景德镇市地名志》中的记载，描述了天后宫的方位和现状：

天后宫位于中华南路窑弄口，创建于清代中期，前进已拆建周路口派出所用。

"窑弄"是当地人对地点的称谓，据该书对它的介绍："位于居委会西17米处，东至弄底1号，西至沿江东路，中段南至五间头，北至再胜下弄。长112米，宽2米。窑砖、土石路面。清初都昌人再次建窑烧瓷，后窑废，住房增多，形成弄巷，习称窑弄。"[2]

第四则资料是《景德镇文史资料第4辑》中的记载，描述了天后宫的由来、修造者和拆建时间。

康熙年间建的"天后宫"，就是因一经销古陶瓷豪商海中遇难化凶为祥，为祝海神"天后娘娘"而捐款建成的，后来又增修了后殿。1977年拆建时，发现两个印盒，装有碴饼，上写"乾隆甲寅十二月新建后殿。会首刘永庵，管事陈元楷监制"。[3]

第五则资料可见汪维培的《景德镇的会馆》一文中对它的描述：

福建会馆全都用斗拱组成建筑结构藻井，非常精细，图案以外海、海浪、帆船为主体，反映了福建沿海人民生活与海浪的斗争，有别于其他会馆的人物、鸟兽、花卉的雕刻图字。会馆都有以祀神为团结的偶像，故在建筑上也具这方面的特点，"天后宫"前有戏台，有酒楼，大堂为议事厅，正殿供有女神"天后娘娘"，

---

[1] 景德镇市珠山区地方志编纂委员会：《景德镇市珠山区志》（1970—2003），江西人民出版社2010年版，第451—452页。
[2] 景德镇市地名办公室编印：《江西省景德镇市地名志》，景德镇市地名委员会1988年版，第94页。
[3] 汪维培：《景德镇的会馆》，载《景德镇文史资料第4辑》，中国人民政治协商会议景德镇市委员会文史资料研究委员会1987年版，第193页。

后殿放牌位，边厢为客房，并有"顺风耳神"与"千里眼神"，祈祷航海贸易平安如意。[1]

从这段文字的描述可以看出景德镇天后宫建筑设计考究，内部装饰豪华，墙上皆绘有精美的图案纹饰，亦可想见天后宫当年的辉煌盛况。

第六则资料是在景德镇市档案馆查阅所得，笔者分别以天后宫、福建会馆、天妃等关键词进行了检索[2]，找到了1952年福建会馆档案调查物情况的登记表和1954年市政府房地产管理科清收物件名册表各一份，登记情况如下：

社会类卷面第0000029号档案调查物登记表记述，地点塘塝圫，门牌33号，时间1952年10月15日，代报人王更森，管理人王贤森对福建会馆进行了调查登记。调查意见写道："查核物件及你福建会馆的东西、物件、家具都分散使用，分各会首借用，可收取回。"

坦白书：福建会馆因迁移菩萨，在左侧小屋，此屋破漏，需钱修理，将歪锡器五十一斤变卖，币拾万贰千元，检漏泥水匠用壹万八千元，木匠五千元，添瓦六千元，共用去贰万九千元，有余七万三千元，由各人借用。

陈仲杰借用币贰万五千元

张思清借用币壹万六千元

李志雄借用币壹万六千元

游有松借用币壹万六千元

一九五二年二月二十一日

各家借用福建会馆物件坦白书，一九五二年二月二十一日

小搁几壹张，石榴直背椅四张，铜烛台壹副，茶几贰张，直背椅贰张，铜香炉壹双，破直背椅贰张，衣架壹双，三角架壹双，桌子（破壹张）贰张，破银椆壹双，破水缸一口，以上各件由潘寒戈借用，吴赛荣保管。

破大圆桌壹张，破八仙桌壹张，罗汉椅贰张，茶几壹张，楼梯壹架，以上各件

---

[1] 汪维培：《景德镇的会馆》，载《景德镇文史资料第4辑》，中国人民政治协商会议景德镇市委员会文史资料研究委员会1987年版，第194页。

[2] 天后宫既是妈祖庙的所在地，也是福建会馆的所在地，还是福建商人所办学堂的所在地，以至于有天后宫、福建会馆等几种称呼方式。可以说天后宫实际上是一个综合性的多维文化空间，是信仰空间、商业空间、行业空间等为一体的。

由林龙生借用。小港咀。

破八仙桌壹张，破茶几四张，破直背椅四张，破圆椅子壹张，破四方椅子贰张，以上各件由廖绣×借用。人民电影院。

小评议桌壹张，八仙桌壹张，月桌面壹张，破茶几壹张，罗汉椅贰张，三角架壹双，茶几壹张，直背椅贰张，摇椅壹张，大水缸壹口，以上各件由王贤森借用。塘塝垻。

罗汉椅贰张，直背椅贰张，破水缸壹口，衣架一个，摇椅一张，以上各件由廖学良借用。

木框玻璃纸画四幅，衣架壹双，木箱壹双，小玻璃镜子一面，罗汉椅贰张，直背椅壹张，木桶壹双，摇椅壹张，以上各件由陈素乔借用。

福建会馆整委会二月二十二日。

在这个清单后面附了领导的批示："查清后接管，19/4。"

另附有市政府房地产管理科清收物件名册表　1954年

物资来源	福建会馆	保管员姓名	王贤森		地点门牌	塘塝垻33号
品名		数量		品名		数量
评议桌		1张		直背椅		1个
八仙桌		1张		破水桶		1个
摇椅		1把		罗汉椅		2把
破大水缸		1口		罗汉椅		2把
月桌面		1张		直背椅		2把
直背椅、茶几		3件		破水缸		1口
三角架		1个		衣架		1个
罗汉椅、茶几		3件		摇椅		1个
八仙桌		1张		搁几、方桌		1套
罗汉椅、破茶几		3件		石榴直背椅		2把
楼梯		1个		石榴直背椅		2把
破大圆桌		1张		铜烛台、香炉		1套
木柜、破珮珉划		4副		直背椅、茶几		3件
木箱		1只		洗面架		1个
对红毛光照镜		1块		三角架		1个

破小桌	1张	银橱	1只
破水缸	1口	破直背椅、茶几	3件
罗汉椅	2把	衣架	1个
八仙桌	1张	直背椅	4把内坏1个未评
小圆椅	1把	方椅	2把
茶几	4个		

接管刊号五四年十一月二日接收，铜烛台1个，铜香炉1个保管遗失，尚在追收。

移交物件保管人：王贤森　经手接收人：陈×　接收批准人：何福生

从这些物件登记情况可以看出当年天后宫的配备甚是齐全，而且具有相当的规格，足以看出其当时的豪华盛况。

这六则资料，可以为我们勾勒出景德镇天后宫的概况。为此，笔者还专程到天后宫的旧址中华南路周路口派出所地域进行了实地考察。恢宏的建筑已荡然无存，只剩下两堵墙壁和断瓦残垣。旧址上盖起了数栋民房，甚至几栋民房是倚靠这两堵墙壁而修建的。笔者询问了住在该地的多年的陈阿婆了解天后宫的相关情况。她说："原来的天后宫建筑面积很大，内部装饰也非常壮观，墙壁都是糯米水和泥来修造的，非常结实，主体建筑大概是1985或1986年被拆掉了，只剩下这两堵墙壁和一口古井，古井后来被人们用一块巨石给盖住了，在前面的小过道里，还有一块石碑，上面好像有字，你可以去看看。"[1] 听了陈阿婆的介绍，我爬上房顶拍摄了残存的墙壁照片，并找到古井和那块已断裂的石碑，为它们记录下了影像。（见下图）

天后宫拆建后，大部分的建筑被搬迁至古窑民俗博览区进行了选址复建，但是并没有对外开放，因此其内部的复建情况也无从知晓。但值得庆幸的是，笔者采访到了时任景德镇市政府秘书长的陈锦章老先生，他向笔者讲述了当时天后宫的相关情况：

1980年，市里牵头进行了一次规模较大的文物普查，由时任景德镇市委书记的杨永峰同志亲自领导，我具体负责组织实施，除了景德镇市的专家学者外，还特别邀请了南京工学院教授潘谷西先生亲临指导，历时两个月的时间，对景德镇范围内城乡现存古代建筑进行了一次大规模的全面普查。其中就对天后宫进行了详细的调查工作，天后宫位于南区中华路171号，清康熙时豪商建造，当时仍然保持的比较完好。建筑全长66米，宽26.3米，大门原有牌坊，正中

---

[1] 2016年9月8日，笔者赴天后宫旧址调查采访录音整理。

（残存墙体1） 　（残存墙体2） 　（残存古墙壁3）（残存廊道）

（残存古井） 　（残存石碑） 　（复建后的　（复建的天后宫在古窑景区
　　　　　　　　　　　　　　天后宫门口）　中位置图）

一扇大匾，上书"三山书院"，上方竖书"天后宫"，正门原有戏台，两边廊道酒楼，向内经三阶进入大堂，走廊左有泥塑"千里眼"，右有泥塑"顺风耳"，中为天井。正殿长16米，宽14.4米，左右置有钟鼓，正中石龛坐式"天后"塑像，两边有立持宫灯的侍女。神龛两边侧门通后殿，长8米，宽14.2米，神龛处立三尊菩萨。正殿边为厢房，可供本籍客商寄居。大堂正大门五七年被拆毁。天后宫规模宏大壮观，殿堂巍峨，各种设置配备齐全完美，超过国内其他同类庙宇。天后宫是古代瓷都海外贸易兴隆发达的象征，也是古城国际性的标志。[1]

通过对文献记载资料的梳理、市档案馆查询所获资料、笔者对天后宫旧址的现场调查，以及通过对陈锦章先生的口述史访谈，将这些所得资料综合在一起进行比照，景德镇天后宫的由来、发展脉络、内部结构与配置情况等逐渐变得清晰。历史上的景德镇天后宫建筑的雕梁画栋之华丽、雄伟，内部配置之高档、齐全，是很多寺庙不能与之相比的，由此也可以想见当年从事贩运瓷器贸易的福建商帮贸易之兴隆、资财积累之巨。而今天的天后宫，主体建筑已被拆迁，只剩下两堵墙壁的遗址，数栋民房倚靠两堵墙而建，断瓦残垣，破

[1] 2016年9月4日，笔者赴九江市老市委家属院对陈锦章先生进行采访录音整理。

败不堪，虽然一部分建筑被搬迁至古窑民俗博览区进行了重建，但是却很难再现昔日天后宫的繁华盛况，象征着景德镇瓷器海外贸易的天后宫淡出了人们的视线，让人扼腕叹息。

二、妈祖信仰移植的原因与作用

（一）景德镇外销陶瓷的出运方式与路线

景德镇属于典型的内陆型城市，且群山环绕，与大海相隔甚远，加之古代的陆路交通不发达，没有完备的陆路交通网，要想将大量的外销瓷器运往各个出海港口，销往海外市场，实际上并不是一件容易的事情。但是，景德镇依托发达的水运网络，实现了与几个港口之间的连接。也可以说，水路运输是景德镇瓷器的主要运输方式。宋元以来，伴随着海上丝绸之路贸易的繁荣，陶瓷成为主要的外销物品之一，而明州（今宁波）、福州、泉州、广州是当时景德镇陶瓷最主要的出海港口。

关于江西省各窑口所产瓷器的传统出运通道，刘禄山在《古代江西外销瓷出运沿海各港口路线探讨》一文中认为主要有四条：

第一条路线：景德镇窑的产品从昌江顺流而下，吉州窑和赣州窑的产品顺赣江而下，过鄱阳湖，从湖口入长江，顺江出海，至扬州、杭州、宁波、泉州、广州等沿海各口岸。

第二条路线：江西境内各窑口经赣江、鄱阳湖水系联通信江，逆信江而上至铅山河口镇，可以经衢州、金华，沿富春江至宁波；也可以过福建崇安穿越武夷，泛江建阳，到达建宁；或者是由王虎打关经过光泽、下邵武、过顺昌，到达南平，顺闽江上游而下，至福州，再转达泉州；或经浦城至龙泉，顺瓯江而下温州。

第三条路线：江西地区各窑口溯赣江水道而上，入贡江、锦水至瑞金，过福建长汀、龙岩，顺晋江而下，至漳州、泉州。

第四条路线：各窑口逆赣江而上至赣州，溯章水到大余，过梅关，顺浈水而下，入珠江水系主支流北江，顺北江而下到广州。[1]

美国学者丹尼尔·纳德勒（Daniel Nadler）在《China to Order》（《订单瓷器》）一书中，认为景德镇瓷器运到福建、广东沿海各港口五条线路是：

1. 江西景德镇—鄱阳湖（水路）—抚

---

[1] 刘禄山：《古代江西外销瓷出运沿海各港口路线探讨》，载《中国古陶瓷研究》第14辑，紫禁城出版社2008年版。

河（水路）—广昌（石城仓库）—福建宁化（人工搬运）—清溪河—永安—漳平（人工搬运）—九龙江（大路）—漳州或厦门—海运

2. 江西景德镇—鄱阳湖（水路）—抚河（水路）—广昌（石城仓库）—福建长汀（人工搬运）—汀江（小船）—广东梅县大浦镇—潮州—海运

3. 江西景德镇—鄱阳湖（水路）—抚河（水路）—广昌（石城仓库）—宁都东山坝（人工搬运）—梅江（水路）—贡江（水路）—会昌筠门岭—福建武平县下坝（人工搬运）—广东镇平（小船）—韩江（大船）—潮州—海运

4. 江西景德镇—鄱阳湖（水路）—南昌—赣江（水路）—福建万安—梅岭古道—广东南雄—北江（水路）—广州（官道，全程600公里）

5. 江西景德镇—鄱阳湖（水路）—长江（水路）—广东广州（海运）（最长路线）

从两位学者对于瓷器外运路线的研究可以看出，虽然路线不同，但是可以确定的是当时瓷器主要的外运方式是水路运输，即使中途需要中转一段陆路运输，相对于水路运输而言，陆路运输是为辅的。陆路运输因道路状况等方面因素的限制，多颠簸，且人力物力耗费巨大，瓷器又容易因颠簸而受损，而水路，运输经济便捷，运输量大，航行过程中相较陆路运输要平稳得多，瓷器不容易损坏。所以水路运输是瓷商们首选的运输方式。郑廷桂在《陶阳竹枝词》中写道："鹅颈滩头水一湾，驳船禾秆积如山。瓷件筊成船载去，愿郎迟去莫迟去。坯房挑得白釉去，匣厂装将黄土来。上下纷争中渡口，柴船才拢槎船开。"生动地描述了当时景德镇水路运输的繁忙景象。据南宋人赵汝适《诸蕃志》记载：中国瓷器已销往30多个国家和地区，"番商不惜代价作青白瓷交易"。尤其是从各港口出发，远销往世界各地的瓷器，主要有几条航线，一条是销往近邻的朝鲜、日本，一条是从广州出发，到东南亚各国，绕过马六甲进入印度洋，到达欧洲，越过太平洋到达美洲，最远到达非洲东海岸。可以说要经过短则十几天，长则一年有余的远洋航行才能到达目的地。如此长时间的海上航行，海上的天气、风暴不可估料，不确定性因素较多。因此，在科技不发达的时代，从对神灵信仰的祭拜中寻求庇护成为一种重要的方式。

（二）随陶瓷贸易而来的信仰移植

景德镇具有1000多年的制瓷史，自陈朝以来可谓名扬天下，宋真宗更是将自己的年号景德赐予这座小城。贩运瓷器的巨大利润促使各地瓷商云集于此,福建商帮便是其中重要的一支,他们精通贸易,又擅长造船和航海,多方面的因素使他们能够在此行业中获利巨丰。福建商帮的陶瓷贸易,使他们频繁往来于产地和市场销售地之间,此间以水路运输方式为主。由于古代科学技术的局限性,既没有先进的天气预报系统、航海定位系统,也没有先进的轮船,海上风云变幻,难以估料,这些因素都会导致古代的航海中对于危险的掌控能力受到局限,航海的商队更多地会从对神灵信仰祈求中寻找庇护。他们在景德镇修建天后宫兼商业会馆,供奉保护神妈祖,其目的十分明确。《泉漳会馆兴修碑记》云:"会馆者,集邑人而立公所也。会馆而有庙,有庙而春秋祭祀,遵行典礼者。盖生逢国家升平之日,设关招商,遐迩毕至。吾邑人旅寄异地,而居贸易,航海生涯,皆仰赖天后尊神显庇,俾使时时往来利益,舟顺而人安也。"[1] 洪迈在《夷坚支景》卷九《林夫人庙》中记述了兴化军的一个天妃宫祠:"凡贾客入海,必致祷祠下,求杯珓,祈阴护,乃敢行。盖尝有至大洋遇恶风,而遥望百拜祈怜,见鬼出现于樯竿者。"[2] 透过这段文字可见妈祖信仰所具功能以及海商对于妈祖的笃信。因此,伴随着商业贸易福建商帮将家乡的妈祖信仰移植来了景德镇,并在当地修建了气势雄伟的天后宫。尤其是自会馆制度出现后,福建商帮会馆就成为传播妈祖信仰的主要媒介。一定意义上也是陶瓷贸易促成了福建商帮将妈祖信仰移植于此。闽人自古善航海、善贾,一方面因其海上交通发达,故贸易活跃;另一方面,闽地山多地少,单纯依靠农耕无法获得较为优越的生活,因此他们将目光投射到贸易上,借此获得丰厚的回报。顾炎武在《天下郡国利病书》曾说:"海者,闽人之田也。"谢履泉南歌云:"泉州人稠山谷瘠,虽欲就耕无地辟。州南有海浩无穷,每岁造舟通异域。"南朝候官陈宝应在浙江会稽发生饥荒之时,曾"载米粟与之贸易,由是大致资产,士众疆盛"。[3] 在历代的发展中,闽商不仅向内地贩运出售闽地出产的手工业品和土特产,也从内地贩运物品到世界各地,其中以瓷器、茶叶和丝绸为最。北宋元祐二年(1087年)正式设立福建路市舶司,泉州成为仅次于广州的国内第二大商港。南宋时,泉州取代广州,成为全国最大的商港。元代更是重视泉州港,继续在此设立市舶司,泉州成为东方第一大

---

[1] 上海博物馆图书资料室编:《上海碑刻资料选辑》,上海人民出版社1980年版,第235页。
[2] 洪迈:《夷坚支景》卷九《林夫人庙》。
[3] 《陈书》卷三十五《陈宝应传》,中华书局1972年版。

港。明清时候，郑和下西洋开启了商贸的繁荣，海上丝绸之路成为景德镇陶瓷远及外洋、风行九域的重要途径。有学者认为，"1500年后世界瓷器贸易体系形成。在国际市场对中国瓷器大量需求的冲击下，中国制瓷业显著发展，形成了其在生产和贸易上近300年的'黄金时代'"[1]。尤其是康熙二十三年（1684年）海禁重新开放，浙江、福建、广东一带沿海地区的船只纷纷出海贸易，瓷器又开始大规模的外销。伴随着海外贸易，福建商帮会在贸易港口建立起供奉妈祖的庙堂，而这些地方往往也是商人们集会，处理商业事务的会馆。如果我们沿着海上丝绸之路，将各个地方的妈祖庙或福建会馆标记出来，实际上也是描绘了一条陶瓷海外贸易的地图。当然这是另外一个相当大的课题，此处不做展开。

三、结语

岁月荏苒，虽然因种种原因景德镇天后宫已被拆迁，我们不能一睹它的真容，但是透过史料的记载和相关资料的描述，我们依然可以进入它曾经存在的历史现场，勾勒它的规模、气势和配置的规格等，这些足以显示出当时景德镇陶瓷海外贸易的繁荣盛况和福建商帮的资财之巨。它是景德镇与海上丝绸之路贸易的一个重要历史证据，有力地证明了景德镇瓷器"行于九域，施及外洋"的历史盛况。

妈祖信仰作为一种民间信仰，在1000多年的发展历程中，不仅为历代统治者所重视，也为普通社会中的人们所信奉。妈祖是航海者的保护神，在风险莫测、危险重重的航海过程中，能够为其提供保护。福建商帮精于贸易，善于航海，他们沿海上丝绸之路，将中国的陶瓷远销至海外诸国。对于妈祖的崇奉成为他们世代秉承的信仰习俗，故贸易所到之处，他们便会将供奉妈祖的庙堂修到那里，将信仰带至此处以便于随时供奉。因此，景德镇的天后宫随着陶瓷贸易移植而来，成为福建商帮供奉妈祖的一个信仰空间。实际上，信仰移植在中国的乡土社会中具有相当的普遍性，伴随着移民、贸易等，都会产生民间信仰从一地移植到另一地的情况。本文抛砖引玉，力图通过对景德镇天后宫历史与现状的挖掘，探讨妈祖信仰与陶瓷贸易，以及民间信仰移植的原因等问题，以期引起学界的关注，也望方家不吝赐教。

[1] 张丽等：《经济全球化的历史视角：第一次经济全球化与中国》，浙江大学出版社2012年版，第155—156页。

泉州渔村传统服饰与海上丝路文化的关系

鲁闽 / 清华大学

一、海上丝路文化中的渔村服饰

　　服饰是一个国家、民族及族群的重要标识，人们一般都把风格不同的民族服饰看作不同民族的重要标志。福建泉州渔村汉族随着历史的变迁因特定的劳动形式和生活环境，而形成了特殊的汉族族群，其服饰也成为区别周边族群的典型标志，海上丝绸之路的开通形成了泉州渔村汉民融合了外来多元化的服饰特征。

　　汉族服饰几千年来的总体风格是以清雅为主，朴素的装束反而增添了一种自然的风韵，汉服以其强大的生命力一直没有灭绝，在今天蟳埔女子服饰上仍能看到汉服的身影。从服装形制上看，主要是"上衣下裳"制，一般上身着短衣，下穿长裤。

　　蟳埔是一个具有浓厚传统文化气息的渔村，但是传统服饰也在变化之中，改革开放以来部分年轻人已穿着城市里的时尚服装，留着时髦发式。目前穿着传统服饰的人主要是上了年纪的妇女，也有少部分年轻女子在婚庆、节日、祭日等活动中穿传统服饰。这些穿着打扮均有独特的闽南渔女的特征，也体现了人们生活和生产劳作的需要，凸显其实用性。笔者对蟳埔女子服装中富有特色的讨蚵装、卖鱼装进行了服装结构的测量，并进行综合分析。传统大裾衫的繁杂镶接工艺被逐渐简化，胸围、袖管收缩，衣长缩短，臀围形成了大弧度的椭圆形，更加符合了当今人体工程学的设计制作理念。

　　笔者对泉州渔村女子服饰进行专题研究发现，在闽南地区的部分渔村至今还遗留汉人传统服饰的形制，以泉州蟳埔渔村女子为例，女子服装多穿偏襟短上衣，服装面料以棉材质为主。其中有款名为"讨蚵装"的女子服装极具特色，讨蚵之意指出海讨生计，服装上衣为对襟长袖衣，下身为裤。讨蚵装短裤主要由裤腰、裤腿及裤裆三部分构成。裤腰由两片白色长方形布条组成，布条左右两边都装有绳袢，通过系带可调节裤腰松紧。最具特色的是在裤腿中间加一片三角形裤裆，使二维裁剪的裤子在缝纫后变成三维的裤子，大大增加了裤子的活动量，适应蟳埔女下海劳作时大幅度动作的需求。

中国古代在先秦之前少有裤子的衣物，以长袍裹身是穿衣的主要方式，春秋战国时期的赵武灵王借鉴胡人服装改革军队服饰，着短袍穿长裤，这是中国历史上有记载的第一位服装改革者，有典故称之"胡服骑射"。到了唐朝开明盛世胡服流行，女子穿胡服也成为一种时尚，女子穿男装开创了中国历史穿衣的新风尚。泉州地区唐宋以来为南方沿海著名商贸港口，世界各地商人云集在此，他们带来各自国家的生活方式和习俗。

中外文化的交流与碰撞使泉州地区的人民也真真切切地看到外部世界丰富多彩的景象，吃、穿、用、住、行是最容易产生交融的现象之一。在中国古代宋朝泉州是阿拉伯商人的主要集居地，当地人们的生活自然受到外域文化的影响。将蟳埔女子讨蚵装的裤子与阿拉伯人穿的裤子进行比较，笔者发现讨蚵短裤的廓形与阿拉伯"哈伦"裤上半部分极为相似，高腰头，臀部宽大有相近之处。图1、图2两款裤子都属于宽松型的服装，这种相似之处的服装形态是否反映了当时泉州先民借鉴域外服饰改造自身服装的结果，还需要深入考证。

图1　蟳埔讨蚵裤　　　　图2　阿拉伯哈伦裤

二、泉州渔村女子头饰的特征

蟳埔女头饰是我国古代多种发式综合特征的沿袭,蟳埔女头饰中固发的梳子、金钗、银针、金簪还有"象牙筷",都是我国古代发饰中最重要的也是最常用之物。清末民初的泉州女发式,幼女留双短辫,沿两耳后边垂下;少女梳单长辫,扎红头绳,垂于背后;成年妇女挽发髻,别簪子,小型"包髻""螺旋髻",套发网。其中以东海蟳埔妇女的发髻最有地方特色。蟳埔女坚持了千年的"簪花围",历史源远流长,母教女,婆传媳,代代相传。蟳埔女头饰簪花围主要有兰花、茉莉、玫瑰、玉兰、含笑、素馨花等鲜花,蟳埔女头饰上的"象牙笄"或"骨簪"的传统能保留到现在,是沿袭了我国古代梳饰的习俗。

泉州蟳埔女头饰的一种发钗明显受西域文化的影响,其整体造型犹如一根西域传教士的手杖,钗头波动旋转的曲线纹样,相互套叠,颠倒错位,浑然一体,富有节奏感的抽象线条连贯、密集而灵活是阿拉伯纹样重要的艺术特征。我国传统的钗头装饰多以鸟兽花纹为饰,如蝶钗、凤钗、蟠龙钗,还没有发现这种曲线纹装饰的钗头,蟳埔女头饰的这种金钗明显是异域文化的产物。

三、海上丝路与宗教多元化的交汇

外来宗教与本土文化的交融丰富了泉州渔村汉民服饰,这一切都体现海上丝绸之路文化的现象中。泉州被誉为"世界宗教博物馆"。泉州的宗教有道教、佛教、伊斯兰教、景教(古天主教的一个支派)、天主教、印度教(婆罗门教)、基督教、摩尼教(明教)、拜物教、犹太教等诸多宗教,其历史悠久、史迹丰富,在海内外有很大影响。

伴随着海上丝绸之路的兴起,唐代初期伊斯兰教传入泉州,是伊斯兰教传入中国最早的地区之一,历史上曾在泉州建造了7座清真寺。目前,尚存有一座中国现存最古老、具有阿拉伯建筑风格的泉州清净寺;另有一座闻名遐迩的伊斯兰教圣迹——灵山圣墓;还有被誉为国之瑰宝的伊斯兰石刻近300方。景教、摩尼教、印度教相继云集泉州。这些有力地证明了泉州不愧是海上丝绸之路的东端。19世纪末叶,基督教、天主教再度传入，犹太教也曾经在泉州传播。

在外来宗教不断传入泉州地区的同时，本土宗教也在发展中，从泉州现存的历史古迹中可以看到宗教多元化的融合影响了人们的生活。开元寺东西双塔和具有特色的殿宇建筑、清源山的老君岩造像、天后宫、清净寺和灵山圣墓、摩尼教的草庵等，均为海内外人士所瞩目，留下了许多名人的游踪足迹。历史上泉州建筑了100多座桥梁，其中一半以上是僧人募资或参与兴建的；泉州僧人曾为海上交通的发展做出了重大贡献。

妈祖文化肇于宋、成于元、兴于明、盛于清、繁荣于近现代，妈祖文化也是海洋文化的一种特质。历史上宋代出使高丽、元代海运漕运、明代郑和下西洋、清代复台定台……这一切都体现海洋文化的特征。这就是"有海水处有华人，华人到处有妈祖"的真实写照。妈祖由航海关系而演变为"海神""护航女神"等，因此形成了海洋文化史中最重要的民间信仰崇拜神之一。由于泉州一度为中国最大的对外贸易港口，随着泉州民众不断地向东南亚各国及台湾地区移民和进行海交贸易活动，妈祖信仰经由泉州向这些国家与地区广泛传播。

本土的妈祖宗教信仰通过海上丝路传播到世界各地，同时也把汉民族的生活习俗向外传递，泉州的先民通过航海的商贸活动把生产技术以及生活产品等带出国门，海上丝路交流的多样性为古代泉州的社会面貌增添了亮丽色彩，作为社会精神的宗教信仰，多元化的宗教必然影响人们的生活。

四、海上丝路中的服饰文化价值

民族服饰既是文化的符号，同时也是商品的一种品类，作为商品它有实用价值，而作为文化产品它又有传播民族文化的价值，当民族服饰进入博物馆时，它所具备的精神文化，不同民族的服饰承载着一个民族的历史发展。民族服饰是民族文化形成部分之一，它具有强烈的民族符号和象征意义，通过服饰的样式可以区别各民族不同，同时在服饰上又反映出一个民族的社会形态，因此民族服饰具有社会文化多元性价值。

泉州地处海上丝绸之路的起点，繁忙的商贸活动带来了各国人民的文化交流，多样的文化碰撞融合使得泉州地区的传统服饰具有地域文化的特征。服饰不仅是人们生活中的必备品，除此之外它的外在形态蕴藏着人类文明的精神符号，同时服饰也承载着历史、人文、社会变迁的各种信息。泉州地区的渔村服饰有传统汉人服饰鲜明的特征，在目前国内汉族居住地已不多见，从古至今保留汉族祖先的服饰习俗是泉州地域文化的印证，在传统服饰传承中吸收域外文化并兼收并蓄发扬光大，使其具有独树一帜的闽南服饰文化特征。从蟳埔渔村的服饰可以充分说明海上丝路文化并不是一种独立的商业文化，源于商贸活动的对外交流带动了多元文化的沟通，从而使蟳埔渔村服饰出现了月牙形的发簪、形似哈伦裤的讨蚵短裤，这些遗存的服饰证明了海上丝路文化的特殊意义，也体现了海上丝路文化的价值存在。

五、结语

当今汉民族的服饰遗存只有在极少地区保留，它是现代社会中留存的非物质文化遗产，闽南地区蟳埔渔村汉族服饰作为一个典型代表，传承保护应该引起人们的重视。蟳埔渔村的汉民服饰承载着千年的海上丝路多元文化，不论是服装还是头饰都体现出中外文化、风俗、宗教等多方面的融合，由商贸活动所产生的海上丝路为人们的文化交流奠定了基础，从而形成泉州具有地域鲜明的社会风貌。泉州渔村服饰文化是海上丝绸之路文化中重要载体的一部分，它具体形象地反映出了历史文化的特征。

参考文献

[1] 戴平：《中国民族服饰文化研究》，上海人民出版社 2000 年版。
[2] ［美］乔治·E.马尔库斯、佛雷德·R.迈尔斯：《文化交流》，阿嘎佐诗、梁永佳译，王建民审校，广西师范大学出版社 2010 年版。
[3] 王文章：《非物质文化遗产概论》，文化艺术出版社 2006 年版。
[4] 陈敬聪：《蟳埔女》，今日出版社 2007 年版。
[5] 黄能馥、陈娟娟：《中国服装史》，中国旅游出版社 1995 年版。

论福建沿海渔民的海神信仰

刘新慧／泉州师范学院

"以海为田"的福建沿海渔民在长期渔业生产实践中逐渐形成了具有一定地域特色的海神信仰体系及与此相关的民俗，其海神信仰与祭祀具有区域性、功利性和诸神合祀等特征。通过参与祭祀海神的民俗活动，渔民们获得某种心理安慰，增强与大海搏斗的信心与勇气，体现了福建渔民与大自然抗争的顽强拼搏精神。闽台两地的海神信仰一脉同根、一本同源，是海峡两岸交流的重要桥梁和精神纽带，从文化认同方面对地区的稳定和祖国的和平统一具有深远意义。

福建省濒临东海，海岸线漫长曲折，沿海岛屿众多，渔业资源丰富，沿海渔民在数千年的渔业生产、生活中逐渐形成了与其他沿海地区相类似又具有一定地域特色的海神信仰体系及与此相关的民俗。

一、福建沿海渔民的祭神仪式

由于渔民对海神的崇敬十分虔诚，出海前后以及在海上作业期间都要举行相应的祭拜仪式，现择要述之。

渔业生产具有明显的区域性和季节性，每个地区的渔民非常重视对第一个鱼汛期的首航日的确定。福建沿海渔民在春节过后，第一次出海前要到妈祖庙进香占卜，"求问时机良辰，由神意定夺出海佳期"。除春汛外，夏、秋、冬汛也要举行祭典活动，"祭礼仪式与第一次基本相同"。择定了出海日期，渔船要出发前，"渔家要备三牲，带香烛、金箔、鞭炮等到海滩上设位祭神，由船主点香跪拜，祷告神灵恩泽广被，顺风顺水，满载而归。接着焚烧纸钱，鸣炮喧天……渔船缓缓驶向大海"[1]。不过，此俗各地有所不同。位于泉州惠安县崇武半岛的最东端的大岞村三面环海，当地村民世代均靠耕海为业，除了近

---

[1] 林国平主编：《福建省志·民俗志》，方志出版社1997年版，第27页。

海渔场外,更可泛海至舟山、台湾浅滩以及南海等渔场。当地渔民信奉妈祖,出海前除了要带着三牲酒礼到天妃宫"卜杯"确定出海日期外,在大规模出海前还要举行"消度"仪式。人们抬轿将妈祖从天妃宫中请到船上,在甲板上设香案,上供菜碗酒水,焚香烧箔。[1]

沿海渔民除了到妈祖庙进香外,还会寻求地方上保护神的庇佑。泉州石狮市祥芝镇是福建省乃至全国的渔业重镇,当地渔民们主要祭拜斗美宫供奉的"池、朱、李"三王爷。每年的8月1日,当地镇政府都会组织在祥芝斗美宫前举行开渔仪式。过去渔民出海捕鱼前都要备上供品到宫里上香"卜杯",得到王爷应允后方可以获得祥芝斗美宫三王府正印符一张。这张正印符将被请到渔船上,和妈祖像一起供奉在船上的佛龛中,这样海船就能从泉州出发北上舟山,东至澎湖、台湾沿海,通行无阻。在闽南沿海冠以各种姓氏的王爷被渔民认为是上天派来"代天巡狩"的,所以王爷也被当地百姓视为航海保护神。类似的区域性海神还有很多,比如福建漳州沿海渔家、船户信仰水仙尊王,东山岛的渔民普遍祭祀关帝,福州地区渔民信奉拿公、陈文龙,还有其他海神如玄天上帝、南海神、海龙王等。

出海前的各项准备就绪后,渔船扬帆出港,但是对海神的供奉没有停止。笔者在祥芝调查的时候,在圣母宫内发现一张通告,其上写着:"出海船主:船中龛仔三牲一付,米一斤,海土地三牲一付,帆边龙王土地三牲一付,点三支香向出,放网之前龛仔面前一斤米要献,献伏,求平安,求渔产丰收。"通告中所提到的"龛仔"就是置于渔船上的佛龛。渔船在海上航行主要的祭祀活动就是在佛龛前进行的。那么,渔船神龛中供奉的是哪些神?在调查中我们发现渔民出海前主要供奉的海神,在船上一样供奉。妈祖是福建沿海渔民普遍信奉的海神,所以渔船上普遍供奉妈祖。泉州惠安大岞村的渔船在驾驶室或中舱设有妈祖神龛,船只离港前通常还从妈祖宫请出一些神物,比如塑料花、妈祖小神像等(回航后买新的还愿),船员随身带着包有妈祖宫香灰的护身符。[2]有的船只比较小,佛龛较小,就供奉一只香炉,边上置一写着"天上圣母"的红布条。福建沿海渔船不仅供妈祖,也有供龙王、王爷、关公、拿公或者是该村的护境神。石狮祥芝村的渔船就同时供奉池王爷。船上的佛龛里,妈祖像摆放在右边,王爷像摆放在左边,前面

---

[1][2] 陈国强、石奕龙:《崇武大岞村调查》,福建教育出版社1990年版,第232、233页。

放着香炉。漳州沿海和岛屿建有众多的关帝庙,尤其以东山岛铜陵关帝庙香火最旺。东山百姓,家家户户都在厅堂正中供奉关帝君神像,渔民也在渔船供奉关帝。漳州海澄县卓岐村面临厦门湾南岸,当地村民供奉五显大帝。他们出海时,都把五显大帝敬祀于船上,祈求家乡神灵的保佑。[1]

渔船海上作业时间或长或短,有的甚至达半年之久,其间若逢初一、十五或初二、十六的日子或所信仰神灵的诞辰、成道日等,渔民就要在渔船上"做牙"祭神。渔民出海时香烛、纸钱等都是必备的。海上航行,遇到风浪,渔民跪求神灵显圣,并将备用的金银纸抛撒到海上,祈求保佑。虽然渔民在出海前举行各种祭海仪式,航行期间又时时祭拜海神,但由于种种客观原因,捕鱼作业过程中难免会有不顺利的事。遇到这种情况船老大就会写信回去,家属们就要置办供品到庙宇里供奉、祭拜,称为"做船敬"。[2] 渔船归来后需要举行酬神仪式。各船备好酒礼到宫庙里祭拜,感谢神灵庇佑。

对于海边的渔民来说一年中从年头到年尾敬神祈神是很频繁的,除了出海前的祭祀仪式外,最隆重的当数神灵的诞辰日。以妈祖为例。每年农历三月廿三为妈祖诞辰日,湄洲岛上的妈祖庙是各地妈祖的祖庙,这一天许多地方的渔民、船员都要来进香、谒祖,举行隆重的祭祀大典和精彩纷呈的民俗表演。各地渔民涌进大大小小的妈祖庙,烧香焚纸,祈祷平安。各地举办的"妈祖出巡"活动往往是一年当中规模最大的一项祭祀活动,几乎整个社区或村落的所有人群都会参与。以泉州蟳埔渔村为例,农历正月廿九是蟳埔一年一度的妈祖绕境巡安活动日。300多年前,蟳埔人的先辈赴莆田湄洲妈祖祠"割香",而那以后,"巡香"活动便延续至今。这一天人们一大早就来到"蟳埔顺济宫",大家身着节日盛装,蟳埔女更是梳"蟳埔头",戴上了漂亮的簪花围。伴随着喧天的鞭炮和锣鼓声,坐在金銮里的妈祖像,被人们请出顺济宫,开始绕境巡香。彩旗队、锣鼓队在前,"有福者"手持两米长的"头香"紧随其后,妈祖坐的金銮则由村里的年轻人前后簇拥抬着,摇摇晃晃一路前行。身着节日盛装的男女老少们挑着一担担的海鲜、水果、鲜花,打着腰鼓、手持圣香,走在浩浩荡荡的踩街队伍中,场面热闹非凡。在巡香路线经过的道路上,每家每户的门前都摆着供有五果、鲜花和香炉的供桌,当妈祖

---

[1][2] 陈自强:《明清时期漳州舟人海贾的海神信仰》,载《漳州古代海外交通与海洋文化》,漳州师范学院闽南文化研究院2012年版,第145、234页。

金銮来时就燃放鞭炮以迎接妈祖驾到。渔民们通过举行隆重的"妈祖出巡"踩街活动祈求妈祖庇护下一年"讨海"平安顺利。

漳州东山岛渔民以农历五月十三为关帝诞辰日，全岛人民举行盛大的谒庙祭祀活动。祭祀关帝的活动及其方式大致有祭拜关帝、迎神出游、庙会和演戏祝寿等。农历十月初十为水仙尊王生日，船民会聚在较宽阔的渡口处举行庆典。是日将几条新船，以绳索串成一排，搭成一座神台，神台上摆满献祭的供品，所有渔船上的神像都抬到神台上会聚，水仙王居于首位。[1]

不同神灵的神诞日安排在不同时间，一般不会出现冲突，大型祭祀活动两三年举办一次，民俗活动各有特点，在此不一一赘述。

二、福建沿海渔民海神信仰与渔业生产密切相关

福建渔民在长期的渔业生产活动中形成的海神信仰与祭祀活动具有区域性、功利性和诸神合祀等特征。

1. 福建沿海渔民除了共同信奉的全国性、超地域的妈祖外，又各自敬奉不同的地方性航海保护神，区域性很明显

福建沿海海神信仰的区域性表现在大到方言区小到各村落所崇拜的地方神灵存在明显差异，可以称之为区域性海神。这些区域性海神拥有一定的信仰范围，超出这一地区其神性便被别的区域性海神替代，难以获得别的区域人们的认可。

厦港渔区，习惯上也叫厦门港，地处本岛东南海隅，正好是鹭江与大海交汇处，早期港口建有金王爷宫，被尊称为海口宫。渔民出海前必须先向"金王爷"抽签获准，得到一张盖有大印的神符方能扬帆举棹。[2] 石狮市祥芝镇祥渔村百姓相信斗美宫内供奉的池王爷威灵显赫，当地渔民视其为航海保护神。宫内统一印有《祈求平安疏文》，上面所列神明打头的即为"池、朱、李三王府"，位列在天上圣母娘娘之前。据宫内人员介绍当地的开渔仪式都会在祥芝斗美宫前举行，渔民出海前也要到宫内进香求神符，带到船上置于佛龛中。类似这种以妈祖为主神同时又信奉所在地区"区域性海神"的现象在福建江口、港口等地比

---

[1] 陈自强：《明清时期漳州舟人海贾的海神信仰》，载《漳州古代海外交通与海洋文化》，漳州师范学院闽南文化研究院2012年版，第142页。
[2] 段凌平：《闽南与台湾民间神明庙宇源流》，九州出版社2012年版，第40页。

比皆是。比如闽江流域奉祀"晏公""水部尚书陈文龙"、泉州石狮永宁奉祀"五显大帝"、同安奉祀"苏碧云"等。

2.福建沿海渔民的海神信仰具有极大的功利性

海上作业过程中渔民面对的是一个危险而又难以预测的环境，面对大海狂风巨浪的肆虐，渔民没有任何的还击之力，所以对渔民来说出海平安，顺风顺水是最重要的。渔民们"以海为田"，出海的目的就是希望能平安而归、网网千斤。要达到平安丰产，既有赖于长期海上作业积累的经验，同时又不乏运气的成分在内，因此渔民们除了自身的努力外还需要借助一切可以借助的力量。渔民们认为出海前的祭海仪式进行得顺利往往预示着当年渔业生产能获得大丰收，所以大家对祭海仪式极为重视。出海前必定要到庙里烧香祭拜。祥芝斗美宫中摆放的供品篮里都要附有宫内统一印制的《祈求平安疏文》。疏文红纸黑字，疏文的抬头空白部分还要写上每艘出海船船主名字以及船只的类型、编号。上书船主并水手名字、出海时间，祈祷众神明庇佑出海船只："出海平安，顺风顺水，一见大吉，满载荣归，过水平安，出洋顺意。"妇女们虽然不能参与海上作业，却是民俗活动的主要参与者。渔民家中都设有神龛，男人出海，家里的妇女们早晚烧香拜佛，祈盼家人平安归来。农历每月的初一、十五，或初二、十六以及神诞日等特别的日子里，妇女们还要带上各种丰厚的祭品前往地方上各大宫庙祭拜。对海神的敬奉不仅在陆地上进行，渔民还通过在渔船上设置神龛延续海上祭祀活动。渔民们下网捕鱼作业前祭海神，祈求海神为他们送来更多的鱼；遇到狂风大浪时，渔民们即在船上的神龛前祭拜，焚香化纸钱，以祈求神明显灵保佑平安。

3.福建沿海渔民海神祭祀中的诸神合祀特征。

福建沿海渔民海神祭祀分陆地和海上祭祀两种。陆地祭祀主要在各大小庙宇中进行。考察沿海民间宫庙不难发现它们都有一个显著的特点，庙宇中除了主神之外往往还有众多的配祀神。妈祖庙里供奉的除了主神妈祖外，一般还会配祀有观音、注生娘娘、福德正神、文昌帝君等。如泉州天后宫内配祀有二十四司神祇：北斗星君、水德星君、四海龙王、临水夫人、七娘夫人等。沿海宫庙内诸神合祀现象学者多有论及，但是海上祭祀，渔船佛龛中诸神合祀现象似乎研究得不多。福建渔船神龛中供奉的海神一般以妈祖为主神，同时还配祀有王爷、龙王、晏公、陈文龙、水仙尊王以及各种护境神等。笔者在祥芝渔村调查的时候发现当地渔船上都挂着一面红色的佛旗。佛旗上书诸多神灵，首位是玉皇大帝，接下来依次是天上圣母娘娘、北关玄天上帝、通淮关圣夫子、慈济宫佛祖、斗美宫三王府、桥美五王府、碧云三王府、紫南三王府、集美三王府、中馆三王府、拱熬四王府、清紫文武尊王、威震圣王宫、水仙王宫、镇海六姓府、后头文武尊王、西关许王府、东城城隍公、南山福德正神、各馆诸位将官。其他地区的渔船是否也挂这样的佛旗，因为没有调查，不得而知，学者们似乎也极少关注这一现象，所以祥芝渔港的佛旗是否具有典型性，目前还不好下结论。但是有一点至少可以肯定的是石狮祥芝镇及周边地区的渔船上皆挂有这样的佛旗（船主信基督教的除外）。佛旗上所列的既有全国性跨地域的海神，也有村落、角落性的神明，俨然是一支庞大的海神队伍。究其原因还是受功利性的支配，在渔民的观念中，人间世事纷繁复杂，仅有一两个神灵恐怕难以应对，百姓多供奉一个神灵就能多得一分保障，供奉的神灵越多，得到的保护就越稳妥。出海船只若得到如此众多海神的庇护，定能像佛旗上所书的那样"顺风得利"！

三、福建沿海渔民海神信仰研究的现实意义

福建沿海渔民海神信仰最本质的特征充分反映在渔业生产方面。出海前的祭海仪式，渔船上设置的佛龛，悬挂的佛旗，渔船归来的酬神仪式、一年四时八节的祭神以及隆重丰富的海神诞辰民俗活动无不是围绕着渔业生产平安、丰产的目的展开。面对凶险无常、变幻莫测的海洋，我们的先辈正是借由种种的民俗活动来消除对大海的恐惧，增加信心与勇气，竭尽全力团结协作，取得一次又一次的成功，这种与大自然抗争的顽强拼搏、积极进取精神是值得我们继承和发扬的。渔民海神信仰中"多行善事"，和睦相处，对海洋的感恩等的主流思想我们应该大力弘扬，但封建迷信的部分我们应当坚决摒弃，即使是作为民俗演示的一部分内容，也要加以指引以免浊化文化市场。

现在渔业生产方式有了很大进步，渔船吨位高，抗风浪能力增强，海上气象预报准确，通信信息敏捷，用现代化知识武装起来的渔民都采用机械化劳作，生产安全比以前大有保障，因此部分陋习陋规和迷信部分逐渐被摒弃。笔者在祥芝渔村调查的时候，村民们也有表示现代化捕

鱼技术越来越多运用，在祭拜海神方面有了不少改革，程序简便了许多。但随着人们物质生活水平的提高，精神需求增强，具有地方特色的海神信仰民俗活动、庙会文化、渔家生活民俗等海洋民俗文化资源正日益被大家认可和重视。合理开发利用这些海神信仰民俗资源，以海洋民俗搭台、经济唱戏的做法将会带来相当可观的经济效益。

　　福建与台湾一水相隔，明清时期源源不断移民台湾的福建人带去了本地的信仰与习俗，台湾沿海的渔民和福建沿海渔民有着相类似的海洋信仰和民俗活动，台湾渔民也和大陆一样信奉妈祖、观音、关帝、王爷等。20世纪80年代台湾信众揭起赴莆田湄洲岛妈祖庙、漳州东山岛关帝庙等大陆祖庙朝圣的热潮，至今不衰。大陆祖庙的妈祖神像和关帝神像等也曾直航赴台巡游，所到之处台湾信徒争相膜拜，万人空巷。闽台海神信仰一脉同根、一本同源，是海峡两岸交流的重要桥梁和精神纽带，从文化认同方面对地区的稳定和祖国的和平统一具有深远意义。我们可以利用海神信仰形成强大的凝聚力和文化向心力，加深两岸人民血肉联系，为促进祖国统一服务。